薛庆超　编著

中原工作文献与研究

——大别山精神与实践

（上）

中原出版传媒集团
中原传媒股份公司

大象出版社
·郑州·

图书在版编目(CIP)数据

中原工作文献与研究 : 大别山精神与实践 : 全 2 册 / 薛庆超编著.— 郑州 : 大象出版社, 2019. 11
ISBN 978-7-5711-0344-6

Ⅰ. ①中… Ⅱ. ①薛… Ⅲ. ①中国共产党-地方组织-党史-研究-河南 Ⅳ. ①D235. 61

中国版本图书馆 CIP 数据核字(2019)第 223288 号

ZHONGYUAN GONGZUO WENXIAN YU YANJIU

中原工作文献与研究

——大别山精神与实践(全 2 册)

薛庆超　编著

出 版 人　王刘纯
责任编辑　董曌华
责任校对　王保健
装帧设计　王莉娟

出版发行　大象出版社(郑州市郑东新区祥盛街 27 号　邮政编码 450016)
发行科　0371-63863551　总编室　0371-65597936
网　　址　www.daxiang.cn
印　　刷　河南省环发印务有限公司
经　　销　各地新华书店经销
开　　本　787 mm×1092 mm　1/16
印　　张　38.75
字　　数　784 千字
版　　次　2019 年 11 月第 1 版　2019 年 11 月第 1 次印刷
定　　价　150.00 元(全 2 册)

若发现印、装质量问题,影响阅读,请与承印厂联系调换。
印厂地址　河南省新乡市新乡县七里营镇 107 国道与胡韦线交叉口中原兴业产业园 A12-2
邮政编码　453800　　电话　13683815169

目 录

上册 中原工作文献选编

全国抗日战争时期中原工作文献

全国解放战争时期中原工作文献（一）

全国解放战争时期中原工作文献（二）

全国解放战争时期中原工作文献（三）

全国抗日战争时期中原历史回忆

全国解放战争时期中原历史回忆

下册　中原地区历史研究

中原崛起的深厚历史基础

(代序言)

薛庆超

中原大地是中华民族的重要发祥地。

中原地区是中国大地的心脏地区。

中原文化代表着中华民族传统文化的精髓。

中原大地,物产丰富,人口众多,交通便利,历史丰厚,文脉悠久,传统文化源远流长。

百家姓氏可以在中原寻根,全球华人可以在中原问祖,老子曾经在中原出关,孔子在中原周游列国,孙子早年在中原演武,项羽、刘邦在中原争霸天下,诸葛亮在中原陶冶心智,刘备在中原"三顾茅庐",蒋介石、冯玉祥、阎锡山在这里进行"中原大战"……

中国共产党瞩目中原,是为了中华民族和中国人民的根本利益,是为了实现中华民族解放和中国人民解放。毛泽东高瞻远瞩,极为重视中原地区。中共中央多次设立中原局,指导中原地区的工作。刘少奇、邓小平等先后到中原地区,"逐鹿中原"……

关于"中原"的概念,具有多重含义。从一般意义上来说,"中原"这个概念,可以分为"小中原""中中原""大中原"三个概念。

"小中原"的概念大致指的是河南省范围的区域。

"中中原"的概念大致指的是整个黄河流域的区域。

"大中原"的概念大致指的是整个中国的区域。

"逐鹿中原",就含有决战中原地区、夺取整个中国这样的深刻寓意和含义。

而中国人民革命战争时期中共中央中原局所领导的中原地区则包括黄河以南、长江以北、西迄秦岭、东至大海的广阔地区。

"自古逐鹿在中原。"

"得中原者得天下。"

1944年年初,当中国人民抗日战争刚刚走出山坳、正在出现局部反攻的曙光的时候,毛泽东就高瞻远瞩地指出:江苏、浙江一带是中国的首脑地带,中原是中国的心脏地带,而西北是中国的边陲地带。中国革命要取得最后胜利,就非得解决心脏地带和首脑地带不可。①

毛泽东雄才大略,深谋远虑,目光远大,视野深邃。他作为中国共产党推选出来的伟大领袖,作为中国革命锻炼出来的伟大的革命家、战略家,早就在谋划着将中国革命推进到中原地区,逐鹿中原,问鼎中原,决战中原,夺取中原,进而夺取中国革命在全国的胜利。

一、全国抗日战争时期的中原局,圆满完成中共中央"发展华中"的战略任务

全国抗日战争爆发后,根据中共中央的战略部署,八路军迅速挺进华北抗日前线,"首战平型关,威名天下扬"。接着,八路军在华北敌后实施战略展开,在华北各地相继建立了晋察冀抗日民主根据地、太行抗日民主根据地、冀鲁豫抗日民主根据地、晋绥抗日民主根据地、山东抗日民主根据地等大大小小的许多块抗日民主根据地。在华北抗日战争的烽火中,中国共产党的组织得到迅速发展,八路军的力量得到迅速壮大,中国共产党和八路军成为坚持和发展华北抗日战争的中流砥柱。

但是,这一时期由于种种原因,中国共产党和人民军队在华中地区的发展与形势的要求和中共中央的部署却很不相称。为此,1938 年秋天,中国共产党六届六中全会确立了"巩固华北,发展华中"的战略方针。

为了迅速贯彻落实"发展华中"的战略方针,中共中央采取了果断措施,调整华中地区的中央派出机构:撤销中共中央长江局,成立中共中央中原局;以刘少奇、朱瑞、朱理治、彭雪枫、郑位三为中原局委员,刘少奇兼任中原局书记;把所有长江以北的河南、湖北、安徽、江苏地区党的工作,概归中原局指导。

这是中共中央第一次建立中原局。时间是在全国抗日战争时期的中共六届六中全会。

刘少奇回顾说:"1938 年冬,六中全会决定成立中原局,并派我到中原局负责指导长江以北、陇海路以南党的工作。"②

中国共产党六届六中全会后,中原局书记刘少奇很快调集干部,组织中原局机关,率领朱理治、李先念、郭述申等 10 多名干部离开延安南下。在河南西部,刘少奇立即召开党的会议,采取果断措施,恢复、调整和健全党的组织,大力发展党的组织。

在豫西党的会议上,刘少奇多次强调,在抗日战争时期,只要能积极参加抗日,能给八路军、新四军当向导,知道将来实现共产主义,就可以入党。在中共豫西省委,刘少奇第一次作了《论共产党员的修养》的报告,用中国化的马克思主义教育干部、教育党员。通过积极培训党的干部,加强党员教育工作,奠定了革命高潮时期党的组织大发展的思想基础和政治基

① 张秀山:《我的八十五年——从西北到东北》,中共党史出版社 2007 年版,第 153 页。

② 《刘少奇选集》上卷,人民出版社 1985 年版,第 266 页。

础。

刘少奇在南下途中,十分注意利用一切条件加强抗日民族统一战线,团结具有爱国精神的国民党军队高级将领共同抗日。1939 年年初,他与彭德怀一起,在洛阳会见了国民党军第一战区司令长官卫立煌,共商团结抗日大计,建立国共合作的关系。

1939 年 1 月,刘少奇到达河南省确山县竹沟镇,中原局机关亦驻扎在竹沟。在此期间,刘少奇坚决贯彻中国共产党六届六中全会精神,全面落实中共中央关于“发展华中”的战略方针。从此,竹沟成为领导中原抗日战争和中原地区中国共产党组织的中心,被革命的人们称为“小延安”。

1939 年 3 月,中共中央要求刘少奇返回延安汇报工作。9 月,刘少奇处理完毕中共中央交给的有关工作后,带领徐海东等 40 多名党政军重要干部离开延安,再次奔赴中原,来到竹沟。他大刀阔斧,雷厉风行,夜以继日地紧张工作,系统传达中国共产党六届六中全会精神,对于中共中央“发展华中”的战略方针进行全面部署。

在竹沟主持中原局工作期间,刘少奇先后作了《中共党史》《论党内斗争》《论共产党员的修养》《做一个好的党员,建设一个好的党》等报告,用中国化的马克思主义教育干部、教育党员,武装广大党员、干部的头脑。同时,中原局还举办了多批党员干部训练班,培养了大批党的基层干部,为广泛发展党的组织,加强各级党组织的领导力量,奠定了重要基础。

中原地区工作大致部署完毕后,根据中共中央指示,1939 年 10 月下旬,刘少奇率领中原局机关、干部大队及教导队学员离开竹沟,向安徽东部进发。中原局到达皖东后,刘少奇根据中原局工作中心向东转移的情况,及时向中共中央报告,建议增补新四军江北指挥部指挥张云逸、副指挥徐海东和中共河南省委书记刘子久为中原局委员。中共中央复电同意刘少奇的意见。

在皖东地区,刘少奇以极大的精力,继续全力贯彻中共六届六中全会精神。他主持中原局相继召开三次会议,把中央精神落到实处。1939 年 12 月,中原局在滁县、定远县交界处瓦屋薛村召开第一次会议,传达中共中央向华中敌后发展的战略方针,号召新四军江北指挥部及所属部队,要坚决冲破国民党顽固派的限制,独立自主地向东发展、向苏北发展。1940 年 1 月,中原局在定远县黄山村召开第二次会议,确定建立抗日民主根据地的方针和任务,强调建立抗日民主根据地、建立抗日民主政权、发展抗日武装力量的极端重要性和迫切性。1940 年 2 月,中原局在定远县湾杨村召开第三次会议,确定“反摩擦”的方针。中原局根据中共中央精神召开的三次重要会议,正确分析了华中地区中国共产党组织和新四军的战略发展方向,有力地推动了华中抗日战争的发展,具有重要的战略意义。

1940 年 11 月,刘少奇率领中原局机关及有关干部等前往江苏。

随后,中原局进驻苏北盐城,指导华中地区党政军工作。

1941 年 4 月 27 日,中共中央决定“东南局与中原局合并,组成华中局”。

这样,在完成“发展华中”的战略任务后,中原局宣告结束。从此,由华中局继续担当“发展华中”的历史重任。

刘少奇担任中原局书记、主持中原局工作期间,有力地开创了中原地区和华中地区抗日战争的新局面,促成了八路军、新四军战略会师,推动了中原地区和华中地区抗日战争的大好形势,创建了中原和华中的抗日民主根据地,在中原地区和华中地区极大地发展了中国共产党的组织和八路军、新四军的力量,圆满完成中共中央赋予的“发展华中”的战略任务。这是中原局和刘少奇的一个重要历史功绩。

二、全国解放战争初期的中原局,完成“中原突围”的艰巨任务,创建新的根据地

全国解放战争时期,中共中央多次设立中原局,足见中原地区的战略地位极为重要。

第一次设立中原局是全国抗日战争胜利后、全国解放战争开始前夕,李先念率领的新四军第五师,王震率领的八路军南下部队第三五九旅,豫西抗日民主根据地的八路军河南军区部队等部队,三大力量集中汇集到鄂豫皖地区。1945 年 10 月,中共中央决定设立中原局。这一次设立中原局的时间较为短暂,基本上随着中原人民解放军“中原突围”的结束而结束。

全国抗日战争胜利前后,国内外政治形势和军事形势急剧变化,根据政治形势和军事形势发展的需要,加强中原地区的党政军领导力量势在必行。为此,1945 年 8 月,中共中央决定,成立鄂豫皖中央局,统一指导新四军第五师和这一区域的党政军工作,同时指导河南区党委与河南军区的工作。

全国抗日战争胜利后,国民党政府立即调集大批军队,抢夺抗日战争胜利果实,占据大批大中城市和交通要道,调兵遣将,部署向中国共产党领导的解放区发动进攻。中原解放区位于大别山区的河南、湖北、安徽三省交界地区。这一地区是国民党统治的腹心地区,因此成为国民党政府的“心腹之患”,也成为国民党军队向解放区发动进攻的重点区域。

中共中央对全国抗日战争胜利后的形势进行了认真分析。中共中央认为,为了集中力量,握紧拳头,形成合力,发展自己,必须对中原地区的所有八路军、新四军部队实行集中统一指挥。这样既可以避免国民党军对黄河以南的八路军、新四军部队实行各个击破,又有利于中原地区的八路军、新四军部队凝聚在一起,形成一支重要的战略力量。

根据中共中央的战略部署,1945 年 10 月,李先念等率领的新四军第五师,王震等率领的八路军南下支队,王树声等率领的八路军河南军区部队,八路军冀鲁豫军区第八团,在河南省和湖北省交界的随县、枣阳、桐柏、唐河地区胜利会师。

中原地区的八路军、新四军部队会师后,鄂豫皖中央局于 1945 年 10 月 30 日改名为中共中央中原局,由徐向前任中原局书记(徐向前在延安,未能到职),郑位三任中原局代理书

记,李先念任中原局副书记。

中原局委员有:郑位三、李先念、王首道、陈少敏、王震、戴季英、刘子久、王树声、任质斌。中原局常委有:郑位三、李先念、王首道、陈少敏、王震。

在中原局之下,设立江汉区党委、鄂东区党委和河南区党委。

中原局的驻地,开始时设在河南省桐柏县,以后转移到湖北省宣化店。

当时,中原局的首要任务是:在国民党政府调集大批国民党军队图谋进攻中原解放区的情况下,适时地组织、部署、指挥中原军区及所属各个部队,完成"中原突围",保存中原地区的革命力量和领导骨干。

1946年3月中旬,国民党军基本完成包围中原军区部队的军事部署,大规模的军事进攻行动已经准备完毕。为了应对这一危局,中原局召开宣化店会议,具体研究国民党军的进攻态势与部署,以及应当采取的应对措施,决定进行"中原突围"。

宣化店会议后,中原局认真部署各项工作,准备进行"中原突围"。为此,中原局和中原军区复员了1万多老弱病残人员,提前转移了一大批领导干部,整编了中原军区的所属部队,与国民党当局进行了多次谈判。这些积极措施,为实现"中原突围"争取了一定的时间。

1946年6月,国民党政府基本完成在全国发动内战的战略部署,准备首先在中原地区向中原军区部队发动进攻。国民党政府决定,由郑州绥靖公署指挥的30万大军进攻中原地区的人民军队,务必在"48小时内,一举包围歼灭"中原军区及所属部队。

在这千钧一发之际,6月26日,中原局和中原军区指挥中原军区各部队,兵分三路,进行战略转移,开始了艰苦卓绝的"中原突围"。经过激烈战斗和生死搏杀,中原局和中原军区率领中原主力部队突出重围,转移到了预定地区。随后,中原局领导军民克服重重困难,创建了新的根据地,开始了新的战斗。

中原突围后,1946年7月,中原局决定,身体较差的郑位三、陈少敏、戴季英等人返回延安,由李先念全面主持中原局、中原军区的工作,任质斌协助李先念工作。

1946年7月,中原局召开会议,研究中原突围北路部队在陕南创建根据地问题。8月22日,中原局发出《为创建豫鄂陕根据地而斗争》的指示,系统地阐述创建豫鄂陕根据地的重大意义和具体部署。中原局带领军民经过艰苦奋斗,创建了以商洛为中心的豫鄂陕根据地。随后,中原局又领导军民粉碎了国民党军的"清剿",使豫鄂陕革命根据地得到坚持和发展。在中原局领导下,中原突围的南路部队开辟了鄂西北根据地。

中原军区突围部队创建豫鄂陕军区后,1946年9月下旬,李先念和任质斌奉命离开豫鄂陕游击根据地,在中共地方组织和人民群众的护送下,10月下旬安全返回延安。

中原局主要成员抵达延安后,1946年11月初,中共中央决定在延安设立中原局,继续领导中原军区所属各部队和豫鄂陕游击根据地、鄂西北游击根据地的党政军工作。

三、全国解放战争时期，战略进攻阶段的中原局，胜利完成挺进中原的历史任务

1947 年 5 月，全国解放战争进行到第二年，中共中央和毛泽东根据全国战局和政治形势发展的需要，形成了“三军配合，两翼牵制”，“中间突破，逐鹿中原”的战略反攻设想。鉴于中原地区重要的战略地位，这一重要行动由刘伯承、邓小平统帅的晋冀鲁豫野战军承担。

中共中央和中央军委决定，要在 1947 年 6 月或稍迟一些时间发起战略反攻，并要求晋冀鲁豫中央局着手准备。为此，1947 年 5 月 15 日，晋冀鲁豫中央局在冶陶召开会议，具体研究晋冀鲁豫野战军发起战略反攻的各方面事宜。

随后，中共中央决定组建中原局，以邓小平、刘伯承、李先念、张际春、郑位三、李雪峰、刘子久、陈少敏为中原局常委，邓小平为中原局书记。

中原局成立后，立即为挺进中原做准备。中原局抽调大批干部，为野战军南下开辟中原解放区准备了不同层次的各级干部。同时，整训部队，培养和提高部队的战斗力。

1947 年 6 月 30 日，刘邓野战军主力 4 个纵队、12 万余人，一举突破蒋介石号称可抵“四十万大军”的黄河天险，揭开中国人民解放军战略进攻的序幕。

这一次设立中原局，是同中国人民解放军的战略进攻紧密联系在一起的，是战略进攻的产物。中国人民解放军的战略进攻和历史上任何的战略进攻都不一样。历史上的战略进攻，大都是在进攻的一方具有巨大的军事、经济优势甚至压倒优势的时候，向对方发起全局性的战略上的进攻。而中国人民解放军的战略进攻恰恰是在中国人民解放战争处于最艰难的阶段、最困难的时刻进行的。刘邓野战军向中原地区进军时，毛泽东主席在陕北发去电报说：“陕北甚为困难。”当时国民党反动派正在对陕北解放区、山东解放区实行重点进攻，所以“陕北甚为困难”。胡宗南部队的几十万人进攻陕北，妄图把中共中央首脑机关、中国人民解放军总部一举消灭。在陕北战场上，人民解放军只有 2 万多人，国民党军队二三十万人。此时山东解放区也是国民党军队重点进攻地区，华东地区的人民解放军也处于非常困难的情况下。如果是一般战略家，这时就要收缩自己的部队，收缩自己的力量。可是，毛泽东与此相反，在最困难的时候发起战略进攻。按照当时的军事形势，黄河中下游地区就像是一个哑铃，西边是陕北解放区，东边是山东解放区，犹如哑铃两端的两个轮子，黄河相当于哑铃中间的那个横杠，蒋介石的重点进攻集中在哑铃的东西两端。人民解放军的战略进攻就是从哑铃的中间实行突破。这是毛泽东主席的战略，也是毛泽东主席最高明的地方，这样就等于在蒋介石的哑铃中间的杠子上砍了一刀，一刀把它砍断了，所以刘邓野战军强渡黄河、挺进中原就起到这样的作用。

接着，刘邓野战军发起鲁西南战役。

然后，刘邓野战军挺进中原，千里跃进大别山。

8月底,刘邓野战军到达大别山区。

中原局率领刘邓野战军进入大别山区后,当机立断,迅速实施战略展开,横扫国民党政府的地方武装部队,广泛发动人民群众,开始创建大别山根据地。

中原局发出《关于创建巩固的大别山根据地的指示》,为全军齐心协力创建大别山根据地作出统一部署。刘邓野战军进入鄂豫皖大别山地区后,困难比想象的要多得多。原来估计鄂豫皖地区最早有红四方面军,红四方面军长征走了;又有红二十五军坚持斗争,红二十五军长征走了;又有红二十八军坚持斗争;全国抗日战争爆发后,李先念在那里组织发展起来有新四军第五师;后来有中原军区。所以觉得刘邓野战军挺进大别山区后,很快就会发展起来。可实际上,刘邓野战军进入大别山地区后的形势却极为严峻,国民党政府迅速调集重兵,从四面八方围攻过来,军事斗争、政治斗争、经济条件都极为艰苦。

在中原局的领导下,经过艰苦斗争,到1947年11月下旬,一共歼敌3万余人,通过发动人民群众,建立33个县的民主政权,完成在大别山地区的战略展开,创建了大别山根据地。

中国人民解放军由战略防御转入战略进攻后,根据中共中央的统一部署,刘伯承、邓小平率领刘邓野战军千里跃进大别山;陈赓、谢富治集团强渡黄河,挺进豫西;华东野战军越过陇海路,进军豫皖苏。三路大军布成"品"字形阵势,纵横驰骋于长江、淮河、黄河、汉水之间,歼灭、调动、吸引了大量国民党军队,解放了中原大片地区。

这样,就形成了人民解放军立足大别山区,逐鹿中原,威胁武汉,震撼南京,威逼江南的战略形势。

1948年2月初,根据中国革命发展和人民解放战争发展的需要,毛泽东以战略家的远见卓识,为中共中央军委起草致刘伯承、邓小平的电报,指示刘邓野战军指挥所从大别山移至淮河、陇海、沙河、伏牛山之间,指挥刘邓野战军3个纵队,华东野战军陈士榘、唐亮等4个纵队,陈赓、谢富治一个半纵队,共8个半纵队,在"淮河、汉水、陇海、津浦之间集中,机动打中等的及大的歼灭战"。并指出,这样部署,可将敌主力吸引至淮河、汉水以北,利于粟裕部机动,利于大别山、江汉等地放手发展,还可以北面有巩固的后方为依托,利于打歼灭战。

1948年2月,刘邓野战军主力转出大别山,在淮北休整;4月中旬,挺进豫西,与陈谢集团和华东野战军陈士榘、唐亮兵团会合,由刘伯承、邓小平统一指挥,开展机动作战。

四、中共中央决定建立扩大了的中原局,建立中原军区,统一协调中原野战军和华东野战军在中原战场的行动

1948年5月,中共中央决定建立扩大了的中原局。

这是人民解放战争形势发展的需要,是人民解放军战略进攻的需要,是"逐鹿中原"的需要。

5月9日,中共中央、中央军委发出《关于改变华北、中原解放区的组织管辖境地及人选的决定》,确定凡陇海以南、长江以北至川陕边区,均属中原解放区。中原局以邓小平为第一书记,陈毅为第二书记,邓子恢为第三书记,以刘伯承、邓小平、陈毅、邓子恢、李先念、宋任穷、粟裕、李雪峰、陈赓、谢富治、张际春、刘子久等12人为委员,下辖鄂豫、皖西、豫皖苏、豫西、桐柏、江汉、陕南等7个区党委。

中共中央和中央军委还决定:重建中原军区,将刘邓野战军和陈谢集团改称中原野战军,中原军区和中原野战军以刘伯承为司令员,陈毅为第一副司令员(仍兼华东野战军司令员和政委),李先念为第二副司令员。

根据中共中央关于相对稳定指挥机关驻地,以利统一指挥中原野战军和华东野战军在中原协同作战的要求,中共中央中原局和中原军区进驻宝丰。

宝丰位于中原地区的腹心,战略地位非常重要。1947年宝丰解放后,建立了人民政权。1948年5月17日,中原局和中原军区机关进入宝丰。

从此,邓小平、刘伯承、陈毅(进入宝丰稍晚一些)等率领中原局、中原军区、中原野战军总部在宝丰整整驻扎了半年时间。宝丰成为名副其实的"红色宝丰",成为邓小平、刘伯承、陈毅等指挥中原人民解放军战略进攻的"总指挥部",成为中国人民解放战争时期中原战场的政治、军事、经济、文化中心。

邓小平、刘伯承率领中原局、中原野战军总部进入兵源、粮源、财源源源不断的河南,与国民党反动派逐鹿中原,迅速开创了中原解放战争的新局面。对于中原地区政治、军事、经济形势的鼓舞人心的新发展,邓小平于1948年5月9日给毛泽东作了这样的报告:"整个中原有四千五百万人口,现为我控制者约两千万,计有豫陕鄂七百万(有政权有工作者五百万),豫皖苏九百万(能征收的人口),但仍是敌来我往的拉锯局面,江汉三百万,桐柏二百万,其余一半人口的区域,极大部分有我游击部队和政权活动。大别山斗争仍极艰苦,但是我们确实已站住了脚,敌人把我们打不出来了,而四个野战纵队抽出后,减少了人民的负担,拖出了敌人三个师(十师、二十师、五十八师),加上最近策略上的讲求,更利于大别山的坚持。""今年麦子普遍好。夏征工作做好,就可以争取财粮供应的主动地位。豫陕鄂已确定征足一百万石至一百二十万石(十四斤斗),如果完成了此数,加上商业税收(主要是烟叶税)及银行透支(不超过发行额四分之一),即可使该区十二万人(包括党政军)全部自给,并可供给其他野战军三万人至五万人。江汉、桐柏两区已可能供给野战军一两万人。豫皖苏产粮更多,如照豫陕鄂标准计算,除本身七万人外,约可供给野战军五万到八万人。如果今年麦征、税收、银行工作做得好,即可大大减轻华北负担。我们最近不断强调争取大部分自给,提倡节约。"

这是邓小平进入河南豫西后,给中央打的一个电报。从这个电报可以看出,河南夏季粮食丰收在望,中原局和中原野战军到这里后,兵源、粮源、经费、物资供应各个方面源源不断,一派振奋人心的景象。

从这个电报还可以看出,进入豫西地区、进入河南境内,邓小平感到非常高兴。所以,中原局、中原军区、中原野战军总部,在宝丰整整住了半年。这在解放战争历史上,几乎没有先例。

中共中央决定建立扩大了的中原局,具有重要的战略意义,代表着中共中央、毛泽东的重要战略设想。中共中央决定加强中原局、建立中原军区,由邓小平、刘伯承、陈毅、邓子恢、李先念等担任中原局重要党政军领导工作,同时陈毅仍兼任华东野战军司令员兼政治委员。中共中央作出这样的战略部署,就是为了便于中原野战军和华东野战军这两大野战军协同作战,逐鹿中原。

中原局和中原军区下辖豫西、鄂豫、豫皖苏、桐柏等7个区党委和二级军区。中原解放战争由此进入新阶段。

中原局建立后,就开始指挥中原野战军和华东野战军。邓小平任中原局第一书记,中原局作为中共中央的派出机构,领导中原地区的一切事宜。党政军民学,东西南北中,党领导一切。

中共中央调动陈毅任中原局第二书记,就是因为中央这个时候已经在考虑由中原野战军和华东野战军协同作战,与蒋介石逐鹿中原。

中原局第三书记邓子恢是中国共产党著名的农村工作专家,主要负责农村工作、土地改革、建立各级人民政权。毛泽东就讲过,邓老是农业、农村问题专家,非常尊重他。

刘伯承是中原局成员、中原军区司令员和中原野战军司令员。刘伯承曾经讲过,自古逐鹿在中原。鹿死谁手?在中原战场上,蒋介石这头鹿最后必然死于中国人民之手。

李先念出身大别山区,是红四方面军的重要领导干部之一、新四军第五师的创建者,十分熟悉鄂豫皖地区和中原地区的各方面情况。

由此可见,中原局集中了一批中国第一代无产阶级革命精英。在中原局成员中,中华人民共和国成立后,邓小平担任了中共中央总书记,刘伯承担任了中共中央政治局委员、中央军委副主席,陈毅担任了中共中央政治局委员、国务院副总理兼外交部部长、中央军委副主席,邓子恢担任了国务院副总理兼中央农村工作部部长,刘伯承、陈毅均被授予中华人民共和国元帅军衔,李先念长期担任中共中央政治局委员、国务院副总理,后来任中华人民共和国主席。

中原局为新中国培养了一批重要的栋梁之才,所以,中原局不是一般的中央局。中原局一建立,就开始协调中原野战军和华东野战军两大野战军在中原战场的行动。从这个意义上讲,毛泽东认为,中原野战军和华东野战军汇集到一起,不是1+1等于2,而是1+1等于无穷大(这是毛泽东原话的大意)。意即中原野战军和华东野战军两个力量相加之和,不是产生一倍的力量,而是产生三倍、四倍、五倍、十倍,甚至更多更大的力量。所以说,中原局的地位、作用、人员构成,都具有非常重要的历史意义。中原局建立后,完全实现了中央预期的战略意图。

从中原局、中原军区、中原野战军总部进入河南到离开河南,这一时期中共中央和中原局在中原战场的各项战略部署、各个战略计划都得到圆满实现,没有一个落空。

五、中原局、中原军区部署和指挥一系列重要战役,创办中原大学,培训大批干部。中原局"六六指示"受到中央高度肯定

中原局、中原军区、中原野战军总部在河南宝丰期间,部署和指挥了一系列战役。主要有:宛东战役(南阳市古代称为宛城),主要战场在南阳市的东边;宛西战役,主要战场在南阳市的西边;开封战役等。

开封当时是河南省省会,也是人民解放战争时期中原地区人民解放军攻克的第一个省会。华东野战军甫一进入中原地区,就根据中原局的统一部署,与中原野战军协同作战。解放开封影响很大。过去人民解放军只是占领一些乡村,后来占领一些县城,再后来占领一些中小城市。开封战役,第一次把中国的心脏——中原地区的一个省会攻克了。人民解放军攻克开封后,纪律严明,秋毫无犯,立刻在著名学府河南大学等教育设施张贴广告,派驻哨兵,妥善保护一切文教单位。河南大学具有悠久的革命传统,一批进步教授和河南文化教育界的名流学者、进步学生纷纷要求参加革命。

豫东战役也是中原野战军和华东野战军协同作战,规模很大,歼敌很多。

襄樊战役是在湖北,湖北当时也归中原局领导。中原野战军攻克襄樊后把守军司令官康泽俘虏了。康泽负责过国民党政府的特务事务,为了从康泽口里把其掌握的东西挖出来,中原局按照中央电报的要求,把康泽押送到了华北。

中原局在宝丰还部署了郑州战役。郑州是陇海铁路、京广铁路交会的地方,还是国民党军在中原地区的总兵站基地。郑州战役是邓小平、陈毅到前线指挥的,是淮海战役的先声、序幕。郑州战役的主力部队是中原野战军第九纵队和其他几个纵队,在郑州战役中把国民党军的整个中原兵站基地的军需物资全部缴获过来,大大更新了中原野战军的装备。

通过这些战役,人民解放军粉碎了国民党军的中原防御体系。在中原战场上,一些部队经过中原解放战争的锻炼,有的成为著名的主力部队,有的成为中央军委的总战略预备队。这是中原地区对中国革命和建设,乃至对日后的改革开放的一个重大贡献。

中共中央把中原局、中原军区、中原野战军总部设在河南宝丰,具有总体考虑。划分中原局的管辖区域、领导范围时,就包括了黄河以南、长江以北、秦岭以东的广阔地区。在中原局的辖区内,所有的党政军民,中央分局、省委、地委(市委)、县委(市委),中原野战军,华东

野战军,各个省军区部队、县大队、区小队,各种武装力量全部归中原局领导。这样,就奠定了人民解放军解放长江以北广大地区,向江南进军的准备。

毛泽东考虑问题,邓小平考虑问题,从来不是只从某一点上考虑,历来具有高瞻远瞩的战略远见。邓小平曾经说过,他对问题的考虑从来都是长远的,不是就事论事。中共中央设立中原局,任命邓小平任中原局第一书记,就是作长远的战略考虑。中原局在宝丰时,就已经开始为决战中原做准备,为部署淮海战役做准备,为渡江战役做准备,为解放江南做准备。

中原局在河南宝丰创办中原大学,广泛吸纳知识分子,为中原解放区培养了大批干部。在中原战场上,人民解放军每当解放一个县时,都需要配齐一个县的县委、县人民政府和区、乡、村几级机构,急需大批干部。为此,中原局决定创办中原大学,自己动手,迅速培养大批的地方干部。中原局随即任命陈毅任中原大学筹备委员会主任(中原大学现在已经发展为中南财经政法大学等院校),吸纳大批具有一定文化程度的知识分子和青年学生,开课教学。中原局、中原军区、中原野战军总部负责人经常到中原大学讲课。

有一次,陈毅在中原大学讲话后,有人提问:"将来中原大学毕了业能当县长不能?"

陈毅说:"唉呀!你这个同志口气太小了,司令员都可以干嘛!你只要能干,现在我就委任你当开封县长,你马上去上任吧!"

接着,陈毅又说:"我们的县长可不是容易当的,都是匹马单枪打出来的。需要你自己去开辟!"

还有人问:"我们不愿意干的话,能不能离开?"

陈毅说:"来的欢迎,走的欢送。你怕热,我们还给送一顶草帽。"

陈毅快人快语的回答,大家听得真真切切。

陈毅在《目前形势分析》的报告中,向中原大学师生们分析国际形势,讲述苏联和美国的情况,阐述世界各国革命力量逐步发展强大的情况。

邓子恢在中原大学作过《中国革命的性质和任务》的报告。中原局负责人每次作报告后,师生们都进行热烈的讨论,提高了思想认识,坚定了在中原解放区学习和工作的信念,收获很大。

中原局在宝丰建立中原大学,标志着要从革命党向执政党转变,要广泛地在中原地区建立各级人民政权。

中国共产党要建立新中国,就要以正确的政策为基础。中原局、中原军区、中原野战军总部在中原战场拟定的一系列文件,有的上报中共中央,有的下发各级党委,有的做出战略部署,有的总结经验教训,有的部署具体任务,有的推广先进经验,具有十分鲜明的针对性。在此期间,邓小平、刘伯承、陈毅的一系列讲话,中原局采取的一系列措施,都有一个突出特点:反对"左"倾错误、纠正"左"倾错误,让党的政策走上正轨。1948 年 6 月 6 日,为了全面总结挺进中原以来的经验教训,提高广大干部的政策水平,邓小平为中原局起草了《贯彻执行中共中央关于土改与整党工作的指示》(“六六指示”)。他从12个方面分析了新解放区土地改革工作中所犯急性病的严重教训,尤其对大别山地区的土地改革运动提出了尖锐批评。

邓小平明确提出:“为了不重复错误,有效地团结一切社会力量反对美蒋,更早地完成全部解放中原人民的任务,全区应即停止分土地,停止打土豪分浮财,停止乱没收,禁止一切破坏,禁止乱打人、乱捉人、乱杀人等等现象。”

同时,邓小平提出了解决这些问题的12条方针和策略步骤。中原解放区坚决执行中原局的指示,停止土地改革,实行减租减息,认真纠正了土改中发生的各种问题。

“六六指示”上报中共中央后,毛泽东十分重视,致信刘少奇、朱德、周恩来等同志指出:“中原局指示可以发给中原局以外各中央局、分局、前委……有了中原局这个文件,中央就不需要再发这类文件了。”6月28日,毛泽东代表中共中央复电,完全同意中原局的“六六指示”。随后,中共中央将中原局的“六六指示”转发给各中央局、中央分局和各大野战军的前委,要求照此办理。中原局坚持反“左”、纠“左”,这是中原人民解放战争取得胜利的重要保证。

六、中原局、中原军区在中原战场奠定淮海战役、渡江战役、解放江南的重要基础

中国革命面临最后胜利的时候,中共中央极为重视反“左”、纠“左”问题。

中原局坚决地毫不动摇地全面贯彻落实中共中央关于反“左”、纠“左”的一系列重要指示。

邓小平主持中原局工作期间的一系列讲话,中原局在政治上的一系列措施,都包含着一个内容:反对“左”倾错误、纠正“左”倾错误,让党的政策走上正轨。为什么?这个时候不是“走州过府”,不是“打游击”,不是“打土豪、分田地”,中国共产党要建立新中国,一切都要走上正轨,要以党的正确政策作为基础。毛泽东强调:政策和策略是党的生命,各级领导同志务必充分注意,万万不可粗心大意。

中原局、中原军区、中原野战军总部在河南召开了一系列会议,把中共中央关于推进人民解放战争、夺取中国革命最后胜利的一系列路线、方针、政策和中原地区的实际情况相结合,在军事、政治、经济、文化、统一战线、土地改革、党的建设、军队建设、整党整军等方方面面,进行政策教育和全面部署。著名的宝丰会议就是其中一次重要的会议。

中原局、中原军区、中原野战军总部还拟定了一系列文件,有的上报中共中央,有的下发各级党委,有的做出战略部署,有的总结经验教训,有的部署具体任务,有的纠正“左”的错误,有的推广先进经验,都有其具体针对性,具有重要意义。从这些文件可以看出,中原局、中原军区、中原野战军总部对中央精神领会得非常透彻,贯彻得非常认真,各项措施非常得

力。

中原局部署、协调中原野战军和华东野战军在中原地区协同作战,使中原形势发生巨大变化。到 1948 年秋天,中原野战军和华东野战军在中原战场消灭国民党正规军 20 多万人、地方武装 10 万余人,摧毁了国民党军的中原防御体系。

在中原局领导下,中原人民开展了轰轰烈烈的土地改革,中原战场的人民解放军开展了以"三查三整"为主要内容的整党整军。

在中原解放区,普遍建立了各级人民政权,恢复和发展了工商业,加强了财政经济工作,解放区的财经状况大为好转,组建了地方武装力量,大力发展教育文化事业,解放区的各项建设工作都取得较为顺利的进展。这样,就为在淮海地区组织战略决战创造了条件。

1948 年 10 月 22 日,邓小平、陈毅亲临前线,指挥郑州战役,取得重大胜利。

根据中共中央指示,邓小平、陈毅和刘伯承等先后奔赴淮海前线,部署和指挥淮海战役。

11 月,中原野战军和华东野战军协同作战,发起淮海战役,大获全胜。

淮海战役胜利后,中原局、中原军区、中原野战军总部进驻商丘,在商丘研究渡江战役。按照中共中央、中央军委统一部署,中原战场上的中原野战军改编为第二野战军,华东野战军改编为第三野战军,淮海战役总前委改名为渡江战役总前委。

1949 年 3 月 1 日,中共河南省委在开封宣告成立。

3 月,中原局第一书记邓小平出席中共七届二中全会,兼任华东局第一书记。

4 月,第二野战军、第三野战军发起渡江战役,解放南京,解放上海,解放江南,摧枯拉朽,一往无前。"虎踞龙盘今胜昔,天翻地覆慨而慷。"人民解放军占领国民党政府首府南京,标志着中国革命的伟大胜利。

5 月 12 日,中共中央决定以中原局为基础组建华中局。中原局圆满完成历史使命。

中原工作文献选编

全国抗日战争时期
中原工作文献

中央政治局通知

（一九三八年十一月九日）

兹特决定以胡服（刘少奇）[①]、朱瑞、朱理治、彭雪枫、郑位三为中央中原局委员，以胡服（刘少奇）兼中原局书记。所有长江以北河南、湖北、安徽、江苏地区党的工作，概归中原局指导。特此通知。

（右通知雪枫—前总—恩来—重庆各台[②]）

① 括号内的人名为本书编著者所加。

② 当时的行文格式是自右至左竖写，该通知最后一句中的"右通知"即右边的内容通知彭雪枫、八路军前方总指挥部（前总）、周恩来、中共中央设在重庆的南方局和八路军办事处的各个电台。

彭雪枫报毛、王、滕、朱、彭电：游击支队直接领导的和有关系的部队实力情况

（一九三八年十二月二十四日）

兹将我们直接领导之部队及我们有关系的部队人员武装报告如下：

（一）我们直接领导之部队，根据周、博、叶指示定名为新四军游击支队，现有第一团之一、二、三营及第二团一个营，直属〔有〕司令部、政治部、卫生队、军需处、电台、特务连、侦察连、骑兵一排、随营学校，各团暂不设团部，归支队直接指挥。参谋长张震，政治部主任肖望东（肖原在一军团工作），政委由彭雪枫兼。人员一七三五，步马枪一〇二〇〔支〕、短枪九十〔支〕、手花机枪十支、轻机枪十七挺、重机枪十七挺。但重机枪占五分之二，余均土造，子弹缺乏，平均每枪二十至三十发。现活动于太康、淮阳、柘城间，主力在鹿邑，拟稍予整理，度过新年即东进皖北。

（二）第八团现分一、二、三营，教导队人员——五百，步枪二百〔支〕、轻机枪二十四挺、重机枪八挺、迫击炮二门，活动于安徽之合肥、无为、巢县、含和之间。团长周骏鸣、政委林凯、参谋长赵启民、政治部主任徐祥亨。

（三）竹沟后方人员五百，步枪约三百支，轻机枪三挺。现由省委直接指挥，以后番号我们拟编为支队的名义。

（四）杞县此次我们留下一个游击队，人枪百余，活动于睢、杞、陈留。

（五）西华胡晓初部（已经半公开党的领导武装）五个大队，人员五百，步枪略同，轻机枪六挺。现在西华之西。华东波部队两个大队，人员一千二百，枪九百，由李耀指挥，现配合我之行动于太淮地域。

对豫鄂边各地党委的工作指示

（一九三九年五月十七日）

胡服（刘少奇）

理治：

一、敌人已占领桐柏、唐河、新野等县，并有即经南阳向西安或洛阳进攻形〔趋〕势，豫南、豫西即将成为游击区。望对这一形势作以全盘布置。

二、对豫鄂边各地党委，在游击中〔区〕须发出紧急通知进行战争动员和发动游击战，竹沟亦应立即充分动员，除□□安全的后方机关外，应发动大规模游击战争。

三、目前豫鄂边各地党领导的武装部队为中心任务。竹沟附近部队一律称新四军，其他较远地区以组织独立部队为较好。

四、在敌情紧张时，我们一切机关和部队须提高警惕性，加强警戒，严格防备敌兵、汉奸、顽固分子及溃兵土匪之袭击。

五、老军事、政治干部延安即刻送来，并派一高级指挥员到竹沟负责，但一时尚不能到。

六、此间会议尚未开，我暂不能前来。送电台三架及款子、学生等到否？

胡服(刘少奇)、朱理治致李先念、陈少敏、杨学诚电

(一九三九年六月十九日)

在目前鄂中党的中心任务,是在于最短期内,扩大与创立一支五千人以上的党可直接领导的新四军。只有完成这一中心任务,才能在目前及可能的长久的摩擦之下,确立我党在鄂中之地位,才有可能应付各种事变。

鄂中顽固派正竭力打击应城。我党力量应在三、四支队。我党工作已无法掩护,望勿再迟延,立即编为新四军,免蹈杨威部队之覆辙。

目前新四军去应积极活动,打击汉奸、伪军及零星日寇,以便扩大影响,以便巩固统一战线。

目前先念部在鄂中尚不合法。据云军委会[①]有电令驻军驱逐信阳之新四军,鄂中友军亦有可能接到同样命令。你们除加紧扩大巩固部队,并严加警戒外,要向五战区、石专员及其他友军等处,加紧统一战线工作,求得新四军之合法,至少是(使)反对我们的工作减少。

新四军的指挥与编制要统一,只有这样才能增强战斗力量。

① 指国民政府军事委员会。

彭雪枫、张震、肖望东给竹沟镇父老兄弟姊妹们的一封信[①]

（一九三九年十月一日）

……变敌后为前线，积小胜成大胜。

同志们一定都还记得，新四军游击支队是去年十月由彭雪枫同志率领着自竹沟出发，挺进到敌后方的，至今已一年整了。这一年内，他们在豫、皖、苏三省交界地区不断地打击敌寇，消灭了无数的伪政权和汗〔汉〕奸武装，动员组织了广大的民众，建立了巩固的抗日根据地。今天在豫、皖、苏边一大块土地上，处处驲〔飘〕扬着我们的红旗。他们一年来的艰苦奋斗，取得了伟大的成果。他们在前方纪念东征一周年的时候，写了一封很恳切的信，给我们竹沟的父老兄弟姊妹——这对我们每一个同志，应该是多么大的一个快乐和兴奋呀！（编者）

请看！彭司令自前方来信。

亲爱的竹沟镇全体父老兄弟姊妹们：

在离别了你们一年之后的今天，回想起在竹沟时的晚聚晨会，你们给予我们的关怀和爱护以及别后你们不断地通信慰劳和鼓励，我们是不胜之感激。

东征一年来，在和敌伪大小六十次胜利战斗中，在统一战线工作、民运工作的开展中，我们这一支队伍长〔壮〕大了。从敌人手里缴获了共计一千四百余支的轻重武器，唤醒和组织了三千多万呻吟在敌人铁蹄之下的同胞。

我们这一支队和周团长、林政委所领导的八团，已经取得了密切的配合。八团和我们的胜利与壮大，都证明了你们所种植灌溉的花朵已经成长和茂盛起来，你们并未白花心血。因此，我们的胜利也就是你们的光荣，你们应引以自慰和自豪的。

我们在一周年纪念日的今天，仅以至诚向你们致亲切的敬意，我们誓以更多更大的胜利来酬答你们的关怀和爱护！

敬祝

你们健康！

彭雪枫、张震、肖望东率领游击支队全体指战员于豫、皖、苏边十月一日

① 原载一九三九年十月在河南省确山县竹沟镇出版的《小消息报》。

对豫鄂根据地的工作布置给中央书记处的报告(节录)

(一九三九年十月十二日)

胡服(刘少奇)

(一)情况:

1.信阳、应山、随县北部及桐柏县若干地区,与沿平汉线南段两侧若干地区,尚有由我军独立创立小块根据地、建立政权、解决给养之可能。

2.竹沟环境甚为严重。顽固分子在竹沟周围布置了反对我们的特务工作。五战区有命令给汝南八区行政专员,通缉朱理治,要相机拿获法办。

3.安徽反共空气亦加紧。鄂东部队处在严重环境中(廖磊之正规军一师向礼山、黄陂进攻,明对敌人,暗对我们),须有负责人前往去主持。

4.(略)

(二)对于此间工作我拟作下列布置:

1.由理治率竹沟大部工作人员及武器、教导队去信、应、随、桐交界地之四望山(该地已成为我们一小根据地,能自筹给养),集中注意力建立敌后地区工作。主要任务是巩固现有部队,创造根据地,筹措给养。

2.竹沟留守处缩小,主要办理后方勤务及交通。

3.(略)

4.(略)

5.从河南地方党中调一批最好的党员到部队中工作,到敌后创立根据地。

6.(略)

全国解放战争时期

中原工作文献(一)

三军协力解决大别山困难

（一九四八年一月二日）

毛泽东

刘邓，粟陈唐，陈谢[①]并告徐滕薄[②]：

（一）粟、陈、唐东晨电[③]悉。此次粟、陈两军[④]歼灭三师及围攻确山之行动，已从大别山方面调动敌人六个旅向西向北，八十五师亦被赵纵[⑤]之行动调至应城地区，五师、七十五师亦被调动至沙河附近。这一形势有利于大别山方面之作战，亦有利于郑徐线南北我军之活动。但因二十师未能歼灭，刘邓方面尚未来得及执行由分散工作到集中歼敌，白崇禧[⑥]所部进攻刘邓之实力并未减少，如果此时粟陈唐部迅即转回郑徐线，陈谢准备向渭南，则大别山之困难仍难解决；而大别山困难只有由刘邓、粟陈、陈谢三军协力在一至二个月内歼敌数个旅，方能开辟胜利解决之道路。大别山根据地之确立则是整个南线胜利的重要环节。

（二）因此我们意见：甲、刘邓在内线于本月内开始集中相当兵力，以寻机歼敌二个至三个旅为目标。乙、刘邓之一纵仍在淮河以北执行钳制任务，必要时配合粟陈、陈谢作战。丙、粟陈、陈谢已会合之各部统在确山、许昌之间集结休整若干天，吸引敌人于自己周围，以利刘邓之作战，并准备寻机歼敌一路。如南面无好打之仗，许昌之敌好打则打许昌之敌；如许昌之敌不好打，则考虑以粟陈唐部攻占南阳，陈谢部攻占襄樊[⑦]，吸引白崇禧部向西，以利刘邓

---

① 刘，指刘伯承（一八九二～一九八六），四川开县人，当时任晋冀鲁豫野战军司令员。邓，指邓小平，一九〇四年生，四川广安人，当时任晋冀鲁豫野战军政治委员。粟，指粟裕（一九〇七～一九八四），湖南会同人，当时任华东野战军副司令员。陈，指陈士榘（一九〇九～一九九五），当时任华东野战军参谋长。唐，指唐亮（一九一〇～一九八六），湖南浏阳人，当时任华东野战军政治部主任。陈，指陈赓（一九〇三～一九六一），湖南湘乡人，当时任晋冀鲁豫野战军陈谢集团前委书记。谢，指谢富治（一九〇九～一九七二），湖北黄安（今红安）人，当时任晋冀鲁豫野战军陈谢集团前委副书记。

② 徐，指徐向前（一九〇一～一九九〇），山西五台人，当时任晋冀鲁豫军区第一副司令员。滕，指滕代远（一九〇四～一九七四），湖南麻阳人，当时任晋冀鲁豫军区第二副司令员。薄，指薄一波，一九〇八年生，山西定襄人，当时任晋冀鲁豫军区第一副政治委员。

③ 指粟裕、陈士榘、唐亮一九四八年一月一日晨给中共中央军委的请示电报。电报就配合大别山战斗提出三种行动方案：一是粟陈部、陈谢部及刘邓之一纵三军沿平汉线南下，威胁武汉，以调动敌人。二是三军分开行动，陈谢部向西，月底进入渭南；刘邓之一纵仍东返淮河以北、正阳和息县以东地区活动；粟陈部四个纵队转至沙河以北、许昌和郑州以东地区，会合八、十、十一纵队全力东向击破津浦。三是陈谢部仍留确山以西地区活动，吸引分散敌人。电报认为以执行第二方案为适当。

④ 指粟裕任副司令员的华东野战军和陈赓任前委书记的晋冀鲁豫野战军陈谢集团。

⑤ 赵纵，指赵基梅任司令员的晋冀鲁豫野战军第十二纵队。

⑥ 白崇禧（一八九三～一九六六），广西临桂人。当时任国民党政府国防部部长兼国防部九江指挥部主任。

⑦ 指湖北的襄阳和樊城，一九五一年合并为襄樊市。

之作战并寻机歼灭向西之敌之一部。同时让敌重占许昌、确山段,以利尔后粟陈唐回师歼其一部。陈谢占襄樊后与已占郧阳之刘旅①打通联系,在汉水中段建立自己的巩固后方,以利尔后向渭南之行动(在大别山困难已获初步克服之后),并协助王、赵两纵②开辟桐柏、江汉两区。如果我军采取此项行动,还可能分散白崇禧一部向宜昌一带布防。丁、八、十、十一纵于攻克菏泽后休整若干天即举行徐蚌段破击战役,该三纵在两个月内即在徐蚌东西、郑徐南北地区单独作战,不要盼望主力向东。

(三)你们对上述部署意见如何,盼考虑电复。

军委

子冬

根据毛泽东手稿刊印。

① 刘旅,指刘金轩任旅长的晋冀鲁豫野战军第四纵队第十二旅。

② 王、赵两纵,指王宏坤和赵基梅分别任司令员的晋冀鲁豫野战军第十纵队和第十二纵队。

中原和西北地区的作战部署

（一九四八年一月九日）

毛泽东

刘邓，粟陈唐，陈谢①，并告邯郸局，华东局，中工委：

各电均悉。为着在两至三个月内歼敌十个旅左右，协助刘邓建立大别山、桐柏山、江汉等处根据地，协助陈谢建立豫西南、鄂西北、陕东南及豫西根据地，协助彭张②建立渭北根据地，并破坏津浦路，扩大豫皖苏根据地，协助苏北、苏中作战之目的，部署如下：

甲、第一阶段，（一）刘邓集结相当力量，粟裕三个纵队（四纵不在内），陈谢不少于五个旅，于子有（二十五日）以前休息整训完毕；子有以后，粟裕及陈谢两军统一由粟指挥，由现地向豫鄂陕边行动，相机攻占南阳、镇平、内乡、淅川、邓县、新野、襄阳、樊城、宜城、南漳、光化③、老河口、谷城、均县④、郧阳、西坪、卢氏、商南、商县诸城镇，相机歼灭该区敌人，并吸引白崇禧⑤军一部西进相机歼灭之。在配合作战时，王宏坤、赵基梅两纵⑥受粟指挥（该两纵以分散游击为主）。（二）刘邓在大别山、淮北各部集结相当力量相机歼敌。（三）陈粟⑦八、十、十一纵及四纵分别在陇海汴徐线以北及沙河流域休整一个整月，然后以三个纵队在徐蚌线东西、郑徐线南北相机歼敌，并大破该两路。（四）彭张主力（八个旅）于本月休整完毕，下月初开始向延安、宜川线出击（该线有胡⑧军七个旅），得手后向该线以南、渭水以北进击，以建立渭北根据地为目的（该地是向陇南行动建立甘陕川边根据地之跳板）。

乙、第二阶段，粟部及陈谢部在豫鄂陕边地区休整一时期，然后陈谢部向渭南行动，粟陈唐三个纵队并加一个纵队向北行动，相机攻占郑州、潼关间各城镇，歼灭该线敌人。刘邓在现地相机休整及作战，陈粟之八、十、十一纵仍服原任务，准备从山东调二、七两纵至苏北作

① 刘邓，指刘伯承、邓小平，当时分别任晋冀鲁豫野战军司令员和政治委员。粟陈唐，指粟裕、陈士榘、唐亮，当时分别任华东野战军副司令员、参谋长和政治部主任。陈谢，指陈赓、谢富治，当时分别任晋冀鲁豫野战军陈谢集团前委书记和副书记。

② 彭，指彭德怀（一八九八～一九七四），湖南湘潭人，当时任西北野战军司令员兼政治委员。张，指张宗逊，一九〇八年生，陕西渭南人，当时任西北野战军副司令员。

③ 光化，一九八三年并入老河口市。

④ 均县，今湖北丹江口市。

⑤ 白崇禧，当时任国民党政府国防部部长兼国防部九江指挥部主任。

⑥ 指王宏坤和赵基梅分别任司令员的晋冀鲁豫野战军第十纵队和第十二纵队。

⑦ 陈，指陈毅（一九〇一～一九七二），四川乐至人，当时任华东野战军司令员兼政治委员。粟，指粟裕。

⑧ 胡，指胡宗南（一八九六～一九六二），浙江孝丰（今属安吉）人。当时任国民党军西安绥靖公署主任。

战,待华中分局建立后,该两纵归陈粟指挥(陈毅于子虞[①]到中央,约两星期后动身归队)。

丙、第三阶段,粟部准备在郑潼线上休整一个月至两个月(请邯郸局准备粮食),然后向平汉线上及平汉、津浦之间作战。

军委

子佳

根据毛泽东手稿刊印。

① 子虞,即一月七日。

对粟裕部在宽大区域机动作战的指示

（一九四八年一月十日）

毛泽东

粟陈①，并告陈谢，刘邓②：

佳申电③悉。

（一）军委佳电④已回答了你们的问题，两个方案都要执行。你们现在集中全力进行准备工作，休养兵力，提高士气及战术，整顿纪律（十分要紧），开干部会，二十五日以后执行向西南行动的计划。

（二）西南十余县是一个宽大机动区域。有山地，亦有平地，有缺粮区域，亦有富足区域。敌情不甚严重。分几个步骤，争取攻占南阳、淅川、西坪、卢氏、襄樊、老河口等城，争取歼灭六十五师及其他敌人及地主武装。攻城先经侦察及试攻。环境许可时，用坑道作业去攻。无法攻的，临时改为围城打援，或弃之不攻，再攻别地。不预先存着一定要打开某城，一定要歼灭多少敌人的想法，能歼多少即算多少。军队疲劳了就休息（充分注意休息），休息好了就打仗。要准备打九师、十师、二十师等部的增援。增援到了看形势，好打就打，不好打就机动，临机决定。这一战役将包括许多次战斗，时间亦不要固定。顺利则打久些，一个月两个月均可，看情况决定。如果形势有利的话，还可设想到信阳、汉口、襄阳三角地区去机动。对你们困难的是安置伤员的地点。你们应与陈谢一道在汉水中段设置临时后方。那里在肃清土顽以后，估计会是安全的。陈谢有一个旅已占郧西、郧阳。只要再占淅川、均县、老河口等处，并派小部武装及政工人员剿灭土匪，发动群众，后方就有了。你们熟悉这一带，对于秋季机动，也许是几条道路中的一条道路。

（三）你们应召集陈谢开一次会，大致商定作战步骤。陈谢及十纵、十二纵受你们指挥，你们应当放胆指挥。对不大之敌两军分区行动，对较大之敌（仍然只打中等规模之仗）则合同行动。总之一切由你们相机处理。

---

① 粟陈，指粟裕、陈士榘，当时分别任华东野战军副司令员和参谋长。

② 陈谢，指陈赓、谢富治，当时分别任晋冀鲁豫野战军陈谢集团前委书记和副书记。刘邓，指刘伯承、邓小平，当时分别任晋冀鲁豫野战军司令员和政治委员。

③ 指粟裕、陈士榘一九四八年一月九日申时给中共中央军委的电报。电报提出向郑陕线行动、击破津浦线和向南阳、襄樊行动的两个方案。

④ 指毛泽东一九四八年一月九日为中共中央军委起草的给刘伯承、邓小平等的电报。

(四)补充一事,待执行第二计划你们到达郑州、潼关线上作战时,可以解决。

(五)陈军长[1]到此谈了你们的情形,我们认为是满意的。

毛泽东

子灰

根据毛泽东手稿刊印。

---

① 陈军长,指陈毅,当时任华东野战军司令员兼政治委员,抗日战争时期曾任新四军军长。

征询邓小平对新解放区若干政策问题的意见①

（一九四八年一月十四日）

毛泽东

小平同志：

请回答下列问题：

（一）在新区是否应当分为两种区域，一种是可以迅速建立巩固根据地的，一种是要经过长期拉锯战才能建立巩固根据地的，对两种区域的工作采取不同的政策？

（二）新区土改是按土地法大纲分平，还是对富农及某些弱小地主暂时不动？新区中富农及弱小地主态度如何？

（三）是否有开明绅士和我们合作？

（四）是否有许多知识分子和我们合作或表示中立？

（五）各阶层商人态度如何？我军是否可以避免向新区工商业资本家进行筹款？如果筹款，方式如何？

（六）如何处理国民党政府、党部、三青团的各种人员？其中是否有些人是可以争取的？

---

① 邓小平，当时任晋冀鲁豫野战军政治委员。一九四八年一月二十二日，他在给毛泽东的复电中详细谈了他对六个问题的看法。二月六日，毛泽东再致电邓小平等，指出："在大反攻后所占新区斗争策略与组织形式，均应与日本投降前的老区及日本投降至大反攻两年期间的半老区有所不同。在斗争策略上似应分为两阶段：第一阶段，缩小打击面，中立富农，专对地主，又应分为打击大地主阶层与打击整个地主阶级两个步骤。此阶段内因为中农是观望的，占农村人口百分之七十的贫农最为积极，故农会实际上是以贫农为主体，似乎可以不组织贫农团，而农会的名义亦似以农民协会为适当。第二阶段，则平分一切封建阶级的土地，富农至此时才动，此时应组织贫农团，以为农会或农民协会的领导骨干。"二月八日，邓小平复电毛泽东，认为在新区树立这样两个观念非常必要：一是"根据地之确立与土改之完成，要经过相当长的过程，绝非一年半载所能达到"；二是"在斗争策略上，应分阶段、分地区地逐步深入"，开始应缩小打击面，以免犯急性病和策略上的错误。大别山区"应分为两种区域，即可以巩固的区域和游击区域"。在可以巩固的区域应注意：（一）中农打乱平分应绝对采取自愿原则，不要勉强。（二）贫农团已保证了贫农在农村的领导骨干作用，即应迅速扩大为农民协会，吸收中农入会和个别中农积极分子加入领导机关。亦可不先组织贫农团，而先组织农民协会，但必须保证贫农的领导。（三）暂时不斗富农底财。（四）使地主，特别是小地主能够生活，不要一扫而光。复电还讲到，地主经营的工商业应该保留，不予没收。二月十七日，毛泽东转发了这份电报，指出："小平所述大别山经验极可宝贵，望各地各军采纳应用。"

如何处理保甲长?

毛泽东

子寒

根据毛泽东手稿刊印。

南线三军三个月的作战方针

（一九四八年一月二十六日）

毛泽东

刘邓李[1]，并告粟，陈谢，徐滕薄[2]，华东局，邓子恢[3]，中工委：

有午电[4]及小平、刘邓报告一般情况各电均悉。

（一）陈粟[5]、陈谢两军本月休整，丑月开始新作战，丑寅卯[6]三个月包括作战间隙中的几次短期休息在内，可以举行三次至四次较大战役，歼灭大批敌人，即可有力地帮助你们。

（二）你们在三个月内，以分遣坚持，多休息打小仗，待三万新兵到手充实部队后，则打中等规模之仗为有利。三个月后南北配合行动，可能进入打大歼灭战之阶段。

（三）三个月内，陈粟、陈谢两军作战原则是调动敌人打中等规模之歼灭战。其机动范围是郑、洛、潼方向，南阳、襄樊方向，信阳、广水方向，淮阳、开封方向。总以能歼灭较多敌人，首先配合你们，其次配合彭张[7]及徐滕薄，又其次配合苏中、苏北为原则。

（四）请徐滕薄除训练新兵准备输送前方外，注意炮弹、手榴弹及炸药对于南线各军之供给。

（五）彭贺陈[8]到中央会商完毕，彭张军丑齐[9]以前从清涧以北开始南进，陈于月底动身东返，经中工委、五台、渤海、邯郸转达中央方针后，约寅初可到部队。

（六）许谭[10]率七、九两纵休整完毕后，由胶济线向苏北出动。今后苏北、苏中可形成一

---

① 刘邓，指刘伯承、邓小平，当时分别任晋冀鲁豫野战军司令员和政治委员。李，指李先念（一九〇九～一九九二），湖北黄安（今红安）人，当时任晋冀鲁豫野战军副司令员。

② 粟，指粟裕，当时任华东野战军副司令员。陈谢，指陈赓、谢富治，当时分别任晋冀鲁豫野战军陈谢集团前委书记和副书记。徐滕薄，指徐向前、滕代远、薄一波，当时分别任晋冀鲁豫军区第一副司令员、第二副司令员和第一副政治委员。

③ 邓子恢（一八九六～一九七二），福建龙岩人。当时任中共中央华东局副书记。

④ 指刘伯承、邓小平一九四八年一月二十五日午时给中共中央军委的电报。电报说，我们原拟乘粟裕和陈谢二月初行动、敌人略有调动时，即向敌弱点进攻，打开战局，故部队已集结休整。敌发现我集结后，又部署以五个师主力寻我作战，暂时不能减轻我之负担。我在敌几个强师压迫下，又无法作战，故只能再次分散行动。

⑤ 陈，指陈毅，当时任华东野战军司令员兼政治委员。粟，指粟裕。

⑥ 丑寅卯，即二月、三月、四月。

⑦ 彭张，指彭德怀、张宗逊，当时分别任西北野战军司令员兼政治委员和副司令员。

⑧ 彭，指彭德怀。贺，指贺龙，当时任陕甘宁晋绥联防军司令员兼晋绥军区司令员。陈，指陈毅。

⑨ 丑齐，即二月八日。

⑩ 许，指许世友（一九〇六～一九八五），河南新县人，当时任华东野战军山东兵团司令员。谭，指谭震林（一九〇二～一九八三），湖南攸县人，当时任华东野战军山东兵团政治委员。

重要战场,威胁京沪。中央决定恢复华中分局[①],陈毅为书记,邓子恢为副书记,受华东局领导,管辖现豫皖苏地区、苏北苏中地区及巢湖以东之淮南地区,七、九两纵及一切华中部队统归陈粟指挥。

军委

子宥

根据毛泽东手稿刊印。

① 因情况变化,中共中央关于恢复华中分局的决定没有实行。

再克洛阳后给洛阳前线指挥部的电报[①]

（一九四八年四月八日）

此次再克洛阳，可能巩固。关于城市政策，应注意下列各点。

一、极谨慎地清理国民党统治机构，只逮捕其中主要反动分子，不要牵连太广。

二、对于官僚资本要有明确界限，不要将国民党人经营的工商业都叫作官僚资本而加以没收。对于那些查明确实是由国民党中央政府、省政府、县市政府经营的，即完全官办的工商业，应该确定归民主政府接管营业的原则。但如民主政府一时来不及接管或一时尚无能力接管，则应该暂时委托原管理人负责管理，照常开业，直至民主政府派人接管时为止。对于这些工商业，应该组织工人和技师参加管理，并且信任他们的管理能力。如国民党人已逃跑，企业处于停歇状态，则应该由工人和技师选出代表，组织管理委员会管理，然后由民主政府委任经理和厂长，同工人一起加以管理。对于著名的国民党大官僚所经营的企业，应该按照上述原则和办法处理。对于小官僚和地主所办的工商业，则不在没收之列。一切民族资产阶级经营的企业，严禁侵犯。

三、禁止农民团体进城捉拿和斗争地主。对于土地在乡村家在城里的地主，由民主市政府依法处理。其罪大恶极者，可根据乡村农民团体的请求送到乡村处理。

四、入城之初，不要轻易提出增加工资减少工时的口号。在战争时期，能够继续生产，能够不减工时，维持原有工资水平，就是好事。将来是否酌量减少工时增加工资，要依据经济情况即企业是否向上发展来决定。

五、不要忙于组织城市人民进行民主改革和生活改善的斗争。要等市政管理有了头绪，人心已经安定，经过周密调查，弄清情况和筹有妥善解决办法的时候，才可以按情况酌量处理。

六、大城市目前的中心问题是粮食和燃料问题，必须有计划地加以处理。城市一经由我们管理，就必须有计划地逐步解决贫民的生活问题。不要提“开仓济贫”的口号。不要使他们养成依赖政府救济的心理。

七、国民党员和三青团员，必须妥善地予以清理和登记。

---

① 这是毛泽东同志为中共中央起草的电报。因为它的内容不但适用于洛阳，也基本上适用于一切新解放的城市，所以这份电报同时发给了其他前线和其他地区的领导同志。

八、一切作长期打算。严禁破坏任何公私生产资料和浪费生活资料,禁止大吃大喝,注意节约。

九、市委书记和市长必须委派懂政策有能力的人担任。市委书记和市长应该对所属一切工作人员加以训练,讲明各项城市政策和策略。城市已经属于人民,一切应该以城市由人民自己负责管理的精神为出发点。如果应用对待国民党管理的城市的政策和策略,来对待人民自己管理的城市,那就是完全错误的。

粟裕兵团暂不渡江，集中主力在中原歼敌[①]

（一九四八年五月五日）

毛泽东

刘邓[②]，并华东局：

将战争引向长江以南，使江淮河汉地区之敌容易被我军逐一解决，正如去年秋季以后将战争引向江淮河汉，使山东、苏北、豫北、晋南、陕北地区之敌容易被我军解决一样，这是正确的坚定不移的方针。惟目前渡江尚有困难。目前粟裕兵团（一、四、六纵）的任务，尚不是立即渡江，而是开辟渡江的道路，即在少则四个月多则八个月内，该兵团加上其他三个纵队，在汴徐线南北地区，以歼灭五军等部五六个至十一二个正规旅为目标，完成准备渡江之任务。在此期内，由该兵团派出十个营，附以地方干部，陆续先遣渡江，分布广大地区，发展游击战争。以上计划，是我们和陈粟[③]及一波、先念[④]所商定者。粟裕兵团，待陈粟由中央回去，结束政策学习及军事训练，约于本月底渡河作战。陈唐[⑤]所率三、八两纵应回至豫皖苏区，调换一纵西去，以便该兵团有一、三、四、六、八及十一等六个纵队集结打大仗。十纵已去豫陕鄂边，可不回来。但六七两月作战，陈唐回来已来不及，应由一纵参加此两月作战，待雨季休整时再由陈唐与一纵调换。本月内请刘邓命一纵、十一纵在汴徐以南适当地点休整，待粟裕命令，月底协同作战。当粟裕打五军等部时，许谭兵团[⑥]应向津浦线行动，相机歼灭并钳制十二

---

① 粟裕兵团，指粟裕兼任司令员和政治委员的华东野战军第一兵团。关于粟裕兵团的作战地点和任务，中央军委曾于一九四八年一月决定由粟裕率领兵团的三个纵队南渡长江执行宽大机动任务，先在湘赣两省周旋半年至一年，然后以跃进方式分几个阶段挺进闽浙赣地区，如此吸引二十至三十个旅的国民党军回防江南，迫敌处于更加被动地位。毛泽东在一九四八年一月二十七日为中共中央军委起草的致粟裕的电报中，提出三个渡江方案：一是休整半个月后，乘敌不备从宜昌上下游渡江；二是在二、三、四月进入伏牛山秦岭以南、长江以北、平汉以西地区，除作战外，休整一个月，然后渡江；三是二、三、四月在伏牛山、长江之间作战，五月北返，休整两三个月后在秋季渡江。二月一日，毛泽东又就渡江问题为中共中央军委起草致粟裕电，同意粟裕率三个纵队赴陇海线附近再休整一个半月，三月下旬出动。渡江路线，争取走湖口、当涂之间，或南京、江阴之间。渡江方法采宽正面分路或分梯队偷渡。四月十八日，粟裕向中央军委建议暂缓渡江，认为三个纵队渡江后不一定会吸引国民党军主力回防，反而分散了自身兵力，加上其他不利条件，不如继续留在中原作战为好。四月三十日，经中央开会讨论，粟裕的建议被毛泽东和中央军委所采纳。此后，中原战场我军取得重大胜利，为即将到来的淮海战役创造了有利条件。

② 刘邓，指刘伯承、邓小平，当时分别任晋冀鲁豫野战军司令员和政治委员。

③ 陈粟，指陈毅、粟裕，当时分别任华东野战军司令员兼政治委员和副司令员，正在河北阜平城南庄参加中共中央书记处扩大会议。

④ 一波，即薄一波，当时任晋冀鲁豫军区第一副政治委员。先念，即李先念，当时任晋冀鲁豫野战军副司令员。

⑤ 陈唐，指陈士榘、唐亮，当时分别任华东野战军参谋长和政治部主任。

⑥ 许谭兵团，指许世友任司令员、谭震林任政治委员的华东野战军山东兵团。

师、七十五师、八十四师、七十三师等部。其动作时间,应在本月下旬,请华东局令知许谭准备。同时,令知韦陈兵团①,在苏北发起歼敌战役,配合动作。粟裕兵团的供应,由华北、山东两方统筹。

军委

辰微

根据毛泽东手稿刊印。

① 韦陈兵团,指韦国清任司令员、陈丕显任政治委员的华东野战军苏北兵团。

关于淮海战役的作战方针

（一九四八年十月十一日）

毛泽东

关于淮海战役部署，现在提出几点意见，供你们考虑。

（一）本战役第一阶段的重心，是集中兵力歼灭黄百韬兵团，完成中间突破，占领新安镇、运河车站、曹八集、峄县、枣庄、临城、韩庄、沭阳、邳县、郯城、台儿庄、临沂等地。为达到这一目的，应以两个纵队担任歼灭敌一个师的办法，共以六个至七个纵队，分割歼灭敌二十五师、六十三师、六十四师。以五个至六个纵队，担任阻援和打援。以一个至二个纵队，歼灭临城、韩庄地区李弥部一个旅，并力求占领临、韩，从北面威胁徐州，使邱清泉、李弥两兵团不敢以全力东援。以一个纵队，加地方兵团，位于鲁西南，侧击徐州、商丘段，以牵制邱兵团一部（孙元良三个师现将东进，望刘伯承、陈毅、邓小平即速部署攻击郑徐线牵制孙兵团）。以一个至二个纵队，活动于宿迁、睢宁、灵璧地区，以牵制李兵团。以上部署，即是说要用一半以上兵力，牵制、阻击和歼敌一部，以对付邱李两兵团，才能达到歼灭黄兵团三个师的目的。这一部署，大体如同九月间攻济打援的部署，否则不能达到歼灭黄兵团三个师的目的。第一阶段，力争在战役开始后两星期至三星期内结束。

（二）第二阶段，以大约五个纵队，攻歼海州、新浦、连云港、灌云地区之敌，并占领各城。估计这时，青岛之五十四师、三十二师很有可能由海运增至海、新、连地区。该地区连原有一个师将共有三个师，故我须用五个纵队担任攻击，而以其余兵力（主力）担任钳制邱李两兵团，仍然是九月间攻济打援部署的那个原则。此阶段亦须争取于两个至三个星期内完结。

（三）第三阶段，可设想在两淮方面作战。那时敌将增加一个师左右的兵力（整八师正由烟台南运），故亦须准备以五个纵队左右的兵力去担任攻击，而以其余主力担任打援和钳制。此阶段，大约亦须有两个至三个星期。

三个阶段大概共须有一个半月至两个月的时间。

（四）你们以十一、十二两月完成淮海战役。明年一月休整。三至七月同刘邓协力作战，将敌打至江边各点固守。秋季你们主力大约可以举行渡江作战。

中原我军占领南阳①

(一九四八年十一月五日)

毛泽东

〔新华社郑州五日电〕在人民解放军伟大的胜利的攻势下,南阳守敌王凌云于四日下午弃城南逃,我军当即占领南阳。南阳为古宛县,三国时曹操与张绣②曾于此城发生争夺战。后汉光武帝刘秀③,曾于此地起兵,发动反对王莽④王朝的战争,创立了后汉王朝。民间所传二十八宿,即刘秀的二十八个主要干部,多是出生于南阳一带。在过去一年中,蒋介石极重视南阳,曾于此设立所谓“绥靖区”,以王凌云为司令官,企图阻遏人民解放军向南发展的道路。上月,白崇禧⑤使用黄维兵团⑥三个军的力量,经营整月,企图打通信阳、南阳间的运输道路,始终未能达到目的。最近蒋军因全局败坏,被迫将整个南部战线近百个师的兵力,集中于以徐州为中心和以汉口为中心的两个地区,两星期前已放弃开封,现又放弃南阳。从此,河南全境,除豫北之新乡、安阳,豫西之灵宝、阌乡,豫南之确山、信阳、潢川、光山、商城、固始等地尚有残敌外,已全部为我解放。去年七月,南线人民解放军开始向敌后实行英勇的进军以来,一年多时间内,除歼灭了大量的国民党正规部队以外,最大的成绩,就是在大别山区(鄂豫区)、皖西区、豫西区、陕南区、桐柏区、江汉区、江淮区(即皖东一带)恢复和建立了稳固的根据地,创立了七个军区,并极大地扩大了豫皖苏军区老根据地。除江淮军区属于苏北军区管辖外,其余各军区,统属于中原军区管辖。豫皖苏区、豫西区、陕南区、桐柏区现已联成一片,没有敌人的阻隔。这四个军区并已和华北联成一片。我武装力量,除补上野战军和地方军一年多激烈战争的消耗以外,还增加了大约二十万人左右,今后当有更大的发展。白崇禧经常说,“不怕共产党凶,只怕共产党生根”,他是怕对了。我们在所有江淮河汉区域,

---

① 这是毛泽东为新华社起草的新闻稿。

② 曹操(一五五~二二〇),沛国谯县(今安徽亳州市)人,三国时的政治家和军事家。张绣(?~二〇七),东汉武威祖厉(今甘肃会宁西北)人,董卓部将张济之侄。张济死后,张绣继领其众屯兵宛城(今南阳)。一九七~一九八年,曹操几次征讨张绣。后张绣降曹。

③ 刘秀(公元前五年~公元五十七年),南阳蔡阳(今湖北枣阳西南)人,西汉皇族。新朝末年起兵反对王莽,加入绿林军,公元二十五年称帝,建立东汉王朝,亦称后汉王朝。

④ 王莽(公元前四十五年~公元二十三年),“新王朝”的建立者。西汉末年,以外戚掌握政权。公元八年称帝,改国号为“新”。公元二十三年,农民起义军攻入长安,王莽被杀,新朝灭亡。

⑤ 白崇禧,当时任国民党军华中“剿匪”总司令部总司令。

⑥ 黄维兵团,指黄维任司令官的国民党军第十二兵团。

不仅是树木，而且是森林了。不仅生了根，而且枝叶茂盛了。在去年下半年的一个极短时间内，我们在这一区域曾经过早地执行分配土地的政策，犯了一些策略上的“左”的错误。但是随即纠正了，普遍地利用了抗日时期的经验，执行了减租减息的社会政策和各阶层合理负担的财政政策。这样，就将一切可能联合或中立的社会阶层，均联合或中立起来，集中力量反对国民党反动统治势力及乡村中为最广大群众所痛恨的少数恶霸分子。这一策略，是明显地成功了，敌人已经完全孤立起来。在我强大的野战军和地方军配合打击之下，困守各个孤立据点内的敌人，如像开封、南阳等处，不得不被迫弃城逃窜。南阳守敌王凌云统率的军队是第二军、第六十四军以及一些民团，现向襄阳逃窜。襄阳也是国民党的一个所谓“绥靖区”，第一任司令官康泽①被俘后，接手的是从新疆调来的宋希濂②。最近宋希濂升任了徐州的副总司令兼前线指挥所主任，去代替原任的杜聿明③。杜聿明则刚从徐州飞到东北，一战惨败，又逃到了葫芦岛。王凌云到襄阳，大概是接替宋希濂当司令官。但是从南阳到襄阳，并没有走得多远，襄阳还是一个孤立据点，王凌云如不再逃，康泽的命运是在等着他的。

根据一九四八年十一月九日

《人民日报》刊印。

① 康泽（一九〇四～一九六七），四川安岳人。曾任国民党军第十五绥靖区司令官，一九四八年七月被中国人民解放军俘虏。

② 宋希濂（一九〇七～一九九三），湖南湘乡人。一九四八年八月任国民党军华中“剿匪”总司令部副总司令兼第十四兵团司令官，九月调任国民党军徐州“剿匪”总司令部副总司令。

③ 杜聿明，一九四八年十月由国民党军徐州“剿匪”总司令部副总司令调任国民党军东北“剿匪”总司令部副总司令。

淮海战役第一仗和第二仗的歼敌任务[①]

(一九四八年十一月七日)

毛泽东

粟陈张钟刘,并告陈邓[②],华东局及王谭[③]:

(一)完全同意鱼戌电[④]所述攻击部署,望你们坚决执行。非有特别重大变化,不要改变计划,愈坚决愈能胜利。在此方针下,由你们机断专行,不要事事请示,但将战况及意见每日或每两日或每三日报告一次。

(二)第一仗估计需要十天左右时间,力争歼灭黄百韬[⑤]十个师(包括四十四军),李弥[⑥]一个至两个师,冯治安[⑦]四个师(包括可能起义者在内),刘汝明[⑧]六个师(包括可能起义者在内),以上共计二十一个至二十二个师。如能达成此项任务,整个形势即将改变,你们及陈邓即有可能向徐蚌线迫进,那时蒋介石可能将徐州及其附近的兵力撤至蚌埠以南。如果敌人不撤,我们即可打第二仗,歼灭黄维、孙元良[⑨],使徐州之敌完全孤立起来。

(三)为了连续作战歼灭大量敌人之目的,你们应仿照济南战役之办法,对我各作战部队随战随补,随补随战,使部队经常保有充足的兵员和旺盛的士气,此点甚为重要。为此,应将后方补训兵团移到接近战场的位置,以便将已经训练好的新兵及俘虏能够迅速补充部队,同

---

① 这是毛泽东为中共中央军委起草的给华东野战军代司令员兼代政治委员粟裕、参谋长陈士榘、副参谋长张震、政治部副主任钟期光和后勤司令刘瑞龙的电报。

② 陈邓,指陈毅、邓小平,当时分别任中原野战军第一副司令员和政治委员。

③ 王谭,指王建安、谭震林,当时分别任华东野战军山东兵团副司令员和政治委员。

④ 指粟裕、陈士榘、张震等一九四八年十一月六日戌时给中共中央军委的电报。电报说:“淮海战役决仍按已定方针执行。为着驱逐与解决沂河以东沿岸少数土顽,便于掩护架桥和主力开进,今晚即以鲁纵围歼郯城、大埠之王洪九顽部;六纵围歼马头及南北沿河岸之敌;七纵围歼峄县、枣庄之敌;十纵包围临城,逼独立旅(土顽改编的)起义。”三纵、广纵及冀鲁豫独立旅向丰县、砀山线前进,以求扫清敌外围。明晚即迫近敌人,封锁消息,八日晚即完成分割包围,展开攻击。电报还说:“已令淮海分区派队迫近新浦、海州,确实查明情况。如敌确已撤退,即布置接收入城,维持秩序纪律,掌握政策,并控制连云港,向海上布置警戒。另以一部配合滨海地方武装及苏北兵团一部,严防敌四十四军之西进,使其不能迅速与黄兵团会合配合作战。”

⑤ 黄百韬,当时任国民党军第七兵团司令官。

⑥ 李弥,当时任国民党军第十三兵团司令官。

⑦ 冯治安,当时任国民党军第三绥靖区司令官。

⑧ 刘汝明,当时任国民党军第四绥靖区司令官。

⑨ 黄维(一九〇四~一九八九),江西贵溪人。当时任国民党军第十二兵团司令官。孙元良,一九〇四年生,四川华阳(今属成都市)人,当时任国民党军第十六兵团司令官。

时将此次战役中所获俘虏迅速接收训练及补充部队。

军委

七日二十时

根据中央档案馆保存的原件刊印。

截断宿蚌路,歼敌于淮河长江以北[①]

(一九四八年十一月九日)

毛泽东

陈邓,粟陈张,并谭王[②]:

齐电[③]悉。

(一)徐州敌有总退却模样,你们按照敌要总退却的估计,迅速部署截断敌退路以利围歼是正确的。

(二)陈、邓直接指挥各部,包括一、三、四、九纵应直出宿县,截断宿蚌路,四纵不应在黄口附近打邱清泉[④],而应迅速攻宿县,一纵在解决一八一师后,应立即去宿县。华野三、广两纵的任务是对付邱清泉,但应位于萧县地区从南面向黄口、徐州线攻击,以便与宿县我军联结。如敌向南总退却时,则集中六个纵队歼灭之。

(三)粟、陈、张应令谭、王集中七、十、十三纵及由南向北之十一纵,以全力向李弥兵团[⑤]攻击,用迅速手段歼灭该兵团的全部或大部,控制并截断徐州至运河[⑥]车站之间的铁路,运东主力则歼灭黄兵团[⑦]。

(四)只要以上几点办到,就能破坏敌人总退却的计划,遭我全部歼灭,并占领徐州。现在不是让敌人退至淮河以南或长江以南的问题,而是第一步(即现在举行之淮海战役)歼敌主力于淮河以北,第二步(即将来举行的江淮战役[⑧])歼敌余部于长江以北的问题。

---

① 这是毛泽东为中共中央军委起草的给中原野战军第一副司令员陈毅、政治委员邓小平和华东野战军代司令员兼代政治委员粟裕、参谋长陈士榘、副参谋长张震等的电报。

② 谭王,指谭震林、王建安,当时分别任华东野战军山东兵团政治委员和副司令员。

③ 指陈毅、邓小平一九四八年十一月八日给谭震林并报中共中央军委的电报。电报说,我已令三纵向黄口、徐州急进,协同四纵歼敌。现三、九两纵正向东进。今晨经由永城向宿县逃退之敌,确系邱清泉兵团部队。蒋军究竟只撤退邱清泉、刘汝明两部,还是整个放弃徐州,不日即可判明。如判明蒋军整个南撤设防淮河时,如有可能,你们要派部队举行追击,迅速进至淮南、路东。

④ 邱清泉,当时任国民党军第二兵团司令官。

⑤ 李弥兵团,指李弥任司令官的国民党军第十三兵团。

⑥ 运河,镇名,在江苏邳县。

⑦ 黄兵团,指黄百韬任司令官的国民党军第七兵团。

⑧ 江淮战役于一九四九年一月十六日至二十四日举行。这次战役歼灭了残留在淮河以南、长江以北地区并向江南撤退的敌人,解放了江淮间广大地区。

（五）敌指挥系统甚为恐慌混乱，望你们按照上述方针，坚决执行，争取全胜。此时我军愈坚决，愈大胆，就愈能胜利。

军委

九日十六时

根据中央档案馆保存的原件刊印。

热烈祝贺淮海战役胜利结束[①]

(一九四九年一月二十日)

毛泽东

刘伯承、陈毅、邓小平、饶漱石、张云逸、粟裕、谭震林、陈赓[②]诸同志,华东人民解放军和中原人民解放军的全体同志们:

淮海战役自去年十一月六日开始,至今年一月十日已完全胜利结束。在这六十五天作战中,你们消灭了国民党反动政府在南线的主力黄百韬兵团[③]全部五个军十个师,黄维兵团[④]全部四个军十一个师(内有一个师起义),杜聿明所率邱清泉、李弥、孙元良三个兵团[⑤]全部十二个军三十一个师(内有一个骑兵旅),冯治安[⑥]部两个军四个师(内有三个半师起义),刘汝明[⑦]部一个师,孙良诚[⑧]部一个军两个师,宿县、灵璧守军各一个师,以上共正规军二十四个军六十一个师,加上其他部队,共消灭敌军兵力五十三万余人。你们生俘了战争罪犯国民党徐州"剿匪"总司令部副总司令杜聿明,国民党第十二兵团司令黄维及国民党军其他高级将领多名,击毙了国民党第七兵团司令黄百韬。你们击退了李延年[⑨]、刘汝明两兵团的增援,迫使他们向沿江一线逃窜,从而使淮河以北地区完全解放,使淮南一带地区亦大部入我掌握。你们在淮海战役中获得如此伟大的胜利,与东北人民解放军在锦州、长春、辽西、沈阳诸役中的伟大胜利一样,证明人民解放军的战斗力已经无比地强大,因此我军能在一个战役中同时包围敌人的几个兵团,连续消灭敌人六十一个整师(内有四个半师起义)。淮海战役既然消灭了南线国民党军的主力,这就奠定了你们渡江南进夺取国民党匪巢南京,并解放江南各省的巩固的基础。

---

① 这个电报大部分是毛泽东加写和改写的。

② 刘伯承,当时任中原野战军司令员。陈毅,当时任中原野战军第一副司令员、华东野战军司令员兼政治委员。邓小平,当时任中原野战军政治委员。饶漱石,当时任华东军区政治委员。张云逸(一八九三~一九七四),广东文昌(今属海南省)人,当时任华东军区副司令员。粟裕,当时任华东野战军代司令员兼代政治委员。谭震林,当时任华东野战军副政治委员。陈赓,当时任中原野战军第四纵队司令员。

③ 指黄百韬任司令官的国民党军第七兵团。

④ 指黄维任司令官的国民党军第十二兵团。

⑤ 指邱清泉、李弥、孙元良分别任司令官的国民党军第二兵团、第十三兵团和第十六兵团。

⑥ 冯治安,原任国民党军第三绥靖区司令官。

⑦ 刘汝明,当时任国民党军第八兵团司令官。

⑧ 孙良诚,原任国民党军第一绥靖区副司令官兼第一〇七军军长。

⑨ 李延年,当时任国民党军第六兵团司令官。

中国共产党中央委员会特向我参加此次伟大战役的一切指挥员、战斗员、前后方服务的工作人员、游击部队、民兵等全体人员致以热烈的祝贺和慰问。同时告诉你们:敌人的主力虽已消灭,敌人的残部尚图抵抗,南京伪政府尚在布置所谓“京沪决战”。南京伪政府发动反革命战争,残杀数百万人民,在所谓“剿匪”“戡乱”的伪令之下,压迫工、农、兵、学、商各界人民,无所不用其极。凡此种种,南京伪政府今已自食其果,主力被歼,众叛亲离,伪政府统治已至不能维持的境地。在此种形势下,南京伪政府乃由战争罪犯蒋介石、孙科①等出面,一面提出虚伪的反动的和平条件,一面布置所谓“京沪决战”,企图阻止人民解放军渡江,保存匪帮残余力量,取得美帝国主义援助,休养生息,然后向人民解放军发动进攻,消灭人民解放军。此种阴谋诡计,现已完全暴露。现在全国人民对于南京伪政府业已完全丧失信任,伪政府已无继续存在之余地。伪府诸酋,虽欲恋栈,已不可能。为使全国人民早日获得和平,中国共产党中央委员会业已向南京伪政府提出八个真正的民主的和平条件,等候南京伪政府答复。如果他们同意这些条件,你们即应和平地开入南京,代表中国人民接收南京伪政府的一切权力,听候即将成立的民主联合政府处理。如果他们不同意这些条件,那就证明他们的所谓和平建议不过是一个骗局,你们即应命令南京伪政府投降。如果他们又不愿意投降,你们即应歼灭之。在等候南京伪政府答复我们的和平建议的期间内,你们的攻击暂以长江北岸为范围,准备渡江,但是不要立即渡江,以便给南京伪政府人员一个考虑和战的机会。

在这里有一件事要告诉你们:不论和战,战争罪犯是必须拘捕的。我们的八个和平条件的第一个,就是惩办战争罪犯。现在南京城内尚有头等战争罪犯蒋介石、李宗仁、孙科、何应钦、吴铁城、王世杰、戴传贤、张群、陈果夫、陈立夫、翁文灏、王云五、张厉生、朱家骅、顾祝同、刘峙、余汉谋、周至柔、王叔铭、桂永清、汤恩伯、陶希圣及其他罪大恶极的帮凶们,例如胡适、郑介民、叶秀峰等人,企图继续作恶。你们现在就应侦察他们的动向,以便你们在不论是和平开进或者战斗解决时,能够不失时机,一律拘捕,交给人民法庭判罪。一切在逃之战争罪犯,即使逃到天涯地角,亦须穷追务获,归案法办,决不宽恕。而对于其他在伪党伪政府系统内服务之绝对大多数人员(占百分之九十以上)则应采取宽大政策,免予追究,并可分别优劣,量材录用,转为人民政府服务。对于那些过去犯有罪咎,现已彻底悔悟,愿从伪方自拔来归,或愿于伪方不愿和平解决时里应外合协助我军攻城歼敌者,应即准予将功折罪,并得依其情况酌予奖励。总之,你们应按照人民解放军总部早已宣布的首恶者必办、胁从者不问、立功者受奖三项原则,妥为办理,不纵不滥,以竟全功。

现在长江以南一带地方处于水深火热之中的工、农、兵、学、商各界广大人民群众,盼望你们前去,帮助他们获得解放,十分迫切,你们的责任还很重大。希望你们团结一致,继续努

---

① 孙科(一八九一~一九七三),广东香山(今中山市)人。当时任国民党政府行政院院长。

力,为完成解放南京及江南一带地方的伟大任务而奋斗!

中国共产党中央委员会

一九四九年一月二十日

根据中央档案馆保存的原件刊印。

全国解放战争时期

中原工作文献（二）

战略反攻的时机已经到来①

（一九四七年六月二十一日）

邓小平

党中央和毛主席说反攻时机到来了，这是有根据的。为什么？

首先，由于蒋介石反动集团面临着严重的军事危机，不能照旧统治下去了。蒋介石在第一线集中了二百二十多个旅，后方兵力非常空虚。在山东、陕北两个主要战场上，他不但打不出名堂来，而且还被我军逐渐歼灭了；在其他几个战场上，他已经完全处于被动挨打的地位。

蒋介石在山东集中了六十个旅，四十几万人。五个主力师（原军），摆在山东就有五军、十一师、七十四师三个师，摆在东北有新一军、新六军。结果在山东被我军歼灭六个半师（原军）。鲁南战役②被歼六个旅，莱芜战役③被歼七个旅，泰安战役④被歼三个旅，孟良崮战役⑤也同样是被歼三个旅。这使蒋介石在山东开始处于被动，虽然他在那里还能作战役性的进攻，但我们现在是想打哪里就能打哪里，主动权已经开始转到我军手里。

陕北战场上，蒋介石集中了三十四个旅，共二十多万人。但他也是毫无办法，我军不但歼灭了他三个半旅，同时解放区还扩大了十多万人口。我军也逐渐取得主动权，举行了部分反攻。昨天陕北电台广播说，我军又收复了环县等四个县城，并且打进关中，逼近三原。大家知道，陕北是解放区人口和兵力最少的地区，取得这样的胜利，更说明了蒋介石的军事危机。

此外，蒋介石至少有三个战场的战线已经支离破碎而采取了重点防御。豫北战场，安

---

① 这是邓小平在晋冀鲁豫野战军直属部队股长、营以上干部会议上所作报告的第一部分。晋冀鲁豫军区政治部在印发这个报告的通知中指出：此报告为干部学习的重要材料，应结合土地改革学习文件，求得深刻了解。邓小平当时任中共中央中原局书记。

② 鲁南战役，指一九四七年一月二日至二十日，由山东和华中野战军在山东枣庄地区进行的战役。这次战役歼灭国民党军整编第二十六师、第一快速纵队和整编第五十一师共五万三千五百余人。

③ 莱芜战役，指华东野战军在山东莱芜地区进行的战役。一九四七年一月底，国民党军分南北两线进攻山东解放区。华东野战军以一部牵制南线之敌，主力则隐蔽兼程北上莱芜歼灭李仙洲集团。战役自二月二十日开始至二十三日下午结束，歼灭国民党军五万六千余人，生俘国民党军第二绥靖区副司令官李仙洲。

④ 泰安战役，指一九四七年四月二十二日至二十六日，华东野战军第十、第三纵队围攻泰安的作战。这次战役，歼灭国民党军整编第七十二师（欠一个旅），生俘师长杨文泉。

⑤ 孟良崮战役，指华东野战军在山东蒙阴东南的孟良崮地区进行的战役。一九四七年五月上旬，国民党军三个兵团共十七个整编师由山东临沂、泰安一线分三路北进。十三日，华东野战军对敌整编第七十四师发起攻击，将其完全包围于孟良崮山区。激战至十六日，全歼敌整编第七十四师三万二千余人，击毙师长张灵甫。

阳、新乡、黄河铁桥已表现出支离破碎、重点防御的窘态。同蒲线战场,我们占领了二十三个县城,蒋介石仅夺回去一个,临汾、夏县、运城仍然孤零零地摆在那里。东北战场包括热河①,我军反攻更有力量,已经歼灭了蒋介石军队十一个师,蒋介石只能在四平、长春、沈阳进行支离破碎的重点防御。不久,沈阳的联系将被完全切断。昨夜消息,继赤峰收复之后,我军又收复了蓟县、遵化、平谷、香河等地,叶柏寿②据点收复后,承德与锦州的联系已被我军切断了。

蒋介石"线"不能保持住,"点"也不能保持住,所以,不能不来一个重点防御。

我们歼灭蒋军九十个旅以上,战局没有理由不发生变化,事实上已经发生变化了。有的同志说,蒋介石被歼灭九十多个旅,他还有一百多个旅啊!其实蒋介石有的不是一百多个旅,而是二百多个旅。问题在于我们歼灭蒋军九十多个旅,七十多万人,都是他的精华。现在,被歼灭的部队尽管还保存番号,兵员补充了又补充,可还是极不充实,新兵多,老弱多,质量坏,战斗力比以前大大减低。刘汝明③除一五三旅外,其余两个旅都被我军歼灭过,有的已被歼灭了两次。在西台集,蒋介石集中了三个团,一下子就被我们歼灭光了。所以说,蒋介石即使拼命补充被歼灭过的队伍,也没有理由使战局不发生变化,而且已经发生变化了。

有的同志怀疑,党中央和毛主席指出反攻时机已经成熟,是不是估计得不准确?他们觉得,一九四二年说抗日战争两年胜利,但到了两年又八个月才胜利;去年说和平到来了但又打起来了;说歼灭敌人三个二十五个旅,战局一定发生变化,后来朱总司令④又说要歼灭敌人两个四十五个旅。

这是不是党中央和毛主席在估计时局上发生了毛病呢?肯定地说,党中央和毛主席、朱总司令对时局的估计是对的,错误的是具有这种想法的一些同志。

关于党中央和毛主席估计抗日战争两年取得胜利的问题,需认清两点:(一)当时国际上爆发了太平洋战争⑤,第二战场可能及时开辟,条件是具备了的。当时国内,蒋介石对抗战发生动摇,面对敌后战争的残酷和艰苦,如一九四二年的反"扫荡"左参谋长⑥的牺牲,全国人民都在想,能不能取得抗日战争胜利?毛主席说,能,要争取两年胜利。(二)两年胜利是争取实现的目标。要争取实现这一目标,在国际上,要争取早日开辟第二战场。在国内,要争

---

① 热河,旧省名,辖今河北省东北部、辽宁省西部和内蒙古赤峰市,一九五五年撤销。

② 叶柏寿,旧县名。一九五一年撤销,划入辽宁建平县。

③ 刘汝明,当时任国民党军第四绥靖区司令官。

④ 朱总司令,指中国人民解放军总司令朱德。

⑤ 太平洋战争,指第二次世界大战期间反法西斯联盟国家与日本在太平洋地区进行的战争。一九四一年十二月七日晨,日本未经宣战,以强大的海、空军突然袭击美国在太平洋地区的主要海、空军基地珍珠港,使美国太平洋舰队遭到惨重损失。十二月八日,美国、英国对日本宣战,德国、意大利对美国宣战,太平洋战争正式爆发。日本军队先后侵占了东南亚的许多国家和地区以及太平洋上的一些岛屿,后来在太平洋地区各反法西斯国家武装力量的沉重打击下,不断遭到失败。一九四五年八月十五日,日本天皇宣布无条件投降。九月二日,日本代表在投降书上签字,战争结束。

⑥ 左参谋长,指左权,抗日战争爆发后,历任八路军副参谋长、前方总指挥部参谋长(后兼八路军第二纵队司令员)。一九四二年五月二十五日,在山西省辽县(今左权县)十字岭战斗中牺牲。

取克服蒋介石的动摇妥协,提高中国人民的胜利信心。这是争取胜利,而不是坐待胜利。

实际上,差不多是两年我们就取得了胜利,相差仅八个月。如果第二战场适时开辟,还不到两年就能取得胜利,那也就没有人说估计得不准确了。显然,党中央和毛主席的估计是准确的。争取两年胜利的口号,起了非常大的作用,它使全国人心大定,相信抗战前途是光明的,是有希望的。假若毛主席当时说,争取抗战胜利是长期的,试问,全国人民及敌占区人民将怎么样？这个口号,说明了毛主席对问题看得非常准确,提出得很适时,并且起了很大的作用。仅仅因为相差二百四十多天,就怪这怪那,很清楚,这是我们自己思想上的毛病,实际上是一种认为抗战太久了,不能再忍耐下去了的情绪的反映。

有的同志怀疑,党中央和毛主席提出争取和平对不对?

如果抗战一结束,毛主席就提出要战争,那末全国人民是会反对共产党的。如果不提和平,全国人民会跟蒋介石走;如果不提和平,有些同志在思想上也会跟蒋介石走。毛主席在七届一中全会[①]上说,和平是全国人民的要求,也是党内同志的要求。当时如果提出战争,或者不要战争也不要和平,都是要脱离人民的。

事实上,如果我们的同志在认识上确定蒋介石是反革命头子,是中国人民的敌人,我们提出和平是要争取全国人心,准备与蒋介石斗争,那末,我们提出争取和平有什么坏处？有些同志对蒋介石的反革命本性认识不足,有和平幻想、李自成[②]思想,丧失了斗志,结果发生了许多不良现象。因此,错误的不是党中央而是这些同志自己。

争取和平的作用是很大的:(一)使美蒋孤立起来,全国人民拥护共产党。(二)蒋介石打内战,共产党要和平,人民反内战是反对蒋介石。(三)蒋介石挑动内战,我们要自卫,全解放区军民毫不犹豫地行动起来。如果我们党当时没有提出争取和平的方针,又怎么能使全解放区人民动员起来,站在自卫立场上,积极消灭蒋介石军队呢?

蒋介石为了消灭我们,挑起内战。有的同志就说,我早就不相信和平,这一下我是看对了,上级看错了。好像他很正确。但如果在日本投降后不提出和平而提出打,结果只能是脱离人民,孤家寡人地同蒋介石打。实际上,这种人是怕战争,比任何人都幻想和平。和平幻想渗透到他的骨头里边。他们认为毛主席不高明,是因为仅仅争取了几个月的暂时和平,没有争取彻底的和平,给他们更多的和平时间来享福。他们不懂得要战争不要和平的不是我们,而是蒋介石,不懂得我们是迫不得已接受内战,我们就不得不起来教育人民、团结人民站在自卫立场上来反击敌人。

---

① 七届一中全会,指一九四五年六月十九日在陕西延安举行的中国共产党第七届中央委员会第一次全体会议。会议选举毛泽东、朱德、刘少奇、周恩来、任弼时等十三人为中央政治局委员;选举毛泽东为中央委员会主席、中央政治局主席和中央书记处主席;选举毛泽东、朱德、刘少奇、周恩来、任弼时为中央书记处书记。

② 李自成,明朝末年农民起义领袖。一六四四年率部攻入北京。进入北京后,产生了骄傲自满、享乐主义思想。不久,在明将吴三桂勾结清兵联合进攻下失败。

在《三个月总结》[①]中,党中央说,消灭了敌人三个二十五个旅,敌我军事形势就要发生基本的变化。在半年总结中,党中央又说,消灭蒋军两个四十五个旅,战局就要发生基本的变化。有的同志数学高明,发现了七十五同九十之间相差十五,因而想到是不是还要消灭敌人更多的旅,才算是战局发生基本的变化呢?

这种想法,意思就是想快点。其实七十五个旅同九十个旅相差并不多。现在已经歼灭了蒋军九十多个旅,战局已经发生了基本的变化,一点也没有错。既然起了基本的变化,为什么不能反攻呢?

三个月总结、六个月总结,毛主席和朱总司令的估计都是非常准确的。从总的方向来说,哪一点没有估计准确?仅仅计较天数、人数是不对的。毛主席思想是全党的准绳,这是历史上已经证明了的。二十多年的历史证明了毛主席是正确的。跟毛主席方向走,一定可以发展胜利,与毛主席思想相背道而驰,必然要失败。我们党什么时候有过像今天这样顺利的形势?这就是毛主席思想的胜利。因此,遇到自己的思想与党中央、毛主席思想相抵触的时候,首先应该承认是自己错了。这是改造自己、提高自己觉悟及学习毛主席思想的起点。这样做,也是完全符合于党章规定的。

不反攻行不行呢?是不行的。今天我们不是怕什么冒险主义,而是怕对形势估计不足,怕我们的认识赶不上客观形势发展的需要。历史上我们经历并克服了第一次"左"倾盲动主义、李立三路线、新立三路线,对"左"倾机会主义戒备得很严,往往是怕"左",但对抗战中的投降主义的影响也要清除。今天形势好得很,怕产生机会主义,就应该是怕产生右倾机会主义和尾巴主义。

党中央二月一日指示[②]中写道:"中国时局将要发展到一个新的阶段。这个新的阶段,即是全国范围的反帝反封建斗争发展到新的人民大革命的阶段。现在是它的前夜。"

蒋管区的伟大的人民运动发展起来了,学生运动、工人运动、民变运动闹得轰轰烈烈,人民跑到我们前面去了。这与解放区的军事胜利,是打败蒋介石的两大力量,而解放区是领导力量。中国革命新的高潮很快就要到来,我们要领导这一高潮走向彻底胜利。如果我们不支持蒋管区的人民运动,而成为群众的尾巴,这一高潮就可能逐渐下降,就会影响革命的胜利。

从军事上看,敌人采取重点防御。我们是让蒋介石巩固了他的统治区,喘过气再来打我们,还是我们先去剥夺他的兵员、财力,扩大解放区,来充实我们自己的力量。到底这两种办法哪一种好呢?这是很明白地摆着。蒋介石到处被动,好像两个人打架,只要再加一拳就能

---

① 指一九四六年十月一日毛泽东为中共中央起草的对党内的指示。这个指示以《三个月总结》为题,收入《毛泽东选集》第四卷。

② 指一九四七年二月一日毛泽东为中共中央起草的对党内的指示。这个指示以《迎接中国革命的新高潮》为题,收入《毛泽东选集》第四卷。

把对方打败,你偏偏要歇一歇让他喘口气,自然是不对的。这用之于革命会使革命失败,要犯严重错误。保守主义的危险性就在这里。

反攻出去,打不打大城市?有的同志说,既然安阳没有打下,还能打哪里呢?

我们不是先打大城市。刘司令员①讲:蒋介石信奉基督教,是要死在"十字架"上的。你们看,长春是"十字架",四平、沈阳、北平、天津、开封、郑州、新乡都成了"十字架",将来这些地方困久了,不靠飞机就得饿饭。安阳还不是"十字架",而是"丁字架"。如果真正打安阳,还是能打开的。为什么没打下?主要是时间不允许。

我们对城市好打就打,不好打就不打。敌人采取重点防御,我们就占"面",有机会就占地方。地方占多了,人口增加了,兵员解决了,财政也解决了。反过来敌人就困难了,敌我力量对比又要起新的变化,道理就在这里。

反攻出去很好。有的同志问,能不能站得住脚?

能,一定能够站住脚!客观条件是具备了。但有一条,要看我们三大任务②完成得好不好。我们在思想上要下决心不向后看,即回头看着晋冀鲁豫。要讲战法,要讲政策,把三大任务完成好。蒋管区人民那样好,有什么理由站不住脚呢?如果三大任务有任何一项完成得不好,就会站不住脚。三大任务完成得好,不要多久就会站住脚,新区很快就会变成解放区。

困难有没有?一定有的。在新区不能设想能像在解放区内线作战那样方便。要设想更多的困难,餐把饭吃不上等等都会有的,思想上必须有充分准备。即使有困难,只要完成三大任务,困难也是暂时的,而且影响不了站不站得住脚。当然,我们是要历尽辛苦。你们想一想,像我们中国这样大的国家,人口占全世界四分之一,要革命成功,不花辛苦是不行的。我们这一代的确是幸福的、光荣的。我们将要造成子子孙孙的幸福,即令牺牲也是值得的。

反攻确实辛苦,并且是持久性的,争取得好,就快些。厌倦不应该,真正把革命干成功,辛苦是值得的。今天我们需得拿出英雄气概,拼命地干,前仆后继,英勇奋斗,一定可以干成功。

---

① 刘司令员,指晋冀鲁豫野战军司令员刘伯承。

② 三大任务,人民军队担负三项基本任务的简称。红军时期,毛泽东规定红军担负着打仗、筹款和做群众工作三项任务,抗日战争时期发展为打仗、做群众工作和生产。这里指的是晋冀鲁豫野战军主力部队执行的作战、发动群众、筹粮筹款任务。

创建巩固的大别山根据地[①]

（一九四七年八月二十七日）

邓小平

(一)我军已胜利完成渡过淮河、进入大别山之跃进任务,敌人追击计划完全失败。今后的任务,是全心全意地义无反顾地创造巩固的大别山根据地,并与友邻兵团配合,全部控制中原。

(二)实现此历史任务,要经过一个艰难困苦的过程,发展半年以上的时间。如不大量歼灭敌人和充分发动群众,要想站稳脚跟是不可能的。因此,我们应切勿骄躁,兢兢业业,上下一心,达成每一个具体任务。

(三)应向全军说明,我们有完全胜利的把握。首先是有陈谢兵团在伏牛山、豫西、豫南广大地区及山东大军在陇海路南北的互为配合。其次是我当面敌人只有二十三个旅,兵力分散,战斗意志薄弱,此次尾我失败,战略上愈显被动。再次是大别山区有长期的革命传统,且保存有游击战争的基础,我们有许多本地干部。特别是党中央、毛主席的英明领导,全军上下一致的决心和信心,胜利是有把握的,虽有困难也是能够克服的。

(四)应向全区群众说明,我们是鄂豫皖子弟兵的大回家,他们的子弟在华北胜利了,壮大队伍了,说明蒋军必败我军必胜的条件,说明我们决不再走。我们的口号是,与鄂豫皖人民共存亡,解放中原,使鄂豫皖人民获得解放。

(五)在军事上,我们在最初一个月内,不求打大仗,而是占领城镇,肃清土顽,争取打些小胜仗(一两个团一次的歼灭战)。同时,特别注意引导大家熟悉地形,习惯生活,学习山地战,为大歼灭战准备条件。但必须了解,如果我们不在半年内歼灭十个旅以上的敌人,就无法使群众相信我们不会再走而敢于起来斗争,我们也就会遇到更多的困难。因此,任何时候,全军都必须有高度的战斗意志和战斗的准备。

(六)充分发动群众及其游击战争,同我们一块斗争,是实现我们战略任务的决定条件。

---

① 这是邓小平同志起草的以中共中央中原局的名义向所属部队发出的指示,八月三十日又以刘伯承、邓小平名义上报中央军委。毛泽东同志阅后批示,转发彭德怀同志、东北局和华东局。

而我军严格三大纪律八项注意[1]，严整军风纪，是树立良好影响，使群众敢于接近的先决条件。各级必须专门检查实现，万勿忽视。

① 三大纪律八项注意，是毛泽东等在第二次国内革命战争时期为中国工农红军制定的纪律，其具体内容在不同时候和不同部队略有出入。晋冀鲁豫军区在上党战役时规定三大纪律为：一、不拿群众一点东西；二、缴获敌人资财要归公；三、一切行动要听指挥。八项注意为：一、上门板；二、扫地；三、借东西要还；四、损坏东西要赔；五、说话要和气；六、买卖要公平；七、不调戏群众妇女；八、不拿俘虏私人东西。一九四七年十月，中国人民解放军总部对其内容作了统一规定，并重行颁布。三大纪律是：（一）一切行动听指挥；（二）不拿群众一针一线；（三）一切缴获要归公。八项注意是：（一）说话和气；（二）买卖公平；（三）借东西要还；（四）损坏东西要赔；（五）不打人骂人；（六）不损坏庄稼；（七）不调戏妇女；（八）不虐待俘虏。

一定要在大别山站住脚生下根①

(一九四七年八月三十一日)

邓小平

我们已到了大别山,完成了战略任务的第一步,把蒋介石逼退了一条线。党中央说我们是英勇的行动。另外,我陈谢兵团②已挺进陇海西线,向伏牛山前进,这样便以大别山、伏牛山、鲁西南形成一个掎角之势。

在这个战略态势下,我们解放中原,把蒋介石逼退一条线,是有充分根据与条件的。(一)由于我们挺进大别山区,陈谢兵团胜利地出现于陇海西线,加上陕北战场的攻势,蒋介石兵力不足,更显捉襟见肘。现在尾追我们和在我们周围的敌人总共二十三个旅,不过十五万人,其中一部分是曾被我歼灭后再补充起来的,要想从其他地方抽调部队来是万分困难的。另一方面当我们跨越陇海路时,敌人错误地认为我们是被迫行动,事前没有布置正面阻击,事后尾追,一直处于被动形势下,这就是蒋介石战略上的失败。(二)中原地方,人口四千五百万,物产丰富,是蒋介石内战中重要兵库与粮库。我们到这里,便夺取了敌人的供给,加强了自己,使敌人的困难更加扩大。(三)这个地区有我们长期革命的影响,人民受过了革命的洗礼,内心拥护我们。但由于革命四次转移,人民目前还暂时对我们采取观望态度,只要我们打胜仗,方针正确,人民会很快起来,而且会产生大批干部。

在半年内,还有困难需要我们上下一心去克服。(一)敌人一定要在我立脚未稳时,扭住我们。不过敌人的空子仍然很大,可以抓住机会歼灭它,结束敌人的追击、堵击。只要我们有思想准备,几个回合后,一定能站住脚,能建设成巩固的根据地。(二)北方人到南方习俗不同,生活不惯。只要我们想办法,学过一个时期就习惯了,困难就减少了。否则,要在这里生根是不行的。(三)在群众未起来、政权未建立前,我们会遇见很多困难。如担架、粮食等供给,群众起来后这些困难都可解决。因此,直属队要抽调大批干部去发动群众。

目前我们的具体任务是:(一)歼灭一定数量的敌人。只要我们把地形搞好,练习山地战,有准备有信心,有战斗意志,反对怕死鬼,歼敌不成问题。(二)在一定时期内要完成初步土地改革。发动群众要充分走群众路线,大胆放手发动群众。只有过了这一关,什么困难也

---

① 这是邓小平在河南光山县北向店晋冀鲁豫野战军直属部队连以上干部会上所作报告的一部分。报告刊载于晋冀鲁豫野战军政治部一九四七年九月编印的《军政往来》第四十六期上。

② 陈谢兵团,亦称陈谢集团、陈赓兵团,指由晋冀鲁豫野战军第四纵队、第九纵队、西北民主联军第三十八军和太岳军区第二十二旅组成的作战集团,集团前委书记陈赓、副书记谢富治。

都解决了。(三)熟悉风俗习惯,坚决执行三大纪律八项注意。调查风俗人情,编成教材向战士讲。有困难要克服。

重建鄂豫皖解放区的任务是非常光荣的,是中国近代史上重要的一页。我们的决心是十分坚定的,解放区一定要建立起来,困难一定要克服,共产党的特点是越困难越有劲,越团结。我们要有信心克服困难,我们一定要站住脚,生下根。

对修改三大纪律八项注意内容的意见①

(一九四七年九月二十五日)

中央:

甲、我们在上党战役②时,曾重新规定三大纪律,内容为:"一、不拿群众一点东西;二、缴获敌人资财要归公;三、一切行动要听指挥。"八项注意为:"一、上门板;二、扫地;三、借东西要还;四、损坏东西要赔;五、说话要和气;六、买卖要公平;七、不调戏群众妇女;八、不拿俘虏私人东西。"

乙、研究的结果,我们认为三大纪律的基本思想不应再改变。因为此与我军打仗、生产(或筹款)、做群众工作三大任务是相适应的,只是文字上有些不同。为了更切合实际情况,应有所改变。第一条可以改为:"不拿群众一针一线",文句更美丽;第二条"缴获物资归公";第三条不改。八项注意原来内容已感不够,应在内容上有所归并和增加,但条数不应增加,仍合于八项的习惯。我们意见八项注意新条文应如下:"一、上门板、捆稻草、扫地(北方出生战士不懂禾草二字,所以改为稻草);二、借东西送还,损坏东西赔偿;三、说话要和气;四、买卖要公平;五、不拉伕,不乱打枪(这两条在目前甚重要);六、尊重妇女习惯(这条在解释时,应包括不进女人房、洗澡及大小便避女人、不调戏妇女等);七、挖厕所(这条不论对女人,对卫生及观瞻上都甚为重要);八、不拿俘虏私人东西。"这同时也适合于全军。

刘邓

申有

---

① 这是邓小平和晋冀鲁豫野战军司令员刘伯承给中共中央的复电。一九四七年九月二十二日,中共中央在给刘伯承、邓小平的电报中说:"中央拟于最近重新统一公布三大纪律八项注意,望于九月底以前电告你处现行的三大纪律八项注意内容,并提出意见。"一九四七年十月十日,中国人民解放军总部对三大纪律八项注意的内容作了统一规定,并重行颁布。

② 上党战役,是抗日战争胜利后,晋冀鲁豫解放区部队在山西省东南部以长治为中心的地区(古属上党郡)反击国民党军进犯的战役。一九四五年八月中旬,国民党军阎锡山部集中十三个师的兵力,在日伪军的配合下,先后自山西临汾、浮山、翼城和太原、榆次出发,侵入晋东南解放区的襄垣、屯留、长治、潞城等地。九月十日至十月十二日,解放区军民在刘伯承、邓小平指挥下展开自卫反击,进行了上党战役,歼灭国民党军十一个师及一个挺进纵队共三万五千余人,俘虏国民党军第十九军军长史泽波和师长多名。

十纵十二纵迅速进入桐柏和江汉地区作战略展开[①]

（一九四七年十二月二日）

邓小平

你们两个纵队经过长距离行军作战，进到大别山和南下主力部队会合。经过四个月的战斗，将战争引向蒋管区，扭转了陕北、山东敌人重点进攻的局面，我军跃进中原取得了决定性的胜利。国民党军队兵无斗志，美援无效，政治上十分孤立。现在敌人在大别山进行重点防御。这里山大人稀，大部队集中活动，供应十分困难。刘司令员[②]和我们的棉衣都是自己用稻草灰染的，自己做的。根据当前的实际情况，要求我们的部队迅速实行战略展开，进入各自的地区。中原局决定，乘敌人还未部署就绪，你们两个纵队迅速西进，十纵进至桐柏，十二纵进到江汉地区，先占领广大城乡，肃清民团，发动群众建立桐柏、江汉根据地。

我军在鲁西南大量歼灭敌人之后，向大别山进军千里，取得了张家店战斗[③]和高山铺战斗[④]的胜利。现在，敌人正在集中兵力，乘我军立脚未稳，对大别山进行疯狂围攻，这是敌人进行垂死挣扎的表现。大别山是敌人的战略要害地区，敌人越是接近死亡，越要拼命争夺。它对大别山的围攻，形式上虽然同过去对中央苏区的围攻相似，实质上完全相反。过去围攻是敌人处于战略进攻，我们处于战略防御的情况下进行的，现在的围攻，是敌人处于战略防御，我们处于战略进攻的情况下发生的。在这种形势下，要求我们的部队迅速地实施战略展开。你们两个纵队快速进入桐柏和江汉地区作战略的再展开，以扩大战地面积，发展游击战争，拖散敌人，使其主力顾此失彼。我军主力根据情况适时分散，适时集中，集中歼灭敌人，分散发动群众，依托大别山、桐柏山、大洪山进行机动作战。你们部队初到各自的地区，要坚决打敌人的弱点，建立县区武装，建立根据地，特别注意侦察敌情，掌握主动。

---

① 这是邓小平在晋冀鲁豫野战军第十纵队和第十二纵队干部会上讲话的一部分。

② 刘司令员，指晋冀鲁豫野战军司令员刘伯承。

③ 晋冀鲁豫野战军挺进大别山后，一九四七年十月初，国民党以七个整编师的兵力对大别山区进行合围，大别山南麓敌兵力薄弱。晋冀鲁豫野战军为分散大敌，歼灭小敌，主力分两路向鄂东、皖西实施战略展开。十月八日，东路部队第三纵队在皖西六安县张家店地区将敌整编第八十八师第六十二旅包围，经激战全歼该敌，共歼敌四千余人。

④ 高山铺战斗，即高山铺战役。一九四七年十月十二日，晋冀鲁豫野战军为进一步创建大别山根据地，主力分向长江北岸展开。蒋介石遂令青年军第二〇三师从九江进抵蕲春、黄梅，并以军舰掩护整编第五十六师新编第十七旅进至武穴，又令整编第四十师和整编第五十二师第八十二旅由浠水进至蕲春，沿公路向广济进击。晋冀鲁豫野战军集中十个旅，在蕲春县高山铺以东狭谷地带，采取伏击手段发起高山铺战斗。战斗于十月二十六日晨打响，二十七日发起总攻，歼敌一万二千余人。

关于粉碎敌人对大别山围攻的十份电报[①]

(一九四七年十二月十七日~一九四八年二月二十二日)

一 野战兵团适当分遣的部署[②]

(一九四七年十二月十七日)

甲、此次敌之进攻,由于陈粟[③]、陈谢[④]歼击平汉[⑤],十纵、十二纵向桐柏、江汉两区展开,而我主力又转至外线,使敌合围扑空。现八十五师已转至平汉线上,企图尾跟我江汉部队;十师开罗山,对淮北之一纵;四十八师、五十八师集结商城,防我东进;十一师住罗山,七师住麻城,二十八师住黄安[⑥]地区机动。

乙、今后敌人重点已转至长江北岸,敌将多次反复地进攻、"清剿",以达其战略防御,使我难于立足,并阻我过江前进之目的。必须对此形势明确认识,才有备无患,不致慌乱。要使全体军民了解,敌人是垂死挣扎,而我们业已完成战略上的展开。敌之一切进攻、"清剿",均将在我坚强的有组织的斗争下归于幻灭。

丙、为适应斗争,决将野战兵团适当分遣:一纵位于淮河南北,包括新蔡、息县、汝南、正阳及潢川、光山以西地区;二纵位于经扶、立煌[⑦]之线以北地区;六纵位于大别山以南地区;三

---

① 这里收入的十份电报是邓小平等从晋冀鲁豫野战军前方指挥所发出的。一九四七年八月三十日,刘伯承、邓小平率晋冀鲁豫野战军主力胜利进入大别山地区,经过三个月的艰苦作战,完成了战略展开,建立了大别山根据地。十一月底,国民党军集中十四个整编师三十三个旅的兵力,由国民党政府国防部部长白崇禧在九江指挥部统一指挥,开始对大别山展开全面围攻。为粉碎敌人围攻,晋冀鲁豫野战军于十二月十一日分成前、后方两个指挥所,由邓小平率领晋冀鲁豫野战军前方指挥所和第二、第三、第六纵队及鄂豫、皖西军区地方武装,坚持大别山内线斗争;由刘伯承率领晋冀鲁豫野战军后方指挥所和中共中央中原局机关、晋冀鲁豫野战军后勤机关、第一纵队,转出大别山进入淮西地区,在外线钳制敌人;又以第十、第十二纵队进入桐柏、江汉地区,开辟新根据地,威胁敌人翼侧、后方。一九四八年二月二十二日,前、后方两个指挥所在淮西会合。

② 这是邓小平和晋冀鲁豫野战军司令员刘伯承、副司令员李先念、中共中央中原局副书记李雪峰联名于养辰时给所属各纵队、各军区首长并报中共中央军委等的电报。

③ 陈粟,指陈毅、粟裕,当时分别任华东野战军司令员兼政治委员和副司令员。

④ 陈谢,指陈赓、谢富治,当时分别任陈谢集团前委书记和副书记。

⑤ 平汉,即平汉路,指北平(今北京)至汉口的铁路,今京广线的一段。

⑥ 黄安,旧县名,今湖北红安。

⑦ 经扶,旧县名,今河南新县。立煌,旧县名,今安徽金寨。

纵位于皖西地区,辗转机动。其好处是:(一)容易争取一个旅以下的歼灭战。(二)容易集结两个纵队作战。(三)避免大兵团集结被迫作战的毛病。(四)便于进行地方工作,填满空白。(五)在肥区吃粮食。(六)容易解决财政困难、夏衣问题。把敌人引向外线,中心区好深入工作。因此,这是积极坚持和深入大别山工作的方针。各兵团必须在指定地点,灵活分散集结,实行打仗、土改、筹款三大任务。

二 我们在大别山背重些对全局有利①

(一九四七年十二月二十二日)

此次我陈粟、陈谢大破平汉、陇海,战绩辉煌。但敌仍图保持其大别山的重点主义,而不抽兵北援,仅在部署上以二十师、十师、十一师、四十八师、五十八师位于信阳、固始之线,派指挥所驻潢川。八十五师、二十八师、七师位于礼山②、黄陂、麻城,五十六师位于武汉及以北,二十五师、四十六师位于皖西,其余数部分守沿江要点。其意图似在兼顾南北,而不变重点。甚至对我王赵两纵③出桐柏、江汉,也置之不理。故大别山的形势,在长时期内虽时紧时松,但比较严重。我们对此已作思想准备,并采取以纵队为单位,灵活分遣集结,打小歼灭战,强调军队、地方抓空深入土改的方针。这次敌人不管陈粟、陈谢,不管王纵、赵纵,使我破击奏效,桐柏、江汉展开,而我大别山野战兵团,又已分别跳出包围圈(我伤亡减员两三千),于全局仍属有利。因此,我们认为陈粟、陈谢对大别山的支援,不宜急躁,应作较长期的打算,主要是争取在一两个月内歼灭敌两三个师,使敌不能不从大别山抽兵。只要抽出两个师,局面即可改观。我们在大别山背重些,在三个月内,陈粟、陈谢能大量歼敌,江汉、桐柏及豫陕鄂区、淮河以北地区能深入工作,对全局则极有利。为便于大量歼敌,建议陈粟军保持强大野战集团,我们将杨苏纵队④留淮河以北,协助豫皖苏工作,并可参加陈粟军作战。以上请考虑,并请军委指示。

---

① 这是邓小平和晋冀鲁豫野战军司令员刘伯承联名给陈谢集团前委书记陈赓、副书记谢富治,晋冀鲁豫野战军后方指挥所转华东野战军副司令员粟裕并报中共中央军委及晋冀鲁豫军区第一副司令员徐向前、第二副司令员滕代远、第一副政治委员薄一波的电报。

② 礼山,旧县名,今湖北大悟。

③ 王赵两纵,指晋冀鲁豫野战军第十纵队和第十二纵队,纵队司令员分别为王宏坤和赵基梅。

④ 杨苏纵队,指晋冀鲁豫野战军第一纵队,纵队司令员杨勇,政治委员苏振华。

三 我军斗争方针[①]

(一九四七年十二月二十六日)

甲、白崇禧[②]第一次合围扑空后,正作新的部署(如后司宥电中通报之白军养日部署)。但敌方兵力不足,空隙很大,"进剿"与"扫荡"力量单薄,如一处遭我有力打击(如近七师一部之在木子店),或其深入空虚据点遭我奔袭(如过去霍丘与固始)时,则立即集结,或抽兵增援,因而裂出更大空子,使其合围破裂。

乙、我军斗争方针是以小部消耗大敌,以大部歼灭弱敌,发展外线,开展新区,吸敌回顾,配合内线反"清剿"斗争,抓紧空隙,执行与深入土改。

(一)以必要兵力坚持内线反"清剿"斗争任务,主力适时分遣集结,力争打小歼灭仗(一个班也好)。

(二)乘虚奔袭敌纵深薄弱地带,除可开辟新区工作外,迫使敌回顾。凡所有部队,均应主动地机动与休整,避免被迫地退却,不厌转移。强化情报通讯,确实掌握情况,争取出敌不意,抓空开展工作。

(三)发扬高度进攻精神,捕歼小敌、土顽,尤应以爆破、阻击、夜袭、火攻、捕捉、破线、破路等,才能杀伤敌方人马,破坏交通、物资,消耗疲敌。

四 各部队行动要旨[③]

(一九四八年一月一日)

一、北线对二十师作战,敌增援已到,未行围歼该敌。我陈粟、陈谢正集结休息,待机作战。

二、白崇禧之部署为:以七师主力位英山,以一部位罗田。二十八师位麻城南,以一部向东协同七师,一部继续"扫荡"麻城北。四十八师集结麻阜、流坡疃线,以地方团队位立煌。五十八师位商城。四十六师位六安附近。二十五师位舒桐地区,向西"扫荡"。十一师一个旅,协同十师北援,师部及一个旅位潢川,另一个旅似在沙窝、商城地区(待证)。

三、依此,我一时尚难寻机打援,仍应主动分遣,攻敌弱点(如十六旅广济之战[④]),打小

---

① 这是邓小平和晋冀鲁豫野战军司令员刘伯承、副司令员李先念联名于宥卯时给所属各纵队、各军区首长的电报。

② 白崇禧,当时任国民党政府国防部部长兼国防部九江指挥部主任。

③ 这是邓小平和晋冀鲁豫野战军司令员刘伯承、副司令员李先念联名给所属各纵队、各军区首长并报中共中央军委、华东野战军副司令员粟裕的电报。

④ 一九四七年十二月二十四日,正在英山坚持大别山内线斗争的晋冀鲁豫野战军第六纵队第十六旅,抓住敌青年军第二〇三师第二旅第六团孤守广济县城之机,从英山急行军一百余公里,奔袭广济,歼敌一千八百余人。

歼灭仗，钻空子深入土改。锡联[①]之世午电，先志[②]东戌电，部署很好，不与二十八师胶着打消耗仗，或出浠水整训，或向西与韦[③]部会合，打河口等地弱敌均可。杜韦[④]暂不去广水破击，可暂在黄安、宋埠、黄陂地区打敌弱点。陈王[⑤]应休息三日后，以一个旅进至光山、经扶线以西地区活动，一个旅在光山、潢川以东地区活动。

四、各部行动要旨：（一）敌向内，我向外；敌向外，我向外。主要应在外线拉敌。（二）以小对大，以大对小。分派小部队游击疲敌，大部队远离敌主力。（三）不打消耗仗。（四）积极找敌弱点，在进退时都取进攻姿势。（五）应组织对敌有力的伏击。（六）应酌情况埋藏笨重东西，使运动轻便。（七）极端注意休息及巩固部队，避免不应有的减员。（八）有计划地协同地方工作。

五、各军区部队，对"清剿"之敌，须有力地斗争。

六、各野战军在外线无地方工作区域打土豪，至少解决一套夏衣（由邯郸增筹一套）。

五　拟再分散行动的请示[⑥]

（一九四八年一月二十五日）

敌情如有午电，另报。我们原拟乘粟、陈谢丑初行动，敌人略有调动，即向敌弱点进攻，打开战局。故部队已集结休整。敌发现我集结后，又部署以五个师主力，寻我作战。而粟、陈谢又已改变部署，先向郑潼段[⑦]作战，暂时不能减轻我之负担。而我在几个强师压迫下，又无法作战，故只能再行分散行动。拟于六纵夹平汉路，必要时可向江汉、桐柏机动；二纵夹淮河机动；一纵仍在淮河以北；三纵在大别山分遣行动。但这样下去，部队将继续削弱，士气将受大影响。地方工作将继续受到很大摧残。此种情况，甚为不利。请军委考虑指示。

---

① 锡联，即陈锡联，当时任晋冀鲁豫野战军第三纵队司令员。

② 先志，即鲍先志，当时任鄂豫军区副政治委员。

③ 韦，指韦杰，当时任晋冀鲁豫野战军第六纵队副司令员。

④ 杜韦，指杜义德、韦杰，当时分别任晋冀鲁豫野战军第六纵队政治委员和副司令员。

⑤ 陈王，指陈再道、王维纲，当时分别任晋冀鲁豫野战军第二纵队司令员和政治委员。

⑥ 这是邓小平和晋冀鲁豫野战军司令员刘伯承、副司令员李先念联名于有午时给中共中央军委，华东野战军副司令员粟裕，陈谢集团前委书记陈赓、副书记谢富治和晋冀鲁豫野战军后方指挥所的电报。

⑦ 郑潼段，也叫郑潼线，指河南郑州至潼关的铁路，今陇海线的一段。

六　对改变目前不利局面的意见[①]

(一九四八年一月二十六日)

粟养电[②]悉。改变中原形势的关键,在于打几个歼灭战。我们目前情况是,部队极不充实,弹药亦渐感困难。如无友邻协助,至少将十一师全部调走,部队集结均发生困难。近日按原战役计划,先以纵队为单位集结,敌即部署全力寻我作战,致又被迫分散。而在分散时,敌则以师为单位,寻我分散之旅作战,使我无法休息。两个月来,减员不少,长此下去,士气将受很大影响,战斗力更加削弱,极端被动。而我们不能集结作战,使三大野战军[③]陷入跛足状态,尤属不利。改变此不利局面,则有赖于友邻协助和新兵早日到来。如依新的战役计划,在态势上,粟、陈谢两军确属顺手,我们困难尚未增多。如宋王[④]等纵东进,我们的新兵亦不易南下。我们意见:

(一)或按旧计划,或直沿平汉路南下,以调动敌人,以便我们集结。并令宋王等纵帮助新兵南下,待新兵开到再集结活动,进行其他作战。只要新兵一到,部队集结作战毫无问题。

(二)或按新计划出郑潼线,尔后再支援我们。但时间千万不宜过长,以一个月为期。

(三)或三军各自寻机歼敌。我们野战军采取宽大机动,或出淮北,或出江汉、桐柏,其利得多。但大别山要受到很大摧残。此种实况,请考虑指示。

---

① 这是邓小平和晋冀鲁豫野战军司令员刘伯承、副司令员李先念联名于宥午时给中共中央军委、华东野战军副司令员粟裕和晋冀鲁豫野战军后方指挥所的电报。

② 指一九四八年一月二十二日粟裕给陈赓、谢富治并报刘伯承、邓小平,中共中央军委和杨勇、苏振华的电报。电报说:敌似有由东及南向我进犯企图。现此间正下大雪,雪停后情况即可能有变化。因此,我们各军之休整计划及战备工作,务求提早完成,但究竟何日出动,仍须依敌情发展而定。

③ 指晋冀鲁豫野战军司令员刘伯承、政治委员邓小平指挥的六个纵队,华东野战军司令员兼政治委员陈毅、副司令员粟裕指挥的八个纵队,晋冀鲁豫野战军第四纵队司令员陈赓、政治委员谢富治指挥的两个纵队一个军。这三路大军自一九四七年八月起先后挺进大别山、豫皖苏边区和豫陕鄂边区,实行战略展开,在中原战场上形成“品”字形的战略态势。

④ 宋王,指宋时轮、王秉璋,当时分别任华东野战军第十纵队和晋冀鲁豫野战军第十一纵队司令员。

七 野前拟相机与野后会合部署作战[①]

（一九四八年二月九日）

丑虞电[②]奉悉。

（一）我及先念[③]率指挥所在大别山。伯承[④]因身体不好，暂率野后在淮河以北，并指挥各纵。

（二）我野后部队在大别山内，一时很难打到好仗，辗转消耗亦不合算，集中作宽大机动，并利于粟的机动，实属必要。主力兵团不宜抽得过早，应对粟的机动予以配合，故须留在大别山，再打一个月圈子。我们指挥所，则拟相机移驻与野后会合，部署作战。

（三）主力抽走，可能引起一些波动，当预为防止。事实上，恐有一两个月的严重“扫荡”。但休整、胜利及粟的机动，必可改变形势，利于发展。

（四）我们要派出机动之两个部队，组织训练准备尚须时日，当尽力争取实施。

（五）我们新兵只有三万（包括归队的），第一批只来一万六千人。

（六）同意派雪峰[⑤]任区党委书记兼军区政委，暂不成立中央分局。现雪峰中原局副书记名义不变，将来仍回中原局。

八 以既能歼敌又能调动敌人为原则[⑥]

（一九四八年二月十二日）

（一）根据总的任务，我们三军应确定向西时间不宜过早，以先粟十天到半月为适当。战

---

① 这是邓小平给中共中央军委的电报。

② 丑虞电，指一九四八年二月七日中共中央军委给刘伯承、邓小平的电报。电报说：你们指挥所现在何处？如果尚在大别山似宜移至淮河、陇海、沙河、伏牛山之间，指挥你们三个纵队、陈唐四个纵队、陈谢一个半纵队，共八个半纵队，在淮河、汉水、陇海、津浦之间集中机动，打中等的及大的歼灭战。这是因为：（一）粟裕准备机动；（二）你们准备派两部机动；（三）将敌人主力吸引至淮河、汉水以北，利于粟等机动，并利于大别山、江汉等地放手发展；（四）北面缺乏指挥中心；（五）北面有巩固后方可为依托利于打歼灭战；（六）必须打歼灭战才能解决问题。以上望统筹见复。此外根据陈谢支电要求成立区党委及军区，先念既不能去，似以派雪峰去当区党委书记兼政委，陈赓为军区司令员兼野战司令员，谢富治为军区副政委兼野战政委为适宜。暂时不成立中央分局，如何亦盼复。你们三万五千新兵，似宜分作两批补充各纵，头一批补充二万五千，留下一万，几个月后在歼灭战中补充那些损失大的部队，因为今年再无新兵。

③ 先念，即李先念，当时任晋冀鲁豫野战军副司令员。

④ 伯承，即刘伯承，当时任晋冀鲁豫野战军司令员。

⑤ 雪峰，即李雪峰，当时任中共中央中原局副书记。中共中央根据陈赓、谢富治要求成立豫陕鄂区党委和军区（后实际上均未成立），拟由他兼任区党委书记和军区政治委员。

⑥ 这是邓小平和晋冀鲁豫野战军司令员刘伯承、副司令员李先念联名给华东野战军副司令员粟裕，并报中共中央军委、晋冀鲁豫野战军后方指挥所的电报。

役组织,应以陈谢、陈唐[①]两部先向西进,吸引十师、十一师向西,以便大别山部队集结,迅速补充新兵,尾十师、十一师之后,并吸引大别山之敌向西进。

(二)大别山部队之机动有两个方法。最好全部于淮河两岸集结向西。如敌情不许可,则采取以两个纵队在淮河以北集结向西,两个纵队由广水以南向西。

(三)第一个战役须俟情况了解才能确定,请粟提出意见。总以既能歼敌又能调动敌人为原则。

(四)请粟告知准确时间,因为时间不多。大别山部队集结需十天,陈谢、陈唐开进也约需数天。

九　四个纵队应在平汉路东作进出大别山的机动[②]

(一九四八年二月十九日)

巧电[③]奉悉。

(一)对陈谢、陈唐三个方案,已有复电。因连日行动未发出。

(二)我们四个纵队第一步须集结补充,且以形成一个作战单位,便于三大部分时分时集,每个部分都能独立歼敌为有利。同时,我们四个纵队其基本作战地境应在平汉路东,作进出大别山的机动。第一步向西只应是临时的,而留两个纵队在大别山作用亦不大。大别山腹地粮食已发生困难,野战军常在边沿寻食,不能获得休整。在游击环境中必增多消耗,又减弱了野战力量。至于大别山游击战争的坚持业已部署,主力暂时离开,必有一两个月的困难。但主力外线歼敌及主力及时回到大别山,虽有短时困难,尚无大问题。可否,请示。

(三)我们即过淮河与刘张[④]会合。

---

① 陈唐,指陈士榘、唐亮,当时分别任华东野战军参谋长和政治部主任。

② 这是邓小平和晋冀鲁豫野战军副司令员李先念联名给中共中央军委并晋冀鲁豫野战军后方指挥所的电报。

③ 巧电,指一九四八年二月十八日中共中央军委给刘伯承、邓小平的电报。电报说:陈唐、陈谢寒电所提三个方案何者为适宜,望考虑速告。你们对于我们前电提议你们指挥部率两个纵队(前电说三个纵队似太多,应有两纵队留在大别山)由大别山移至淮河、陇海、伏牛山之间,与陈唐、陈谢主力会合,集中七至八个纵队打歼灭战,并由你们直接指挥战役作战之意见,是否认为可行亦望复。

④ 刘张,指刘伯承、张际春,当时分别任晋冀鲁豫野战军司令员和副政治委员兼政治部主任,正率晋冀鲁豫野战军后方指挥所在淮西地区。

十　开展大别山游击战[①]

（一九四八年二月二十二日）

两个月来，军区及地方部队配合主力反敌“清剿”“扫荡”，坚持大别山阵地，获得不少成绩。但为了大量歼敌，野战军主力在其沿线掩护初步土改，培养和扶持了地方游击战争之后，不能长期分散，必须适时集中，出入于大别山外围与内部机动。就是要求军区部队、地方与人民武装，今后独立自主地强化更广泛、群众性的游击战争，打击和歼灭分散之敌人，以保护群众，保护土改深入，并配合主力运动战，大量歼敌。为此，军区及地方与人民武装必须：

甲、提高全体军民的胜利信心与顽强斗志，使其认识只有这样强化游击战争，结合运动战，才更有利于调动和分散敌人，歼灭敌人，进一步坚持和巩固大别山阵地。批评和反对那些软弱无能、依赖主力、不积极歼击敌人、消极等待敌人退走的右倾思想及和平建设根据地的思想。

乙、估计敌人垂死挣扎，将恢复并依托其法西斯保甲统治之基础，强化谍报网（电台、电线）、公路网（快速部队）、碉堡网或游击网，利用伪装，夜间实行合击、追击、截击、堵击，破坏土改，重建地方蒋军。这样，敌情在我野战军刚集中作战之短时间内，可能有一度紧张，在思想上、组织上必须预备。

丙、健全各区各级党政军民一元化游击集团的组织，首先是县级及其以下的基层组织。号召一切干部结合群众，运用此组织，实行以歼敌、土改为核心的军事、政治、经济、文化、反特务的对敌斗争。各级游击集团如何规定诸分队的活动范围，使之成为手、足、耳、目（联防游击戒严，尤其是情报网），与如何使干部辗转突击，以强化游击战争，特别是党政军民各部工作如何协同，应由各级尤其县级党委书记并政治委员统一领导之。

丁、使游击战争（摧毁保甲）与土改密切结合，真正做到“人人皆兵，人人分田，一手拿枪，一手分田”。尤要善于利用空隙，放手分田。把英山这样的经验[②]普遍发扬起来。

戊、在游击战术中要发扬：

（一）好击必击，不好击就游。而击，必采取进攻的伏击、袭击、急袭，并无防御。游，必采取以弯为直的行动，不可老走一路，不可老驻一地。

（二）以分耗集，以集灭分，声东击西，攻敌不备。

（三）察明敌情，研究规律，捕灭弱敌，防逃断援。在数敌合击之前，靠近一敌，适时转到

---

① 这是邓小平和晋冀鲁豫野战军司令员刘伯承、副政治委员兼政治部主任张际春、参谋长李达联名给所属各军区，陈谢集团前委书记陈赓、副书记谢富治，并报中共中央军委的电报。一九四八年二月二十四日，邓小平、李先念及李达率晋冀鲁豫野战军前方指挥所回到淮西，与刘伯承及张际春会合。

② 指晋冀鲁豫野战军第六纵队第十六旅在湖北英山北部地区一面剿匪，一面土改的经验。其方法是树立贫雇农骨干，组织贫农团，将所有地主的财产及富农多余的土地、财物，全部交给贫雇农。

外线,奔袭弱敌。如敌来追,则伏击之。

(四)在土改中,大胆依靠贫农,收缴地主枪支武装他们,带领和教育他们游击,肃清地方蒋军,保卫土地,保卫粮食。

(五)保护群众,依靠群众,强化自己侦察,清除谍报网、便衣特务,识破伪装,号召群众破坏公路网和碉堡网。

(六)断绝敌人补给线,夺辎重,捉俘虏。

进入大别山后的一般情况①

（一九四八年一月十五日）

邓小平

中央电才收到，以后当遵命按期作报告。这次只谈一般情形。

（一）我们进入大别山共四个月，九月份最初二十天最紊乱，减员很大，“左”倾思想严重，纪律坏（三纵除外）。我们曾发出指示，并召开干部会议，辅以首长负责人晤谈方法，月底大致已获纠正。十月份我们全力南下，解决棉衣，月底取得歼灭四十师胜利，加以长江沿岸较富，生活有所改善。到处分浮财，看见了群众，全军情绪大变，并解决了山地战问题。十月十二日中原局发出了创立大别山根据地的指示，我们则率领直属队巡行各地，解决各项具体工作和组织问题。故在十月份我已大体完成工作布置，大部地区均设有县区党政机构，分派了约三万人（三分之一）为皖西、鄂豫两区地方武装和地方工作的骨干。十一月份上旬，部队休息，我们则到皖西开会，建立区党委和军区。中旬全军西进，一面接护王纵②南下，一面准备十二月中旬协同陈粟、陈谢③进行平汉线④大破击作战。此时期我赵纵⑤于上旬，王纵于月底，先后到达大别山。原拟乘破击平汉之便，将赵王两纵向桐柏、江汉两区展开，继因月底发现敌人以三十余旅进攻大别山的计划，故决心停止平汉战役，乘敌战役未展开的空隙，将王纵（月初）、赵纵（中旬）迅速调至桐柏、江汉两区。出发前都开了干部会，配好了各级干部，每个区域带了一千地方干部。王纵因比较仓忙，平原战士到山地，地形不熟，加以天雨，过平汉路时遇敌十师、二十师阻击，伤亡和失去联络一千六百人。赵纵过路则很顺利。两纵过路后，因吸收了大别山经验，先配好了干部，配好各分区各县武装，故展开极为迅速，情绪都很好，各占五座县城，仗也打得很好。桐柏、江汉两区都在普遍分浮财，个别地区已开始分田，估计可望少走弯路，工作开展可能较鄂豫、皖西为快。至于我大别山全区，十一月份地方工作开展较快。十二月份完全处在反对敌进攻状况下，加以地主武装乘势活跃，有些地区受到

---

① 这是邓小平关于部队进入大别山地区四个月后的一般情况向毛泽东所作的综合报告的第一、第二、第三部分。一九四八年一月七日，中共中央发出“关于建立报告制度”的指示，规定各中央局和分局，由书记负责自己动手，每两个月向中央和中央主席作一次综合报告。

② 王纵，指晋冀鲁豫野战军第十纵队，纵队司令员为王宏坤。

③ 陈粟，指陈毅、粟裕，当时分别任华东野战军司令员兼政治委员和副司令员。陈谢，指陈赓、谢富治，当时分别任陈谢集团前委书记和副书记。

④ 平汉线，指北平（今北京）至汉口的铁路，今京广线的一段。

⑤ 赵纵，指晋冀鲁豫野战军第十二纵队，纵队司令员为赵基梅。

摧毁,特别我新建的后方区域受害较大,桂系[①]对我危害最深。但亦有些地区利用了空隙,展开了工作(如黄安、礼山地区)。现在看来我们业已站住,不管情况如何严重,敌人是撵不走我们的。

(二)鄂豫、皖西两区人口约一千二百万(江汉、桐柏两区约千余万),按地理条件,经过严重斗争之后,可望巩固者约六百万,粮食、棉布充足,商业尚称发展。如能形成六百万人的解放区,加上游击区的税收,只要好好经营和节约,养活十万军队及五万地方军,当不致太困难(江汉条件更好)。现我工作分布地区不下六百万人,但均不巩固,还是游击状态。几月来都初步分了浮财(地主隐藏的东西仍属大部),已分田的约八九十万人,但都很粗糙,分假田的一定不少,全区像样的根据地只经扶、岳西、礼山之大部,其他各地都有一块或几块较好的区域,但是插花形的亟待联成一片,而敌人则有计划地分割我之联系。按地形条件,我如能控制经扶、商城、立煌、霍山、岳西、英山、罗田、麻城、黄安九县全部才算有了真正的根据地,此为我今后斗争的第一步目标。其关键则在于完成土改、消灭土顽两件大事。四个月来我在大别山业已消灭土顽万余,各部队对消灭土顽也颇注意,但尚在腹地的土顽仍不下五千人,数十数百一股不等,全为地主乡保长和叛徒领导。近月来,我新建地方武装叛变了三四百人。这些地主武装有长期反动经验,地形熟悉,山大树多,会打游击,加以正规军支持,清剿不易。近来各地已开始获得经验,采取结合土改消灭土顽,耐心争取群众,划定区域,统一军区领导,这样消灭土顽是不会难的。

(三)大别山根据地之确立与巩固,必须取得几次带决定性之胜利。在十二月份敌人大举进攻,我主力已以旅为单位分散活动,现因友邻部队的作战胜利,敌已抽走十三个旅,我们正集结部队寻机歼敌(另行报告)。

---

① 桂系,指由李宗仁、白崇禧为首的广西地方军阀。一九三八年后,桂系将领李宗仁、廖磊、李品仙曾先后任国民党安徽省政府主席。

坚持大别山斗争 巩固大别山解放区[①]

（一九四八年一月三十日）

邓小平

一 大别山的形势

先谈一下全国的战略概势。去年七月到八月，我们首先转入反攻，接着陈谢、陈粟[②]、山东、华中、晋察冀、东北部队也全部转入了反攻。这一反攻的意义，在反攻第一线的我们，反而不容易了解。羊山集战斗[③]以前，我们是内线作战，非常痛快。反攻出来以后成为无后方作战，困难多了。反攻结果如何？意义如何？是失败还是胜利？有些同志发生疑问，环境恶劣时，情绪便起波动。

究竟我们反攻取得多大胜利？自反攻以来，歼灭了敌人六十九万人。这数字一点也不夸大。加上十二月歼灭敌人十一万人，总计歼敌八十万人。这里面有我们所歼灭的十一万人。我们自进到大别山以后，九月至十二月并未大打，也打掉了敌人五个旅，歼敌五万人。中央预计战争的进程，第二年再歼灭敌人九十六个旅，每月分配我们歼灭敌人两个旅，我们算是完成了任务。陈谢、陈粟、东北部队的战果更大。

更重要的是我们前进了一千里，创造了三大解放区[④]，人口多了四千五百万，建立了各级政权及军区组织。尽管大别山敌情最严重，但我们不仅实现了战略展开，而且战术也展开了，到处有我们的工作。我们已经在新解放区站住了脚，不会走是已经明确了，这在敌人也是看得清楚的。二陈[⑤]的情况比我们更轻松些。我们最后展开的江汉、桐柏两个区，因接受了大别山斗争的经验，已顺利地展开了。

第一年我们在内线打，对我们很方便，但如果继续在解放区打，便上了蒋介石的当。这

---

① 这是邓小平在河南新县召开的中共鄂豫区党委第二地委全体干部会议上讲话的一部分。

② 陈谢，指陈赓、谢富治，当时分别任陈谢集团前委书记和副书记。陈粟，指陈毅、粟裕，当时分别任华东野战军司令员兼政治委员和副司令员。

③ 羊山集战斗，指一九四七年七月十四日至二十八日，刘伯承、邓小平指挥晋冀鲁豫野战军及晋冀鲁豫军区部队在山东省金乡县羊山集进行的一次战斗。七月十五日，晋冀鲁豫野战军第二、第三纵队对羊山集发起攻击，因羊山集敌情、地形复杂，部队仓促投入战斗，虽经四次攻击，均未奏效。二十七日夜，第二、第三、第六纵队对羊山集之敌发起总攻，至二十八日，全歼敌整编第六十六师，毙伤敌五千余人，俘虏敌师长宋瑞珂以下九千余人。

④ 指鄂豫皖解放区、豫皖苏解放区和豫陕鄂解放区。

⑤ 二陈，指陈毅和陈赓。

样我们便来了个跃进,打破了蒋介石把战争放在解放区内打,摧毁解放区,使我们不能持久的毒计。现在,实现了我们的计划,解放了蒋管区四千五百万人口,这对蒋介石是一个沉重的打击,蒋介石原计划要在河南征兵十一万人。如果我们再跃进一千里,便到了广东、福建,再跃进一个六百里便到了海边。

由于我们的跃进,使蒋介石征兵一百万人的计划只完成了百分之五十,逃兵便有百分之三十至百分之七十,现在靠抓丁来凑,这等于消灭了他一百万人,形势不能不起变化,这就是敌人失败了,我们胜利了,而这一反攻胜利还正在发展。

在东北,更迫使敌人缩在狭小的地区。我们增加了七百万人口,军队增加了六倍,装备很好,在数量、质量上都超过了敌人。敌人不但关外部队不能应付,还要从关内调兵。东北部队的反攻已使敌人很困难,天气很冷,零下三十度。战争是在长春至吉林、长春至沈阳两条线上进行的,地区很小。这次我军打得很好,牵制住敌人四十个师,消灭了敌人两个师,现在是要在北平到沈阳这条线上来打。东北发言人已公开宣布,今年要进关,这还需要歼灭敌人一部才能实现,但战争形势的发展一定如此。

晋察冀部队在收复石家庄①以后,形势大变了,新的胜利就要到来,它与东北相联系。

在山东,敌人只有三个机动部队。我们负担很轻,还可以出来,已恢复敌人重点进攻以前的状态。

在苏北,我们反攻出来建立的新部队战斗力很强,现已歼敌八千人,保持市镇四分之三,乡村十分之八,城市两座。

在陕北,我们的部队正在训练、休整,已攻占二十七座城,延安以北到榆林已完全归我们,关中人口、面积增加一倍。敌人占八座孤城,只有十一个旅,比过去重点进攻时弱得多,那时有三十四个旅。现在我们转入反攻,消灭胡宗南②是有把握的。

现在战略上我们是继续胜利,而敌人退后了一千里转入防御。过去敌人是“面”的防御,现在已转到“线”的防御,更发展到重点防御(如东北)。敌人在晋察冀、冀东是“线”的防御,平汉③以南只是“点”的防御。在陕北,敌人完全是“点”的防御。在晋冀鲁豫,敌人也完全是“点”的防御,而且防御的点也不多了。在鲁西南,敌人也是“点”的防御。在豫皖苏,敌人只有五师、七十五师,兵很少,也是“点”的防御。

蒋介石最怕被线线割断,点点包围。我们打下石家庄、运城两个战略据点,给敌人震动很大,使敌人的“点”也发生了恐慌。在东北,敌人已经不敢以一个师防御一个城市,我们一个攻势,敌人就要以二十来个师应付。敌人本来可以放弃一些“点”,但破了产的地主,放不

① 一九四七年十一月六日至十二日晋察冀野战军和地方武装一部向河北省石家庄国民党军发起攻坚战役。这次战役共歼灭国民党军二万四千余人,解放了石家庄,并使晋察冀和晋冀鲁豫两大解放区连成一片,开创了人民解放军夺取大城市的先例。

② 胡宗南,当时任国民党军西安绥靖公署主任。

③ 平汉,即平汉路,指北平(今北京)至汉口的铁路,今京广线的一段。

下架子,这对我们很有利。

敌人过去是黄河战略,想把我们赶到黄河以北,现在则是长江、汉水战略。蒋介石惟恐我们过长江,他们内部估计只要我们一过江,蒋便完了。所谓完了不是不打,而是缩到一个角落进行挣扎。现在蒋介石的人力来源只有湖南,其他各省都不能完成征兵计划。两广[①]因游击战争开展,蒋不能在那里征兵。在云南、贵州他也征不了多少兵。四川已出兵四百五十万人,再搜刮也不多了。如果我们再过长江,打下湘、鄂、赣,蒋介石则一点办法也没有。他钱可以向美国要,人却不行。我们一过长江便胜利了。蒋介石想在最后无办法时,退到云、贵、川去打,这叫"马歇尔[②]计划"。我们如过了汉水便到了四川,"马歇尔计划"就会破产,蒋介石就断了退路。蒋介石要把战争扭到长江、汉水以北打,他叫这个战略是积极防御即进攻防御。如果说蒋介石的这个战略在过去还有进攻性,现在则丝毫没有了。敌人对大别山的进攻,只是战役性的。我们反攻意义之大,就在于迫使敌人改变了战略,这便是我们的胜利。

去年上半年,蒋介石向我山东、陕北两个解放区发动重点进攻,计一百个旅。当时我们在陕北只有三万人,打退了敌人三十万兵力的进攻。这一次,蒋介石只对我们这一区来了一次进攻,只有三十三个旅的兵力。二陈一打,敌人抽出了十几个旅,现在我们区只有敌人二十个旅,比刚到的时候还少三个旅。半年前敌人是一百个旅,现在拼命不过只有三十三个旅,而且一击就垮了。过去敌人是和我们扭着干,我们怎么打,敌人都不散,现在却不行了。根据这种形势,我们应该看到两点:(一)基本的形势敌人是防御的。(二)敌人是进攻的防御,我们叫它是垂死挣扎。垂死是基本的,不看到这一点,便不了解我们反攻所取得的胜利;挣扎是另一面,不看到这一点,我们就会松懈麻痹,丧失斗志。

我们今天是处在第一条线,陈谢占边,敌人对此很重视。因此,需要我们作很困难很艰苦的斗争,我们过了这一关下面便是过长江了。

蒋介石想不开,他是不会让出长江的,这便要打。我们不能只是从冀鲁豫搬到大别山,还要斗争。这是新民主主义革命最后阶段,一定要经过艰苦斗争。蒋介石和美国帝国主义不会放松斗争。我们既要了解敌人是垂死的,又要了解敌人还要作最后的挣扎,我们要准备克服诸多困难,这样我们办法便会更多。敌人在长江以南已无正规军,只在四川、云南各有一个师,但又抽不出来。我们在敌占地区进行游击,敌人已无力应付。蒋介石还要调兵去东北,但晋察热的兵力他已不能动,山东的兵力也已抽空了,再抽,青岛也就不能防御了。陕北的兵力也不能抽,他要布置洛阳到西安的防御。现在三大解放区周围的敌人共有四十八个旅,前次抽调三十三个旅时,敌人已全部空了,我们能破路八百四十里,原因就是没有敌人。

---

① 两广,指广东和广西。

② 马歇尔,美国民主党人。第二次世界大战期间,曾任美国陆军参谋长。一九四五年十二月被美国总统杜鲁门派任驻华特使,一九四六年一月同国民党代表张群(后为张治中)、共产党代表周恩来组成军事三人小组,他以"调处"为名,参与国共谈判,力图维护国民党反动派的统治地位。一九四六年八月宣布"调处"失败,不久返回美国。

我们要看到敌人的挣扎,他们正以积极进攻扭住我们在长江以北打。现在我们虽然已经在大别山区站住了脚,但要巩固还需要经过艰苦的斗争。这次我们破路,敌人还不在乎,但当我们包围他们二十个师迫近信阳,出兵江汉时,敌人便调走了十三个旅。将来敌人还会来,在三大解放区周围还会出现你扯我拉的情况,但我们的情况会更好些。这次,敌人的进攻被我们消灭了一万五千人,在江汉、桐柏也消灭了土顽一万多人。虽然敌人摧毁了我们一部分地方组织,我们也有些减员,但敌人减员更大。算了一下账,还是我们打了胜仗。而且经过几次斗争,锻炼了群众及干部。一个根据地的建立,一定要经过几次"围攻"、反"围攻",这样群众的认识就会提高了。最近,光山一带的老百姓便说,"小变天不可免,大变天万万难"。如果只是看到我们的伤亡损失,那便会失望。如以三大解放区对付敌人的四十八个旅那是很容易的。如果我们打掉敌人五六个旅则情况会大好。

总之,第一点,我们是胜利的,这胜利不是遥远无期的,而我们要准备长一点。第二点,我们要估计到有困难。

二　我们的任务

我们的任务是把大别山发展成"面"的巩固的解放区,解放大别山二千四百二十三万人口,并积蓄人力、物力、财力。准备斗争力量,配合全国再一次跃进。完成这一战略任务,有两个基本环节:一是打胜仗消灭敌人;二是实现土地改革。过去是这两个,将来亦是如此。同时,这两个环节又是一体的。打胜仗消灭敌人,对野战部队及地方上是一样的。同志们已体验到歼灭土顽与消灭敌正规军是一样的重要,没有这一条,便没有我们"面"的巩固的解放区。必须打击敌人,使敌人站不住脚,不敢到我们这里来。土地改革也可以叫作"两大任务",即消灭土顽完成土改,不消灭土顽不可能完成土改,完成土改就必须消灭土顽。

目前在大别山,我们是有了些"块"了。统计起来约有八十万人到九十万人分了田,以鄂豫、皖西这两个军区一千二百万人来看,只占十二分之一,而这八十万人中间还有极大部分假分田。根据过去中央苏区①分田经验来看,可以确定百分之九十九是假的,即便当时群众分田的情绪很高,要真正分田,但情况一逆转,还会把田交回地主,依然是假分田。至于其中有毛病缺点,不彻底,还不计算在内。除此之外,我们这里一千二百万人口中,有六百万人的地方现在有了我们的工作,尚有六百万人口地区我们的工作还根本没有到。分浮财有六百万人得到了利益。

从现在我们所有的东一块,西一块,中间还被土顽割断了的情况看,如商城的清区、福田

① 中央苏区,是第二次国内革命战争时期,中国共产党领导的以中华苏维埃共和国临时中央政府所在地瑞金为中心的根据地,位于江西南部福建西部。范围最大时辖有二十一个县,约二百五十万人口。

河,说明了我们到大别山四个月来成绩并不算大,走了弯路。但是应当看到我们是有成绩的:(一)我们站稳了脚,敌人无论如何不可能把我们打走了。(二)我们的土地政策为大部分农民所了解。可惜的是农民还存在着顾虑,怕,而内心是拥护我们的,只是现在在看火色。(三)在部分区域我们打下了基础,如新县、岳西可以放伤兵,按后方支援战争。(四)我们积累了不少经验教训,即使是失败的教训也是好的。江汉、桐柏两区只用了半个月就完成了战术展开,便是因为接受了我们大别山的经验。有了上述四条,虽不能说我们工作做得好,但打下了基础,可以更好地开展工作,可以少犯错误。我相信在这个基础上,只要方向正确,大家努力,便可以大步前进。

以二分区来说,在一百三十万人口中间,有六十万人口分了田,能支援战争,放伤兵。像现在的经扶,便算打下了初步基础。

要达成这一任务,除土地改革外,还要建立武装,一个区要有一个连,一个县要有一个大队(五个连)。这个武装一定要以部队南下的指战员或坚持在当地斗争的同志做骨干,武器要从敌人手里取得,不要眼睛里只看到打大仗,等上级来补充。我们共产党的队伍,就要学会从敌人手里夺武器。现在这里虽有一个小团(三个营),到六月时,半年内发展一倍或一倍半,交还给部队就是一个大团(二千人)。只有这样的武装建设,才能完成任务,我们的财经任务也才有保证。

摆在我们面前最大的困难是敌情严重。克服这一点,我们应该是有经验的。这就要我们有很好的武装政策,灵活的游击战术。要有组织有计划地在斗争中求得发展。我们的干部无论是什么人,都要学习游击战,文干部也要学武,我们的老师除了毛主席、朱总司令①,大家甚至也可以向敌人学习。敌人以小部队的小股活动,伪装成我们的部队,打我们埋伏,我们也是可以做的。如果我们不学会打游击,只凭勇敢、坚决,依然要遭到失败。

游击战是没有防御,永远是进攻的、主动的,善于在每一时刻中找敌人的弱点,予以打击。要多想鬼办法,像我们抗日时对付日本侵略军的办法。最根本的只有依靠群众。开始群众是"没有的",可是一定要走向"有"。我们天天打仗,有了胜利,群众才会来。

现在我们各地还不要搞民兵,一律组织脱离生产的武装。民兵是在群众基础较好的区域才可以建立,不然会使民兵在农村中成了特殊阶级,吃大锅饭,结果脱离了群众,慢慢会腐朽下去。同志们要整顿一下武装,采取集中编制,组织便衣队,积极向外活动。

---

① 朱总司令,指中国人民解放军总司令朱德。

新区工作应分阶段分地区地逐步深入[①]

(一九四八年二月八日)

毛主席：

丑江、丑鱼两电[②]均悉。

第一，在新区树立两个观念非常必要。(一)根据地之确立与土改之完成，要经过相当长的过程，绝非一年半载所能达到。(二)在斗争策略上，应分阶段、分地区地逐步深入。开始应缩小打击面，实与农民有利。否则，必犯急性病和策略上的错误。我们南进后，由于对形势认识不够，对困难估计不足，企图迅速完成土改，确立根据地，故五个月的成绩甚微，确犯有急性病毛病。

在子养答复六问题电[③]中对富农、中农问题只具初步感触。最近又了解到下述材料，可参考：

甲、我六纵十六旅在英山北部，一面剿匪，一面土改，成绩颇好。他们的方法是，树立贫雇农骨干，组织贫农团，将所有地主的财产及富农多余的土地、财物，全部交给贫雇农(下中农也得到一部分)，每人分得五斗到三石粮食、半匹到两匹布和其他衣物。贫雇农积极性大

---

① 这是邓小平给毛泽东的电报。毛泽东在一九四八年二月十七日转发邓小平这一电报的批语中说："(一)小平所述大别山经验极可宝贵，望各地各军采纳应用。(二)分阶段分地区极为必要。在第一阶段将打击面缩小至只打击大中地主及国民党反动分子时，并不是说富农、小地主中的保甲长、恶霸、反动分子为农民所要求打击者也不要打击，我们只要注意对富农、小地主的多数暂时不去惊动，就无危险了。(三)确定先组织贫农团，树立贫雇农威信，几个月后再组织农民协会，团结全体农民，并严防地富及坏人混入。"

② 指一九四八年二月三日和二月六日毛泽东给邓小平的电报。二月六日电报中说：在大反攻所占新区斗争策略与组织形式，均应与日本投降前的老区及日本投降至大反攻两年期间的半老区有所不同。在斗争策略上似应分为两阶段：第一阶段，缩小打击面，中立富农，专对地主，又应分为打击大地主阶层与打击整个地主阶级两个步骤。第二阶段，则平分一切封建阶级的土地，富农此时才动，此时应组织贫农团，以为农会或农民协会的领导骨干。这样是否较为适宜，请将你们的意见于数日内电告。

③ 指一九四八年一月二十二日邓小平给毛泽东的电报。一月十四日，毛泽东在给邓小平的电报中说："请回答下列问题：(一)在新区是否应当分为两种区域，一种是可以迅速建立巩固根据地的，一种是要经过长期拉锯战才能建立巩固根据地的，对两种区域的工作采取不同的政策。(二)新区土改是按土地法大纲分平，还是对富农及某些弱小地主暂时不动，新区中富农及弱小地主态度如何？(三)是否有开明绅士和我们合作。(四)是否有许多知识分子和我们合作或表示中立。(五)各阶层商人态度如何？我军是否可以避免向新区工商业资本家进行筹款，如果筹款，方式如何？(六)如何处理国民党政府、党部、三青团的各种人员，其中是否有些人是可以争取的，如何处理保甲长。"一月二十二日养时，邓小平在回电中对毛泽东提出的六个问题作了答复。指出："土地改革中，如富农不动，则不能满足贫雇农要求。""在第一区域，首先应该实行充分的贫农路线，满足贫农要求的政策。为达到此点，地主的粮食、耕牛、农具、土地、埋藏现金，必须拿出分配，才能解决贫雇农困难。但可坚持对弱小地主的衣物、家具在分配时，留出自用的部分。""对富农，只拿出其耕牛、农具、土地多余的部分，其日用家具、银钱，则暂时不动，或将来再动。对地主、富农中的反动分子，则采取没收政策。"

大提高，仅一个半月内，即完成了百万人分田。以老部队两个连为骨干，扩大了两百多地方武装。群众自己打土匪。在横直百里地区，土匪不敢深入活动。英北经验与经扶相同，只要满足贫雇农要求，树立贫雇农骨干，则群众可迅速进入与蒋军、地主进行面对面的斗争，根据地的雏形能较快地建立起来。中农也在贫雇农优势下，要求加入农会（还没有组织农会）。但此种做法，必然对小地主、富农打得很厉害（我还怀疑打了一些富裕中农，但无具体材料）。反之，在许多同等条件的地区，没有这样做，作风很坏，干部私吞果实，不满足贫雇农要求，工作毫无基础，情况一严重，全部垮台，遭受损失。

乙、凡敌情严重及蒋军、地主武装活动厉害的地区，采取现在做法，成绩均小，或稍有成绩，很快又被摧残。

丙、有些地区中农由中立到反感，其原因有多种：（一）部队粮食中农负担过重，特别是人烟稀少的山地；（二）乱杀人，把人吓跑（如岳西）；（三）敌军及地富力量大，土匪威胁；（四）我团结中农政策不明确，引起怀疑；（五）打乱平分土地，侵犯到富裕中农。个别地区甚至主张平分粮食，急需纠正（此种现象最为危险，正注意纠正）。

丁、在组织形式方面，我们开始组织农会，很快即被中农、流氓、狗腿所掌握，进行假斗争，与地主勾结，斗争无法前进。后来，专门组织贫农团，情况改变，但中农不安。

戊、立煌、经扶近两个月已转变。县区游击队和民兵约三百人，多半系坏人掌握。有基本群众在敌人威胁下缴枪投敌者。凡在条件未成熟时，不宜过早组织民兵。县区游击队亦应以部分老部队为骨干，干部应由部队选择派去，否则非常危险。现正照此实行。

第二，根据大别山情况，具体意见是：在新区，除了分为两个阶段外，还应分为两种区域，即可以巩固的区域和游击区域。鱼电所指示两个阶段的策略，在大别山完全适用。只是在可以巩固的区域时间及过程应该缩短。在这种区域，基本上仍可采用经扶、英山的经验。但应修正几点：

（一）中农打乱平分应绝对采取自愿原则，不要勉强。

（二）现在的贫农团已经保证了贫农在农村的领导骨干作用，即应迅速扩大为农民协会，吸收中农入会和个别中农积极分子加入领导机关。在尚无工作的此类新区，亦可不先组织贫农团，而先组织农民协会，但必须保证贫农的领导。

（三）暂时不斗富农底财。

（四）使地主，特别是小地主能够生活，不要一扫而光。

第三，工商业政策仍应再次明白规定苏维埃前期[①]所规定的城市政策及具体办法，即保留地主的工商部分，地主住家又开商店者，不没收，布告贴在店门等，在今天完全适用。如大别山到处有锅厂，现已全部停业，影响生产甚巨，现应采取争取业主（即地主）复业。否则，暂

---

① 苏维埃前期，指第二次国内革命战争时期的一九二七年至一九三一年底的时期。

由政府代管,或交给工人合股经营的办法。

第四,部队到新区的供给是个很大的问题。大兵团在贫困山地尤其困难。现蒋管区民生凋敝,我军新到一地,又无经常收入,打土豪,向大商人等筹款,亦难解决大兵团供给。用粮食换油、盐、柴、菜的办法,既浪费、混乱,同时也不能持久。请考虑,是否可以印一种带军用流通券性质的票子,随军发行。

小平

丑齐

整党宜首先着重于查纪律、思想作风和工作[①]

（一九四八年二月九日）

毛主席：

想到两件事：

一、我们南进时减员颇大，原因很多，如行动仓促、思想动员不深入、目前方遇到南方雨季、平原部队到山地等等。其中重要原因之一，是部队和装备不合山地运动，难以山地作战。为掩护大直属队和过多的炮兵、辎重而致运动迟缓、被迫作战、疲劳兵力、增加补救负担不少，此点很要引起后派出部队注意。再者到新区，菜金、鞋子问题很大，最好能带几十万现洋（每人每月两元即可解决菜金、黄烟、鞋子三项），如能印一种流通券随军发行则更方便。发军用流通券，我认为比沿途用粮食换菜吃好些。

二、近来各地展开查阶级、查思想、查作风运动极端重要。如做得好，可大大提高党的战斗力，但愈操之过急也很危险。你在电中提出不要太急，用三年时间达到整党目的，我觉得非常重要。最近看到邯郸军区政治部对部队情况的通报中，似对干部出身一点强调过分。部队几年来吸收了大批知识分子（主要的是中小知识分子），他们又大多是地富家庭出身，其中不少担任主要的和机要工作的责任，这些同志大部分是尽责的、有成绩有能力的，但确有不少尾巴，思想意识上带有或多或少的资产和小资产乃至封建的尾巴，也一定有个别坏人混杂其中。整党的目的是把坏人清洗出去，把内部怀疑的人放置不重要岗位，继续审查。对于一切地富出身但愿改造的人，应采取争取和教育的态度。因此，整党的方法应首先着重于查纪律、查思想作风、查工作，不宜首先着重于查阶级成分，尔后在查纪律、思想作风、工作中，其实际结果会连到阶级出身的本质，但我觉得这样提法更有利于教育同志、整顿工作和团结内部（是对现有干部说的）。至于今后提拔干部则应着重提出注意工农分子和贫苦知识分子，注意成分，因为过去对此确实不明确，确有只看能力不看阶级的错误，务予批判纠正。我们这里因环境动荡，尚未开始整党工作，现仅部分查思想作风，凡略做了些的都有成效。在地方，无论由部队或地方派出的干部问题均多，亦采取先查思想作风，着重反省的方法，用过去规定既往不咎，今后严格注意。如鄂豫区党委在几个地方这样做，也收到成效，干部退出私吞群众果实为数不少。同时我觉得党内过去在审干时伤害知识分子党员已经不轻，此次

① 这是邓小平给毛泽东的电报。

整党确应慎重。

个人均系,难免有误,尚恳指正。

小平

二月九日

由内线防御转入外线进攻的战略意义[①]

（一九四八年三月六日）

邓小平

经过大别山一段比较艰苦的斗争以后，有不少同志对于反攻后的形势抱着怀疑态度，这是由于同志们常常是只凭着自己的直觉，从一个角落一个局部看问题的结果。

有的同志说，反攻出来胜利不如去年大了，是不是反攻过早了呢？从去年八月到今年二月，反攻已经七个月了。这七个月的胜利比第一年的胜利是小了还是大了？照毛主席去年十二月二十五日报告[②]中的说法，这七个月的胜利，意义非常重大，是超过去年同样七个月胜利的。

首先从战略意义上看，在去年的七个月中，我们从内线防御转到外线进攻，解放了四千五百万人民的中原地区，在这一块土地上扭转了战争的车轮，全部打破了蒋介石反革命的战略阴谋，迫使他处于完全被动的地位。要看到蒋介石企图把战争扭在解放区打的阴谋是很毒辣的，是要消耗和毁灭解放区的人力、物力、财力，而他却能够保持大块完整的反革命基地，长期地进行反人民的战争。大家想一想，假如过去七个月仍旧把战争扭在解放区打的话，群众继续直接支援战争，加上蒋军的抓兵、杀人、抢粮食、烧房子、吃鸡、宰羊等，敌我双方会消耗解放区多少人力、物力、财力？如果不反攻出来，我们在解放区能不能持久呢？过去第一年在解放区里打是必要的，一方面是为了歼灭敌人，同时也是为了锻炼自己的战斗力。但当我们大量歼灭了敌人，并已经取得了丰富经验的时候，就一定要转到外线作战。不如是就不能粉碎蒋介石的战略进攻，也不能扭转战争的车轮。我们正是在这种条件下打出来了，完成了这个战略任务，胜利是多么伟大呢！

再从胜利战果方面来看，第一年消灭蒋军一百一十二万人。从去年七月开始反攻起到今年二月仅仅八个月中就已经消灭蒋军九十万人，本月起码已经有在陕北消灭蒋军五个旅作底子，今后几个月还会多一些。第二年歼灭敌人的数目，一定会超过第一年是可以保证的，又有什么根据说反攻出来的胜利不如去年大了呢？

有些同志看问题，只看到我们这一块，以为消灭了敌人九个半旅以后就不行了，说以前

---

① 这是邓小平在安徽临泉县韦寨召开的晋冀鲁豫野战军直属部队干部会议上作的《关于反攻形势和整党问题的报告》的第一部分。报告刊载于晋冀鲁豫野战军政治部一九四八年三月编印的《军政往来》第七十二期上。

② 指毛泽东在中共中央一九四七年十二月二十五日至二十八日在陕北米脂县杨家沟召集的会议上的报告。这个报告以《目前形势和我们的任务》为题，已收入《毛泽东选集》第四卷。

是我们找敌人,现在是敌人找我们。实际上,我看我们还是行的,起码我们完成了毛主席给我们的战略任务,在大别山建立了继续向前跃进的战略基地,在大别山和中原地区背住了蒋介石在南线全部兵力一百六十多个旅中大约九十个旅的兵力,减轻了其他地区的负担,使其他部队得到休整提高的机会。像陕甘宁的部队休整了两个多月,一出来就像老虎一样,一口吃掉敌人五个旅。接着华野、陈谢[①]都继续得到胜利,这就会调动敌人,我们这里的情况也就会不同的。这就是说,战略是全国性的,打仗从来有进攻方向,有牵制方向,一头担轻一头担重的。第一年的山东和陕北是担着重的一头,蒋介石不惜一切地扭着山东和陕北干,他们背住了。反攻以后,山东轻了,收复了百分之八十以上的土地。目前整个阶段是我们走在前头,插进了敌人的心脏,威胁着南京、武汉,蒋介石也必然拼命地扭着我们,我们担着重的一头,也要吃些苦,多走些路,把敌人背住,等华野、陈谢和陕北的部队休整以后,自然会来分担我们的担子。因此,当我们担着重的一头的时候,千万不要忘记整体,整个胜利是有我们一份的。

今天从全国形势看,明明好得很,蒋介石和美国帝国主义看到我们前进到大别山区,就非常悲观失望。从战略上看,敌人的这种悲观失望是合理的。但是我们的同志也悲观失望起来,就不合理了。这就表现我们的同志思想意志的脆弱,缺乏坚定的斗争毅力,犯急性病和看问题不从全面、不从实际出发。只因为自己多吃了些苦,多走了些路,就迷失了方向;只看到自己这一块消灭敌人少了,看不到全局消灭敌人多了;只是局部受点挫折,个人受点损失,就认为整个革命没有希望了。胜利了就以为明天革命就会成功,挫折了就以为明天革命就会失败。这要好好反省,需要加以马列主义的锻炼和考验。加强党的工作、政治工作,思想工作尤为主要。思想上要做足够准备,革命不是那么容易,那么舒服的事情,总有一个时候要过关的。过去讲蒋介石正处于垂死挣扎,垂死是他基本的一面,另一面也必须看到,现在蒋介石是要拼老命的。因此,越往后越是险关,只要硬一下过了关,下面就可以走很长的一段路,发展到一定时期,又要过一个关。但是这些险关,我们有毛主席为首的党中央的领导,同时又是胜利前进中的险关,保证都能过得去。东北、山东、陕北都过了许多险关。现在情况不同了。我们移到大别山,认为山地战不好打,蕲广一战[②]证明山地战一样可以歼灭敌人,这也是一关。从内线转到外线,这一切是一个险关,华野、陈谢翻得快,也会帮我们翻过去的。所以在过险关的时候,就须不怕吃苦,还必须不怕死,每个人都要随时准备付出自己的生命。我们宁可向严重方面做准备,这是没有坏处的。

---

① 陈谢,指陈赓、谢富治,当时分别任陈谢兵团前委书记和副书记。

② 蕲广一战,即高山铺战役。一九四七年十月十二日,晋冀鲁豫野战军为进一步创建大别山根据地,主力分向长江北岸展开。蒋介石遂令青年军第二〇三师从九江进抵蕲春、黄梅,并以军舰掩护整编第五十六师新编第十七旅进至武穴,又令整编第四十师和整编第五十二师第八十二旅由浠水进至蕲春,沿公路向广济进击。晋冀鲁豫野战军集中十个旅,在蕲春县高山铺以东峡谷地带,采取伏击手段发起高山铺战役。战役于十月二十六日晨打响,二十七日发起总攻,歼敌一万二千余人。

总之,从战略意义上和胜利战果上看,就会承认反攻一点也不过早,恰恰正是时候。有什么理由把反攻推迟,让解放区再消耗一年,让蒋介石仍保持完整的后方呢?即使推迟,代价还是一样要付的,那时可能还会付得大些。

承认胜利了,还有些同志问,究竟大别山是否建立了根据地呢?今后我们用什么力量消灭敌人呢?这个担心是合理的。我们一来到大别山,毛主席就指出可能有两个前途:一个是付出相当代价站住,一个是付出代价站不住。要站住,代价是一定要付的,只要站住就是胜利。今天我们可以打保票,我们已经站住了。虽然从形式上看,去年十二月底我们还占有十二座县城,到今年二月底一个也没有了,似乎情况越来越坏了。但在实质上条件已经变了,我们会走山路了,会打游击了,思想正在整顿,与群众联系也在改善,开始时的混乱现象已停止,敌人打不走我们了。现在我们还有打算,除了用相当大的力量坚持大别山的游击战争,还要逐渐抽出适当的兵力来训练,集中打仗,消灭敌人。前一个时期这样做是不可能的,这说明大别山的斗争已经前进了一步,前进到当地的人民和部队已经能够坚持大别山,前进到主力已经可以逐步抽出兵力集结机动作战。一纵有的同志认为,部队来到淮河北是前进一千里后退了五百里。这种说法,我认为是不正确的,至少是不甚正确的,是从形式看问题而不是从本质看问题。我的说法是前进了一千里又前进了五百里。因为大别山仍然在坚持,并没有放弃,而且以后还更要坚持。但是要消灭敌人,还要看具体条件,在目前主要地服从建立大别山根据地的战略任务。我们坚持并巩固了大别山又能消灭敌人,任务就完成得更好。为了坚持大别山,为了消灭敌人,如果需要我们回到大别山去,我们应立即回到大别山,决不能说我个人不愿意就可以不去大别山。革命越是向前发展,越要到山地去消灭敌人。十纵同志说得好,要革命就得爬山,就不怕爬山,怕爬山不愿爬山,就是不革命不愿革命。这次新兵都一致懂得要去大别山受苦,并准备受苦,对我们部队许多不好的现象,立即积极提出意见和批评。我们应该学习新战士的这种对革命负责的精神和积极的态度与热忱。

大别山根据地的建设,决定于地方工作、军民关系。军队要真正成为大别山人民的子弟兵,一面要打仗,打游击坚决消灭蒋介石封建地主阶级的反动势力;一面要积极发动群众普遍进行土地改革,使工作逐渐开展深入。我们前些日子在大别山是犯了急性病的,想半年、八个月完成任务,今天已经证明是不可能的。一个根据地要真正地巩固起来,不经过两三年的艰苦斗争就不行。由于我们犯了急性病,所以斗争策略、组织形式和工作布置也就不适合。另外,就是部队的作风不好,地方工作干部作风也不好,脱离群众,贪污斗争果实,不给人民办好事,官僚主义、命令主义,因而工作没有做好,只是站住了脚,敌人打不出来。但是,如果没有这些毛病,工作就会做得更好。部队纪律坏,乱杀人,群众就非跑不可,甚至拿枪来反对我们。假如纪律好,作风好,不打骂老百姓,不乱拉尿,打土豪不贪污群众斗争果实,干部好,队伍好,群众就会靠近我们,大别山的情况就会更好,就不仅能站住脚,而且一定能更多地消灭敌人。最近鄂豫和皖西的事实证明,只要部队和地方干部对上面那些坏现象有些纠正,群众就会靠近我们。

要打仗,军事方针是什么?就是毛主席的十条军事原则[①]。那是过去十年土地革命斗争、八年抗日战争和一年半爱国自卫战争经验的基本总结,也是今后革命战争的指导方向。凡是打得好的仗都是依靠了这十条,不依靠这十条,仗就一定不会打好。

---

① 指一九四七年十二月二十五日毛泽东在《目前形势和我们的任务》中提出的"十大军事原则"。这些军事原则是:(1)先打分散和孤立之敌,后打集中和强大之敌。(2)先取小城市、中等城市和广大乡村,后取大城市。(3)以歼灭敌人有生力量为主要目标,不以保守或夺取城市和地方为主要目标。保守或夺取城市和地方,是歼灭敌人有生力量的结果,往往需要反复多次才能最后地保守或夺取之。(4)每战集中绝对优势兵力(两倍、三倍、四倍,有时甚至是五倍或六倍于敌之兵力),四面包围敌人,力求全歼,不使漏网。在特殊情况下,则采用给敌以歼灭性打击的方法,即集中全力打敌正面及其一翼或两翼,求达歼灭其一部、击溃其另一部的目的,以便我军能够迅速转移兵力歼击他部敌军。力求避免打那种得不偿失的或得失相当的消耗战。这样,在全体上,我们是劣势(就数量来说),但在每一个局部上,在每一个具体战役上,我们是绝对的优势,这就保证了战役的胜利。随着时间的推移,我们就将在全体上转变为优势,直到歼灭一切敌人。(5)不打无准备之仗,不打无把握之仗,每战都应力求有准备,力求在敌我条件对比下有胜利的把握。(6)发扬勇敢战斗、不怕牺牲、不怕疲劳和连续作战(即在短期内不休息地接连打几仗)的作风。(7)力求在运动中歼灭敌人。同时,注重阵地攻击战术,夺取敌人的据点和城市。(8)在攻城问题上,一切敌人守备薄弱的据点和城市,坚决夺取之。一切敌人有中等程度的守备而环境又许可加以夺取的据点和城市,相机夺取之。一切敌人守备强固的据点和城市,则等候条件成熟时然后夺取之。(9)以俘获敌人的全部武器和大部人员,补充自己。我军人力物力的来源,主要在前线。(10)善于利用两个战役之间的间隙,休息和整训部队。休整的时间,一般地不要过长,尽可能不使敌人获得喘息的时间。

把整党与建设三大民主结合起来[①]

（一九四八年三月六日）

邓小平

我们整党工作，要抓住每个空隙来进行，并且把它和建设三大民主结合起来。实行政治民主、经济民主、军事民主，连队成立士兵委员会[②]，这是根据目前情况所需要的。如果有的干部认为这就吃不开了，那一定是自己有毛病。如果干部为战士做好事，就一定受战士拥护，就一定吃得开。领导贪污，作风不好，指挥不好，战士应该反对，难道这些吃得开是光荣的吗？只要部队有了民主，力量就会大起来。陕甘宁部队最少，但是力量很大，就是实行了三大民主的结果。三大民主一定要做，只要自己真正走群众路线，战士和干部一定会更亲密，领导更顺利。如果战士人人都是自觉的，就会感到队伍就是自己的。

政治民主就是战士的士兵委员会可以批评干部，可以发表意见，对战略战术，对政治的意见都可以发表，有选举权，任何人不得干涉，不得压制，不得脸红，一定要虚心接受。即使不对的，也应很好进行解释，不能给战士泼冷水，来个下马威。经济民主就是士兵委员会有权监督连队伙食，十天公布一次账目，伙食尾子可以买黄烟，解决个别的困难，或大家分。军事民主则不是那么广泛，绝对服从指挥，这一条是一定要的。对于作战可以提出自己的意见，战后可以提出批评，就是对刘邓[③]的意见也可以提出来转给我们。大家想办法的群众运动，我们试验成功了，蟠龙战斗[④]就是很好的例子。蟠龙战斗是陕北战局的转折点，是几十个战士坚持得来的。不要以为我们比战士聪明。如果哪一个干部不好，士兵委员会有权弹劾，要求上面调动。撤职后士兵委员会可以推选干部，再由上级承认批准。战士提的往往是正

---

① 这是邓小平在安徽临泉县韦寨召开的晋冀鲁豫野战军直属部队干部会议上作的《关于反攻形势和整党问题的报告》的第二部分中的第三个问题。报告刊载于晋冀鲁豫野战军政治部一九四八年三月编印的《军政往来》第七十二期上。

② 士兵委员会，是中国共产党领导的人民军队中建立的维护士兵民主权益的群众性组织。一九二七年湘赣边界秋收起义部队“三湾改编”时决定在军队内部实行民主制度，团以下各级建立士兵委员会。十月一日，工农革命军第一师第一团士兵委员会成立。后来，其他红军部队中也相继建立。毛泽东在《井冈山的斗争》中规定了士兵委员会的性质和任务，指出：连营团都有了士兵会，代表士兵利益，并做政治工作和民众工作。一九三〇年九月，红一方面军颁发了《红军士兵会章程》。后因该组织层次多，机构与党政领导机关重叠，职权分工不清，于一九三二年取消，只保留了其中的俱乐部组织。一九四八年二月，中国人民解放军总政治部为巩固新式整军运动成果，进一步发扬军队内部民主，发出《关于在连队成立士兵委员会的指示》，又在连队建立了士兵委员会。一九四九年十二月以后，统一改称为革命军人委员会。

③ 刘邓，指刘伯承、邓小平，当时分别任晋冀鲁豫野战军司令员和政治委员。

④ 蟠龙战斗，指一九四七年五月二日至四日西北野战兵团对陕西北部国民党军补给基地延安县蟠龙镇进行的攻坚战。在作战过程中，参战部队召开连排干部会和战士讨论会，发扬军事民主，干部、战士提出了夺取阵地的各种方法。这次战役全歼胡宗南部守军六千七百余人，并缴获大量武器、装备和给养。

确的,再加上级批准就更稳当,这是对干部的教育。

现在全军一律推行建设三大民主,我们整党要和三大民主相结合,整党整军是中央做了决定的,非做不可,共产党员要明白这个道理,一定要拥护和执行党中央的这个决定,思想还没有弄通的同志也要赶快把它弄通。

军队建设的几个问题[①]

（一九四八年三月二十三日）

邓小平

一　建军路线和建军原则

建军路线和建军原则问题，同志们要看看七大[②]毛主席《论联合政府》的报告、朱总司令[③]《论解放区战场》的报告。那上面连带兵、练兵等问题说得都很详细，我这里只提主要的谈一下。

建军原则，第一个是军内关系，就是官兵一致；第二是军外关系，就是军民一致。这是每个人必须做到的两条。

军内关系，为什么要官兵一致？因为我们的军队是建筑在阶级本质上的，所有的人都是为着一个政治任务，都是自觉地来革命的，利害都是一致的，所以在人格上、政治地位上都是平等的。尽管工作上有上下级的区别，但另一方面又都是同志关系，同样的光荣。所以反对把我们的战士降低到一个单纯的人，降低到军阀部队的一个兵的地位，单纯地使用他，当成驱使的对象。我们确实有些同志不去关心战士，打呀，骂呀，侮辱他们。这样便模糊了战士对自己是人民军队主人翁的观念，模糊了自己对人民军队也要负责的观念，战士便不会发挥高度的积极性、高度的政治责任心和提高觉悟性。有些人认为干部只要有本事就可能解决问题，就可管军队，这是不对的，事实上是解决不了问题的。我们要做好官兵一致，首先要人人思想上认清以上几点，特别是干部，不但自己要执行，同时还要启发战士去发挥积极性，大胆对军队负责，启发他们的阶级觉悟，来当军队的主人。只要战士真正明白了这一点，并认真执行起来，就会成为不可战胜的力量。

---

① 这是邓小平在晋冀鲁豫野战军第一纵队干部会上所作报告的第三部分。报告刊载于中原野战军政治部一九四八年八月编印的《军政往来》第一期上。

② 七大，即一九四五年四月二十三日至六月十一日在延安举行的中国共产党第七次全国代表大会。毛泽东作《论联合政府》的政治报告，朱德作《论解放区战场》的军事报告，刘少奇作《关于修改党的章程》的报告，周恩来作《论统一战线》的重要发言。大会指出党的路线是："放手发动群众，壮大人民力量，在我党的领导下，打败日本侵略者，解放全国人民，建立一个新民主主义的中国。"大会通过了新党章，选举了新的中央委员会。新党章规定以马克思列宁主义理论与中国革命的实践之统一的思想——毛泽东思想，作为中国共产党的一切工作的指针。这次大会是一次团结的大会、胜利的大会，为新民主主义革命在全国的胜利奠定了基础。

③ 朱总司令，指中国人民解放军总司令朱德。

在军外关系上,就是军民一致。军队和人民在政治上是一律平等的,不管你官大小,都是新民主主义国家的一个公民,比起老百姓来,权利并不大的,政治地位并不高的。我们要做到人民同我们一块反对蒋介石,就必须树立军民一致的思想,军民政治上一律平等的思想,那样便不会犯军阀主义了,不违犯群众纪律了。

只要认真执行了以上两条,我们的力量就会大得无比。有了任何困难,依靠官兵一致、军民一致都是会逐渐解决的。

二 三大民主问题

要做好官兵一致,必须走群众路线,也就是要实行三大民主,即政治民主、军事民主、经济民主。这点,军委、总政治部通令全军都得很好运用执行。

政治民主,就是政治上官兵一律平等。每个战士,每个革命军人,都有批评与自我批评的权利,都有保障和关心党的政策的权利,都有对打仗、工作等负责的权利,都有批评一切违犯政策、违犯纪律的权利,都有批评上级的权利。只不过是在一定的会议上进行,不准随便乱讲。还应指出,如果战士不敢批评干部,并不是政治健康的表现。在党的问题上,党员应成为群众公认的,党员要在群众中公开,要经过群众的审核,不准开秘密会,一般的会议要吸收群众参加。

经济民主,就是连队的一切开支,凡是按照规定属于战士享受范围的,均应由战士全权管理。他们可以讨论改善生活,可以分伙食尾子。

军事民主,主要是对于军事有提出意见的权利。如战前、战中的想办法会,战后评定伤亡、评定指挥、评定战术、检讨战斗等。凡是这样办的,都会得到极大的效果。另外一面是战士对于连、排、班干部有批评的权利,有提出意见的权利,但只准在一定的会议上,不能乱讲;有越级直接向上级提出意见的权利;有提议推荐或撤换干部的权利,但批准权仍归一定的组织。这样一来,有的人可能以为有些战士会胡来一气,但事实不是这样,战士的眼睛是亮的,是很爱护他的干部的。你有了毛病,只要改了战士还是拥护的。

三大民主必须执行,全军都要做,毛主席已经规定了,思想上要打通,组织上要做。但是有障碍,障碍就是干部。对执行三大民主,有的干部积极抵抗,有的消极抵抗,都是不对的。有的以为实行三大民主就没法子管了,没法子指挥了,或者自己一点也不管了,完全交给战士管,当他们管得稍有点毛病时,便回头来说民主还是不行吧等等风凉话,都是不对的。还有的形式主义,光摆个样子,要纠正,要防止。我们说关心部队爱护战士的人是不害怕的,凡是怕执行或抵抗执行三大民主的都是有毛病的人,如军阀主义等。而实际执行起来的结果,管理上方便了,指挥上容易了,因为人人都自觉了。同时还帮助了干部接近了群众,提高了一步,对干部只有好处,没有坏处。

为了今后战士们能够负责,能够维护与执行政策,所有政策、法令、指示、工作等都必须向战士讲,不然便无法提高其觉悟性去积极负责任。

三　支部工作

支部是领导的核心,三大民主做得好不好,决定于支部工作做得好不好。过去我们工作缺乏经常性,工作不踏实,就是支部工作没做好,今后要长期地做好。只要有一天军队,就要有一天支部工作。要使支部工作成为有生命的,而不是僵硬的,就必须有批评或自我批评,必须反对庸俗的自由主义。在工作上,在执行三大民主上,不能分这是连长的事,那是指导员的事,应当是共同的事,共产党的事,革命的事。

四　三大纪律八项注意

党的路线、党的政策,在全军中人人能够办到和必须办到的,就是三大纪律八项注意[①]。这是毛主席在开始建立红军时就规定下来的,把军队的三大任务集中为三大纪律,使每个军人都能做到和必须做到。把打仗集中成为一切行动听指挥,把群众工作集中成为不拿人民一针一线,把经济集中成为一切缴获都归公。把我们的任务和政策具体到八项注意中去,如对人要和气,是反对军阀主义;买卖公平是工商业政策;不虐待俘虏、不搜俘虏腰包是俘虏政策等。所以不能把三大纪律八项注意只看成是上级简单的规定,只看成是群众纪律问题。应该知道,把三大纪律八项注意都做到了,一个革命军人才算够了格。只靠冲两个锋,是不够格的。要做好三大纪律八项注意也是不容易的。以后要恢复老章程,连队成立士兵委员会,士兵委员会要有专人来负责督促三大纪律八项注意的执行。只要这事办好了,我们军队的力量就是无穷的。大别山有个地区,二十多年来反对我们,反攻后,我们第一次去,老百姓跑了,但我军纪律很好,东西一概没动,打扫了清洁。第二次我们去,老百姓就不跑了,他们说,知道你们这样好,我们还跑干什么?所以我们应该反省在大别山时的纪律。

五　军事与政治的关系

有个别单位军政关系不很好,你争一点权我争一点权,还有的分赃不均,闹无原则的纠

---

① 三大纪律八项注意,是毛泽东等在第二次国内革命战争时期为中国工农红军制定的纪律,其具体内容在不同时候和不同部队略有出入。一九四七年十月十日,中国人民解放军总部对其内容作了统一规定,并重行颁布。三大纪律是:(一)一切行动听指挥;(二)不拿群众一针一线;(三)一切缴获要归公。八项注意是:(一)说话和气;(二)买卖公平;(三)借东西要还;(四)损坏东西要赔;(五)不打人骂人;(六)不损坏庄稼;(七)不调戏妇女;(八)不虐待俘虏。

纷，都是不对的，都是不了解建军原则中的军政一致。我们的任务是一个，方针是一个，工作计划是一个，必须在一个工作计划下面，军政一齐努力，上下一齐努力，官兵一齐努力，绝不许各自为政闹关系。

六　领导问题

领导特别是职务高一点的干部，连队干部也是一样，有三条：一是掌握原则，二是走群众路线，三是检查。

掌握原则，就是根据建军原则、党的政策、具体任务来进行工作。要掌握中心，主张什么，反对什么，时刻不能忘记。要军政一致，提倡批评与自我批评，提倡学习形势，学习政策、方针，反对庸俗的自由主义，反对光管油、盐、柴、米、酱、醋、茶的事务主义。当然一点不管油、盐、柴、米、酱、醋、茶也是不对。

根据原则确定了工作计划，就要走群众路线去执行。真正聪明的是群众，执行当中要及时检查，了解运动的发展，进一步地把运动深入提高，必须反对军阀主义、官僚主义、形式主义。

关于干部政策，领导上对干部要采取严肃的态度，对干部认真地批评，才能帮助干部进步，才是真正的温暖。所以要按党性标准来认识干部，选择干部。那种不注意批评的庸俗的自由主义，不能帮助干部进步，反而害了干部。不管出身怎样，只要入了党，就是无产阶级的一员。提拔干部的标准，德是第一，就是原则性和阶级性，才、资是次要的，这点必须明确。

跃进中原的胜利形势与今后的政策策略①

（一九四八年四月二十五日）

邓小平

这次我到豫陕鄂区来，看到情况很好，这是这里的党政军各同志努力的结果，也是从去年七月起全国性反攻的结果。大家希望我谈一谈最近的形势，我想，就拿我们豫陕鄂区根据地的雏形已经具备这个事实，也大体上可以说明问题了。九个月来，全国战局有了新的发展，各个区都无例外地转入反攻。我们由黄河到长江跃进了一千里。这个跃进的意义可不要小看了，中国从北到南没有多少个一千里，从长江再跃进一千里就到了广东、福建的边界，下剩不到一千里了，蒋介石的反动政权就要垮台了。这个跃进的事实表明战略形势起了巨大变化，正如毛主席在《目前形势和我们的任务》的报告中所说的，由于我们的反攻，已经扭转了战争的车轮。我们击破了蒋介石的反革命计划，使之由进攻转为防御，由外线转到内线，而我们则由防御转为进攻，由内线转到外线，改变了战略形势。

我们几个野战军出来以后，是吃了苦头的，特别是大别山的部队遇到了好多困难。豫陕鄂的部队情况好一些，但总没有在太岳内线那样舒服。鉴于这种情况，或许有人要问：我们的反攻是不是早了一点呢？迟一点好不好呢？事实证明，反攻是恰当其时的，迟了就要犯错误。因为蒋介石的反革命战略方针是要把战争扭在解放区打，这是他从长期反人民战争中得到的经验。如果有同志参加过十年苏维埃时期的内战，就会懂得这一点。那时不管在中央苏区，还是鄂豫皖苏区或湘鄂西苏区，都是处在敌人四面包围中作战。敌人的方针就是要扭在苏区边沿和苏区里面打，尽情地消耗我苏区的人力、物力、财力，使我们陷于枯竭，即使取得军事上若干胜利，也不能持久。在反对敌人的第五次“围剿”时，要是按照毛主席的方针，由内线转到外线，将敌人拖出苏区之外去打就好了，那样苏区还是能够保持，红军也不致被迫长征。可惜“左”倾机会主义者不这样做，中了蒋介石的计。这次蒋介石又想用这个办法对付我们，扭在解放区打，来削弱我们的人力、物力、财力，使我们不能持久，封锁我们不能出来，好使他保持三万万人口的后方完整而不受损失，来供应他作战。这个如意算盘是高明的，但是还有更高明的毛主席，他从确定自卫战争的方针起早就看清这一点。他告诉我们，开始必须在内线打，打到一定时候，也就是削弱敌人到相当程度之后，就要打到外线，到蒋管区去打。这样就可以击破蒋介石反革命的毒辣的战略方针。因为在战争初期，我们的装备

① 这是邓小平同志在河南鲁山召开的豫陕鄂前委和后委联席会议上的报告。

还不够优良,作战经验还不丰富,内线便于消灭敌人,便于组织和发展我们的力量,便于积累经验,所以先在内线打是完全必要的,也是取得了胜利的。从一九四六年七月到一九四七年六月,我们全国各个战场在第一年的自卫战争中,消灭了一百一十二万敌人。我们把分散的游击部队组成了野战军,积累了丰富的作战经验。这时时机成熟了,就应该转到外线,否则就要吃亏。拿冀鲁豫来说,经过一年的内线作战,农民的鸡、猪、牲口看见的不多了,村里的树也少了,试问,扭在解放区打,我们受得了吗?如果我们只想在内线作战要舒服一些,就中了敌人的毒计。

现在我们出来九个月了,收获是很大的。有些同志往往不了解这一点。拿我们那边几个纵队来说,在第一年打了很多胜仗,去年七月份二十三天消灭敌人九个半旅,可是一到大别山,前后才歼敌四个旅,因此就有个别的人怀疑是否局面变坏了。其实只要好好地算算账,就会懂得的。首先,从战略上我们由防御转为进攻,前进了一千里,占领了四千五百万人口的区域,经过奋斗已能控制的有二千万人口的地区,其他二千五百万人口的地区散布着我们的游击战争。在这里,敌人搞不到兵,搞不到粮食。这就是说,在敌人控制的三万万人口里面,去掉了将近六分之一。其次,看看消灭敌人的数目。据最近宣布的战果,全国战场自一九四六年七月到一九四八年二月,共歼敌将近二百一十万人,三月份至少歼敌十几万人。这就是说,反攻以后九个月的战绩就已经达到第一年的数目,我们吃了苦头,但是换得了更大的胜利,对敌人的打击更沉重了。从中原三支野战军来看,在鄂豫皖,大别山的几个纵队是有削弱,减员约百分之十五,但江汉发展了百分之百,桐柏发展了百分之五十,豫陕鄂这边发展了百分之百,豫皖苏也是发展的。所以,从总体上说,力量比过去大了。

同志们对大别山一定感到是个谜,原先我们占领了二十多个县城,后来一个也没有了,野战军主力也从大别山转到淮北去了,这能不能说是胜利呢?我说,这也是胜利了。大家知道,中原战略地位非常重要,正当敌人的大门,其中大别山是大门边。我们反攻以后,它代替了敌人重点进攻的山东和陕北,是敌人兵力集中最多的战场。中原形势决定于两个山,一个是大别山,一个是伏牛山,敌人最关切的还是大别山,它比伏牛山更重要,中原要大定就要把大别山控制起来。大别山是一个战略上很好的前进的基地。它靠近长江,东面一直顶到南京、上海,西南直迫汉口,是打过长江的重要跳板,敌人时时刻刻受到我们过江的威胁。大别山,敌人必争,我也必争,这是艰苦斗争的过程。我们在大别山已经建立了两个军区,有一千二百万人口,普遍地完成了开展游击战争的布置,留下的军队散布在每个角落,县、区武装政权都组织起来,我们已经站住了脚,敌人无论如何打不走我们了。事实说明,我们就是游击姿态,也站住了脚。于是,我们野战军才逐步抽出来作宽大机动作战。而前一个时期这样做是不可能的。大别山的斗争已前进了一步,前进到当地的人民和部队已经能够坚持大别山的斗争了。现在,中原吸引了蒋介石南线的一半以上的兵力,保证了其他地区的胜利展开。虽在全国范围吃苦头最多,付出了代价,但换取了战略上的主动,取得了全局的胜利。所以,党中央和毛主席在评论战局的时候，第一讲到中原，对中原的成绩估计得很大。

我们有些共产党员，马列主义的思想方法太少，看见自己头上有一小块云，就认为天下都是云，凭直觉来看问题，凭自己脑袋上面有没有乌云来判断革命胜利或失败，这样，遇到困难就不会看到光明和胜利，就没有不悲观失望的。我们的力量是发展的，胜利不小，不过外线作战确实不如内线作战痛快、舒服。革命就是不能那样舒服，往后还要更艰苦，越接近胜利斗争越艰苦。谁都希望革命快些胜利，可是，问你敢不敢胜利，问题就来了。不一定希望胜利的人就敢于胜利。要胜利就要吃苦。北方的很多部队不习惯南方生活，就怕过长江。但是，敢于胜利，就要过长江。敌人还统治着几万万人口的地区，只有打过长江去，打到敌人的心脏，才能取得全国的胜利。怕过江的人最懦弱，屈服于困难的人就是革命不坚决的人。真正的英雄，就是要克服困难，准备吃苦，准备勇敢坚决地打过长江。地方工作的同志也是一样。这是路线问题，是革命坚决不坚决的问题。所有中原的同志，都负担着艰苦的任务，全国都在望着我们，我们应该更好地来努力。

同志们一定要问，多久才能胜利呢？任弼时同志的报告指出，如果我们不犯错误，三五年一定胜利，大家听了又惊又喜。喜的是胜利确定了，惊的是还得三五年，实在挨不过。要晓得三五年并不算长，而且还要力争才能取得胜利。因为我们中国有四万万五千万人口，全世界才二十万万人口，我们的胜利就是世界四分之一人口的胜利。中国共产党成立只有二十几年，还不满三十岁，四万万五千万人口的中国革命，在中国共产党的领导下很快就能成功，真是很幸福很好的了。

说到三五年内就要胜利的条件是不犯错误，在哪些问题上不要犯错误呢？正如中央提出的，有五个问题，在任何一个问题上犯了原则的错误就要失败。

一、战争问题。上面已经说过，在党中央和毛主席的精心领导下，二十一个月的自卫战争打得很好，我们的军事力量继续在发展，再过一段时间数量上就可以同国民党军队平衡，现在质量上已经高过他们。我们最重要的是不要骄傲，特别是打胜仗的部队，更要兢兢业业。敌人有了失败的经验，更狡猾了。我们不要被胜利冲昏头脑，要不断总结经验，提高战斗力。只要能够保持每月歼敌八个旅，十万人，一年总共达到第一年的标准即九十七个旅，一百一十二万人，敌人非失败不可。今后，我们要更加机动灵活，精细地寻求战机。我们的胜利决定在“脚”，发现战机，就要敢于奔袭敌人。要敢于走路，或者脱离敌人，或者远道去打击敌人。

二、土改问题。在全国土地会议以前，党内有些同志思想上忽视土改，有的甚至有很大抵触，这是非常危险的。什么叫做革命？革命就要反帝反封建，而帝国主义的支柱是封建主义。不反对封建主义，不进行土改，就不能支持长期战争，革命也不会成功。就是把南京占领，不进行土改，封建主义的统治基础还在，也是不行的。所以反对封建主义是中国革命的一个根本任务。土地会议以后，这种严重的倾向性的问题在全国范围大体上克服了。土地改革不仅是喊几个拥护的口号,它牵涉很多政策问题,需要很好解决。拿新区来说,个别地区土改有成绩,但总的是做得不大好的。

三、整党问题。我们党内组织上和思想作风上不纯的情况是严重的,它会使党丧失战斗力,不能完成革命的任务。因此,为着克服这些现象,非整党不可。如果不整,党确实要腐朽。凡是经过整党的,不论抵抗土改,贪污胜利果实,或背着山头包袱的人,绝大部分都能挽救过来。但整党要整得对,要教育同志、团结内部,要从思想上解决问题。毛主席说,只要没有丧失起码的共产党员资格的人,都要挽救,都有办法挽救。像土改要有正确政策一样,整党也要有正确方法。全党同志都应该接受整党,谁也不能强调特殊。大家知道,我们每一个人都有缺点和错误,只是轻重大小不同,因此,人人都要反省,来一个自觉运动。不能自觉的,别人来帮助。确实不能挽救的,要洗刷出去。这是整党的严肃性。中国革命的队伍大得很,任务又多,共产党员担负的责任很重。党领导得好不好,中央的路线政策执行得如何,要看共产党员合不合标准。毛主席指示正确,我们如果搞自由主义,处处违反,还是要失败的。经过整党,我们的意志统一了,中央的路线政策能够贯彻执行了,战斗力增强了,人民解放事业才能成功。

四、工商业政策问题。在苏维埃后期,敌人的封锁很严重,盐卖到一块钱一钱。但我们的政策也有错误,把工商业搞垮了,自己给自己筑一道长城。我们进到中原时,各个区都无例外地违反政策,自食其果。很多同志把原因推到战争身上,说工商业者关门是被敌人抢劫了,很少有人觉得是自己搞糟了。真实的原因找不出来,错误就不能纠正,就会困难重重,有钱买不到东西,有东西(如大别山的木头)出不了口。把油坊搞掉了就买不到油。大别山的锅厂,以及与锅厂有联系的煤窑、小摊贩等,能养活三万人,锅厂一停工,这三万人就立刻无法生活了。像鲁山街上这个小市场,如果倒闭了,起码有一万人失掉生计,马上向你伸手要饭吃。我们这个区有三万人靠种植烟草生活,如果纸烟厂垮了,不能出口,这三万人马上没有饭吃,没有衣穿。究竟是打倒了资本家,还是打倒了老百姓?我看这不是打倒了资本家,而是打掉了人民的生计。官僚资本是指的四大家族那个集团,不是官僚加资本,不然县长开个店也得没收了。如果我们在工商业问题上搞得不好,解放区的经济无法建设,人民的生活要受影响,那时国民党不叫我们走,我们也得走,革命就要失败。所以要解决好工商业政策问题。私人工商业是新民主主义经济不可缺少的一部分,我们要扶助它发展。

五、杀人问题。如果乱杀人,一定要失败。我们到大别山以后,部队很苦,纪律不好,老百姓当时对我们提出两个问题,一是你们可以搞得好些吗?二是你们还肃不肃反?过去张国焘就犯了乱杀人的错误。这次,岳西有一个地主出身的工作员,在一个乡杀了很多人,影响到附近几个乡的工作都垮了。有些被杀的所谓狗腿子,十有八九是穷人。杀人解决不了问题。有些群众讨论杀人问题时,一面举着手,一面低着头,散了会没走到家就失悔。说明错杀了人必定要脱离群众。

总起来说，在土地会议以前，右的情况很严重。今天，从全国范围来说，主要的倾向是“左”，也有右的倾向，但不是主要的。右的倾向，表现在有的人搞土改不积极，一看见中央提出要讲政策策略，就以为有根据了，说慢慢来吧，我也讲些策略。有的人对整党熟视无睹，强调我这里特殊，我有我的山头，你就不能照顾一下？整党是严肃的事情，不能拿什么山头、过去的熟人或私人关系来原谅，搞那些封建的东西。争取教育是整党的方针，我们要严肃地对待任何犯错误的人，必须开展批评与自我批评。在今天的整党中，不论是思想、成分不纯，贪污腐化，作风不好，违反纪律，对战争厌倦，怕过长江吃苦头等等，都要从思想上好好整一整。最近，恐美病似乎有发展。有的人说，给蒋介石几万万美元和枪炮，我们已经知道没有多大用处了，现在就是怕美国出兵，怕美国的原子弹。很多同志不相信毛主席讲的美帝国主义是纸老虎的论断，以为美国出兵凶得很，我们非失败不可。这对一个革命者来说是要不得的。特别是作为共产党员，反帝反封建是我们的革命纲领、革命任务，我们为什么要怕帝国主义？不要说美国出兵不是那样容易，就是出兵，我要反问：你还革命不革命？还要不要反帝这个纲领？还够不够得上是无产阶级的先锋队？具有优良品质的共产党员，应该回答：和他干，干到底！就要有这个气魄。鲁迅先生常常骂的奴才相，共产党员是不能有的。我们要敢于藐视美帝国主义，鄙视那些怕外国人的奴才相，要发扬正气。美国出兵是世界问题，他叫喊出兵是吓唬人的，我们要从思想上树立明确的观念，他出兵也一样能被打败，我们一样能胜利。我们要敢于胜利，一切右的思想情绪都得加以克服。

“左”的倾向，表现在土改中划阶级“左”，把地主富农同样对待，侵犯中农，对中农采取拒绝态度；新区工作中犯急性病，打击面宽，工商业政策“左”。这个“左”由来已久，抗战八年，工商业政策就有“左”，对中央的有关指示、六届六中全会决议未能认真研究执行，结果是打击了我们自己。现在如果不克服“左”的偏向，就不能把土改搞好，也不能把根据地的经济建设好。

这些问题，都涉及政策和策略。我们要用心研究毛主席的《新区土改要点》、任弼时同志的报告，这两个文件基本上可以解决新区土改问题。毛主席提出的策略原则是：利用矛盾，争取多数，反对少数，各个击破。这十六个字，通俗易懂。什么叫多数？百分之七十的贫雇农，加上百分之二十的中农，这是基本力量，这才叫多数。我们要经常拿百分之九十来做标准，看看是否代表了百分之九十的人的利益，是否得到他们的拥护。前一阶段土改中一般是把百分之二十的中农丢开了，而百分之七十的贫雇农里面实际上又只是贫农团专政。所谓贫雇农路线，是错误的。正确的路线应该是依靠贫雇农，巩固地联合中农，消灭封建制度。什么叫利用矛盾，各个击破？这是在百分之十的地主富农里面运用的，就是在某一时间内，集中力量，打击一部分，中立一部分。《新区土改要点》指出，打击地主，中立富农，对大、中、小地主区别对待，总的打击面不得超过户数的百分之八，人口的百分之十。这是为了扫除群众运动的障碍。如果大、中、小地主不分，甚至打到富农和中农头上，就像作战一样，是自己给自己筑起障碍。策略的意义,在于排除障碍,使得我们可以大踏步前进。这不是为地主打算,而是更容易团结和领导群众,把事情办好。我们的同志普遍缺乏这种策略思想,甚至拒绝这种思想,打击面很大,弄得障碍重重。大别山就发生这种情况,把小地主、富农"逼上梁山",拿起梭镖和我们干,群众也受到摧残。最近我们一提出纠正,土顽把枪放下来了。贫农们都说,你们早这样就好了。所以大别山的同志容易了解这种策略思想,因为他们受到的"报应"又猛又快。豫陕鄂这边会不会体会得那样深刻?没有吃亏的,也应该懂得。总之,不要多树敌,应该中立的中立,应该麻痹的麻痹,凡是今天不反对我们的,对我们都有利。如果说这是迁就地主,不搞土改,那就错了。我们是坚定不移地搞土改的,我们这样做只能使土改进行得更快,否则就叫欲速则不达。

再拿工商业来说,也要有正确的政策。我们在这方面有过教训,你以为是争取多数,实际上是脱离多数。资本家做生意,当然要赚钱,而且要有剥削,但是一个商号倒闭了,或者我们把它没收了,要影响到比资本家剥削所得多得多的人民的生计。我们要看看自己的脚究竟站在哪里,怎样做才是更好地为群众。说不让资本家剥削,听起来是革命思想,一算账就知道这不是革命思想,并可使革命遭受失败。我大军在中原,几十万人要吃饭,要穿衣,不注意工商业,根本不能维持。我们要组织自己的经济,供应战争的需要。我们的原则是艰苦奋斗,供给标准如果和华北一样,是完全超过现实可能的,应该依据新区的条件,有个适当的限度。我们的财政要有很明确的政策,很正当的办法,光靠印票子不行。有了统一的方针、政策和计划,再加上华北的帮助,问题就可以解决。在新区,不管哪方面的工作,如果不知道利用私人工商业,就不可能解决供应问题。新区和华北不同,华北有大批的公营合作社,有将近十年积蓄的力量,六年以上的经验,新区则没有这样的基础和条件。所以我们要善于利用原有的私人工商业,逐渐组织自己的经济,在群众运动中就要注意这个问题,包括地主富农的工商业在内,一律不准没收,不准停业,如群众分了的,要赶快组织恢复生产。同时,要和商人讲统一战线,争取他们支持我们发行的票子。我们给商人贷款,让商人入股。组织经济不是一天的事,要不断检查税收标准和工商政策,把着眼点放在战争供应和人民生计上面。我们反对投机垄断,也要允许商人赚点钱。没有一定的政策,现实问题就不能解决。

我们常常说,政策和策略是党的生命。如果没有政策和策略,党的路线就是空的。正确的路线一定要用正确的政策和策略来保证。全党同志都要学好党的政策和策略,这样,我们才会无比地强大,谁也不能战胜我们。

贯彻执行中共中央关于土改与整党工作的指示[①]

(一九四八年六月六日)

邓小平

一

鉴于我们以往在新区所犯的急性病的错误,脱离了群众,孤立了自己,在对敌斗争与确立根据地的事业上,造成了许多困难,所以全区都应根据五月二十五日中央关于一九四八年的土地改革工作和整党工作的指示,重新地全盘考虑我们的工作方针和策略步骤。中原全区四千五百万人口,我们业已基本上控制的区域约二千万人口,游击区约一千万人口,还没有到过我们部队的崭新区约一千五百万人口。而在控制区和游击区的三千万人口中,实行了分田的不超过四百万人口,其余的地方大都只分了浮财。因此,在极大部分的区域,包括没有真正分配土地的控制区及一切游击区和崭新区,都应根据中央指示,“充分利用抗日时期的经验,实行减租减息和酌量调剂种子食粮的社会政策和合理负担的财政政策,以便联合或中立一切可能联合或中立的社会力量,帮助人民解放军消灭一切国民党武装力量和打击政治上最反动的恶霸分子。在这类地区,既不要分土地,也不要分浮财,因为这些都是在新区和接敌区的条件之下,不利于联合或中立一切可能联合或中立的社会力量、完成消灭国民党反动力量这一基本任务的”。就是在那些已经分了土地的地方,因为问题很多,也应根据这个方针,从现有的实际情况出发,专门研究,订出办法,分别地实行调整。

二

在执行中央这一方针的时候,可能遇到的最大障碍是某些干部的抵触,因此必须使干部从过去所犯“左”倾急性病的严重教训中来认识中央这一指示的全部正确性。我们过去的重要教训是:

子、我们制订的方针和计划,不是从新区的客观实际出发,而是从主观的愿望出发。我

① 这是邓小平为中共中央中原局起草的关于执行中央土改与整党工作指示的指示。上报中央后,毛泽东于六月二十八日代中央复电,完全同意中原局这个指示,并增写了两段文字。中央将这个文件转发给各中央局、分局、前委。邓小平当时任中共中央中原局第一书记。

们到新区不调查不研究,简单地抱着半年完成土改的意愿,不管敌情是否许可,不管群众的和干部的准备程度,忽视了群众工作的艰苦性,把少数勇敢分子的行动误认是大多数群众的行动,把大军进入后群众一时的热劲,误认是多数农民已经有了分配土地的觉悟和要求,因而不是有步骤有分别地去领导群众,取得胜利,而是轻率地决定实行土地改革。事实证明,这是行不通的,而且是有害的。以大别山为例,有几十万人的地区分配了土地,国民党军结合地富势力很快组织起反攻,集中力量首先打击这些区域或其他工作较好的区域。而这些区域又都是一些突出的孤岛,也便利于敌人的打击,所以很快受到严重的摧残而全部塌台,工作最好的地方所受的摧残也最厉害。就分配土地的内容来说,很多都是假的。或者是地富领导的假分;或者是群众一度得到而又在敌情严重和地富威胁下,秘密将土地归还地富,改成租佃关系;或者是少数勇敢分子(其中不少是流氓分子或与地主有联系的分子)霸占果实,而大多数贫雇农没有分到,或分得很坏很少的土地;或者是农民只敢要弱小地富和中农的土地,而不敢要有势力的地富的土地。这种情况各地区都差不多,大都是由于当地群众并未真正发动起来和组织起来,大多数农民还没有分配土地的真实要求,而由外来干部用行政命令、包办代替的方法实行分配的结果。经验证明,当我们在军事上还没有取得面的控制,国民党和地富武装力量还没有在当地被肃清,大多数农民还没有分配土地的要求和组织起来,本地的正派的区村干部还没有大批涌现出来,而外来干部又尚未熟悉情况和联系群众的时候,就马上实行土地改革,不仅是主观主义的,而且是冒险主义的。

丑、我们从领导机关到干部,一般地没有正确政策和策略的思想。经过毛主席和中央历次指示之后,虽然比较好些,有些地区业已开始获得良好反映,但一般体会并不深刻,甚至还有抵触的。由于我们反攻后对中原战局过于乐观,对新区地富力量仍然强大认识不足,以为枪杆加土地改革可以解决一切,所以在政策和策略上普遍犯了严重的“左”的错误。事实上,在新区存在着广泛的反蒋统一战线的力量。在地富中,特别在知识分子中,并不是没有开明士绅和左翼分子,如安徽有反对国民党桂系的力量,河南有反对国民党汤恩伯的力量,我军刚到时,一般中小地主都没有跑等等。但是由于我们打倒一切和一次解决问题的“左”倾幼稚病的思想,忘记了毛主席“利用矛盾,争取多数,反对少数,各个击破”的策略原则指示,忘记了抗日时期的宝贵经验,或在过早实行土改上,或在筹粮筹款的负担政策(即打土豪的政策)上,或在工商政策(消灭地富的资本部分)上,或在打人、捉人、杀人问题上,把一批可能联合或中立的社会力量,迅速地赶到国民党方面去并且拿起武器来同我们对立。其结果打击面大,树敌多,不是孤立了敌人,而是孤立了自己。

寅、我们普遍实行了走马点火、分浮财的政策。事实上分得最多的只是一部分勇敢分子,大多数基本群众并未得到或很少得到利益。这种办法虽然也起到一时刺激群众热情的作用,但不能解决群众多大问题,而且地富还利用了分散财产制造群众之间许多纠纷。尤其因为社会财富的过早分散和大量浪费,使军队供给很快发生困难(特别是粮食),很快地把负担全部加在农民身上，引起农民的不满。我们在错划阶级、分浮财、杀人等问题上，都曾打到中农，而尤以在军粮供应上损害中农利益最大，甚至还损害到贫农的利益。此外，我们曾经普遍地采用了粮食折菜金的办法，影响也很大。几月来，从分浮财和粮食折菜金两项中所浪费的粮食，其数目之大，实难估计。如不纠正这两件事，就可能弄翻群众，搞垮根据地。

卯、全区军队和地方无例外地违背了中央的工商业政策，没收地富的工商业部分，任意假借没收官僚资本反动分子的帽子，去没收那些本来不应当没收的工厂和商店；对生产资料的严重破坏；过重的而且是极其混乱的税收办法；社会秩序的不安定和无政府的混乱状态，已经严重地破坏和停滞了社会经济，市场凋敝和工商停业的现象极其普遍。这样轻率地打乱原有的社会经济结构的结果，使很大数量依靠工商业、副业和市场生活的群众，丧失了固有的谋生的道路。这是一个有关广大人民生计的严重的社会问题，还是我们今后在补救上最感棘手的问题。

辰、经验证明，杀人过多不但不能镇压住反革命的活动，反而因此更加增强了敌人的团结和抵抗，引起社会秩序的紊乱与群众的不安和不满，这就更便利了反革命的活动。对土蒋只采取军事打击而忽视政治上的瓦解，一般都是失败的。经验证明，应以政治瓦解为主，辅之以军事打击；在军事上，又应集中力量，首先打击最反动的部分，中立那些不积极反动的部分。凡是用这种策略的都获得成功。

巳、一般同志到新区后，苦于无后方作战的困难，急于建设一个后方，安置伤员和机关，也促成了急性病的发展。经验证明，在抗战初期我们实行了广泛的统一战线政策，很快地获得了巩固的后方，即在敌情最严重的区域，也能在大多数人民（包括地富的抗日分子）同情和拥护下安置伤员，建立兵工。而在南下后，因为实行了“左”的政策，打击面很大，树敌很多，反使后方常常受到袭击。敌情最严重、政策最“左”的地方，更是无法获得后方。

午、政权在新区人民中具有传统的威信，是一个极大的组织力量，而我们却忽略了政权的特殊作用，或未能发挥其应有的作用。经验证明，人民要求秩序，惧怕混乱，群众普遍要求建立政府，要求安民；而我们则一切经由群众直接解决，筹粮、筹款、收税不用政府，杀人不经过法庭的审判，都引起人民的怀疑与恐惧。对旧政权的摧毁是完全必要的，也是符合于大多数人民要求的，但在新政权毫无准备的时候，我们也失之过于性急，不懂得暂时地有领导地利用旧政府来维持秩序，解决军需，造成了严重的混乱。不成问题的，这些旧政府是不会真心为我们办事的，所以必须尽早地建立新政权去代替旧政权。但在新政权还未建立起来的过渡时期，只要旧政府能够起到维持社会秩序，防止混乱，而又能解决一部分军需的作用，对我们对人民都有极大的好处。

未、历来的经验证明，展开充分的宣传活动，扩大党的全部正确政策的宣传，揭露敌人的欺骗和罪恶，首先在群众中建立和占领思想阵地，这对新区战胜敌人与发动群众关系极为重大，而我们则相当普遍地忽视了宣传工作。比如我们在大别山，不是加强宣传队、剧团、文化工作的组织和领导,而是把这些机构的干部分散去进行土改工作,以致失去或减少了他们的作用。在宣传内容上,一般地只注意土改宣传,而忽视了党的各方面正确政策的宣传。"左"的口号、"左"的词句掩盖了或减弱了党的正确口号和主张的力量。

申、我们对于城市乡村的公共建筑物、工厂、作坊、学校、文化事业、教堂、庙宇,乃至地富的房屋、家具、树木等等,作了相当普遍的严重的破坏,且以军队最为严重,引起人民的极大反感。群众说:"共产党军事好,政治不好!"我们许多领导同志,至今还没有真正觉悟到这种农业社会主义的破坏性是反动的罪恶的行为,对于人民的利益和党的政治影响都是难以估计的损失。

酉、例如我们许多外来干部作风很坏,对本地干部的作用认识不够,没有一心一意地去发现正派的积极分子,大量地培养他们成为区村干部,反而提升了一批流氓坏人来当干部,也是我们脱离群众的重要原因。

戌、使我们犯错误的重要根源之一,是我们在进入新区之先,缺乏充分的动员和准备。我们一般地对于新区的复杂情况既不知道,进入之后又不研究,凭着老经验(而又忽视了最重要的抗日时期的经验)、老作风(而又抛弃了许多有用的好作风),盲目地乱干,这种恶劣的经验主义,使我们遭受了严重的损害。

亥、由于无后方作战和在"左"的错误下自己所造成的困难,特别在斗争紧张的地区,一部分干部的右倾情绪也在滋长。有的人看不见反攻后的辉煌胜利,而迷失了方向;有的人缺乏坚定的战斗意志,而抱着苟且偷安得过且过的心理;有的人对政策对工作采取漠不关心的消极应付态度;有的人甚至对我们向中原进军的绝对正确性表示怀疑,或者认为是过早的举动;有的人对敌人的所谓总体战和特务活动丧失警惕;有的部分对群众利益毫不关心,而尽情地耗费人力和物力;有的部分对新起的武装的许多严重现象,以及由于收编土蒋土匪而引起的群众不满,采取忽视优容的态度;有的领导机关对于党内严重存在的无纪律无政府状态,采取自由主义的态度。所有这些都曾给了我们以不小的损害,必须坚决地予以克服,才能使党在思想上和组织上完全一致,避免工作损失,更有效地获得胜利。

上述错误的检讨,目的在于清醒我们的头脑,使今后不再重复这些错误;对已经弄"左"了的地方,懂得教育干部,说服群众,研究妥善办法,迅速获得纠正和补救。

三

必须着重指出,所有上述这些错误和缺点,都不能掩盖了我们大举进攻后在全中原区的伟大胜利和伟大成就。我们业已有了两千万人口的控制区,一千万人口的游击区;大量歼灭了国民党正规军和地方军;不但如此,由于我们的进军吸引了大量敌人到中原方面,这样就从根本上破坏了敌人将战争继续引向解放区企图彻底摧毁解放区的反革命计划,而将战争引向了国民党统治区域，不但保存了原有解放区的基本区域，而且使我各路友军在山东，在苏北，在豫北，在晋南，在西北，在东北等地顺利地歼灭了大量敌人，恢复了广大失地，使全局都转入了攻势，我们的辛苦并不是白费的。我们的军队虽在个别部队有减员，而在整个来说，则有不少的增加。我们对全国新区工作提供了许多宝贵的经验。就战略形势来说，我们是主动的，在继续歼敌的条件下，我们将更加获得优势，中原全区的解放为时已经不远。这是在执行毛主席和中央的正确战略方针下，全体同志艰苦奋斗所获得的辉煌胜利。这对错误和缺点来说，恰恰是我们最主要的一面，而且就是这些错误和偏向，及因此而造成的若干混乱现象，也是可以纠正可以补救的。事实上，最近几个月我们在许多重要问题上业已大体上获得了纠正或者正在纠正着，并且已经产生了良好的结果，便是很好的证明。我中原全党同志必须对于上述各项成绩有足够的估计。如果在指出自己工作中的错误和缺点之后就忘记了自己工作的成绩，忘记了最主要的一方面，忘记了我们据以前进的基础，好像我们什么事情都做错了，并因此损害我们对于胜利的信心，那就是完全不对的，那就是右倾机会主义的观点。

四

为了不重复错误，有效地团结一切社会力量反对美蒋，更早地完成全部解放中原人民的任务，全区应即停止分土地，停止打土豪分浮财，停止乱没收，禁止一切破坏，禁止乱打人、乱捉人、乱杀人等等现象，并根据下列的方针和策略步骤进行和调整各方面工作。

子、在控制区，凡是没有分土地的地方，即应停止分配土地的宣传，进行减租减息及合理负担的宣传，立即着手调查研究，创造典型，积累经验，以便在各区党委范围内，制定统一简明的减租减息及合理负担的法令和进行步骤，并据此训练干部，教育群众，准备秋后直到明春，形成一个广泛的双减群众运动。凡是分过土地的地方，则应区别真分还是假分，一大片地区分了的还是只在一些孤立据点分了的，问题多的还是问题较少的，而规定出不同的处理办法。一般的原则是，真分的一般应该确定地权财权，不再变动；假分的应该说服群众自愿改为租佃关系，实行减租减息；一大片地区分了的，而又是环境许可群众要求的，则领导群众继续完成分地工作，同时正确地划分阶级和补救缺点；只在孤立据点分了的，则按情况根据大多数农民意见，不再变动，或说服群众改为减租减息。有问题的则按问题性质，协同群众商量解决办法。在解决问题的时候，不应只根据少数干部和积极分子的意见，而应根据农民群众大多数(包括中农)的意见，并且可以吸收在家地富参加讨论发表意见。

丑、在游击区，应在以团结一切社会力量对敌斗争为主的方针下，坚决进行反抓丁、反掠夺、反保甲特务统治的斗争，保护基本群众及各阶层的利益，并按照环境及群众要求，适当地实行双减政策，即一般地在地富同意下实行双减，或者比控制区减的少一些，或者先从地富自愿的减起,都是可以的。在负担政策上,则应确实照顾基本群众的利益。在分配整个负担数目的时候,不可使游击区比控制区还重,而在两面负担的地区,还应酌量减轻。到游击区抓一把的倾向必须克服与严行制止。在游击区应该采取比较隐蔽的斗争方式和组织形式,力求各阶层团结一致,反对国民党军及土蒋,集中力量打击少数的反动特务分子,切不可过于突出,使群众受到本可避免的摧残。凡是敌人控制力较大的地方,还应采取武工队的斗争形式,实行革命两面政策,以反对国民党正在普遍实行的所谓"总体战"。

寅、在崭新区,我们进入之后,应该采取更为广泛的统一战线的政策,团结一切社会力量,反对美蒋和地方上最反动的分子,以便于我们消灭敌人,站稳脚跟。在策略步骤上切不可操之过急。首先要求不要搞滥,然后根据地区的巩固程度,群众的觉悟和组织状况,逐步地实行政治、经济和社会的改革。因此在政治上要善于利用敌人内部的矛盾,争取或联合其较好的部分,中立其动摇的部分,孤立和打击其最反动的部分。切不可打倒一切,帮助敌人团结,把自己孤立起来。在社会政策上,不打土豪,不分浮财,不作经济上的没收,只对个别业已判处死刑的最反革命的分子的本人财产实行政治的没收,并分给群众。而在执行双减政策时,也应经过宣传组织、政府颁布正式法令等步骤,不可毫无准备地贸然进行。在实行适当调剂种子吃粮的政策时,不可采取开仓济贫的办法,亦不可强迫地富拿出粮食救济贫民,而应提倡低利或无利借贷的社会互助办法,或者采取由政府从没收或征收的公粮中抽出一部分举办生产贷粮或临时救济的办法。在新区的最大困难,是军队的供应问题。除了在部队进入之前应作必要的准备之外,可以实行征借粮食和派款的办法,并尽可能地使之合理,亦即是实行合理负担的财政政策。在开始时,我们还应懂得利用旧政权机构来筹办军需(但须同时宣布我们的合理负担办法),避免由我们军队直接去筹,形成混乱。城镇的税收应该保持,可以暂时利用原有的税收机构,而逐渐地加以改造;暂时采用原有的税制,而逐渐地取消几种不合理的苛捐杂税。凡是能够巩固或占领较久的城市,都实行合理的税收政策。只有对某些较富的只能占领几天的城市,才可以由区党委、纵委以上领导机关掌握,经过商会进行一次临时的捐款,其数目不可太大,且应召集商人代表开会,征得同意,千万不得勉强。尤其重要的,是我们军队在新区要成为执行党的全部正确政策的模范,必须认真执行三大纪律八项注意,严格执行保护城市、保护工商业、保护学校医院及一切公共建筑和财产的政策,禁止对任何东西的破坏和浪费。同时要对农业社会主义的反动性和破坏性作坚决的斗争。

卯、党的领导及各项政策应该充分地通过政权和群众团体去实现。在控制区,应配备大批得力干部到政府各部门中去,而首先要加强的是财经部门(包括财、粮、工商、银行、税收),以便保障军需民生,避免浪费和混乱,及在工作步骤上取得主动。同时注意建立人民法庭,以便接收审理案件,维持社会秩序,避免乱打人、乱捉人、乱杀人的现象。我们的政权性质,依然是无产阶级领导的人民大众的反帝反封建反官僚资本的人民民主政权的性质,抛弃中央的“三三制”政策是错误的。因此,在区村政权仍应绝对掌握于农民(包括中农)的手中,但在县以上政府,目前可根据实际情况,酌量聘请一些进步的工商业人士,及在地方上比较正派的、有正义感的、有相当声望的、赞成反美反蒋、赞成民主和减租减息、合理负担等项基本纲领和政策而又没有逃跑的开明绅士,当参议、咨议,或吸收参加一定的工作。但是聘请参议、咨议时,必须有合格的人选,而且要经过区党委的审查和批准,切不可滥竽充数,流于形式,甚或用人不当,脱离群众。在游击区,则在武工队的统一组织下,采取县区游击政权的形式,在乡村则保留旧的形式而逐渐加以改造,充实其民主的内容。在不能不应付敌人的地方,可以建立革命的两面政权。在崭新区,除了灵活运用上述原则外,在初期还应善于利用旧的政府,维持秩序,解决军需。

辰、控制区应当普遍建立包括中农在内的农民协会。有贫农团者,扩大成为农协;无贫农团者,不再组织贫农团;有贫农团、农协两种组织者,合并为农协一种组织。农协是乡村最主要的群众组织,必须大量地吸收农民自愿入会,扩大组织基础,防止为少数人垄断自私使之变成一个狭隘宗派团体的现象。农协的领导成分,一般适用贫雇农占三分之二、中农占三分之一的原则,并须防止流氓、坏人篡夺领导,使正派忠诚的劳动农民当权。除了农协,在农村还应逐渐建立青年的、文化的、妇女的、儿童的组织,以团结和教育一切群众。在城市则应首先注意建立工会和团结知识青年的组织。在游击区和崭新区则应建立小而精干的秘密的或半公开的群众组织和情报组织,名称不必一律,组织不必统一。局面打开之后,再建立工、农、青、妇各种组织。在已有初步工作基础的地方,即应开始建立精干的党的支部。

巳、为着发展生产,繁荣经济,以便保障人民生计和支援战争,必须注意领导人民加紧生产,不误农时,不荒地,防止地富怠工和破坏;必须坚决执行保护城市、保护工商业的政策,纠正相当普遍存在的轻视城市、放弃城市工作领导的错误倾向。过去城市乡村的工厂、作坊、商店和副业遭到了严重的破坏,党和政府要用很大力量组织各种专门机构(吸收工商业主、技师和工人参加),研究办法,使之迅速恢复生产。凡是没收错了的私人工商业的生产资料,如果是军队和政府机关保存的,应无条件地全部退还;如果已分给群众,则应说服群众归还,或由政府用其他东西从群众手中换回发还。凡是应该没收的生产资料,亦应或由政府、或租给私人、或组织群众恢复生产,不得搁置不用,妨碍生产。同时,为了尽快地恢复与发展工商业,政府银行应根据实际情况,举办工商贷款,而集中力量于首先恢复和发展那些对人民生计和军需有密切关系的部分。

午、在执行上述方针政策的时候,必须向群众作充分的宣传和解释,不要惧怕在群众面前进行自我批评。应当向群众适当指明,过去某些“左”的办法,特别是乱打人杀人、破坏工商业、侵犯中农利益、对地富扫地出门、流氓坏人当权等等,都是违反了中共中央和毛主席的方针和政策,于人民不利的,所以必须纠正。应当说明,土地改革是我党始终要贯彻的方针,因为只有土改才能使农民获得比较彻底的解放,我们暂时改为双减,是因为土改条件尚不成熟,双减政策在目前对人民比较有利的缘故。说明群众组织起来,正派农民当权,到极大多数农民都真正要求分配土地的时候再来分地,方才会办得公道,不出毛病。在处理具体问题的时候,必须坚决保护群众已经得到的果实,击退可能发生的地富反攻。应当确定,只有对中农被侵犯的财产,才作坚决的适当补偿。对地富的工商部分,也须设法予以退还。至于地富的其他财产,则不应退还;但在分了土地的地方,必须保证地富分得同等的一份土地、房屋和生产工具。争取地富回家的工作,应当广泛进行,但应采取严肃的立场和态度,表明这是政府和人民对他们的宽大。他们回来后,必须向政府登记,声明遵守政府一切法令,不做任何破坏和帮助国民党的特务行为。同时还应教育群众提高警惕,防止地富特务的反攻和破坏。

未、对地方土蒋、土匪,实行首恶者必办、胁从者不问、立功者受奖的政策。采取以政治瓦解为主,配合以积极的军事打击的办法,达到完全消灭的目的。应当动员各种力量,劝说官兵回家,政府对于回家的一律宽大处理,不杀不辱,只进行一定的登记手续。对于火线上的俘虏,应采取对国民党正规军一样的俘虏政策,绝对禁止杀戮,并应利用他们去进行瓦解和争取的工作。对于必须处决的首恶分子,应当经过法庭判决予以枪毙,不得采用乱棍打死等非法的丧失社会同情的处死办法。

申、各地地方武装已有相当发展,即应有计划地进行整理和巩固。特别注意加强干部,加强阶级教育,建立党的组织,细心地清洗坏分子和特务分子,严格军事纪律和群众纪律。同时在巩固的基础上继续发展。在已有的人民武装中,问题更多,亦应采取有效办法,依靠农协进行整理和巩固,严防特务地富掌握。凡是有可靠的农协的村庄,都应将人民武装置于农协的领导之下,并经过农协逐渐地掌握全村的民枪。

酉、强化宣传教育,无论在军队在地方都是刻不容缓的工作。部队的宣传文艺组织即应恢复和加强。各级党委和政治机关应加强宣教工作的领导,使之完全符合于党的方针和政策。乱写标语乱做宣传的坏现象,应该制止。

戌、培养本地干部是联系群众深入工作的重要环节,也是外来干部的责任。各地必须注意从斗争中,选拔大批的正派劳动的积极分子和贫苦知识分子(包括中农出身的),经过训练,提升为区村干部。党应经常检查这一工作的执行程度。对于地富出身的青年知识分子,亦应大量吸收,或送华北学习,或送本地军政学校予以改造,或经过教育后分到外区外乡工作。

亥、军队是在新区进行地方工作的重要力量。少奇同志说,如果军队不执行党的政策,就等于党的政策在党的主要部分没有保障。所以军队的党和干部,应该警惕自己,认识责任之重大,加强政策学习,爱惜民力、物力,保证成为执行党的全部正确政策的模范。

五

中央指示全党必须坚决地克服许多地方存在着的某些无纪律状态或无政府状态，克服领导机关的经验主义和官僚主义。这些现象在中原区更为严重。由于反攻后处于比较紧张和分散的情况，各个区域的工作不能不带着较多的独立性。但因此而发展了无纪律无政府状态，对党的政策和策略相当普遍地缺乏严肃的负责的态度，工作的松散、迟缓和效能之低，领导机关的放松领导和放任各种错误倾向的自由主义，都达到相当惊人程度。因此，应在各级党的组织和干部中详细讨论中央指示，实行正确的领导方法和工作方式，纠正错误的领导方法和工作方式。中原的局面虽已初步打开，但在完全战胜敌人，保障几十万大军供给等方面，困难还是很多的，亟须全区同志认真执行中央正确的政策策略和领导方法，及时纠正错误，增强工作效能，才能不断地克服困难，达成解放中原全区的任务。

用党政军民一体化的斗争反对敌人总体战[①]

(一九四八年七月十六日)

邓小平

豫西解放区是中原解放区的初步根据地,武装发展很大,这一胜利是各战场配合的结果。但在发展中存在着很多缺点,甚至有些严重缺点,如果思想上不认识的话,我们的工作就不能前进。某些县、区吃饭的人多,打仗的人少,土顽猖狂。我们有些部队内部发生叛变,据说敌人有计划打入我们里面,等待时机,里应外合,这在发展过程中是不可免的。如果我们注意得好些就会克服这些缺点,麻木不仁就会吃大亏。这次大会就是要解决这个问题。

由于我们军事上的胜利,有些同志思想上麻痹起来,工作松懈了,丧失警惕,认为天下太平,而敌人正在组织反攻。我们应体会毛主席的思想方法,整个形势是乐观的,但在处理具体斗争问题上,应特别谨慎,兢兢业业。例如,对于美蒋我们是鄙视的,不能丧失信心,但是在具体问题上应特别慎重,不能粗心大意。中原战况是胜利的乐观的,蒋介石为了巩固江南防线,结成长江防御,企图把战争引到中原战场上来,牵制我们的兵力。由于两个月来,我们政治上失掉警惕,敌结合土顽向我袭击,使我们遭受到不应有的损失。据说胡宗南[②]要调两到四个师到中原,有的说要调东北及山东的部队到中原。总之,敌人挖肉补疮,兵力不够分配是确定了的,但敌人的阴谋计划不能不引起我们的警觉,不允许我们再麻痹下去。要看到敌人垂死的一面,要有胜利信心,也要看到敌人挣扎的一面,要有足够警惕。最近国民党向我们进攻,这个进攻是利用了我们麻木不仁、熟视无睹、停止土改、党内思想混乱、群众思想混乱以及我们屯粮支差宣传解释不够、方法不好等弱点。我们的工作不应看表面轰轰烈烈,而应踏踏实实。

蒋介石为了挽救其危局,实行党政军民特的总体战,即冈村宁次[③]的"总力战"[④]。今天我们要觉悟,用党政军民一体化的全力斗争,反对敌总体战,组织武工队、两面政权,运用抗日时期的经验,即反治安强化的政治攻势,我们在思想上、组织上要充分准备对付胡宗南的

① 这是邓小平在豫西军区干部会议上的讲话。

② 胡宗南,当时任国民党军西安绥靖公署主任。

③ 冈村宁次,抗日战争时期曾任侵华日军第一军、华北方面军、第六方面军司令官和中国派遣军总司令官。在一九四五年十二月延安公布的日本战犯名单中,被列为首要战争罪犯。解放战争期间曾充当蒋介石的秘密军事顾问。一九四九年一月被国民党政府宣判"无罪"释放回国。

④ "总力战",指抗日战争战略相持阶段日本侵略者实行的政治、军事、经济、文化等各方面相结合,控制占领区、进攻抗日根据地的战略方针。

进攻,否则就没有应付突然事变的准备,将会变成右倾机会主义。我们已经麻木了半年,希望在三个月中改变形势,我们现在被打醒了,但要冷静,想办法。

敌人是总体战,我们便党政军民一致起来对付。要广泛宣传我们的政策、方针、主张、态度,揭破敌人的反动宣传,占领思想阵地。镇压与宽大结合起来,没有镇压就显不出宽大,这就叫首恶必办,胁从者不问,立功者受奖。对持枪抵抗者,必须坚决消灭,对俘虏不能杀害。所谓“首恶”不是看官职大小,而要看作恶严重程度、群众痛恨程度,有时队长不杀,分队长要杀。所谓镇压不等于杀,警告、罚款、判刑也是镇压。

对返回的地主,我们态度要严肃,欢迎他们回来,但不哀求他们回来。要告诉他们,今天不分地,将来是要分地,现在不分是时机不成熟,教育他们应该奉公守法。对罪大恶极而须处死的要用法律判决,不准叫群众处理。对肃清土顽要有情报工作,在大别山时,将最觉悟的积极分子隐蔽起来,讲究秘密工作方法,这样工作就好办。例如,一个区有十个左右的隐蔽积极分子,那么我们的耳目就多了,工作就好办。

军事与政治结合,以政治为主。宽大与镇压结合,就是首恶必办,胁从者不问,立功者受奖。中间分子是跟着坚决者走,不跟着动摇者走的。

土顽之所以这样猖狂,是因为我们内部有敌人的内应。因此,今天要整顿我们的队伍,应很好掌握武装,不了解掌握武装,这是很危险的,因为中国革命的特点是革命人民拿起枪来反对武装的敌人。

我们要带好武装,首先要明确这个武装是干什么的,应该是反帝反封建的、共产党绝对领导的、人民大众的。这个武装成员要好,要工农基本群众,不要地痞流氓、地富分子,成分确实好。在这一基础上便要有训练、有组织、有纪律,才能有战斗力。不要看有些人会拍马屁、规规矩矩,这是会被麻痹的。对新武装要严密管理,不能采取放任态度,党委要负责改造部队,政治委员应该给部队上课,讲政策,平时接近部队,了解他们的成分、出身、社会关系、入伍动机、生活表现,紧急时才能掌握部队。

如何整顿部队?总的说,要态度严肃,办法妥善。(一)要有充分的思想动员;(二)要诉苦反省,启发阶级觉悟;(三)坦白后,既往不咎,今后严格;(四)根据情况分别处理,或拆散,或清洗,或送野战军;(五)各县成立独立团;(六)干部集中起来轮训与作战。

军区既要生长武装力量,又要使用武装力量,每一个分委、县委必须有思想准备,将地方武装升为野战军。县、区武装要经常到外边活动,要灌注野战军的思想,这是建军任务。建军原则上应加强主力部队,不能削弱主力部队,把老部队搞瘦,把新部队搞胖是错误的。要不断补充主力部队,不怕新兵减员,应以主力部队为基础再去发展。武装的发展应在巩固基础上求得发展,不应求数量而应求质量,普遍地要个别扩大,了解底细。

部队要整齐,军事、政治生活应严肃紧张,乱七八糟会影响部队扩大。反对散漫、混乱、无组织、无纪律的现象,必须整顿组织,严格纪律。

对敌斗争和建设军队都要统一在党委一元化的领导下,作为一个任务、一个方针,互相配合,全力斗争。必须肯定党委领导,不能有任何例外。

关于今后进入新区的几点意见[①]

（一九四八年八月二十四日）

邓小平

根据一年新区工作的经验，提出今后进入新区的几点意见。

第一，关于出动前的准备。应包括思想、组织、政策、军事和经济等等方面的准备。我们南进时就是缺乏准备，所以吃了很大的亏。在思想上，农民远离家乡，北方人到南方，都是极大的问题。而到新区（南方）后，又确实遇到许多困难，如吃大米，走山路，走小路，蚊虫多，水土不服，语言不通，打山地战等等，都会影响到干部战士的情绪。所以出征前要向干部战士说清楚，反复说明这是革命不革命的问题；划清思想界限，反能巩固士气和信心。十纵就因为作了深入的动员，南进后部队一直是巩固的，情绪一直是好的。在组织上，要有足够数目的干部随军行动，这些干部都须经过任务、政策和作风的训练。在军事上，要有适合于山地战的组织和装备以及山地战术的训练。在经济上，要使部队进入新区后不致马上发生供给困难而破坏政策和纪律。而新区的各项主要政策，尤须在干部中施行教育。

第二，关于展开。进入新区之后，首先的任务是打胜仗，占地盘。两者分不开，但是有矛盾。要占地盘，不能不分散一部兵力乃至削弱一部主力，减少野战力量。但不占地盘就没有后方，就不能发展，就不能发动群众，就无法供应军需，就不能使敌分散，也就不好打仗，故分遣适当兵力，展开占地盘是非常重要的。中原曾不顾削弱主力兵团抽出很大兵力展开，建设军区、分区和县基干队，今天证明是成功的。对于展开，也应尽可能做到预有准备，大别山因无准备，花了近两个月时间才展开完毕，江汉、桐柏两区吸取了大别山的经验，预先配好分区、地委、专署及县级党政军的一套机构和部队，故十天半月就大体完成了展开的任务。今后到新区，最好事先区分野战军和军区，每个军区为一单位，配齐军区、分区、县等三级党政军机构（包括部队），组成临时支队，一路展开，收效必快。而展开的部队除由野战军抽拨一部外，如有可能，最好能从老区抽调一批地方武装和民兵充任，以免过于削弱野战力量。

第三，关于作战。这要看当时当地的敌情而定，但对在新区作战的困难应有足够的估计。在进入初期，特别要掌握住不打无把握之仗的原则，我军主力不可轻率作战，因为如果受挫，极易陷于被动，小则大批减员，大则被迫离开。最好采取宽大机动，寻歼弱敌，既可因

---

① 这是邓小平写给中共中央和毛泽东的综合报告的后一部分。一九四八年一月七日中共中央发出关于建立报告制度的指示，规定各中央局和分局，由书记负责自己动手每两个月向中央和中央主席作一次综合报告。

胜利而巩固信心,又可逐渐熟悉地形及其作战条件而使上下增加把握。一俟敌情地形熟悉,军区及地方工作铺开,伤兵有地方放,再进行一些较大规模的歼灭战,比较稳当。但这不是说在初期有把握的大歼灭战也不打,更不是说要采取避战的方针,如果这样也会把士气弄得很坏,当然是错误的。特别在困难时候,尤应鼓励部队坚决作战,把敌人气焰压下去,才能巩固自己的士气,大别山去年九月间就有这个经验。作战的另一重要问题是分遣与集中的运用问题。我们区分野战与军区两套的办法,以野战军集中打大仗,以军区部队分遣占地盘,消灭地方反动武装和打小仗,这就解决了一个主要的分遣与集中的问题。敌人对我,在我大军压境时,采取放弃一切次要城市据点,免被歼灭的办法,接着调集军队,其兵力大于我时,则实行围攻,无胜利把握时,则实行盯梢,使我无喘息余地。所以我野战军也要善于分遣、集结(在山地就食也有时不能不分遣),分遣以分散敌人,造成敌之弱点,而后适时集结歼其一部。其要点则在明了分遣是为的集中歼敌,故分遣时要计算到比较利于集中的条件。我们常常也可以主力监视敌人,而以一部出敌不意,寻求良好战机,如襄樊作战即其一例。军区部队的运用,也有分遣、集结问题。在展开时,我们多数地区是采取比较彻底的分散掩护地方工作的办法。而桐柏三分区则从两个团中分散小部掩护地方工作,集中一个多团积极歼击反动武装,结果胜利最多,士气民气最好,发展最大。这种方式比较妥善,即在初期应以集中力量消灭敌之军事力量为原则。到新区(山地)的装备特别是轻炮的预为准备和调剂,也属必要。

第四,关于供应。这是在新区首先接触的最大最重要的政策问题。在毫无工作基础的条件下供应大军,无论内战或抗战时期均无此种经验。在中原曾采用打土豪分浮财用粮食折菜金的办法,造成极大的浪费和混乱,证明不能再用。今后不打土豪,许多东西要拿钱买,例如没有布条打草鞋,没有废纸用作办公等等,开支势必浩大,如无妥善办法,不可避免地要形成混乱。必要的办法是:(1)带一部分现洋,以半年为期,每月以每人两元计算,可解决菜金、黄烟及草鞋。(2)准备一种军用流通券,随军发行,随军兑换。其缺点是币价无法固定,小商人吃亏,好处是可以应急,在困难时不致过于混乱。发行办法则应作精密研究,票纸印刷避免粗糙。(3)维持城市税收,照旧章程驻一天收一天税,同时适当地向商会筹款。(4)乡村派款。(5)粮食在不能实行合理负担以前采取征借办法,可以利用保甲征借。但保甲对我必取应付态度,故我应有比较健全的粮食机关随军工作。一俟局面打开,即应实行公粮制度。(6)缴获粮款全部归公,可以解决一些问题。(7)因此,随军的行政机构必须健全,可用战地行政委员会名称,全盘负责管理征借粮食,税收,筹款,接管城市,接收和处置缴获品,必要的没收,银行兑换所诸事宜,军队的供给部门亦归其管辖。战地行政委员会在纵队设分会,旅、团设办事处。必须准备大批干部做这项工作,新区局面打开之后,这批干部即成为财经建设的骨干。

第五,关于社会政策。中央五月二十五日指示的原则,中原局六月六日指示规定的执行办法，及以开封为范例的城市政策，是合用的。只要我们不“左”，慢慢地来，就不会出大毛病，就既能团结大多数反对美蒋，又能减少军队的困难。在新区必须经过一个军事时期然后才能进入巩固时期（这是大体的划分）。在军事时期，我们的策略步骤，对群众主要是政治解放，解除其切身痛苦，对敌人是政治打击，必要的没收也只能是政治的没收，斗争对象集中于最反动的部分。此时期应特别发挥政权的作用和加强宣传工作。政权随军的就是战地行政委员会，展开的就是各级临时的人民政府，一切事情用政权出面比由军队直接出面要好。我们到大别山时，人民对我们第一件要求是“安政治”，因为人民最怕紊乱，怕无政府，要求有秩序。“不搞滥”的本身，就是团结大多数的大政策。广泛使用一切宣传武器（宣传队，剧团，部队指战员的宣传，政府出布告，开大会，开座谈会，演讲会，画展等等），宣传我们的主张和政策，驳斥敌人的造谣和欺骗，可以占领思想阵地，安定民心，造成新区的新气象。可以广招徕，扩大新兵，招收一些知识青年加入我们的队伍。可以初步地建立小型秘密的群众组织和吸收个别的秘密党员或建立秘密党的小组。我们在抗战初期就是这样做的，收效极大。我们在大别山没有这样做，吃亏很大。一俟军事局面打开，就大体上进入巩固的阶段，工作重心即可放在实行合理负担及有步骤有准备地进行双减，建立税收制度，组织农协，建设党，广泛办训练班等项工作上面。

第六，关于武装。每到新区，务必以最大力量建立地方武装，这是我军扩大与补充的可靠来源，也是巩固占领区的重要力量。中原政策搞“左”了，但还能建立或扩大地方武装十二万人左右，如不搞“左”，数目必更大。但在建立时应不惜本钱抽调干部及若干部队以作骨干。民兵在群众未发动以前，则不宜建立。此外，部队到新区一定有一批无衣无食的失业贫民要参加军队，故应强调个别扩军的工作，多年以来，我们对这个工作都很生疏了。

第七，关于干部。新区所需干部数目极大，中原现有干部，计华北调来的一万一千，华东调来的六千，军队抽出者万余，共约近三万，不过这批干部以村级为最多，质量不算高，如全用现职区以上干部，当可大大减少。同时我们总感到干部补充甚不及时，影响工作甚巨，特别是财经干部太少，更感苦恼。按中原区需用干部的标准，如在江南开辟一万万人口的区域，所需合格干部当在三四万之间，应请中央预为准备。同时蒋区干部学生大批回乡，等候大军进入，也是一个大来源。

以上只是提出我军进入新区的几个问题，作为参考。

南进部队均须开始准备[①]

(一九四八年九月五日)

邓小平

第一,敌人第二年的兵员要比第一年充实。我们估计,今后一年敌人补充兵员的数目不止一百万人,因为敌人抓兵厉害,如敌第五军等部就有一套抓兵机构,兵员补充得很快。我们还应估计到蒋介石最后还可能学习阎锡山[②]那一套抓兵办法,"兵农合一",因此,敌人今后补充兵员问题是值得注意的。

第二,在外线作战,我之方针是主要取之于敌是很对的,但军委应考虑到外线作战是否能完全自给?根据两年的经验,第二年的弹药缴获少于第一年的缴获。现在的战争的特点是消耗大,如豫东战役[③]三个纵队攻击,九个纵队打牵制战,单单我们牵制张轸[④]几十天作战,就消耗了一万发子弹,因此弹药发生很大困难。另外,人员补充问题,开封、豫东战役俘敌四万人,实际不止此数,但最多补充部队不过三分之一,自己伤亡不过二万人,因为在转移中减员,特别是补入的俘虏无训练及三查诉苦[⑤],故逃亡更大,因此部队实际补充人员不大,军队数目比原来人数减员二万人以上。这说明在外线作战,如稍稍陷入被动就有很大减员。即在平时大兵团的消耗量也不小,一次行动即可减员千人以上,如我们四个纵队从豫皖苏转移豫西行抵平汉路[⑥]边时即逃亡一千余人,这还算是好的情况,否则减员更大。当然这与工作做得好坏是有关系的,但证明大兵团作战,消耗量是很大的。还有,在外线作战遇到的困难还很多。因此,在外线作战的顾虑很大,这些困难在外线作战均须计算在内。对这些困难我们应该强调自己解决,但军委在计算全盘问题时应加上这些条件。

---

① 这是邓小平在河北建屏县(一九五八年并入平山县)西柏坡召开的中共中央政治局会议准备会议上的发言。

② 阎锡山,当时任国民党军太原绥靖公署主任。

③ 豫东战役,亦称开封、睢杞战役。一九四八年六月十七日至二十二日,华东野战军八个纵队,中原野战军两个纵队以及冀鲁豫和豫皖苏军区部分兵力,在粟裕统一指挥下,攻克河南开封,歼灭开封守敌国民党军约四万人,击毙国民党军整编第六十六师师长李仲辛。为配合开封战役,中原野战军以第一、第二、第三、第四纵队及华东野战军第十纵队在西平、洪桥一线阻击国民党军张轸兵团及胡琏兵团北援。蒋介石为了挽回其不利战局,亲临开封上空督战,调集邱清泉、区寿年、黄百韬三个兵团,分路进攻开封。人民解放军主动撤离开封,于六月二十七日至七月六日将区寿年兵团部及整编第七十五师以及黄百韬兵团的三个多团,先后包围于河南睢县、杞县地区,经九昼夜激战,歼敌五万余人,生俘兵团司令官区寿年和整编第七十五师师长沈澄年。

④ 张轸,当时任国民党军第五绥靖区司令官。

⑤ 三查,指查阶级、查工作、查斗志。诉苦,指诉旧社会和反动派给予劳动人民之苦。三查和诉苦是一九四七年十一月到一九四八年夏,中国人民解放军进行新式整军运动所用的主要方法。

⑥ 平汉路,指北平(今北京)至汉口的铁路,今京广线的一段。

第三年的战争规模与第二年不同。一个战役往往带有战役的会战性质,这样要求我们的兵员充足,弹药充足,否则就发生困难。第三年规定我们歼灭敌人三十个旅的任务,并不太重。按中原自己本身的任务分配,华野应该担任五分之三,约歼灭敌人十八个旅,我们中野担任五分之二,约歼灭敌人十二个旅。现在已经在七月份完成了歼灭敌人五个旅,还有歼灭敌人二十五个旅的任务,如果机会遇得好,打几仗就可以完成。但因敌人谨慎,保密困难,很难打到如意的仗。机会碰得好,一次可以搞掉敌人五六个旅,找不到机会,可能几个月都是沉闷的,消灭不到敌人。总的来说,对中原消灭敌人三十个旅的任务要求是可以完成的,但请给以适当的补充。目前部队兵员情况尚可作战,如连续打下去就有困难,主要是到明年初不补充兵员就会发生困难。在中原区,根据目前新区情况扩兵是困难的,因为工作还差,人民存在普遍厌战情绪。如果今后我们工作做得好,减租减息①有成绩可能扩到兵员,这要看今后情况决定。我们兵员今后半年内能保住原本就是好的,但到明年上半年,兵员就会成为问题。总的说,在外线作战任务不大,困难却有,如在第三年,兵员能补充三万人,部队就能保持作战。如果在第三年兵员能保持原本,并再补充兵员至少两万人,即可南进。

第三,中央军委提出集中统一正是时机。我们拥护中央军委统一起来,希望军委要有计划地统一计算与分配,这就好办事了。比如供给制度与标准需要统一,否则部队待遇不一,相互影响甚大。建议战士的生活标准稍为提高一点,因为战士虽然吃五分钱的菜,尚赶不上地方军三分钱的菜吃得好,野战军每到一地,物价高涨,故钱花得多却吃不好。

第四,对明年渡江的准备,我们在政策方面可以说大体上有些准备与经验,但其他许多具体问题尚待准备,如思想准备、干部准备都是重要问题。干部怕过长江,即使是江南的干部亦不一定愿过长江。再如,野战军从大别山出来后,减轻了大别山的困难,但谈起大别山来,就有些“谈虎色变”,这在思想上需要加强与提高原则性的教育。三万余名干部的准备已有决定。其他的,如医院、电台、技术人员配备计划及武器配备调剂适合南方山地作战,还有准备收容知识分子的学校架子及前线剧团等准备,这些对今后到江南开展工作都是很重要的。凡准备南进的部队均须开始准备这一切工作。

关于我军的纵队组成计划,由五十个纵队发展到七十个纵队就够了。目前主要是充实现在的五十一个纵队,如果每个纵队保持三万人数量就很好了。我野战军有一百五十万人,这就可以打遍天下。在老兵没有充实前不宜再组成新的纵队。

最后,还有一个问题。邓子恢②同志来了一个电报,提出要求调一批干部的意见,内包括

---

① 抗日战争时期,中国共产党领导的抗日民主政权为改善根据地人民的生活,动员人民支持抗战及解决财政困难,实行减租减息政策。其主要内容是:地租,一般以实行二五减租为原则,即不论何种租佃形式,均按原租额减去百分之二十五,利息一般减到不超过一分半。解放战争时期和新中国成立初期,在新解放的地区也曾实行过减租减息政策。

② 邓子恢,当时任中共中央中原局第三书记、中原军区和中原野战军副政治委员。

财经、党的宣传、政权、保卫及办荣校和伤员归队等各种干部。其中有向华东提名要求调去的,有请中央军委考虑从各地抽派的,希望能于雨季后,这批干部南下。

中原军区应组织补训团[①]

（一九四八年九月六日）

刘陈邓：

中央强调兵员主要取之于敌，力求不浪费一个俘虏。华北采取补训团的方法已收良好效果。中原军区亦应由部队抽人组织几个补训团，直属大军区，作战时配属给纵队，并严格规定所有俘虏必须送补训团指定安定地方训练，争取统一分配。克服在这一方面的无政府无纪律状态，最近作战即须注意及此。如何请考虑。

小平

申鱼

① 这是邓小平在河北建屏县（一九五八年并入平山县）西柏坡给中原野战军司令员刘伯承，中原野战军第一副司令员、华东野战军司令员兼政治委员陈毅和中原野战军副政治委员邓子恢的电报。

中原区关于执行加强纪律性等问题的意见[①]

(一九四八年九月六日)

刘陈邓李张,刘李并转任穷:

一、我们正在开会[②]。这次会议解决问题颇多,包括军事、政治、经济各方面。毛主席在几次会议及谈话中,提出全党当前任务,仍为“军队向前进,生产长一寸,加强纪律性,革命无不胜”四句话。但强调指出提高纪律性,即克服全党严重存在的无政府无纪律状态,为保障前两任务及革命胜利之中心环节。此种精神,从最近中央对东北局的批评和几个电示可以看到。中原局及中原军区对此应迅速检讨,成立一个正式的决议报告中央,同时发给各区党委、各纵队。我的意见应包括下述内容:

(甲)我们本身对此环节的意义了解极不深刻,或只了解成为报告制度及政策的统一性,而未充分认识无政府无纪律状态给予党的损害。

(乙)中原各区无政府无纪律状态是严重存在的。一年来的游击分散情况,不能不使各地带有较多的独立性,但因此发展了无纪律状态。如各地各部队自出布告,自定政策,事前不报告、事后不请示,或报告不真实等现象,事实很多(应列举其大者)。

(丙)中原局及中原军区对中央军委报告不够,对下面的不报告多采取原谅态度,亦即是自由主义态度。

(丁)具体规定今年内克服此种现象的办法,特别强调党内的民主。

这是个人意见,请开一次中原局正式会议(张玺[③]、陈谢[④]及附近纵队首长可到会讨论)作出决议。中央还拟有一个关于纪律问题的文件,待通过后即发下。再者九月份报告请按期作出。

二、军委规定中原区第三年歼敌任务为三十个旅,七月份已歼五个旅在内。依此计算,路西两兵团应担任十二个旅以上,粟[⑤]部应担任十八个旅左右,请告各部争取完成。

---

① 这是邓小平在河北建屏县(一九五八年并入平山县)西柏坡给中原野战军司令员、中共中央中原局委员刘伯承,中原野战军第一副司令员、中原局第二书记陈毅,中原野战军副政治委员、中原局第三书记邓子恢,中原野战军第二副司令员、中原局委员李先念,中原野战军副政治委员兼政治部主任、中原局委员张际春和中原局委员刘子久、李雪峰并转中原局委员、豫皖苏分局书记、华东野战军第三副政治委员宋任穷的电报。

② 指中共中央在河北建屏县(一九五八年并入平山县)西柏坡召开的政治局会议准备会议。

③ 张玺,当时任中共豫西区党委书记兼豫西军区政治委员。

④ 陈谢,指陈赓、谢富治,当时分别任中原野战军第四纵队司令员和政治委员。

⑤ 粟,指粟裕,当时任华东野战军代司令员兼代政治委员。

三、华北、华东已决定合并，饶[①]为第一书记。华北、华东确定今年不搞土改，而以生产为中心。中央同志意见，中原区亦应以生产为中心，联系减租减息、合理负担[②]，请研究指示各地。

四、二局李永悌[③]部分已决定南下，三局允调三十个报务员（华东）、三十个见习生（华北），器材亦解决一部，但卫生部门尚无着落。此外，政府秀林[④]可来，大学中央同意抽一部来，正与北大[⑤]商议。财经干部已批准我们所提二百数十人的计划，华北、华东各半。地方工作干部，毛主席决定不再派到中原，而集中准备三万余干部作为明年战略发展之需，卜盛光[⑥]大约可到中原区，其余希望不大。

五、今年华北、华东确定不扩兵（确有困难），年底拟扩一部，数目尚待研究，军事问题正讨论中。

六、会议不日可结束，会毕即归来。

小平

申鱼

---

① 饶，指饶漱石，当时任中共中央华东局第一书记兼华东军区政治委员。

② 抗日战争时期，中国共产党领导的抗日民主政权为改善根据地人民的生活，动员人民支持抗战及解决财政困难，实行减租减息、合理负担政策。减租减息政策的主要内容是：地租，一般以实行二五减租为原则，即不论何种租佃形式，均按原租额减去百分之二十五，利息一般减到不超过一分半。合理负担政策的主要内容是：按资产及收入多少规定纳税的比例，除少数最贫困者得免征外，其余的人均须按照比例纳税，但最高不超过每人全年收入的百分之三十至三十五。解放战争时期和新中国成立初期，在新解放的地区也曾实行过减租减息政策，解放战争时期在一些地方也实行过合理负担政策。

③ 李永悌，当时任中共中央军委作战部二局干部。后任中原野战军、第二野战军司令部新闻处处长。

④ 秀林，即杨秀峰，当时任华北人民政府副主席。

⑤ 北大，指华北军政大学。一九四八年五月，由晋冀鲁豫军政大学与晋察冀军区军政学校合编而成，叶剑英兼任校长和政治委员，辖第一至第八大队，为华北和全国培训军事政治干部。一九五〇年八月，改为华北陆军军官学校，同年十一月，改为华北高级步兵学校。一九五一年三月，改为中国人民解放军第六高级步兵学校。

⑥ 卜盛光，当时任中央社会部干部，后任中原野战军、第二野战军政治部保卫部部长。

加强纪律性　走向统一①

(一九四八年九月八日)

邓小平

完全同意毛主席报告中,关于形势的估计和今后的计划。按两年歼灭敌人二百个旅推算,再有三年,是可以打倒蒋介石的(毛泽东:根本上)。即使蒋介石能补充一些兵力,也弱得多了。他占地方多,恢复元气的可能就少了。这种估计,要在党内在人民中宣传,要估计到人民中的厌战情绪,宣传只有好处,没有坏处,可使人民振奋,发挥他们的积极性。

对所提任务,特别对提加强纪律性是中心环节没有意见。无纪律状态最近这两年来是有发展的。因为打出去,客观上有这种状态发展的条件。自定政策、口号,报告不忠实等等,如任其发展,会造成损失。军队如果报告不忠实,浪费很多。仗还打得比较好,但也还有缺点错误。过去中原局对把加强纪律性作为中心环节提出来认识不够,只从要定时报告、不要自定政策两点来认识,但对这样做能解决重大问题了解不够。如克服"左"的倾向,是毛主席询问六大问题②时把我们问醒的。我们特别体验到在关键问题上得到中央指示之重要。

我们对下面无纪律状态采取了原谅态度,犯了自由主义(毛泽东:一是抓,一是紧,又抓又紧。我们许多事抓而不紧,抓而不紧等于不抓)。当然,提高纪律性,同时也要提高民主生活,否则就会造成家长制,也不能提高纪律性。根据部队经验,提高纪律性,重要的在高级领导机关。如果善于掌握批评与自我批评,可以增加力量。

谈五年之第三第四年问题。前二年仗打胜了,有了很好的基础。但战争到了第三年是关键。这时敌人比我更大,从全体来说,我们比第二年更困难了。我们的兵力有所削弱,敌人有了经验,我们的弹药可以补给,但兵源就困难了。刘邓③第一、二年各动员九万人左右。第三年最好能保持原来的兵力,如果减员二万人也是最好的情况。第三年,分配我们中野歼

---

① 这是邓小平在河北建屏县(一九五八年并入平山县)西柏坡召开的中共中央政治局会议上发言的一部分。中共中央政治局会议于一九四八年九月八日至十三日召开。这次会议为最后打败蒋介石、夺取革命在全国的胜利作了思想、政治、组织上的重要准备。

② 一九四八年一月十四日毛泽东在给邓小平的电报中说:"请回答下列问题:(一)在新区是否应当分为两种区域,一种是可以迅速建立巩固根据地的,一种是要经过长期拉锯战才能建立巩固根据地的,对两种区域的工作采取不同的政策。(二)新区土改是按土地法大纲平分,还是对富农及某些弱小地主暂时不动,新区中富农及弱小地主态度如何?(三)是否有开明绅士和我们合作?(四)是否有许多知识分子和我们合作或表示中立?(五)各阶层商人态度如何?我军是否可以避免向新区工商业资本家进行筹款,如果筹款,方式如何?(六)如何处理国民党政府、党部、三青团的各种人员,其中是否有些人是可以争取的,如何处理保甲长?"

③ 刘邓,指刘伯承、邓小平,当时分别任中原野战军司令员和政治委员。

灭敌人十四个旅的任务,应完成,问题并不大,但有困难。困难还不在财政上。过去华东、华北是尽了力量的,应感谢。弹药也不成问题。最大的困难是兵源问题,动员太多,与“生产长一寸”有矛盾。设想还会减员,因此,要求干部去得及时一点(毛泽东:干部不向前进,军队向前进也不能解决问题)。华野在中原确有困难,宋时轮[①]部队生活就不好,发钱是寅吃卯粮,应预为准备。前方开销不宜过大,后方保障需要及时。这样对前后方团结好一些。困难要在胜利中解决,节约一点。外线作战,俘虏工作更要做好一点。

不仅要考虑第三年,还要准备第四年。这里边问题更多,要有十六七万人才能过长江,如果我们的兵力减到十万人,没有五万多人的补充,过江就困难。中原本身扩兵没有把握。第四年要决定胜利,明年上半年就要有大扩兵,否则就会有困难。第四年的准备,政策是基础,思想准备要充分。南方干部不一定愿意回南方。准备三万干部的计划大体差不多了。要估计到敌人一齐来打。华野的干部准备也是不足。以五十万人南进(毛泽东:二十万,分两支)。如果二十万兵南进,要准备三百万大洋。

此外,医院以三分之一计算,就要四十七所,以二分之一计则更多。自己可以解决三分之一,还有三分之二,这是全国性的大困难。通讯,一军区得有三部电台,每纵得有三台,旅只要一部,还不要求到团。请准备四十三套,包括机要报务人员。服装的筹备是军容军威所系。武器的配备,924 步炮由东北调来,用之于南线最适当。宣传机关、通讯社、剧团,中原一套也不能拿走,第三年就要准备。

走向统一非常重要,既能解决很多问题,又可增加效率。

---

① 宋时轮,当时任华东野战军第十纵队司令员。

军队向前进是战略任务的第一条[①]

(一九四八年十月十五日)

邓小平

准备全国胜利,一个是军队向前进,一个是准备干部。战略任务的第一条便是军队向前进。第二年之所以能取得伟大胜利,即由于军队向前进。战略之所以发生根本变化,是因为我们转入进攻。我们进攻中原,进攻大别山,突击方向选择对了。我不止一次听到毛主席赞扬中原,有些人说中原路线错误或成绩不大是不对的。中央表扬了中原局,毛主席在"六六指示"[②]上亲自批道"如对中原战略的伟大作用认识不足,是机会主义的观点"。因此,中原的干部与战士均要认识到这一点。这是真理与原则,客气不说是不对的。由于我们军队向前进,完全打破了蒋介石的战略计划,把战争引向了蒋管区。蒋介石想过黄河,消灭我们人力物力,我们占中原,粉碎了蒋介石对山东与西北的重点进攻。否则,我们便打不下临汾、运城、石家庄、潍县[③]、济南等地。过去华野不打潍县,现在以一部分兵力就打下来了。延安、石家庄的解放也是如此。因为敌人兵少了,孤立了,我们可以放手打。中原本身是胜利还是失败?应该说是胜利。中原本身三千万人口的地方,我们在大别山站住了脚,解放了广大区域,即是胜利。

急性病是伟大胜利的主流之浪花,两个月后领导上便停止了,而且停止是坚决的。急性病的产生由中原局负完全责任,对下面的无政府无纪律抓得不紧,这是中原局的自由主义。但是,中原局已经形成决议,下面不执行就要由同志们负责。如区党委决议是正确的,就有权利要求大家服从决议,否则就是违反纪律。战略上是正确的,犯了急性病的浪花,中原局立即纠正,而且有步骤地坚决地纠正,当然不是什么路线错误。浪花由中原局负责,但不是说同志们就不负责任了。

军队向前进是必要的,不过长江能不能打倒蒋介石呢?不能。一定要过长江,要不断地讲。部队干部里要讲,地方干部里也要讲,即使有些人想不通也要讲,要天天讲。如桐柏十纵队曾经情绪不好,说到大别山就是吃大米,走小路,蚊子咬。后来一讲清楚,说明这是革命不革命的问题,敢不敢胜利的问题,情绪便稳定了。这个纵队至今仍是巩固的。今天不是动

---

① 这是邓小平在中共豫西区党委扩大干部会上传达中共中央政治局会议精神的讲话的一部分。

② "六六指示",指一九四八年六月六日邓小平为中共中央中原局起草的关于执行中央土改与整党工作指示。这个指示以《贯彻执行中共中央关于土改与整党工作的指示》为题收入《邓小平文选》第一卷。

③ 潍县,旧县名,今山东潍坊市潍城区。

员大家过长江,但是总有一天要过长江的。遵守纪律而过长江是好的,还要懂得为什么要去。有两个月的时间即讲两个月,有五个月的时间就讲五个月,几十万干部都要过长江。华北是怎样解放的?是南方人到北方去解放的,北方人为什么不应该到南方去?过去南方先进北方落后,现在南方落后北方先进,为什么不应该互相礼尚往来呢?真理不怕千万遍地讲,我们到中原这一着就做对了。这就是路线。蒋介石、美国都知道我们要过长江,秘密的只是什么时候过,在哪里过。

在准备干部方面,不仅要准备农村干部,而且要准备城市干部。占领上海、南京、武汉要多少干部?而且还要作风好的干部。有些干部的作风确实好,有些干部的作风确实很坏,整党就要整他们。凡干部思想作风不纯者即要转变。党要注意干部训练,注意整党,目的是改进工作,联系群众,巩固中原,使中原成为今日之华北,以支援前方。

关于淮海战役的十九份电报①

(一九四八年十月二十二日~十二月二十二日)

一　中野主力东进协同华野作战②

(一九四八年十月二十二日)

一、郑州之敌于今养辰向新乡撤退,被我九纵一个旅截击于郑州以北三十里处,正战斗中。我主力黄昏后可加入战斗,郑州城已于养午被我占领。

① 这里收入的是邓小平在淮海战役前、战役期间和刘伯承、陈毅等联名发出的十九份电报。淮海战役,是解放战争时期中原野战军和华东野战军在以徐州为中心,东起海州,西至商丘,北起临城(今薛城),南达淮河广大地区,同国民党军进行的一次具有决定意义的战役。一九四八年九月下旬,粟裕向中共中央军委提出建议:举行淮海战役,攻歼淮阴、淮安和连云港地区国民党军,为夺取徐州创造条件。九月二十五日,中央军委复电"举行淮海战役,甚为必要",你们第一步作战应以歼灭黄百韬兵团为目标,然后再歼两淮和海州、连云港之敌。十月十一日,中央军委发出《关于淮海战役的作战方针》的指示,确定淮海战役作战任务,主要是消灭国民党军刘峙集团主力一部,开辟苏北战场,使山东、苏北打成一片。为配合华东野战军作战,十月下旬,中原野战军主力在邓小平和陈毅率领下,攻占郑州、开封后继续东进,从西南方向威胁、钳制徐州之敌。同时,由刘伯承、邓子恢、李达指挥两个纵队在豫西地区钳制国民党军黄维、张淦兵团。十一月一日,中央军委根据粟裕建议,决定整个战役由陈毅、邓小平统一指挥。后来,由于局势发生变化,淮海战役遂发展成为同刘峙集团等部的战略性决战。十一月十六日,中央军委电示:正在进行的淮海战役取得胜利,不但长江以北局面大定,即全国局面亦可基本上解决。望从这个观点出发。统筹一切。"统筹的领导,由刘、陈、邓、粟、谭五同志组成一个总前委,可能时开五人会议讨论重要问题,经常由刘、陈、邓三人为常委临机处置一切,小平同志为总前委书记",负责领导华东野战军和中原野战军的行动,统筹淮海前线一切事宜。整个淮海战役共分三个阶段。第一阶段,从十一月六日到二十二日,人民解放军于徐州以东新安镇碾庄地区,围歼了黄百韬兵团,解放了碾庄以东陇海路两侧和徐州以西以北广大地区,切断了津浦路徐(州)蚌(埠)段间国民党军的联系。国民党第三绥靖区所属三个半师,共二万三千人,在徐州东北的贾汪、台儿庄地区起义。第二阶段,从十一月二十三日到十二月十五日,人民解放军在宿县西南双堆集地区围歼了黄维兵团,生俘兵团司令官黄维、副司令官吴绍周。该兵团一个师起义。同时,华东野战军将杜聿明指挥的由徐州向西南突围的邱清泉、李弥、孙元良三个兵团包围于永城东北的青龙集、陈官庄地区,随后歼灭了力图突围的孙元良兵团,孙元良只身潜逃。第三阶段,从一九四八年十二月十六日到一九四九年一月十日,人民解放军参战部队进行了二十天战场休整之后,从一九四九年一月六日起,对青龙集、陈官庄地区被围的国民党军发起总攻,全歼邱清泉、李弥两个兵团,生俘杜聿明,击毙邱清泉,李弥逃脱。此役自一九四八年十一月六日开始到一九四九年一月十日结束,历时六十五天,共歼灭国民党军五十五万人,解放了长江中下游以北广大地区,使蒋介石的精锐主力丧失殆尽,国民党反动统治的中心南京以及上海、武汉等地,处于人民解放军直接威胁之下。

② 这是邓小平和中原野战军第一副司令员、华东野战军司令员兼政治委员陈毅于养亥时给中共中央军委并告中原野战军司令员刘伯承、参谋长李达的电报。一九四八年十月二十三日,中央军委在复电中指出:"陈邓养亥电悉。占领郑州甚慰。你们休息两天即东进攻占开封甚好。""淮海战役最紧张时间是戌微至戌哿约两星期左右。陈邓酉有东进,估计月底可能攻占开封。如开封之敌东逃,则陈邓月底可能进至商丘附近,可以适时密切配合淮海作战。""请粟谭即令三纵、广纵及鲁西南地方兵团,准于月底进至商、砀以北,并受陈邓指挥。""陈邓东进与三纵、广纵诸部会合后,第一个目标是歼灭孙元良兵团,第二个目标是攻占宿、蚌。"

二、我们拟在现地休息两天，调整部队，于有日开始东进，攻占开封。如开封之敌东逃，则遵养子电①出商丘，或直出徐蚌②，钳制孙刘③，协同华野作战。

二 中野主力东进后的作战方案④

（一九四八年十月二十四日）

一、开封驻一一九旅，时刻准备逃跑，我仍计划捉捕，但最大可能是无战斗占领开封。白崇禧⑤梗日令黄维⑥三个师折向北进至方城、叶县地区，判断该敌将集结于漯河、许昌地区，企图拉我回头，或经周家口东援，计算该兵团陷世日终可达漯、许。张淦⑦之七军已达枣阳及其以北，是否尾黄维北进，尚未判明。

二、我们确定于有夜（天雨可能推迟一天），先以一、三、四纵东进，九纵以一个旅暂时担任郑州城防，一个旅位于郑州、中牟之间，该纵主力待机东进。此时我主力感日可占开封，休息一天，再以五天行军于戌冬日进至商丘南及西南地区，于东线打响，再视情况决定行动。

三、我进至上述地区后之机动，有三个方案：

（甲）东线发起战斗后，乘邱兵团⑧东进，而黄维兵团又较远离时，我集一、三、四、九纵及华野三、广两纵抓住孙元良⑨而歼击之。此着好处，歼孙元良一两个师把握较大，亦可能抑留邱兵团一部。

（乙）如孙兵团不好打，则以六日行程佳灰左右进至徐蚌线，实行军委原定任务。

（丙）我进至商丘地区时，如黄维兵团三个师孤军东进（即张淦没有尾进），亦属歼击该敌一两个师之良机，但其缺点是协同东线困难，只能以三、广两纵拉孙元良。

四、无论哪个方案，我们位于商丘西南均机动。如邱孙两兵团提前东进，我拟提前尾其

---

① 养子电，指一九四八年十月二十二日子时中共中央军委给陈毅、邓小平并告饶漱石、粟裕、谭震林和中原局的电报。电报中说：刘峙认为我华野有出苏北企图，停止邱清泉、孙元良向鲁西南行动，以李兵团之第九军加入东面防堵，以邱兵团由商丘向砀山收缩。白崇禧则为对付我二、六、十纵，以黄维、张淦两兵团向桐柏方面进攻。陈邓攻郑作战完全不受南面威胁。因此，为了保障我华野全军在淮海战役中完全胜利，请你们准备着，在攻克郑州休息数日后，迅即全军东进，相机攻占开封。或者不打开封，直出徐蚌线。不但钳制孙元良、刘汝明，并且钳制邱李两兵团各一部。粟谭则令九广两纵现在立即开动，直出金乡、鱼台、成武、单县，与陈邓协力作战。九广两纵是否已出动，何时可到金乡、鱼台、成武、单县地区，望粟谭即告。

② 徐蚌，指江苏徐州和安徽蚌埠。

③ 孙刘，指孙元良、刘汝明，当时分别任国民党军第十六兵团司令官和第八兵团司令官。

④ 这是邓小平和中原野战军第一副司令员、华东野战军司令员兼政治委员陈毅于敬午时给中共中央军委，并转中共中央华东局书记、华东军区政治委员饶漱石，华东野战军代司令员兼代政治委员粟裕，副政治委员谭震林，中原野战军司令员刘伯承，副政治委员邓子恢和参谋长李达的电报。

⑤ 白崇禧，当时任国民党军华中“剿匪”总司令部总司令。

⑥ 黄维，当时任国民党军第十二兵团司令官。

⑦ 张淦，当时任国民党军第三兵团司令官。

⑧ 邱兵团，指国民党军第二兵团，兵团司令官是邱清泉。

⑨ 孙元良，当时任国民党军第十六兵团司令官。

东进,执行第二方案。

五、如果我们进至徐蚌线,必然抓住孙元良及邱李①各一部。但如东线不能在十天以内解决战斗,则黄维兵团可能赶到,我们将处于狭窄河川地区,困难较多,机动不便。

六、如敌北进,建议刘李②令六纵紧尾该敌。

七、请军委考虑指示。

三　集结地点建议由蒙城改为永城等地区③

(一九四八年十月二十五日)

有三时电④奉悉。

一、第一步集结地点建议改为永城、亳州、涡阳中间地区,无论出宿蚌线⑤或打孙元良均更方便。由郑州到达上述地区约十天(包括休息一天),明宥开进,戌支可到达。

二、我们意见以力求歼击孙元良为第一要着,如不好打,则向宿、蚌来进攻。白崇禧已令黄维向西增援,该敌西进已来不及,只要机会好,能歼孙元良大部更为有利。

三、挺进淮南,非到万分必要以不采取为好,因为该地区狭小,滨湖、山地则缺粮缺水,大兵团很难机动,同时对部队情况亦不适合。现在鞋、袜、棉裤、帽子、绑带尚未补齐,财政上毫无准备及辎重不能携带。

四、如果于万分必须渡淮南进,则宜以一个纵队破击蚌埠、南京段,主力攻占定、合、六、寿、凤、霍、颍⑥诸县,背靠大别山,并打通淮南,保障后方供应线。总之,实行此着,我们很难打到仗,而且可能有较大的消耗。

---

① 邱李,指邱清泉、李弥,当时分别任国民党军第二兵团和第十三兵团司令官。

② 刘李,指刘伯承、李达,当时分别任中原野战军司令员和参谋长。

③ 这是邓小平和中原野战军第一副司令员、华东野战军司令员兼政治委员陈毅于有申时给中共中央军委及中原野战军司令员刘伯承、副政治委员邓子恢、参谋长李达的电报。一九四八年十月二十六日,中央军委复电:“同意你们有申电以十天行程于戌支集结永城、亳州、涡阳中间地点的部署。”

④ 有三时电,指一九四八年十月二十五日三时中共中央军委给陈毅和邓小平,并告饶漱石、粟裕、谭震林及刘伯承、邓子恢、李达的电报。电报说:敬午电悉。开封之敌已逃。你们不要去开封,也不要去商丘附近。应从现地取捷径到蒙城集中,休息数日。然后,直取蚌埠,并准备渡淮南进,占领蚌浦段铁路。以你们全军四个纵队十一个旅(只留九纵一个旅守郑州,秦基伟率九纵主力跟进),控制淮河以南、长江以北、淮南铁路以东、运河以西广大地区,吸引敌人来攻。你们则忽集忽分,机动对敌,准备在该区坚持两三个月。此着为敌人所不及料。敌为防我渡江,必从徐州附近分兵南压,亦有可能从白崇禧系统调兵向东。我华野则可能于两个月内,歼灭刘峙系统五十五个师的三分之一左右,即十八个师左右,取得大胜。如敌以重兵对付你们,则你们可用暂时分散作战的方法,将全军(十二个旅)分散配置于江、淮、巢、运之间躲过其压力,以待华野之南下。请你们考虑此案是否可行。最后决定,可待你们到蒙城以后。如那时认为此策不便,则执行徐蚌作战方案。如那时孙元良好打,亦可向北打孙元良。如黄维跟踪东进,亦可回头打黄维。蒙城是机动地带,可东、可西、可南、可北。在你们到达蒙城以前,敌人亦不知道你们究竟要打哪一点。你们是否同意出蒙城,及郑、蒙间里程多少,望告。

⑤ 宿蚌线,指安徽宿县至蚌埠的铁路,今京沪线的一段。

⑥ 定、合、六、寿、凤、霍、颍,指安徽定远、合肥、六安、寿阳(今寿县)、凤台、霍丘、颍上。

四　钳制邱孙两兵团作战方案[①]

（一九四八年十月三十一日）

军委陷电[②]奉悉。饶粟谭俭电[③]今世（午）看到。

（一）我一三四等三个纵队刻在太康以北以东地区，明戌东继续东进，预定戌六日集结永城地区，齐日夜与华野同时开始进入战斗[④]。九纵随后跟进，齐日可到商丘以南。

（二）根据华野部署，我们的作战方案有三：

第一方案：如邱兵团仍在砀山地区，孙兵团仍在马牧集以南地区，则我宜照军委电示，以一个纵队直出萧县进迫徐州，以有力一部出黄口东西组成向西防御，位于邱兵团之右侧，以迟阻邱兵团东援之目的。

第二方案：如邱兵团沿路缩至黄口、徐州之线，孙兵团移至砀山、黄口之线，则我以一部协同三、广两纵队，钳击邱敌一部，其余全部歼灭孙兵团一部或大部。

第三方案：如邱孙两兵团均沿路缩至徐州及其附近，则我只有由西南两面向徐州攻击，以达钳制邱、孙之目的。

（三）因华野作战计划中，未派队攻击徐蚌段[⑤]，我们拟以豫皖苏部队担任之。

（四）无论哪个方案，集结永城均属便利，我们力求实现第二方案。因为不仅可能歼敌一部，也能达到钳制邱敌一部之目的。第一第三两方案虽都纯是大消耗仗，但我们当动员部队用一切努力，不顾伤亡，达成钳制邱孙两敌之任务。军委有何指示请告。

（五）连日部队通过敌占区，掉队生病颇多。

---

① 这是邓小平和中原野战军第一副司令员、华东野战军司令员兼政治委员陈毅于酉亥时给中共中央军委及中共中央华东局书记、华东军区政治委员饶漱石、华东野战军代司令员兼代政治委员粟裕和副政治委员谭震林并中原野战军司令员刘伯承、副政治委员邓子恢和参谋长李达的电报。当时陈毅和邓小平率中原野战军第一、第三、第四、第九纵队在商丘西南地区，准备歼灭商丘之国民党军；刘伯承在中原军区指挥第二、第六纵队及各军区部队进行牵制张淦、黄维两兵团的作战。

② 陷电，指一九四八年十月三十日寅时中共中央军委给饶漱石、粟裕、谭震林并告刘伯承、陈毅、邓小平的电报。电报说：为使黄百韬、李弥、邱清泉三个兵团及三个兵团中之各军互相不能增援，除华东野战军照俭戌电部署外，陈毅、邓小平方面亦请于虞日或齐日同时动作，不要在两个晚上先后动作。

③ 俭电，指一九四八年十月二十八日戌时饶漱石、粟裕和谭震林给中共中央军委的电报。电报说：为便于运河东部地区作战，我运西各部均于十一月七日发起战斗，造成南北聚歼李弥兵团，攻徐州之态势。运东作战以歼灭黄百韬兵团为主。战斗分两步进行：第一步开辟战场，布置阻援阵地，分割敌人，使其不能集结或靠近李弥兵团，或东窜；第二步即以六个纵队分割歼灭新安镇及阿湖之敌。如我军南下，黄兵团集结新安镇近郊时，即会攻新安镇，但还可实施战场分割包围攻击，我可力求突然奔袭，达到使敌不能收缩。

④ 一九四八年十月三十一日，粟裕致电中共中央军委并报告陈毅、邓小平，华东局、中原局："淮海战役，当遵令于齐晚同时发起战斗，但不知陈军长、邓政委所部能否于齐晚发起战斗，请陈邓示复。""此次战役规模很大，请陈军长、邓政委统一指挥。"十一月一日，中央军委电告陈毅、邓小平、粟裕并华东局、中原局："整个战役统一受陈邓指挥。""同意陈邓世亥电，徐州西南方面我军之动作，依情况在三个方案中选择一个，由陈邓临机决定。"

⑤ 徐蚌段，指江苏徐州至安徽蚌埠的铁路，今京沪线的一段。

五　钳制邱孙两兵团的新作战方案[①]

(一九四八年十一月二日)

一、孙元良两个军昨东日到永城,其六十九师似已先到宿县,刘汝明有可能放弃商丘,邱清泉可能移至徐州附近。因此,我们原拟之三个方案[②]已不适用,特提出新的方案如下:

(一)如邱兵团仍在砀山、黄口地区,孙兵团已到宿县南北地区,我则以华野三纵及我们一个纵队,割断邱敌与徐州联系,并以主力攻歼邱敌一部(一团一师的歼灭),以吸引孙兵团增援,达到钳制邱孙两兵团之目的。俟孙兵团进到适当地点,如条件许可,亦可考虑先歼孙敌。另以广纵及赵健民[③]部对付刘汝明。执行此方案的好处是能确实抓住邱敌,缺点是敌可自由抽用孙兵团,而我又不利于分兵,一面在陇海路对邱,一面又在津浦路[④]对孙。

(二)如邱兵团已缩到徐州附近,刘汝明在砀山、黄口地区,孙兵团在宿县南北,我则以三、广两纵及赵健民部割断徐州与刘汝明联系,并积极由西向东攻击徐州。我以一个纵队以上兵力攻占宿县、徐州中间地区,并由南向北攻击徐州,主力位于铁路西侧,吸引孙兵团北援所部歼灭之。此方案是可能打到孙兵团,吸住邱兵团一部或大部,且可直接协同东面作战,缺点是可能达不到完全钳制邱敌三个军之目的。

(三)如孙元良两个师仍在永城地区,我则于六(戌鱼)日夜直扑该敌,首先打算此着可以歼孙一部或大部,且可吸引邱敌增援,即便邱敌不来增援,我于三四日达成歼灭孙敌后,仍可直攻徐州,一部协同东面作战。此案是否可行,须请早日复示。

二、黄维兵团计时先头可能灰日赶到阜阳、太和,全部集结则在文日左右,对第一仗影响不大,但必须以二六两纵尾敌东进,军区部队坚决阻滞该敌行动,已电请刘邓李[⑤]及宋张[⑥]部署。

三、本作战我们当负责指挥,惟因通讯工具太弱,故请军委对粟谭方面多直接指挥。

四、华野三纵与我们电台还未弄通,请粟谭转令该纵注意沟通。

---

① 这是邓小平和中原野战军第一副司令员、华东野战军司令员兼政治委员陈毅于戌冬午时给中共中央军委并华东野战军代司令员兼代政治委员粟裕、副政治委员谭震林、中原野战军司令员刘伯承、副政治委员邓子恢和参谋长李达的电报。

② 见《钳制邱孙两兵团作战方案》,见本书。

③ 赵健民,当时任冀鲁豫军区司令员,率独立第一旅、第三旅。

④ 津浦路,指天津至浦口的铁路,今京沪线的一段。

⑤ 刘邓李,指刘伯承、邓子恢、李达,当时分别任中原野战军司令员、副政治委员和参谋长。

⑥ 宋张,指宋任穷、张国华,当时分别任豫皖苏军区政治委员和司令员。

六　先打刘汝明部有利无害[①]

（一九四八年十一月五日）

一、迄本（微）日止，查明邱兵团部率七十军黄口地区，五军砀山地区，七十四军丰县、李寨地区，五十五军商丘集、蔡道口，六十八军马牧集地区。孙元良三个军分布蒙城、宿县、蚌埠地区。黄维兵团先头支日到驻马店，该部集结并加补给，预计六（鱼）日向东开进，至快要十三（元）日左右才能达到太和、阜阳，对我第一步作战无妨碍。届时我二、六纵等部可赶到，尾击或侧击其后尾。

二、我一、三、四各纵今（微）日集结永城西北会亭集、白庙及亳[②]东地区，九纵七（虞）日晚可进至商丘东南阎集、蔡道口附近。

三、估计两三日内敌情不致大变化，照此情况，我军已不宜出徐州以南或徐黄段[③]，因为此着只能加速邱兵团缩进徐州和孙兵团向北集结，故只能就打邱兵团或打刘汝明，两者中择一施行。经我们考虑以先打刘汝明为更有利，因刘部弱，能迅速就歼或迫其起义，且可能调动邱兵团增援。如刘敌被歼，我即可全力对邱，并便利第二步对付黄维和孙元良。如邱敌不顾刘汝明之被歼而先行东撤，我们有华野三、广两纵及我们一部紧随邱敌。因此，只要我们在三五天内解决刘汝明主力，则有利无害。

四、我们决于七（虞）日发起战斗，是否可行，请今（微）夜批示。

七　注意判明徐州之敌动向[④]

（一九四八年十一月八日）

（一）我四纵今（齐）日东进，在砀山东南已追歼五军四十五师数百人，并将工兵营搜索包围于黄道口，四十五师向黄口方向溃退，我继续追击中。刻我已令孙丁[⑤]三纵向黄口、徐州急进，协同四纵歼敌，炮兵连受谢富治[⑥]指挥，我三九两纵正向东进。

---

① 这是邓小平和中原野战军第一副司令员、华东野战军司令员兼政治委员陈毅于微十三时给中共中央军委并告华东野战军代司令员兼代政治委员粟裕、副政治委员谭震林和中原野战军司令员刘伯承、副政治委员邓子恢、参谋长李达的电报。一九四八年十一月六日，中央军委复电："微日十三时电现已收齐，你们虞日发起打刘汝明甚好。刘汝明各部的具体位置当以你们所知为准确。"

② 亳，指安徽亳县（现亳州市）。

③ 徐黄段，指江苏徐州至安徽黄口的铁路，今陇海线的一段。

④ 这是邓小平和中原野战军第一副司令员、华东野战军司令员兼政治委员陈毅于齐二十一时给华东野战军代司令员兼代政治委员粟裕、副政治委员谭震林并报中共中央军委的电报。

⑤ 孙丁，指孙继先、丁秋生，当时分别任华东野战军第三纵队司令员和政治委员。

⑥ 谢富治，当时任中原野战军第四纵队政治委员。

(二)今晨经由永城向宿县逃退之敌,确系邱兵团部队。蒋介石究竟只撤退邱刘两部,还是整个放弃徐州(包括黄李冯[①]),不日即可判明,应加注意,你们所得情况望即告。

(三)如判明蒋介石系整个南撤,设防淮河时,如有可能,你们应派部队举行超越追击,迅速进至淮南路东[②]。

八　以中野一部进至徐宿线破路[③]

(一九四八年十一月十日)

一、邱兵团主力昨(佳)夜似开始东撤,我明(真)夜以三个旅进至徐宿线破路[④],三、四、九纵主力位于铁路或侧山地相机打敌。估计我军进到徐宿后敌必由徐州、宿县两点南北向我进攻,我已令孙丁马[⑤]紧尾邱敌东进,其主力应置于徐州西南,以便适时配合作战。

二、黄兵团现已大部西撤,华野主力似应由东北向西南插至徐宿线以东。是否有当,请核夺。

九　歼击黄维兵团之方案[⑥]

(一九四八年十一月十四日)

一、黄维今(寒)日先头可到阜阳,明(删)日其三个军可集结阜太[⑦]及其以西地区,其八十五军两个师及十军一个后调师,须筱、巧日才能赶到阜阳。我二纵、六纵、刘金轩[⑧]部四万

---

① 黄李冯,指黄百韬、李弥、冯治安,当时分别任国民党军第七、第十三兵团和第三绥靖区司令官。

② 淮南路东,指安徽省内淮河以南津浦路以东地区。

③ 这是邓小平和中原野战军司令员刘伯承,中原野战军第一副司令员、华东野战军司令员兼政治委员陈毅于灰十三时给中共中央军委,华东野战军代司令员兼代政治委员粟裕、参谋长陈士榘、副参谋长张震的电报。

④ 一九四八年十一月十日,刘伯承、陈毅、邓小平再次报告中共中央军委并转告粟裕、陈士榘、张震:“灰日电悉。我们现在永城以北,遵命于明真夜南进宿县。另以一个旅明真夜赶至夹沟破路。”十一月十一日,中央军委复电:“灰日十三时及十六时电均悉。你们真夜向宿县前进甚好。孙元良四十一军、四十七军共四个师,原来留在徐州者两个团,此次刘峙又令留一个团于蒙城,故你们真夜到宿县附近时,将要遇到的敌人是孙元良的一个兵团部、两个军部及三个师,望你们努力争取歼灭此敌。此战胜利,即完成了包围徐州的战略任务。然后以宿县为中心,控制整个徐蚌线,构筑几道防线,阻止徐敌南逃,待其南逃时,协同华野全歼徐敌,但应同时注意对黄百韬溃兵的堵击。”

⑤ 孙丁马,指孙继先、丁秋生、马冠三,当时分别任华东野战军第三纵队司令员、政治委员和副参谋长。

⑥ 这是邓小平和中原野战军司令员刘伯承,中原野战军第一副司令员、华东野战军司令员兼政治委员陈毅于寒十时给中共中央军委、华东野战军代司令员兼代政治委员粟裕、参谋长陈士榘、副参谋长张震并中原野战军副政治委员邓子恢和参谋长李达的电报。在淮海战役第一阶段,华东野战军于一九四八年十一月十一日将国民党军第七兵团黄百韬部四个军合围在江苏邳县以碾庄为中心的狭小地区内。十六日晚对该敌发起攻击,激战至二十二日黄昏,全歼该敌,兵团司令官黄百韬毙命。接着,淮海战役转入第二阶段。围绕第二阶段作战目标,中央军委、毛泽东、总前委和中原野战军、华东野战军经反复研究确定,先歼灭黄维兵团。

⑦ 阜太,指安徽阜阳和太和。

⑧ 刘金轩,当时任陕南军区司令员。

余人,于铣(十六)、筱(十七)日可集结亳州以南。张国华[①]率七千人扭击黄维。

二、由太和到亳州约二百里,由阜阳到涡阳约二百里,由阜阳到蒙城约二百里,由蒙城到宿县一百四十里。据此计算,我二、六等纵于筱(十七)日以前集结亳州以南,而黄维铣(十六)日开始北进,时间上来得及。

三、我一三九等三个纵队在宿县周围,正攻宿县中。我四纵及华野三、广两纵,刻先头萧县、三堡(徐州南)之线,两日行程,可到宿县或到永城附近。

四、黄维集阜、太后有三种可能:一是暂停观变,然后决定行动;二是出亳州、涡阳,向永城,或出涡阳、蒙城向宿县;三是东开蚌埠掩护南京。

五、我之方案:

(甲)如敌出永城或宿县,我以集中一、二、三、四、六、九及华野三、广两纵共八个纵队,歼击黄维为上策。因为黄维在远道疲惫、脱离后方之运动中,只先来三个军七个师,其中强师只有三个,我军也能适时。如能实行此方案,必须华野在三天内即铣以前消灭黄百韬[②]三个军以上,使华野能够抽出三个纵接替陈谢[③]四纵及华野三、广纵之任务,或现在就有余力能够接替,以便我们及时调动这三个纵队作战。

(乙)如华野一时尚难歼灭黄百韬主力,而我们又不能不以四、三、广纵拉住邱孙两兵团,则只能以一、二、三、六、九五个纵队,除留一部于宿县外,全部担任阻击黄维之任务,以待华野全部消灭黄兵团,再定行动。

(丙)如黄维暂在阜、太等八十五军,我则监视之。如黄维移蚌埠,我则仅以一部扭敌,二、六等纵主力移至蒙城地区待机。

六、战场以永城、宿县之线为较干燥,永城以东以北更好。

七、我一切须俟华野战况决定,请军委核示方针,请粟陈张[④]每日告知战况。

---

① 张国华,当时任豫皖苏军区司令员。

② 黄百韬,当时任国民党军第七兵团司令官。

③ 陈谢,指陈赓、谢富治,当时分别任中原野战军第四纵队司令员和政治委员。

④ 粟陈张,指粟裕、陈士榘、张震,当时分别任华东野战军代司令员兼代政治委员、参谋长和副参谋长。

十　先打黄维、李延年部似为上策[①]

(一九四八年十一月十九日)

一、黄维兵团巧日主力三个军进至蒙城东西地区,正向我一纵攻击中。我二纵已到蒙城西北,六纵已到涡阳,拟今(皓)夜东转。三四两纵今(皓)夜集南平集以南赵集、罗集地区。

二、巧日刘汝明之六十八军主力在固镇及其以北,五十五军主力在兴隆集,一部在大王庙、蔡庄,均与我九纵有小接触。任桥集、公饶集仍为我控制,敌尚未前进。判断九十九军、九十六军、三十九军可能已到蚌埠、固镇间。

三、综合我当面之敌有黄维十一个师(五十四军未计入)。我们的打法须从整个会战和三五个月时间着眼,如华野能于哿夜以前解决黄百韬,战局即可过关。届时如果已将邱、李包围,自应继续歼击。如果邱、李缩进徐州,或仅包围一部,则我应歼灭已包围之部,主力位于徐州以南、以东休息,抽出四五个纵队,协同我们歼击黄维、李延年[②]运动之敌,而后攻击徐州。如果于歼黄百韬后,以七八个纵队钳制邱、李,以六七个纵队先打黄维、李延年似为上策。

四、以我们现有六个纵队,单独对付两路大军困难颇多,如取正面防御,必须分散兵力,不能歼敌,且仍有一路透过增援徐州之危险。如采取机动作战,不受保障徐州作战之限制,则可逐个歼敌,但对粟陈张作战不无影响。如果实行钳制黄维,打李延年五个军,至少需五个纵队,但以一个至两个纵队防御黄维均无把握。依我军态势,如李延年沿津浦[③]东侧急进很不顺手,故我们仍拟只以九纵与李、刘五个军周旋,集中五个纵队,先歼黄维一两个军,再协同华野对付李延年。

五、实行此方案,必须粟陈张对李延年预有处置。是否妥当,请军委速示,粟陈张提出意见。

---

① 这是邓小平和中原野战军司令员刘伯承,中原野战军第一副司令员、华东野战军司令员兼政治委员陈毅于皓九时给中共中央军委及华东野战军代司令员兼代政治委员粟裕、参谋长陈士榘、副参谋长张震的电报。一九四八年十一月十九日十九时,中央军委电告:十九日九时电悉。我们十八日二十四时电和十九日十时电的基本方针是和刘陈邓大体上一致的。本日下午接粟陈张十八日二十一时电以华野全军使用于打北线邱清泉、李弥、孙元良(我们早几天亦有此主张),并且已经部署好,所以我们于本日下午复电又认为可以按照粟陈张部署实行,而将对付南线黄维、刘汝明、李延年全责委托刘陈邓。现接刘陈邓十九日九时电,知刘陈邓以主力歼击黄维,以一个纵队对付刘汝明而无力顾及李延年。在此种情况下,粟陈张方面必须将对邱、李、孙之作战,在目前短期内,只限制于歼敌四五个师的范围,以便抽出必要兵力对付李延年。我谭王五个纵除为解决黄百韬残部所必需之兵力外,余部应即速西移,担负歼灭李延年的任务。只有歼灭了至少阻止了李延年,粟陈张的侧翼才不受威胁,才能保证继续歼灭邱、李、孙。此事请粟陈张妥善处理,是为至盼。

② 李延年,当时任国民党军第六兵团司令官。

③ 津浦,即津浦路。

十一　望华野协同先歼击黄维、李延年[①]

（一九四八年十一月十九日）

军委巧二十四时电[②]，粟陈张巧二十一时电[③]均悉。

一、我们决心先打黄维的理由已详皓九时电[④]。

二、徐东作战，据我们观察，歼黄百韬使用了华野六个较能攻坚的纵队，历时已十二昼夜，尚未解决战斗。如再以其余部队，其中只有两三个较能攻坚纵队，加以部队必已相当疲惫，刀锋似已略形钝挫，以之歼击较黄为强的邱、李诚非易事。我们认为，徐海作战必须从三五个月着眼，必须分作三四个战役阶段，每阶段都需要有休息，整补俘兵，才能保证必胜。因此，在目前情况下，特别是李延年、黄维北进的条件下，最好力争迅速歼灭黄百韬，尔后即将

---

① 这是刘伯承、陈毅、邓小平于皓十七时给中共中央军委及粟裕、陈士榘、张震的电报。一九四八年十一月二十日二十时，中央军委电示粟裕、陈士榘、张震并告谭震林、王建安、刘伯承、陈毅、邓小平："据刘陈邓皓十七时电，中野主力决定打黄维。对李延年兵团须由你们负完全责任，中野无法派兵。除你们已派出王张十一纵及十三纵外，应即速转移四、六、八、九诸纵之主力（留一部打六十四军）对付李延年。打李延年的指挥责任即由谭王负担，望谭王迅即转移指挥地点至大店集、褚兰、双沟之中间适当地区。"二十一时，粟裕、陈士榘、张震致电刘伯承、陈毅、邓小平并报告中央军委、中共中央华东局：我们完全同意刘陈邓指示，抽出四至五个纵队，必要时还可增加三个纵队，协同中野歼击黄维、李延年，并有如下意见：首先求得彻底歼灭黄维兵团为主，我们除以六纵接替秦何九纵阻击李延年任务（二十五日可到任桥），使九纵西去参加突击外。必要时拟以韦吉率二、十一（王张）两纵，准备西去参战，并归刘陈邓统一指挥。我拟六、十三、八、九纵及江淮独立旅、三十四旅（正围歼灵璧中），阻击李延年、刘汝明北进，相机歼其一部。碾庄以东将大小院上、尤家湖解决后，即留四纵继续扫清残敌，再南来休整待机。如不需我们派队参加打黄维，则我们除北面钳制邱、李、孙外，可集中二、七、八、九、十一（王张）、十三纵等六个纵队，歼灭李延年部。由徐州、蚌埠、蒙城之处敌人，以宿县为中心对进，打通南北联系，刘陈邓及华野之二、十一两纵，正全力歼灭黄维兵团，我们则全力保刘陈邓歼灭黄胜利，负责阻击蚌徐敌人增援，相机歼六兵团之一部，坚决阻击徐敌南援。黄维在发现有被围之征候，即向蚌埠收缩，与李兵团会合再北进，我则于铁路两侧分割歼其一部或一路。如会合后，徐蚌敌均不前进，我则争取短时间休补待机。黄维被围攻紧急时，徐敌可能倾全力南援，如此，则我争取歼其一翼或一路。韦吉率二、六、十一、十三纵等均于今晚分途南进，于二十三日至二十五日全部进至大店集地区待命。十一月二十一日十五时，刘伯承、陈毅、邓小平电告粟裕、陈士榘、张震并报告中央军委：完全同意哿亥电部署。我们决于马夜向后收缩一线，吸敌前进，即布［部］署歼灭黄维集团于南平集以南地区。望韦吉能先率四至五个纵队于二十三日（梗）夜进至宿县、大店集之线，准备以三个纵队担任钳制刘汝明、李延年，而以两个以上纵队参加打黄维。

② 巧二十四时电，指一九四八年十一月十八日二十四时中共中央军委给刘伯承、陈毅、邓小平并粟裕、谭震林的电报。电报说：根据敌情，我们意见：甲、完全同意刘伯承、陈毅、邓小平的办法，以一纵在蒙城、宿县间作正面防御，以二、六纵组成突击集团打黄维后尾，只要能歼其二三个师，就可停止其前进。乙、以九纵对付刘汝明，节节阻止他。丙、以三纵、四纵再加叶飞一纵对付李延年，不要打得太早。

③ 巧二十一时电，指一九四八年十一月十八日二十一时粟裕、陈士榘、张震给谭震林、王建安、李迎希并报刘伯承、陈毅、邓小平及中共中央军委的电报。电报说：现敌六兵团（李延年辖五十四军、三十九军），八兵团刘汝明部，似已集中固镇附近，刘汝明令李延年经大店向褚兰攻击徐州东南我军之侧背。因此，我对李延年迂回北犯顾虑很大，为便于我各个歼灭援敌，应适时转用兵力，请你们周密谨慎地部署对碾庄之总攻，求得能于马辰全歼该敌。如能如期完成，则你们应抽出三个纵队待命，隐蔽南下打援。建议中野在黄兵团未全歼灭，以一部负责打李延年、刘汝明北犯之阻击，现中野九纵位于任桥、公平集线，建议其向东伸展至沱河集后，以攻势防御迫近李、刘，争取时间首歼碾庄之敌，尔后再转移一部南下，配合中野歼灭刘、李或黄维。在黄百韬未全歼，对邱清泉、李弥出击正进行时，同时兼顾，恐都成胶着状态。

④ 即《先打黄维、李延年部似为上策》，见本书。

主力集中于徐东、徐南,监视邱李孙三兵团,争取休息十天半月。同时以尚未使用之五个纵队或三个纵队用于南线,协同我们歼击黄维、李延年,这个步骤最为稳当。如我们不这样,过低估计本身困难,而在南线又无保障两路大敌不北进的情况下,我们六个纵队,除四纵外均六个团,九纵只来五个团,平均每纵不到两万人,炮兵很弱,故只能用于一处,马上打邱、李,既无胜利把握,且可能陷入被动。如何,请考虑。

十二　歼击黄维时机甚好[①]

(一九四八年十一月二十三日)

一、今(梗)日敌十八军从上午九时到黄昏,在坦克二十余辆掩护下,向我南平集阵地猛攻竟日。我虽伤亡较大,但未放弃一个阵地。另敌一个多团,于午后到南平集以东十里处突过浍河。

二、我决心放弃南平集,再缩到南平集十余里处布置一个囊形阵地,吸引十八军过河展开,而以四九两纵吸住该敌,并利用浍河割断其与南岸三个军之联系。同时于明(敬)夜以一、二、三、六纵及王张[②]十一纵向浍河南岸之敌出击,求得先割歼其两三个师。

三、我们因九纵须协同四纵抓住敌主力十八军,故决心使用王张十一纵由东向西突击,以利割裂敌人,同时饬令华野二纵在西寺坡车站南北构筑工事,阻击可能西援之李延年兵团及刘汝明部。

四、歼击黄维之时机甚好,李延年、刘汝明仍迟迟不进。因此,我们意见除王张十一纵外,请粟陈张以两三个纵队对李、刘防御,至少以四个纵队参入歼黄维作战,只要黄维全部或大部被歼,较之歼灭李、刘更属有利。如军委批准,我们即照此实行。粟陈张意见亦请速告。

---

① 这是刘伯承、陈毅、邓小平于梗二十二时给粟裕及陈士榘、张震并报中共中央军委的电报。一九四八年十一月二十四日十五时,毛泽东在为中央军委起草的给刘伯承、陈毅、邓小平并告粟裕、陈士榘和张震的电报中说:“(一)完全同意先打黄维;(二)望粟陈张遵刘陈邓部署,派必要兵力参加打黄维;(三)情况紧急时机,一切由刘陈邓临机处置,不要请示。”

② 王张,指王秉璋、张霖芝,当时分别任中原野战军第十一纵队司令员和政治委员。

十三 加紧对黄维兵团的政治争取和瓦解工作[①]

（一九四八年十一月二十六日）

迄本晨止，黄维兵团完全被我合围于南平集、蕲县集、邵围子、双堆集、芦沟集之间地区。敌企图向邵围子、双堆集之间突围已被我堵阻。我们已令各纵逐步紧缩，达成全歼此敌。请军委令新华广播台，加紧对敌的政治争取和瓦解工作。

十四 歼灭黄维兵团后战略方向的请示[②]

（一九四八年十一月二十七日）

（一）迄此刻止，我军已将黄兵团[③]压缩在双堆集附近十余村庄，沿途进攻中，已有俘获。廖运周（八十五军一百一十师长）率部今晨在战场起义（三天内不公布）。现猬集于双堆集之十八军等部，已局部有向我投降者，全战斗至迟明日可以解决。

（二）已告粟陈张，立即开始歼击李延年、刘汝明的部署。我们已直接通知将苏十一纵、七纵[④]归还韦吉[⑤]建制，并已就近直接命令七纵今（感）夜向固镇、蚌埠间急进，以截断固镇以北敌人的归路。并通知韦吉令六纵由湖沟向固镇攻击前进。此后七纵、苏十一纵（王张十一纵除外）即归粟陈张指挥。关于包歼李、刘，即由粟陈负责处理。

（三）中原各纵（包括王张十一纵）于明天完全解决黄敌后，须要相当时日处理战后事宜。今后战略方向，请中央决告。

---

① 这是刘伯承、陈毅、邓小平于宥五时给中共中央军委的电报。一九四八年十一月二十五日十一时、二十一时，刘伯承、陈毅、邓小平先后致电中央军委并告粟裕等："昨敬夜我一、二、三、六纵由西向东出击，正在南平集、芦沟集之线与敌激战中。此着出敌意外，公路以东敌人后方非常紊乱，芦沟集及附近我已控制。黄维兵团部原在南平集，刻正向东转移。同时黄维以十军、十四军、十八军主力向我朱口、半埠店、丁楼、大小王庄之线四、九纵阵地猛攻，企图打开宿县通路。""我昨晚出击反正面抵抗，结果黄维全部动摇，刘峙令其向东南突围，刻敌已将浍河以北主力全部退过南岸，其突围企图未逞。全部在南平集东南纵横二十里地区被我合围，极为混乱，正激战中。"

② 这是刘伯承、陈毅、邓小平于感十七时给中共中央军委及粟裕、陈士榘、张震和邓子恢、李达的电报。一九四八年十一月二十八日四时，毛泽东在为中央军委起草的给刘伯承、陈毅、邓小平，并告粟裕、陈士榘、张震等的电报中说：（一）刘陈邓二十七日十七时电、粟陈张二十七日十四时电均悉。（二）假如今（二十八）日刘陈邓能完全解决黄维兵团，粟陈张能包围蚌埠以北之李延年、刘汝明诸部，并能于今后数日加以歼灭，则整个淮海战役已起了决定性的变化。淮海战役的第二阶段即告结束。（三）淮海战役的第三阶段是解决徐蚌两处之敌，夺取徐蚌。（四）在完全解决黄维及李、刘在蚌埠以北诸部之后，全军需休整一个短时期，其时间依情况决定，大约需两星期左右。然后以主力取徐州，以相当大的一部取蚌埠、浦口、合肥及淮南、江北、运西、巢东地区诸城，直迫长江。

③ 黄兵团，指国民党军第十二兵团，兵团司令官为黄维。

④ 苏十一纵，指华东野战军苏北兵团第十一纵队。七纵，指华东野战军第七纵队。

⑤ 韦吉，指韦国清、吉洛（姬鹏飞），当时分别任华东野战军苏北兵团司令员和副政治委员。

十五　集中火力先打一点，各个歼灭[①]

(一九四八年十一月二十八日)

(一)经昨(感)日夜作战,已将敌压缩至东西十五里、南北四五里的长窄狭小地区。敌曾以大量飞机、坦克多次猛攻我六纵阵地,企图打开通路,向东南方逃走,均被一一击退,且俘三百余人。我由西向东由北向南压缩,部队亦甚猛勇,但因天气昏夜,部队混乱,敌亦因突围未成,依托原有阵地顽抗,故我目的今俭日拂晓前停止攻击,共已俘虏约二千人。另最先逃出至大营集之四十九师一个多团已被我全歼。

(二)敌之基本意图,似仍为向东南突围,但突围不成,则只有死守待援,刻遇到之最大困难是十万大军拥挤于狭小地区,天冷露营,没有饭吃,空投数量极小,士气甚低,遭我阻击和炮击伤亡不小,队形亦已混乱。

(三)现我们从敌人固守着眼,正等待弹药到达,即于后艳夜开始攻歼敌人,采取集中火力,先打一点,各个歼灭的战法。

(四)我们六个纵队,从十九(皓)日涡阳阻击起,到今二十八(俭)日晨止,共伤亡不过六千人,士气很高。加上华野七纵及炮兵配合,全歼该敌确有把握,但需十天左右时间才能完成。原来根据敌人总突围及廖起义[②]的情况,估计可以迅速解决战斗,此种情况业已改变。

(五)华野七纵因敌改成固守,故仍留用为总预备队。

---

① 这是刘伯承、陈毅、邓小平于俭十七时给中共中央军委并告粟裕、陈士榘、张震、邓子恢、李达的电报。一九四八年十一月二十九日六时,中央军委电示刘伯承、陈毅、邓小平等:“(一)二十八日十七时电悉。从敌人固守着眼,集中火力,各个分割歼击,准备以十天或更多时间解决此敌,此种计划是稳当的和可靠的。(二)解决黄维兵团,是解决徐、蚌全敌六十六个师的关键。必须估计敌人的最后挣扎,必须使自己手里保有余力,足以应付意外情况。因此,粟陈张在解决固镇、曹老集之敌以后,华野二、六、十、十一、十三等五个纵,应立即集结休息,作为歼灭黄维的总预备队。渡淮南进一事,待黄维全歼以后再说。”

② 指中共地下党员、国民党军第八十五军第一一〇师师长廖运周于一九四八年十一月二十七日率部阵前起义。

十六　决用华野七纵十三纵加入进攻①

（一九四八年十二月三日）

近三日我各部均加强近迫作业，并作局部攻击，仅全歼十军一一四师之三四一团（缺一个营）。敌人则抽出几个主力团，以数辆或十余辆坦克掩护下，集中力量破坏我之攻击准备，每次均为我击退，故敌伤亡甚大。截至此时止，我俘敌仅约五千，但敌伤亡估计已不下两万。加上廖师起义五千五百人，敌已损失约三万左右。据多方证明，敌十八军之四十九师，在突围后已被我大部消灭，主力之一一八师业已残破，仅十一师尚称完整。十军之十八师已有两个团大部被歼，每团缩编一个营，其另一团尚完整。其一一四师已歼一个团，七十五师伤亡很重，八十五军之二十三师伤亡二千余，二一六师是新部队，十四军两个师均已残破，总计敌尚能作突围者，不过六个团。因此，我们决定立即使用华野之七纵、十三纵（预备队）加入进攻，其战法仍采用碾庄经验，即有重点的多面攻击。因敌紧缩顽抗，尚需时日才能全歼该敌。我们近日伤亡亦不小，残敌决心仍甚坚强。

① 这是刘伯承、陈毅、邓小平于江亥时给中共中央军委并告邓子恢、李达的电报。一九四八年十二月四日十六时，中央军委复电刘伯承、陈毅、邓小平并告粟裕等：江亥电悉。（一）黄维实力被歼已近半数，据黄维自己表示，三十三个团中，被歼已达十六个团，尚余十七个团。目前数日是过坳时机，只要你们再歼其三四个团，敌即处于数量上完全劣势地位，全歼该敌就较易了。（二）打黄百韬和打黄维两次经验均证明：对于战斗力顽强之敌，依靠急袭手段是不能歼灭的。必须采取割裂、侦察、近迫作业、集中兵力和步炮协同诸项手段，才能歼灭。（三）对于歼灭邱清泉、李弥、孙元良之作战，目前最重要的是乘其运动之际，我各纵大胆插入敌人各军（共九个军）之间，务必不使敌人结成一团，然后各个歼灭之。其中对于十二军、四十一军、四十七军、七十二军等部，或者可以采用急袭方法解决；对于其他各军，则必须用强攻方法（即大分割，小分割，侦察，近迫作业，集中兵力火力，步炮协同等）方能解决。东北我军在辽西打廖兵团之所以能迅速解决，是因为我各纵大胆插入敌各军之间，而敌又指挥错乱（先向西遇挫，又向东南遇挫，又向东北），故能迅速解决。华野此次对邱、李、孙，亦可能遇到此种情形，假定如此，那就可能迅速解决。但你们主观上必须准备在迅速解决各战斗力不强之敌以后，用较长时间，用强攻方法去解决之。（四）李延年部已渡淝河向包家集进，你们如何对付该敌，望刘陈邓电告。

十七　一直打到消灭黄维兵团为止[①]

(一九四八年十二月五日)

支电(四日十六时)奉悉。我因七纵、十三纵入阵地做工事,故推迟一天,决于明(鱼)日午后开始总攻击,尔后一直打下去,直到消灭黄维为止。攻击部队有八个纵队,分为三个集团,针对三个重点攻击。只要有一个方面成功,就可抽一个纵对付李延年。如有两个方面成功,即可抽出两个纵队对付李延年。故最近三日仍以华野六纵及我们二纵(四个团能作战)钳制李、刘。旋后即可逐渐增加,钳制该兵团一般不成大问题(对我淮南之两旅尚在联络中)。

---

① 这是刘伯承、陈毅、邓小平于微午时给中共中央军委并告粟裕、陈士榘并邓子恢、李达的电报。一九四八年十二月五日十一时五分,刘伯承、陈毅、邓小平向分别指挥东、西、南三个攻击集团的指挥员陈赓、谢富治,陈锡联,王近山、杜义德下达了对黄维兵团发起总攻击的电话命令。内容为:一、敌黄维兵团经我半月作战,已损总兵(力)至少三分之一,战斗部队至少损失五分之二,其主力十八军(包括十八师)亦已残破,这是我各部队英勇作战的重大结果。二、根据总的作战要求及当面实际情况,颁发命令五条如下:甲、从明鱼日午后四时半起开始全线对敌总攻击,不得以任何理由再事延迟。乙、陈谢集团务歼沈庄、张围子、张庄地区之敌,陈锡联集团务歼三官庙、马围子、玉皇庙、许庄地区之敌,王近山、杜义德集团务歼双堆集以南玉皇庙、赵庄及以西前周庄、周庄、宋庄之敌,并各控制上述地区。然后总攻双堆集,全歼敌人。丙、总攻战斗发起后应进行连续攻击,直到达成上述任务为止,不得停止或请求推迟。丁、各部应不惜以最大牺牲保证完成任务,并须及时自动地协助友邻争取胜利。戊、对于临阵动摇贻误战机的分子,各兵团、各纵队首长有执行严格纪律之权,不得姑息。三、本命令用口头直达连队。为配合中原野战军歼灭黄维兵团作战,十二月十日,粟裕、谭震林、陈士榘、张震致电刘伯承、陈毅、邓小平、邓子恢并报告中央军委、中共中央华东局:“电话奉悉。我们决抽调三纵、苏十一纵及鲁中南纵(该三个纵队可等于两个纵队战力),外加一部炮兵,即晚南下,参加歼灭黄维作战,统由陈士榘同志率领南来,请分配其作战任务。”十二月十五日,黄维兵团在安徽宿县西南双堆集附近地区,被中原野战军和华东野战军一部全歼。

十八 休整半月准备随时打击李延年兵团[①]

（一九四八年十二月二十二日）

马丑电[②]奉悉。

（一）中野各部位置：四、九、十一等三个纵队集宿县、蕲县集、南平集地区，六纵蒙城以东地区，一三两纵孙疃集、界沟集、白沙集地区，二纵涡阳以东地区。各部均拟定半个月休整计划（到一月二日止），同时准备随时打击可能出援之李延年兵团。

（二）张国华率五个团在澥河以南监视蚌埠、怀远之敌。据张报告，淝河北岸全无敌踪。又谍息：刘汝明部正向合肥集结。

（三）歼黄维作战，中野七个纵队争取补俘后的减员一万人，继续作战不成问题。

十九 江淮之间或江汉之间恐无大仗可打[③]

（一九四八年十二月三十日）

粟陈张[④]俭午电[⑤]悉。中野各部必须休整并争取补充时间，据我看，江淮之间或江汉之间恐无大仗可打，即有亦在南京、武汉附近，故仍以准备充分再行出动似较妥善。如何，请军委核示。

---

① 这是邓小平于养辰时给中共中央军委并粟裕、谭震林和邓子恢、李达的电报。

② 马丑电，指一九四八年十二月二十一日丑时中共中央军委给刘伯承、陈毅、邓小平并告粟裕、谭震林的电报。电报说：蚌埠方面李延年现仅以几支搜索队向包家集、何集之线前进，估计本月底下月初我军歼击杜聿明战况紧急之时，有再以八九个师向蚌埠西北行动一次之可能。在上述情况下，你们应令中野各纵迅速完成战后整备，待李延年第三次北进时担任南线防御，并准备于华野对杜聿明作战接近解决之际，放敌深入，围歼其一部。

③ 这是邓小平给中共中央军委、刘伯承、陈毅并粟裕、谭震林的电报。一九四八年十二月十二日，中央军委在给刘伯承、陈毅、邓小平、粟裕和谭震林的电报中，对黄维兵团歼灭后的作战方针提出了意见，指出："我们对今后作战方针大致意见如下：甲、在全歼黄（维）、邱（清泉）、李（弥）诸敌后，华野、中野两军休整两个月（分为四期，每半月为一期）并大致准备好渡江作战所需诸件（雨衣、货币、炮弹、治疗药品、汽船等）及初步完成政治动员。乙、在江淮间现有诸敌未退至江南的条件下，两军协力以一个月至两个月时间举行江淮战役，歼灭江淮间诸敌，占领长江以北、淮河以南、平汉以东、大海以西诸城镇，主要是安庆至南通一带诸城镇，控制长江北岸。"

④ 粟陈张，指粟裕和华东野战军参谋长陈士榘、副参谋长张震。

⑤ 俭午电，指一九四八年十二月二十八日午时粟裕、陈士榘、张震给中共中央军委并邓小平、张际春的电报。电报说：根据敌情综合研究，蒋介石似已放弃江淮与我作战计划，撤守江防最大可能，我们建议乘敌部署未定、错乱之时，以中野全部即发起江淮战役，有如下好处：（一）乘敌部署未定可分割歼敌，使敌不能争取时间部署江防，迫敌仓促应付。（二）使敌对浦蚌段不致全部破坏，使我迅速利用，便于尔后补给。（三）全军可迫近江边休整，有更充分的直接部署和准备渡江工作之时间。但也有以下困难，即战役初期需中野单独进行（必要时我们可抽两个纵队协同参加江淮作战）。在杜聿明部全歼后，我才能转移主力南渡参战。自歼黄维后，中野未有完满补充，较为疲乏，后勤准备较仓促。如我主观条件可以克服上述困难时，提前发起江淮战役较休整后发起更为有利。且现江淮地区之敌不强，且较分散。是否可以供参考，并祈示复。

歼灭黄维兵团的作战总结[①]

(一九四九年一月三日)

军委,并华野:

对黄维兵团[②]之作战,从十一月十八日阻击作战开始,至十二月十五日全歼黄维兵团止,共经二十八天。整个战役过程概分三段:从十一月十八日至二十四日为阻击作战的第一段;从二十四日夜我全线出击到十二月二日止为完成包围,紧缩包围,准备攻击,及对付敌人攻击的第二段;从三日夜起至十五日夜为对敌攻击并全歼敌人的第三段。

甲、第一段:敌十二兵团(黄维)为驰援徐[③]敌邱孙李[④]三个兵团之作战,于十一月上旬由平汉线[⑤]经阜阳企图向宿县进犯,十一月十八日黄昏该敌即抵近蒙城。当时我只有一纵到达蒙城,其余各部均未赶上。因此即以一纵首先在蒙城进行阻击作战,掩护后续部队到达。然因敌攻击正面很宽,我防御兵力过于薄弱,敌十九日突过涡河,十九日夜我一纵即移淝河沿岸,以板桥集为核心阵地布置防线,曾给敌以较大杀伤。我原拟在淝河、涡河之间出击,因地区过于狭窄,故决心收缩一线,在浍河与淝河之间歼灭敌人。部署上除将四纵、九纵和三纵一部位于正面防御外,以一纵、二纵、六纵及三纵主力位于敌之西侧,并以十一纵位于敌之东侧。经过二十三日南平集东西地区顽强抗击的结果,敌伤亡颇大。二十三日夜,我们决心放弃南平集,以四九两纵在浍河以北布置一囊形阵势,企图诱敌十八军主力进入浍河以北我囊形阵势以内,利用浍河隔绝敌人,以便于我以四九两纵钳制十八军,而以一、二、三、六、十一等五个纵队由敌之东西两侧出击敌人,求得首先歼击较弱之十四军、十军和八十五军。这个目的,二十四日是达到了。但敌人进入我囊形阵地后,很快发觉其处于不利地位,二十四日午后即开始向浍河以南收缩;我们亦于同日夜全线向敌人出击,并乘敌混乱之际,压缩敌人于以双堆集为中心的纵横十五华里地区以内,完成了对敌人的包围。

这六天作战达到了下列目的:(一)由于我阻击部队的顽强,给了敌人以较大的杀伤。

---

① 这是邓小平和中原野战军副政治委员兼政治部主任张际春关于歼灭黄维兵团作战总结给中共中央军委并华东野战军的电报。

② 黄维兵团,指国民党军第十二兵团,兵团司令官黄维。在淮海战役第二阶段中,该兵团于一九四八年十二月十五日在安徽宿县西南双堆集附近,被中原野战军和华东野战军一部全歼,黄维被俘。

③ 徐,指江苏徐州。

④ 邱孙李,指邱清泉、孙元良、李弥,当时分别任国民党军第二兵团司令官、第十六兵团司令官和第十三兵团司令官。

⑤ 平汉线,指北平(今北京)至汉口的铁路,今京广线的一段。

(二)引诱敌人进入我浍河以北囊形阵地以内,造成了敌人在收缩时极大之混乱。(三)利用了敌轻视我军,翼侧搜索不严的弱点,使我翼侧部队很顺利地实现了出击的计划。(四)由于我出击的猛勇,加深了敌人之混乱,并杀伤敌人达数千之众,使十四军基本上丧失了战斗能力。但是,我左翼部队六纵、十一纵,因完全用于担负防止敌人向东南逃跑的任务,没有力量先出击,所以敌人利用了这个弱点,很快地稳住了阵脚。

乙、第二段:从十一月二十五日至十二月二日,这七天,一方面是我们逐步压缩敌人,完成了严密的封锁包围阵地;一方面是敌人调整部署,收缩成了纵横十华里地区极坚固的防御阵势。在最初两天,我们对敌人战斗力的消耗和混乱的状态估计过高,对敌人防御坚强能力估计不够,故在作战上实行了过于猛勇的突击,我们的伤亡也在这两天最大,而收效则甚小。接着我们改掉了这个毛病,采取了稳重的攻击作战,并利用敌之突围或出击,给了敌人以极大的消耗。在这七天中,敌人曾多次向我阵地猛攻,而以二十七、二十八两天最为猛烈。二十七日敌曾以四个主力师向东南方向我六纵阵地猛攻,均被我击退,廖运周师亦乘敌出击时就势起义[①]。此后,敌每天或以三四个团,或以一两个团,或以两三个营,在大量飞机坦克掩护下,向我四周阵地冲击,但均未得逞。敌人的战斗能力也就在这些出击中消耗过半(主要是战斗伤亡大),使我具备了转入进攻逐步歼灭敌人的条件。

这七天的作战经验是:(一)对于完成了坚强防御配系的敌人,只能采取稳步的有充分准备的攻击作战,轻率的没有充分准备的或只靠猛勇的攻击作战,不能收到任何效果,徒增自己伤亡。(二)充分利用敌人出击的机会,大量地杀伤敌人,消耗其战斗能力,打击其斗志,非常重要。只要我们有意地这样做,而且极顽强地对付敌人每一次的出击,就可以造成全歼敌人极有利的条件。因为对付敌人每一次的出击,我们都要付相当的代价,对付敌步、炮、空、坦克的联合进攻实属艰苦,故必须对此种作战方式的意义使上下有一致的了解。(三)我们曾考虑放开一个缺口,让敌突进我预想的袋形阵地,以便于我割裂钳击敌人。但因判断敌人必采取进占一村、巩固一村、逐步滚进的战法,而敌人多占一村,不但可利用我原有之工事组织防御,且可获得较多的民间粮食,于我不利,所以我们放弃了这样的想法,坚持缩紧敌人于狭小范围以困饿之办法,证明是对的。(四)为了紧缩敌人,并对付敌之突围或攻击,我必须构筑纵深的严密的坚强防御体系,每个村与村之间、阵地与阵地之间,均须有蜘蛛网式的交通壕以联系之。为了给下一步的攻击做准备,必须逐步地向敌人延伸工事(交通壕和地堡),每延伸一步,均须对付敌人的破坏和反击。(五)我利用了原有的关系,争取了廖师之起义,而起义的时间选择在敌人以四个主力师(包括廖师)平行地向我出击及敌人攻击最高峰的时候,收效颇大,给敌人在精神上打击不小。

丙、第三段:截至二日止,我们判断敌人仅伤亡和廖师的起义减员达三万左右,故决心于

① 指中共地下党员、国民党军第八十五军第一一〇师师长廖运周于一九四八年十一月二十七日率部阵前起义。

三日起使用预备队(华野七纵、十三纵)开始进攻。我们根据敌人防御态势,组成三个集团。以四、九、十一等三个纵队为东集团,对沈庄、李围子、杨围子及四个杨庄之十四军残部及十军之七十五师、一一四师进攻;以一纵、三纵、华野十三纵为西集团,对马围子、北玉皇庙地区之十军十八师及十八军、八十五军各一部阵地进攻;以六纵、华野七纵为南集团,向双堆集及其以南之敌进攻,而置重点于东集团。因为攻占沈庄、杨围子、杨庄等地后,就可以使敌人的防御体系残缺不全,就可以将敌兵团部的核心阵地完全暴露,并使敌人处在东西不过三里的狭长地区,便于我之割裂。俟东集团已有显著成效之后,我们又以华野三纵之一部加入战斗,并以陈士榘①同志统一指挥华野七纵、十三纵、三纵、苏北②及中野六纵等五个纵队,置重点于南面,直攻双堆集。从三日起,每天都有进展,或四点攻击,两点成功;或三点攻击,一点成功;或两点攻击,一点成功,直至十五日夜间敌人突围全被歼灭为止。

其经验是:(一)攻击阵地之编成是极端重要的。中野各部或很少这样攻坚作战经验,或一年以来没有进行大的战斗而感到生疏,故在开始时很不熟练,组织不够精密。比较完满的经验是在战斗中逐步学习而来,信心一步一步地提高,伤亡亦越打越少。对这样的敌人进行攻击,决定于阵地的编成及火力的组织。阵地的编成必须是无数的交通壕和地堡网,或单人的散兵坑(为防止敌炮火及坦克的摧毁,单人散兵坑比地堡更为适用),平行和纵横交织地从四面八方向敌人阵地前进,我们的工事迫近敌人愈近,就愈易奏效和减少伤亡。曾有两个团,一个团的工事距离敌六十公尺,完成了突击敌人的任务;一个团工事距敌一百公尺,结果在攻击时,我突击队尚未到达敌第一线工事即伤亡殆尽,没有完成任务。此后,一般的对敌攻击工事,都距敌人极近,有的挖到敌人第一道鹿砦以内,所以易于奏效。敌人最怕的是我们的交通壕和地堡群(或单人坑)向其逐步逼近,所以敌人每天都在破坏我们的攻击准备。一般是以几辆或十辆左右的坦克,配合一两个营或一两个团的步兵,向我最迫近的工事反击,主要以坦克的炮火摧毁我们的地堡,或直接以坦克压毁我们的地堡、沟壕,这是各部队最感苦恼的事情。有效的办法是,各部队从四面八方同时逼进,可使敌应付不及,一点被破坏,其他各点仍可攻击。在开始时,我们有些部队只以一两条沟壕向敌前进,遭到敌人破坏,后改以多路沟壕同时并进,互相支援,获得成功。(二)火力组织。攻击的火力,必须集中和有严密的分工。中野各部火力比较薄弱,如一三两纵的火力,只有集中一点,方能成功,分散即无力量。凡使用于攻击的火力必须紧随突击队之后,预先进入阵地。一般平射炮火配置第一线,对敌前沿及突破口两侧,实行摧毁射击,为步兵开辟冲锋道路。曲射炮火和重炮则配置第二线、第三线,摧毁敌纵深主要地堡工事,压制敌火力和封锁敌预备队反击的拦阻射击。一般我们的突击队和各火器为避免敌空军的扰乱及地面炮兵的威胁,必须在先一天晚进入

① 陈士榘,当时任华东野战军参谋长。

② 苏北,指华东野战军苏北兵团第十一纵队。

阵地,步兵都须准备第二天整个白天对付敌人的攻击,而尤应以防坦克武器随步兵进入阵地,以加强对敌坦克作战。因我炮火较弱,我们曾大量地使用了土造的炸药抛射筒,收效极大。这种武器须要制式化起来,大量制造,携带亦极便利。在全战斗过程中,敌人浓密的炮火对我威胁颇大,我们采用指定若干炮火(主要是迫击炮),专门对付敌人炮兵,以压制其炮火,收效良好。火力的指挥亦属重要,一般配属于突击队的全部火力(第一、第二线),由担任突击的部队首长直接指挥之。第三线炮火则由本战斗高级指挥员指挥之。(三)该地区村庄多为互不连接的独立家屋,且多沟渠,敌即利用此特点组成防御配系,即以大量的地堡群、掩蔽部和交通壕构成互相贯通联系的、一般是两三层鹿砦和三层地堡群的纵深配系,且工事越到纵深越坚固,兵力亦愈到纵深愈雄厚。所以我每攻击一点,都必须有纵深破坏、连续突击的充分准备和步兵组织,其中最重要的是要求步兵在突破敌第一线阵地之后,不要混乱,能继续攻击,炮兵能按预定计划及时而准确地延伸火力,支援步兵。这点在全战斗过程中是我们最大弱点。几次攻击未能奏效的原因,都是由于步兵队形混乱及步炮协同不好而被敌反击出来。步炮协同的问题,还须要在今后练兵中统一加以解决。俘敌军官反映我们在突击敌人第一线阵地时,步兵的组织及炮兵的火力统一良好,到纵深后则队形混乱,炮火无力,这是很真实的。(四)攻击一点时,突击点应该多选几个,其中有主要的、有辅助的,否则敌集中兵力和炮火反击,我易被敌反击出来。同时必须有迂回的沟壕截断敌之退路和后方联络线,这对敌威胁极大,且便于对付敌之增援。(五)敌人阵地组成极为纵深与复杂,故事先确实严密的侦察,乃攻击成功的决定条件。几次不成功的战斗,都是由于没有精密的侦察,致使各种攻击准备均不切实。我们不少旅、团干部对这样的攻坚战缺乏经验,吃亏不少。许多成功的战斗,都是各纵队和得力的旅、团首长亲赴前线侦察和组织获得的。每当攻击之前,担任突击的各级指挥员及炮兵干部,乃至班长战士,都应迫近敌方,多方面地观察(即不能只观察自己的一面),侦察工作必须能切实查明敌主力(屯兵场所)所在,全阵地编成的概况,大炮位置,指挥位置等,而有明确的分工,才易奏效。(六)我们的指战员都是极其英勇的,但要保持他们的信心,必须要我们的上级指挥员有精密的战斗组织。我们的经验是:每一个胜利的战斗,都增加了全体指战员的信心。但是,在连续几个胜利之后,又容易造成疏忽,必须了解敌人困兽犹斗的特点。即使是我们认为战斗力最弱的十四军,在防御方面亦是非常顽强的,对于任何一点的攻击,都不可存侥幸取胜的心理,或在胜利中产生轻敌的心理。(七)对付敌人新式的或接触较少的武器,应预先教育和讲求预防之办法。敌人的坦克此次发挥作用较大,直到最后我们的办法还不够多。我们的防坦克武器很少,且无弹药,敌人使用的多系十五吨或三十吨美式坦克,一般战防枪和日式战防炮都对之无效。火箭筒有效射程在百米以内,而敌坦克则在二百米左右开火。而主要的还是我们的办法太少,火箭筒射击亦不够沉着和准确,但有的用火烧坦克,有的在工事前面挖掘阻绝阵地,都曾收到良好效果,而用榴弹炮、野炮、炸药等对付坦克的办法,尚无经验。对付坦克的甲雷部队没有。敌人的火焰喷射器,在其初用时曾引起个别部队的混乱,以后就好了。敌人曾多次使用催泪性瓦斯弹,因为我们曾事先教育部队防毒,使战士在精神上产生了紧张状态。某部在攻击杨庄时,就因为敌人放毒发生混乱,直到明了其作用不大时才安定下来。(八)由于我们从敌人投降的士兵中及时了解敌人内部的情绪,以及有良好的观察,对敌突围行动能迅速发觉,前线部队处置亦属及时,特别是我军纵深很大,故突围之敌除少数人员外,全部就歼。(九)通信联络上下左右经常通畅,保障协同动作和命令及时下达,极为重要。这次我们围绕双堆集四周构成长达一百三四十里的环形电话网,始终保持顺畅通话,有的纵队到前线部队,或到友邻部队,均架有双线。在敌人突围兵慌马乱的情况下,亦还保持了电话联络,对及时调动部队、通报情况,保障甚好。即远在蚌埠、怀远以北阻止李延年兵团之部队,亦和攻击黄维的部队沟通了电活,在指挥上甚属便利。(十)不断地对敌进行政治攻势,收到相当效果,不断地有成班成排的敌人向我投降。二十三师三千余人在师长率领下的投降,十一师三十三团残部在副团长率领下向我接洽投降,是尤为显著的例子。(十一)此次歼黄维作战,事先进行了充分的动员,每个指战员都下了最大的决心和具有充分的信心,在转入全面攻击之前,野战军司令部首长曾公布命令,严申战场纪律,规定纵队首长有执行最高军纪之权,重复宣布不惜最大伤亡,实行火线编队的决心。所以各部这次的作战,都是极其坚决和顽强的。多数部队都经过两三次的火线编队,继续作战,故能最后地达成任务。从十一月二十五日起到十二月十五日止,整个二十二天,所有部队都在野外战壕中生活(敌大量空军轰炸,有村庄也不能住),有的部队终日在有水的战壕里生活,且极度疲劳。所以不间断的战时政治工作和管理教育,特别是改善部队生活,极端重要。这些方面,各部队做得是比较好的,部队的情绪一直是高的。(十二)后方勤务的保障做得很好,支前司令部及支前办公室尽到极大的努力。粮食、油、盐、担架等做到源源供给,没有困难。弹药的供应,在极端困难的条件下,保障了迅速准确的供应,前线部队极感满意。

丁、歼灭敌人后,十五日夜间及十六日整日,战场极为混乱,抢缴武器、汽车、大车,乱放枪炮的现象,极端严重,为中野以往历次作战所未有。我们高级指挥机关未做预防处置实为主要原因。但亦暴露了中野各部存在着极严重的无政府无纪律状态,应引起最大警惕,予以克服。同时必须指出,四纵二十二旅担任战场警戒,在旅首长模范领导下,纪律良好。如本旅缺炮,而所得炮全部上缴等,均属难得。此种为人民解放军所应有的风气,应予表扬和提倡。

邓小平　张际春

子江

从军队的正规化着眼，克服无组织无纪律状态[①]

（一九四九年一月十一日）

毛主席：

近两月我们在前方的工作，已商由子恢[②]同志报告，我这次只谈军队的问题。

中野自十月下旬至歼黄维兵团五十多天的加油作战，一般部队都很积极，问题很少。其原因是经过去年八九月的整党，对各级干部教育均大，官僚主义大大减少，干部责任心大大提高。有一批过去专抱不满情绪的人，消极怠工的人，思想上不纯的人，一般均有进步，多数转变甚好。因为干部负责，战士逃亡的也大为减少，在战斗中从上到下均颇顽强。一纵歼一八一师，三纵攻宿县，均能迅速解决战斗。歼黄维兵团时各部均下了最大决心，不顾任何代价，坚决消灭黄维兵团的意志一直贯彻到下面。故在整个作战过程中，各纵队虽经过三次到四次的火线编队，没有叫苦的。但是在总攻的时候，中原各纵伤亡达二万余人，气已不足，结果使用了华野两个纵队才解决了战斗。而在中野各纵中，四纵、九纵及六纵比较充实，伤亡虽大（四纵九千余，连同淮海战役[③]第一阶段约一万一千余。九纵六千余，六纵五千余）尚能一直攻到底，战功亦较大。三纵在淮海战役前仅一万六千人，攻宿县伤亡一千五百人，打黄维兵团又伤亡四千五百余人。一纵战前三个旅九个团仅一万七千人，打一八一师伤亡一千五百人，打黄维兵团又伤亡三千人。故在最后，均已丧失攻击能力。二纵及十一纵在战前均仅一万二三千人（所有人员在内），就更难担负艰巨任务。战后各纵一致感觉，中野不充实之，业已不能独歼黄维兵团，增加华野过大负担为憾。同时，这次还暴露了以中野现有火力打这样的仗实嫌太弱，幸弹药充足，补给及时。特别是战场范围不大，我能交换集中使用，且有华野一部分火器加入，才勉强应付过去。歼灭黄维兵团后，部队虽伤亡较大，干部伤亡比例更大，但士气甚好，特别是在大规模的攻坚作战方面，过了一个重要的关。这是一个极大

---

① 这是邓小平给毛泽东的电报。

② 子恢，即邓子恢，当时任中共中央中原局第三书记、中原军区和中原野战军副政治委员。

③ 淮海战役，是一九四八年十一月六日至一九四九年一月十日中国人民解放军华东野战军、中原野战军和华东、中原军区及华北军区所属冀鲁豫军区地方武装共六十余万人，在以徐州为中心，东起海州，西至商丘，北起临城（今薛城），南达淮河的广大地区，同国民党军进行的一次具有决定意义的战役。一九四八年十一月十六日，中共中央军委决定由刘伯承、陈毅、邓小平、粟裕、谭震林组成总前委，邓小平为书记，负责领导华东野战军和中原野战军的行动，统筹淮海前线一切事宜。这次战役击毙国民党军兵团司令官黄百韬、邱清泉，俘虏徐州“剿总”副总司令杜聿明、兵团司令官黄维、兵团副司令官吴绍周，共歼国民党军五十五万余人，解放了长江中下游以北广大地区，使蒋介石的精锐主力损失殆尽，反动统治的中心南京以及上海、武汉等地，处于人民解放军直接威胁之下。

的收获。大家历来最关心的补充问题,已决定由豫西的七万地方武装(包括机关学校)中抽补三万人,由豫皖苏的七万余人中抽补三万五千人。加上中央军委允从华北及平[1]津俘兵中补充的七万人,则中野补足三个兵团九个军,每军三个师,还属可能。不过大批新兵、俘兵补入,武器缺数很大。如军委能从平津缴获的武器中调剂一批步枪、轻重机枪和炮,由俘兵带来更好。

关于部队的思想情况。一般说来,打过长江虽都知道一定要去,而且很快要去,也知道惟有打过长江才是正确的。但北方人到南方确实具有恐惧心理。过去每次向南行动,总要逃亡几百人。所以过江动员仍是一个艰苦工作。

关于部队中的无政府无纪律状态,严格说来,过去尚未作根本的清算,仅仅一般地提出了问题,收效不大。中央军委对我们处理某纵在襄阳作战枪杀友邻部队人员一事的批评,对我们的警惕很大。根据最近材料反映,特别在歼灭黄维兵团后,战场纪律之极度混乱为历来所未有,证明中野的无政府无纪律状态不仅是严重的,而且是发展的。中野各部团结及群众纪律大致均好,作风简单朴素。无政府无纪律状态,主要表现在游击主义或游击习气非常浓厚。军队的组织生活和制度极不正规,且极涣散。表现在我们干部自自卫战争以来,一般缺乏学习党的理论和政策的空气,从而发展了庸俗的生活习惯和自由主义的空气,缺乏政治的严肃性和前进的精神。在执行党的政策方面,愈到下面愈少自动性。领导机关提出注意时执行就好;领导机关注意不够时或部队独立行动时执行就差。在军队组织及制度方面,各级干部一般缺乏严格遵守纪律的习惯(作战纪律是好的),特别表现于部队的本位主义,编制很难行通。对一般命令常打折扣,对报告制度满不在乎或极端迟缓(此次歼黄维兵团战果,华野两个纵队三天内作好报告。中野各纵十日以上才作好报告)。对人员武器的调剂,用走私的办法,比命令还易通行。自定章程法规的事仍时常发生。多报人数、多领粮食、衣物的事更属普遍。在军队管理方面,极端松懈和散漫,很少部队注意军风纪律,部队装备随补随丢,对公物极不爱惜,军容不整,以滥为光荣。名义上是正规军,而在组织和习惯上则仍是游击状态。至于其他不守纪律的事,随时均有发现,不能一一列举。

中野这些无政府无纪律状态,有其较长的历史原因。如过去长期部队极不充实,组织机构及装备亦甚简陋,供给向来以节约为第一,很难讲求军容。而到大别山后,则更讲不上统一的制度,各部机动性极大,上面的要求亦无法严格。一直到去年十月,才开始恢复了正常的供给。加以两年多来,部队一直忙于行军作战。有短时休整,又多忙于战后工作和新的战斗准备,故学习生活极不正规。这些都是客观原因。但更重要的是,我们领导上历来多注意于作战、群众纪律、部队的团结和朴素的风气,对其他方面的要求多不严格。所以要克服中野的无政府无纪律状态,必须从造成干部学习党的理论和政策的空气着眼,从军队的正规化

---

① 平,指北平,今北京。

着眼,从领导上贯彻到底着眼。我们已在这次两个月的整训中提出了这样的方针,并使之贯彻到底。

邓小平

一月十一日

全国解放战争时期

中原工作文献（三）

中原局关于发行中州农民银行钞票的决定

（一九四八年一月二十五日）

一、为彻底摧毁蒋匪集团及地主阶级在农村中的经济控制，准备建立完全的农民的经济秩序，建设巩固的根据地，并部分地解决当前财经困难，决定发行中州农民银行钞票。全党全军必须极端严肃地重视这一问题，长期着眼，为人民安置一个好的金融基础。要严格防止单纯军事发行及单靠布告命令而不从经济上支持的恶果；要十分重视由内部来的障碍，教育部队地方人员无条件地支持本币，严惩一切取巧破坏，只图自己方便不顾大局的自杀行为；要广泛向各界人民宣传蒋币必废，我币必兴。

二、确定中州钞为中原局所属各区统一的本位币，一切财政税收、公私交易、供给制度均以中州钞为本位。其法定价格为每中州钞二百元合银洋一元。冀南钞与北海钞等价，每元均相当于蒋币五十元，或每二千元等于银元一元（高于此规定者暂不压低）。中州钞法定价格必须用一切努力加以坚持。冀钞对中州钞比价亦应力求稳定，如受外区重大影响，可视情况适当改变。冀钞与蒋币比值不及一比五十者，最好在发行中州钞以前提高。

三、中州钞在若干商业集镇站稳以后，即应迅速争取在一个区一个县内完全占领市场，禁止蒋币流通。在出入口贸易未控制前，不要顾虑蒋币外汇缺乏，不要怕入口货减少，不要怕商人暂时的叫嚣，要大胆拒用蒋币，并指导人民积极输出蒋币购回必需品。当中州钞未在全面取得决定性的胜利以前，应准许银元、铜元流通，并积极利用之，以支持本币打击蒋币。

四、凡发行本钞地区，我一切税收、罚款及公营商店之收入禁止接受蒋币；一切部队地方人员禁止使用蒋币银元，如有蒋币银元，应首先兑回本币然后使用。所有公私银元蒋币均应在实行新钞时进行登记管理。

五、有基点地建立下层商店并兼办银行，发卖群众必需品，办理兑换。应经常拨给商店一部分公粮调剂物价。一切战争缴获的商品及政府没收品均应交公营商店代卖。在蒋币与本币混合流通的条件下，要力求本币物价的稳定，但不要怕法币物价的高涨，两者不可混同。商店的主要工作是在法币物价不断上涨中以物资力量维持本币物价之稳定，并在主动压低物价时不要同时也把蒋币提高。

六、中州钞必须俟土改完成、蒋匪肃清才能真正达到巩固，要努力缩短这个过程。在这以前主要支持办法是组织税收、商店卖货与办理兑换，困难虽多，但由于蒋匪崩溃，通货缺乏，我开始发行数量较少，足可支持。

七、拨给各区之中州钞,除指拨军费外均应作为该区工商银行资金,任何财政透支均须请示中央局批准。生产贷款只在土改初步完成地区进行,由各区党委计划请示中央局批准后执行。

八、结合军事胜利及土改胜利深入宣传中州钞是中原人民自己的货币,流通区域广大,基础雄厚。在市镇上,尤其在贫农团及农代大会上动员作决定拥护,在部队及一切工作人员中,要订出反对破坏本钞的纪律,深入教育。

关于大别山形势与今后部署问题[①]

（一九四八年二月八日）

刘伯承

一、我们感到，最近两个月来，领导和指挥上困难很多，大别山斗争紧张，后方炸弹厂、医院、学校、报纸、通讯社，都不能办。现各纵队多以旅为单位，分散行动和作战。因敌情紧张，很难得到休整机会，手榴弹都无法供应，影响作战甚大。三万新兵，从鲁西南陆续输送到大别山，要经过陇海、淮河间六七百里基本上无土改的地区，地主土匪武装到处都是。最近，加以敌第五军盘踞沙河北之淮阳、鹿邑、亳县各地，整十师、整十一师盘踞沙河、淮河间，寻找一纵作战，分散破坏起初之几处土改地区。因此，如何使新兵到手，及到手以后如何巩固（不能集结和休整），成为极大的问题。第一批准备补充一万六千新兵，各纵都需要补充，但都怕不易到手和不易巩固而浪费掉。自去年十二月中旬起，小平、先念、李达同志，带野司五百人，在大别山区，直接指挥各纵队、各军区（最近已感无法兼顾路西）；其余同志，则带机关大部共九百人，同一纵队转到淮西区[②]，以便一面与各区党委、军区保持经常通报，一面就便开辟淮西区机动战场，以便尔后和路西、淮河以南地区、华南、华北相联结。一个多月来，两次反“清剿”中，协同张国华及豫皖苏刚建立之第四分区[③]进行土改，仅在萌芽。尤其敌整十师、整十一师最近停留在淮西区，寻找一纵作战，并到处“清剿”，镇压土改。野后经常行动，与各方联系亦经常中断。最近，中央把粟唐[④]、陈谢[⑤]一并划归我们指挥，领导分散，不集中。为了全面领导指挥的便利，是否可以考虑，把中原领导机关转移到豫西和桐柏间；那里虽然贫瘠，但不像大别山动荡，安置后方及与后方联系都可能要便利些。请中央考虑指示。

---

① 这是刘伯承以刘、张（际春）、李（雪峰）、刘（子久）、陈（少敏）五人的名义向中央写的报告。这个报告所提建议，均为中央所采纳。

② 为了粉碎敌人对大别山的围攻，一九四七年十二月十一日，晋冀鲁豫野战军领导机关及中原局分为前后方两个部分，邓小平率野司留在大别山，刘伯承率野后移至淮西区，至一九四八年二月二十四日，邓小平回到淮西，与刘伯承会合。

③ 张国华是豫皖苏军区司令员。淮西区位于平汉路以东、淮河以北、颍（沙）河以南地区，为豫皖苏军区新建之第四军分区。

④ 粟唐，即陈士榘、唐亮，当时分任华东野战军参谋长和政治部主任，根据中央指示，率华野第三、第八、第十纵队，留在中原地区活动，暂归刘邓指挥。

⑤ 陈谢，即陈赓、谢富治，当时分任晋冀鲁豫野战军第四纵队司令员和政治委员。根据中央指示，一九四八年八月下旬，陈谢率晋冀鲁豫野战军四纵、九纵及第三十八军共十个旅（师），由晋南强渡黄河，挺进豫西，开辟豫陕鄂区。进入豫西后，直属中央军委指挥。中央将陈谢划归刘邓指挥，是将其归还晋冀鲁豫野战军建制。

二、大别山地势，东、南两面为江湖地带，机动困难；西面鸡公、桐柏两山对峙，只广水以南、信阳以北容易东西交通，宏坤纵队在柳林过铁路之受损失[①]，此亦是原因之一；北面为淮西区，淮河上游除雨季涨水外，可以转移，且可以东、西、南、北机动，协同各方作战，特别淮西区连接皖西、鄂豫、桐柏、豫西四个区，便于抓住西安至南京公路之信阳潢川段，以策应大别山作战。近两月，野后及一纵，正竭力在淮西从事土改与布置游击战争，设置医院，就地筹粮等工作。是否可以将淮西划归中原局，以便于坚持巩固大别山战略阵地。我们认为，中原战场，东依山东，南依大别，西依伏牛，立足策应，非常重要。邓、李有何意见，直报中央，并告我们。

---

① 宏坤纵队即晋冀鲁豫野战军第十纵队，王宏坤为司令员。一九四七年十二月上旬该纵由信阳、广水间西越平汉路，遭敌人袭击，受了部分损失。该纵西进后，开辟了桐柏区。

中原野战军后方司令部关于淮西土改中斗争策略的报告

（一九四八年二月十三日）

毛主席：

二月六日指示奉悉。

甲、我们直属队在淮西十几天随军民运工作的体验，我们主观上感觉，此方法更明确，更注意到了扎正贫农根子的问题。建立贫农核心的问题，较有成绩。联合中农问题，在实际中，虽也注意到了，如在每次斗争地主、恶霸时，吸收了广大中农参加，一样分果实，只是中农没有参加组织。斗争策略分阶段是很不明确的，有时虽也从地主开始，但有时也从农民最痛恨的保甲长、恶霸开始（这些人常是富农、小地主，个别甚至是中农）。

乙、总的说来，我们过去为了急于求成，对于斗争策略和组织形式，没有像来电所示那样明确认识，缺乏冷静考虑斗争过程和步骤，要求快，犯急性病的毛病。指示所指新区在斗争策略上，分为两个阶段，而前一阶段，更分出步骤，以及配合斗争的组织形式，即先农协（或农会）而后贫农团，我们认为是完全对的和完全必须的。

丙、但是，组织形式上如实行先农协而后贫农团的方针，虽能更好地团结中农，但我们感觉有如下一个很大困难和不利：

（一）如贫农一开始即无自己的独立组织，农协领导则必将被中农、流氓，甚至富农窃取去。

（二）斗争果实亦有大部落到中农、流氓，甚至富农手里。

（三）中农，甚至少数富农，先于贫农而登上政治舞台。他们自然而然地成为新贵，成为在新区首要生长起来的干部，而贫农则必将被挤在后头，而成为劣势。

（四）农村阶级关系（尤其政治关系）比过去更复杂，更紧张。国民党控制农民的方法，同过去并有新发展，其控制是更完整、更周密。保甲、党员、特务、军事、文化结合一体。保甲长及保警、保巡逻干事（其中大批是富农、中农及流氓等），都受过反共反人民的专门训练，有丰富的压迫人的完整一套经验。老实的贫农，政治觉悟缺乏，而自己的组织，反落在一般农民联合组织之后。这时，大大妨害贫农核心的树立。

（五）我们感到新区扎根子的工作乱，党员成分不纯，常有意无意忽视贫农最积极，农会实际上亦以贫农为主体。但这很可能只是数量上的，而很难做到是领导上的问题。因此，我们觉得贫农核心的培养树立和扎根子,斗争一开始,即应注意到,不能忽视。但为了与斗争策略相配合,不致孤立贫农和发生冒险主义的毛病,以同时建立农协和贫农团为好。其好处是,贫农的联合组织和贫农的核心组织同时树立,这与依靠贫农巩固地联合中农的基本路线亦是极相符合的,缺点是贫农一下不易掌握。但即使如此似应不怕此种麻烦,而耐心帮助贫农去掌握。如果必须先建立农协的话,则是否可以在第一阶段内规定,(一)农协会员内,贫农占三分之二。(二)农协委员内,贫农亦须占三分之二以上。(三)不断地召开专门的贫农会议,加以特殊培植。(四)第一步只吸收中、贫农中之积极分子等办法,加以保留到第二阶段建立贫农团时,然后更大量地吸收中农入农协。这样不知妥否,请示。

丁、其他如时间等,雪峰同志另有报告。此不重述。

野　后

关于新区斗争策略及组织形式问题的报告

（一九四八年二月十三日）

李雪峰

毛主席：

新区斗争策略及组织形式问题谨呈初步意见。

（一）国民党强化基层组织保长，武装三青团与特务，为有形组织形式。其谍报队长，即是县乡保长，经过多次训练，甲长多由富农、中农及流氓分子担任，保长则为大恶霸地主直接掌握。县区党政军离城不离境，其策略似是依靠地主，联合富农，争取并利用中农及流氓分子，镇压、分化、控制贫苦农民。现大地主、大恶霸大部逃出，但特务四处巡逻，结合中等地主及富农组织秘密武装，维护其保甲统治，并利用我们剿匪威胁农民，反对土改。广大贫农及中农，均对保甲仇恨。把清算保甲恶霸的口号，结合分粮废债，接着发动诉苦复仇，可以成为广大农民统一战线的主张。各地分浮财，实际包含有类似的内容，但多从分财一点出发，政治口号不明确，缺乏将政治、经济及收缴地主武装的斗争，明确结合统一。中农有一部分与地主、富农有关，儿子上中学的不少，他们是观望态度。劳动富农不问政事的，在群众中有较好影响，分他们的浮财，农民在开始时是不同意的。

（二）第一阶段的策略：中立富农，专对地主，其中又先打击大地主，后斗争中、小地主，是必要的。在实际斗争，例如清算保甲的具体对象中，即难免有的小地主、富农甚至中农分子，他们为广大群众所痛恨，应当允许群众复仇，这样就可打垮地主统治机构及国民党的农村统治基础，对我建立民主政府或农会政权及进行土改是很必要的。但策略上，应使农民懂得集中将目标对准大地主及其走狗，从清算中分化地主集团，而又便于组成农民统一战线，当着进行打击中、小地主时，则连带打倒部分封建富农，而且这一步发展可能很快，中立富农，在此时可能起若干变化，但仍可中立一部分，对于联合中农有好处。在此阶段内，即应将地主土地加以清算没收（清算对教育农民，使农民感觉有理及利用矛盾上均属于必要方式），按平分（填平）原则，分配给贫农。到第二阶段，提出彻底平分，才全部动富农，并进行查地主、查阶级、挖地财、斗隐蔽，彻底解决地主财产及其统治，而后分给他同样一份。这样做的好处，是在第二阶段中不致树敌太多，尤其可免影响中农动摇，致为地主、国特所乘，而且在一致对付地主的斗争中，不仅大大发挥贫农积极性，且可广泛发动中农，建立贫农、中农联盟，以为进一步彻底平分之准备。

（三）依靠贫农联合中农的方针，应贯彻土改全过程。在第一阶段，集中打击大地主，摧毁保甲,就可能也必须发动中农,结成贫、中联合阵线,尤其必须着重发动贫农,组织农民的核心力量,否则,运动便软弱无力,贯彻不下去,始终走上弯路。因此,第一种组织形式农民协会,把群众组织与政权组织结合为一的组织,简便而集中。到第二阶段,组织贫农团,克服中农的软弱与动摇,使运动深入贯彻到底。在第一阶段,如何深入贫雇工作,使其取得领导,形成独立力量,是一重要问题。或者如太行过去做法,采取积极分子会议及贫农会议形式;或者进而组织小组,以为下步成立贫农团之准备;或者在农协开始组织时,严格一些,只吸收贫雇农,到运动发展,贫农有了基础,再扩大范围,吸收中农,成为名实相符的农协。但此种方式,也势必另采取临时的农民统一战线的组织形式。我们亦曾经考虑到第二种组织形式,即在第一阶段就用贫农团,在酝酿时候采取贫农小组形式,而后将许多小组结合成为贫农团,贫农团开始也严格一些,吸收正派贫农,扎好根子,而后发展为贫农的阶级组织。这样产生的好处是,组织形式与我们着重发动与组织贫农的方向相配合,观点明确,便于贫农自己了解、掌握全部组织,便于有组织地去推动贫农自发的运动(这种自发运动是非常必须的),便于贫农取得领导权,便于贫农掌握武装。另一方面,则不怕扩大农民对外战线,从行动中团结中农,采取大会、积极分子会、农民代表会、翻身代表会,这类带会议性的组织形式,把群众的与政权的组织统一起来,更广泛一些。到第二阶段(或一阶段后期)清算富农及一切封建分子,彻底平分土地时,中农的一部分将会动摇,这就一方面增加了贫、中农内部适应的斗争的必要性;另一方面,团结广大中农更为重要,此时除加强贫农团领导外,应组织农民协会,作为进一步的农民统一组织,巩固贫农中农联盟,将贫、中农间的纠纷和斗争拿到农协内部来处理,以便团结一致,打击富农,清算一切封建残余,转入民主运动、生产运动和进行建党工作。我们也考虑到第三种组织形式,一开始即将农协与贫农团并举,将领导骨干的组织与农民统战组织分立又结合。缺点是贫农更不易理解掌握运动,领导上也难于掌握重点,分配引起混乱。总之,适应两个策略阶段的斗争要求,如何更好团结中农,而又能培养贫雇骨干,确保贫农领导,使依靠贫农、巩固联合中农的方针,能在组织上加以解决①。

(四)时间问题:我们估计平分政策较"五四"政策简易合理,如农运能跟上军事展开,而又策略正确,可能发展很快,因保甲统治动摇,地主破产,农民迫切要求翻身,各地分浮财及开始分地中,已可看到此种现象。但由于地主武装统治及国特统治较顽军为甚,加以战争反复,农民顾虑也不少,同时看见党内不纯,作风不好,策略思想模糊,而又难于找到时间好好整顿,地方干部跟不上,农民常在分浮财之后,即一下消沉,或快一点之后,即又慢一阵,往返起伏,在所难免,至快也要一年两年。

---

① 毛泽东同志在此处按:先组织贫农团,树立威信,几个月后,再组织农民协会,较为妥当。农民协会的委员会,同时就是政府,在土改问题彻底解决以前的一个长时间内,乡村不必在农协以外再成立政府,以免重复。

关于淮西区两个月工作经验的报告

（一九四八年二月二十七日）

李雪峰

中央：

甲、淮西区（即沙河、淮河间地区）自刘、邓军去年八月南下后，地主即将财粮隐藏或搬走，运用三青团、特务、保甲的权力，组织各色武装。临泉一县即有公开的三十五个大队，秘密的还不在内。去年二月中旬以前，张国华带豫皖苏军区部队与一纵原留淮西之骑兵团，已剿除土匪四千多人，开始分浮物。当时，淮西区存在两个严重问题：一个是收编地主土匪，转移保甲的武装为我所用（俗叫拉铺），多至六千。这些武装，利用合法地位，维护保甲，掠夺群众，制造暴动，杀我干部，此外还有其窜扰边沿的武装，紧靠蒋军活动，与这些拉铺武装内应外合；另一个问题，是地方党干部数目很少，大都出身大、中地主，他们建立拉铺政权与拉铺武装，将保甲名义改为区村名义，也分浮物，多入私囊，借口战勤掠夺粮财，贪污浪费，引起群众骚乱与不安[①]。

乙、为协同大别山与本区去年十二月反扫荡起见，一纵于十六日北渡，展开左翼淮西区作战。二十八日我们与张国华商定，首先由一纵与国华部队解决各县拉铺武装，处决少数暴乱分子，大部干部要求争取，而其部队则经洗刷后编入我军，各县武装则由一纵抽出三个团，位于息、汝、正、确等县，加上军区独立旅等部队，位于其他各县二十一个地方团作为基干，以求发展。至于地方干部，则由我野后纵直与国华军区抽出二百余人，连原有地方干部，共约四百人，分为三个工委的工作队，进行土改。在土改考验中，整理工作队，刷洗最坏分子，一部分调训。现大体均能工作，惟经验很少，包办代替作风仍严重，群众则由几次大军进入造成的自发热潮转入等待观望。敌又于一、二两月扫荡清剿，企图破坏我变淮河为内河的计划，着重摧毁我地方工作，大抓壮丁（十一师即抓数千人），扶植土蒋，捕杀我干部及雇、贫积极分子。当时在汝南区，一个半月中，只工作半个月，但群众极好，稍有工作，群众即掩护我干部，自动送情报，积极分子武装起来，随我打游击。现土改区已有二十万人，活动区四十万人，四月间可望增至百万人，多数正分浮财。斗保甲、反动地主，一部已开始分田。

丙、开始就组织贫农团，领导分粮，废债，清算保甲、恶霸，发动面对面的斗争，改缴地主

---

① 毛泽东同志在此处按：派去新区工作的干部，必须加以训练，不要派遣坏分子去新区。

枪支武器,贫农(中农有带枪参加的)将土改与战争结合,特别注意扎正根子,提倡朴素苦斗作风。方式是公开召集群众宣传,广泛接近群众,以与我贫农酝酿相配合,然后发动斗争,打击最坏分子,分几家浮财。当各村初步建立了贫农团时,即召开贫农联合会议(训练班),发动诉苦、划阶级,自动整理组织,讨论各村斗争对象,订斗争纲领和纪律,推动清算保甲、恶霸,扩大斗争,发展贫农团。为着扎好根子,开始即找正派贫农,经过斗争及战争后,贫农才能够逐渐提高威信,坏干部即发生脱离群众倾向,流氓分子极力钻入破坏,必须扩大贫农团内部的民主,清洗坏分子。把扎正根子的任务交给群众。分浮财、反保甲中,参加群众很多,另组织吃粮户大会、穷人会,然后组织农会,才便于贫农领导,但也有刚有贫农即强调吸收中农,时机过早,因而使斗争中断下来者。

丁、反扫荡后,贫农要求分地,扩大组织,扩大地区,吸收中农参加,人多势众,要求缴地主枪支自卫,消灭土匪,反对保甲,是广大群众的要求,保长多兼土匪,群众有联庄防匪传统,起来反保甲,反蒋军,结合地方武装由贫农收取武装枪械,跟工作队、地方武装一起打游击战。对被迫参加蒋匪的贫苦农民,已证明可以争取回来参加分田。

戊、大地主及与保甲统治有关的地主、恶霸,多与蒋匪结合,破坏土改,利用本庄本姓,自动分粮,挑拨外来与本地贫雇农,组织中农会、假农会,利用狗腿流氓,破坏贫农团。在战争时逃亡了的乡、保长,随土匪回来,土豪被打击了的,准备向蒋区逃跑,被杀了的保长不埋,等着报复。而肉头地主,一般小地主与富农,即使被分浮,则也个别被杀了的,其家人也不敢报复。群众在斗争时,一般也愿加以区别①。中农在分浮财反保甲中,即积极参加,不像大别山老区中农那样观望。

己、地、富的青年学生很多,汝南十万人口,即有十个中学,富裕中农子弟上学的也不少。他们曾参加国民党、三青团,但多是书呆子,有的分浮财时,只保管几本书。许多人打听我们的学校与态度,要求安置,环境稍安定,可大量争取②。

庚、全区粮财,可养两个纵队,且以由北向南发展,便于变淮河为内河斗争,成为我军机动与屯积的重要阵地。

---

① 毛泽东同志在此处按:必须加以区别,缩小打击面,杀人愈少愈好,只杀少数最反动分子,严禁乱打乱杀。

② 毛泽东同志按:争取贫苦家庭出身的知识分子,极为重要。

关于大别山斗争与全局问题

（一九四八年四月十七日）

刘伯承

一、关于大别山斗争与全局的关系

有人说，我们究竟是不是战略反攻？如是战略反攻，为什么没有像去年那样多地歼灭敌人？这个问题，存在于很多同志的心坎上。

同志们，蒋介石在美帝国主义的支持之下进行反革命的战争，我们遵照毛主席的报告①及有关指示，特别是在毛主席的战略指导下，切切实实地有步骤、有计划地进行战略反攻，时机是成熟的，而且取得了很大的胜利。毛主席估计的三个前途，我们达到了最好的一个。

蒋介石的反革命战略就是要扭在我们解放区里打，消耗我们的人力、物力、财力，使我们趋于枯竭，走向失败。这一基本战略是世界战争、也是蒋介石反革命战争的经验。毛主席的战略指示：开始第一年是内线作战，也必须在内线作战，歼敌一百一十二万以后，转入外线作战，也必须是转入外线作战，步骤是明显的。那时具体规定我们执行战略的中央突破（动员进大别山，提出三大政策②，不是被迫的）。蒋介石开头来一个全面进攻，以为我们抗战疲惫，后方未肃清，未受降武器，他则受到美帝国主义支援，接受了日本投降交出的武器装备，企图速战速决，三个月消灭我军。这一着失败后，接着转为重点进攻，即钳形攻势，置重点在两头——山东、陕北，中间就是以黄河为防线，成一个哑铃形。这样他以为从山东沿海路、津浦路直达长城，从陕北沿榆林、绥远一线到长城，恰好似钳形，把东北隔断，岂不是反革命的天下，万岁万岁万万岁了吗？哪晓得，在毛主席领导下，我们山东部队那样英勇地挑起了重担，节节胜利；我们西北部队在那样穷苦条件下，同样节节胜利；我们在配合哑铃两头的中间也受到了考验，及格了。东北我军又占领了新地区，肃清了土匪，得枪十八万支，进行了土改，把本身养壮，转入了反攻。在整个第一年作战中，歼敌一百一十二万，蒋介石的全面进攻（第一个战略）失败了，重点进攻（第二个战略）也失败了。现在怎么办？我们缴得他一个得意的计划，就是从山东出津浦路到长城，并以山东兵力增援东北。但结果我们山东部队没有

① 指毛泽东一九四七年十二月二十五日《目前形势和我们的任务》的报告。

② 指战争、土改、整党。

让他执行这一计划。同样在我们配合作战中,也进行了反攻,出黄河南岸,进行了战略突破。我们六月三十日南渡黄河(司徒雷登称为“六·卅事件”),在鲁西南消灭敌九个半旅。由于我们中央突破,蒋介石就感到这个哑铃把子断了,不像个哑铃了,钳子中心,南方人叫“铰”,现在这个铰破了,不稳了。获得敌人的文件上说,蒋介石下令两头向中央缩,山东的东北部向西南缩,陕北胡宗南向东南缩。“将来冀鲁豫黄河南的战局必有一番改观”。他认为,这样一搞可以缩拢。毛主席指示,敌人向中央缩,你们就向中央突破。这时我们出外线是早了呢,还是晚了呢？老实说,头一次打亳州就是试探性的突破,三出陇海都是实行战略突破。我们歼灭这么多敌人,带起全国革命的高潮,帮助鼓励各方力量,相互呼应,这是时候了,不是过早,而是一定要突破。于是三支大军一同出动,即陈粟、陈谢和我们摆成一个鼎足的形势。我们走在前边突破,一直突到长江,跃进千里,经过区域的人口达四千五百万人,这就把中原战场摆开了。古人说“中原逐鹿”,现在中原就是逐鹿场。当时我们说三把锥子向中原锥,南到长江岸是一把,豫陕鄂是一把,豫皖苏也是一把。蒋介石所说的要改观,现在是改了一个坏观,我们是完成了跃进的任务。大家还记得,跃进的任务是一个险关,毛主席当时就给我们估计了三个前途:一是付了代价,到了长江以后,站不住脚;二是付了代价站不稳,在内围打转转;三是付了代价站稳了脚。这是在我们歼敌九个半旅后,准备反攻时讲的。现在实现了第三个前途,敌人打也打不出我们了。当然,完成一个作战任务,不出代价那只有唱戏,头一天“杀”了,第二天又活过来。可是有些同志看到付了点代价就不看全局,我们饿了几顿饭,走了几天路,仿佛革命就没有前途了。我们向前跃进只有二十天,确确实实克服了种种困难,进行了英勇斗争。第一个困难就是敌人跟在我们屁股后面的十九个旅,前面有四道水:首先是黄泛区。同志们都记得,陷下去泥水打到肚脐眼,这样的路走了二十里,我自己感觉走错了路,到第二天上午才宿营,正是精疲力竭,后面敌人又来了。其次就是沙河,当时我们还没有摆渡,敌人跟着来了。特别是我们六纵,在过汝河时(一纵、二纵过汝河提早了一步),前面一个吴绍周[①]堵着,汝河又不能徒涉,后面三个师向我们开火了,“狭路相逢勇者胜”,结果我们突破了。接着又来了一条淮河,原能徒涉,我们走到时,忽然水涨了。我们一下扑过去,水更涨了,不能徒涉了。吴绍周走到河边看到这种情形说:“共产党有命,刚刚过去水就涨了。”过了一关又一关,整个跃进的一段是个大险关。这是我们进行战略反攻头一个跃进。我们在八月二十九日进入大别山。渡河完了,同志们不会忘记,淮河是我军南北之间的鸿沟。这一鸿沟渡过之后,吃不来大米,肚皮痛起来了,路小起来了,有些战士说调皮话,“跌跤也跌个骑马跤”。在这以后,我们开始了大别山的生活。

如果从大别山说起,我们同敌人来了四个回合,到这一次是五个回合。怎样算起呢？第一个是敌人追击,我们战略展开;第二个是敌人合击与追击,我们突围与消灭追击之敌;第三

---

① 指国民党整编第八十五师,吴绍周为师长。

个是敌重点“扫荡”,我们内线坚持,展开三个军区(桐柏、江汉两个军区和淮西地区),配合友邻的平汉战役,消灭第三师,给二十师以歼灭性打击;第四个是敌人反复“扫荡”,我们坚持深入土改与游击战争的培养,配合全国的整军;第五个,我们的任务是完成掩护土改、游击战争与全军整军,然后转到集中作战,外线作战,内线坚持。

同志们想想,第一个回合,我们渡淮以后,以三纵展开于安徽西部,以六纵展开于鄂东,一、二纵掩护战略展开,把敌人追击止住。我们实行战略展开,掩护的胜利完成了掩护任务,被掩护的完成了展开的任务。展开的基本内容是什么呢?就是歼灭敌人与进行土改,把敌人阻止在大别山以北。这个回合是敌人胜利了,还是我们胜利了呢?还是我们胜利了。不是我们做梦吧!我们展开了,打到了长江边,敌人失败了,难道还有怀疑吗?

第二个回合,因为我们掩护展开,它来一个合围,那时我们就向大别山以北、淮河以南来一个合围,我们打鲁道源,消灭五十八师二十九团。敌人在大别山实行合围,我们向南分头突围,不是单纯地突出去,而是有目标地向南面突围,三纵要在皖西消灭敌人,我们到鄂东南消灭敌人。敌人在我们突围中盯梢,跟着来。我们突围后,西面的一路在李家集、柳子岗、岐亭消灭了新十七旅大部、五十二师一部,在皖西的一路消灭了六十二旅。接着盯梢的来了,我们在高山铺消灭了整四十师和八十二旅。这个回合是敌人胜了,还是我们胜了?是我们胜了。

第三个回合,敌人对大别山来了一个重点进攻和“扫荡”,这个时候我们就在内线坚持,同时在外线三个地区展开:十纵在桐柏展开,十二纵在江汉展开,一纵从内线转出在淮西展开。内线坚持,外线展开,配合陈粟、陈谢两路大军进行平汉战役。他们英勇地消灭了整三师,给予了二十师歼灭性的打击,我们又胜利了。

第四个回合,敌人追着我们不放松,要在大别山消灭我们;我们为要在大别山进一步深入土改,进一步培养游击战争,配合新的战略区把工作开展起来,为全国许多军队进行整军,我们进行内线坚持。这时同志们是很苦的,有时饭也没有吃的。这一回合结果怎样呢?我们坚持了,敌人并没有把我们消灭,连大的打击都没有。我们在土改上虽然犯了急性病,但及时纠正了,游击战争进一步改进了,同时,桐柏、江汉、淮西的游击战争展开了。我们对于全国军队的整军起了很大作用。我想又是我们胜利了,而且这一胜利不要单看自己,特别要看到友邻的胜利,看到整军过后的东北几个伟大胜利一直到收复四平街,西北战场上特别是打死刘戡的大胜利,也要看到陈唐、陈谢在洛阳的胜利,山东在胶济路西段的大胜利。不要以为自己一个连伤亡了几个人掉队了几个人,好像全国革命就完了。人家的英勇胜利,自己也应感到非常光荣。哪一个部队打仗没有钳制方面和突击方面?吃肉就好,啃骨头就吵起来,这样看问题是很不全面的。四个回合的胜利很大。毛主席说到打胜仗的部队,同时也提到南线兵团的艰苦斗争,我们也是其中的一个。南线兵团钳制了敌人九十个旅。

第五个回合,就是内线坚持。我们在大别山留了相当大的力量,每一纵队都留了一些力量,使敌人不能打我们出大别山;同时把主要力量放在周围机动作战,现在是一个开始。这次我们攻击阜阳之敌整七十四师五十八旅和一个保安队,敌人四面八方来了,东南西北共来了十九个旅,加上阜阳一个旅共二十个旅。蒋被歼一百多万人以后,像一件衣服,这里绷一块那里绷一块。我们眼明手快,再度收复了洛阳,一直东到郑州以西,连广武都收复了。这回我们一下突出来,把信阳以北到西平一段攻克,陈唐、陈谢部队直到郑州。第五个回合,现在还在继续中。

我们是对全国尽了责任的。蒋介石的训令说,人力、物力、财力损失不起。我们占了四千五百万人口的区域,蒋介石是舍不得的。豫陕鄂已有新战士参加,豫皖苏也有,鄂豫皖也有,虽然不多。我们吃的是这些区域的,去年穿的棉衣是自己一针针缝,鞋是自己做的,物力财力是这些地方的。这就是毛主席所说的,这一伟大的革命车轮在向前推,反革命的车轮正走向覆灭的道路。革命的车轮已推到这一区域来了。我们被指定的任务是很光荣的,推车子我们在第一位,走在前头。这是釜底抽薪,是厉害的,但是要不怕烧手,釜底抽薪要不烧手那是开玩笑。蒋介石是地主阶级的代理人,我们几个兄弟来打他,你一拳,他一脚,其中一个兄弟被他咬掉一个指头,抓破一点皮,就认为不得了,这是什么思想方法!同时,如果不打出来,我们自己的人力、物力、财力就一定消耗大,牛被人家牵走,房子被人家放火烧掉,树被人家锯掉。现在我们解放区,街头上已听不到飞机的声音,娃娃生得胖胖的,为什么有的同志不这样想?只觉得自己吃了亏,只见自己的脚走烂了,饿了几顿饭,就那样狭隘?

我们要学习毛主席的战略,这是人民的战略,在政治上军事上是完整的一套,是马克思主义的中国化。毛主席的思想,我们要好好学习。把自己的历史好好想一想:有枪的和没有枪的打,没枪的胜;枪好的和枪坏的打,枪坏的胜;枪多的和枪少的打,枪少的胜;有飞机大炮和没飞机大炮的打,没飞机大炮的胜。这是什么道理?这就是毛主席说的人心向背的问题。哪一个反革命要垮台之前,它的力量都是很大的。辛亥革命前的满清是这样,大革命时北洋军阀是这样,抗日战争时日军也是这样。一九三七年,八路军只有几条烂枪,说我们一定胜利,谁相信?一九四六年说蒋军必败,谁相信?今天是人民的战争,这是基本形势,这点都看不到,我们太够不上毛主席的学生了。蒋介石看得很清楚,大别山的碉堡网、公路网那样好,他是舍不得的,淮西麦子那样好,他是舍不得的。我们从反攻到现在,九个月形势就根本改变了。如果我们当反攻时不反攻,至少是要在冀鲁豫和敌人牛抵角,究竟在那里打好,还是在这里好?因为蒋介石未把山东和西北搞下,所以东北现在是大开大合的有后方作战,西北也获得了很大的胜利。如果说是做生意,我们是赚了钱的。山东的《大众日报》社论说,反攻中友邻的配合使山东减轻了负担。所以说要全面地看问题。

美国的评论说,蒋介石像一个“教师爷”,遮上遮下,棒棒都贴上了膏药,始终是像喝醉酒的人一样,没有能遮住脸,冷不防小肚子上被人踢了一脚。蒋介石最近召开的所谓“国大”,检讨军事问题,武汉报纸的社论表示悲观失望。同志们,我们到三月底,已经歼灭蒋介石正规军二百二十万。这是头等货，消灭这样多的正规军，在古今中外都不是小事，是大事情，就是他有补充，那也不会多了。四十师我们消灭过，这次又来了，三师消灭过几次，一次不如一次，有些干脆无法补充。

我们要从全局来看大别山，全局的胜利，我们是其中的一份。打仗有的吃肉，有的啃骨头，过去山东啃骨头，我们在冀鲁豫就吃肉，这次我们也啃一次骨头，就好像输不起一样，这是什么思想方法？所以毛主席《目前形势和我们的任务》的报告来了，大家都争着看，但是有人觉得解决不了他的问题，我想你的问题可以解决：第一明天胜利，第二光吃肉，第三妻荣子贵万世无疆。不然什么能解决问题？这确确实实是思想方法不对。

二、我们仍旧执行伟大的基本任务

我们的基本任务是什么？我们还是和陈唐、陈谢部队在一起，在中原战场歼灭敌人，创造解放区，成为前进的基地——第二个跃进的基地。我们人民的战略，不像一般资本主义国家的战略，而是从人民的本质上发挥一切力量的战略。在一个地方把土改和游击战争发展到一定程度之后即跃进。我们头一回跃进一千里，照这样跃进下去，再跃进一千里就只剩下六百里了，还有一千六百里就完了。所以现在把地图打开看一看，照敌人的说法，我们要把这块地方"赤化"。你们看，如果拿抗战的形势来比较，现在郑州有点像石家庄，信阳像安阳。蒋介石是个基督教徒，是要死在十字架上的，死在十字架上是非常光荣的。我们的基本任务就是在中原歼灭敌人，完成解放区的建设，成为前进基地，其中一部分仍是在大别山。

现在说到大别山(皖西、鄂豫)，还有江汉、桐柏、豫西、陕南，外加一个豫皖苏地区，我们在中原这一块地区更要负些责任。这是我们的基本任务。以前我们说的就是这个任务，要把这一基地创造成功，任务才算完成。现在只是机动范围宽一点，我们外线运动，进大别山，出大别山，在那里消灭敌人，东可以到津浦，西可以到平汉(现在已过了平汉)，北到陇海，南可以到长江岸，还是眼前这一基本任务。因为我们并没完成这一任务，一切走路，把脚走坏了，都是为了这一任务，吃大米不惯也是为了这一任务，走山路、跌骑马跤也是为了这一任务，自己做衣服做鞋子也是为了这一任务，转来转去还是这一任务。有少数人想解除这一任务是不允许的，非把这一任务完成不行。我们在毛主席面前"赌"了"咒"的，是革命不革命就看这一点，革命就要饿饭就要走路，还要不怕死。当入党时也好，参加人民军队时也好，都要打倒帝国主义和封建主义，现在具体要打倒蒋介石，手不要发抖啊！现在要死人，死了就不出气，要腐烂了。革命的历史给了我们这个任务。我记得抗战时印度有一个博士到我们这里来讲演，他说：你们要抗日啊！要好好地抗日，如果国亡了，你的儿子孙子要问你：父亲啊！祖父啊！你从前为什么不抗日，要我们当亡国奴？那时你有何面目？我想那个人的儿子孙子一定这样问过他。现在这是历史的时代，百年的中国没有如今天这样好的领导——

毛主席为首的中央这样英明的领导,不早生,不迟生,正生在伟大的时代。在这时候,我们要忠实于党,忠实于人民。我们在入党时、入伍时,就要打倒帝国主义和封建主义,现在要称一称你这个布尔什维克是否足秤。我们一定要把思想弄清楚,仍旧是执行基本任务。现在我们是有成绩的,蒋介石一天一天走向失败,他表现失败情绪是有根据的,我们个别同志也表现失败情绪就不对了。二人打架,他说他失败,你说你失败,究竟是谁胜利了?我们一定要弄清楚。以前我们在大别山思想混乱,现在要充分弄清楚,要站队看一看是不是男子汉,真正的黄帝子孙?不算的,就让他们去吧!"勇"是男子头上戴一顶光荣的帽子。我说到这里,想到历代的农民革命,没有共产党以前,为什么不能成功。现在我们谈太平天国历史,便领略得深。范文澜最近写近代史对太平天国的历史得了三个结论:一、不团结。洪秀全的人不团结,文武不团结,东王、北王不团结,显然是宗派主义。二、保守,不愿到前头去。林凤翔已打到天津,为什么又返回南京?三、安乐,享受。我想,现在事情不同了,有了共产党,而且有了毛主席为首的党中央。现在是我们在毛主席领导之下,敢不敢胜利,我想我们是敢于胜利,饿一顿饭、多走点路那有什么问题?我记得十纵在大别山见面时,他们队伍比我们新得多,同样没走过山路,过去在柳林亦受到敌侧击,略有损失,是否受了一次损失就把它挫折了?他们经过诉苦运动,打得很好,打三师消灭它一部分,得了炮,消灭了邓县敌人七千。蒋介石对邓县很重视,还派飞机去转了几转。这一个新的纵队可以使我们得到勉励。我们这些老家伙也没有低头,不怕山,不怕生活苦,无论怎样不低头。现在来的新战士思想也很明确,一来就问到南京多远,怎样打法?不要以为自己是老资格,他们的思想明确得很。老实讲,我们要学习他们的朝气勃勃,特别是我们的干部更应该学习。思想混乱从哪里混乱起,只有从干部,干部强一点就不会混乱。要人家不动摇,就要自己不动摇。

我们现在从大别山出来,要在中原战场上歼灭敌人,把解放区建设成功。现在对机动作战怎样认识呢?机动是趋利避害的行动,机动只是消灭敌人的一个条件,本身不是消灭敌人。消灭敌人才是机动的本质。所以我们机动作战就是要消灭敌人。只有消灭敌人才能解决问题,才是毛主席的战略思想。我们的战略是以面对点线的战争,而蒋介石是以点线对面的战争,以面对点线的战争,包括一个土地改革问题。我记得毛主席在中央苏区时说,那时打大城市是不正确的,我们只要把群众工作做好,土地分配好,它的城墙就自然倒了。这话说得非常透辟。所以说,我们从十年内战直到现在,就是面与点线的斗争。我们的面越宽越好,越能包围点线。我们是扩大战场。只有四中全会那种政治路线的错误,军事上单纯防御,政治政策的"左",改变了毛主席的路线,我们的战场才被敌人缩小,不能扩大。现在看来很清楚,蒋介石遇到"线线切断,点点包围",例如石家庄被包围了,长春被包围了,其他多得很,被包围以后,便是瓮中之鳖。长春是一百万人的城市,每天吃饭都不得了。我想飞机送一百万人的饭食,那才乱弹琴,只要炮一打,敌人就不得了,就是不打,敌人也要"吐脓化血而死"。今天就是这个样子。蒋介石现在如果分散去破坏土改,就要被吃掉;如果集中,土改就开展起来。你看他怎么办？分散，被歼灭；集中，土改开展起来。所以说我们的面越大越好，土改越宽越好。现在这样大的地方，工作人员太少，有些应该做的没有人做。面宽就包括一个走路问题。我们经常说大踏步地机动，这是包含一个面的问题。敌人不好打，我们只有大机动。我们的爱国自卫战争，就是大机动大歼灭，中机动中歼灭，小机动小歼灭。游击战争亦是大游大击，中游中击，小游小击。有些同志骂人，说走路走死人，不走又怎么办？我们抗战开始打游击战、运动战。作战有三种战术：一、牛抵角。二、马的战术——用后蹄踢。三、狼的战术——成都有一个坡路，狼就在坡路上静坐等着，一个推手车的人走到半坡时，狼就照准他的屁股吃一块肉，推手车的人放也放不下，走也走不掉，乖乖地让狼吃去一块肉。狼的战术是高明的。我们是人，总比狼聪明些。有些同志怕走路，因为现在我们走路，要么不走，要么就跑。"跟上跟上"，乱跑一阵，有些跑得累死人，路都不会走。部队行动有三个内容：一行军，二宿营，三战斗。走路也是战术，你如果不会行军，不会宿营，还有什么战术。当然乱走是不对的，必要的路非走不行。

现在蒋介石的战略是什么？在这一次战役中最大地表现了两个特点：一、守要点；二、盯梢跟着你走。对付盯梢的办法，要就是使它扑空，要就是吃掉它；对付守要点的办法，不是吃掉它，就是把它孤立起来。他现在由于被消灭了二百多万人，像一件衣服，东一啃，西一啃，四面绷，四面跨。现在敌人要来就一下来。我们打阜阳，敌人只有一个旅，它增援就来了十九个旅。可是打它的边边，死也不来。例如我们打临汾，像打死猪一样，打了那样多日子，没有一个敢来。敌死守战略要点，不要战略要线。这一特点，就包括着很大的空子，你要啃骨头就是肉筋筋，大家伙，自然要多啃一下。我们也有办法，你人多了就饿死你，飞机接济，乱弹琴！

我们今天摆的阵势就像打棒球一样，摆好几个垒。你来时，我就一闪，那边就多啃一口。他一闪，我就多啃一口。你帮我一把，我帮你一手，我想这就是办法。我们几方面也可以给你一个合击，但是要走路，不走路不行。总之，我们要打大运动战。我们是人民的战士，大家都出主意。有的啃骨头，有的吃肉。有时你这回啃骨头，下回还啃骨头，第三回还啃骨头，这要说清楚。不要因为你这回啃骨头，下回就一定让你吃肉，没有那回事情。

我们学习毛主席的战略，就是那十条原则①。怎样攻坚，怎样打法，我们的钳形攻势怎样搞法，抓住重点学。我们知道毛主席搞土改有两个阶段，开始打大地主，第二阶段才解决中小地主。我们打仗也是两个阶段，如像木匠做活，先用斧砍，后面的用推子推平。打石家庄、打临汾就是用推子。我们的装备开始是轻装备，带游击性，以后是半重半轻的家伙，最后可能是重家伙，我提出来你们研究。总之，机动是消灭敌人的条件，本身不是消灭敌人，硬是把敌人消灭，才是解决战斗。这就是对机动作战的认识。

---

① 指毛泽东在《目前形势和我们的任务》一文中讲的十大军事原则。

我们执行机动作战的障碍是什么?我们如何扫除之?最近中央指出,我们发生了不好的倾向——“左”的和右的倾向。首先是右倾,对于敌人力量估计过高,对于自己力量估计过低,使我们不能完成任务。跟敌人打一仗,一刀插到敌人的胸膛,敌人一刀砍了你的臂膀,出了血,你就以为不得了啦,你也应该看一看敌人胸膛上的刀。特别是有些同志心里还以为蒋介石了不得,特别是美国将来参加战争怎么办?这是思想问题。对于战争厌倦,对于国际力量估计不够,抱怀疑,不放手发动群众,在我们部队里怕发扬民主,党内不纯,这都是右倾。“左”倾就是侵犯中农利益,侵犯自由资产阶级的利益,对于地主与富农、恶霸与非恶霸没有区别,不给地主留活路,乱打乱杀,对于争取知识分子和开明士绅忽视,打击面很宽,这就是“左”倾。都是妨碍我们执行基本任务的。

我们从历史上看,凡是与国民党合作时,就容易犯右倾,大革命时合作发生了陈独秀主义,抗日时合作发生了新的陈独秀主义;凡是与国民党打时,就容易发生“左”倾,内战时期就有过第一次“左”倾盲动主义、李立三路线和第三次“左”倾。现在我们又要胜利了,一天一天地往前进,“左”倾的现象又发生了。这都阻碍我们歼敌、土改。我们在大别山虽然吃了些苦头,多付了些代价,但是对自己的胜利看不到,这是右倾。在大别山,从十二月起到现在,许多人的思想仍很混乱,把敌人力量估计过高,对打倒美、蒋表示怀疑——“因为我们那一连来时一百五十人,现在剩下一百二十人了,革命不失败才有鬼!”这种思想是不全面的。所以我们说“左”倾不好,右倾也不好。特别在新环境,在大别山,照我手中这一报告看来,右倾非常浓厚,“左”倾也有。今天要我们自觉地清算自己的思想。总之,中央特别强调,如果在五个政策(战争、整党、土改、工商业、镇反)上错了,就会使革命遭受失败。

中原区的任务和行动[①]

（一九四八年六月五日）

刘伯承

报　告

一、中原区的任务

中原区的任务是将战争引至蒋管区，利用敌人的人力、物力，消灭敌人有生力量，并把这个区域变为向东、向南、向西进攻的基地。

晋冀鲁豫区养八十三万军队，财经极度困难，人民负担非常严重。济源地区人民开始逃亡，演成中央苏区结局，实有可能。因此，中原区必须开辟新区，自力更生。

中央对大别山有三个估计：一消耗了退出来；二消耗了打圈子；三消耗了站住脚。我们现在已站住脚，敌人没有力量将我们赶走，我们的任务已经初步完成。毛主席说："没有中原军的南下，东北、西北、华北的胜利是不可思议的。"毛主席的估价是很高的。

四月一日后，形势起了新变化。因陈粟、陈谢、刘邓三部会合取得主动，我军收复石家庄、洛阳、运城、临汾、潍县各城市，故敌人的战略战术不得不改为"能守则守，不能守则走"的方针。

二、敌情分析

敌分五个战略集团，即卫立煌集团、李宗仁集团[②]、张治中集团、顾祝同集团、白崇禧集团。五个集团是战略布局上的五个点。恰好我们也是五个集团来对付敌人的五个集团。卫立煌已经抵不住林彪集团的进攻。西北、华北及苏鲁敌人都在失利，自顾不暇。白崇禧集团

① 这是宛东战役后刘伯承在河南南阳彰新庄中原军区高干会上的讲话。第一部分是报告，第二部分是根据大家讨论的意见所作的结论。

② 据查证有关材料，李宗仁原为国民党北平行辕主任，一九四八年初，北平行辕改为"华北剿匪总司令部"，以傅作义为总司令。因此，这时华北地区敌军应称傅作义集团。

在豫鄂皖防我渡江。假如我一过江,彼将如何堵击呢?白崇禧集团是其战略守势的最后防线,此点突破,必将全盘瓦解。

敌人有三怕:一怕进关,二怕过江,三怕入川。中原区就有敌人的两怕。在顾祝同集团、白崇禧集团、张治中集团联合防线上,汉水区是其最大弱点。此地既可渡江,亦能入川,且是敌之接合部,无法弥补。

三、地形研究

中原区有三山(泰山、大别山、伏牛山),四河(江、淮、河、汉)。我们依托三山,逐鹿中原,把四河变成我们的内河(黄河、淮河已变成内河)。应背靠武当山向东南发展。白河、汉水流域是古战场。将郧县、均县、房县划归豫陕鄂,南漳、保康、谷城划归桐柏,当阳、远安、荆门划归江汉,就是将汉水变为我们内河的开始。长江也会像黄河一样变为我们的内河。

四、战场选定

我们有三个较好的战场:一、沙河,二、豫西,三、豫陕鄂。三个战场中以豫陕鄂为最好,有伏牛山、武当山之依托,有桐柏、江汉的前进阵地,水寨较少,没有大山,适于部队运动和作战。在敌方,因汉水、长江、大巴山之障碍,部队运动困难。

我们的战争是人民战争,是面对点的战争,故我们选择战场必须能宽大机动。豫陕鄂就适于此条件。

五、我们的基本战法和下一战役之决定

我们的基本战法是面对点线的斗争和钳形进攻。进行次序是:一、开辟战场,二、巩固战场。

第一方案:向襄樊、老河口行动。先由刘金轩、张廷发、王宏坤①侦察情况,看准后突然捕捉敌一〇四旅、一六三旅围歼之。

第二方案:向信阳南北行动,以一部向郑州佯动。

以上方案,请各位考虑提意见。

---

① 刘金轩,陕南军区司令员;王宏坤,桐柏军区司令员;张廷发,桐柏军区四分区司令员。

结　论

进行老河口战役,大家意见一致。准备时间规定一周,先告刘金轩准备并侦察。桐柏应侦察敌情及部队展开地区。把汉水变成内河,是豫陕鄂及桐柏的任务。这是面对线的斗争,包括着很大的政治内容,望两区特别注意。毛主席说:“不怕蒋介石有美援,只怕蒋介石有‘左’援。”“左”倾是对我们的致命打击[①]。蒋介石自发动全面攻击后处处失利,因不肯放弃城市,弄得线线被切断,点点被包围,我们应将战争引至长江以南,以扩大我们的面。

我们在战略上是打强的,在战役、战术上是打弱的。打法是夹其额,揪其尾,截其腰,置于死地而后已。打一点吸引敌全来,我啃其一边。阜阳战役[②]是个例子。打老河口虽然容易,但应谨慎,打死虎应看作打活虎。战术的灵活应建立在打的上边。

指挥问题,分集中指挥与分割指挥。集中指挥用于打死猪,分割指挥用于打野猪。

计划、命令是建立于最现实的情况上,因此,一切行动都应适应现实情况。但现实是辩证的,指挥也应是辩证的,因此,指挥员应充分发扬机断行事。

机断行事,苏联红军教令的规定是:“奖励想打胜仗的人,犯错误不受处分,要处分那些有力量打胜仗,但不积极或受了损失的人。”责任观念,勇于负责,是我们应提倡的。

我们作战的基本方式是钳形攻势,分割包围。但是要因现实情况而有不同。情况是辩证的,我们的方式也是辩证的。抗日战争时,日本人对蒋军是铁脚合围,对我们是铁壁合围,也是辩证的。

提高学术。今后大兵团作战必须提高学术,部队要展开学习。学习应以毛主席十大军事原则及苏联《合同战术》、美国《战斗纲要》为教材。但必须由实际出发,就是考虑敌我的装备、编制、训练、作战等一切不同的因素,以及地形、天候、季节、政治、经济等,而求得辩证的学术。在党的领导下,用三大民主提高我们的学术。对蒋军专科军官应该利用,以帮助我们学术的改进。苏联利用白俄军官是列宁主张的,但以后有些叛变,好多人主张不用白俄军官,但列宁坚决地说:即使叛变,亦要用白俄军官,因叛变总是少数。

通信联络。野战电信队必须成立,递传哨亦应使用,电台必须灵活,最好有跃进的机动台。

---

① 这一时期,党中央纠正政策上“左”的错误。这里是提醒大家不要犯“左”的错误。

② 一九四八年三月,我集中四个纵队准备举行阜阳战役,因敌人四处来援,我即停止战役,部队分散转移。

中原局通知

(一九四八年七月二日)

中央及军委指定和批准中原局、中原军区组织及各军〔区〕如下:

第一,以刘伯承、邓小平、陈毅、邓子恢、粟裕、张际春、李雪峰、李先念、宋任穷、刘子久、陈赓、谢富治十二人为中央局委员,邓小平为第一书记,陈毅为第二书记,邓子恢为第三书记,并指定刘伯承、邓小平、陈毅、邓子恢、李雪峰、张际春六人为常委。

第二,以刘伯承为中原军区司令员兼中原野战军司令员,陈毅为第一副司令员,李先念为第二副司令员,邓小平为政委,邓子恢为第一副政委,张际春为第二副政委并兼政治部主任,并以刘、陈、邓、张四人组成军事指导小组,陈毅为组长。

第三,陈毅仍兼华东野战军司令员兼政委,粟裕仍任副司令员,陈离职期所兼军政职务由粟裕代理,宋任穷任华野第二副政委。

第四,中原局成立办公厅,以邓子恢为主任,李雪峰为副主任,李雪峰兼组织部长,邓子恢为宣传部长①,陈克寒为副部长。

第五,中原局设立财经委员会。以邓小平、陈毅、邓子恢、刘瑞龙、李一清、刘岱峰、范醒之七人为委员,邓子恢为书记,并设立财经办事处,邓子恢兼主任,刘岱峰、范醒之为副主任。

第六,组织豫皖苏中央分局及军区,以宋任穷、吴芝圃、粟裕、张国华、刘瑞龙、杨一辰六人为委员,宋任穷为书记,吴芝圃为副书记,粟裕兼军区司令员,张国华为副司令员,宋兼军区政委,吴兼副政委。

---

① 原文如此。

来解放区的学习与工作问题[①]

（一九四八年七月十五日）

陈　毅

各位朋友、各位同学：

大家对中国革命满怀热望，对蒋介石集团的黑暗统治深感不满，对解放区抱着很大希望，所以来到这里；有的要求参加工作，有的要求继续求学，我们一定满足大家的愿望。我们首先欢迎大家参加解放区工作，向大家致革命敬礼。

从中国近百年革命历史来说，中华民族多灾多难，受着帝国主义与封建势力的双重压迫。无数仁人志士为求民族独立和民主自由而流血牺牲。但历次革命运动都不幸失败。抗日战争的胜利，只是对国外敌人的胜利，这是中国人民努力的结果。但盘踞国内的反动势力，依然继续骑在人民的头上，为所欲为，霸占人民抗日的果实。中国人民的生活在抗战胜利之后，不仅未得改善，且更加剧烈下降，以至破产不能生存。更突出的是，蒋介石集团代替汪精卫出卖中国，勾引美国帝国主义，深入侵略到我中国的各方面。他们狼狈为奸，比日本和汪精卫更凶恶、更无耻。逼迫中国人民不得不起来反抗，为保卫国家民族的独立而战，为争取中国人民的生存而战。所以这次反对美帝国主义及其走狗蒋介石的人民解放战争，就是八年抗日战争的继续，就是对于压迫中国的帝国主义、封建主义和官僚资本主义势力的大革命。经过二年来的血战，虽然在争取胜利的过程中，还有许多困难须待克服，但是在数年内一定可以打倒蒋介石，驱逐美帝国主义，取得全中国的胜利，这已有了确定的保证。中华民族的知识青年，受到了人民辛苦抚育，能够参加这一大革命，在打倒蒋介石、建设新中国事业中有所贡献，这是无上的光荣。

同学们最关心自己的学习问题，我们对此问题应首先了解解放区教育与国民党区教育的区别。国民党党化教育的目的，是在训练奴才，为统治阶级制造统治工具。教师和学生都无思想和学习自由。解放区的教育目的，在于培养和造就一批为人民服务的人才，以适应今日伟大的人民解放战争和将来国家建设的需要。国民党区教育，一般抄袭欧美资本主义国家的教育制度和方法，但因中国资本主义生产并不发达，培养出资本主义式的人才，社会不能容纳，造成“毕业即失业”的严重现象。许多专门人才无法施展抱负，不得不从事钻营，去

---

① 开封第一次解放时，一批大中学校学生教职员和职业青年奔赴中原解放区，一九四八年七月到达豫西宝丰，受到热烈欢迎。这是陈毅在欢迎会上的讲话全文。

混饭吃。结果是所学非所用,每个人均有用武无地的感叹。解放区的教育是根据革命的实际需要出发。教育与实际结合,学用一致,有计划、有目的地培养各种人才,训练后就可工作,工作中又可学习,永无失学失业的危险。国民党区的教育,是一种商品经济关系的反映。师生关系往往被迫成为知识的买卖关系,当教员的不必一定要去专心于自己的教务,当学生的也难专心功课。教与学的目的很不明确,学校与社会脱节,学习与使用脱节,是其基本的缺点。我们这里决没有这种情形,教员和学生都是从革命的自觉出发。教的人很认真,学的人很努力,因此往往在国民党区要学四年的课程,在解放区只要一年就可卒业。我们的教员不但不怕学生超过自己,而且希望青胜于蓝,一代超过一代。教员学生间真正做到了尊师重道,教学相长的同志间的亲切友爱。但我坦白告诉你们,解放区的教育,是有其缺点的。例如它们在形式上是很不完备,设备上也很简略,这是一面;但另一面这并不妨害我们的学习,实际上在解放区里又有很完备、很精深、很适用的东西可供学习。因为我们的理论与实践是一致的,教与学的目的是一致的。解放区有丰富的革命实际,也就有了丰富的、高深的理论和超等的本领。这些理论与本领往往是在国民党区所梦想不到的,例如毛泽东同志的军事学说:战争的胜利就是军事理论的胜利。毛主席的军事理论打败了东条、冈村宁次,也打败了蒋介石及其幕后的美国军事顾问团,为国内外人士所重视和敬佩。公认为中国已有了自己的军事思想和自己的杰出的、伟大的军事家,而这种军事学说都是数十年来革命战争,无数革命战士流血牺牲所创造的经验的结晶。毛主席便是能总结这些经验,加以理论化,而创造成为极其完备的革命军事学说,这是一般旧军事家所不能望其项背的。更其特殊的是毛主席的政治学说,它是中国人民解放斗争的武器,是马列主义理论与中国革命实践的结合,经过伟大群众运动的加工完成了极其新颖的、更高级的科学的创造。清楚提出中国人民由革命解放到革命建设的光辉道路,其造福人群将无可限量。

同学们要懂得解放区是团结了一万万六千万的广大群众,共同工作,共同学习,共同思想,共同劳动。十年来我解放区无论在文化艺术方面,在财政经济方面,在政权建设方面,在工农业生产劳动方面,以及其他方面均积累了丰富的经验,每一样都值得我们学习。自然其中也包含着许多不完备和某些缺陷,但我相信在今后实际中,将由不完全走向完全,则可断言。自然我们并不否认,近代资本主义教育,在中国有其成功的一方面,我指出它替社会培养了一批有文化知识和科学知识的人才。我们共产党人中,好多都受过资本主义的教育的洗礼,但这种教育有其社会的局限性,必须以理论与实际一致的教育加以改进,才能有益于人民。我们的学习一定要与社会实际结合起来,才能有好的造就。

再次,我想向各教职员、公务员、工商从业员、各位朋友们,来谈解放区的工作问题。解放区不是人浮于事,而是事多人少,人人可得适当岗位,任何天才不会埋没,都可有充分发展的可能。你们做教职员做公务员的,在国民党区仅仅是为了挣薪金而工作,要仰承上官鼻息,每日都有失业危险,在工作中感觉枯燥烦闷,不得不被迫去从事自己不愿意的行动;在解放区则不然，每一件工作都有益于人民，每个人无生活威胁，可以自由选择工作，工作与学习一致，故工作的兴趣能逐日增加，每个人都有远大前途。外间有些人认为共产党埋没个性，这是误解。只有在解放区的新民主主义社会，才能使个性得到健全的发展。要知道个性的相对方面，是社会的群性或共同性。脱离了社会的共同性，没有什么孤立的个性。所谓个性必须受社会共同性的限制，这乃是事实。绝对的自由，超越时空的自由，在人类社会中是不存在的。向以“自由主义”标榜的美国，在实际上是美国资产阶级的利益约束着美国人民的个性和自由。在那里，资产阶级的利益和偏见，起着很大的指导作用，甚至走到迷信程度。例如美国高出一切国家要求统治世界，以及迷信原子万能、金元万能等例子毋庸多举。美国帝国主义根据其侵略欲望，正在制造战争。强迫美国人民去流血牺牲，请问美国人民的自由和个性还能有什么保障？至于蒋管区里，其法西斯统治，对于人民自由个性的迫害，诸位已经身受，这也是诸位要来解放区的原因之一，请问那里还有什么个性的正常发展？今天在解放区，只要求人民大众为打倒蒋介石，建设新中国的总要求作共同努力，在此总的政治要求的指导下，决不限制每个人的自由和个性，相反的都让每个人的工作和生活要求得到适宜的满足。凡对革命有贡献的工作，均得到鼓励和帮助，对个人除要求其工作尽责而外，一切私人生活，只要不妨害革命事业，均听便自处的。解放区是将社会的共同性，与每个人的个性统一起来，加以调剂，造成正常的健全发展；而蒋区则根据其法西斯专政的要求绞杀了一切人的自由和个性发展，这乃是事实，大家不要被它瞒过了。

同学们，我上面的意见，是提供大家作商讨。我们共产党人是主张民主的，在军队里都实行军事民主，一般场合，民主范围更大，共产党人只有一个权利，就是向人民提意见，人民同意就做，人民不同意只得耐心说服，或暂时保留或撤销。共产党人从来不相信自己的意见样样都对，更没有权利强迫人家服从自己。强迫人家做坏事是要失败的。蒋介石的罪恶就是训练大批军队和特务，专门强迫人做坏事，他的灭亡日期也不远了。孔夫子周游列国，迂腐不切实际。他当然不是劝人做坏事，而是空空洞洞地劝人做好事，结果也无人听他的，弄得在贵省陈蔡地方挨饿。这证明强迫人家做坏事固然要失败，就劝人家做好事，如其空洞不切实际，文不对题，不能适合人民的要求，也并不妙，孔老先生就是一个例子（全场哄堂欢笑）。我们共产党人办事就是根据人民的要求，根据自愿原则，协同人民去办，所以到处都告成功。你们在解放区的学习与工作问题也按这个原则来办。

今天中国人民民主革命事业，有许多的事情要做，而一旦全国胜利实现，要在十多年战火余烬上，进行建设，更是百端待理。那时需要的不只是几千个几万个人才，而将是几十万几百万有决心、有思想、有能力的人才。回忆抗战开始，曾有无数万热情进步的青年，拥入解放区阵营中来，经过十年的实际锻炼，在思想上、能力上都逐渐成熟，成为今日各个部门重要领导人才。现在处在人民解放运动的新高潮中，必然又有大批人才参加进来，我们相信他们必然成为新中国建设的骨干。祝我们大家共同努力。

中原局颁布中原区行政区划要点

(一九四八年八月十五日)

一、鉴于目前各地行政区划尚无明确规定,变更无常,影响各项工作进行,兹提出行政区划要点。各区可研究实行,并将意见及执行办法报告,以便规定统一法规。

二、为便于群众管理政权,便于各级组织深入领导,决定在自然村与区之间设乡政府,成为政权的基础组织。每乡人口二千至三千人(人口众多的大县一般不超过三千人,但人口集中之大乡镇,超过三千人以上者,仍划为一个乡,不必再划小),地区方圆不超过十里左右。每区可管辖八至十个乡,每县可辖八至十个区,地大人稀之山区,可视情况具体规定。自然村设村长,各种工作人员均不脱离生产。

三、乡级组织有政权、农协及其他群众组织,群众武装及党的支部。脱离生产共四人,乡长、文书或助理员、农会主席、乡武装队长。这些人员,在群众已经真正发动地区,即由人民代表会(实质上是农民代表会)选举之,在新发展地区,经过利用保甲,改造和扩大其民主基础,在群众相当发动之后,建立乡村政权形式。或为便于发动群众,即先划定乡,由上级政府派外来干部或本地干部人员充任乡长及文书,逐步建立民主选举的村乡政权。

四、党的支部设于乡,较大自然村党员人数扩大时可设分支。

乡之经费采用津贴制,每月每人津贴粮食或经费多少,由乡政府自己调剂使用,但严格禁止向群众摊派乡村经费,违者严处。

中原局宣传部关于宣传工作的指示

（一九四八年八月十五日）

一

过去时期宣传工作虽有若干成绩，但存在严重弱点，主要的是我们的宣传工作做得很不够，没有系统的与敌人进行思想斗争。在宣传党的主张政策上，有许多不正确的地方，对中原新区的社会情况、群众的思想和生活状态，对敌人的宣传活动，缺乏充分的调查研究，因而宣传内容往往不完全切合新区实际和群众要求。事实证明，由于新区长期受国民党的统治的影响，由于一般群众对于我党我军和我们的政策不很了解，由于干部战士进入新区以后思想情绪容易发生变化，也由于我们对于新区许多事情不熟悉，需要很好研究与指导，宣传工作必须特别加强。应该教育全党全军，人人都成为宣传战士，随时随地进行宣传工作，结合当地的社会情况和群众生活，运用对群众熟悉的事实材料，宣传目前的形势和我们的主张政策，揭发和打击敌人的造谣欺骗，确立我们在新区群众的思想阵地，使群众从国民党的武断宣传的影响下解放出来。

二

我们根据最近中央指示和新华社社论以及中原局“六六指示”，规定如下一般的宣传要点，各地可以参照这个要点，根据当地的实际情况，规定自己更具体的宣传方针：

甲、宣传蒋必败，我必胜，揭发美帝及中国反动集团的假和平阴谋，号召克服困难，争取人民解放战争的全国胜利。说明美蒋任何作战计划均告失败，全盘战略处于被动，蒋介石及其反动集团完全丧失人心，已到最后崩溃边缘。我进军中原，具有伟大意义，且已获得很大成就，中原的全部解放已为期不远。我们虽尚可能有暂时的局部的困难，不应在具体斗争中轻敌，但也决不可夸大困难，任何困难均可克服。我们向往和平，现在也愿赶快结束战争。内战是美蒋造成的，但今天美帝国主义的假和平的阴谋，只是企图使国民党获得喘息，重整兵力，卷土重来。不推翻国民党反动统治，不使美帝国主义侵略势力退出中国，中国就不会有真正的和平民主。美帝国主义和各国反动派外强中干，是可以战胜的。美帝及其走狗蒋介石发动的是反革命战争,我们反对美蒋,是人民解放战争,具有两种不同性质。只有人民解放战争胜利,中华民族和中国人民才能得到解放。新华社《人民解放战争两周年的总结和第三年的任务》的社论,应全部在群众中广泛并反复宣传。

乙、分清敌我界限,打击敌人造谣欺骗,争取群众。共产党代表全国人民,解放军、民主政府是人民自己的军队和政府,以人民的意志为意志,为中国人民和中华民族而奋斗。我们的基本主张是:联合各阶层人民,组成反美反蒋统一战线,推翻美帝及其走狗蒋介石的反动统治,成立民主联合政府。我们的一切政策、法令、措施,都是为人民谋利益的。国民党、国民党军队和国民党政府,是代表帝国主义、封建势力和官僚资本的,他们的统治是少数军阀、官僚、大买办、大地主统治,对外出卖祖国,对内压迫人民。他们抓丁拉夫,胡乱派款,敲诈掠夺,滥发纸币,贪污腐化,言行不一,一切为少数人利益而迫使大多数人民无法生活。解放区和国民党区是两个社会,两个制度,人民生活根本不同。国民党反动分子造谣诬蔑共产党和解放军,歪曲民主政府的政策法令,其目的在破坏人民自己的军队和政府,使人民不能翻身,继续受他们的统治和压迫。我们一定站得住,反动势力一定被打垮。天下一定是老百姓的。

丙、宣传目前停止土改实行减租减息和合理负担的原因和理由。现在的减租减息是土地改革的第一步,是将来彻底改革土地制度的准备步骤。凡已实行土改的地方,保障农民既得利益,地主不应倒算。可照《豫西日报》社论《停止土改实行减租减息》宣传。

丁、提倡肃清土匪,反对国民党反动势力,建立民主政权,安定社会秩序,严格执行三大纪律八项注意,保护人民生命财产。凡不反对解放军并服从民主政府法令者,一律予以保护。蒋土匪和敌方人员,除罪大恶极分子必须惩办者外,其余胁从分子,只要向政府悔过自新,一律免予追究。厉行政治廉洁公正,节省民力,合理负担,反对偷盗破坏,奖励农工生产。

戊、宣传中原局六月六日指示所规定的各项政策,其中尤其是对土匪的政策,合理负担政策,保护城市、保护工商业政策和争取知识分子政策。说明每一政策与人民的利益关系,提倡联系群众,改进作风,调查研究,艰苦朴素,为民谋利。一切从实际出发,反对不问时间、地点任意套用老经验。外来干部必须和本地干部团结,互相取长补短,反对自高自大及专靠行政命令的坏作风。必须注意培养当地群众中的积极分子,同时外来干部应力求在群众中生根。

己、号召党的干部学习党的路线政策,尤其是解放城市和新解放地区的政策,结合当地实际,坚决贯彻党中央的方针政策和中原局六月六日指示,反对对于党的政策闹独立性和不执行制度的无组织无纪律状态,使干部在政治上更加成熟,共产党更加强大。

为贯彻上述宣传,应利用一切可能的宣传机会,采取各种各样的宣传方法。例如:一、运用政府布告形式,公开宣传主张政策;二、多用口头宣传,如个别谈话,街头讲演,化装宣传,演剧、唱歌等;三、会议宣传,各机关部队均应召开各种座谈会和群众大会,并把它订为一种制度;四、书写标语、口号、传单,出刊捷报情报;五、出版报纸书籍,并利用新华分社新闻报道进行宣传；六、开办各种训练班、讲习所，尤其要举行中小学教员的座谈会和训练班等，吸收知识分子参加，向他们宣传我们的主张政策，通过他们传播到广大群众中去。

三

为了加强宣传工作，各区党委和纵队都应健全自己的宣传部门。首先在短期内把新华分社或支社的组织建立和充实起来，配备必要干部，设置电台和印刷器材，做到至少能抄收新华总社的广播，并和中原总分社保持经常联络。原来的宣传干部，应尽量说服和分配他们到工作岗位上来，同时运用各种形式吸收新的知识分子，经过短期政治训练，培养他们成为宣传工作人员。领导机关应有专人经常照顾宣传工作。区党委和纵队党委，应定期（召开）会议，专门讨论宣传方针和宣传工作问题。

中原局减租减息纲领[①]

(一九四八年十月八日)

(一)为适应新解放区农民目前的需要,改善农民生活,发展农业生产,争取人民解放战争迅速胜利,特制定减租减息纲领。

(二)减租:

甲、所有地主、旧式富农及一切公田、学田、祠堂、庙宇、教会所租之土地,不论任何租佃形式,一律实行"二五减租",即按原租额减去二成半。各地政府得根据此原则及当地具体情形规定实行办法。

乙、城市工人、贫苦的自由职业者及贫苦的革命军人家属与鳏、寡、孤、独等,因缺乏劳动力而出租之少量土地(不超过当地中农占有土地的平均数),可由政府及农会协议酌情少减或不减。

丙、租地之一切副产物,原全归农民者,一律照旧。原业、佃分益者,按原成"二五"减。原全归业主者,随粮按成分配。

丁、地租一律于产物收获后交纳,禁止预收地租,尤不得索取其他一切劳力或财物的额外剥削。

戊、陈年欠租一概免交。

己、所有押租、押金,一律取消。凡已收之押租、押金,应一律退还农民。退还时,应按交纳时之物价折算。

庚、农民与农民间(指贫农、中农间,包括富裕中农在内)之租佃关系,本着团结互助原则,由双方协议,经过农会处理之。

辛、减租后应确实保障佃权。契约上、习惯上有永佃权者,继续有效。无永佃权者,应奖励业佃双方订立较长期(例如五年以上)的契约,使佃农得安心发展生产。在契约有效期间,地主不得收回土地自耕、转租、出典或出卖。契约期满后,地主招人承租及出典、出卖时,原佃有承租、承典、承买之优先权。如地主及旧式富农为生活计,须收回土地自耕或雇人耕种者,亦应照顾原佃生活,延长佃期或只退佃一部。

壬、减租后,政府与农会可根据自愿原则,适当地调剂佃权,使耕地太少之贫苦农民,增

---

① 此件是根据中央批示修改过的正式文件。

加一部分佃耕地，借以维生。

癸、减租后应抽旧约，双方另立新约，地主按约减租，佃户按约交租。如因不可抗拒之灾害（战争、水灾、风灾、旱灾、虫灾等）而致歉收者，应酌情减免。

（三）清债减息：

甲、过去农民向地主、旧式富农所借旧债，一律按月利分半计算清偿。其多年债款，应照下列原则清理之：利倍本（即借本百元已还息达一百元者）停息还本；利二倍于本（即借本百元已还利息达二百元者）本息停付。旧债清偿后，其抵押债务之土地应即交还农民。但在民主政府成立前，已成立买卖关系者不动。

乙、农民与农民间（指贫农、中农间，包括富裕中农在内）债务，由农民自行处理之。

丙、凡以农产物先行定价之买卖贷款（即放青苗、实质是高利贷），其先定之价无效，应照交货时市价扣算，另行分半补息。

丁、凡货物买卖及工商业往来账项，由人民自行处理，一概不在清理之列。

戊、今后借贷利息，由双方自由约定，政府不限定利率，使农民能自由借贷济急。

（四）已分配土地、浮财之处理：

甲、地主、旧式富农已被分配之土地，一律不得倒算，违者应受处罚。但应保证地主、旧式富农分得与农民同等之土地，不足者设法补足之。

乙、农民分得土地后，如农民与原业地主或旧式富农双方确系自愿改为租佃关系者，经双方向政府登记后得改变之。

丙、地主或旧式富农已被分配之浮财，一律不得倒算，违犯应受处罚。

丁、凡农民（包括富裕中农在内）土地、财物被错分者，应劝分得户自动退还。无法偿还时，另外设法弥补之。

戊、凡没收地主、旧式富农及工商业者之工商业，应设法退还或另行设法弥补之。

（五）若干特殊土地问题之处理：

甲、凡地主及旧式富农，利用农民危急之际，贱价强买典当农民之土地，得由农民请求政府查明后，按原价收回。

乙、凡豪绅、恶霸恃强霸占农民之土地，经农民告发，农会证明，政府调查属实者，得由农民无代价收回。

丙、凡确系反革命罪犯，由专员公署以上政府机关依法判处，其本人之土地应依法没收者，得没收分配给无地、少地农民所有。其家属未参加罪恶活动者，应保留各人应得之部分。

丁、凡逃亡地主或旧式富农之土地，得由其亲朋代管。无人承管者，由政府代管。原佃户依法减租后，向政府交租。政府扣除其应交负担外，代管其所余部分。俟地主归来后，连其土地一并发还之。

戊、族地、社地、公地、学田，应由本族、本社、本村、经地区人员组织管理委员会管理之，其收入除依法缴负担外,应本公议充作公益事业之用。

己、宗教团体所属土地,均不变动。如无人经营时,可按逃亡地主土地处理办法处理之。

(六)农民协会为办理减租减息事宜的合法机关。农村中一切地租、高利贷债息及调整土地等问题,均由政府会同农民协会处理之。最后决定权属于政府。

(七)本纲领适用于农村,不适用于城市。

中原局关于克服无纪律无政府状态并建立请示与报告制度的决定

（一九四八年九月六日）

中原局于九月四日集会讨论中央关于克服无纪律无政府状态和报告制度的决定，都一致认为：

一、中央一月七日规定报告制度后，于八月五日、十四日、十五日，二十二日、二十三日连电系统的说明克服无纪律和反无政府状态及报告制度的重要，又连续将各中央局讨论中央对报告制度的指示转给各地。此种严格地、有系统地坚持原则的领导作风，在中原是很缺乏的，给我们树立了一个榜样。中原局面正在草创，百端待理，情况复杂，如不学会中央此种领导方法，必致难于顺利完成创造中原解放区，并扩大战争规模到江南的光荣任务。同时我们研究毛主席去年九月着重抓住转入战略进攻和深入土改两大环节，去年十二月又于两大任务初步定局时，着重巩固反右倾的成绩，并同时对当时正在生长的“左”倾以致命打击，今年一月到五月最后确定了新区政策和老解放区土改、生产、整党和克服无纪律无政府状态的政治任务，八月连续提醒各地执行报告制度——这是一年来毛主席和中央的领导路线。抓住中心环节，以推动全局。此种马列主义的领导方法，必能有保证地领导大革命走向胜利。中原局决心用心学习，转用于中原局的实际上。这里纠正了我们历来仅从工作关系上、组织原则上去认识报告制度的观点。过去我们没有把各级不作报告以及其他方面无纪律无政府状态提到原则的高度，没有把它看成是革命成败的关键，相反的采取自由主义的容忍态度，这是极其错误的。中原局过去虽曾定期作过综合性政策的报告，可是十分不够，其反映仍不全面，其政策性仍不充分。报告内容并未经过详细分析，仅由负责人起草后传阅一次即上报。同时把报告制度仅了解为中原局与中央间的需要或中原局负责人与毛主席间的需要，并不了解中原局所管辖的各级组织更需要充分的政策报告和方针检讨。特别是中原各野战军、各军区、各区党委从来没有检查工作、报告工作的习惯，中原局仅凭零星片断的或部分的记忆和接触来作综合性报告，自然其内容只能是大致不差。此种大致不差是距毛主席的政策要求太远的。中原局决心从这方面加以纠正，开始定出报告制度，养成定期检讨政策和工作的良好习惯，力求使每一次的中心工作均经过细心计划和讨论，向中央报，向下面传，以能达到少犯错误为目的。经过中央半年来有系统地指示反无纪律无政府状态及执行报告制度的重要性到现在，我们才了解这是关系全国革命胜利的工作中心环节。中原局决心在今后工作中去更多地了解实际情况,更具体地去分析情况,更负责地去作出结论,使每一工作部门能有专门贡献,去帮助负责同志向毛主席作报告,以便及时取得中央指导,去更好提高自己的工作。

二、中原局面正在草创,无纪律无政府状态在各方面均表现着。首先,是政策转变上,特别是对于停止土改转入减租减息的基本政策,目前仍遭着不少地方的顽抗。中原局"六六指示"虽然引起各地注意并已开始转变,但确实遵守的精神仍差,某些负责人以自己的政策代替党决定的政策的不良现象仍然存在。他们是以口头上同意中央、中原局的新区政策,而实际则企图主观地去扩大土改面,总想多划一些土改区。以证明过去一年自己的工作是正确的。此种恣意孤行,必须引证当地假土改的实际材料才能坚决纠正,这是我们努力的第一面。第二,中原地区是各老解放区干部的博览会,也是几大部分解放军的博览会,同时加上一部分本地干部,各地好坏作风一齐带来,八方风雨会中州。不仅许多坏作风肯定的不适合新区,就是老解放区的好作风也不一定可以照抄。我们最近正深刻了解中原某些地方的特点,如不深刻调查研究去获得地方知识,贸然决定工作方针,其为害是最大的。中原地方的地主、资本家、知识界和地方流氓土匪有长期应付南北战争的经验,有长期武装斗争经验,最善于应付上层,最善于控制群众;就是工农群众也看过多次朝代变换,不看准确绝不轻易表示态度;我们需要艰苦的群众工作才能把群众发动起来。从老解放区带来的工作方式偏于由上而下的一套,长于行政动员,短于深入农村与人民结合。目前各地各是其是,各非其非,动辄以我在老解放区工作得彩自夸,不面对现实,尤其事前不请示,事后不作报告,有的滥用职权,有的放弃职权,客观上形成一种"各党各派"的办法。虽然中原前线敌情未退,地区流动性存在,尚不宜超过实际限度去机械执行集中统一,但在政策上、工作方针上、工作报告上按规定讲程序、有组织有纪律乃是必要的,这并不会与独立负责机断行事相矛盾,在统一政策的集中领导之下去发挥独立活动的能力是完全必要的。可惜这一面比较少,正待培养和提倡。第三,野战部队、军区部队的本位主义、闹独立性、对上级指示抵抗、对地方党政不尊重、党委组织内闹不团结诸种现象仍不时发现。某些人把部队看成个人私有,比较大的战斗、重要行动、整训经过及结果从来不作报告;把公家的财产视为个人所私有,把自己领导区域视为独立国;只向上级要人要干部要经费,而不向上级作报告和请示工作和呈缴经费;几个同志可以互相默契打埋伏向党隐瞒。这些均是无纪律无政府的严重表现。中央局过去采取容忍的方针是犯了自由主义的错误,今后首先纠正。

三、为了克服无纪律无政府状态和厉行报告制度起见,我们决定:

(甲)中原局按单月到期向毛主席和中央作下列报告,初步分工如下:

1.向毛主席作综合性报告,小平(正),陈毅、子恢(副)。

2.向军委作野战军报告,伯承(正),陈毅、李达、际春(副)。

3.向军委作军区报告,陈毅(正),际春、李达(副)。

4.向中央作地方群众财政报告，子恢（正），雪峰、子久（副）。

5.上述二、三、四三项报告，均以带综合性为主，均应由负责人收集材料，自己作出分析结论。先在中原局会上作简略报告后才着笔，并共同核发。正负责人不在即由二、三名递补。

6.各部门工作报告应责成各部门负责作，经过中原局核发。

7.临时性事件或专题报告，视其性质由主管部门作，中原局核发。

（乙）中原局所属分局、区党委、军区、野战纵党委应讨论此指示，具体检讨该单位无纪律无政府状态的表现，讨论出纠正办法，并订出定期作报告的工作制度。中原局认为：

1.分局书记、区党委书记、纵委书记应于双月向中原局（分局按中央规定单月报告）作综合性的政策报告，包括军事、政治、经济、文化诸项，着重概括分析该区情况和检讨政策的执行，均将结论和下一步的方针和办法告知中原局。

2.军区司令、纵队司令或政委，应于双月向中原军区作综合性的军区报告。包括该军区该纵队的军政情况和部队实际生活，特别是关于人民地方武装的建设方针上的检讨，例如部队整训、战斗、剿匪、部队生活、后勤建设、军民关系、军队地方关系等，均须有分析有结论上报。

3.军区政治部主任应向中原军区政治部报告自己的政治工作。

4.各行政公署主任应向中原行政委员会报告行政工作。

5.所有报告应于双月十五日前送达中原局、中原军区，以便中原局能以之作为根据进行讨论，并给中央作报告。

6.各地讨论此决定时，对于该地许多破坏纪律的严重事件及其代表人物，不仅限于说服，应视其性质分别处理，凡必须执行纪律者，应按党纪军纪考虑其处分，不应让某些反省专家、坦白专家过关了事。以免日后又故态复萌。

（丙）现时，中原局除中原大学外，同级政府与民众团体等尚未建立，故无其他党组，一俟建立，当即督促严格执行请示报告制度。分局与区党委除自身对是项问题进行讨论决定外，还应指示督促地委、市委及专级以上政府与民众团体之党组同样地展开检查讨论，并分别定出对上级与对党委的请示报告制度。

（丁）中原局认为这一决定的成败，取决于中原局及各地自身对中央政策的仔细研究和能较充分了解下层实际并通过实际两点来决定，因此必须建立派员巡视制度，汇报工作制度，并须认真执行。同时估计到在报告制度建立之后，必然有更多的电报文件蜂拥而来，如何处理方不白费，又不形成文牍主义，以及天空保密问题、机要规则问题、文件传达问题等，我们思想上应即加考虑，并作专门讨论。

中原局关于发动群众贯彻减租减息政策的指示

(一九四八年九月九日)

“六六指示”以后,各地在各种政策上的“左”倾错误,已经大体上纠正过来了,惟关于停止土改实行双减,尚为许多干部所不了解或抵抗,这一方面的“左”倾急性病尚未完全纠正。这种“左”倾急性病表现在:不了解只有停止土改实行双减政策,才利于联合或中立一切可能联合或中立的社会力量,完成消灭一切反动武装,打击恶霸分子的迫切任务;才利于安定民生、发展生产、有秩序地供应战争,解决军需;才能创造实行“六六指示”所规定的各项政策的社会基础,建立新的社会秩序。不了解这是创造中原根据地所必须经过的重要步骤、重要政策:是一个相当长时期内与在绝大部分的区域所必须实行的政策(在敌占优势的游击区还一时不能有系统地实行双减);是必须认真地、有系统地加以实行的政策,而绝不是可有可无或敷衍应付的暂时策略;同时也是纠正与弥补过去过早土改所造成的各种恶果的一种重要政策,而不是仅仅暂时停止一下而不久又随即继续土改所可代替的。这种“左”倾急性病也表现在从形式上去了解“环境、群众、干部”三个条件,而未能从整个中原斗争的形势与任务上,从当地阶级力量对比及阶级斗争——群众运动在目前阶段所需要的政策上去融会了解;表现机械地、形式地去估计环境,估计过去一段土改的成绩,因而不正确地、人为地扩大土改区域,错误地了解“六六指示”中所谓“在一大片已分田地区”的具体方针,主观地、人为地扩大这种区域。不了解分化地主阶级,中立中小地主,争取地主左翼及地主出身有革命倾向的知识分子在政治上的重要性,或者害怕说地富立场,不敢与不愿争取地主,与地主左翼分子一起共事;不了解充分运用抗日时期全部的正确经验在今天中原的极大重要性,而停止土改实行双减,正是抗日时期全部的正确经验的中心环节;不了解消灭封建、半封建土地制度与发动群众、组织群众及提高群众觉悟,均必须分阶段分步骤,而停止土改实行双减,正是在中原这样的新解放区所必须经过的一个阶段和重要步骤;不了解这是最适合于目前农民的要求与觉悟程度、组织程度,及适合目前阶级力量对比的形势所规定的政策。加上强迫命令的作风与恩赐观点,企图一次一下子就满足贫雇农的主观要求;尤其不了解下层实际情形,只听“反映”,不加分析或害怕复杂麻烦,只凭主观希望办事。这些就是目前“左”倾急性病尚未克服的思想根源。

另一方面,右的倾向,也已经开始发生。例如以为实行双减,就不必反对地富立场,就不需要整党,而土改与整党也就都是错误的了。甚至去专门组织地主的“和平救国会”,向地主道歉,要求地主回来“造福桑梓”,以及命令解散农协,宣布一律退地等,也居然发生了;又如不了解从对敌斗争中去创建根据地,而忽略或不认真组织反对一切反动武装及打击恶霸的斗争,认为统一战线是发动群众的策略阶段,即搞统战不发动群众,这是把充分运用抗日统战经验从右的方面了解了,因而在利用保甲上,在对国民党反动派的问题上,在对反动武装争取地主及统一战线等等具体政策上,也就模糊了我党立场方针与正确政策。这些都是有害的。

我们研究了各区情况,认为必须坚决地实行以退为进的政策,实行停止土改,进行双减,适当调整已分配的土地,发展农业生产,并决定在今后数年内,在中原一切地区,实行这一政策,至于个别区域尚需继续土改和哪些区域在何时可以转为实行土改,均须经中原局批准才能实行。这就是说目前主要的危险倾向仍是“左”倾急性病与由此而来的强迫命令、包办代替的行政作风,要采取坚决的态度加以纠正。同时又须防止右倾,划清思想界限,划清正确政策与错误政策的界限,并坚决克服任何在方针与政策上及组织上的无纪律、无政府状态,以便有效地组织群众的斗争,发展人民革命力量,发展、巩固中原解放区。为此特颁发“双减纲领”供各地研究实行,兹再就实行此纲领的策略与若干政策作如下之指示:

一

创造根据地的斗争,首先的与重要的是必须组织一切力量,坚决消灭一切反动武装。肃清土匪,剿灭土蒋,解散一切反革命组织,与从政治上打击恶霸分子、特务分子;同时严格规定打击的范围,以便争取多数,安定社会秩序,安定民生,发展生产。不走这一步或做得不完备、不正确,都必然招致社会紊乱,人心不安,回头来仍必须重做。最近几个区的经验均证明了这一点。只有正确地走过这一步,才能逐步地有领导地进行较有系统的社会改革工作,也只有进行相当的社会改革工作,群众发动起来了,才能完成剿匪、反恶霸这一任务。我们不容许忽视发动广大农民群众进行社会改革这一基本工作,但也必须反对急性地、无准备地任意进行这一工作。根据一般农运规律及近年来新区经验,这种改革工作的第一步,应该是先结合剿匪,进行一段民主运动,主要口号是防匪自卫、清算恶霸、合理负担,从政治上打击散布在广大乡村中的最反动的恶霸分子,打击地主阶级的当权派(包括坏的保甲长),以便组织广大的农民统一战线,把乡村政权初步转到群众手中,并利用地主阶级的内部矛盾,而逐步各个击破之。这一时期的清算内容,应该限于政治性打击,限于清算他们当权时期所贪污中饱之粮款与霸占诈骗人民之土地、财产,不要扩大到一般算旧账方面去,不要把反贪污当作经济口号,不要打击到一般地主。经济口号只是减租减息、合理负担,将政治口号与经济口号区别开来,并经过这样一个先行步骤,扫除障碍,及时地转入减租减息运动,而不可拖得太长。减租减息则是一个较长时期的社会改革工作,是农运的第二步。经过减租减息长期的充分准备,然后才能依据环境、群众、干部三个条件的具备程度,划定土改区域转入分土地、分浮财的土改阶段,以达彻底消灭封建半封建制度,彻底解放农民,进一步发展生产之目的,今冬明春凡较为巩固的大块根据地,无论未土改区或假土改区,均必须停止土改,认真地进行双减运动,而不容瞻前顾后,举棋不定,贻误这一个农闲季节。

二

减租减息,虽然还不是立即消灭封建,而仅仅是削弱封建,但是普遍地彻底地实行双减,则是一个严重的阶级斗争。认为地主经过前一时期土改威胁便会服服贴贴让你削弱,而不要一个农民群众自觉自愿的巨大运动,便可轻而易举地实现双减,那便是毫无政治经验的错误观点,减租减息同样必须有分别、有步骤、有策略。一般说“先打后拉,一打一拉,打中有拉,拉中有打”“斗理、斗力、斗法”的策略方针仍是完全适用的。当着广大群众还未发动起来的时候,即使经过“走马点火”曾造成地主恐慌,但一般地主阶级仍是农村统治者,仍是坚决反对减租减息与民主政治的,所以我们必须积极援助群众打击地主,摧毁他们在乡村中的实际统治,确立农民的政治优势。但一般地主是与恶霸地主、当权派有矛盾的,如果我们对这个矛盾利用得好,打击了恶霸分子而不被其他地主所利用,陷入宗派斗争或被狡猾地主窃取了这种政治果实,重新压在群众头上,如果群众能由斗争恶霸的民主斗争中初步组织起来,那就可以发动双减斗争,从经济上削弱封建,同时也是从政治上打击地主统治,造成群众运动的高潮。这都属于打的阶段,也即是“斗力”的阶段。在整个打的阶段中并不是一切打倒,而是要善于从运动中发现左翼分子(开明地主),争取他们同情,麻痹一部分动摇观望的地主,迫使他们中立,而集中火力打击顽强抵抗的地主,采取“擒贼先擒王”“枪打出头鸟”“剪除其爪牙”以及“洗脸擦黑”“胁从不问”的策略,来达到孤立与打击反动地主,从而迫使整个地主阶级放弃其统治地位,以树立群众优势,建立民主政治。

在减租减息已经普遍实行,地主已经屈服,群众优势已经确立的时候,即应转为拉的阶段,也即“斗法”阶段。这就是说,要将农民运动暂时约束于“双减纲领”的范围之内,缓和阶级关系,以便及时转入春耕生产,从生产中继续组织群众。在这个时候要说服农民交租交息,麻痹地主,又要农民起来依法保障自己的权利,防止地主反攻,揭破地主的欺骗与软化,并准备进行查减,准备更充分的土改条件,切不要为局部农民的要求所迷惑,过早走上土改的道路。

三

减租减息,不但是一个严重的斗争过程,也是一个细致艰苦的组织工作,过去一段经验证明:农民运动虽然处在我军的进攻高潮形势之下,也需要一个相当长的准备时期,绝不可能在一个早上,由一“轰”“搚”就能发动起来组织起来的,现在虽然经过将近一年的时间,虽然改行减租减息,但由于过去急性病所造成的种种恶果,使农民仍然需要一个准备酝酿时期。因此不应采取普遍动手的方法,而应选择重点,先选若干县,每县选择一二个区,每区又选择几个乡村作为重点、创造经验,影响他区群众,然后逐步推广。在这些乡村,通过宣传群众发现群众中的积极分子(不是投机分子),解决群众迫切需要解决的问题,利用政府合法力量,初步处分主要抵抗分子,鼓励群众,慑服一般地主,然后扩大群众,酝酿串通,发动说理斗争,从斗理中启发群众觉悟,发展群众组织。这是双减斗争的准备阶段,也就是斗理阶段。在有大恶霸统治的村庄,亦须经过上述酝酿步骤,发动群众民主斗争,仅于必要时才可先由政府予以逮捕,再发动群众斗争,不可不看情况,一律“撑腰作主”,乱“搬石头”,包办代替,甚至强迫命令,那样会失去社会同情,反而妨害群众发动。

当着在重点区、村胜利地进行了民主斗争,双减斗争,影响并扩大到他区、他村的时候,即应在其他区、村,扩大宣传,酝酿斗争,在有了一定基础之后,并在适当时机召开若干乡村乃至一个区、几个区到一个县的农代大会,成立乡、区、县农协作为领导群众实行双减的合法机关,然后由农协选择训练先进乡、村的积极分子,培养为区、乡干部或派到其他区乡帮助发动群众进行双减,这样来解决干部缺乏的困难,使群众自己组织起来领导自己,解放自己,这就是突破一点推动全局的发展方式,而不是无基础的乱“轰”乱“搚”。只有这样才能造成有真实群众基础的运动高潮,而不是易起易落的乱“轰”乱“搚”的形式上的高潮。也只有这样群众运动的规模和高潮,才能在广大地区压服地主,树立群众的优势。即使在这个时候,若干落后乡村,仍可能处在酝酿斗争的阶段,甚或还没有酝酿斗争或者被地主愚弄和掌握,出现假农协、假民主乡政府,而所谓先进的村庄,也可能还有假斗争、假减租,这就要求根据各村具体情况分别进行,而逐渐扩大斗争到一切乡村,到双减彻底实现。在这个时候,对已经实行了双减的地主就是拉,对未实行的地主还是打;对开明的地主就是拉,对顽固的地主仍是打。要使“双减纲领”为广大农民——首先是其中的积极分子所了解、所掌握,并在我党、政干部协助之下,与狡猾地主作合法斗争,巩固既得利益,克服任何抵抗或反攻企图。无论如何,双减必须贯彻,群众必须充分发动,在这点上犹疑观望、敷衍塞责便是右倾观点,必须反对。若是只知打,不知拉,群众已经起来而不知说服群众适当让步,让地主能够生存下去,那便是“左”倾错误。至于有少数人包办蛮干,那更是绝对不能许可的原则问题。

四

必须认识,减租减息也同所有群众运动一样,都必须是广大群众自觉自愿的行动,必须是群众自己起来说理斗争、组织,自己解放自己,任何形式上的轰轰烈烈,一时热闹,都是无根底的浮萍,经不起风吹雨打的。因此我们必须善于启发群众觉悟,逐步引导群众,组织群众起来进行斗争,并从不断的斗争中总结经验,认清敌人,团结自己,才能使运动巩固地、有阵地地前进。我们所领导的农民群众,由于种种历史的原因,使他们完全处于缺乏精神准备、缺乏团体生活、缺乏斗争经验的状态,要使他们真正自觉自愿地起来,向着诡计多端,在经验上、物质上都占优势的地主阶级进行胜利的斗争,就必须依靠农民群众自己的亲身体验,从斗争中认识地主的狡猾,认识自己团结的力量,认清敌我,认清国民党与共产党,中央军与解放军,国民党政府与民主政府,批判自己内部的错误观点,涌现与选择自己的领袖。我们共产党员也必须从斗争中考验自己、教育自己、取得经验,即使过去做过减租、做过土改有经验的党员,也必须从今天的双减运动中,熟悉当地的农民与地主情况,取得群众的赞成与拥护,先向群众学习,才能领导群众。共产党员的任务就是要懂得斗争策略,学习领导群众斗争的艺术,一刻不放松对于农民群众的思想领导。从分析最初的阶级力量对比,最初的农民要求和思想,以及利用农民正确的"合法"思想(如反对贪污不公、重利盘剥、高租掠夺、荒年夺地以及防匪自卫要求等等),揭露地主的不法、不道德的行为起,逐步打破良心、命运、"变天"等等错误观点,发动群众自觉自愿地起来,实行革命变天,这就要求我党同志善于在每一个斗争胜利(或失败),每一段斗争胜利之后,总结经验,教育群众,善于提出适当口号,进行宣传鼓动,善于启发群众斗理斗法,运用诉苦、算账、划阶级,运用谈话、讨论、座谈、开代表会、大会等等形式,使群众反复从回忆中、从比较中、从斗争的切身体验中而觉悟到要革命,要双减,要民主,要武装,要组织,要拥护解放军、民主政府,要跟着共产党毛主席的道路走。只有从不断的斗争中,从群众无数次的亲身体验过程中,才能逐步提高农民的阶级觉悟与政治觉悟,才能把群众的水平逐渐提高到党的水平,一切不经过斗争而想单靠宣传教育,开几次会、作几次演讲之后就能使大多数农民觉悟的想法,是反马列主义的主观主义的想法。各地在土改中仍存在"左"倾急性病,认为多数群众已有土地的要求的估计,就是从这种主观主义出发的。因此民运工作者自下而上地完全站在群众当中当做群众之一员去领导群众,是最基本的形式。但这不是说不要政府力量,相反必须纠正过去土改运动中"无政府"倾向的错误。政府必须宣传法令,检查法令的执行,接受群众控告(也接受地主控告),领导组织人民法庭,配以有力的公安工作,依法给群众以帮助,给不法地主以镇压,给违法的公务人员以处分,这不但可以鼓励群众热气,且可以教育政府人员,可以克服群众运动中的混乱现象,要把民主政府在群众运动中,应该与能够起的积极作用与群众工作者之强迫命令,包办代替的行政作风严格区别开,使运动更有秩序地向有利于群众、有利于社会的方向走。

五

在减租减息运动中,县及县以下的群众基本组织形式是农协。县区两级即应成立农协筹备会,所有群众工作人员,均以农协工作名义出现,艰苦朴素,深入群众。必须把绝大多数农民群众组织在农民协会之内,原有贫农团的地方应扩大成立农协。农协是农民自己团结的组织,包括工人、雇农、贫农、中农和新式富农(佃富农)。其会员按照个人自愿,会员介绍,大会通过的原则加入,会员成分及领导成分,一般仍应争取贫雇农占三分之二,中农占三分之一的原则,但不能死板机械,更不可强迫命令。贫农在双减中是积极的,认为大佃户多,减租对农民没有什么利益,一般说是不对的。不能设想在双减运动中,没有占人口百分之六七十的贫雇农参加,就会有什么像样的农民运动,就会贯彻双减的。我们的方针,同样是要依靠贫农,团结中农,从发动广大农民群众中培养贫雇农领导骨干,使贫雇农在数量上、质量上逐步居于农协的领导地位,就是说要争取贫雇农在双减运动中及在农协中的领导权。这是一个原则。但我们必须承认双减并不能满足贫雇农的土地要求,那只有到土改时才有可能。也必须承认中农在双减中也是积极的,甚至若干地方将要居于领导地位。这种情况是不足虑的。双减即可以满足贫雇农的部分要求,就可以启发广大贫雇农逐步觉悟起来,最后走向要土地的斗争。除双减以外,还可以调剂种子、吃粮、生产贷款以至经过农协部分的调剂佃权,赎当地,给贫农以尽量的援助,并经过发展生产改善待遇,给雇工以必要的帮助。但绝不应违反农民运动的一般规律,人为地勉强地建立贫雇农的形式上的领导,或者消极等待土改而不积极发动他们;更不应排斥中农,害怕中农当权而不积极联合与发动中农减租减息。只有广泛建立农民的统一战线,首先争取农民对地主的优势,并从中培养贫雇农,争取无产阶级领导权,才是正确的、必须的。农协组织必须适应这个斗争形式,才能获得扩大和巩固,机械地“保证”贫雇农占三分之二,则是错误的。

农协是保护农民利益、改善农民生活的组织。政府减租减息及调整土地关系的法令,只有经过农协才能有组织地实施。农协必须坚决为农民办事,坚决实行政府法令,领导减租减息,保护农民已分得的土地、财产与保护佃权,必须领导农民自愿自由与合理地处理已分得的土地、财产,不能不问情况,命令一律退地或一律机械改为租佃关系。在减租减息中适当解决大佃户(不是二地主)对二佃户的中间剥削,使二佃户与大佃户获得平等之利益。遇有农民的纠纷,包括中、贫农之间,佃富农与中、贫农之间的一切租息,历史仇怨,人事关系等,均由农协当作自己兄弟的内部问题加以调处,以便团结自己,战胜敌人。有关农民利益的问题,如生产、负担、合作、卫生、教育、武装自卫等,则由农协讨论实施。一切农运工作的同志,均应服从农协纪律,从农协内部去领导农民,教育农民。

农协采取民主集中制,发扬民主,建立纪律。以便选拔群众领袖,并将其置于群众监督之下。

乡村的雇工、妇女、青年,在初期都应吸收加入农协,在农协之内,再按情形划分雇工小组、妇女小组等,以后必要时再建立单独的雇工、妇女、青年等组织。农村中贫苦的知识分子及诚心为农民服务之革命知识分子都可以依照入会手续吸收加入农协。

六

必须推翻地主所操纵的乡、村政权,成立以农民为主体的人民民主政权。各区即应依照行政区划要点,于秋后农民运动中建立乡级政府,委派或选举积极正派的农民及贫苦知识分子为乡级政府的委员,克服贪污浪费,建立制度。在重点村也可先建立乡政府,再组织民主及合理负担斗争,进行双减运动。崭新区在利用保甲的时候,即应废除苛杂,宣布合理负担,宣传民主政府法令。准备在农民运动的基础上,废除保甲制度。想在保甲制度的基础上建立廉洁奉公的作风,是不妥当的。只有在边沿区、游击区,才可以经过保甲形式建立革命的两面政权。

县、区、村三级,当群众尚未充分发动,农协尚未扩大与巩固起来时,不宜召开包括开明士绅在内的人民代表会议或参议会。因为那样会模糊农民的阶级意识,妨害群众的发动,三级政府人员应暂时实行委派。为扩大政府的群众基础,可于农民协会建立后,召开农民代表会,实际起人民代表会议作用,及至群众业已发动,农协已真正成为群众性组织,工、青、妇等群众团体也业已相继组织起来,人民优势业已确立时,再成立临时人民代表会议。

至于大量吸收革命知识分子参加工作则不应因此放松,相反的在此革命高潮时不仅大量吸收知识分子参加各种技术或事务工作,且应大胆吸收家庭较贫苦、政治纯洁、较能接近群众者参加农民运动,作为建立与开展农民运动的桥梁,但在参加工作以前,必须经过训练教育,并加选择,然后由县以上领导机关用委派方式,分配适当的工作。在吸收开明士绅参加政府工作时,必须经过地委以上党委之批准,不能乱吸收。凡县、区政府已发现反动分子钻入进来因而影响我民主政府声誉引起群众不满者(如说“二中央”),应即加以整顿,不能令其继续任职。

七

中原各区地主与农民,均有武装斗争的经验,农民必须武装起来,以反对反动地主武装。首先发展整顿地方武装,并在农运发展中建立人民武装。为着反对反动地主打黑枪,农运一开始即应收缴反动分子枪支,武装自愿武装起来的积极分子(不是投机分子),支持群众斗争;在防匪自卫口号下,建立自卫队,隶属于农协之下,但必须掌握在可靠分子手中,为保护群众翻身利益而斗争。已有的民兵应即加以整理,归农协领导,使之联系广大群众,服务于对敌匪斗争与农民斗争。必要时县以上成立武装部,由党委或军区分区直接领导,自流的现象须迅速结束。暂不必成立武委会,将来必要时可开人民武装代表大会,讨论人民武装建设。

在人民武装中,农协中及每一战争胜利与农民翻身的每一步骤中,均必须反复与系统地启发群众爱护解放军的观点,宣传我党的自愿兵制度,准备将来群众大量参军的思想条件。必须认识,解决这个问题乃是我们进行人民战争的重大任务之一。

八

必须细心体贴农民,计算农民家庭的收支,除目前即应全力组织秋收、秋耕(另有指示)外,还须十分注意引导农民结合双减发展冬季生产,准备明年春耕,并实行合理负担及支前办法,发动农民挤地主黑地,挤地主产量,打破地主转嫁负担。只有当农民起来时,才能真正实行"合理负担要点",才需要说服农民不要过分加重地主负担,让地主只按负担规定出负担,这也是先打后拉,一打一拉。同时自上而下有组织地整顿与建立财政支前制度,反对贪污浪费及无纪律、无政府状态。如果农民负担过重,制度太乱,不首先解决这个问题,减租减息或发展生产都是无法做好的。

九

在双减运动及武装斗争中,吸收经过斗争考验成分又好的农民入党,吸收乡村贫苦知识分子、半知识分子入党,建立乡村支部。地主、富农出身的进步知识分子,一般先分配在外区、外乡工作,吸收其经过考验的优秀分子入党,并且及时训练新党员,培养大批新干部,老干部实行整党,外来干部善于与本地干部合作,帮助本地干部进步,克服在一切干部中存在着的脱离群众及无纪律倾向,克服强迫命令、保甲作风。实行新老干部、外来与本地干部合作,胜利地领导农民运动,支援前线作战。

十

这个指示随"双减纲领"发出,作为内部文件,凡在较巩固的大块根据地,均实行这个指示。敌占优势的边沿区、游击区则只能在服从于游击战争的条件下,着重于发动群众反三征、反苛杂斗争,以达到减轻群众痛苦,在可能地区可以适当方式进行低于二五的减租减息,暂时尚不宜于发动大规模的双减运动。

附:

中共中央对中原局关于发动群众贯彻减租减息政策的指示的批示

(一九四八年十一月十六日)

《关于发动群众贯彻减租减息的指示》草案,我们早收到,因为某种技术原因,答复过迟,这是中央工作中的缺点。我们同意你们这个指示,望即发下,并在一切准备好了又可能实行减租减息的地区,抓紧今冬、明春的农闲季节,发动群众,切实实行。但是:

(一)在减租减息运动中,县及县以下的群众基本组织形式是农协,可能时,并可成立临时县、区、村人民代表会,不要再宣传三三制(但也不要宣布废除三三制)。

(二)在已经分配过土地的地区,应注意领导农民尽可能保持已得的土地,应防止下面干部不问情况和必要与否,一律机械改为租佃关系。

(三)在团结全体农民,实行减租减息,支援战争的前提下,应适当解决大佃户对二佃户的中间剥削,使二佃户与大佃户在减租减息中获得平等之利益。

(四)"让租让息"的口号容易模糊农民的阶级意识,不应提出。此外,同意你们十月二十日报告要求于明春征收契税。

一九四八年夏季中原情况及政策转变问题

（一九四八年九月十二日）

陈　毅

小平七月北去，我们托其面达，因而未写七月份综合报告。这次来写九月份综合报告，拟将整个夏季五、六、七、八四个月的情况和政策转变问题汇报如下：

一、中原情况

经过夏季的连续胜利和中原局“六六”指示，军事胜利与政策转变并进，因而使中原局面开始变好，这是第一方面。表现在：许多中心区之出现，如豫西二十余县无敌踪，陕南之郧县、郧阳变为腹地，豫皖苏自从七月阜阳敌七十四师撤退以后，中心区已广阔无敌，大别山局面开始稳定，江汉区、桐柏区、汉水与平汉之间取得发展等；市镇农村秩序开始恢复（例如豫西中心地带人民说，二十年来从来未有如现在的安定，历来的兵匪骚扰没有了，农民纷纷多买牲口，生产积极）；中州券信用开始建立；知识分子开始近我；逃亡地主先后回家等。这就使我党在中原获得了基地，部分建设可以开始，造成向南的战略基础。这是一年努力的成就。第二方面，蒋匪鉴于我主力集中应付野战，其在中原各地的地方反动政权已摧毁，乃乘我过去的政策过左及以后政策转变采取下列对策：一是由南阳、商丘、合肥诸地派遣正规军，配合流亡土蒋千人数千人不等，分股对我中心区进行穿袭，企图分散我野战兵力，减轻其野战军担负，捣毁我后方，破坏我建设。二是利用我宽大政策派遣特务回家，组织武装，进行黑杀，镇压我区村干部，特别是所谓“枪打出头鸟”，先杀群众积极分子，使群众不敢起来。三是组织谍报网，携带电台潜伏我区内，报告我军主力动向。四是广泛的谣言攻势，说我军要退回河北，中央军大军来中原进剿，号召河南人反对河北人，三次大战已爆发，共军必败等。五是在国民党区域实施总体战、围寨网、联防连坐等办法。反动派的政策是生了不少的成效的。此一时期，我中心区后方被袭击各地均有，主要是地武不强，不能独立担负保卫地方的任务；村区干部被杀事件甚多，如方城县长被绑赴南阳被杀；我军每一调动，敌方第二天即知道，证明我区敌之电台甚多；谣言攻势效验很大，许多知识分子尚不敢踊跃入学，例如军大搬在临汝城数月来仅两人入学，证明该地特务控制甚强。临汝之姚宝安，杞、太、淮等地之郭馨波，豫南淮西之张旭东等，便是反动武装的代表。各区均有一股或数股反动游击武装，在我区穿插或扰乱边界,逼我区后退。敌我两军交界地方的市镇农村人民的生活是异常痛苦的。一部人民仍然存着观望态度。民主政令之推行障碍仍然很多。我区之流动性仍然存在。

二、河南地区的特点

我党足迹遍全中国,土匪恶霸之猖獗恐无逾河南者,可以豫西临汝、鲁山、宝丰、伊阳、郏县、禹县等地为代表。这是我们最近的体验。我们驻地发生三次黑夜摸哨、枪伤哨兵,最近破案即房东所为。南下干部数起黑夜被杀害,单人不敢独行,单人带驳壳枪更易招致土匪的暗算,区村干部之被击杀,造成一种下乡恐怖,比较抗战中期我军在阜宁所遇着的土匪,此地更为强蛮。研究了几个具体的谋杀案件发现,他们多半是地主作后台,策动流氓、退伍兵作凶手,有组织干的。他们说:"八路军要款、要公粮、要壮丁、要派伕,经过我,我一定负责办到,如直接去动员群众翻我的底,则一定与河北人斗争到底。枪打出头鸟,任何人先与八路军接头办事,一定杀全家。"他们确实说得到做得到,控制了群众,使群众不敢起来,白天不敢与我们说话。豫西上述各县是白狼、刘镇华、樊钟秀、孙殿英的老巢,确有拉队伍、搅会门、搞黑杀的传统。以前的土改确实便利这些地主恶霸流氓,基本群众根本不敢动。桐柏、豫皖苏、陕南、宛东、宛西各地亦有类似情况。河南敌正规军虽被消灭撵走,敌县区政府保安团虽被摧毁,但是这一基层恶势力如不推翻,一切由上而下的发动群众的办法,均变成他们镇压群众的工具。同时他们更善于应付,我军一到即承包战勤,自动带枪来加入地武,来当乡保甲长,懂得把公开合法斗争与秘密黑杀结合起来,每一暗杀事件,多与当地乡保长有关,或他们先知道不讲,我们干部无经验,最易被其公开应付的一套所迷惑,国民党的挺进武装与特务能在我中心区活动,即依靠此一基础。因此,应估计到如匪正规军来进攻,此辈必然大暴动来响应他。中原解放区创造第一阶段必须懂得首先解决此一问题,必须充分了解河南的地方知识和地方斗争知识,以对症下药。河南中上层人物最熟悉改朝不换国那一套,即拥你为王,下面得承认他们的统治地位。我党要发动基本群众,必须先制服他们,要制服他们亦必须同时发动群众。我们南下干部学会了老解放区的正规的、由上而下的动员方法,对河南又是公开斗争,又是秘密斗争,又是武装斗争,又是和平交往颇不熟悉,必须重新教育,锻炼出一套新本领。同时又要认识河南地区出兵出粮,人民斗争性坚强,如经过政治与组织的改造与提高,革命的效果必大,可造成好的基地。

三、中原党内部情况

党的干部分为四大部分:(一)南下干部,由华北、华东派来,此为中原党的主干,其中分为未整党前南下的和经过整党南下的,一部分是好的,一部分是戴过帽子背有包袱的,另外其中一部是个别抽调的，一部是由几个主要负责人按级抽了一套干部带来的。(二)当地的干部即原华中八分区及睢、杞、太，豫西和五师地区的干部，有系失联络的，有系掉队下来的，有系地下干部，一部是归俘。(三)野战军的分遣部队与地方化的部队和干部，成为全区军区、分区的主干。(四)一年来新起的下层干部，多担任行政区乡干部，或农会干部。南下干部带来老解放区的整套作风，对解放区初期运动规律不熟悉，特别缺乏武装斗争经验。当地地方干部情况复杂，须加审查，特别是表现左右摇摆，无根据地经验。野战军分遣干部和部队，总想归建，不尊重所属区党委、地委和行政部门。地方新起干部，一部工农成分是好的勇敢分子，一部则是旧保甲被利用的人，不可靠，实际是两面派。我们认为干部状况如此，故很自然产生宗派、山头与无纪律无政府状态，必须经过整党，才能保证政策上的统一。

四、关于中央新区政策的执行

六月六日中原局根据中央五月二十五日土改整党指示发出停止土改实行双减和合理负担的政策以来，分浮财、打土豪、开仓放粮、以粮换菜、走马点火、抄家等急性土改办法已迅速纠正，社会秩序的混乱业已趋于安定，对工商业的破坏已停止。据子久八月底从豫皖苏回来所谈，于八月底在方城召集桐柏、江汉、陕南三区代表汇报的材料来看，则各地对"六六指示"的了解和执行程度是大有差别的。(一)共同意见对崭新区，即我军未到过的地区，或未进行土改点火的地区，实行"六六指示"一致赞成。(二)豫西区因在中原局附近谈得多，以前未大搞土改，故赞成搞双减；大别山皖西、鄂豫亦无条件赞成一律改为双减政策，因该两地是游击区，中心腹地极不稳定。(三)豫皖苏则划一、三两分区及二、四、五、六各分区一部为土改区，其余为双减区。桐柏则划一分区及二、三分区一部(近百万人口)为土改区，余为双减区。江汉亦拟划一、二分区(百万人口)为土改区。三个地区的共同论点是：第一，坚持这些土改区的土地确实业已分配，据说群众要求分地不愿退地；但我们一追问，任何人拿不出一个村、一个区的真正实行土改的材料。第二个理由是双减不能满足贫雇农要求，或双减较土改难作。第三个理由是南下干部都在河北搞过土改有经验，不会搞双减，大部分干部均是从近二三年土改中产生的干部(指区乡级干部人数最多)。一部干部则过去搞双减，在去年九月整党戴地富帽子，现在又要搞双减，恐将来整党一定又挨斗。第四个理由是就中央以前指示在环境、群众觉悟程度、我们干部和机构的掌握能力具备时才搞土改，因而他们分析：第一，说环境，我区已有中心腹地已安定；第二，干部相当具备，有土改经验；第三，群众要求土改，其觉悟程度可以用人为去提高。根据上述的认识便提出下列工作部署：(一)凡属梅花形的几个土改区或土改点，他们便决心布置消灭中间的空白村，一律用土改去打成一片，例如豫皖苏一分区的睢、杞、太和三分区以萧、夏、永为中心的某些梅花形小块老区，一律采用全区基本土改方针去统一起来。(二)凡属比较安定的地区，例如分区或区党委所在地，也一律用土改方针。这是由于他们对过早的急性土改所造成的少数勇敢分子孤立突出被杀害、土匪蜂起、征粮困难、工商凋敝、人民失业等的危害认识不足,对真正实行了土改的地区,即群众真得到土地的地区,并无真正的研究,使我们至今难于统计究竟有多少人真得到土地利益。在中原确实有部分地区,民兵积极保家自卫,地主威势已打落,且经过扫荡的考验,但究竟是由于我军协助群众打击了恶霸、减轻了负担和政治压迫而来,或真是由于从政治民主运动到真分了土地消灭封建而来,各地并未作过专门研究,所以在电报上汇报上都无人能负责具体答复。

五、政策检讨上的教训

根据上述情况,我们研究后得出以下几点教训:

第一,我们认为从停止土改转到双减和合理负担政策几个月来,中原党最缺乏深入研究中央政策和具体研究当地情况,首先去获得当地各种知识,然后把中央政策与当地实际结合,通过群众意见去订出适合人民要求的工作方针,而是仅凭主观办事,不仅坚持土改举不出真凭实据,即对转到双减与充分利用抗日时期经验的认识亦是模糊的。这里不仅看出某些同志对"左"的留恋,同时亦检查出有的同志完全是从右的方面去了解新区政策,例如把暂时利用旧保甲解释为劝旧保甲廉洁奉公,又如说统一战线是发动群众的策略阶段,即搞统战不发动群众,又如号召地主回家"造福桑梓",又如豫西洛南成立地主和平救国会等。我们一般估计中原党内左右倾向同时存在,故掌握党的政策是很摇摆的。这里教训我们,一个政策的改变,非有系统说明不可,尤其非根据下层的实际调查作有理论的说明不可。我们在这方面很差,所以纠正不彻底。

第二,各地同志均对中央政策采取断章取义,或利用其合我口胃的一段或一部,作为自己的掩护阵地,口头上同意上级指示,但并不把上级指示研究与带到群众中去真正查勘一下如何是好,例如中央一九四八年土改整党指示和中原局"六六指示",对土改已彻底进行的地方均有保留的指示,各地即利用这一点去扩大土改面,而并不是根据自己调查研究,切实知道某地的真分假分来决定。

第三,各地缺乏从全面看问题,从整个战略利益看问题,把土改看成是一件轻而易举的事。对中原现在局势在政策上要求能"帮助人民解放军消灭国民党武装力量,及打击政治上最反动的恶霸分子,因而需要联合和中立一切可能联合或中立的社会力量"这一层是不加考虑的,或是考虑得不够的。对八十万人马的军需问题之解决是首先需要一个比较安定的秩序,生产工作最得人民拥护,也不大考虑的。紧张的阶级关系,是我中原党的目前主观能力所不能掌握的,混乱的社会秩序,是最不利于战争进行的,也不放在政策考虑的主要位置上。

第四,认为停止土改是退了一步,不了解过去急性办法正是领导者离开群众跑得太远,现在是要退到群众原有阵地,与群众重新结合,率领群众真正前进。

第五,我们深感形式主义的群众观点,与由上而下的行政工作方式的群众工作路线是普遍存在,最障碍党与群众的结合。豫皖苏人民说“要我们分地,请先把棺材准备好”,在干部中相当普遍地流传“讨论土改派土改,派了土改催土改,催了土改缴土改”的论调,这是最中时弊的群众舆论。是群众工作中强迫命令包办代替等行政作风的典型,真正的群众利益在于打击政治首恶,肃清土蒋,减轻负担,获得初步解放。要依靠由上而下与由下而上地去发动群众,与群众呼吸相通,从群众切身利益出发,从启发群众的自愿自觉出发,这种真正的群众工作路线,是我们最缺乏的。这里使我们觉悟到这一基本问题不解决,固然使本来很好的一个土地法一变而为原始的农民的破坏运动,已令人吃惊,如果顺此路线去搞双减,也一定不能收得更好效果,难免不重复“讨论双减派双减,派了双减催双减,直到缴双减”。

六、今后工作方针

(一)一年之计在于秋,秋粮收割后,今冬明春的群众运动如何发动,事关中原全局。我们抓住九月十月解决群运的方针问题,已电芝圃、汪锋先后来面谈,并派人去桐柏、江汉巡视。在豫西抓住包括临、郏、宝、伊等县的五地委,重点配备五百个干部,以金明任五地委书记;特别以临汝、宝丰两县由子恢、雪峰就地指导,做出经验去指导全局。

(二)工作方针,决定坚持中央新区政策和“六六指示”,实行双减,为了照顾地方实际,以四年至五年完成双减。因而在今年冬到明年冬许多接敌区域(占中原很大面积)还可以不搞双减,着重组织对敌斗争,使游击战争与合法斗争控制两面派相结合,以打击首恶,争取地富左翼,中立中间阶层,吸收知识分子,保护工商业,发展生产;这些地区以组织游击队、肃清土匪、保护人民安全、减轻负担为主要任务。在中心腹地着重发动政治民主运动,打击恶霸,提倡生产,减轻负担,做几件对人民有益的事业,在双减条件具备时,有计划有步骤地进入双减,不机械地一律去派双减。在某些土改区,责令各地切实调查,以不动摇群众既得利益为原则,实行调整土改或改为双减,甚至双减也缓行,不准主观地去扩大土改面,不准损失群众既得利益。

(三)进行深刻的群工教育。要各级党学习毛主席实事求是的工作方法,从群众中来,到群众中去,无论土改,无论双减,或初步打击恶霸的群众运动,均须耐心艰苦去进行。如何下手接近群众,如何通过群众的自觉,如何制定斗争纲领,如何组织斗争,如何掌握斗争,总结斗争与转到新的环节,这是群工的基本知识,是群运的成败关键,对群工干部应注重重新教育。

(四)中原局办《中原通讯》,并用力办好《豫西日报》,区党委办整党班,地委办群工训练班,来说明党的政策,进行群工教育,克服干部各种偏向,强调克服无纪律、无政府状态,克服山头、宗派,达到执行政策上纪律上的统一,使党的阵容和面貌一新。

(五)进行大的宣传运动,并经过新华总分社有系统地写社论来揭破匪方宣传,和深切说明党的政策。大胆争取地富左翼,招收青年学生,开办中小学校,开正式的参议会,分化匪特内部,以摧毁其反动基础。这一点各地均不注意,甚至不屑去做,这是一个偏向,便利了匪特的破坏。

(六)在新区初成立的区乡行政机构以及工农团体,客观上均免不了带着维持会的性质和一定程度的两面派作用。我们要先懂得这一特点,逐步去加以改造,在群众中去发现真正的积极分子,逐渐提到领导地位,革命的人民团体和行政机构才可以出现。

七、其他各项工作的概述

这次综合报告是以叙述新区政策的转变为中心,关于野战军工作,俟各纵整党结束即行汇报,军区工作正收集材料作报告,财粮贸易工作、宣传文化工作、城市工作亦另作专门报告。我因明日即出发赴前线参战,故不能在一次报告中把所有问题讲完,但在本报告末仅就大轮廓作一叙述。

(一)刘邓、陈谢两野战集团,除其各种优点不叙述外,主要问题是工农老干部的军阀主义倾向,表现在阻碍民主和轻视政治工作,知识分子干部的小资产意识,在地富思想影响下表现为自由主义、个人主义与政治认识模糊,上述两者的结合或互斗是使部队工作受损害总的根源。两者的共同点是脱离士兵与下层实际的官僚主义,常寄托其兴趣于生活的谈论与技术的吹求,很少关注军政大计。以上各方面,基本上我认为与华野相同,但无叶、王、陶(一、四、六纵)那种骄横,纪律亦较好,制度亦较严。这次整党主要从纵队首脑着手整起。从八月起开会听报告,来往费去半月时间,实际查整或从八月上旬起,或从下旬起,多者不过二十天,少者仅十五天。纵队与旅两级(有团或营全体参加)是普遍做到了上中下三层亮,揭露工作,开始了民主作风,个人主义、军阀主义、官僚主义、小资产阶级、地富意识是受着了严厉的打击,工作的新气象初步开始,缺点是限于时间,未能转到营连与士兵民主运动结合起来。士兵民主运动在七月以前各纵也搞过半月到十天,亦略有基础,但均因时间关系未能彻底深入。故纵、旅、团的整党,以及中下级和士兵民主运动,均待今冬战斗空隙继续去做。士兵工作中最大的倾向,一是把士兵会变成形式,热潮一过,空洞无物;一是变为连排干部的御用工具,用以专任处罚士兵,实际起取消士委的作用。能起三大民主作用并代表士兵利益的健全士委不是没有只是太少。我们决定在一面作战一面整训中加强各级党委与政治工作的思想领导,与连队士委工作结合起来去保证执行任务和提高军队各种建设。

(二)地方军区建设:中原局已发出指令,令各野战军主力不得与分遣之地方化部队发生勾搭关系,应督促其一心一意完成地方任务;令各地方化部队服从当地军区和党委领导,该部队即划归地方军直接建制,地方军区党委应视为自己的基干部队加以培养,不得因其将来要归建制而加歧视。我们强调这些部队之归还野战军权在中央,亦可能不归还,将来还可能在中原成立新纵队。把这三面的矛盾解决,统一起来,才能担负保卫地方、肃清匪特、作为野战军助手的任务。县区部队最初胡乱招兵,自己麻痹不能控制,以致不断发生叛变;现在又转而为不敢招收,有停止了地武发展的趋势。我们认为只要自己有基干,自己有整套诉苦、民主改造办法,是可以大量收容使其成为正果。这一批地方上失业流氓、退伍士兵,只有吸收到野战军地方基干队,才是改造的好办法。另外各军区、军分区成立军区、军分区等党委办法不好,常变为与区党委、地委对立,以照中原局办法改为军事小组为好。

(三)财粮、贸易、战勤等工作,主要倾向是一般人民负担太重。近八十万人马,实际担负人口总数仅二千万,财税人员缺乏,许多税收无人去收,减少了收入。用中券排法币各地一致,人民亦拥护,但中券筹码不够,分行设立太少,蹬打不开。夏屯已完成大部数目,秋征亦可能做到,主要是财政人员用老解放区复杂的累进办法不便于民,已纠正。供给和战勤方面,主要斗争是废除军事共产主义的供给制和无偿支差制,转到用资本主义的有偿支差制,这是严重斗争。我们的财、供、行政干部思想仍旧转不过来,例如雇商用汽车运伤兵又快又节省,支差民力按劳动市价给钱,做衣服鞋子在洛阳等地订货比自办被服厂、鞋厂或派军鞋均好,我们财政供给干部的观念老转不过来,不敢掌握资本主义的办法,需要大力说服与教育。现在卫生部和医院已初步扩大,足够收万余伤员,需要办卫校荣军学校来有计划收容和管教,并提高救护能力。

(四)在文教方面:中大四百余学生,军政大学一千一百学生,均河南本地籍,一部来自蒋管区,正大批招收。就八月内开始授课,以造成军政干部为宗旨,颇得学生欢迎。原河南大学几个教授讲空道理那一套为学生所不满。现拟办行政学校(豫西办)、卫生学校,各部队招收文工队,可望能大量吸收。学生中情况:一部是经家庭同意送来的,一部是违反家庭意旨跑来的,一部是一些落伍、退役军官、失业职员。主要缺陷是办学校的人员不够,无得力人主持和事务人员最缺乏。各地中小学开办问题,人民均提出此要求,一面限于经费,一面限于无人去参加管理,故尚未决定大发动。教科书缺乏也是障碍中小学校发展的原因之一。

最后说明,中原局面正在具备了初步根据地的条件,正在走向足以应付大规模作战的条件,中原行政委员会必须建立,来担负领导战争,主办财粮支前,改善民生的严重任务。我们机构不健全,仅能就现有规模进行大批地方干部的培养以应付局面开展的需要。中原局各同志均亲身轮流到中大、军大上课讲话。还要计划办各种训练班,实际指导附近各县工作,并派人巡视,来抓住冬春两季的工作。

中原军区、中原野战军政治部关于注意争取大批知识分子的通知

(一九四八年九月二十八日)

新区广大青年知识分子在我人民解放战争胜利鼓舞之下,和蒋管区各大城市教授学生反饥饿、反压迫、反卖国等斗争教育影响及蒋匪统治日益崩溃为人民唾弃情势之下,当我军进入新区时,他们一般的都倾慕我军,接近我军,愿意来我军和解放区学习或工作。尤其在我新区政策及城市政策端正情况之下将更是如此。加以我军进入新城市后常用战争及当地旧有教育行政机构溃散,经费无着、师生失业失学等影响,更使他们迫切要求找出路而投向我军和解放区。这是我党我军吸收青年知识分子的极好条件。

我军自人民解放战争两年多以来,由于战争的扩大,干部的需要迫切,虽然在战争过程中各兵团自己培养训练连、排军政干部的成绩很大,后方亦输送了几批干部补充部队,但为数仍然极不够,远远的赶不上部队干部的需要,尤其青年知识分子的补充就更少。因此,部队除继续开办教导团、训练班,大批训练连、排军政干部外,还应利用一切可能吸收与争取大批青年知识分子,加以改造,参加部队各个方面的工作。这对于建设部队及执行胜利的伟大的作战任务等长期打算,都是非常必要的。军区创立中原军政大学,即是为了这个目的。但这一任务和工作,必须部队各级军政机关共同重视和注意,才能更好的实现。过去由于我们政策思想不端正和对此重视注意不够,所以放过了不少吸收青年知识分子的机会,今后必须引起注意。

(一)每打开一个城市,即应由宣传部门、文工团、宣传队,代军大及中大招生,号召广大知识青年来军大、中大学习,参加解放区或我军各种革命工作(事先准备好招生布告及专门做此项工作的人)。

(二)攻占某一重要城市,宣传吸收之大批学生,必须注意迅速发给路费,组织学生招待站,并派专人负责,带领护送至较安全的作战后方,使其迅速脱离炮火及飞机破坏、生活无着等威胁,而免于逃散。这种组织工作没有,就吸收不了学生,这是非常重要的。

(三)除大批的尽量送学校训练一时期后再分配工作外,各纵各军区在日常行军作战整训过程中,亦可利用文工队、宣传队、政治文化训练队或其他等形式吸收一部,加以改造、训练,参加工作。

中原局关于进一步恢复工商业的指示

（一九四八年九月二十九日）

自从将破坏与侵犯工商业的错误倾向大体制止之后，迄未收到你们如何帮助工商业的恢复发展等情况的系统的较详细的报告，因此不了解你们对这个重大政策所采取的方针办法及执行成效如何。必须深刻认识，只有使工商业获得恢复与发展，才能安定广大的工商业者及市镇工人、贫民的生活，吸引他们成为反美反蒋统一战线的重要力量；才能加速城市工业品与农村生产品的交换过程，减少二者之间的剪刀差额，大大有利于农民经济的发展；才能加速金融流转，增加市场的货币容量，以利我发行与巩固中票价值；才能便利于军需供应及财政征收；也只有积极地去帮助工商业的恢复与发展，才能取得对于工商业者的领导。切不可轻信这种认识已在一般同志思想中完全得到解决，而忽视反复的有系统的说明教育，并在实践中一再纠正错误之必要。对于大批长期工作于农村，甚至抱有农业社会主义和经验主义、无政府无纪律思想的同志来说，接受这种认识是十分困难的。必须十分注意防止破坏工商业的思想行为在某一部分与某些人物当中复活，一有发现，即应严格纠正。在收复一个城市，对进城工作的准备，仍应如过去一再指示的那样慎重其事，不可稍有疏忽。在任何一个城市、大集市进行发动群众工作时，必须经过调查，协同政府以合法方式进行，不可搬用农村的工作方式，并要事先向上级请示方针，然后，始准其着手进行。在今后乡村的农民运动中没收已经政府判决的某些大恶霸罪犯财产时，其中如有工商业部分，应不没收，留给其家属经营，或将此项财产作价，让他分期偿还。对于已经破坏或错行没收，错行分配之工商业，必须坚决实行适当补偿，不得有所动摇。因为只有经过赔偿的步骤，才能使我之政策宣传获得充分证明，才会使工商业者更加相信我政策的真实性，敢于放手去发展业务。因此规定：凡属由公家没收之生产工具等，皆应责成各该部门首长亲自督促退原主，或按价购买；分配于群众者，原物尚存或尚留一部者，均应讲明利害，动员群众自动退回，或以他物给群众一部抵偿；确系消耗无存者，可说明困难，由政府以款赔偿其一部分，或给以若干期限无利贷款，或免征若干时期的营业税等，以代补偿。一般可采取富裕者少补，贫困者多补，影响大者先补，影响小的后补的方针，但必须进行赔偿，并须将破坏及赔偿与赔偿前后反映、工商业恢复之确实情况报告我们。

从现在起，必须把城市、大集镇工作置于适当位置上，纠正那种只管农村不管城市的观点。凡属控制区内的城市，皆应派干部、派武装去实行管理。要将恢复与发展工商业与安定商业者的生活作为城市工作的一个中心环节。今天广大工商业者及城市群众所要求我们的:一为城市集镇的秩序问题。在这方面,必须加强公安工作,保证城市治安,清查特务土匪,建立警察与市政秩序,适当利用街镇旧保甲及旧警察中某些有用的人物与经验维持秩序,利用商会组织,稳定市面,联系商人;逐步建立与扩大民主制度。二为货币问题。必须设立银行及工商贸易机关,掌握物资,排除蒋币,调节市场,巩固中钞,稳定物价,实行公私两利与有利于城市及解放区的出入口政策,发展商人对外对内的正确营业。这就需要防止搬运〔用〕不宜用于新收复城市的某些旧经验(例如一切统制,取消牙行剥削等),而研究适合情况的适当步骤与办法。三为清剿土匪,保证商旅,发展运输,组织某些行业改业等等。此外,帮助乡村小手工业者及正当行商小贩与农村副业生产,也属十分重要,同样要严格防止侵害其利益并适当减轻其负担,给以必要贷款,尽力扶植其发展。总之,需要有一个积极扶持、积极领导与发展工商业的方针,而不应任其自流。

对于冬季生产必须有所准备,各级党与政府调查所属范围内城市与乡村的工矿、手工业作坊、商业运输等状况,拟定恢复与发展方案及发展步骤,确定负责进行的人员与组织,严格报告检查制度,务须做到工商业在冬季能前进一步。

中原军区入城守则

（一九四八年十月十日）

一、一切参加攻占城市之部队人员，不但负有勇敢消灭敌人，俘虏敌人，收缴武器之任务，而且负有执行城市政策，保护城市，看守物资，制止破坏之任务。其遵守纪律保护城市有功者奖，破坏者罚。

二、城市攻占后，除被指定负有城市工作专门任务之军事管制委员会之全部工作人员及警备（或城防）部队外，其他任何部队及人员不得留驻城内。

三、在军事管制期间除有特别因公（不是买卖）须入城者，必须持有前线最高行政机关负责人之介绍信说明理由，并配带证章符号，经警备司令部之登记方得入城外，任何人不经过许可入城时，警备（城防）部队应予拘捕。

四、一切服务于城市工作之人员与武装部队，均须归入一定组织，配带军事管制委员会或其所属工作队之符号证章，以资识别，并须按照警备司令部指定之适应位置居住，不得自由擅驻有碍保护城市及违犯城市政策之场所。

五、一切入城人员，均须宣传党的主张政策，保护城市，严格执行我军统一的三大纪律八项注意及军事管制委员会、警备司令部之一切入城规定。任何人不得有敲诈勒索，擅入民房，侵犯公私工商业，破坏公共机关财产及擅自没收和逮捕的违法行为。

六、除持枪抵抗之蒋匪人员与首要战犯，武装特务等及杀人、放火、放毒、打黑枪、爆炸、抢劫、军事破坏等现行犯，准予随时当场逮捕，立即送警备司令部依法处理外，一切人犯之逮捕，均须经由治安司法机关执行，其他部队机关人员均无逮捕人犯之权。

七、一切缴获之军事物资，均须报告并经军事管制委员会遵照最高军事机关之意旨统一处理。

八、实行公平交易，不准强买强卖，抢购物资，扰乱市场。

九、一切人员不许无故鸣枪。

中原军区	司令员	刘伯承
	副司令员	陈毅 李先念
	政治委员	邓小平
	副政治委员	邓子恢
	副政治委员 兼政治部主任	张际春

中原军区安民布告

(一九四八年十月二十三日)

一、本军决本一贯保护城市之宗旨,保护全市人民的民主自由与生命财产之安全,望全体市民严守秩序,切勿听信谣言,自相惊扰。如有乘机捣乱或抢劫破坏者,一经查出,即予严办,并准由人民随时据实告发。

二、为切实保护全城秩序,准备本市工、商、学界之公正人以及社会团体,组织治安维持会,协同本军区所委之军事管制委员会共同维持全城治安。

三、保护民族工商业,凡私人资本经营之工厂、商店、作坊、企业、公司、银行、钱庄、货栈等,一律加以保护,不得侵犯,望各照常营业,并宣布立即取消国民党政府对于一切物价之限制,实本〔行〕营业自由与公平交易。

四、凡国民党政府、党部、特务机关及其财政经济机关所经营之工厂、商店、银行、企业、公司、货栈、铁路、车站、仓库、农场、医院等,均须照常经营,听候本军查明处理,不得破坏。所有在其中服务之各级人员,仍须照常供职,并负责保护全部资财及其文件表册等档案,听候接收。其保护有功者奖赏,怠工与破坏者严办。所有供职人员,本市民主政府建立后一律照旧发给薪资,听候分别录用。

五、保护学校、教堂、图书馆、报馆、名胜古迹、公园、娱乐体育场所、电灯、电话、邮政等文化公益或慈善机关,不得侵犯。上述场所之负责人及其职员、学生等,一律照常供职。

六、凡公共建筑物,如学校、车站、仓库,包括国民党政府机关党部、军队营房等之屋舍及其用具,均应予以保护,不得破坏。

七、除少数首恶分子外,凡属国民党党部、政府官员、警察、区乡镇保长等,如不持枪抵抗,本军一律不加逮捕。应服从命令,交出私藏武器、军火、资财及名册等文件档案,听候接收处理,分别录用,不得破坏、隐瞒或运走。

八、一切外侨及其财产,凡遵守人民民主政府法令,不做破坏本军与隐瞒战犯、军火等行为者,本军一律加以保护。

九、全市人民及各界人士,对于本市有负责共同维持秩序免遭破坏之责,凡保护城市有功者应受奖,阴谋破坏城市秩序者应受罚。

本军纪律严明,公平买卖,不取人民一针一线,不拉伕,不扰民,望照常各安生业,万勿惊扰。仰全市人民及各界人士一体周知为要。

中原军区	司　令　员	刘伯承
	副司令员	陈　毅　李先念
	政治委员	邓小平
	副政治委员	邓子恢
	副政治委员兼政治部主任	张际春

中原局关于占领郑汴的几点指示

(一九四八年十月二十六日)

一、郑汴依据形势发展极大可能巩固占领,但同时又可能各有不同程度的波动性,因此我应做长期打算,要有应付机变之准备。工作进行一般可仿济南经验。

二、在初进城时期暂行军事管制,设管制委员会,分部办事,建立革命秩序安顿市民以后正式设治。

三、鉴于大部重要罪犯可能事先逃亡,目前对敌方人员,切勿大捕大捉。对于普通机关职员可令其继续维持,负责看守房屋、家具、图书、账目、档案,并实行登记,有时间与人力时加以短期训练与审查后分别录用。对于潜伏于地下的敌方特务、谍报人员,利用一切线索进行秘密调查,以期一网打尽。公安局与警备司令部应协同我旧日城工人员收集国民党材料,准备秩序稳定后进行清查国民党、三青团的工作。一般户口登记、恢复市街行政组织、清理市容、恢复市面与查管公房公物等则可尽先进行,不要急于搞市民、工人斗争。禁止乡村农民团体进城捉人,如有举行控告者,由市府依法治手续分别办理之。

四、宣传工作应作为首要任务,使每一干部战士都成为宣传员,着重宣传我军胜利及各项城市政策(四言布告及郑市各项文告宣传品,可供参考),有计划地进行讲解布告、召开座谈会和发售文件,筹办《开封日报》与新华书店。一切公营报馆、书局与印刷所的器材皆应派专人保管,暂不许动用,在处理公共物资的机关统一领导之下,由宣传部派员统一处理。应帮助各级学校在短期内复课,以后进行有步骤提高改造。对于开封图书馆、河大图书馆、通志馆等文化古物,应设专人负责妥为保管,勿使损失。

五、即日宣布取消限价,恢复贸易自由。由分局[①]负责派人设中州分行,发行中币。限期在半月或十天内禁用法币,并逐步禁用金元券(看情况决定,可在一月左右),发动到蒋区换货。市民粮食与燃料应设法供应。由豫皖苏运粮入城,平价出售,以支持中币。属于四大家族与蒋匪公营事业、大罪犯如刘茂恩等等财产和工商业,目前可先登记封管,或责成原管理人维持营业,俟调查清楚而又有力量管理时,由政府接管之,严防破坏。其他小官僚、职员、地主之工商业一概不动,私人工商业尤应力加保护之。

六、铁路管理工作应即建立,旧员工应大部留用,在未恢复交通前委以看管器材之责。

① 豫皖苏中央分局。

路局总管机关可设郑州,统一计划工作。全路警备应由郑州市派队负责。警察应照旧令其维持秩序,原职原薪,我们派人去领导,逐步加以争取改造。

中原局关于庆祝汴郑解放与秋季攻势胜利的指示

（一九四八年十月二十八日）

（一）中国人民解放军的秋季攻势获得伟大胜利，继华东解放军解放济南歼敌十万、吴化文起义、王耀武就擒之后，东北方面：我军攻克锦州，封闭东北蒋匪辽西走廊，全歼守敌十万，伪东北剿总司令兼锦州前进指挥所主任范汉杰被我捉获；接着收复长春，守军六十军军长曾泽生起义投入人民解放军，长春守城司令官郑洞国率新七军及其他守军集体缴械投降；复又在辽西围歼蒋匪主力美械装备之新一军、新三军、新六军、四十九军、七十一军等五个军。截至今日已消灭敌数万，全东北即将全部解放。西北方面：我军八天中三战三捷，歼灭胡宗南匪军二万三千余。华北方面：我军向平绥线进攻，解放包头、集宁等重要城市，控制铁路五百多里，歼敌上万。另路我军正向山西省会太原围攻，本月上旬已在太原歼敌两个师。而我中原地区人民解放军则于最近占领陇海、平汉两铁路枢纽郑州与河南省会开封，歼灭郑州逃敌一万一千余人，对中原战局极为有利。

（二）甲、解放军的秋季攻势尚在胜利发展中，既得的胜利成果，已使全国形势发生基本变化，东北、华北、华东、西北、中原各解放区已经在广大的地区连成一片，交通畅通，各战场的人民解放军更可机动灵活。中原战局愈加有利，美帝国主义及其走狗国民党反动派被打得惊慌失措，悲观失望情绪弥漫国民党政府和匪军全部。全国人民兴奋鼓舞，人心更加向我，中原新解放区人民的思想状态必将发生显著变化，胜利信心更加提高。

乙、济南、锦州、长春、开封、郑州、包头等等许多省会和重要城市的解放，证明人民解放军的战斗力和攻坚力大大提高，战无不胜，攻无不克，国民党任何重兵守御的强固设防城市，在人民解放军的强大攻势之下，任何抵抗均属无效，国民党军队从来害怕野战，现在对于守城也毫无信心。

丙、吴化文、曾泽生的起义和郑洞国的投诚，受到中国人民和人民解放军的欢迎与谅解，取得将功折罪为人民服务的机会；王耀武、范汉杰的执迷不悟，白白断送许多官兵的生命，他们自己终被活捉。上述事实指出两条相反的道路和两种相反的结果，最明白地摆在一切国民党的将领和广大官兵面前，要他们自己加以思索和选择，“中国共产党站在人民立场上，对于任何国民党的官兵们，不问其过去行为如何，只要他们能够在人民战争的紧要关头，幡然觉悟，脱离国民党政府的反动领导，加入人民解放军阵营，坚决反对美帝国主义及其走狗国民党反动派，即表示热烈欢迎”（中共中央毛泽东主席祝贺吴化文起义电文中语）。

丁、蒋介石在其主子美帝国主义指示下，为了进行绝望性的挣扎，最近将集兵力企图“以机动对机动”，但国民党军队不能与人民解放军相比，它没有城市和交通供应是不能生存的。在人民解放军排山倒海的胜利攻势下，他的全盘战略已完全处于被动地位，真正“机动”是不可能的。我某些地区的局部困难是暂时的，中原的全部解放和全中国解放战争的胜利为期已经不远。

戊、美帝国主义及其走狗国民党反动派越是失败，越将玩弄假“和平”阴谋，我们向往和平，现在也愿意赶快结束战争。内战是美蒋造成的，今天他们的假和平阴谋，不是真心想和平，只是被人民解放军打得招架不住，人心背离的时候，企图以此来欺骗人民，获得喘息，重整兵力，以便继续进行屠杀人民的内战。因此，不推翻国民党反动统治，不把美帝国主义侵略势力赶出中国，就绝不会有真正的和平民主。中原和全国人民如果想早日求得和平，真正安居乐业，只有热烈支援人民解放军，帮助解放区的社会改革和各种建设工作，加速人民解放战争的彻底胜利。

（三）为了庆祝汴、郑解放和秋季攻势胜利，应该推行广泛的宣传工作，除了宣传上述一、二项的胜利事实和形势外，必须结合当地实际进行下列工作：

甲、抓紧时机继续开展政治攻势，发动人民自卫，配合军队坚决肃清土匪。土匪是国民党反动派统治的爪牙和地方人民的祸害。只有协助政府彻底消灭土匪，人民才能安居乐业。“拉杆”干土匪绝无出路，赶快缴枪投降，回家安业。

乙、实行合理负担，大家民主评议，迅速交纳秋季公粮，以便进行解放区各种建设，支援人民解放战争，使中原和全国早日获得全部解放。边沿区人民要反抗国民党匪军抢粮、抓丁、派款，保护自己的生命财产。

丙、国民党大吃败仗，南京小朝廷性命不长，伪法币在国民党地区马上要停用，伪“金元券”一天一天的不值钱，中州票因开封、郑州等地解放，流通范围更大，信用更加巩固。国民党政府阴谋以不兑现的伪“法币”和“金元券”夺取我解放区人民的黄金、白银和现洋。我们要赶快排除伪“法币”、伪“金元券”，拿到国民党区去换回物资，以免吃伪币的亏。禁止伪“法币”、伪“金元券”进入解放区盗取现银物资，禁止白银、现洋流通，有白银、现洋者，应该保存在家里，或者换成中州票使用，大众要拥护和使用人民自己的中州票。

丁、实行减租减息，努力完成冬耕种麦、救灾、治水，加紧生产，防止明年春荒。

（四）为了庆祝这次伟大胜利，各地方党、政和群众团体，以及各机关、各部队，应在城镇和驻地举行庆祝汴、郑解放和秋季攻势胜利大会，并组织宣传队、秧歌队、剧团等到县城、市镇和集体场所，进行口头和化装宣传。对于群众的宣传，除宣传上述要点外，特别要结合当地具体情况加强第三项实际工作的宣传。部队、机关的宣传教育，特别要讲解胜利形势，提高信心，鼓舞战斗士气和工作热情，并提倡军事和政治学习，学好正规战、攻坚战，学会城市政策和工作,以便夺取大城市和管理大城市。军队和机关的祝捷大会,在不妨碍群众种麦生产的条件下,应力求与民众联合举办,军民同欢。

在郑州市干部会上的讲话

（一九四八年十月三十一日）

张际春[①]

军事管理委员会开了个会，对于过去九天的工作和今后的工作方针与任务作了些研究，现分下面三个问题报告如下，备大家研究和进行今后郑州市工作的一个参考，希望大家来充实它。

（一）九天来的工作

我们自从本月二十二日晚上进驻郑州市，到今天已经有九天了。在这九天的工作中，我们做了些什么呢？概括说来有如下几个方面：

首先，我们做了不少的宣传工作。我们入城以后，把我们的胜利和政策采用各种方式，如发布了各种布告、传单，出版报纸，作报告、演剧、秧歌、画报照片展览、口头宣传等进行了普遍的宣传，这些宣传对于市民的思想会发生很大的影响。其次，我们还进行了城市的准备工作。由于盘踞郑州敌人的被歼灭，我军迅速进入郑州市，保护了公共机关、物资和市民的财产，限制了坏人的活动，安定了社会秩序，迅速地制止了过渡时期的某些抢劫与破坏等混乱状态。第三，我们开始了市政工作中各方面的工作：宣布了我们的金融政策，推行中州票，排斥蒋币，压低金元券，还采取了一些帮助市民输出蒋币及平抑市场物价等措施，已开始使郑州市成为中州票的市场。在铁路工人方面，也初步进行了宣传组织工作。在公安工作方面，自从颁布解散国民党三青团及其一切特务等反动组织的法令和经过公安机关的各种实际活动后，已开始接连破获了一些反动组织，反动组织正在开始瓦解中。特别是我们很快地建立起了政权机构，人民民主市政府，区政府的组织也正在进行中。开始我们曾准备成立临时治安维持会，以后由于客观情况的发展，郑州是可以巩固，可以长期占领，而实际上亦不很需要，所以就决定不再成立这个组织了。第四，初步地处理了公共机关的人民〔员〕和财产，一般的都已经接头登记，加以保护，有的已经接收并已复业（如车站、电话、医院、仓库、公立学校及部分工厂、报馆等），有的还在看管，等候处理中。

总起来讲，九天的工作初步地安定了社会秩序，并正在开始建立我们的秩序。九天中确实做了很多工作，大家都很忙。但是由于我们的机构不够健全，事多人少，工作经验缺乏，九

---

① 张际春时任中原军区副政委兼政治部主任。

天中工作的被动性和应付性仍然很大,今后急需更有计划、更有步骤地进行郑州市的工作。

(二)对郑州市的初步了解和认识

为了今后更好地进行郑州市的工作,我们应该好好地来了解郑州的情况。我们现在还没有开始这种工作,今后必须认真去做。但郑州市一般的基本情况,是现在就可以来了解的,如最明显的郑州市是新解放的一个中等城市,它拥有二十万以上的人口。既然是新解放城市,它就具备一般新解放城市的条件和特点,就应该按照党对于新解放城市的政策来处理郑州市的问题和工作。但郑州市还有它特殊的地方:第一,郑州是平汉陇海两路的交叉点,是交通的"枢纽",四通八达。这里来往的商旅军队就特别多,交通设备(如铁路、公路、有线电、无线电等)就特别强化,特别突出,工人的数量就比较集中,人口的流动性就大与复杂,所以工作中就需要善于照顾和处理交通发达这一个问题。第二,由于郑州市是国民党反革命军事指挥前进指挥位置,这里反革命的军事机构就特别多,有绥署、仓库、工厂、被服厂,各部队留守处等庞大组织。随着这一反革命军事指挥的需要,其特务与谍报等的反动组织与活动也就会特别加多。所以工作中就还需要针对这一特点而加以注意。

此外,这次郑州敌人的撤退是比较有准备有计划的,因此敌人也就可以有计划地潜伏他的反革命组织力量。少丢掉一些物资,似乎对我们获利不多,但另一方面,战斗没有在市区直接发生,战争的破坏较少,保持了比较完好的城市,这对我们则是有利的。

这些错综复杂的情况,在进行郑州工作时就必须加以注意。我们要很好地来研究它。

(三)今后的方针和任务

过去的九天,因为干部少,工作多,为了迅速安定人心和社会秩序,大家一阵子忙,那是需要的和难免的。现在社会秩序开始安定,组织也在开始建设,我们冷静地进行调查了解,研究郑州市的环境和本身情况,明确我们的工作方针,并按此方针去进行工作是非常需要的。

从中原整个军事形势认识出发,郑州市是有绝大可能巩固地占领的,因此我们的方针就应该是巩固地占领郑州市的方针,把郑州市逐渐变成为人民统治的城市的方针。当然,中央局指示中也指出,也还可能有某种程度的波动,但这并不能妨碍我们巩固郑州市的基本方针。因此,每一个参加郑州市工作的同志,以至于郑州市的人民,就应该毫不动摇地以最大的决心和努力来巩固郑州市,使其改造建设成为人民民主的城市。

关于可以巩固地占领的城市的政策与任务,党的各种指示中说得很清楚,代表党中央指示的两年战争总结第三年战争任务中的第二个任务说得亦很详尽,大家应好好地去重新阅读和深刻研究几遍。我们就应当根据这个政策的基本原则和结合郑州市的实际情况,制定我们今后的工作任务和具体执行的办法。

根据党对于新解放城市的政策及对郑州市的方针,结合着郑州市的具体情况和我们几天来的经验,我们认为今后郑州市的工作应该有如下几个迫切的具体任务:

第一，肃清潜伏的反革命武装力量及其反动组织。

现在郑州市内公开的反革命武装，如十二绥署及其四十师保安团队等，已经被我军在战场上歼灭了。但是潜伏在市内的零星的反革命武装力量还是存在的。解散反革命组织的法令虽然已经颁布，九天以来也有不少的瓦解与破获，但是并不等于已经完全解散和停止活动。布告和解散令只能对其中的动摇分子起某些瓦解的作用，其中的首恶及坚决狡猾的分子，不会那样容易甚至可能会要想法子来愚弄我们的。我们不能满足于过去几天来的成绩，必须认识这是一个斗争的过程，即使在一定时期内其反动组织与活动被我们打垮了，他还会要继续派人来活动的。公开的持枪抵抗的敌人已缴枪，但隐蔽的持枪抵抗的（即打黑枪）亦一样可能发生，我们不应麻痹。我们应该以充分动员市民来共同完成这一任务，说明反革命组织及其武装力量对人民的危害性，提高他们对反革命的仇恨。敌人在撤退前即有所谓"地下军""守卫军"等组织的活动。我们在筹组工会与商会，特务与坏分子就企图控制工会与商会。这些就说明反革命分子不坚决肃清，城市中人民的统治就很难建立。对于真正的破坏分子、反革命罪魁必须逮捕，真正的官僚资本的财产和反革命罪魁的财产必须没收。自然我们要反对乱逮捕乱没收，乱逮捕乱没收会失掉群众，必须要有一定的组织来执行，而且应该报告区党委和中央局。但如果对应该逮捕应该没收亦不逮捕和没收，那就没有是非，那我们也会要失掉群众。这一个任务，今后应成为在一定时期内的中心。党的市委与政府，要更好地来重视这一任务的执行。此外还在与四郊的瓦解收编土匪及地主武装的工作相结合，四郊不安宁，城市是不会安宁的。

第二，进一步安定和建立社会秩序。

目前阶段，郑州市的社会秩序仅仅是初步的得到了安定。根据九天的经验看来，安定社会秩序是一件长时期要从各方面注意的事情。因为一定的外部或内部的情况，常常可能引起社会秩序的不安定。例如某一个谣言与敌情的影响，我们自己某一个经济、政治政策上的措施欠当，警备部队自己不善于维持治安，不遵守纪律等，随时可能引起动荡。因此，安定和建立社会秩序这一工作是一个不断进展的工作，不是进城以后安定一次就可以结束的，它是要贯穿到全部城市工作过程，直到人民的统治真正在城市中建立为止。

由于党的政策的规定，今天城市革命的对象只一般限于国民党反动统治机构和真正的官僚资本。因此，我们在安定社会的工作，就包含这样一些内容：

（一）首先要切实保护公共财产，不得破坏与分散，原来的生产企业，应尽可能恢复其生产。战争所造成的人民的困难，将来主要应依靠组织与领导生产来解决。一时不能复业的员工与技师，应暂时救济维持其生活，并加以训练，以便将来复业，或改作其他工作。（二）不侵犯一切守法的工商业者，加强工商管理局的工作，有步骤地推行中州票，解决民族工商业者的货币问题，迅速恢复交通，帮助他们排除蒋币，以求达到繁荣市场的目的。（三）对守法的文化机关、宗教团体也不应侵犯，对本市回民工作，应提醒注意，尊重其生活习惯，不驻军队。(四)从事国民党的经济工作、教育工作及专门技术的守法人员,应妥善处理和留用,并应注意对他们争取和教育。首先应解决他们的生活问题,并加以教育。可以采取组织小型训练班,召开座谈会、讨论会等方式予以政治上的教育,生活问题必须给以解决,不然是不可能留下来,而会要走的。技术太低而表现又极坏的分子,可以允许他们出场。失业者中不事生产留着无甚用处的国民党军官家属、逃亡地主、退伍军人、妓女等应设法清查登记,有的可以经过宣传发给路费送回本地或蒋区去,使其暂时向国民党要饭吃去。国民党军的散兵游勇包括伤兵在内,应由警备司令部专门机关管理,分别训练争取或遣送。如此,城市的混乱现象,也可以减少一些。

第三,开展市民中的群众工作。

群众工作不外两方面,即市民中的宣传工作与组织工作。过去九天中,我们做了些和市民见面的一般的宣传工作,今后应有计划地更深入的进行,利用各种形式、各种机会进行宣传,以求得在市民思想中占领思想阵地,随时揭露国民党反动派的欺骗宣传,完全打碎他们对国民党的幻想,正统观念等。我们除去印发传单以外,要很好地组织有力的口头宣传,以便于为市民广泛的接受。市区中还存在很多反动标语没有涂掉,应有计划涂掉并布置新的标语口号和在适当位置绘毛主席巨幅画像,以新市民观念。城市的社会阶级与阶层,比农村复杂得多,市民的组织工作,这里有工人、商民、职员、学生、平民等,应利用各种组织形式,把市民组织起来,经济的、政治的、文化的,青年的、妇女的,学习的、生产的,甚至武装的都可在市政府的领导之下,组织起来,团结起来。这样来逐步提高城市人民的觉悟程度与组织程度,达到人民统治在城市中真正地建成起来。

第四,整理与健全领导机构。

为了巩固地占领郑州市,为了实现上述任务,领导机构与工作机关不健全是不可能的。这也是具有决定性的问题。

(一)建立各种组织,划清工作界限。军事管理是极短时期的一种组织,市委要马上建立起来,现已由中央局和区党委确定九纵谷主任代理市委书记,市委名单亦可全部迅速确定。市政府的机构已建立一部分,其余的应迅速建立和健全起来。警备司令部在郑州将是很长时期需要的一种军事机构,应加以健全,特别是工作应加以总结整理,求得更好的改进。此外其他的必要组织亦应建立,也许要建立军区办事处等类的机构。在组织健全的同时,应将工作范围划清界限,各尽职责,免得彼此牵扯或推脱。

(二)要树立朴素、科学、紧张的工作作风,必须遵守时间。反对浪费、贪污、散漫。郑州城初获得解放,初来此工作的干部好与不好,都将给群众以深刻的影响,都将给他们模仿与学习。城市中有好的一面,城市人口集中,文化与买卖便利,组织起来是力量。也有坏的一面,城市中留存着旧的统治阶级肮脏黑暗的东西,如腐化享乐等。我们不要为这些罪恶的东西所诱惑,我们要以革命改造社会的精神来处理它,一方面组织与利用城市的力量,一方面加以可能的逐步的革新。市民们对我们的作风已有某些好评，如说我们认真，说了就做，不是光说不做，今后应注意发扬。

（三）对留用的旧有的人员或新吸收参加工作干部，应注意团结、教育，并改造他们，即热忱地团结和虚心地向他们学习，从政治上提高他们。本地干部熟悉情况，工作很活跃，很吃得开，我们不是去嫉视他们而是应该学习。

（四）学习城市工作。我们极大多数同志，都是初次做城市工作，有的学过城市政策，有的并没有学过，我们应在实际工作中好好学习。中央城市政策指示和第三年战争第二大任务及各地经验，已印成小册子，应经常学习研究。前几天由于工作太忙，不能冷静用头脑去想，只是一阵忙，这会容易出岔子的。城市中提出了很多新问题，要求我们按照党的城市政策的基本原则去结合实际正确解决。过去我们在土改中的许多做法是不能搬进城市中来的。首先就是要懂得党在可以巩固的新占城市的基本政策，不懂得这一基本政策，就很难希望开展工作的。例如我们曾经提出在建立区及街两级政权时，可以部分地利用原来的保甲人员，以便我们了解情况召集群众，但绝不能错误地了解为把原来保甲人员原封不动地加以保持。我们做城市工作没有经验不要紧，只要我们热情地向城市广大群众学习，深入地了解他们经济的政治的要求，他们生活状况与思想状况，找出提高他们、组织他们、帮助他们解放的方法来，经验会产生的。只要我们在党的巩固地占领郑州市、把郑州变成为人民民主的城市的方针之下积极地工作，困难会克服，成绩会取得。

中原局关于整党学习的指示

(一九四八年十月)

自中原局“六六”及“九九”指示发出后,我们在新区的政策问题,已在这两个文件中作了系统的检讨与作出正确的决定而获得基本解决。但由于干部大部分来自各个解放区,除少数外,多半都是缺乏新区工作的思想准备,到新区后,又以环境流动,活动分散,党的会议少,组织生活不经常,党的指示文件发行传达很慢,不普遍,不深入;而当地之地方干部则长期处于独立分散的游击环境,或者是长期在地下秘密活动,得不到党的领导,不能过正常的党的生活等等原因,因此,各地干部各是其是,各非其非,各自为政,游击习气严重,集中统一观念缺乏,无政府无纪律状态都相当普遍而严重地存在。常常不是根据当时当地的具体情况,而是根据自己的主观愿望与狭隘的局部的甚至错误的经验去了解、确定和执行党的各种政策、计划与布置各种工作。对时局则缺乏整个的系统的认识与了解,随着情况时紧时松,情绪即忽冷忽热,忽高忽低,甚至某些地区某些干部发生信心不高,斗志不强,悲观失望厌倦情绪,以致纪律败坏、贪污腐化、追求享乐的行为也相当普遍而严重。在工作上则缺乏民主精神与群众路线的工作作风,实行强迫命令、包办代替。这一切都使我们脱离群众,使党的正确政策不能统一贯彻,使我们不能适用于当前领导革命战争的需要,使我们不能顺利地完成建设中原解放区并把战争继续向国民党区推进的历史任务。为了要克服目前中原党内许多干部思想上的经验主义,组织上的无组织、无纪律、无政府现象及盲目的山头主义,作风上的官僚主义、军阀主义偏向,政策上的左右摇摆的盲目性(在目前主要的还是“左”倾急性病),政治上的悲观失望厌倦情绪,与生活上的享乐、腐化、贪污等等不良倾向,使中原党的干部在思想上、政治上、组织上、政策策略上、作风上及生活上更加纯洁、统一、自觉与成熟,同时统一意志、统一行动、统一纪律,因此,集中领导的整党学习,便成为我们能顺利地发动群众,巩固地联系群众,安定地方,支援战争,发展生产,建设中原根据地的重要关键。为此,关于整党学习问题,特作如下之规定,望各地依各地的具体情况切实加以实施。

甲、由分局或区党委直接领导,在半年之内将所辖区内县委以上、地方武装营或大队以上的干部整完。一般可采分批轮流,用开干部会议的形式。但在分批抽调时,要注意先调早来的,后调晚来的,先调在华北未整过的,再调已整过的,以免使这些干部刚到还未做工作即又整,觉得天天光整党。时间每期一个月左右(在环境动荡的地方,可斟酌具体情况把范围缩小,时间缩短)。至分区委及连排干部,则由地委直接领导整。地委以上各级机关不能长期离开工作的干部，由各该级党委直接领导整，时间每期可延长到二三个月。

乙、这次整党要学习的文件为：中原局的"六六指示""九九指示"，《关于克服无纪律无政府状态并建立请示与报告制度的决定》《中宣部重印〈左派幼稚病〉第二章的前言》《左派幼稚病》第二章《布尔什维克成功的基本条件之一》，新华社社论《人民解放战争两周年的总结与第三年的任务》，毛主席《论联合政府》最后一章《全党团结起来为实现党的任务而斗争》，艾思奇的《反对经验主义》。在整各种偏向中，要把重点放在以双减为中心的新区政策与提高纪律性及群众路线的工作作风上面，而联系其他各种偏向。各地负责领导整党学习的干部，可根据干部的政治文化水平，针对当时干部的思想情况，把上述文件在学习时分别加以缩减。

丙、办法：先由党委的负责同志作有关上述诸问题的启发报告，开展认真的不是敷衍的，正确的不是歪曲的批评与自我批评。无论批评与自我批评，无论对上级同级或下级，领导者或被领导者，都要做到"人人下水"，实行"三层亮"，都必须有真凭实据的材料，不能人云亦云，无的放矢地空谈。要使大家对于过去工作的成绩或错误与现在的实际情况都能得到正确的一致的认识与结论，对于新区的方针、政策、策略步骤也都能得到统一的、正确的了解。

丁、为了使这次整党学习能够获得应有的成绩，首先在领导上就必须根据中央给晋绥分局、西北局关于整党问题的指示，总结一下过去这一时期自己整党的经验教训，说明不是整党本身不对，而是在方式方法上有了毛病，并且不仅在口头上强调整党的重要性，而且要以身作则首先下水进行批评与自我批评，克服或多或少在一般干部中存在着的把一个有益于人民，有益于党，更有益于每一个忠实同志的政治健康与思想健康的整党学习运动看成是"过关"，视为畏途的错误的思想。分局与区党委要经常把整党的情况及发生的比较主要的问题与偏向及时加以讨论解决。在每期整党之后，分局或区党委必须向中原局作关于该期整党进行情况、所采取的方法、收到的效果、发生的偏向与经验教训等的总结报告。各级领导机关应以反对与克服领导上所存在的经验主义、盲目性、无政府无纪律状态，既不能民主又不能集中的领导作风与缺乏批评与自我批评等等不良现象的整党办法，去领导进行整党学习，使整党学习的领导方法本身就成为一种整顿领导方法的学习运动。经过这样自上而下、自下而上的相互推动，才能使整党学习收到更大的成绩与效果。

中原局九、十两月工作概况[①]

(一九四八年十一月十日)

我们九、十两月份的工作,仍继续九月初旬中央局会议所决定的方针,打通干部停止土改实行双减的思想,确定今冬明春工作,开始克服无纪律无政府状态。十月下旬根据新的情况变化,做了若干新的布置。

(一)在转变干部思想上的经验是:坚决批判抵抗政策转变的主观主义思想、坏作风及无纪律无政府状态,从总结过去一年经验与分析实际情况(匪情、敌情、阶级情况、群众要求等)入手,说明过去急性土改与政策执行中的错误及半年来转变的好处,而从发扬成绩与优点,批判右倾观点,着重分析形势与具体情况,指出积极斗争方向,确定今后工作具体办法,鼓励干部信心,订立加强纪律性办法,争取不处分,少处分,不过重处分,达到"弄清是非达到团结"的目的。领导上要大胆自我批评,发扬民主,多担责任,引导干部开展批评与自我批评。凡是这样做了,如豫西、皖西、鄂豫等均能统一认识,获得成绩;凡未切实这样做或做得不充分的,解决得就不彻底,如鄂豫在自我批评上不充分,桐柏分析实际情况与指示今后办法不具体,有些硬打通,陕南纠正错误与结合当前斗争办法少,尚未完全解决问题。

经过这样的努力,把实际已经停止与纠正了的政策偏向提高到原则上来认识,从而通过干部说服群众中的积极分子,引导群众积极斗争,个别地方已有良好反映。

(二)经过几个月工作与战局胜利开展的影响,敌匪与各阶层情况有如下变化。

土匪在豫西已经被消灭了一万余人,有半数以上是瓦解的。剿匪经验:除军事上有重点的划区清剿与政治上明确的打击外,主要是政策转变,安定社会,采取动员群众与土匪家属和利用宽大一般分子,镇压最坏分子,从各方面去孤立瓦解土匪。但现有许多小股分散活动或潜伏隐藏,群众自己起来进行剿匪还只在个别地方开始发生。

国民党党团分子已开始自动来登记。特别是知识分子变化很大,过去尚存观望态度的,近一周来则大批来我学校住。如宝丰训练班两三天就来了三百余,不被录取的要求留下旁听;豫西干校几个月只收百余人,近一周即来二百余,宜北(宜阳之北,新设县治)一县就吸收了五百个知识分子参加秋征工作,这是去年我军南下之后一个新的高潮。工商业者一般已经安定,集市由恢复走向繁荣。地主阶级左翼分子开始出现,为我说话,找工作;一般地主已

---

① 这是中原局11月份给中央的综合报告。

安下心来，有捐地兴学者，有的则分家、卖地、逃避负担；逃亡者除少数最反动分子外均已回来，一部分暗中活动，发生反攻现象；恶霸分子当权派有逃往城市隐蔽的，有回到附近村庄的，一般仍握有武装，控制村政权。

（三）群众方面。除匪据区外，已逐渐公开靠拢我们。分田区经过近时政治宣传与恢复生产之后，多对我们表示拥护，知道将来迟早要分地。游民相当多，如宝丰赵官营村即占贫农的百分之十七点七。他们要财要地（要收获），也确有少数贫雇农敢于要地（豫西一个较好村一百八十户约有三十户愿要地），但相当多的积极分子仍留后路。已分土地一般是半真半假，群众说"八路军不走就要"，意指干部不离村就要，离开几天就波动了。恶霸地主没有打倒，许多工作都会是形式的。未分田村庄如何接近群众，尚是一个难关，往往二三十天才能初步行动起来。群众运动的酝酿阶段还是艰苦工作，运动起来就快了。豫西四个重点县都各有几十个村庄开始发动，一般都是剿匪反霸，影响很大，有的还未这样做，停在空喊中。

土地调整，除极小部分老区外，一般有这样的特点：停止了土改即无新的斗争果实可资补偿；土改程度很差，与华北已完成土改区之调剂补偿不同；恶霸地主当权派多未打倒；新起的少数积极分子又是我们在乡村初步形成的可靠力量。因此在补偿错斗户时，以解决严重争议、团结农民一致反对恶霸地主为目标，避免伤害已经靠拢我们的贫雇农。在进行调整时，依靠已得地户，先在他们之中讨论，再吸收中农一道开会，公开在农民协会中宣布要地、退地或改为减租，由农民自由讨论，各户自己决定，以发现农民所顾虑的问题，然后强调保护既得利益，鼓励斗志。当划清农民对地主的阶级阵线之后，再讨论补偿中农问题，以团结农民内部，不如此，中农即行反攻，为地主所乘，陷我们以进退两难境地。有些地区也发生了干部命令退地，地主反攻，贫农后悔的现象。至于是否即从调整入手，则依当前群众要求而定，一般以先解决群众迫切要求，如公粮、负担、支差、清匪等，发动初步斗争而后调整为宜，否则，易于耽误时间，疲劳群众情绪，或走上反现有积极分子的错误道路。对待勇敢分子采取谨慎政策。一年来生长了一部分民兵武装与斗争中的勇敢分子，其中一部分是贫雇积极分子，一部分是地主派进来的阶级异己分子与狗腿，一部分是游民或破产不久的农民，其中也有少数中农。特别是前一种人具有勇敢积极，敢于挺身与反动派决裂，敢于首先接近我们，准备"失败"了随我们走，与较能联系一部分群众这样三种品质。但由于过去急性土改、乱打乱杀与逼上梁山等错误，使他们在一定时候严重脱离群众，陷于孤立状态，因此相当一部分（有占百分之八十者）留有与地主妥协的后门。但这主要地应由领导上负责任。而当我们采取适当方法去教育与团结他们的时候，他们即能坦白承认开后门错误，诉陷于孤立之苦，宣誓挺身再干，要求建立"司令部"（即建党要求），要求武装，反对打黑枪，要求保证已分果实，虽然到了斗争困难和令其退出多占果实时又发生动摇与抵抗情绪，但是可以克服的。因此决定，团结培养真正积极的，争取改造破产游民分子，分化争取贫苦狗腿，清洗阶级异己分子，把他们坚决放到群众中发扬民主批评，从斗争与教育中逐步克服他们脱离群众的错误，并大开练训班,吸收最好分子入党。有些地方一脚踢开,解散农会,结果我们在农村中长期找不到门路,群众更加不敢接近我们。

在群众运动上,于克服干部抵抗停止土改,检讨思想与作风错误之后,即着重防右,放手发动群众,建立我党在农村的可靠阵地。

(四)十月下旬郑汴收复,中原形势大变,我们即发出开展政治攻势、加紧剿匪、放手争取知识分子等指示,并尽力抽调干部,加强解放城市工作,准备将工作中心逐步转向城市。最感困难的是干部不足,如豫西地方干部共七千人(内本地两千余人),分配在五十个县(原县四十个)与五六个有六万以上人口的城市及许多小城市中,重点县最多也只百余人,且又抽干部入郑,部队抽下来的干部逐步归建,有平均使用力量的危险。路东、路西均感农民未起扩兵困难,难于适应形势发展。现决定干部使用除加强较大城市与交通要道工作外,各坚持十多个重点县,于今冬明春作出初步成绩来,并抽专门干部组织训练班,大批训练新干部。豫西计划于一年内吸收培养脱离生产新干部两万人,其中知识分子约占三分之二。

首先在学校中建团,开展工人、青年、妇女工作,开始有步骤的建党,并用会议形式进行整党,贯彻各级(首先地委及旅以上)反无纪律无政府斗争,加强在职干部学习,以提高老干部。明春出版《中原日报》,开办较正规的党校。

(五)大别山的形势已好转,收复岳西、立煌、经扶、商城、固始,打了几个小胜仗,已出现了几块小型游击根据地,能放伤员。反扫荡中采取收缩阵地,集中兵力保存干部,适时转入反清剿,扩大游击,开展敌后边地。无人区大体消灭了。土匪已停止发展而开始缩减,内部动摇。群众情绪好转,干部已习惯于坚持艰苦生活。惟有两个分区损失干部三分之一到二分之一。我们指示努力团结内部,提高干部,转入勇敢与谨慎的发展斗争。江汉、陕南大水,各区灾情很重,即豫西一般也减收百分之二十。陕南纠正偏向迟缓,两个县各有大部分发生暴动,领导干部思想也较模糊,距我们又远,我们采取了不断指示,并找所有派去的负责干部谈话,但仍未起重大作用。

中原局关于全力支援淮海战役的紧急指示

（一九四八年十一月十三日）

我华野、中野现正集中力量进行徐州会战，以围歼国民党在长江以北的最大主力。这是一次最大的决战，也可能是最后一次大决战。此战役如获全胜或大胜，则长江以南将无大战，不仅使中原全境解放，而且要使全国解放更加顺利。所以争取此次决战胜利，不仅是全中原人民的最高利益，而且是全国人民的最高利益。除了前方野战部队不惜一切牺牲，不顾任何疲劳，克服一切困难，以争取歼敌制胜，各地方部队遵照军区命令取得作战配合外，我各地党政军民必须进行如下紧急工作：

（一）要使全党全军及所有机关、学校、医院、企业等全体人员认识此次决战之重大意义，要集中一切人力、物力、财力，高度发挥各人的积极性与智慧，争取此次决战之完全胜利。任何片面的群众观点，任何山头、本位、自私自利、松懈迟缓，任何对战争不利的行为，都是对革命不利的，必须坚决反对，立即纠正。

（二）责成豫皖苏分局加强支前机构与支前工作，授权支前机关全权征调粮草与民夫担架，保证一切作战需要，不惜任何损失与负担。征调过程中，群众负担不公者，以后允许再行调整，财力供应不敷时，由中原财办补助。

（三）责成豫皖苏行署及一、三、六专署组织强大的供应站，配合地方合作社并动员民众供应作战部队以油、盐、猪肉、菜蔬（至少有黄豆、花生米等）及黄烟、烟叶、纸张等，保证部队必需的生活水准，以维持部队战斗力。这些物品概照预算规定之价格售给部队，供应站如有亏本，准由公家报销。

（四）各地必须保证铁道、公路之畅通，尤其是陇海路及接通前线之公路、桥梁必须保证经常畅通无阻。未修者速修，损坏者速复，不平者补平（必需经费向财办报销）。各地需按着中原军区交通局之要求密切配合，保证弹药及一切军用物资、伤员之前输后送。这是争取战争胜利的重要关键，任何妨碍或迟滞交通者，都是妨害战争的罪恶行为，必须严加取缔。

（五）各后勤部门必须根据此次战役需要及现有城市交通状况重新部署工作，以保证前方作战需要，如后方医院之设置，医药之配备，弹药军实之供给，军鞋之采购，以及后方通讯、侦察、参谋部门必须百倍加强工作，提高工作效能，以适应战争需要。

（六）为保证上述各种工作顺利完成，各有关党、政、军领导机关必须征调干部加强上述各方面组织，加强政工，保证派得力干部前往传达、具体布置，并严格检查督促，保证完成任务,以利战争。

(七)各地应乘我大胜、蒋军土崩瓦解与土匪特务惊惶失措时机,加强对蒋军及土顽、土匪、特务之政治瓦解工作,以巩固后方。最近郑汴特务及其外围各县土顽土匪纷纷投诚缴械,说明这是瓦解土顽、土匪的最好时机。在此新形势下,各地应有新的认识,应扩大胜利宣传,举行祝捷大会,张贴标语布告,并通过各种社会关系争取土匪缴械投诚。有些地区土匪将近肃清者,应以县或区为单位,限期要土匪、土顽、特务自首自新,逾期严办。各地对蒋军应大量散发宣传品(主要是秋季捷报,新华社关于论局势文章,中央对时局评论,吴化文、曾泽生通电,王耀武告国民党军书,及中原军区四言布告等),并利用释放俘虏及各种社会关系争取蒋军起义或战场上放下武器。这时政治瓦解工作比任何时期都有效,各部队、各地区必须抓紧进行。至要。

中原局关于出版《中原日报》的通知

（一九四八年十一月十五日）

为了加强马列主义理论、毛泽东思想和党的纲领、主张、路线、政策的宣传，密切党和党员与党的上下组织之间的公开联系，更进一步团结中原人民，提高党员和群众的觉悟程度，培养大批干部，适应革命形势发展的需要；为了反映社会人民生活和活动的状况，交流各种斗争和建设工作的经验，加强对于实际运动的指导，为了进行正确的表扬和批评，发挥批评和自我批评，改进思想和作风，密切群众联系；为了加强对于敌人思想上、政治上、各方面的斗争，建立我们在中原的坚固的思想阵地，中共中央中原局决定即日起筹备出版中原党的机关报——《中原日报》。为此各地和各部队的党应即进行如下工作：

（一）在干部、党员、战士和群众中展开关于党报和党的通讯社工作的教育，认识《中原日报》是中原党和人民的耳目喉舌，是指导实际斗争的最广大、迅速、有力的工具，大家应以党报作为经常的教科书。《中原日报》刊载的党的文件和社论必须细心研读，其所发表的意见或批评，应该及时检查、执行和答复。大家都要经常为党报写稿，供给材料，帮助发行，提供对党报的意见，使之不断获得改进，真正实行毛主席“全党办报”的方针。

（二）加强新华分支社和通讯工作的建设，向《中原日报》和新华社中原总分社供给新闻材料，并收受《中原日报》所发表的党的文件、社论和重要新闻。凡未建立新华分社的地方，应迅速建立起来；凡已建立新华分社且通讯工作已有相当规模的地方，应即推动各地委设立新华支社；并在每个县选拔一两个得力的基干通讯员，进而组织通讯小组。各地区与各部队发给《中原日报》的稿件，应经各地新华分社编辑、整理。豫皖苏、豫西两地区除继续由新华分社组织报道外，行署军区的各个部门、高中以上学校与各地县市委应指定两个《中原日报》的通讯员，其中豫皖苏的一、五两分区和豫西的一、四、五三个分区并应在县、区两级建立《中原日报》的通讯组织，均直接与《中原日报》和新华社中原总分社之采访通讯部发生通讯联系。

（三）经常向《中原日报》供给材料，包括解放区和国民党统治区出版的书报杂志，敌伪文件资料，我之调查研究材料，各地党政之法令文件及工作总结和工作报告等，以便报纸及时了解情况，组织具体报道。郑州、开封、洛阳、许昌、南阳、襄城、界首、周口、漯河、阜阳等三万人口以上的市、县委和市、县府，及豫皖苏各地委、专署和一、五两分区的各县委、县府，豫西各地委、专署和一、四、五分区的各县委、县府，与其他重点县、区、村，应将其文件、报告、总结经由各该上级党委宣传部专门寄一份给《中原日报》资料室。其他地方俟交通情况改善时再定。

(四)各地和各部队应通知其所属交通局、邮政局负责《中原日报》的发行。豫皖苏和豫西应在《中原日报》所在地建立交通分局或发行站,与《中原日报》发行部发生直接关系,以发行《中原日报》为主要任务。其他各地区则应分别向豫皖苏和豫西建立交通干线。各级党委对于《中原日报》的发行工作应经常检查,力求迅速普遍。

(五)在《中原日报》出版后,各地地方党报首先是豫皖苏和豫西两区报,则应以区乡干部和普通认字群众为发行对象,做到地方化、群众化、通俗化;多刊登地方群众生活和活动的消息,国际国内时事新闻应择重要的综合发表。篇幅力求紧缩,在目前情况下,以不超过八开四版和四开两版的隔日刊为度,不必再事扩充,以求与《中原日报》分工,并提高报纸的质量和作用。

中原青委关于建立各级学生会和学联的通知

（一九四八年十一月十五日）

中原地区的中等以上学校正在迅速恢复或创立，学生日益增多，这批青年学生，将成为支援人民解放战争与建设中原解放区重要力量之一。对于这些青年学生的培养与造就，主要当由学校负责，但同时由学生自己组织起来的学生会与学联，在帮助学生学业的进修，思想的改造，政治的提高，集体生活与民主作风的培养等方面，都有重大的作用，它将与学校的教学相辅而行，加速学生的各方面的进步。中原各地学生尚无学生会、学联之组织。兹特根据新华社陕北十一月七日电讯，中国解放区青联关于明年二月召开学生代表大会的通告之规定，作如下之通知：

（甲）豫西、豫皖苏、江汉、桐柏、陕南五行政区成立行政区学联；开封、郑州成立等于区的市学联；阜阳、许昌、郾阳、南阳、洛阳成立县或市学联（县市合一）。

（乙）各县（市）学联，应于本年“一二·九”以前成立，按每百名学生选出一个代表参加区学生代表大会，产生区学联。即由县（市）学联或筹备会发起，纪念“一二·九”及“一二·一”两个纪念日。

（丙）区（市）学联应于十二月二十日到二十五日以前正式成立，并按三百名学生选出一个代表，参加中原解放区学生代表大会，产生中原解放区学联，并按下列数目选出参加全国解放区学生代表大会的代表。数目如下：豫皖苏二人，豫西二人，江汉、桐柏、陕南各一人（鄂豫、皖西因环境不便开会，暂不选派代表），开封二人，郑州、许昌、洛阳、阜阳、南阳、郾阳各一人，中原大学二人。中原解放区学生代表大会由中原大学学生会负责筹备，由中原大学学生会名义发告全中原学生书，号召各区（市）、县（市）及各中等以上的学校成立各校学生会、各县（市）各区（市）及中原解放区的学联，并由中大学生会分派代表到豫皖苏、开封、郑州、许昌、洛阳等地去帮助召开各县（市）各区（市）学联。

（丁）分局、各区党委接此通知后，应即通知各该地区之县、市及其所属中等以上的学校内党的组织，立即着手进行此项工作，在收到中国解放区青联的通知（新华社陕北七日电讯）及中原大学告中原解放区学生书后，除了在当地报纸上的显著地位刊载外，并应即印成若干单张分发各中等学校张贴，扩大宣传。

（戊）各行政区（市）县（市）召开学生代表大会时，应邀请同级政府的教育机关及学校的教职员参加指导。

(己)各级学生代表会应讨论的事项,除当地之特殊事项外,应按通告第三、四两项所建议与号召的去进行。

(庚)上述区(市)及中原解放区的学联,如果因时间迫促,来不及正式成立的话,则以筹备会的名义,派代表参加上一级之学生代表大会。

(辛)在分局及区党委的青委未成立前,此项工作布置及执行的经过即由分局及区党委负责向中原青委作报告。

中原局关于支援淮海战役致豫皖苏的指示

（一九四八年十一月十六日）

此次徐州会战是最大也可说是最后一次决战，此战如获全胜，则全国战局即起基本变化，长江以南将无大战。军委决心在徐蚌间全歼二、七、十三、十六兵团，准备两个月时间与十万人伤亡来求得全胜，并要我们用一切力量解决战勤，保证大军作战之需要，特别修通公路、铁路、电话，这是争取决战胜利的重要一环。分局应严令各地委尤其是一、二、三、六及沿陇海线各县党政干部用全部力量加紧支前与做好战勤工作。要授权给杨一辰①直接征调人力、物力、财力，以供应前线及保持交通；各地委县委必须保证完成杨所给予的任务。要向干部与人民宣传战争胜利是人民最高利益，此次决战是最大与最后一次，应不顾一切疲劳，克服一切困难，忍受一切损失，以争取此次决战胜利，任何迟缓不负责或片面的群众观点，都是不对的。

① 杨一辰任豫皖苏行政公署副主任。

中原局为召开中原临时人民代表会议建立中原临时人民政府向中原各界人民的建议书

(一九四八年十一月二十日)

一、我人民解放军进军中原以来,英勇作战,胜利辉煌,中原敌人已大部肃清,城乡大部解放,中原人民及时奋起,推翻了国民党反动统治,迅速普遍地建立了人民民主政权(在豫西、豫皖苏、鄂豫、皖西、桐柏、江汉、陕南七个大战略区已有七个行政公署、三十七个专员公署、十个市政府、一百九十个县政府),并于极短时期内进行了支援战争,剿匪安民,废除苛杂,初步推行合理负担、减租减息政策,保证与发展农工商业,良好地管理了所有城市与交通,从而团结了广大人民,走上大规模进行建设与社会改革的新时期。

兹当解放战争空前胜利,敌我力量迅速变化,再过一年左右即可根本上打倒国民党反动统治,解放全中国。我中原地区残留敌人将被全部肃清,少数交通线城市业已和正在逐一恢复,局部地带的隔离的状态业已和正在消失,为了领导四千五百万人民统一而有组织地进行支援战争,进一步发展国民经济,管理全区性的实业与交通,完成大规模的民主改革与社会改革的重大任务,迫切地需要建立一个能统一各地方政权,密切联系人民大众,并具有高度效能的全区性最高人民民主政府。

有鉴于此,中原局特向我中原地方民主政府及各界人民与人民解放军提出建议,迅速建立一个全区性的最高的人民民主政府。

二、中原人民民主政府将担负建设新民主主义新中原的巨大革命任务,因此必须建立在广泛的人民民主基础之上,在政府组织机构中必须包括广泛的民主阶层,从工人、农民、城市贫民、独立劳动者、知识分子、自由职业者直到自由资产阶级和开明士绅、少数民族都应有代表参加,建立民主集中制的人民代表会议制度。而在政府工作的共产党员必须与党外人士实行在革命纲领下的民主合作,人民代表会议应成为政府最高权力机关,政府委员及施政纲领,皆应经代表大会选举与制订颁布。但因为战争尚未结束,人民组织尚不健全,民主选举还不可能十分周密,民主制度还不可能十分完备,故建议暂先召开临时的人民代表会议,选举与建立临时的人民民主政府委员会,以应目前形势之急需,并期将来逐步实现更加完备与周密的民主选举和民主制度。临时人民代表会议代表之产生,应分为区域选举、职业团体选举、少数民族选举与公议聘选四种,其名额分配与选举手续应另颁条例具体规定之。我各区地方民主政府、各人民团体、工、农、兵、学、商各界,以及其他民主人士、少数民族同胞,如赞同上述建议,即望于临时人民代表正式开会时间以前完成代表的选举。

三、建议推举中原局负责人之一并兼人民解放军中原军区副政委邓子恢,豫皖苏行政公署主任吴芝圃,豫西行政公署主任李一清,桐柏行政公署主任许子威,鄂豫行政公署主任刘子厚等五人组成“中原区临时人民代表会议筹备委员会”,以便事前拟定与颁布临时人民代表会议代表选举条例,办理选举及其他筹备事宜。

四、中原局深愿上述各种建议能得到全区人民的慎重考虑,热烈的支持,并早日使之实现。

中原局关于建立新民主主义青年团的指示

(一九四八年十一月二十一日)

(一)在中国长期的革命斗争中,不论解放区或敌占区,不论前线或后方,广大的青年群众历来都是积极的参加者,都有其重大的贡献。尤以在斗争中涌现出的大批青年积极分子,不但能热心赞助并实际挺身参加了我党所领导的各项改革与建设事业,并且能够在斗争中发挥一种突击作用与模范作用,鼓舞群众的热情,成为党的领导与群众相结合的不可缺少的助手。自去年九月中央提出建立新民主主义青年团之后,经过各地试办,效果良好。经验证明,广大的青年积极分子在经过实际锻炼并逐步克服了某些缺陷之后,革命知识与文化知识及工作能力都发展甚快。一般的与成年混合的职业性的群众组织,已不能满足其学习要求与工作要求,已需要有一个单独的组织。九月中央政治局会议决定建立新民主主义青年团的工作,应在一切解放区推广起来,中原局认为在中原解放区开始进行建团的条件,也已经逐渐成熟,在各个斗争战线上已明显看到青年积极活动,尤其是秋季攻势以来我军迭获巨大胜利,许多城市收复,业已有大量青年学生投入我们的队伍,其中的优秀分子,极需组织起来加以教育。青年团正是一种恰当的组织形式,既可以成为团结青年群众的核心组织,又是培养革命青年干部与直接训练党的后备队的学校。因此,决定立即开始进行建团工作,并决定先在知识青年及城市工人、店员、贫民,政府、文教、经济等各机关青年中建立;农村只在群众初步发动后的个别乡村进行试验,一般乡村与部队暂不建立。

(二)新民主主义青年团,既应区别于抗日时期的青救会,又应区别于过去的共产主义青年团。它是拥护新民主主义全部纲领,在青年群众中起骨干作用的群众组织。因此,在发展成员上不必如青救会那样广泛,以致无从发挥其骨干作用;也不能如内战时期青年团那样严格,如党的组织一样,形成关门主义,失去其广泛的群众性。应完全依照团章的标准去吸收团员,采取放手而又慎重的方针。

(三)团的发展,首先必须选择重点,经过公开宣传,吸收觉悟青年加入,并必须在发动青年群众进行各色各样有益于革命事业,包括学习、生产、民主生活锻炼,以及协助党与政府进行改革与建设等等广泛活动中发展组织。就是说,在领导这些活动当中,要善于团结培养广大青年积极分子,加强对他们的教育,帮助他们更好地联系群众,吸收大批优秀分子入团,把斗争、组织与教育三者密切结合起来,不要离开群众活动,为建团而建团。当着青年团在一个工厂或者学校建立之后,就应在党的指导与帮助之下,放手让他们去别的工厂、学校进行青年活动与建团工作。今天主要与首先是克服关门主义倾向。

（四）团的组织应该完全公开，无论讨论有关青年群众利益的问题或者团的本身问题的会议，均可允许非团的群众参加，并定期举行青年群众会议，检查团和团员的工作。团员入团尽可能经过群众推举或审查，同时又必须经过团支部大会与相当组织批准。

（五）团的主要任务是领导青年学习与团结广大青年群众进行有益于青年的身体与精神活动，解决青年切身要求，并以自己的模范作用与民主作风帮助推行政府与党的一切社会改革与建设事业。同时又不断地以革命理论、毛泽东思想与有益的科学文化知识来武装团员，以期培养大批青年干部，并推举合条件的优秀分子按着入党手续参加党的组织。在没有群众组织的地方，帮助建立群众组织，在已有群众组织的地方，无论工会、农协、妇女会，均应在这些组织中团结青年，遵守会纪，巩固这些组织，特别是组织领导少年与儿童，应该成为团的组织任务之一。就学校的条件讲，团应在学生会中起骨干作用，组织学生群众的政治文化学习与适当的社会活动，保证学校学习计划及一切有关学生福利的设施之进行，加强知识青年的生活锻炼与组织锻炼，这是目前建团的一个主要活动阵地。

（六）青年团是群众性的组织，党与政府皆不能对团直接发出指令，但青年团本身应自觉遵守政府法令，响应党与人民民主政府的一切号召，接受党与政府的政治领导。党通过自己的党员与党组实现对团的领导。党的支部和党委可以适时地针对团的情况公开提出团的主要活动任务，并可吸收团的负责同志以至团员参加党讨论研究总结团的工作会议及讨论青年群众工作的会议。

（七）为了领导建团工作，各区党委、市委可设青年科或青委会或团的筹委会，委托一个常委负责指导，并立即选择重点，制订计划，开始进行。特别是抓紧领导目前学联选举，发现青年优秀分子吸收入团，并先从各区党委、市委直接领导的学校中，训练班中进行建团，同时有计划地准备参加明年全国青年学生与团的代表会工作，各区党委及汴、郑、洛等市委及中原大学党委接到此项指示，望即召集会议，讨论布置，并报告结果。

河南省委关于成立省委和省军区的通知

(一九四九年三月一日)

一、依中央决定,将原豫皖苏、豫西、桐柏区所属河南部分地区划为河南省,原各该区分局、区党委一级机构撤销,另建河南省委(名单另行公布)。现省委会已正式组成,即日起执行职务。

二、新省区下划分十个地委区、两直属市。计:郑州地委、许昌地委、确山地委、陕州地委、洛阳地委、南阳地委、陈留地委、商丘地委、淮阳地委、潢川地委,暨郑、汴两市。除潢川地委外,其他九个地委及两个市委业经中原局委托原分局、区党委分别组织或办理交换(地、市委名单不日正式公布),望上述各单位迅速与省委取得联系,并报告组成及工作情形。

三、河南省军区亦同时建立,各分区各市警备司令部即应正式接受其指挥与领导。

四、省政府暂缓建立,而以中原人民政府兼施本省行政,直接领导各专署进行工作。

以上望在干部中公布。

中原临时人民政府布告

（一九四九年三月）

淮海战役胜利结束，平津先后解放，中原、华北、华东三大解放区已完全连成一片，铁路次第修复，交通日益畅通，人民经济联系日趋繁密，中原又为进军江南解放全中国的前进基地与供应基地。为更有利于沟通贸易，发展生产，繁荣经济与支援战争，发行统一货币，实为当务之急。去年十二月一日华北、华东、西北三大解放区已正式成立中国人民银行，发行中国人民银行钞票。统一流通以来，已奠定巩固基础，获得广大人民的拥护。为使今后中原与各大解放区间的统一货币行使，促使经济进一步的联系，业经本府与中国人民银行商得同意，于三月十日在中原解放区成立中国人民银行中原区行，正式发行中国人民银行钞票。

一、中国人民银行钞票发行后与中州农民银行钞票为一比三，即人民票一元等于中州票三元。在中原解放区内，凡完粮纳税，以及公私交易，一律通用。

二、人民票计分一元券、五元券、十元券、二十元券、五十元券、一百元券六种票面。

三、自人民票发行之日起，中州农民银行总行兼理中国人民银行中原区行业务，各地中州农民银行分支县行兼各地中国人民银行分支县行业务，同时各级中州农民银行经理兼任中国人民银行经理职务。

四、凡中原解放区人民持有人民票得向华北、华东、西北各解放区采购物资。如持有中州票欲往华北、华东、西北解放区采购物资时，须先向各地银行兑换人民票；华北、华东、西北解放区人民，同样得以人民票向中原解放区采购物资。

上述各节，除分别函令外，颁行布告周知，仰全区人民，一体知照！

主　席　邓子恢

副主席　吴芝圃

李一清

中原临时人民政府组织大纲

(一九四九年三月)

第一条　中原临时人民政府依据本组织大纲之规定组织之。

第二条　中原临时人民政府设中原临时人民政府委员会,由委员二十一人组成之。中原临时人民政府委员会委员由中原临时人民代表会议选举之。

中原临时人民政府设主席一人,副主席二人,由中原临时人民政府委员会委员互选之。

第三条　中原临时人民政府总理全中原区之政务,并根据中原临时人民代表会议所通过之施政方针及决议制定实施条例及规程。

第四条　中原临时人民政府行使有关下列事项之职权,须由中原临时人民政府委员会决议行之。

一、第三条规定之事项。

二、执行中原临时人民代表会议决议之事项。

三、组织人力、物力、财力,支援前线事项。

四、中原人民代表大会及其他各级人民代表大会之选举事项。

五、行政区划及各级人民政府组织实施事项。

六、任免中原临时人民政府各部、院长,中州农民银行总经理,秘书长及专员级以上干部。

七、全区预算决算事项。

八、关于全区生产建设、民政建设、财经措施、交通、土地、户籍、文化教育、公安、司法之方针、计划等事项。

九、其他重大事项。

第五条　中原临时人民政府主席之职权如下:

一、召集中原临时人民政府委员会,并为主席。

二、领导督促并检查各级人民政府执行中原临时人民代表会议之决议及中原临时人民政府委员会之决议。

三、处理中原临时人民政府日常政务及紧急事项,但属于须经中原临时人民政府委员会决议事项者,须提请其追认。

四、对外代表中原临时人民政府。

第六条　中原临时人民政府设副主席二人，协助主席执行前条职务；主席因故不能执行职务时，由副主席代行其职务。

第七条　中原临时人民政府设下列各部、院、厅，在主席领导下分掌各该主管事项。

一、民政部

二、教育部

三、财政经济部

四、农业部

五、交通部

六、公安部

七、司法部

八、中原人民法院

九、中州农民银行

十、秘书厅

前项工作部门得应工作之需要，增减或合并之。

第八条　各部设部长一人，中原人民法院设院长一人，中州农民银行设总经理一人，秘书厅设秘书长一人，总理各该部、院、行、厅掌管之事项。各部、院长，总经理，秘书长之人选，以中原临时人民政府委员兼任为原则，但不限定为委员。由主席提交中原临时人民政府委员会通过任命之。各部、院、行、厅视工作之需要得增设副职。

第九条　中原人民法院为中原司法终审机关。但重大案件之判决，得经司法部复核；死刑之执行，并须经主席之核准，以命令行之。有特殊情形者得由中原临时人民政府委员会通过，以主席副主席名义授权下级处理。

第十条　中原临时人民政府对外发布文告及有关政策方针重要计划等之命令指示，以主席副主席名义行之。

其属于具体执行事项或技术问题者，得依规程由主管部、院长，总经理签署单独行之。

第十一条　各部、院、厅之组织规程由中原临时人民政府制定之。

第十二条　为执行中原临时人民政府委员会之决议，解决各部门有关问题，中原临时人民政府设政务会议。

前项政务会议由主席、副主席，各部、院长，银行总经理，秘书长组织之，但主席有最后决定权。

第十三条　本组织大纲经中原临时人民代表会议通过之日起，发生效力。

中原临时人民政府关于支援南下大军供应工作的决定

(一九四九年三月)

甲、几个原则:

一、根据需要统一计划,分区负责(即地方责任制),并作必要的调剂。

二、供应及时,量够质好,宽打窄用,各种供应品预算时应多一点,以免发生意外情况,有备无患。

三、数字要具体,情况要真实,做到及时调运,避免浪费劳力,贻误供给。

四、这一工作,不仅要有坚强的领导,而且要口到手到,勤于检查,发现问题与解决问题。

五、争取主动,不能机械等待,一切都肯定了再做,要有突击性,今天工作今天完,不能推后,不能图省事,需要认识到这一工作的可变性与复杂性。

乙、地区划分:

一、以专区为单位,所有过境大军之食、住、行等需要,均由各该专区负责供应与准备,于必要时由中原支前司令部统一调剂。

二、住汴、郑、洛之后勤机关所需用之粮、柴、草料等由外县调集,各该市负责供应分配。

丙、任务:

一、平汉路西部分:

1.主食

小米二千三百六十万斤,小麦一千八百九十万斤(折白面一千四百万斤),杂量(玉米)一千零五十万斤(折玉米面九百万斤),花料一千三百万斤,菜、黄豆三百万斤,合计一千三百万斤。

2.副食

油八十万斤,盐七十万斤,菜三百万斤。

3.柴草鞋

柴六千八百一十万斤,草二千六百万斤,鞋二十万。

二、路东部分:

1.主食

小米九百万斤,大米三百万斤,麦子二千一百万斤,秋粮二千七百万斤,共六千万斤。

马料、菜、黄豆,就地取用,路东不缺。

2.副食

(1)油盐按所需之数由贸易公司商店准备每专区先自备油、盐各五万斤,公粮内之库存芝麻亦可换油。

(2)在兰封、周口、汝南、郑州、漯河等地建立油盐站,如有需要可以增设。

(3)柴草按每斤粮筹集柴二斤,草一斤,共计可借到柴一亿二千万斤,草六千万斤,铺草在内。

三、各专区任务分配表:(略)

四、几个说明:

1.借柴:征不起,可以砍伐公树,但应有计划地拣伐或砍伐(先截伐其上半截),各地应很好掌握。

2.菜:

(1)每人按四两黄豆准备,如时间许可可以发动群众生豆芽、磨豆腐,时间紧迫则煮盐豆。

(2)发动群众普遍种春白菜,路西大道沿线提出每户种半亩。

(3)如仍不足时可准备花生仁及芝麻盐(由各级支前供应部门计划,商店负责收购)。

3.磨面:各地区自己负责,但要干磨,不能加水,以免霉烂,组织群众磨面,应深入检查,防止质量低劣以及掺土和假,并由各专县缝制面袋妥为保管,每袋装面五十斤。

丁、完成任务的时间:

除第一批过路部队所用物资已有准备外:

一、洛阳专区:三月十五日完成小米二百万斤,白面一百五十万斤,三月底借粮一千万斤,扫数完成,全部集结到铁路沿线,准备调动。

二、郑州专区:三月十五日完成借粮八百万斤,并完全集结在距铁路五十里以内,麦子磨面与供应处接洽,可用郑市火磨。

三、许昌专区:靠近铁路之禹、许、襄、长四县三月十五日全部完成借粮,并集结于沿铁路五十里以内存放。

四、前漯河专区:借粮三月半完成三分之二,月底全部完成,粮食集结限三月十五日集结三分之一,三月底集结三分之一,四月十日前全部集结到供应地点。

五、南阳专区:三月底完成一半,详细计划会后派专人到该专署商谈。

六、商丘、陈留、汝南、淮阳四个专区:第一批正在调集中,会后即可分别集中在指定地区,第二批原定三月三十日前完成,现在可能延至四月初旬完成。

中原临时人民政府布告

(一九四九年三月)

由于中原形势胜利的发展,为了领导全区人民统一而有组织地进行支援战争,进一步发展国民经济,管理全区实业与交通,完成大规模的民主改革与社会改革,本年三月六日中原临时人民代表会议依法选举:刘伯承、邓子恢、李先念、李雪峰、吴芝圃、李一清、刘子久、王国华、陈再道、许子威、田丰、李实、范醒之、潘梓年、赵敏、嵇文甫、刘名榜、蔡书彬、卜盛光、王毅斋、彭笑千等二十一人为中原临时人民政府委员,组成中原临时人民政府。

中原临时人民政府委员会第一次会议,依法推举邓子恢为中原临时人民政府主席,吴芝圃、李一清为副主席;通过任命各正副部长、院长、中州农民银行总经理及秘书长等;并决议除皖苏部分划归华东区外,重划中原区为鄂豫、江汉、陕南三个行署区,陕州、洛阳、郑州、许昌、南阳、汝南、商丘、淮阳、陈留九个直辖专署区,及开封、郑州二个直辖市。子恢等于本月七日就职视事,启用中原临时人民政府印信;中原临时人民政府,自即日起宣告成立,原豫皖苏、豫西、桐柏三行署宣告撤销。特此布告周知。

此布

主　席　邓子恢

副主席　吴芝圃

李一清

中原区行政区划

（一九四九年三月十五日）

一、九个直辖专署：

陕州区（七县）

陕县（原属豫西七专署）

灵宝（原属豫西七专署）

阌乡（原属豫西七专署）

卢氏（原属豫西七专署）

栾川（原属豫西七专署）

洛宁

渑池（原属豫西一专署）

洛阳区（八县）

新安（原属豫西一专署）

孟津（原属豫西一专署）

偃师（原属豫西一专署）

宜阳（原属豫西一专署）

伊川（原属豫西三专署）

伊阳（原属豫西三专署）

嵩县（原属豫西三专署）

洛阳（原属豫西一专署）

郑州区（七县）

郑县（原属豫西四专署）

荥阳（原属豫西四专署）

巩县（原属豫西四专署）

成皋（汜水广武两县合并）

登封（原属豫西四专署）

密县（原属豫西四专署）

新郑（原属豫西四专署）

许昌区(十三县)
长葛(原属豫西五专署)
临汝(原属豫西五专署)
禹县(原属豫西五专署)
郏县(原属豫西五专署)
宝丰(原属豫西五专署)
鲁山(原属豫西五专署)
襄城(原属豫西五专署)
许昌(原属豫西五专署)
临颍(原属豫西二专署)
叶县(原属豫西二专署)
舞阳(原属豫西二专署)
郾城(原属豫西二专署)
鄢陵县
南阳区(十一县)
南阳(原属豫西六专署)
镇平(原属豫西六专署)
内乡(原属豫西六专署)
淅川(原属豫西六专署)
南召(原属豫西六专署)
方城(原属豫西二专署)
邓县(原属豫西三专署)
新野(原属豫西三专署)
唐河(原属豫西一专署)
泌阳(原属豫西一专署)
桐柏(原属豫西一专署)
确山区(八县)
上蔡(原属豫皖苏七专署)
汝南(原属豫皖苏八专署)
新蔡(原属豫皖苏八专署)
西平(原属豫西二专署)
遂平(原属桐柏二专署)
确山(原属桐柏二专署)

信阳

正阳（原属豫皖苏八专署）

商丘区（七县）

夏邑（原属豫皖苏三专署）

柘城（原属豫皖苏一专署）

宁陵（原属豫皖苏一专署）

民权（原属豫皖苏一专署）

睢县（原属豫皖苏一专署）

虞城（原属豫皖苏）

商丘（原属豫皖苏一专署）

淮阳区（八县）

淮阳（原属豫皖苏二专署）

鹿邑（原属豫皖苏二专署）

太康（原属豫皖苏二专署）

扶沟（原属豫皖苏五专署）

西华（原属豫皖苏五专署）

商水（原属豫皖苏七专署）

项城（原属豫皖苏七专署）

沈邱（原属豫皖苏四专署）

陈留区（九县）

开封（原属豫皖苏五专署）

陈留（原属豫皖苏一专署）

兰封（原属豫皖苏一专署）

杞县（原属豫皖苏一专署）

考城（原属豫皖苏一专署）

中牟（原属豫皖苏五专署）

洧川县（原属豫皖苏五专署）

尉氏（原属豫皖苏五专署）

通许（原属豫皖苏五专署）

二、二直属市：

（一）开封市

（二）郑州市

三、三个行署区:

(一)鄂豫行署

(二)江汉行署

(三)陕南行署

说明:

一、九个直辖专署、二个直辖市,既已正式确定。

二、此表对外秘密。

中原临时人民政府通令

（一九四九年三月十五日）

通令本府任命各部、院、行、厅负责人暨直辖各行署主任、市长、专员名单由：

本府各部长、院长、银行总经理、秘书长暨直辖行署主任、市长、专员人选，业经本府第一次政府委员会会议决定，除分别任命到职外，合行抄发名单一份，通令知照。

此令

主　席　邓子恢

副主席　吴芝圃

李一清

附:中原临时人民政府各部、院、行、厅等负责人名单

民政部长	李　实		
教育部长	刘子久	副部长	张柏园
财政经济部长	范醒之		
交通部长	许子威	副部长　杨少桥	
农业部长	彭笑千		
公安部长	卜盛光	副部长　徐启文	
司法部长	田　丰	副部长　徐凤笑	
中原人民法院院长	徐凤笑(兼)		
中州农民银行总经理	陈希愈		
秘书长	高芸生	副秘书长	贺崇升

直辖各行署主任、市长名单

江汉行署主任	郑绍文
鄂豫行署主任	刘子厚
陕南行署主任	时逸之
开封市副市长	刘玉柱
郑州市市长	宋致和

直辖各专区专员名单

陕州区专员	刘绍南	副专员	李绍文
洛阳区专员	张剑石	副专员	张云生
郑州区专员	徐林汉	副专员	马鸿祥
许昌区专员	李庆伟	副专员	马秀山
南阳区专员	郭思敬	副专员	郭涤生
汝南区专员	萧一舟	副专员	王更生
淮阳区专员	薛朴若	副专员	孙庆怀
陈留区专员	杨鸿猷	副专员	彭干卿
商丘区专员	鲁禹道	副专员	王　焕

中原解放区行政区划、人口、土地统计表

（一九四八年十二月）

战略区别	专署数	市数	县数	区数	村庄数	人口数	土地数	备考
豫西	7	5	45	349	6830	11330000	30000000	新划入之许昌、临颍、长葛、新郑，人口、土地未计算在内
江汉	4		27	171		7750000	5000000	四分区两个县未统计在内；系九月份数字
桐柏	4	2	25	148	22931	3647614	10855008.5	三分区两个县未统计在内；缺四分区村庄数字
陕南	2		8	40	512	585000	877500	区村人口为我所控制之数字；敌占县一个未统计
豫皖苏	8	3	68	555	73685	16269154	45246801	市系行署直辖市开封、界首、槐店
鄂豫	5		21			7600000		
皖西	4		14			6400000		一分区人口数字未统计在内
合计	34	10	208	1263	103858	53571768	91979309	
说明	1.此材料为中原财办一九四八年十二月召开之财经会议所统计 2.部分地区根据过去材料整理，当时形势发展已超过此数							

中原解放区所属省县份统计表①

（一九四八年十二月）

河南省

豫皖苏区　商丘　夏邑　永城　柘城　宁陵　睢县　民权　兰封　考城　虞县　把田　鹿邑　淮阳　太康　西华　扶沟　鄢陵　尉氏　洧川　通许　中牟　开封　襄城　上蔡　商水　确山　正阳　汝南　息县　新蔡　沈丘

桐柏区　南阳　邓北　邓南　邓西　新野　泌西　泌阳　确山　遂平　信桐　唐河　唐西　唐南　随北　桐柏　信阳　随阳

鄂豫区　固始　商城　经扶　光山　潢川　罗山

豫西区　洛阳　偃师　孟津　新安　渑池　宜北　洛北　洛阳市　方城　叶县　西平　郾城　舞阳　临颍　漯河市　嵩县　伊鲁嵩　宜南　洛南　巩县　伊川　郏县　新郑　荥阳　密县　登封　伊阳　成皋　临汝　宝丰　鲁山　郏县　禹县　襄县　许昌　长葛　许昌市　南阳　镇平　南召　淅川　内乡　西峡　南阳市　卢氏　栾川　陕州　灵宝　阌乡　郑州市

湖北省

鄂豫区　黄陂　孝感　罗田　广济　黄安　麻城　礼山　黄冈　浠水　蕲春　黄梅　英山

桐柏区　襄阳　襄阳市　老河口市　光化　枣阳　信应　谷城　南漳　保康　房县　南保　兴宜

安徽省

鄂豫区　霍丘　立煌

---

①　此系不完全统计，并缺江汉区。

豫皖苏区 宿县 凤台 涡阳 蒙城 怀远 颍上 临泉 阜阳

皖西区 岳西 潜山 太湖 望江 桐城 舒城 庐江 六安 合肥 霍山 无为 巢县 含山 和县

江苏省

豫皖苏区 萧县 砀山

陕西省

陕南区 郧阳 郧西 均县 白河 山阳 镇安 上关 商南

全国抗日战争时期

中原历史回忆

抗战时期的竹沟①

李先念

编辑出版确山县革命回忆录,是一件很有意义的事情。确山地处中原,战略地位非常重要。从第一次国内革命战争开始,许多同志就在这里坚持长期斗争,有光荣的革命斗争历史和革命传统。尤其是在抗日战争爆发前后,这里的党组织,在党中央和毛泽东同志的关怀和指导下,以竹沟为中心,积极发动群众,组织武装力量,准备开展抗日游击战争,成为我党在中原地区发展的一个重要阵地和战略支撑点。1938 年党的六届六中全会后,我随刘少奇同志来到新成立的中共中原局所在地——竹沟。在这里住的时间虽然不长,但给我留下的印象却非常深刻。每当我回忆起豫鄂边区的斗争历史,就首先想到竹沟,想到在这里一起战斗过的同志们和当地群众。以刘少奇同志为书记的中原局,坚决贯彻执行了党中央和毛泽东同志的正确路线、方针和政策,高举抗日民族统一战线的旗帜,坚持独立自主的原则,放手发动群众,壮大自己力量,大力开展敌后游击战争,很快打开了河南、湖北、安徽地区敌后抗日斗争的新局面。竹沟又是新四军成长壮大的一个重要基地。新四军二师的一部、四师和五师的基干部队都是从这里出发,会合各地党所领导的武装力量而发展起来的,并和兄弟部队一样,成为坚持华中抗日斗争的主力部队,对夺取抗日战争和后来的解放战争的胜利作出了应有的贡献。在确山战斗过的许多革命先烈,为了中国人民的解放事业和共产主义理想的实现,前仆后继、英勇奋斗,献出了自己的宝贵生命,他们值得我们永远怀念。

我们要以革命前辈为榜样,激励自己,坚持四项基本原则,搞好"两个文明"建设,为实现党的十二大提出的宏伟目标而努力奋斗!

---

① 本文是李先念同志 1984 年 1 月给中共确山县委回信的主要部分。原载 1985 年 4 月 6 日《人民日报》。

我的一点回忆

（一九八四年三月十八日）

郭述申①

抗日战争开始不久，党中央派我到湖北省委工作。从一九三七年秋到一九三八年秋近一年时间内，中共湖北省委通过在武汉的八路军办事处与当时在竹沟的新四军八团留守处有经常的工作联系。

一九三八年党的六届六中全会后，我和李先念、朱理治、谭希林等同志随刘少奇同志一起从延安出发前往竹沟。途中，少奇同志在渑池作了短暂的停留，与彭德怀同志一道去见了卫立煌将军。在我们到达竹沟不久，少奇同志也来到这里。这时，竹沟已经是由少奇同志为书记的中原局领导机关的所在地。

我们经过长途跋涉到达竹沟时，当时在该地工作的陈少敏大姐戎装飒爽，骑马踏着冰雪，远出镇外迎接我们，我们好几十位干部和战士很亲切地感觉到又回到自己家来了。几天以后就是新年了，我们从延安来的同志和当地的同志们一道，在竹沟欢度了一九三九年的元旦佳节，欢快的心情至今难忘。

元月初，我和谭希林等同志离开竹沟到黄安北部与郑位三同志会合，一起来到金家寨。由于我对六届六中全会关于统一战线中独立自主精神理解不深，在传达时没有强调在工作中应该坚持独立自主的方针，以后得到刘少奇同志的指示纠正了，华中地区的工作，在中原局直接领导下胜利地开展起来。当我在金寨时，刘少奇同志来电，要我经常用无线电台向竹沟（当时刘少奇同志在那里）汇报有关安徽的政治、军事情况。一九三九年夏，我到新四军工作后，就没有直接与竹沟的电台联系了。

一九三九年，在国民党掀起反共高潮时，国民党顽固派策划对竹沟围剿。少奇同志详细分析了情况，作了周密的应变准备，并于一九三九年十月离开竹沟去皖中新四军江北指挥部，中原局领导机关就随少奇同志一道，转到淮南地区了。不久，十一月十一日，豫南国民党反动派突然袭击了竹沟镇，制造了“竹沟惨案”。当时战斗在抗日前线的军民万分愤慨，决心用胜利的战斗回击反动派的暴行。

---

① 一九三九年任鄂豫皖边区党委书记。改革开放新时期曾任中共中央纪律检查委员会副书记、中共中央顾问委员会常委。

一九三九年七月一日党的生日这一天，以豫南子弟兵组成的四支队八团为骨干，成立了新四军五支队。原在豫南同王国华同志一起战斗的周骏鸣同志曾率领八团从竹沟出发，深入敌后打击敌人。五支队组成后，在司令员罗炳辉和副司令员周骏鸣等同志指挥下，转战苏皖地区，豫南子弟兵和苏皖子弟兵并肩战斗，驰骋在江淮之间，为抗日战争和人民解放战争立下了很大的功劳。

党的七大前夕，豫南地区出席七大的代表王国华同志到了延安，他在当地是群众领袖，大家都叫他王老汉。我们在中央党校学习时，王老汉经常讲述我党在豫南地区领导群众斗争的事迹。一九二七年大革命失败后，豫南地区的人民群众在党的领导下，在大别山军民的配合下，以前仆后继的精神，继续坚持在桐柏山脉和伏牛山脉广大地区进行武装斗争和地下工作。党以灵活多样的形式，团结一切可以团结的力量，使这一地区的武装斗争一直坚持到抗战开始的时候。我们能够在抗战初期组成新四军四支队八团，以及以后在鄂豫边区武装斗争的大发展和胜利，就说明了豫南的党有坚强的战斗力，豫南的人民群众有光荣的革命传统，他们对中国革命作出了巨大贡献。在长期战斗中，无数革命烈士献出了生命，我们将永远尊敬和怀念他们。

致确山县竹沟革命纪念馆筹备委员会的信

朱理治

确山县竹沟革命纪念馆筹备委员会：

连接三信，催我替纪念馆写些回忆。在北京的竹沟时战友们也督促着。抗战时，河南省委驻在竹沟，我又兼任了一年多的新四军确山留守处的政治委员，写些回忆和纪念原是义不容辞的。只是因为自己的政治水准不高，担心写得不好，所以一直搁置着。既然你们一再催促，所以仅仅粗略地写了几点回忆，供你们参考。

一

一九三七年五月，中央决定组织河南省委。不久，我们即在延安见到周骏鸣同志。他是从确山游击根据地出来，找上级领导的。从他的报告中，我们才知道，他和张星江、王国华等同志，在经过长久的斗争后，已经在竹沟一带发动起游击战争，建立了六十多人的一支游击队。

当时正值国共谈判合作抗日。因此，有同志设想：为了国共合作，把这武装解散了。省委根据毛主席写的《中国共产党在抗日时期的任务》认为：国民党为了要削弱我党领导的武装力量，并不承认竹沟游击队是共产党领导的，国共合作成功与否，与竹沟游击队的存在是没有直接关系的。为了抗日，为了促进合作，我们相反的更应当保存并扩大这个队伍和根据地。但是，游击队活动的方法需要根据中央的新政策，加以改变。这即是应当执行中央抗日统一战线的方针，从消灭与争取当地土匪的斗争中，来大力扩大游击队的武装；并和当地开明士绅与政府建立统战关系，以便争取合法存在，作为将来抗日武装，并在中原地区建立起来抗日的据点。

省委将这个意见向中央书记处提出，毛主席和书记处批准了这个方针。周骏鸣同志带了这个指示回到竹沟。不久，七七事变即发生了。这支游击队在周骏鸣、王国华等同志领导下，很快地发展为三个营，经过周恩来同志和国民党谈判，编为新四军第四支队第八团队，由周骏鸣同志率领开往皖苏鄂敌后抗日，归长江局及新四军总部领导。在竹沟设立新四军八团队的留守处，由王国华同志担负留守处主任。这是一九三七年底一九三八年初的事。从此，竹沟便开始成为在中原地区支援和组织抗日力量的后方了。

二

毛主席十分重视竹沟在中原的战略意义。在八团队出发之后,派遣了内战时期名将彭雪枫同志担负河南省委的军事部长,并驻在竹沟。不久,省委亦由开封搬到竹沟了。

在一九三七年底,华北各地相继失守,省委看到了中央的文件和刘少奇同志在临汾失守后写的文件,把开展独立自主的敌后游击战争作为华北党的中心任务,这对我们颇有启发。省委看到中原失守只是时间问题,因此规定了河南党的中心任务,是准备敌后游击战争。一切工作均是围绕在这一中心任务的周围。

根据这个总的方针,我们一面在竹沟扩大留守处武装,开办教导队,开办党校,另一方面在河南各县开展救亡运动,发展党,开展统战活动,准备武装队伍。当时省委提出了为准备十万武装而斗争的口号。这即是事先作好准备,只要敌人打来,我们要不失时机,立即在各地发动十万游击队。当时决定吴芝圃同志去豫东准备,刘子久同志在豫西,刘子厚同志在豫南准备,我沿着平汉线而下,做了布置。

一九三八年春,日寇发动对豫东的进攻,豫东沦陷了。但由于国民党在花园口决黄河堤,敌人被阻在新黄河以东,只有新黄河以东的县份沦陷。这些地方,在省委委员吴芝圃和豫东地委沈东平、王其梅等同志领导下,发动了几千人的武装。不久中央和省委决定彭雪枫同志将竹沟留守处和教导队六百余人①开往敌后,会合与领导了这些武装,他们在不断斗争中组成新四军第四师和豫皖苏抗日根据地。

三

一九三八年十一月,中共六届六中全会开会了。中央为了加强对中原的领导,决定成立中原局,派少奇同志为中原局书记。

中原局驻在竹沟,少奇同志在竹沟为中原地区的革命工作做了全面规划,并且亲自在竹沟指挥中原地区敌后抗战和大后方的地下工作。少奇同志在竹沟时,还向中原局的干部作了论党内斗争等重要报告。以后,少奇同志又亲自去敌后四师及新四军总部领导敌后游击战争。从此,中原各根据地和抗日武装因为得到了正确领导,更加巩固和发展了。

根据少奇同志的指示,我们继续在竹沟扩大武装,扩大教导队,办党校、办各种训练班,出报纸。河南及大后方抗日青年踊跃前来,在这里受过训练的党员和群众,前后有三千多人,分配到敌后和部队作干部。

一九三八年秋,敌人向豫南进攻时,信阳有两个区沦陷了。当地党委刘子厚、危拱之同

---

① 彭雪枫率部从竹沟出发时是三百七十余人。

志，因为事先有了准备，立即配合信阳县长朱毅同志组织了两千人的游击队。六中全会后，中央派了李先念同志来竹沟担负省委军事部长，并调来三十多个团级干部和一个排的老红军。省委决定李先念同志从竹沟率领两个连①去信阳，领导豫鄂边区的游击战争。后来又决定陈少敏同志经竹沟带了四百人去敌后，和先念同志会合。

这时，湖北省委在鄂东以郑位三同志为首发动了敌后游击战争。鄂中沦陷后，在湖北省委陶铸等同志领导下，也发动了敌后游击战争。国民党反动派为了破坏鄂中、鄂东和鄂豫边区的新四军抗日活动，首先向鄂东新四军留守处发动进攻。为了避免被敌人各个击破，为了使这些武装形成一支鄂豫边区抗日的武装，少奇同志派我代表中原局从竹沟带领了部队和干部六百人去敌后和先念同志会合，并着手将鄂豫边、鄂中、鄂东敌后武装汇编为一万人的新四军鄂豫边挺进纵队，以后改名为新四军第五师。这支武装发展得特别快。原因一方面是因为有中央抗日时期的正确路线，加之少奇同志的亲自指导，所以路线非常明确，没有走什么弯路。同时，又有中央派去的和鄂东内战时期留下的几十名老红军干部和一个排的老红军。他们把老红军的优良传统和作风带到新成立的部队里，很快地形成了模范和核心。

四

竹沟是在国民党统治区域大后方的一个人口不满千人的小市镇，周围是顽固派的驻军和政权，竹沟镇里也有国民党的联保。但从这里却产生了新四军二师、四师、五师的一部分骨干队伍，经过竹沟训练了许多干部到上述三个师和三个根据地充当干部。难道国民党这样宽宏大量，容许进步力量在大后方建立抗日的后方吗？难道国民党对竹沟在中原抗日中所起的巨大作用充耳不闻吗？

不是的。国民党反动派早在一九三八年春即下令解散竹沟新四军留守处，并一再下令国民党部队进驻竹沟。以后又三番五次布置对竹沟的进攻。但竹沟留守处终于屹立在大后方两年有余，不断打垮顽固派的进攻阴谋。当时依靠的是什么呢？

首先，依靠的是全国人民对共产党和八路军、新四军的拥护和同情。他们看到了国民党的腐败无能，所以把抗日救国的希望寄托在共产党和八路军、新四军的身上。我们用八路军、新四军和党的名义向各方面进行了统战活动。上至第一、第六战区司令部，周围驻军司令部，各专员公署，下至周围各县政府、联保主任，都有我们统一战线的活动。依靠了国民党嫡系军和非嫡系军的矛盾、军队和地方政府的矛盾、上级政府和下级政府的矛盾、开明人士和顽固派的矛盾。依靠广大群众的革命力量一次再次地粉碎了敌人进攻竹沟的阴谋。要没有这种活动，竹沟根据地早已不能存在了。

---

① 李先念率部从竹沟出发时是一个连兵力，另外有六十多名干部。

其次，是依靠当地党和干部与群众的密切联系。竹沟周围及河南的群众，在创立中原抗日游击战争队伍中，做了很大的贡献。我们要枪，他们则把所能搜集到的枪支献给留守处。我们要人，他们则把自己的优秀儿女送到留守处。经过训练之后，派到新四军二师、四师、五师，充当基干队伍和敌后根据地干部。我们粮食发生困难，他们则帮助我们粮食。当时可歌可泣的事例很多，请当时地方工作干部去写吧！他们会写得更真实、更生动。

再次，是依靠自己的武装力量。要是没有自己的基干队伍，在竹沟也是不能立足的，但是在竹沟的部队不能放得太多。因为豫东、豫鄂边抗日根据地和新扩大的新四军，需要有党领导下的骨干武装作为核心和模范，为发展与影响敌后新扩大的武装力量，所以训练好的部队，必须首先送到前方去抗日，再说，后方部队驻多了，经费也有困难。所以部队经常留守在竹沟的只有二三百人，但因为这是我党领导下有主义有思想的人民武装力量，所以顽固派和敌人便不敢轻易进攻了。

最后，也是最主要的，是由于党中央正确路线。遵义会议后，中央在毛泽东同志的领导下，形成一整套正确的、完整的政治、军事路线。这是马列主义和中国革命实践结合的典范。依照这条路线去做，无往而不胜。加之六中全会之后，少奇同志又亲自来竹沟主持和布置中原局的工作，使得竹沟和各个中原抗日根据地工作获得了明确的方针。

五

以后，反共高潮起来了。在一九三九年元月发生了“平江惨案”，接着，在九月发生了鄂东国民党反动派围攻新四军后方机关。同时新四军二师、四师、五师已经在敌后抗战中逐步壮大了，更引起反动派对竹沟后方的仇视。当时中原局和省委估计了这种情势，认为竹沟的历史任务基本上已光荣地完成了。当时再坚持这个根据地，是困难的。所以定下了逐步主动撤退的方针。但在撤退过程中，国民党确山县的特务和部队发动了对竹沟的围攻。王国华同志率领当时的武装进行了英勇的还击，并胜利地组织了撤退，使绝大部分的干部安全地退出，其中有不少被敌人冲散的干部也均被当地的居民护送到龙窝和四望山新四军根据地，但同时有少数同志和积极群众，则遭到了国民党的惨害。

但后来不久，由竹沟培养出来的子弟兵又打了回来。接着，全国解放了，确山人民获得了最后胜利，反动派则遭到历史的惩罚。

在我结束写这篇一别十八年的确山竹沟镇的回忆时：

谨向英勇的、光荣的河南确山竹沟人民致敬！

愿当时为创立和保护竹沟抗日根据地及赴敌后抗日而牺牲的英雄们永垂不朽！

朱理治

一九五八年六月十一日于北京

从临汾到竹沟

（一九八〇年二月·北京）

张 震[①]

一

一九三七年下半年，日本帝国主义进攻太原前夕，国民党除傅作义部留守城防外，绥靖公署和第二战区司令长官部司令长官阎锡山与山西行署主任赵戴文均先行撤退。太原城中一片惶恐，唯我八路军驻晋办事处秩序井然，镇静自若。当时晋绥公署主任派在我办事处值班的司机观此情形，不解地问我们：阎长官、赵主任都走了，情况紧呀，你们怎么还不快走啊？

当时周恩来副主席正在驻晋办事处主持华北地区我党工作，部署敌后游击战争。周副主席多次教导我们：要抓紧时机开展工作，力争坚持到最后。直到日军攻城炮声已在城郊轰响，周副主席才指示我们撤出太原城，向临汾转移。

这天上午，我根据驻晋办事处彭雪枫处长布置，把办事处的汽车队送到太原城西，安排部分车辆过汾河西岸隐蔽待命。回城后，我即着手准备随同周副主席、彭雪枫处长，带着警卫班同志一齐最后撤出。黄昏时分，我们的汽车行至西门，此时城门已按城防司令傅作义的命令全部用泥袋堵死了。周副主席下车要雪枫同志和我往城防司令部进行交涉，为了安全起见，我们请周副主席在小车附近等候，雪枫同志带我去见了傅作义将军。走进傅将军的会客室，我们看见他正在屋子里倒背双手踱来踱去，大概是在思考着守城的问题。傅将军在来回不停走动中听了我们的来意，当即挥笔写了一道出城手谕交我。辞别了傅将军之后，我们返回周副主席身边。向守城部队指挥官交验了傅将军的手令，但此时要打开城门已不可能，只得在城门一侧，预先挖好的人行道中通过。由于暗道狭小，我们只好丢掉汽车，用手掂着必需的物品出了太原城。到汾河东岸，我们找到了办事处的汽车，我们乘车刚开到汾河桥边，又被陷在桥上的阎锡山部车辆装甲车所阻。周副主席当机立断，指示大家丢掉私人用品，全力搬运办事处的电台与档案，步行过了汾河桥，与上午开出来在这里隐蔽待命的车辆会合。大家乘上汽车直奔临汾附近的刘村镇，在此设立八路军临汾办事处，继续展开工作。

---

① 张震：一九三八年任竹沟留守处参谋长。改革开放新时期曾任中国人民解放军副总参谋长、国防大学校长兼政治委员、中共中央军委副主席等职务。

二

我们到临汾后不久，阎锡山的第二战区长官部也到了临汾。接着八路军总部也转移到了临汾后的马牧村。由杨立三同志领导的八路军总部兵站设在临汾城内。当时阎锡山为了发展势力，笼络青年，聘请“七君子”之一的李公朴先生为校长，在临汾开办了民族革命大学。托派分子张慕陶当时也在民族革命大学讲课。八路军总部到临汾以后在马牧村附近开办了八路军总部随营学校。我们办事处在太原时就担负掩护中共北方局的任务，到临汾后，少奇同志回延安去了，北方局由杨尚昆同志主持工作，正是由我们办事处做掩护，对外统称八路军驻临汾办事处。由于总部距二战区长官部很近，有些问题可直接交涉，因此办事处的主要工作就是训练青年学生，开办了八路军驻晋办事处学兵队，培训抗日知识青年。

当时全国青年非常向往革命圣地延安，特别是八路军首战平型关大捷以后，抗日救亡热情更为高涨，大批青年学生纷纷找到我们办事处要求介绍到延安去，到抗战前线去。但是，由于经费有限，不可能全部满足他们的要求。根据中央指示，我们介绍了一部分有地下党关系或者历史清楚的青年去延安；另外又介绍了一部分去八路军总部随营学校，同时为了发展抗日民族统一战线，也向民族革命大学推荐了一些人。留下了一些青年学生在办事处教导队，每期有学员数百人。北方局和办事处负责同志经常到教导队给学员上课，讲抗日民族统一战线和游击战术。教导队学制很短，二三个月一期，毕业的学生个个斗志昂扬地分赴各抗日前线，为中华民族的解放进行了英勇的斗争。

三

一九三八年一月，因八路军总部和阎锡山的第二战区长官部均在临汾，可以直接相互联系，故而总部决定撤销临汾办事处。为执行毛泽东同志提出关于日寇打通平汉路后，开展豫西敌后游击战的计划，一月下旬，彭雪枫同志以八路军总部少将参谋处长名义离开临汾，到豫西了解党的组织和干部情况，联系地方实力派，相机争取西北军共同抗日。当时河南省委领导的中国工农红军豫南独立团是由周骏鸣、王国华同志指挥的，这是红军主力北上抗日后留在南方八省坚持游击战争的劲旅之一。他们长期坚持豫南斗争，共有五六百人。按国共两党规定，我党豫南红军游击队整编为新四军第四支队第八团队。河南省委决定由雪枫同志协助整编独立团，雪枫同志到达竹沟后，往八路军驻汉口办事处发电报到临汾驻晋办事处，要我结束工作，带电台人员南下，我与秘书罗若遐、王子光同志，通信队长熊梦飞同志等，带着办事处的电工，以及办事处的警卫连的一个手枪班和一个冲锋枪排，这是由一二九师教导营调来经过长征的红军老战士组成的。另外又在教导队挑选了十多个河南、山东籍的毕业学员,一起离开临汾向河南确山竹沟进发,我们全部佩戴八路军的符号,持着八路军总部印的护照安全到达目的地。记得在信阳下车后,行至尖山附近,碰到一支穿着便衣,佩戴新四军臂章的队伍,其中有个叫胡龙奎的是我在延安抗大的同学,此人后来消极脱离部队,当时他介绍我认识了周骏鸣同志。他们带着部队到新县整编,虽然我们只是谈了数句就分了手,但骏鸣同志的机警和那一口很重的河南地方口音却给我留下了深刻印象。

四

我到竹沟以后见到了河南省委朱理治同志以及仝中玉、马致远、娄光琦等同志。经彭雪枫同志传达省委决定,由豫南人民亲切称为“老汉”的王国华同志,率豫南红军独立团留下的部分同志组成新四军第四支队第八团队留守处,王国华同志任留守处主任,负责处理出征人员善后工作;彭雪枫同志作为河南省委军事部长,主持军事工作与准备发展地方游击队工作,同时还负责西北军的联络工作。经常担任联络员的,有雷敏之、许遇之等同志,我是军事部和留守处的参谋长,主要管组训部队。这样的一种双重组织形式起到了掩护河南省委领导的积极作用。

周骏鸣与王国华同志的部队经整编为一个营,但不够一个团。当时河南“杆子”(指土匪)甚多,每股十余人到数百人不等。匪患猖獗,群众甚为痛恨。但为了生存,有些庄寨与土匪亦有联系,形成了各“杆子头”都有一定势力范围。我们通过各种关系收编了两股较大的“杆子”。一个“杆子头”姓安,一个“杆子头”姓段,各有七八百人,二三百条枪,这就是当时有名的安团、段团。收编后因为我们发不出粮饷,“杆子”中有些惯匪恶习难改,经常在驻地抢劫骚扰,民怨甚重。为了彻底改造这两股“杆子”,使其为人民军队,我们决定将其集中整编,把由延安派来的红军干部调到这两股部队中去,设法把其中民愤较大的搞掉。经研究决定,改造安团的任务交给了周骏鸣同志,在邢集集中,我们将段团在竹沟附近集中进行整编。

当时在邢集有周骏鸣同志的一个久经战阵的营,整编安团,力量绰绰有余。而我们在竹沟人枪都少,看起来就不是那么容易了。但是我带来的手枪班和冲锋枪排战士,都是老红军,觉悟高,战斗力强,加上雪枫同志足智多谋,和我商定了一条智取之计,以彭雪枫同志的名义开欢迎会请段团官兵吃饭,在吃饭时解决他们的问题。

在下令段团到竹沟附近集中后,为使之不致生疑,我给段团划分了宿营地,叫他们派出设营组安营,使他们安下了心。然后雪枫同志亲自“请”段团长吃饭。这家伙是个彪形大汉,腰上插着两支张着机头的二十响驳壳枪,随身带着一帮子佩短枪、耀武扬威的马弁保镖。雪枫同志神态自若地把段团长让到屋里入席,举杯时使了个眼色,机智勇猛的警卫员程朝先同志就立即猛扑上去抱住了“杆子头”,下掉了他的双枪;外屋的手枪班也一下子解除了马弁保镖的武装。与此同时,我把段团全体集合到竹沟西面操场开欢迎会,讲完话后即在南面学校请吃饭,枪支架在操场上,人员徒手进屋。上到第一个菜,一声令下,冲锋枪排战士挺枪封住了大门,把这数百人尽数缴械。然后派人骑着段团长带来的二十余匹马,跑到段团营地解除了设营人员武装。我们对其中的“杆子头”经隔离教育后礼送回籍;出身好,愿意抗日的留下,其余一律遣散,这样编掉了一半人。营、连、排干部均配备了老红军和教导队毕业学生。安、段两团整编为二、三营,充实了八团队。编后八团队全部集中在邢集整训。周骏鸣同志此时由邢集返回竹沟第一次与彭雪枫同志见了面。经省委决定,第八团队由周骏鸣同志任团长,胡龙奎同志任副团长(为了抗日民族统一战线,将我军政治委员暂时改为副职),赵启民同志为参谋长(后来胡龙奎消极离队后,由赵启民同志任政委),朱绍清同志为一营长,成钧同志为二营长,李木生同志为三营长。干部开始整训后,按新四军军部指令,周骏鸣同志带着八团队开赴皖南开辟抗日根据地。这时八团队留守处仅剩下一个警卫连,豫西党委很快又动员了三五百人组成了一个补充大队,由陈康同志任大队长。接着又在竹沟办起了教导大队。河南、山东、湖北等地青年学生纷纷来到竹沟学习抗日救国道理,当地到处一片抗日歌声,人人争当革命先锋,人民群众也发动起来了,同志们亲切地把焕发了抗日救亡热情的竹沟,誉为“小延安”。

五

我党领导的抗日民主革命形势的发展震惊了当地的国民党顽固派和土豪劣绅,他们联名上书国民党西北当局,诬我发展武装,图谋不轨,要求取缔我们。为此西北军派了一个姓夏的团长带着部队来打我们。当时周副主席在武汉,他获悉这一情况后,立即指示驻汉办事处提前通知我们。我们经过分析研究,根据当时的环境条件,决定采取避免军事冲突,以理服人,发展抗日民族统一战线大好形势的方针。一方面在夏团到达前把省委、教导大队撤出竹沟,转移到邓庄铺一带隐蔽,将补充大队由陈康同志率领开赴皖南,补充周骏鸣同志的八团队。一方面由身为八路军总部参谋处长的彭雪枫同志和作为总部参谋的我和夏团斡旋。同时利用雪枫同志的叔叔彭禹廷先生在西北军的关系,以及西北军一些子弟学校老同学的关系做夏团的工作。夏团到竹沟后,我们佩戴着八路军的臂章出面接待,让出了最好的房子给他们住。通过多次接触,我们向他们说明,我们是按国共两党协定奉八路军总部命令来竹沟整编第八团队,进行抗日的。夏团和我们相处了一个星期,没有发现我们有什么可疑之处,就顺水推舟地向上级打了报告,说是竹沟没有什么违犯抗日宗旨的不法活动,随即全部撤出了竹沟。这时省委机关、教导队平安无恙地迁回了竹沟,避免了国民党顽固派策动的第一次摩擦。

六

竹沟的部队只剩下一个连，人数虽少，却担负了经常在信阳、确山、泌阳一带打土匪的任务。我军所到之处，得到了人民群众的援助，守在寨上的群众发出口令："谁的人？""老周的。""谁的人？""老汉的。"就开门迎接，这样各股"杆子"都为我们先后打掉，有的返乡，安定了人民群众的生活，新四军威望大振，部队和竹沟人民亲如鱼水，军民之间建立了极为亲密的关系。

从一九三八年三月到竹沟后，我们以延安派来的干部和临汾教导队来的同志为骨干，先后办了学兵大队。大队长是方中铎同志，周季方同志为第一期政治干事；谭友林同志是第二期政治干事。当时为了搞统战工作，没有用政治委员名义。实际上政治干事也就相当于现在的政治委员。

七

一九三八年八月，我在武汉办事处碰见了在延安抗日军政大学二期的老同学肖望东同志。我建议他到竹沟去。当时豫东特委书记沈东平同志已在和日寇作战中牺牲了。吴芝圃同志组织了豫东人民抗日游击第三支队。肖望东同志到竹沟后，为加强豫东部队领导，雪枫同志即派他作为大队长率实际仅有的一个连兵力的肖大队开赴路东和吴芝圃同志会合。

九月中旬，毛泽东同志来电报，通报开封失守，豫东沦陷，命我们先行开展豫东敌后游击战争。遵照中央指示，雪枫同志决定九月三十日和我部以新四军游击支队名义誓师东进，前往会合吴芝圃同志。行前把手枪班和冲锋枪排扩编为一个警卫连与两个步兵连，组成游击支队二大队。由滕海清同志任大队长。将八月份先期出发的肖大队改为游击支队第一大队。二大队加上第二期教导队部分学员及电台共三百八十余人。行军时为造声势，拉开了行军距离，高唱抗日救亡歌曲，群情振奋，斗志昂扬，以每天六七十里的速度进入西华县境。吴芝圃同志的三支队也随着过黄河到西华会师。

同年十月在西华附近杜岗编队，将吴芝圃率领的第三支队整编为新四军游击支队。彭雪枫同志任支队司令，吴芝圃同志为副司令，肖望东同志为政治部主任，谭友林同志为副主任，我任参谋长。全支队共有三千余人，编为三个大队。一大队长张太生同志，二大队长为滕海清同志，三大队长为冯胜同志。这些经过长征考验的老红军干部，从此又和豫东人民一起，在艰苦的抗日战争中并肩作战。

八

我们离开竹沟后，河南省委继续以八团队留守处名义掩护活动，刘少奇同志亦曾亲临竹沟指导工作。在省委领导下，教导队也继续在竹沟开办。是年秋、冬之交，蒋介石终于又悍然出兵攻我竹沟，残杀抗日军队，制造了竹沟惨案。但是，竹沟人民并没有屈服，更没有被吓倒！竹沟，这块英雄的土地，在严酷的战争年代哺育了成千成万优秀的抗日战士，为开展江汉平原、淮南、淮北、豫、鄂抗日游击战输送了大量骨干。新四军第二师、第四师、第五师均与竹沟人民有血肉不可分离的关系。竹沟人民为中华民族的解放，中国革命的胜利作出了不可磨灭的贡献。

彭雪枫同志在竹沟

李子健[①]

抗战初期,彭雪枫同志在河南竹沟工作过一段时间。他那忠于党的事业和英勇奋斗的精神,爱护同志,以普通党员要求自己的作风,给我留下了难以磨灭的印象。

一九三八年初,彭雪枫同志在中共长江局开完会,从武汉带领张震、岳夏等三十来个同志和一部电台来到竹沟。他细高身材,穿一身略显褪色的灰军装,戴一顶八角军帽,风纪扣、皮带、绑腿都理得十分整齐,特别显眼的是那双带有缨子的草鞋。这身衣着,更显露出他那年轻英俊的军人风度。

当时豫鄂边这块革命根据地,已具有相当局面,领导机关就设在竹沟镇。省委驻在镇上一个破陋的四合院里。南屋是会议室,我和王国华等几位领导人分住在北房和仅容一榻的小东房里。我们把雪枫同志安排在西房。室内设备很简单,四壁是军用地图,中间是一张方桌和几条板凳以及雪枫同志的随身军用杂物,他休息睡眠,就在房角的一张行军床上。在离开竹沟前他一直住在这所房子里。

雪枫同志一到,就对我和王国华同志说:"出去溜达溜达。"我们说:"这个小镇没啥景致可玩,你休息休息,明天去吧!"他说:"这是工作,一个军人每到一地,首先必须看看环境,这是我的习惯了。"于是我们三人顺着街巷信步走去。当时抗日气氛很浓,墙壁上到处是用烟墨、红土、石灰等作颜料制的大标语以及"抗敌救国十大纲领"之类的条文。他边看边问些情况,赞扬说:"你们搞得不错,怪不得有'小延安'之称。"说着,见一位同志正仔细地修饰着一幅"拥护国共合作抗战到底"的标语,他把半个青天白日、半个斧头镰刀合成一个图案,画在标语头上。雪枫同志当即给这位同志指出:"你理解的统一战线就是这个?! 要知道:我党才是统战的真正领导者。"经过一溜达,大家加深了政策观念,使竹沟抗敌宣传思想性更加精辟明达了。

第二天,我们在俱乐部召开了一个欢迎大会。青年们演了广场剧《放下你的鞭子》和《马家店》。雪枫同志不仅始终饱含泪花认真看,而且看后又激情地和大家一起放声歌唱《义勇军进行曲》《大刀进行曲》等歌曲,他那严肃劲,就像驰马挥刀和敌人厮杀,又像庄严地宣读抗日救国誓言。接着,大家玩了游戏花样:把在场若干人的"名字""在那里"和"动作"

① 原鄂豫边省委宣传部长,新中国成立后曾任重庆人大常委会副主任等职务。

分三组写好,然后请三位同志分读,这必然产生人物、地点和动作不合逻辑的情况,从而引起大家哄然大笑。雪枫同志诙谐地说:“干革命嘛,哪能成天皱着眉头。”鼓励青年把文娱生活搞得更活跃,更丰富多彩,以振奋大家的革命斗志。

当时,“上层统一战线”工作已获初效,地方实力派,如国民党河南省显赫人物张钫、肖洒,鲁西北专员范筑先,以及一些拥有相当数量武装的地方士绅,如叶县的崔冠卿、西华的胡晓初、扶沟县县长等人,都和我们发生了统战关系。在此形势下,有少数基层同志认为“右”了。雪枫同志来到后,肯定了我们的成绩,同时指出:之所以有些同志想不通,是我们还没有把统战政策宣传到家喻户晓,还没有使党内外群众,甚至包括开明士绅等上层人物自觉地和我们站在一起。于是他和我们研究,准备在三月十二这天,召开一次纪念孙中山先生的群众大会。对此有些同志不理解,认为我们纪念国民党的总理会产生坏的影响,甚至认为这是“投降主义”。雪枫同志指出:执行政策正确不正确,就看他对革命、对人民是否有利,或利益大小。比如不停止打土豪分田地、不改编红军,就没有现在这样的抗战形势,为更广泛地团结抗日力量,这种活动是必要的。何况孙中山先生本身就是支持革命的。经过讨论,统一了认识。三月十二这一天在竹沟东门外广场举行了近万人的群众大会。会上,雪枫同志作动员,报告中特别强调了“有钱出钱”“有力出力”“团结抗日”等口号,这次大会极大地宣传了党的统战政策,在广大人民群众和各阶层人士中产生了良好的影响。

为了巩固统战工作成果,进一步扩大革命力量,省委决定再深入检查一次工作。因我对一些情况较熟,雪枫同志要我亲自走几个地方。出发前他还递给我叶参谋长的名片,叫我在必要时使用。我到地方发现:基层党内思想跟不上形势,普遍存在有关门主义倾向,不愿意甚至拒绝同社会头面人物打交道。认为他们找我们是“投机”。我回来向雪枫同志汇报了这个情况,当时马致远(即刘子厚)同志也在座。我说:“地方同志都感到社会上的上层人物,从‘双十二’后对革命越来越投机了。”雪枫同志听了之后指出:“他们投革命、投抗日之机有何不好?有人说无聊,他们就是找聊嘛!”我谈到扶沟县长去冬搞了几十天,才动员起十几个人时,雪枫同志说:“真是‘秀才造反三年不成’,那么我们怎么不帮助呢?”经过雪枫同志的开导,大家提高了政治认识,加强了这一工作。如有些上层人物要求我们派人去协助搞抗日团体,我们就派人去(如派往叶县的抗大毕业的杨子英等同志)。为打开统战局面,雪枫同志也曾多次亲自出马谈判。泌阳巨绅王友梅是当时最顽固的一个,他曾在一九三七年勾结“宛西武定远团”进攻我省委所在地的邓庄铺、焦竹园,抢走了张钫支援我们的大批军装等物资。雪枫同志来竹沟后,亲自去泌阳争取他。王友梅不仅全部赔偿了过去掠夺我们的物资,而且支援了我们大批粮食,使吃不上糟糠的干部战士一时吃上了白面馒头,竹沟西邻的顽固钉子给拔除了。雪枫同志常拿这些实例说服同志。有一次军事演习,他指着崭新的转盘机枪等武器对我说:“看!这些宝贝你猜从哪里来的?”我说:“来自国民党军队战场上缴来的呗?”雪枫同志说:“你说对了一半,这是四川地方实力派邓锡侯赠的,它们来自党的统战政策。”经过努力，统战局面大大打开了。一些地方的“抗敌后援会”“抗日救亡宣传队”等团体，名义上是“官办”，实际上是我们党在领导。关门主义倾向克服了，各县区的工作搞得轰轰烈烈，各种抗战团体雨后春笋般涌现出来。党组织和“民先”“青救”等党的外围组织，也迅速发展了。各地青年来参加革命者与日俱增，使竹沟更加生气勃勃。

雪枫同志来之前，我们收编了一股绿林武装。进行训练时，由彭雪枫、王国华、马致远、王盛荣及我轮流讲课。开始训练的第一课由雪枫同志带头讲“农民青年当抗日军是个保家卫国的光荣义务”。结合农民受剥削受压迫的实际事例，讲得非常生动、深刻，大大激发了战士们的阶级感情，大家义愤填膺，摩拳擦掌，要求奔赴前线杀敌。经过训练后，编入我新编的新四军四支队八团，由周骏鸣、林凯等同志带领开赴前线抗日。队伍走后，在雪枫同志指导下，我们留守处又把早办起的像抗大那样的学校“新四军教导队”扩大起来。当时，我们十分艰苦，糠菜豆腐渣都吃不上，也没有校舍。党员、干部就带头割山草、收集木料、做坯墙，在竹沟河东盖起了整齐的校舍和宿舍。雪枫同志经常给教导队讲课，讲游击战术。一次他和我来到队上，学员们正开饭，雪枫同志吃着糠窝窝风趣地说：“糠窝窝蘸辣椒，越吃越上膘。”逗得大家哈哈大笑。接着就说一段长征时吃草根、皮带的经历。这种乐观主义精神更激起了大家的革命热情。一批批刚参加革命的青年，受到了革命的爱国主义教育，教导队越办越好。训练出的大批干部一期期地分配出去，成为新四军二师、四师、五师等部队以及地方开展工作的骨干力量。

彭雪枫同志率部东征前夕，筹备创办了《拂晓报》。他让我写了发刊词。该报于一九三八年九月二十九日创刊，十月一日随彭雪枫东征迁往豫东敌后，开始是油印，进而石印，最后为铅印，逐步向新水平发展。后来听四师同志说《拂晓报》在淮北是雪枫同志的“三大宝”（指《拂晓报》、骑兵团、战斗剧团）之一。

在日常生活上，雪枫同志从不讲特殊，很注意与战士同甘共苦。他刚来竹沟省委机关，一次开饭时，一位同志端给他的菜比别人多一些，他就以责备的眼光看了看端菜的同志，然后立即拨出一大半分给其他同志。有一次他从武汉回来，在确山办事处和我相遇，同路回竹沟。他骑的是马，我骑的是自行车，并肩而行。他说：“今天我在火车上怎么也睡不着，太累了，咱们换着骑吧！”于是他蹬上车子，我策马后随。出西门不远就是一条河拦道，行人是涉水而过，我在马上见他飞驰地下了河坡，就急喊“脚闸！脚闸！”（因车闸失灵我使用脚闸），哪知他毫无所闻似的直冲水中。我追上他时，已到了对岸，溅得浑身是水。他笑着说：“你这鬼车子，闸是假的，可把我的瞌睡治好啦！”当时我教他如何用脚闸，我们一直换骑到竹沟。

不久，雪枫同志的父亲彭老大爷从镇平来，我们给老人家安排一个较安静的地方住。雪枫同志说：“咱们很困难，就让他老人家住在群众家里吧！”住下后，他再忙也抽空去省问。有一次我去看老人，正遇到他替父亲整床铺，边整边讲“革命是最大的孝道”。老人事后对我说：“修道（雪枫同志的乳名）刚接媳妇三天就走了，至今没有回家。哦！你们弟兄为抗日救国尽忠立功,我最高兴!"

不放过任何机会来教育干部、战士,是雪枫同志的一个特点。一次有人奉承地说:"您太英明了!我离不开您的教导就像孩子离不开母亲那样!"他立即严峻地指出:"你太肉麻!上谄者必下骄!我们不需要这一套!"所以同志们说:"雪枫同志是个最反对那种说漂亮话和捧上压下的人。"

自雪枫同志来后,读书之风也越来越浓了,他不仅本人刻苦学习马克思主义理论,博览群书,而且常以此来鼓励帮助同志。某次开会,陈少敏等同志问到一个理论问题,他马上翻开书,引经据典,准确地作了回答。有一次,我到他住室,见他正阅读一部《彭禹廷全集》,他说:"作者是我的叔父,他主张地方自治,反对蒋介石统治,被蒋邦暗害了。我参加革命与他的影响有关。"他还提道:"干革命要深懂社会,要读各种书籍。"他多次在会上讲学习,谈古今中外刻苦读书的人物。他还举了冯玉祥入伍后克服种种困苦、阻力和刁难,勤奋读书,由一个大老粗到能赋诗作词。雪枫同志大兴读书之风,给竹沟带来了良好的学习风气。

那时群众大会,动辄数千上万人,又都是露天举行,没有麦克风之类的设备,全凭演说者的艺术来吸引听众和维持秩序。雪枫同志演说作报告,往往是二三个小时一气讲完,听起来毫不费力,而且严肃、风趣、动听、扣人心弦。会场始终井然有序,鸦雀无声。一次散会时,两位老大娘捧着热茶到他面前激动地说:"俺把孩子交给你,打日本鬼子去!"

一九三八年十月,彭雪枫同志带领新组成的新四军挺进支队东征,从此我和他分手了。部队后来编为新四军四师。雪枫师长每次作战都是身先士卒,他在红军时代曾负过伤,他的队伍战斗力强,特别是骑兵团出去,真是秋风扫落叶,所向披靡,敌人望风丧胆。雪枫被称为常胜将军,在人民中有着崇高的威望。在抗日将要胜利时,他牺牲在河南省夏邑县八里庄。当时我在延安,惊闻噩耗,痛哭失声!后闻淮北人民怀念他,为他立了铜像,还有许多关于他像神话的传说流传着。

彭雪枫同志在竹沟的时期,正处在中国革命进入新的高潮——抗日战争伟大的转折阶段。他非常重视党的统战政策,毛主席的军事路线和建党、建军,为壮大革命力量含辛茹苦,为以后中原局势的大开展,打下了坚实的基础。

全国解放战争时期

中原历史回忆

千里跃进大别山

刘伯承

一九四七年七八月间,中国人民解放军晋冀鲁豫野战军遵照党中央和毛主席的指示,强渡黄河,千里跃进大别山。我军这一战略行动,恰似一把利剑插进蒋介石反动统治的心脏,它同东北、华北、西北、华东等战略区的反攻和进攻相配合,形成了对敌人的全国规模的巨大攻势。从此,中国人民解放军由内线作战转为外线作战,由战略防御转入战略进攻,扭转了整个战争形势,为夺取全国胜利创造了极为有利的条件。

今天,我们回顾这一段斗争史实,对于更好地学习和领会毛泽东思想,是大有裨益的。

一

到一九四七年六月,中国人民第三次国内革命战争已经进行了整整一年。经过一年的战争,敌人虽然受到了很大的削弱,但是,无论在数量上或者装备上它都还占着优势。蒋介石还在继续获得美帝国主义大量的军事援助和经济援助,还有广大的统治区可供搜刮,以支持其军事进攻。敌人对我解放区的重点进攻还在继续进行:集中了三十一个旅共二十万人压在陕北战场上;集中了五十六个旅共四十万人压在山东战场上。东北战场上的敌人虽已被迫采取"全面防御",但也还保持着相当大的兵力。解放区的重要城市延安、临沂和张家口等还沦陷在敌人手中。当时,从表面上看,可说是乌云依然弥漫天空,局势依然严重。

但是,毛主席高瞻远瞩,科学地分析了革命形势,指出战略进攻的时机已经到来了。

早在战争一开始的时候,毛主席就英明地指出:"蒋介石虽有美国援助,但是人心不顺,士气不高,经济困难。我们虽无外国援助,但是人心归向,士气高涨,经济亦有办法。因此,我们是能够战胜蒋介石的。"[①]战争打了三个月之后,毛主席又指出:"除了政治上经济上的基本矛盾,蒋介石无法克服,为我必胜蒋必败的基本原因之外,在军事上,蒋军战线太广与其兵力不足之间,业已发生了尖锐的矛盾。此种矛盾,必然要成为我胜蒋败的直接原因。"[②]"敌人的野战军,一方面,不断地被我歼灭,另方面,大量地担任守备,因此,它就必定越打越

① 《毛泽东选集》第四卷,人民出版社1991年版,第1187页。
② 《毛泽东选集》第四卷,人民出版社1991年版,第1205页。

少。”[1]到一九四七年的二月，毛主席更进一步地指出：“我军如能于今后数月内，再歼其四十至五十个旅，连前共达一百个旅左右，则军事形势必将发生重大的变化。”[2]事实正是这样，经过一年来的军事较量，敌人被我军歼灭了正规军九十七个半旅，连同非正规军共一百一十余万人，被迫把全面进攻改为重点进攻，而且重点进攻也遭到了挫折，成了强弩之末。敌人进攻解放区的兵力，除了用于守备者外，战略性的机动力量已经大大减少。在后方任守备的只有二十一个旅，且都分布在新疆、甘肃、四川、西康等省。在湘、桂、黔、闽、浙、赣等六个省的广大地区，只有一些地方保安部队维持秩序。国民党的后备力量已经快用完了。同时，在敌人统治区域的伟大的人民运动，已经蓬勃发展起来，迅速地遍及六十多个大中城市，形成了反对蒋介石反动统治的第二条战线。总之，蒋介石无论是在军事上或政治上都打了败仗，“已处在全民的包围中”[3]。而我军则在战争中不断得到锻炼和发展，装备大为改善，士气极为旺盛，广大指战员掌握和运用毛主席战略战术的本领有了很大的提高。广大解放区在“前方打老蒋，后方挖蒋根”的口号下胜利地进行着土地改革。我军的后方更加巩固了。

所有这一切，都显示出中国人民最后推翻国民党反动统治的新的大革命高潮临近了，我军转入战略进攻的时机基本上成熟了。

机不可失，时不再来！毛主席的意图是：在这样的情况下，我们不应等到敌人的进攻被完全粉碎、我军在数量上装备上都超过敌人之后再去展开战略进攻，而应抓住这个有利时机，不让敌人有喘息机会，立即由战略防御转入战略进攻。因而规定我军第二年作战的基本任务是：“举行全国性的反攻，即以主力打到外线去，将战争引向国民党区域，在外线大量歼敌，彻底破坏国民党将战争继续引向解放区、进一步破坏和消耗解放区的人力物力、使我不能持久的反革命战略方针。”[4]

战略进攻的矛头指向哪里？毛主席英明地选定在大别山地区。大别山，雄峙于国民党首都南京与长江中游重镇武汉之间的鄂、豫、皖三省交界处，是敌人战略上最敏感而又最薄弱的地区。这里又曾经是一块老革命根据地，有经过长期革命斗争锻炼的广大群众，多年来一直有我们的游击队坚持斗争，我们容易立足生根。我军占据大别山，就可以东慑南京，西逼武汉，南扼长江，瞰制中原。“卧榻之旁，岂容他人鼾睡？”蒋介石必然会调动其进攻山东、陕北的部队回援，同我们争夺这块战略要地，这就恰恰可以达到我们预期的战略目的。

应当采取怎样的进攻样式？毛主席指示，进军大别山不能像北伐时期那样逐城逐地推进，而必须采取跃进的进攻样式：下决心不要后方，长驱直入，一举插进敌人的战略纵深，先占领广大乡村，建立革命根据地，以乡村包围城市，然后再夺取城市。

---

① 《毛泽东选集》第四卷，人民出版社 1991 年版，第 1206 页。
② 《毛泽东选集》第四卷，人民出版社 1991 年版，第 1212 页。
③ 《毛泽东选集》第四卷，人民出版社 1991 年版，第 1224 页。
④ 《毛泽东选集》第四卷，人民出版社 1991 年版，第 1230 页。

党中央和毛主席指定由晋冀鲁豫野战军主力担负进军大别山的光荣任务。以十几万大军远离根据地,一举跃进到敌人的深远后方去作战,这种独特的进攻样式,是史无前例的。不难设想,要实现这样伟大的战略计划,决不是轻而易举的。当时,毛主席既估计到跃进大别山的有利条件,又充分估计到了到外线作战的种种困难,提出可能有三个前途:一是付了代价站不住脚,转回来;二是付了代价站不稳脚,在周围打游击;三是付了代价站稳了脚。并告诫我们要作充分的思想准备,从最坏处着想,努力争取最好的前途。

二

为了实现跃进大别山、夺取中原的战略计划,毛主席作了三军配合、两翼钳制的周密部署。三军配合是:除由晋冀鲁豫野战军主力实施中央突破直趋大别山以外,还由陈毅、粟裕等同志率华东野战军主力为左后一军,挺进苏鲁豫皖地区,由陈赓等同志率晋冀鲁豫野战军的两个纵队另一个军为右后一军,自晋南强渡黄河,挺进豫西。三军在江、淮、河、汉之间布成"品"字形阵势,互为犄角,逐鹿中原,机动歼敌。两翼钳制是:以陕北我军出击榆林,调动进攻陕北的敌人北上,以山东我军在胶东展开攻势,继续把进攻山东的敌人引向海边,便利前述三军的行动。

当时,蒋介石利用黄河从陕北到山东所构成的"乙"字形天然形势,把主力集中于陕北、山东两翼,实施进攻,企图将南线我军压缩到"乙"字形的弧内,然后聚而歼之。在其联系两翼的战线中央,则凭借黄河天险只以少数兵力实施防御。这种兵力部署,很像一个哑铃,两头粗,中间细,其中央部分就成了要害和薄弱部分。毛主席正是要我们在这里实施中央突破。

我野战军接受任务后,全军为之振奋,立即进行渡河作战的准备。根据地的广大群众,也积极为部队的出征准备了大批的粮食、车辆和担架,支援前线。

根据毛主席的指示,我们把渡河地点选定在鲁西南的濮县至东阿之间。这里河宽水深,敌人自恃这一天险可抵"四十万大军",仅在南岸分别构筑了滩头阵地和野战工事,用两个师直接扼守河防,另外摆一个师在嘉祥地区机动。为了迷惑敌人,我们采取了声东击西和支作战、主作战相配合的打法。发起渡河作战的前几天,以太行、冀南军区部队伪装主力,在豫北发起进攻;以豫皖苏军区部队向开封以南地区佯施攻势,以转移敌人的视线;我野战军主力则隐蔽地、神速地从豫北开赴渡河地点,并派冀鲁豫军区部队事先偷渡黄河,以接应主力南渡。六月三十日夜,正当豫北、豫皖苏两战场我军虚张声势、积极行动的时候,我们在东阿至濮县横宽三百里的地段上,突然发起了渡河作战。在南岸我预设部队的接应下,在当地群众的支援下,我一、二、三、六等四个纵队共十二万大军,以偷渡与强渡相结合的战术,一举突破黄河天险。敌河防部队立刻全线崩溃。

与此同时,华东野战军的五个纵队也在津浦路泰安至临城一线,发动了攻势,有力地支援了我们的行动。

我军胜利突破黄河天险,大大震动了敌统帅部。蒋介石为了堵住这一缺口,仓皇从豫北战场和豫皖苏战场调集三个整编师和一个旅赶来增援,并由山东调来王敬久统一指挥,分左右两路,向定陶、巨野推进。敌人的企图是坚守郓城,吸我屯兵于城下,然后以其右路主力拊我侧背,迫我背水作战,把我军歼灭于黄河、运河三角地带,或重新逼过黄河。我们看穿了敌人的这个诡计,趁势发起了鲁西南战役,将计就计,采取"攻其一点,吸其来援,啃其一边,各个击破"的战法:一面坚决围攻郓城,吸引援敌北上;一面派有力部队向西南急进百余里,直插敌人纵深,攻取定陶、曹县;又以一部兵力向正南猛插到冉堌集、汶上集地区,拊击敌人的侧背。七月七日至十日,我军攻克郓城,歼敌两个旅及一个师部,同时攻下了定陶、曹县,全歼定陶守敌和敌左路军的一个旅。于是右路敌军三个整编师,就成了一条孤立的长蛇阵,摆在巨野东南、金乡西北的六营集、独山集、羊山集。这时,我各个纵队都已腾出手来。毛主席指示我们:应该放手歼敌。歼灭敌人愈多,对跃进大别山愈有利。我们遂以远距离奔袭的动作,迅速将敌人的三个师分割包围。独山集的敌人慌忙逃向六营集。十四日,我们发起六营集战斗,采用"围三阙一"的打法,网开一面,虚留生路,布下了一个口袋阵。入夜,我军由西面猛攻,敌阵大乱,果然纷纷夺路东逃,被装进了"口袋"。敌三个半旅及两个师部又彻底被我消灭了。

十五、十六两日,我军继续攻击困守在羊山集的敌六十六师。由于羊山集三面环水,背依羊山,敌人又抢修了坚固工事,所以几次未能攻下。这时,蒋介石一面命令该敌固守待援,钳制我军,一面急调八个师另两个旅赶来寻我主力作战。但我趁敌援兵主力尚未靠拢的时机,二十二日首先歼灭了金乡来援之敌一个旅。二十七日集中兵力对羊山集的敌人发起总攻,经过一昼夜的激战,终于全歼了这股负隅顽抗的敌人。

我军突破黄河天险后,经过二十八天激烈的连续战斗,歼灭了敌人九个半旅和四个师部共五万六千余人,胜利地结束了鲁西南战役,取得了战略进攻的初战胜利,打开了跃进大别山的通路。

坐镇开封的蒋介石,不甘心于这一失败,又纠集其原在鲁西南的和新调来的五个集团共三十个旅的庞大兵力,分五路向郓城、巨野地区的我军实施分进合击,妄图歼灭我主力于陇海路和黄河之间,或把我军逐回黄河以北,以堵塞这个被我打开的缺口。蒋介石还准备了更毒辣的一手,再打不赢,就由开封附近掘开黄河堤坝,水淹我军。当时,我军打了胜仗,士气高涨,我华东野战军主力五个纵队结束了在津浦线上的攻势以后,也转出外线,开进到鲁西南,我们的力量更强大了。所以,好些指挥员要求再战,扩大战果。但是,党中央和毛主席权衡了整个战局,要求我们一定要先敌进入大别山,先敌在大别山展开,指示我们"下决心不要后方,以半月行程直出大别山"。

我们坚决执行党中央和毛主席的指示，立即调整部署，开始行动。为了利于我主力隐蔽地突然地实施跃进，以新编成的十一纵队在黄河边佯动，造成我军渡河北返的声势，吸引敌人继续合围；以豫皖苏军区部队破击平汉路，断敌交通；并决定待主力跨过陇海路后，中原独立旅即西越平汉路，直出信阳以西，作出挺进桐柏山的姿态，以迷惑武汉、信阳之敌。同时华东野战军的五个纵队也积极捕捉战机，打击敌人，以掩护我野战军主力南进。八月八日夜，正当各路敌人向我合击的包围圈将拢未拢，而由南向北进击的一路已越过菏泽、巨野公路，陇海路两侧完全没有敌人正规军的时刻，我们突然甩开敌人，兵分三路向南疾驰：第三纵队在左，沿城武（今成武）、虞城、鹿邑、界首之线直奔皖西；第一纵队在右，沿曹县、宁陵、柘城、项城、周家口、上蔡之线直奔豫南；中原局、野战军指挥部率第二、第六两个纵队居中，沿沈丘、项城、息县之线前进。从此，开始了千里跃进的壮举。

敌人在鲁西南扑空了。由于连日暴雨，河水猛涨，敌人又错误地判断我军只是在其大军压境的情况下“北渡不成而南窜”。所以，除从蚌埠抽调少量部队插到太和，协同地方民团在沙河沿岸扼守渡口，控制船只，防我南渡以外，急令其鲁西南的主力兵团尾我追击。敌人以为黄泛区这一天然障碍可以阻滞我军，妄图赶上来一举把我歼灭。可是，我军已先敌两天跨过陇海路，进入黄泛区，把敌人远远抛在后边了。

黄泛区是抗日战争时期蒋介石不顾人民死活，决堤使黄河改道造成的，宽达三十多里，遍地积水污泥，浅则及膝，深则没脐，没有人烟，没有道路。为了争取时间，把敌人甩得更远，我军指战员不顾敌机轮番袭击，不顾连续行军的疲劳，在烈日当空的酷暑季节，艰难地一步一步跋涉前进。有时要从没颈的泥潭中把战友救出来，有时又只得眼看着军马被泥潭吞噬。同志们拉的拉，推的推，扛的扛，抬的抬，千方百计，终于把大炮、辎重、车辆拖过黄泛区。

正当我中路部队通过黄泛区的时候，我右路部队已奔赴沙河的新店渡口实施敌前强渡，抢过南岸；左路部队亦迫抵沙河，夺取了太和渡口；豫皖苏军区部队也进至沙河南岸。在他们的掩护与接应下，我中路部队于十八日迅速渡过了沙河。蒋介石企图把我军歼灭于黄泛区的毒计，又被彻底粉碎了。

胜利渡过沙河后，为了快速前进，继续战胜敌人的追堵，我各部队实行轻装，埋藏和炸毁了一些必须精简的笨重武器、车辆，并再次对部队进行动员，提出“走到大别山就是胜利”的口号。部队斗志昂扬，前进的速度更快了。

直到这时，蒋介石才大梦初醒，发现我军的矛头是指向大别山。于是，急忙赶调一个师零一个旅到汝河南岸的汝南埠一带，占领渡口，毁掉民船，摆开阵势，挡住我们的去路。

八月二十三日下午，我中路先头部队冒着敌机的轰炸扫射，架起浮桥，抢占了河南岸的一个桥头堡大雷岗。敌人马上从东、西、南三面构成一个马蹄形阵势，把这个小小的村庄围住，企图阻拦我军前进。

此时，我东、西两路部队已先敌越过汝河，逼近淮河，中路部队也有一个纵队先敌抢过汝河，继续南进，留在汝河北岸的，只有中原局机关、野战军指挥部和一个纵队的兵力。而紧跟在我背后的三个师的敌人，距离我们只有五六十里，不用一天就可以赶到。前有阻师，后有追兵，形势真是千钧一发，万分险恶。我们能否在短短几个小时内抢渡汝河，关系到整个跃进行动的成败，从而也关系到整个战局。战略跃进的光荣使命鼓舞着我们，此刻，面前即使横着刀山火海，我们也必须打过去！黄昏后，我和邓小平同志赶到了汝河北岸先头部队的指挥所，命令部队以坚决进攻的手段对付堵击的敌人。说明“狭路相逢勇者胜”！只要我们坚决、勇敢、不怕牺牲，就一定能够打过去。

强渡汝河的战斗开始了。纵队和旅的干部亲自下到团、营、连指挥作战。战士们英勇顽强地同数倍于自己的敌人拼杀。抢夺桥头堡的敌人被我击退后，我后续部队陆续渡河前进。各部队冒着敌机的低空轰炸、扫射和两边敌人近距离的侧射火力，边走边打，勇往直前，终于在大小雷岗和东西王庄一带杀开了一条血路，掩护着中原局和野战军指挥部突破敌人层层拦阻，胜利地闯过了千里跃进途中的这个险关。

就这样，我军以锐不可当之势，粉碎了敌人数十万大军的前堵后追，先后跨越了陇海路、黄泛区、沙河、涡河、洪河、汝河、淮河等重重障碍，经过二十多天的艰苦跋涉和激烈战斗，终于在八月末先后进入大别山区。

这期间，华东野战军主力，在鲁西南地区辗转作战，机动歼敌，拖住了大量敌军，有力地支援了我们向大别山的进军。我陈赓兵团在晋南强渡黄河，腰斩陇海，东逼郑、洛，西叩潼关，接着又依托伏牛山在豫西展开，迫使陕北战场的敌人南撤，吸引尾追我野战军主力的敌人，抽调三个师的兵力西顾。陕北、山东的我军，也已粉碎了敌人的重点进攻，并转入了战略反攻。

三

我军进入大别山后，以邓小平同志为首的中原局，立即号召部队和地方干部坚决地义无反顾地为重建大别山革命根据地而斗争。重建这块根据地最根本的问题，就是要坚决执行毛主席在《解放战争第二年的战略方针》中所指示的：“到国民党区域作战争取胜利的关键：第一是在善于捕捉战机，勇敢坚决，多打胜仗；第二是在坚决执行争取群众的政策，使广大群众获得利益，站在我军方面。只要这两点做到了，我们就胜利了。”①

在重建这块根据地的过程中，我们同敌人展开了反复的极端激烈、艰苦的争夺战。概括起来，可说是经过了三个回合的斗争。

第一个回合：迅速实施战略展开。

---

① 《毛泽东选集》第四卷，人民出版社 1991 年版，第 1231 页。

我军进入大别山初期，敌主力尚被甩在淮河以北，大别山区极为空虚。为了迅速立足生根，我们立即按照中原局的计划，分遣各部队向预定地区开进。以三个旅在皖西展开，两个旅在鄂东展开，九个旅摆在大别山北麓的商城、罗山地区，一面牵制敌人，一面就地展开。同时，将全区划分为豫东南、鄂皖、皖西、鄂东等四个工作地区，组成党的工作委员会，分别由各纵队抽调部队和干部，在统一领导下，开展地方工作。估计到新区斗争的复杂性和艰苦性，我们坚决精简机关，减轻装备，隐藏了一批辎重，减去了许多牲口，并训练部队迅速熟悉南方作战条件和生活习惯，以适应新的斗争环境。

就在我们实施战略展开的过程中，尾追我们的二十三个旅的敌人，也先后压过淮河，进入大别山区。敌人的企图是：以多数兵力摆在平汉线及其东侧，阻我向桐柏山、大洪山地区发展，以一部兵力实行分散“清剿”，摧毁我地方政权，使我失去立足之地，另以敌国防部长白崇禧亲自指挥的桂系两个师实行机动，寻找我主力作战，把我军赶出大别山。

我军深入到敌人的战略纵深地带，在无后方依托的条件下实施战略展开，创建新的根据地，这在历史上是空前的创举。要达到这一目的，就必须遵循毛主席“分兵以发动群众，集中以应付敌人”的原则，正确地解决兵力的集结和分遣的问题。部队既要打胜仗，又要占领地方。要打仗，就不能不保持相当的机动兵力；而要占领地方，又势必分散一部分兵力，以至削弱主力。打仗和占领地方两者虽有矛盾，但是又是统一的。因为只有多打胜仗，多歼灭敌人的有生力量，才能鼓舞士气，振奋人心，有利于占领地方；另一方面，只有多占领地方，发动和组织群众，才便于分散敌人，消灭敌人。

遵循着上述原则，在实施展开的同时，我们集中一部兵力，于九月上旬在商城以北的河凤集地区打击了战斗力较弱而又孤立的敌滇军一个师。中旬，在商城以西的中铺地区歼敌一个团。下旬又在光山附近打击了东援之敌一个师。经过这三次作战，我们把敌人的机动兵力全部调到大别山以北地区，保障了我军在大别山南部的鄂东、皖西胜利展开。但是这三次作战，打得都不够理想，没有全歼敌人。这主要是由于我们刚刚由内线转到外线，由北方转到南方，缺乏无后方作战和山地、水田地带作战的经验。饮食不习惯，穿不惯草鞋，语言不通，地形不熟等等，都给部队造成了不少困难。虽然我们在进入大别山之初，即已指示部队抓紧形势任务教育，指出创建大别山根据地必然会遭遇到暂时的困难，强调发扬艰苦奋斗的作风。但是，自强渡黄河以来，部队一直处在连续的行军作战过程中，未能休整和进一步进行政治思想动员，所以有些同志对重建大别山根据地的战略意义和艰苦性仍然认识不够。再加上群众未发动，政权未建立，粮食要自己筹，伤员要自己抬，打完仗也没有可以休整的时间和地方。因此，有些部队一时呈现出疲惫和纪律松弛的现象。有些干部，打起仗来顾虑重重，错过了一些歼敌的机会。为了及时解决部队的思想问题，我们于九月下旬在光山的王大湾召开了旅以上高级干部会议。小平同志严肃地指出：越是在困难的时候，高级干部越要以身作则，鼓励部队坚决勇敢地歼灭敌人。我们既反对在条件不可能的时候轻率地去作战，更要反对在条件可能的时候不敢勇猛地去作战。小平同志强调部队必须认真执行三大纪律八项注意。指出毛主席在井冈山建军之初规定的三大纪律八项注意,决不是什么简单的规定,而是党的路线和政策的体现,能否坚决执行,关系到我们在大别山能否站得住脚,一定要牢固地树立起以大别山为家的思想,坚决克服怕打硬仗、纪律松弛等右倾思想情绪。这次会议对后来的胜利起了重要的作用。

大别山的人民群众有着优良的革命传统。但是,由于土地革命战争和抗日战争时期我军主力三次撤出这一地区后,群众受过反动派极端残酷的镇压。再加上这次我军初到,当地的反动统治还未摧垮,保甲、特务势力仍在暗地里威胁和控制群众,因此,群众对我军究竟能否长期在这里站住脚,还有些怀疑,虽然心里很欢迎我们,但在表面上却不敢过分接近我们。为了尽快地解除群众的顾虑,迅速把群众发动起来,我们积极展开了宣传工作,向群众说明我军已经发展壮大,这次打回来,是在歼灭了敌人一百多个旅以后的战略大进军,我们再不会走了,一定要和大别山人民同生死共患难,为重建大别山根据地而斗争。同时,号召部队发扬艰苦奋斗、自力更生、联系群众的作风,担负起打仗、做群众工作、筹集给养等三大任务。当时,指战员们都背着沉重的粮食、弹药行军,抬着山炮翻山越岭。又值雨季,身上常常湿透,不少人连草鞋也没有,不得不赤足行军。干部们都将自己骑的牲口,用来运粮食、驮伤员,并亲自参加抬送伤员。部队在疲劳的行军之后,还得自己推谷子、舂米、做饭、打草鞋、打马掌。由于给养不能及时得到补充,有的部队曾二十几天不见油盐,甚至只能以清水煮马肉充饥。尽管如此,大家还是严格遵守群众纪律。就这样,我们战胜了无后方作战的种种难以设想的困难,以自己的实际行动,影响了群众。群众逐渐活跃起来,与部队亲密合作,同心协力地担负起了重建大别山根据地的任务。

经过一个多月的艰苦斗争,到九月底为止,我们先后解放县城二十三座,歼灭了敌正规军六千余人、反动地方武装八百余人,并且建立了十七个县的民主政权,初步完成了在大别山地区的战略展开,取得了第一个回合的胜利。

第二个回合:积极寻机歼敌,进一步完成战略展开。

十月十日,中央发表了《中国人民解放军宣言》《中国土地法大纲》,同时颁布了中国人民解放军口号和重新颁布了三大纪律八项注意。党通过《中国人民解放军宣言》提出了"打倒蒋介石,解放全中国"的口号,并且宣布了党的八项基本政策。据此,中原局发出了《放手发动群众创建大别山根据地》的指示,要求在全区普遍宣传党的土地法大纲,立即发动群众向封建地主恶霸展开斗争,并决定成立鄂豫、皖西两个区党委和军区。由每个纵队各抽三个团作军区基干武装;各抽调一千至两千名干部和老区翻身战士参加地方工作。由于区分了野战军和军区部队,野战军主要用于实施机动,歼灭敌人;军区部队则用于扩展地方,发动群众,繁殖游击战争,消灭地方反动武装。这就进一步解决了兵力的集结与分遣的问题。

当时,集结在大别山北部的敌军六个多师,妄图合击光山、新县地区的我军主力。我军则以一部分兵力在大别山北部钳制和迷惑敌人,主力即摆脱敌人的合击,乘虚出鄂东、皖西,寻机歼敌。

我三纵队首先在皖西六安东南的张家店,把在运动中的敌八十八师六十二旅全部消灭。这是大别山我军在无后方依托条件下,第一次消灭敌人一个正规旅以上兵力的重大胜利。与此同时,我出击鄂东的主力部队,以疾风扫落叶之势,扫荡沿途分散孤立之敌守备部队和地方反动武装,连克长江北岸的团风、浠水、广济、英山、武穴等城镇。三纵队于张家店战斗后,也进至长江北岸的望江地区。至此,我军已控制长江北岸达三百余里,威震大江南北。蹲在庐山的蒋介石在江北隆隆炮声的震动下,日夜惶恐不安,生怕我军渡江南进,慌忙调兵追截。但是,他所派到大别山的部队,已被我分别钳制在大别山北部和皖西,由黄安、麻城地区赶来跟在我军背后盯梢的,只有战斗力较弱的敌四十师和五十二师的八十二旅。蒋介石便急令这股敌军兼程前进追截我军。敌人孤军来追,正是我们求之不得的良机。我们察觉这股敌人将从浠水向东南前进,如果把它诱进地形险要便于设伏的高山铺,杀他一个“回马枪”,是有可能在运动中全歼的。为此,便决心把分遣在长江北岸的部队立即作向心集结,准备打歼灭战。以攻克武穴的第一纵队回师高山铺设伏;以攻克团风的第六纵队闪到敌人左侧,在团风东北、关口以西地区待命,俟敌人进入我伏击圈时,从后面杀他一刀;以第二纵队主力在黄梅地区作保障。同时,调第三纵队主力西进,准备扩大战果。部署既定,我们便派出一支小部队,化装成地方游击队,前去和敌先头部队接触,边走边打,诱骗敌人。敌人以为有便宜可占,便节节追逼。二十六日晨,终于钻进我预设于高山铺附近的口袋阵里,被分割包围。这是一个狭长的山谷,洪武脑山、马骑山、界岭山耸峙于狭谷的两侧。埋伏于山上的我军,像一把大钳似的,从南北两面死死地卡住了敌人的咽喉。敌人发现情势不妙,即拼命抢夺山头,企图突围。但是,闹腾了一天一夜,还是没有抓到一线可以逃命的缝隙。第二天上午九时,我军一发起总攻,敌人立刻溃不成军,纷纷举手投降。蒋介石的一万二千多人马就这样全部覆灭了。战斗解决得如此迅速、干脆,以致当我军带着俘虏离开战场的时候,从武汉起飞的一批敌机,还在高山铺上空投下热馒头、烧饼,来支援他们的部队呢!

张家店、高山铺和这一时期的其他几次作战,都是在敌情十分严重、供应异常困难、部队人员和装备都削弱了的情况下进行的。但是,由于全体指战员坚决执行了党中央和毛主席的指示,响应了中原局的号召,发扬英勇顽强的战斗作风,克服各种困难,终于取得了胜利。这些胜利大大打击了敌军和地方反动势力的气焰,鼓舞了群众的斗争情绪,提高了部队进行无后方作战的胜利信心,为进一步发动群众、建立根据地创造了极为有利的条件。

高山铺战役之后,已经是露寒霜重的深秋时节,我十几万大军仍然穿着单薄的征衣。如何抓住胜利后的有利时刻,尽快地解决冬衣问题,就成为摆在我们面前的一个迫切的问题了。党中央和毛主席时刻都在关怀着我们,曾打算从晋冀鲁豫根据地送棉衣来,或送银元来就地采购。但是,千里迢迢,封锁重重,这是何等困难的事!因此,我们报请中央,由我们自己设法解决。解决的办法主要是依靠群众支援和全体指战员自己动手。我们规定了筹借材料的政策。经过宣传动员，广大群众热情支助，我们很快筹借到大量布匹和棉花。同志们用竹鞭、树条和自制的弹弓来弹棉花，用稻草灰染出灰布，全军上下自己动手做起棉衣来。不久，十几万指战员就都穿上自己亲手做成的棉衣，冒着风雪严寒，信心倍增地投入了更加艰苦的斗争。

这期间，挺进到苏鲁豫皖地区的华东野战军主力和挺进到豫陕鄂地区的陈赓兵团，都已胜利展开。至此，三军在中原的“品”字形阵势已经形成，紧逼长江，直接威胁敌人的统治中心南京和战略要地武汉。

第三个回合：把内线作战和外线作战相互配合起来，实施战略再展开，粉碎敌人对大别山的疯狂进攻。

蒋介石眼看我军在中原不仅已经立足生根，而且日渐根深叶茂，而他在陕北、胶东、东北等战场上又连吃败仗，大厦将崩，王朝将倾，便决心全力与我争夺中原。争夺的重点，首先是大别山。他从进攻解放区的前线，又调回了十个旅，纠合原来在大别山地区的二十三个旅，共计三十三个旅的兵力，由伪国防部长亲自指挥，对大别山展开了大规模的围攻。敌人采用了日寇冈村宁次惯用而美帝国主义所欣赏的“三网（谍报网、公路网、碉堡网）政策”和“三光（杀光、烧光、抢光）政策”，制造无人区，利用封建地主武装猖狂破坏。到处抓丁、抢粮，捕杀我地方干部，企图彻底摧毁我生存条件。

我军跃进大别山后，从全国战局来说，我们是处在外线作战。但是，就大别山这个地区来说，敌人集中重兵对我进行围攻，我们则又是处在外线中的内线了。斗争是复杂的，局势是严重的。但是，小平同志指出：敌人对大别山的疯狂围攻，是垂死挣扎的表现。大别山是敌人的战略要害地区，敌人越是接近死亡，越要拼命争夺。敌人已没有战略进攻，只有战役进攻了。它对大别山的围攻，形式上虽然同过去对中央苏区的围攻相似，实质上则完全相反。过去的围攻，是敌处于战略进攻，我处于战略防御的情况下进行的；现在的围攻，是敌处于战略防御，我处于战略进攻的情况下发生的。这并不表示敌人的强大，而只是敌人垂死前的回光返照。同时，我们跃进到大别山，正是要吸引大量的敌人向我进攻。把敌人吸引来的越多，我们背得越重，对其他兄弟战略区进行大规模的反攻和进攻就越有利。而各兄弟战略区的反攻和进攻，也正是对我们坚持大别山斗争最有力的支持。只要我们坚决执行毛主席指示的方针，在全国各兄弟战略区的配合和广大群众的支援下，一定能够粉碎敌人的围攻，把大别山根据地巩固起来。

如何粉碎敌人的围攻？当时党中央和毛主席指示我们：大别山根据地的确立和巩固，是中原根据地能否最后确立和巩固的关键，足以影响整个战局的发展。因此，南线三军必须内外线紧密配合。由大别山的我野战军主力坚持现地斗争，由华东野战军和陈赓兵团向平汉、陇海线展开大规模的破击作战，寻机歼敌，调动和分散围攻大别山的敌人，直到彻底粉碎敌人的围攻为止。

正在这时,晋冀鲁豫根据地在党中央和毛主席的指示下,及时地给了我们有力的支援:增调来了两个纵队的兵力,送来了一批新战士和伤病痊愈归队的指战员,还带来大批弹药、药品和银元。这真是雪中送炭,使我们更增强了粉碎敌人围攻和坚持大别山斗争的信心。

我们根据上述指示,分析了敌我情况,决定既要把敌人拖在大别山,以利于华东野战军和陈赓兵团在外线大量歼敌,又要在内线积极作战,以粉碎敌人对大别山的围攻。在大别山地区的反围攻,我们同样也采取内线和外线相配合的方针,一方面分遣了三个纵队转到外线,实施战略再展开:以新从晋冀鲁豫调来的第十、第十二两个纵队西越平汉路,分别向桐柏、江汉两地区展开;以第一纵队北渡淮河,在淮西地区展开,扩大根据地,在外线蔓延与发展游击战争,拖散敌人。另一方面则以第二、三、六等三个纵队留在大别山,和军区部队、人民武装相配合,坚持内线斗争。当敌人集中对我合围时,我外线部队便积极活动,兜击敌人之后路,内线部队则及时分散,机动歼灭小股敌人,或破坏敌之交通,袭扰、疲惫和消耗敌人。当敌人发现我主力已转到外线,被迫分散寻我作战时,我们又灵活地、适当地集中力量,歼灭孤立之敌。广大地方武装则一面实行空室清野,保护群众,保卫地方政权;一面利用山区的复杂地形,开展游击活动,乘机消灭地主武装和小股敌人。这样,整个大别山的斗争就形成了内线外线犬牙交错的极为复杂的形势,包围我们的敌人,又被我们层层反包围起来了。

在这场艰苦、激烈的斗争中,我军全体指战员充分表现了大无畏的英雄气概,忍受了千难万苦,许多同志英勇地献出了自己宝贵的生命。素具革命传统的大别山人民,也充分表现了顽强的革命意志与崇高的革命气节。他们全力支持我军,和我们同生死、共患难,不避风险地掩护我工作人员和伤病员,替部队保存物资、带路、侦察敌情,协助我军战胜了许多难以想象的困难。

经过一个多月的斗争,来势汹汹的敌人在我军民合力打击下,无论是集中合击还是分兵"进剿",都遭到了失败,从而陷入了进退维谷的境地。而这时,我转到外线的三个纵队都已乘虚展开。其中向桐柏、江汉两地区挺进的第十、第十二纵队,依托桐柏山、大洪山,建立了根据地,成立了桐柏、江汉两个军区,和豫陕鄂连成了一片。向淮西挺进的第一纵队,也开辟了豫皖苏十余县的工作,成立了一个新的军分区,使大别山和豫皖苏连成了一片。该纵队并与华东野战军主力及陈赓兵团在平汉线胜利会师。这期间,华东野战军主力和陈赓兵团对平汉线展开了大规模的破击作战,攻克了许昌等二十座县城,歼灭了敌整三师及第五兵团部等大量敌人。这些胜利有力地支援和配合了大别山的斗争。这样,我中原三军便在江淮河汉的广大地区完成了面的占领,迫使敌人不得不缩到铁路沿线。

敌人本来是想抓住大别山不放的,开始,我华东野战军主力和陈赓兵团在平汉线上几乎打烂了敌人的屁股,敌人还是咬着牙忍着痛不肯回师救援。但是,战斗进行了一个多月,敌人不但在大别山碰得焦头烂额,丧师减员,毫无所得,而且丢掉了桐柏、江汉和淮西广大地区,使他们的长江防线、武汉重镇和信阳基地直接暴露在我军的攻击面前。平汉、陇海两线又连遭我华东野战军主力和陈赓兵团的严重破击,蒋介石眼看中原不保,就不得不从大别山的周围先后调走十三个旅的兵力去应付其他地区的失败局面。这样,敌人便只得退守据点,从而陷入线线被切断、点点被包围的态势。敌人在中原的全面防御体系遭到了粉碎,被迫转为分区防御,真可谓“偷鸡不成蚀把米”“赔了夫人又折兵”。

经过以上三个回合的严重斗争,我们终于在大别山站稳了脚,深深地扎下了根,胜利地实现了毛主席指示的三个前途中最好的前途。在此期间,我中原三军互相配合,机动作战,共歼敌十九万余人,解放县城一百余座,在四千五百万人口的江淮河汉广大地区建立了中原根据地。此后,我们遵照毛主席的指示,以军区部队继续坚持大别山根据地的斗争,及时将主力转出大别山,同华东野战军和陈赓兵团会师,实行大规模的机动作战,纵横驰骋,扫荡中原。逐鹿中原的斗争又跨进了一个新的阶段。

跃进大别山斗争的实践证明,毛主席战略进攻的英明决策,是马克思列宁主义军事科学在中国革命战争中一个光辉的发展。毛主席洞察全局,高屋建瓴,在指导革命战争中所表现的那种非凡英明和伟大气魄,是史无前例的。

(原载《星火燎原》选编之九)

对二野历史的回顾①

邓小平

这些老人啊！好多年没有机会在一块儿见面了，今天随便聊聊天吧。

回想战争年代，我们二野在每一个阶段都完成了自己的任务，而且完成得比较好。这是对二野的评价。

整个解放战争，从头到尾，二野都处在同敌人针锋相对斗争的最前面。开始在晋冀鲁豫，用刘伯承同志的话说，这里是华北解放区的大门，敌人要进攻首先就从这个口子来。果然，毛主席到重庆谈判的时候，敌人从两路来。一路是阎锡山，我们就手打了个上党战役。接着对马法五、高树勋一路，又打了个平汉战役。还要说远一点，在抗日战争时，我们就处在一个大门的地位。那时不叫二野，是二野的前身。国民党同我们搞摩擦，几个大解放区都有，但最集中的是在晋冀鲁豫。抗战胜利后，他们进攻解放区首先攻的就是这个大门，而我们守这个大门的力量并不强。阎锡山进攻上党区有三万八千多人，我们比他们还少一点，也就是三万出头，从编制上讲，一个完整的、编制实充的团都没有，而且装备很差，弹药很少，可以说是一群游击队的集合。还有就是临战前没有指挥作战的将军，那时只有李达在前线，好多将军都不在，在延安开会。我们是乘坐美军驻延安观察组的运输机回太行的，同机飞回的有伯承和我，还有陈锡联、陈再道、陈赓等。那时宋任穷留在冀南。仗已经打得热火朝天了，我们才到，一下飞机就上前线。在那样的情况下，把阎锡山的进攻部队完全消灭可不容易啊，应该说是超额完成了任务。

随后就是平汉战役，国民党第十一战区两个副司令长官马法五、高树勋带的三个军，还有一个乔明礼的河北民军纵队，几个部队打过来。马法五的第四十军、三十军都是强的。高树勋的新八军也有战斗力呀！锡联在马头镇拼了一次，一拼就是几百人伤亡。我们打平汉战役比打上党战役还困难。打了上党战役，虽然弹药有点补充，装备有点改善，但还是一个游击队的集合体。在疲惫不堪的情况下，又打平汉战役。队伍没有到齐，敌人进攻。我跟苏振华通电话，叫他坚持五天，等后续部队到达指定地点。那次他们那个一纵队的阻击战是打得不错的，完成了阻击任务。这样，后面的队伍才赶上。平汉战役应该说主要是政治仗打得好，争取了高树勋起义。如果硬斗硬，我们伤亡会很大。我一直遗憾的是，后来我们对高树

① 这是邓小平在一九八九年十一月二十日会见编写第二野战军战史的老同志时的谈话。

勋处理不公道。他的功劳很大。没有他起义,敌人虽然不会胜利,但是也不会失败得那么干脆,退走的能力还是有的,至少可以跑出主力。他一起义,马法五的两个军就被我们消灭了,只跑掉三千人。这个政治仗,我们下的本钱也不小。高树勋在受汤恩伯指挥的时候,就同我们有联系。由于关系比较久,所以我们是派参谋长李达亲自到马头镇他的司令部去做工作的。这件事你们好多人可能不知道。同李达一起去的还有王定南,当时是我们的联络,我见过多次。我们确实知道高树勋倾向起义,但在犹豫当中。那时国民党要吃掉西北军,有这个矛盾。李达、王定南一到那里,看见所有的汽车、马车都是头向南,准备撤退的。他们见面后,一谈就合拍了,高树勋决定起义,并且第二天就实行起义,把部队开向西北面的解放区。起义的第二天,伯承就到马头镇去看望高树勋。这样,马法五就惊慌了,命令他的两个军南撤。结果,我们在南面,在漳河北岸,把敌人截住了,又打了一个胜仗。

所以说,抗日战争时,全国各个解放区都有摩擦战,但集中在晋冀鲁豫地区。抗战胜利后蒋介石发动进攻,首先也在这个地区。仗一打开,我们才开始真正形成野战军的格局,编成纵队。打完上党战役编了四个纵队,从东向西数,一纵杨得志、苏振华,在冀鲁豫;二纵陈再道、宋任穷,在冀南;三纵陈锡联、彭涛,在太行;四纵陈赓、谢富治,在太岳。接着,又编了六纵、七纵。

在解放战争第一年,我们完成了中央军委规定的歼敌指标。战争开始三个月后,毛主席就说,全国战场只要每个月消灭国民党八个旅,这个仗就肯定能打胜。果然,第一年就歼敌九十七个半旅,略超过一点。就二野所在地区来说,完成了分配给自己的份额,也许还超过一点。由于圆满地完成了任务,战略反攻的时间提前了,比预定的不止提前一年两年。解放战争开始时没有提出反攻的问题,那时反攻时间还捉摸不定。从一九四六年七月开始,到一九四七年六七月,打了一年就很有把握地确定反攻。要说原因,一个是第一年歼灭了近百个旅的敌人,相应地我们的装备也有所改善。另一个原因是客观形势迫使我们要早反攻。那时国民党重点进攻山东和延安,这好比是扁担的两头。我们晋冀鲁豫在中间,虽然不是敌人重点进攻的地区,但是是一个挑扁担的地区,伯承同志讲的是"扁担战略"。我们的任务就是要把两头的敌人吸引到中间来,而我们的战略反攻,实现了中央军委、毛主席的战略意图。首先过黄河,一下消灭敌人四个师部、九个半旅,旗开得胜,那气势是很了不起的。过黄河实际上就是开始反攻。但是,反攻深入到什么程度?歼敌九个半旅,这只是一个声势,更重要的是我们怎么进一步行动?我们打电报给军委,说趁势还能够在晋冀鲁豫地区继续歼灭一些敌人,吸引和牵制更多的敌人,形势很好啊。毛主席打了个极秘密的电报给刘邓,写的是陕北"甚为困难"。当时我们二话没说,立即复电,半个月后行动,跃进到敌人后方去,直出大别山。实际上不到十天,就开始行动。那时搞无后方作战,困难是可想而知的啊。北方人到南方,真不容易。果然一过淮河,好多人拉肚子。中国真正的南北界线是淮河,淮河以南就叫南方,不是长江以南才叫南方。一过淮河,种水稻,走山路,都是南方的生活习惯。原来我们估计不足,只知道北方人到南方有不习惯的问题,过了淮河才知道就是原来的南方人,鄂豫皖的人,在北方过了好多年,也不那么习惯了。往南一下就走一千里,下这个决心,真了不起,从这一点也可看出毛主席战略思想的光辉。而这个担子落在二野身上,整个解放战争最困难的是挑这个担子,是挑的重担啊。不是说消灭敌人九个半旅是挑了重担,主要的是撇开一切困难,坚决地挺进一千里,挑的就是这个重担。过黄泛区,真困难啊,重装备带不走了,只能丢了,所以打淮海战役的时候,二野的炮兵就很少。过淮河,天老爷帮了一个大忙,能够徒涉。过去没有人知道淮河是能够徒涉的,那一次刚涨起来的河水又落下去了,伯承亲自去踩踏,恰好就是那个时候能徒涉,这就非常顺利了。不然,我们过淮河还是能过,但会有伤亡,以后的斗争会更困难一些。当时形势相当严峻,相当险恶,但是整个地看应该说是很顺利地实现了战略反攻的任务,跃进到大别山。

大别山这场斗争,主要是我们政策对头,包括军事政策。军事政策就是坚决地拿出三分之一的野战部队地方化,搞军区、军分区。因为大别山的斗争不决定于消灭好多敌人,而决定于能不能站住脚。这是毛主席的战略决策。什么叫胜利?胜利不在当时消灭多少敌人。要不要消灭敌人?要消灭,要争取打几个歼灭仗。从这一点来看,我们完成得并不好,消灭的敌人不多,除地方保安部队外,一共只消灭了几个旅。但关键是能不能站得住,站得住就是胜利,结果,我们站稳了。我们前进了一千里,直达长江,面对着武汉、南京、上海,扩大了四千五百万人口的新解放区。这是个真正的胜利,前进一千里的意义就在这里。

大别山战略机动范围不大,容不下更多的部队,特别是我们习惯于在平原地区搞大开大合的作战,到这里感到很拘束。所以,把部队分开建立军区、军分区以后,主力就逐步向北面转移。中间还有些插曲,就是部队的同志着急,总想打个把歼灭战。我们开了个会,我讲的话,提出要避战。因为那时打不得败仗,一败就不可收拾。后来刘邓分开了。伯承率领一纵和野战军的司令部、直属队到淮河以北,指挥全局。南下大别山的两个后续部队王宏坤、张才千的十纵和十二纵,也不在大别山,向桐柏、江汉两区展开。就是我一个,先念一个,李达一个,带着几百人不到一千人的前方指挥所留在大别山,指挥其他几个纵队,方针就是避战,一切为了站稳脚。那时六纵担负的任务最多,在大别山那个丘陵地带来回穿梭,一会儿由西向东,一会儿由东向西,今天跑一趟,明天跑一趟,不知来回跑了多少趟,调动敌人,迷惑敌人。别的部队基本上不大动,适当分散,避免同敌人碰面。这样搞了两个月,我们向中央军委、毛主席报告,大别山站稳了,实现了战略任务,主力撤回北面,准备大的战斗,大的战斗还是到北面去打。大别山斗争的胜利,主要是对几个问题的判断比较准确,处置也比较正确,我们伤亡不算很大,费的劲也不算很大,但是完成了战略任务,种种艰难都克服了,站稳了脚,把战线从黄河延伸到长江。所以说,战略反攻,二野挑的是重担,还是那句老话,叫作合格。经过大别山斗争,二野受到削弱。只有秦基伟的九纵,你们那一坨,保持兴盛的旺气。主体四个纵队就削弱了,更新也困难啊,有三个纵队每个纵队仅两个旅,只有一个纵队是三个旅,就这样迎接淮海战役。当然中间还打了一些小仗,凡是有机会取得胜利的,没有丧失过机会,该干的都干了。后来,转出大别山,以后到了豫西,成立扩大的中原局和中原军区。

迎接淮海战役的时候,总的形势很好。东北战场取得了胜利,这对全国鼓舞很大,西北也稳住了脚,中原三足鼎立。淮海战役是二野、三野联合作战,用毛主席的话说,二野、三野联合作战,不只是增加一倍两倍的力量,数量变,质量变,这是一个质的变化。淮海战役成立了总前委,由五个人组成,其中三个人是常委,我当书记。毛主席对我说:“我把指挥交给你。”这是毛主席亲自交代给我的。淮海战役的部署决策是我根据中央军委和毛主席的指示主持决定的。渡江作战,部队突破江防后,我的指挥部在三野司令部,张震是参谋长。渡江战役也就是京沪杭战役的实施纲要是我起草的。

二野的内部关系是非常团结、非常协调的。上下级之间,各纵队之间,甚至于更下层一点,关系都很协调。你们可能注意到,从战争一开始,每一次的具体作战,指挥的都是各纵队的头头,刘邓没有亲自到战场上指挥过一个战斗行动。羊山集战斗就是陈再道指挥的,好几个战斗是陈锡联指挥的,双堆集战斗有一面是王近山、杜义德指挥的,也有是陈赓、杨勇、苏振华指挥的。我们没有发现过下面有什么不对的,也没有纠正过任何纵队领导同志指挥的战斗。我们如果对指挥有意见,发现有不妥的地方,有电话可以联络。这种做法对增加上下级之间的相互信任,提高部队的战斗力,很有好处,还可以锻炼指挥员的主动性,讲句哲学语言叫发挥能动性。野战军的领导人相信自己的部下,下面也相信领导,这种互相团结、互相信任的关系从作战一开始就是这样的。这是个了不起的力量。二野所以能锻炼成这么样一个了不起的部队,主要靠的这一条。

淮海战役一打完,以后就没有什么大仗了。渡江作战后,除了三野在上海打了一仗以外,其他的算得了什么大仗?进军西南,同胡宗南那一仗打得很容易,同宋希濂也没有打多少仗。真正打了一场的是剿匪战斗,打得很漂亮。到西南后,西南局规定的一九五〇年的任务概括为几个数字:九十万、九十万、六千万、六十万。什么叫九十万、九十万呀?头一个九十万,就是起义、投诚、俘虏的国民党官兵有九十万,怎么消化,怎么安置,怎么教育改造,这是个大难题,需要解决。还有一个九十万,就是土匪,要把他们消灭。这个完成得很顺利。打土匪本来是很困难的事情,我们声威雄壮啊,把他们打怕了,费劲也不大。六千万就是西南地区人口中百分之九十的基本群众,要把他们发动起来,搞土改闹翻身。还有一个是要提高我们部队六十万干部战士的质量,以担当起新的繁重的工作任务。这四项任务都完成得不错。这时二野还增加了一个十八兵团,十八兵团原先也是晋冀鲁豫的部队。

这就是二野的历史。二野担了重担,完成了任务,没有辜负党和人民的重托。苦头是吃了不少,但是难关都胜利渡过了。在整个作战过程中,可以说没有任何一个部队没有完成任务的,全部能够承担艰难的任务,一个新部队也能很好地完成任务。概括全体,情况都是这个样子。就说这么多,讲的是故事,值得回忆啊。

（选自《邓小平文选》第三卷）

挺进豫西

陈　赓

一

一九四七年四五月间,晋冀鲁豫野战军第四纵队和太岳军区的部队,横扫晋南的敌军,收复和解放了二十五座县城,歼敌两万多人。晋南敌人除了运城、安邑、临汾等几个孤立据点以外,已经全部肃清。六月,党中央要我到陕北去,部署四纵队下一步的行动。

七月十九日,我到了中央的驻地——靖边县小河村,晋见了毛主席和周恩来同志。这时,经过一年的内线作战,我军已歼灭敌正规军九十七个半旅;敌人不但被迫由全面进攻改为在山东、陕北进行重点进攻,并且这种重点进攻也已遭到重大打击;我军在东北、热河、冀东、豫北、晋南举行了战略性的反攻,并且取得了巨大的胜利;国民党统治区人民的斗争也在迅速发展;蒋介石政府已处在全民的包围中。敌军虽仍在数量和装备上优于我军,但士气更加低落,战略性的机动兵力已经不多,后方十分空虚。敌人为了挽救其颓势,加紧了对山东、陕北的重点进攻,企图把战争继续引向解放区,破坏与消耗解放区的人力、物力。党中央、毛主席为了破坏国民党的这个反革命的战略方针,彻底粉碎敌人的重点进攻,使敌人转入全面防御,我军进入全面进攻,决定实行外线作战、将战争引向国民党统治区的方针。我晋冀鲁豫军区刘伯承司令员、邓小平政治委员率领晋冀鲁豫野战军的主力,已经突破黄河天险,正在鲁西南大量地歼灭敌人,揭开了全国战略进攻的序幕,并准备向大别山跃进。陈毅司令员、粟裕副司令员也准备在粉碎敌人对山东的重点进攻后,率领华东野战军的主力挺进中原。毛主席和周恩来同志说明了这些情况和中央的决策,改变了要我四纵增加到陕北战场的原议,决定以四纵、九纵、三十八军组成一个兵团,挺进豫西,配合主力作战。

对于挺进豫西的行动,毛主席给了极重要的指示。毛主席指出,刘邓率领我野战军主力挺进大别山,一定搞得敌人手忙脚乱,到处调兵去追堵;胡宗南又被牵在陕北,深入绝境。豫西敌军不多,是个空子,师出豫西是有战略意义的。进去以后应当放手发展,东向配合刘邓、陈粟,西向配合陕北,东西机动作战,大量歼灭敌人,开辟豫陕鄂根据地。主席还向我讲了破釜沉舟的故事,要我们以最大的决心和勇气打出去。最后,主席问我有什么困难没有。我说,现在部队士气很高,在晋南反攻中又搞到了敌人大量的装备,兵强马壮,弹药充足,在主席和中央军委的领导下，一定可以师出报捷。出师以后，部队迅速展开，弹药的运送补给可能有时跟不上；到了新区，伤员的安顿也可能有困难，但这些困难是可以克服的。主席笑着说："对嘛！弹药不足，由蒋介石来'补充'你们；伤员安顿，靠群众嘛！我们从来是这样办的。根据地是创建起来的，不是一切搞好了才去革命。蒋管区的人民遭受封建势力和国民党的残酷统治，你们去了要好好地发动群众，依靠群众，把人民革命的高潮推动起来，这样就一定能胜利。"

以后，在我们进入豫西不久，接到了《解放战争第二年的战略方针》的指示。毛主席在这个指示中，十分详细地分析了当时的战争形势，阐明了我军第二年的作战任务和作战方针，指出："到国民党区域作战争取胜利的关键：第一是在善于捕捉战机，勇敢坚决，多打胜仗；第二是在坚决执行争取群众的政策，使广大群众获得利益，站在我军方面。只要这两点做到了，我们就胜利了。"

毛主席的这些指示，是我们取得胜利的指针。

二

争取胜利要靠强有力的思想政治工作，党的方针政策，"不光要使领导者知道，干部知道，还要使广大的群众知道"。只有使广大指战员都认清形势，明确方针，才能上下一致，齐心努力，取得胜利。

根据毛主席的指示，我们在出动前进行了整训，深入地传达了毛主席对当时战局的分析和将战争引向国民党统治区的方针，讨论了打到外线去的胜利条件，并以刘、邓首长亲率我野战军主力已经打出去的英勇无畏的事实教育部队，号召向主力学习，跟着打出去。同时，展开了诉苦教育，激发广大指战员对阶级敌人的仇恨，认清革命战士不仅要保卫解放区，而且要解放全国的阶级弟兄。这样讲明形势、任务和开展诉苦教育相结合的生动的思想工作，使部队迅速地接受了外线作战的方针，决心以破釜沉舟的精神，多打胜仗，搞好群众工作，迅速开创新的根据地，完成自己的任务。

部队渡河前，刘、邓首长所率我野战军主力已在鲁西南歼灭了敌人九个半旅，并通过黄泛区，渡过沙河、汝河，直指大别山。西北野战军亦已在沙家店一役歼灭了敌三十六师。这就造成了挺进豫西的有利形势。但是，渡河作战还是有许多困难的。我们渡河的地带是在三门峡左右，河水湍急，渡口很少，又值秋汛，水大浪高。对岸敌人筑有坚固的河防工事，又加强了警戒。他们不仅把渡船集中烧毁，驱使士兵日夜在河防工事中守备，而且强迫黄河南岸的居民组成河防队、听水队，有的地方甚至把狗都集中起来，随其士兵一齐巡逻，叫作"狗兵"。但是敌人的这些措施是挡不住决心打到外线去的人民军队的。

渡河是分左、右两个集团进行的。八月二十二日夜和二十三日拂晓，右集团在茅津渡以东,左集团在垣曲、济源间,先后发起了渡河作战。左集团的指战员,机智地利用了黑夜和连天大雨,河水猛涨,浪大声喧,对岸看不见、听不清的机会,登舟起渡。在渡船将近对岸的时候,才发起了火炮轰击,巧妙地把偷渡和强渡结合起来,登上了对岸。右集团在渡船很少的条件下,战士们制造了几十个大油布包,权当战船,一面划进,一面射击,冲过敌人的火力封锁,把敌人的守军打垮。有些精通水性的民兵,还组织了葫芦队,肩下系着葫芦,浮在水面,手中端着枪向敌人射击,掩护渡船前进。由于动员深入,士气高昂,这次渡河战斗,两个集团都只用了半小时的时间就突破了黄河天险。

由于渡船少,首先渡过河的部队,几处合计还不到一个团。但他们并不因此而犹豫,而是抓住敌人混乱的时机,勇猛机智地向前发展。攻占敌人河防前沿阵地拴马树,是靠搭人梯上去的。攻占敌人石头山外围工事,是利用刚缴获的敌人服装、符号,化装攻进去的。奔袭新安城的部队到达城边几米的时候敌人才发觉,等敌人打枪报警,我们一个排已经攻上城头。解放渑池是以六个半钟头行军九十里的速度,突然把敌人包围歼灭的。战斗英雄王安国率领一班人,乘敌人混乱之机,冲入了宜阳城。这样,不仅整个兵团迅速地渡过了黄河,并且占领了三门峡和新安、渑池、宜阳等地,先头部队迫近洛阳城郊。

深入的思想政治工作,使毛主席将战争引向国民党统治区的方针变成了群众的自觉的行动,产生了巨大的力量,从而取得了渡河作战的胜利。

三

当部队突过黄河后,刘、邓首长所率我野战军主力已经跃进到大别山,好像一把利剑,直插蒋贼心脏。蒋介石正忙于招架,我们随后又杀进一刀。他一面被迫从尾追我野战军主力的部队中抽调三师、十五师、二〇六师等部西援,和原在洛阳地区的守敌组成第五兵团;一面将分布在陕县以东的新一旅、一三五旅和二〇六师一部及由潼关以西赶来增援的部队组成陕东兵团,企图东西夹击我们,堵住这一缺口。

这时,毛主席连续发来几个电报,指示我们要力求运动战,机动迅速,广占敌区,多歼敌人,并具体指出:洛阳地区敌所必争,不应使用主力;主力应向西,乘胡宗南在西面尚未完成部署的机会,抢占陕县、灵宝、阌乡(今灵宝县)等城,歼灭分散守备之敌,然后以一路出陕东南,一路出伏牛山,在豫西、陕南、鄂北建立根据地。

当时我们的主力在洛阳附近,如果攻洛阳,虽然敌人的第三师等部还未赶到,但亦无必克的把握。即使攻克,也不能巩固,东西两面的敌人一旦靠拢,我们就难于展开,难于大量歼灭敌人。主力向西,乘虚歼灭陕县以西的敌人,斩断敌人的东西联系,既能有力地配合西北野战军作战,又便于多路地向陕南、豫西挺进,开辟广大的新区,更好地配合挺进中原的主力作战。毛主席的指示使我们认清了这种局势,对于挺进豫西的胜利是有决定意义的。

当时敌人的陕东兵团,除集中了一万多人据守陕县阻我西进外,陕县以西的敌人还在集结部署,这里一个营、那里一个团地摆成一字长蛇阵。九月二日,我们开始行动,首先以一部监视陕县的敌人,主力绕过陕县,直扑灵宝、阌乡,以迅速的行动,这里吃一个营,那里吃一个团、一个旅,把敌人全部消灭了。十二日,我军解放灵宝、阌乡、卢氏等城。然后,以一部西叩潼关,另一部回打陕县。这时,陕县之敌已经孤立,我们即以瓮中捉鳖之势,攻克了这个有万余人据守的城市。

在我们西向作战中,刘伯承司令员和邓小平政委指示要大破陇海路,以便切断敌西北战场和中原战场的联系。这是一个具有战略意义的指示。我们坚决执行了这个指示,彻底破坏了这一段铁路。

我们西向作战的结果,证明了毛主席指示的英明。由于执行了这个指示,在半个月中就全歼了敌人的陕东兵团等部三万多人,控制了从新安到潼关的广大地区,切断了敌人的东西联系,直接威胁西安。蒋介石急忙在二十日飞到西安,表面上还吹嘘"三个月内彻底肃清陕北共匪,半个月彻底打通陇海路",实际上却是提心吊胆地部署防御。他慌忙又从进攻大别山的部队中抽出六十五师,空运西安,并从陕北战场调回了一部分部队,在西安潼关间集中了十个半旅的兵力,防我西进。这样就更多地调动了进攻陕北的敌人回头,迫使敌人在陕中布防,有力地配合了西北野战军转入进攻。

四

敌人在陕中布防后,毛主席指示我们以一部出陕南,开辟陕南根据地,主力转向东进,寻歼敌第五兵团,攻占郑州洛阳以南、平汉路以西各县,开辟豫西根据地。我们执行这个指示,又出敌人的意料之外。当我们的主力隐蔽东移到渑池以东时,敌人第五兵团还茫无所知,还以十五师向新安、铁门,第三师向宜阳前进。十月二日,我们就势在铁门歼灭了敌十五师的六十四旅。随后,又在韩城镇一带给了回窜洛阳的第三师以重大杀伤。

此后,敌在洛阳集中了三师、二十师等十个旅,在潼关集中了一师、三十八师等八个旅,妄图再度从东西两面夹击我军,恢复陇海路的交通。这时,毛主席指示我们除留一部在陇海路牵制敌人外,主力应从陇海路南下,歼灭豫西各县的反动武装,开辟根据地;如敌人跟踪南下,则寻机分别歼灭之,但要打有把握之仗;并指出不要怕敌人占领陇海路,只要在东面南面打开局面,大量歼灭敌人,胡宗南虽占陇海路,但兵力分散,我即能再歼敌军,重占陇海路。

主席的这个指示又是十分英明的。如果我们当时就和敌人争夺这一段陇海路,会陷于被动,难于发展。转师向南,乘虚歼灭豫西各县分散守备之敌,开辟广大地区,既能创立根据地,使作战有所依托,又能东向平汉路,直接配合挺进中原的主力作战,这是从中原大局着眼的极为有力的一种安排,并且敌人占领陇海路后兵力分散,又便于我回师歼灭。

我们根据主席的指示，十月底开始南下，十一月一日至五日连克宝丰、鲁山、南召、方城、叶县、临汝、郏县、登封诸城。解放临汝、郏县的战斗，歼灭了敌十五师残部，活捉了十五师师长武廷麟。武廷麟在国民党军队中是善于防守的，但在我军面前却变成了逃跑将军。我军在铁门歼敌六十四旅时，他南逃临汝。当我军十一月一日急袭临汝的时候，他又丢掉他的部下逃到郏县。但他刚到郏县，我军即已兵临城下，把郏县包围起来。这次，他再也跑不掉了，乖乖地作了我军的俘虏。

敌人为了破坏我在豫西的展开，以三师、二十师等五个旅的兵力尾我南下。当我军快要解决郏县战斗的时候，这五个旅的先头部队离城只有三里地，但是我们的指挥员沉着镇定，指挥部队全歼了敌人才撤出城外。十一月八日我们为了研究如何对付尾追的敌人，在南召附近召开了前委会议。会议上，个别同志主张立即歼灭这股敌人，或者把部队拉向西面，到伏牛山的“牛背”上去建立根据地。这个主张，既违背了毛主席不打无把握之仗的指示，又过分地估计了困难，实际上是右倾思想的反映。因为这时我们能够集中作战的兵力也不过五个旅，又在新区，并无立即歼灭这股敌人的把握。但是，我们却能扯散它，消耗它，而当它被扯散、消耗了以后，就能集中优势兵力乘机各个歼灭。同时，从中原的全局着眼，我们的主力绝不能向西钻到大山里去，而要在平汉路以西的广大地区展开，以便于更有力地配合挺进中原的主力作战。基于这种认识，绝大部分的同志都坚决地反对错误的主张，决定以十三旅等部伪装主力，西向镇平、内乡、西峡口，斩断敌人的西荆公路，与南下开辟陕南的部队呼应，引诱敌第三师等部西援，而主力则在伏牛山东麓广大地区展开。

会后各部队立即行动，而敌人果然为我扯散。其二十师进驻南阳，三师则尾我十三旅等部西进。这样，我们的主力就胜利地在伏牛山东麓展开，歼灭敌人的地主武装，发动群众。到十一月底止，先后建立了豫陕鄂边区行政公署和七个专区、三十一个县的人民政权，七个军分区的地方武装。豫陕鄂根据地初步形成。

这一段作战，根据主席的指示，把进占陇海路的敌人抛在后边，把尾追的敌人扯散，开辟了广大的地区，歼灭了大量的地方反动武装。进占陇海路的敌人，由于我们留下的牵制部队的活动和铁路的彻底破坏，未能达到恢复交通的目的。正如主席所预料，一九四八年三月，我们在东面南面打开局面，大量歼灭敌人以后就回师陇海路，配合了华东野战军一部，歼灭了洛阳的敌人，重占了陇海路。主席的“先打分散孤立之敌，后打集中强大之敌”“以歼灭敌人有生力量为主要目标，不以保守和夺取地方为主要目标”“不打无准备之仗，不打无把握之仗”等作战原则[①]，一次又一次地使我们赢得了胜利。

① 《毛泽东选集》第四卷，人民出版社 1991 年第 2 版，第 1233 页。

五

刘、邓首长所率我野战军主力千里跃进大别山，进行了艰苦卓绝的战斗，吸引了敌人三四十个旅的兵力，起了巨大的战略作用。华东野战军主力挺进豫皖苏，也吸引和歼灭了大量的敌人。这都便利了我们在豫西展开。我们在豫西展开后，毛主席指示我们配合华东野战军破击平汉路，斩断敌人在中原的南北动脉，吸引大别山的敌人回援，配合我刘、邓野战军主力粉碎敌人的围攻。我们根据主席的指示，主力东向平汉路，并以十一旅南向桐柏，接应我十纵由大别山向桐柏展开。

十二月十三日，我们配合陈粟大军开始了平汉路的大破击。首先破击了郾城到许昌段的铁路，解放了临颍县城。接着又转向郾城以南，连克漯河、西平、遂平等城。

当我军破击平汉路以前，敌人的第三师正被我十三旅等部牵着向豫陕交界地区的大山中前进，敌人的中央社还说："已把陈赓主力追入伏牛山地区，共匪士气低落，逃亡严重，粮食困难。"我十一旅进入桐柏地区后，第三师又认为我主力在桐柏，赶忙由宛西跑到桐柏。我们配合陈粟大军破击平汉路开始以后，敌人才发觉我主力在东。于是，第三师急忙又由桐柏折回平汉路。二十日，第三师到达驻马店。这时我们已经控制了遂平、漯河间的广大地区，决定协同陈粟大军的一部诱敌北进。二十四日，敌人进至西平、遂平间的祝王砦、金刚寺地区，被我们和华东野战军的一部歼灭了。敌第五兵团参谋长李英才被俘后说："贵军用兵真是神出鬼没。我们以为你们主力向西，结果是主力在东。我们被你们拉着走了一个大圈子，肥牛拖成瘦牛，最后被杀掉了。"

平汉破击战役，陈粟大军和刘邓大军胜利会师，我们也归还主力建制。这次战役，斩断了平汉路，使平汉路东西两侧的解放区连成一片，并调动了敌十一师等部从大别山回援平汉路，有力地配合了大别山的斗争。从此，中原的战局进入了一个新的阶段。

挺进豫西，是毛主席所安排的挺进中原的右后一路。在我们杀进豫西以后，毛主席指示我们首先西向作战，既造成继续展开的有利形势，又配合西北野战军转入进攻；然后转师向东向南，开辟广大的地区，直接配合挺进中原的主力作战。实践完全证明了毛主席这种战略安排和指挥的英明。在我们作战中，主席又指示我们灵活机动地调动敌人，歼灭敌人。当有分散之敌易于歼灭的时候就首先歼灭这些分散之敌；当敌人集中兵力的时候就设法分散敌人、消耗疲惫敌人；当敌人被分散、被消耗疲惫了以后，就以优势兵力各个歼灭敌人。我们忽东忽西，忽散忽聚，完全主动，敌则疲于奔命，遭受歼灭。敌人陕东兵团的被歼，十五师的被歼，第三师的被歼，和以后洛阳守敌的被歼，都是在主席的指示下赢得的胜利，都是执行了主席的军事思想的直接结果。

六

挺进豫西的胜利，是根据毛主席的指示，依靠群众，发动群众，在广大人民的支援下取得的。

太岳区、太行区的人民，在我们出动前，即多方面鼓舞部队的士气，帮助进行各项准备。太行区人民送给九纵队的锦旗上写着“太行子弟结长缨，渡河南征缚苍龙”的豪迈词句。两区的人民组织了三万多民兵、民工随军作战，并在渡河以后仍继续以大量物资支援部队。

敌人在豫西的统治很强，除了大量的保安团和乡保武装以外，还有被地主恶霸控制的大量土匪。抗战时期，国民党十多万军队溃散于此，更增加了匪患，总计散在豫西的枪支不下十数万条。蒋介石对于这些土匪，一贯采取“招安加封”的办法，以加强其统治的基础。王凌云、刘茂恩、武廷麟等都是由匪首而变为蒋介石的高级将领的。因此，豫西的官匪便结成一体，残酷地迫害人民。解放战争开始后，蒋军更在这里大量地搜刮人力、物力，支持其反革命战争，人民的生活极为痛苦。在洛阳一带有这样的歌谣：“麦未熟，就要光，没有粮食火柱烫(反动统治者施加于农民的一种酷刑)。辛苦血汗一年整，打下粮食吃不上。抓壮丁，如虎狼，办公处就是阎罗殿，蒋家官就是活阎王。”

我们挺进豫西后，在连续作战的同时，积极地进行了发动群众的工作。部队既是战斗队，又是工作队。

我们根据主席的“分兵以发动群众，集中以应付敌人”的思想，在保持主力的战斗力的条件下，先后抽出了十二个团作为地方武装的基干，又抽调了两千多干部做地方工作，并且发动整个部队做群众工作。当时团以上都成立了工作队，各连都组织了民运小组，有的连队每个班还有民运战士。这样，就不仅迅速地铺开了摊子，并且立即展开了极广泛的群众工作。

面对着豫西官匪不分的反动统治，发动群众开辟根据地必须大力地剿灭敌人的地方团队和土匪，毛主席曾指出消灭地方的反动武装，和消灭敌人正规军同样重要。我们根据主席的指示，执行“首恶者必办，胁从者不问，立功者受奖”的政策，在四个多月中，结合政治攻势，大力地进行了剿灭敌人地方武装和土匪的战斗。豫西的许多地区，都是经过多次剿灭地方反动武装的战斗以后，才巩固起来的。

党的政策是争取群众发动群众的武器。将战争引向国民党统治区，不仅靠作战，而且靠政策。我们经常地用这种思想教育部队，使部队自觉地执行党的政策和三大纪律八项注意，并广泛传播《中国人民解放军宣言》和《中国土地法大纲》。在广大的农村中，党的土地改革等政策得到了农民的极大拥护。有些地方的群众，在我军初到时，大部分藏了起来，但不久就回来了。当我军离开的时候，都恋恋不舍。有许多地方的群众，一见我军就悲痛地控诉蒋帮的罪恶，积极分子更要求立即实行土地改革，或参加我军和敌人战斗。在城市中，党的没收官僚资本、发展民族工商业、改善职工生活、救济灾民贫民等政策,也得到了广泛的拥护。漯河解放不久,我去看了一下,许多商店已经开门营业,已经有许多青年学生和贫农要求参军。在这个城市工作的同志告诉我,在中山路上,当战士给几个贫苦的女人和小孩送来棉衣和粮食的时候,旁边的一位老先生感动得流下泪来。他向我们的战士说:"老百姓从今天起要过新日月了,这都是你们,都是这位先生给我们的呀!"他说到这位先生时,用手向墙上指着,那是我们宣传队写下的三个大字:"毛泽东!"

部队在发动群众工作上也有过偏差,这就是有一个时期实行了分地主浮财的办法。这种办法虽一时鼓舞了贫苦农民的革命热情,但"只是少数勇敢分子欢迎,基本群众并未分得",且使社会财富过早分散,使军队粮食供应发生困难。毛主席在《新解放区土地改革要点》的指示中,就针对着这种急性病指出:"不要性急,应依环境、群众觉悟程度和领导干部强弱决定土地改革工作进行的速度。"①

毛主席关于执行争取群众的政策是争取胜利的关键之一的指示,使我们充分地认识了执行政策、发动群众的重要。以后,毛主席又提出《新解放区农村工作的策略问题》,就更使我们加深了对党的政策的理解,从而能够纠正偏差。我们的胜利正是毛主席的政策的胜利。

七

一九四七年十二月,毛主席在《目前形势和我们的任务》中指出:"中国人民的革命战争,现在已经达到了一个转折点。……这是一个历史的转折点。这是蒋介石的二十年反革命统治由发展到消灭的转折点。这是一百多年以来帝国主义在中国的统治由发展到消灭的转折点。"

我们参加了这个伟大的转变,从自己的实践中,从挺进豫西的这个小的局部中,深刻地感到这个伟大的转变是毛主席英明领导的胜利。战争的第一年,我军大量地歼灭了敌人,造成了有利的战争形势,但敌人仍在进行重点进攻,敌军在数量和装备上仍优于我军。这时,毛主席不是等粉碎了敌人的重点进攻以后,等我军装备和数量超过敌人以后,才进行战略进攻,而是抓紧了有利的形势,果敢地实行中央突破,以主力打到外线去,在内线、外线的密切配合下,粉碎敌人的重点进攻,推动历史车轮前进。这是在客观条件允许的情况下,充分发挥主观能动性,发挥革命军队的威力,以有力的进攻来根本改变战争局势的极为英明和果敢的决策。战争的实践完全证明了这个决策的正确、伟大。如果当时我们继续在内线作战,虽仍能大量歼灭敌人,但战争继续在解放区进行,解放区的人力物力会继续受到耗损,而蒋介石则可在其统治区继续搜刮人力物力,支持其反革命战争。这样,人民解放战争的胜利就会

---

① 《毛泽东选集》第四卷,人民出版社1991年版,第1283页。

推迟。这是一方面。另一方面,毛主席又充分地估计到了当时敌军在数量和装备上仍优于我军的情况,因此又决定突入中原不是立即攻占敌人有坚固设防的较大城市,而是首先占领敌人守备薄弱的广大乡村和中小城市,多打胜仗,发动群众,开辟新的根据地,以便继续大量歼灭敌人,进一步改变敌我力量的对比。这就在战略进攻中继续运用了以农村包围城市,先在农村和中小城市聚集力量,削弱敌人,改变敌我态势,以最后取得全国胜利的思想。我们深深体会到毛主席所制定的外线作战,将战争引向国民党统治区的方针和策划,是正确的,是古今战争史上的空前创举,是马克思列宁主义军事科学在中国革命战争实践中又一个光辉的发展。

历史的经验无数次地证明了,必须很好地学习毛泽东军事思想。挺进豫西以前,毛主席指示我们要以最大的决心和勇气打到外线去,就是要我们很好地进行动员工作。打到外线去以后,毛主席对部队的思想情况更加重视,要求我们把部队的思想情况列为向上报告的主要内容之一。当时部队的士气是高涨的,但在新区作战,困难增加,也有少数人员畏惧困难,斗志减弱。当主席知道这种情况后,又指示我们深入部队,召开干部会议、军人大会,讲明形势,鼓舞斗志。主席对部队思想情况的关切和指示,更使我们认识了思想工作的重要。在连续紧张的战斗中,我们抓紧了活生生的现实教育,广泛展开立功运动,发扬指战员的积极性;对各种不正确的思想倾向,在一冒头的时候就批判纠正。党中央在一九四七年十月十日发布《中国人民解放军宣言》《中国人民解放军总部关于重新颁布三大纪律八项注意的训令》和《中国土地法大纲》等文件后,我们即签署命令,要求指战员认真学习,广泛宣传,严格执行。"打倒蒋介石,解放全中国"的口号成了部队统一意志争取胜利的伟大号召,八项基本政策和三大纪律八项注意成了部队争取群众、争取胜利的行动准则。因此,部队虽连续转战四个多月,很少休息,粮食供应和伤员安顿都很困难,多次战斗以后,伤员要自己抬着走,但是始终士气高涨,英勇顽强,取得了胜利。实践又一次证明:做好了政治思想工作,使党的方针为群众所接受,发动了广大群众的积极性的时候,我们就能无往而不胜!

(原载《星火燎原》选编之九)

向鲁西南挺进

粟 裕

在华野兵分三路出动后，接到军委七月二日来电，除复我们六月三十日电指出分兵部署甚好外，还要求陈士榘、唐亮率领的三个纵队打泰安得手后，“收复肥城、东阿、平阴、宁阳、汶上、济宁，与刘邓直接联系后，并应准备出鲁西与刘邓协同打陇海路，出淮河开展新局面”，“我军必须在七天或十天内，以神速的动作，攻取泰安南北及其西方、西南方地区，打开与刘邓会师之道路”。此后，军委又决定叶飞、陶勇率领的两个纵队也向鲁西南挺进。

这是重大的发展。让我们回顾一下军委对我们战略指导的演变：军委五月二十二日的指示，指出全国主要战场在山东，而刘邓六月出击则是为了帮助山东打破敌人进攻。六月二十九日，军委指示我们三路分兵，仍然只提打破敌人对山东的进攻（我们决定立即于七月一日出动，是为了策应刘邓大军出击）。而七月二日即我分兵后之第二日，军委已经电令陈唐部队直接协同刘邓了。这样，就使这次分兵成为华野部队执行外线出击任务的开始。

到了八月四日，即华野五个纵队已进入运河以西的鲁西南，刘邓千里跃进大别山的前三天，军委进而指出，“刘邓南下作战能否胜利，一半取决陈唐、叶陶五个纵队是否能起大作用”。八月十一日军委又明确指出：“总的意图，将战争引向国民党区域，使我内线获得喘息机会。以利持久。”显然，全国主要战场已由山东转移到了中原，战略重心已由内线转到了外线，解放战争已由战略防御转入了战略进攻。当此重要时刻，华东战区面临三重艰巨任务，既要打破敌人的重点进攻，又要支援刘邓大军进击中原，还要不失时机地转入战略进攻。

在军委八月四日的指示中，还提出：“请考虑粟裕同志带炮兵主力迅去鲁西南统一指挥该五个纵队，积极策应刘邓作战。”

此时，我深感责任重大。自从华野执行分兵出击的新方针后，作战条件起了变化。七月上旬打得比较顺手。向鲁南挺进的两个纵队攻占了费县、峄县、枣庄。向鲁西挺进的三个纵队，攻占了津浦路上大汶口至大万德段的一些据点，严重地威胁了敌人后方基地兖州、徐州。敌人从七月十三日开始，以整编第五师等七个整编师分路西援，在鲁中山区留下整编第十一师等四个整编师固守要点。七月中旬以后，雨季骤然到来，大雨滂沱，山洪暴发，河水陡涨，使我军机动、运输、作战遇到很大的困难，以致七月份中、下旬的几仗都打成了消耗仗。当时情况是：

（一）在山东内线，南麻、临朐两仗未能歼灭敌人，敌人占领了胶济线，胶东地区有被敌人占领的危险。胶东是我华东地区的重要后方物资基地，且有数万伤病员、家属安置在那里，如一旦被敌占领，对民心、士气、物资补给都将带来严重影响。

（二）进入鲁西南的五个纵队，离开根据地，经过一个月的连续行军作战，十分疲劳。部队在齐腰或齐膝的大水中和泥泞的道路上行动，作战、机动和补给都十分困难，非战斗减员也很严重。第一、第四纵队伤亡各约五千人，非战斗减员亦各约五千人。第三纵队第七、第九师都缩编为两个团，第一纵队所属三个师除第二师多辖一个地方团外，其余只辖一个团，第十纵队亦伤亡近两千人。这五个纵队的实力大减。

（三）部队思想比较混乱，对已经开始的全国大反攻形势产生怀疑。如有的说，"反攻是被迫的，是被敌人赶出了山东"。有的说，"反攻，反攻，丢掉山东"。部分指挥员对于无后方条件下作战缺乏信心。

仗没有打好，我作为战役指挥的主要负责人，引咎自责，于八月四日午时发电向军委作了检讨。对于下一步，我也作了冷静的分析，认为这一段的作战，我们的行动目标是明确的，而敌人为我们所迷惑，其行动却很盲目；我们并没有打败仗，只是打了几个消耗仗；我们达到了调动与扯散敌人的目的，打乱了敌人的部署；敌人对山东的重点进攻实际上被打破了，这是战略上的胜利。当前的关键是如何适应变化了的条件，在外线打好一两个歼灭战，以夺取战场的主动权。

我接到军委八月四日要我去鲁西南统一指挥的电示后，向陈毅同志提出下列意见：

（一）华野今后主要作战方向和指挥重心是在外线，请陈毅司令员和我们一同西去，以加强领导。（二）现在西线的五个纵队，实力有所下降，为进一步集中兵力，达成战役上的优势，建议增调第六纵队到西线。（三）留在山东内线的第二、第七、第九纵队，力量可以制敌，建议组成东兵团，由谭震林、许世友二同志指挥。陈司令同意我的意见，我们将上述意见联名上报了军委。

六日，中央复电同意我们的建议，决定陈毅同志和我率华野机关及第六纵队、特种兵纵队赴鲁西南，统一指挥第一、第三、第四、第六、第八、第十纵队，特种兵纵队及配合华野作战的晋冀鲁豫第十一纵队，统称西兵团，并批准组成东兵团。

同日军委复电："粟裕支（四日）午电悉，几仗未打好并不要紧，整个形势仍是好的，望安心工作，鼓励士气，以利再战。"并且指出："华东各部虽有几仗未打好，但完成了集中兵力，分散敌人之巨大任务。"

我们立即投入新的行动准备。我们选择的路线是，北渡黄河至山东惠民地区，从禹城附近越过津浦线，至阳谷、寿张地区。这一路都是老解放区，是我军的后方，没有敌人阻拦，由此南渡黄河至鲁西南前线。这样，既可以大大减少行动中的兵力消耗，又可以隐蔽我军动向。陈毅同志还亲赴渤海军区部署。对于西线兵团今后行动打算，我于八月十八日发电报告中央军委和华东局，建议为更有力地支援刘邓，将西线兵团作战地域扩展到陇海路以南，

破袭津浦,威胁徐州,并以运河西岸为中心。电文摘要如下:

陈于前日去渤海未回,十六日电所询,仅就个人意见,提出如下各点:

(一)依近日情况判断,敌有大部随刘邓南去可能。果如是,则刘邓很吃力,我们应尽一切努力多拖住一些敌人。因此,西兵团目前应在鲁西南及陇海线上行动,必要时以一部挺入路南,破袭津浦,威胁徐州,才能有效拖住敌人,并寻机歼灭薄弱之敌。此计划如能有效实施,不仅可拖住一部敌人不能南去,且可迫使鲁中、胶济线之敌抽一部分西来,如是,则又会减轻我鲁中及胶济线负担,并使敌人进犯胶东腹地及烟台之可能性更减少。

(二)依近日情况变化,陈唐部不致被迫随刘邓南下,拟再兜一两个圈子,即北返与我们会合于郓城、巨野、菏泽地区,斯时我们主力仍宜位于运河西岸,铁路北侧……

(三)建议东兵团于迅速完成整补后,第一步以数个战斗歼灭沂水南北之二十五或八十三师为目标,第二步向临蒙地区进击,与西兵团相呼应……

(四)……我们拟在泰西打开局面,并与陈唐会合后,即以运河西岸为中心。

同日,华东野战军致电鲁中、鲁南、苏北、苏中、渤海、胶东等军区及饶漱石、黎玉、谭震林等同志,说明我华东野战军当于九月初开始大举反攻,命令各军区应立即集中兵力袭击敌人后方机关及补给线,消灭还乡团及保安团,以便尔后配合主力之有力反攻。

八月二十四日,毛泽东同志来电答复:“粟裕同志十八日酉电意见极为正确,西兵团作战范围规定为黄河以南,淮河以北,运河以西,平汉以东。”这样中央军委赋予华野西线兵团的作战范围又扩展了,恢复与扩大豫皖苏解放区,与刘邓、陈谢共同经略中原的战略任务便明确了。电报中并指出:“我华东军在第一年作战中已表现自己为全国各地战绩最大的军队,七月减员较大,无损大局,希望你们尽速赶至鲁西南,统一指挥西兵团各纵,配合当地地方兵团完成中央赋予华东军的伟大任务,我相信你们必能完成此种任务。”

(节选自《粟裕战争回忆录》)

豫东之战

——回忆开封、睢杞战役

粟　裕

一九四八年六七月间，遵照中央军委和毛泽东同志的战略决策，我华东野战军外线兵团和中原野战军一部，在河南省东部地区同国民党军队进行了一次重要的战役决战，即豫东战役，也叫开封、睢杞战役。这次战役，是一次包括攻坚战和运动战在内的规模较大、持续时间较长的大兵团作战，也是我亲身经历的最复杂、最剧烈、最艰苦的战役之一。

在这次战役中，敌我双方都投入了较大的兵力。除了战略上配合作战的部队外，我军直接参战的有华东野战军外线兵团的七个纵队和一个特种兵纵队，中原野战军两个纵队，以及冀鲁豫军区和豫皖苏军区的部分兵力，共约二十万人。敌军直接参战的有十二个整编师，三个快速纵队，以及特种兵部队和保安部队等，共约二十五万人。经过开封、睢杞两个阶段共二十个昼夜的连续作战，我军全歼敌人一个兵团部、两个整编师部、四个正规旅、两个保安旅、一个正规团和三个保安团，并歼灭其他援敌一部，共九万余人。这是华东野战军主力转入外线作战后进行的第一个大歼灭战，也是在解放战争开始以后的整整两年中华东野战军进行的一次最大的歼灭战。在这次战役中，我军广大指战员不畏艰险，不怕困难，顽强奋战，表现了无比的勇敢和伟大的牺牲精神。我写这篇回忆录，首先是为了纪念在这次战役中英勇献身的烈士们，同时，也期望能为研究我军灵活机动的战略战术和大兵团作战的指挥问题提供一些情况，和同志们共同探讨。

集中兵力　大战中原

一九四七年六月底和七月，晋冀鲁豫野战军强渡黄河，发起鲁西南战役，揭开了我军战略进攻的序幕。随后，我军在全国各战场逐步展开战略进攻。到一九四七年底，解放战争的整个形势发生了有利于中国人民而不利于国民党反动派的重大变化。国民党军队在战略上已失去主动，“全面进攻”“重点进攻”和“全面防御”均遭失败，而我军则在全国各战场进一步对敌人展开了进攻。

在这期间，在南线的中原战场，晋冀鲁豫野战军主力千里跃进到大别山地区，初步站稳了脚跟；太岳兵团在豫西和豫陕边境辗转破敌，开辟了豫陕鄂边区；华东野战军举行外线出击,挺进到豫皖苏地区。三路大军犹如三把钢刀插入敌人的腹部,乘胜完成战略展开,相互策应,纵横驰骋于江淮河汉之间,歼灭了大量敌人,打败了敌人三十三个旅对大别山区的全面围攻,击破了敌人在中原战场的全面防御体系,调动和吸引了国民党南线兵力一百六十个旅中约九十个旅在自己的周围。这些行动,对于迫使国民党军队在战略上陷入被动地位起了决定性的作用。

蒋介石为了改变其战略上的被动地位,一九四八年初,采取了尽可能坚守东北,力争华北,集中力量加强中原防御的战略部署,改“全面防御”为“分区防御”。当时,在中原战场,国民党军队仍占有一定的优势,计有三十四个整编师,共七十九个旅,除以相当兵力配属给各绥靖区(国民党在中原地区划分了八个绥靖区)担任重要点线的防御外,还能集中较大的机动兵力,在各要点之间往返驰援,并对我进行战役性进攻。其战略部署的重点仍放在大别山区,企图不让我军在此建立根据地;同时,加强其长江防线,防止我军南渡长江或西进,以确保南京和武汉的安全。大别山区横跨鄂豫皖三省,南濒长江,北有淮河,东临巢湖、合肥水网地带,西为平汉路,战略地位很重要,但不便于大兵团作战。在这个地区活动的晋冀鲁豫野战军主力,进行了艰苦卓绝的斗争,但因长期在无后方依托的条件下连续行军作战,处境相当困难。华东野战军及太岳兵团向外线出击后,同敌人形成拉锯状态,处境也较困难。

在这样的形势下,我军应当采取何种战略行动来改变中原战局,继续发展战略进攻呢?这是当时战略指导上亟待解决的一个十分重要的问题。

一九四八年一月二十七日,中央军委给我发来电示,主要内容是:为迫使敌人改变战略部署,吸引敌人二十至三十个旅回防江南,确定华东野战军外线兵团的第一、第四和第六纵队(这三个纵队随即组成第一兵团),由我率领渡长江南进,在南方数省执行宽大机动作战任务。计划在湖北的宜昌至监利之间的几个地段渡江进入湘西,或从洪湖、沔阳(今沔城)地区渡江进入鄂南,先在湖南和江西两省周旋半年至一年,沿途兜圈子,以跃进方式分几个阶段到达闽浙赣边,使敌人防不胜防,完全处于被动应付的地位。渡江时间,可在二月,或五月,或秋季。中央并要我“熟筹见复”。

我看了这个指示,立即意识到,中央军委采取这一重大的战略决策,显然是为了进一步把战争引向敌人的深远后方,以配合正面战场,主要是配合中原战场我军作战,发展战略进攻。这一战略行动能否达到预期目的,不仅对中原战场和华东战场,而且对解放战争的全局都会有重大影响。为了更好地执行中央军委赋予的这一新的战略任务,经中央军委批准,我们带领三个纵队北渡黄河,于三月十六日全部到达濮阳地区休整。在此期间,遵照中央军委指示,我们一方面抓紧整训部队,厉兵秣马,同时以多种手段对敌人进行侦察,向长江沿岸地区派出先遣小分队,积极作渡江的准备工作。一方面集中精力,进一步分析当时敌我双方的情况,认真研究如何贯彻中央军委的战略意图,主要是权衡分兵渡江作战有利,还是集中兵力在中原作战有利。经过一个多月的反复思考,我对这个问题逐步形成了一些看法。

我觉得,从全局来看,为了改变中原战局,进而协同全国其他各战场彻底打败蒋介石,中原和华东我军势必还要同国民党军进行几次大的较量,打几个大歼灭战,尽可能多地把敌人主力消灭在长江以北。从当时情况看,要打大歼灭战,三个纵队渡江南进是做不到的。在山东战场,由于敌人坚固设防地域较多,我作战地区比较狭窄,暂时也难以打大的歼灭战。而在中原黄淮地区,我军打大歼灭战的条件却正在成熟。这是因为:第一,中原地区广阔,有三条铁路干线和一些大中城市敌人都需要防守,包袱背得很多很重,敌人虽然在这个地区集结了重兵,但需要较多的兵力担负防守任务,因而机动兵力就相对地少了。如果我军在这一地区积极行动,必能调动敌人,为我军歼敌于运动之中创造战机。第二,中原黄淮地区地势平坦,交通发达,固然便于敌人互相支援,但也有利于我军实施广泛的机动作战,尤其是在铁路和公路被我破坏的情况下,敌人重装备的机动将受到很大限制,我军则可以充分发挥徒步行军能力强的长处,迅速集中兵力,从四面八方分进合击敌人,实现战役上的速战速决。第三,中原黄淮地区虽属外线,但背靠山东和晋冀鲁豫老解放区,可以及时得到大批人力物力的支援,特别是可以较好地保障伤病员的安置和治疗。同时,我军挺进外线作战已有数月,已经度过最困难的时期,并已逐渐适应和掌握了外线作战的规律。第四,经过我三路大军挺进中原后的艰苦斗争,新解放区党的工作和政权工作已有初步基础,军民关系逐渐密切,已有一定的支援战争的力量。所有这些,都是我军在中原黄淮地区打大歼灭战的有利条件。

至于我三个纵队渡江南进,到敌人战略后方进行宽大机动作战,这无疑会给敌人以相当的震惊、威胁和牵制。但是,也存在一些难以克服的不利因素。第一,我三个纵队,加上地方干部,约十万人,渡江后要在敌占区转战数省,行程几千里甚至上万里,敌人必然会利用其大后方的各种有利条件,对我军实施围追堵截,而我军则远离解放区,在无后方依托的条件下连续作战,兵员的补充,粮弹和其他物资的供应,伤病员的安置和治疗,都将遇到很大的困难。渡江后,将不得不在沿途的湘西(或鄂南)、湘南、湘赣边、赣南和赣东北等地区,依次留下一些部队,建立小的游击区,以收容伤病员和处理多余的武器。在这种情况下,我军不仅无力攻占大中城市,即使出现有利战机和可能打胜的仗,有时也不敢下决心打。对此,我是有过亲身体验的。一九三四年,红军北上抗日先遣队从瑞金出发,向敌人统治区挺进,行程五千多里,沿途还有几个小的游击区,但由于长途跋涉,一路上要同敌人的围追堵截作斗争,战斗十分频繁,加以兵员补充、物资供应尤其是伤病员的安置和治疗非常困难,部队到达皖南时已减员二分之一。这次从中原出发向闽浙赣边挺进,虽然形势与当年大不相同,但要转战数省,路程比抗日先遣队走得远一倍,估计减员也不会少于二分之一。剩下的部队就难以对敌人形成大的威胁。第二,我三个纵队渡江南进后,可以调动江北部分敌军回防江南,但估计调动不了敌人在中原战场上的四个主力军(师)。整编第五军和整编第十一师,都是蒋介石的嫡系主力,是半机械化部队,又是敌军在中原战场上的骨干,敌人是不会把它们调到江南跟我们打游击的。桂系的第七军(相当整编师)和整编第四十八师,由于政治上的原因,蒋介石担心纵虎归山，当时也不会把它们调到江南。如果我军不能把敌人在中原战场的这几个主力军（师）调到江南，就达不到预期的行动目的。此外，我渡江南进的部队将再次面临一次大的思想转弯。这几个部队从苏中北撤到山东和由内线转到外线，有过两次大的思想转弯，都是经过艰苦细致的思想工作和作战胜利的鼓舞才逐渐解决的，如渡江南进，思想转弯也势必需要一个过程。由于存在这些不利因素，我三个纵队渡江南进，估计难以实现预定的战略意图。

再从战略角度来看兵力的运用问题。要在广阔的中原战场打大规模的歼灭战，我必须组成强大的野战兵团，在一个战役中，既要有足够数量的兵力担负突击任务，各个歼灭敌人，又要有相当数量的兵力担负阻援和牵制敌人的任务。当时，在中原战场上，中原野战军有四个主力纵队，华东野战军有六个主力纵队，共十个主力纵队，再加上两广纵队及地方武装，是有力量打大规模歼灭战的。如果我三个纵队渡江南进，而又调不走敌人在中原的四个主力军（师），则势将分散我军兵力，增加我军在中原战场打大歼灭战的困难，这样，就难以在短期内改变敌我兵力对比，打掉敌人的优势，进一步改善中原战局，而我进入江南的部队，由于作战环境的关系，也发挥不了他们善打野战的长处。再则，我三个纵队在渡江后转战过程中，预计会有约五万人的减员，如果留在中原地区作战，以同样的代价可以歼敌三至五个整编师。两者对比，我三个纵队还是留在中原作战更为有利。

虽然我有以上这些考虑，但要不要向中央军委提出建议，开始我是有顾虑的，主要是担心自己看问题有局限性，对中央如此重大的战略决策提出不同看法，会不会干扰统帅部的决心。但又想，作为一个战役指挥员，在即将执行上级赋予的作战任务时，应当结合战争的全局进行思考，从全局上考虑得失利弊，把局部和全局很好地联系起来。全局是由许多局部组成的，从局部看到的问题，也许会对中央观察全局、作出决策有参考价值。想到这些，我终于消除了顾虑，于四月十八日把自己的看法和建议报告了中央军委。

在这个报告中，主要是根据上述看法，建议第一、第四和第六纵队暂不过江，集中中原野战军和华东野战军主力，争取在中原黄淮地区打几个大规模的歼灭战。同时还建议向淮河以南和长江以北派出几个以旅或团为单位的游击部队，配合正面战场作战；向长江以南敌人深远后方派出多路游击队，每路五六百人，消灭敌人的地方武装，摧毁其基层反动政权，破坏敌人的兵源、粮源和其他战争资源，宣传发动群众，以策应我军在中原地区的行动。

在这个建议上报中央军委时，陈毅同志正由河北省平山县的西柏坡来濮阳，准备对部队进行渡江南进的动员。中央军委在接到我的建议报告后，立即来电要陈毅同志和我一起到中央去当面汇报。我们到达西柏坡以后，随即前往阜平县的城南庄，毛泽东同志在那里召开会议听取我们的意见。我着重汇报了三个纵队暂不渡江南进、集中兵力在中原黄淮地区大量歼敌的方案，详细说明了提出这个方案的根据。毛泽东同志、刘少奇同志、周恩来同志、朱德同志、任弼时同志和其他领导同志听了之后，当即进行研究，并同意了这个方案。党中央领导同志这种处处从实际情况出发，十分重视前线指挥员意见的领导作风，使我深受教育和感动。

就在这次会议结束时，毛泽东同志告诉我说，中央决定陈毅同志和邓子恢同志到中原局、中原军区工作。大战在即，这个消息对我真是太意外了，我非常着急，当即请求说："陈毅同志无论如何不能离开华野。"毛泽东同志沉思了一下，然后说："那好吧，陈毅同志仍任华野司令员兼政委，但是那边工作很需要他，现在必须马上去。"这时我想，陈毅同志去中原局和中原军区工作，责任重大。为了服从全局利益，我不能也不好再坚持自己的要求了。中央和毛泽东同志采纳了关于第一兵团暂缓渡江南进、集中兵力在中原打大仗的建议，陈毅同志又要暂时离开华野，我深感自己的担子沉重，觉得这次是向中央立下了"军令状"，一定要把仗打好，以战场上的胜利来回报党中央和毛泽东同志的殷切期望。

审时度势　创造战机

中央军委在作出华野三个纵队留在中原作战的决策后，五月五日下达了中原战场我军近期的作战任务，要求华野第一、第三、第四、第六和第八纵队及中原野战军第十一纵队共六个纵队，全部集结在中原黄淮地区打大仗，在陇海路开封至徐州段及其南北地区，以寻歼敌整编第五军等部为作战的主要目标，力争在四至八个月内歼敌五六个至十一二个旅。同时指示华野第二兵团向津浦路一线行动，相机歼灭并钳制敌整编第十二师和第七十二师等部；第四兵团在苏北发起进攻战役，以策应中原战场我军作战。

作战任务明确之后，朱德同志代表党中央和中央军委亲临濮阳视察和动员。陈毅同志和我也随同朱德同志回到濮阳。在朱德同志和陈毅同志的直接指导下，我们根据中央军委指示和当时敌我情况，着手制订作战计划，并筹划第一兵团渡黄河南下。五月十四日，朱德同志向团以上干部讲话，分析了战争形势，对部队的任务和建设作了重要指示，并且动员大家努力学习战术，用"钓大鱼"的办法，寻机歼灭敌整编第五军等部。随后又向营以下干部和战士代表讲了话。朱总司令在华野广大指战员心中有崇高的威望，他老人家亲临视察和给予指示，对提高广大指战员的思想，鼓舞斗志，增强战斗力，起了极大的作用。不久，朱德同志和陈毅同志先后离开濮阳。

歼灭整编第五军，正是当时华野全体指战员的强烈愿望，因为自蒋介石发动内战以来，该军常在进攻华东解放区和在中原战场作战中打头阵，既骄横，又狡猾，与我军多次交手，虽未赚到便宜，但也未受过严重打击，气焰十分嚣张。我军指战员对它恨得咬牙切齿。因此，当领导提出要打整编第五军时，部队群情振奋，摩拳擦掌，大有"灭此朝食"之概。的确，在当时的情况下，如果把敌人这个"王牌"军消灭了，就等于砍掉蒋介石伸向中原和华东战场的一只臂膀，形势对我军无疑将更加有利。

为了实现中央军委赋予的作战任务,我们必须全面掌握敌我情况,不断分析战场形势,在此基础上发挥主观能动作用,创造和捕捉战机。

当时已是一九四八年五月中旬,敌我双方处于以下态势:

敌人在中原战场上除保安部队外,有正规军二十五个整编师(五十七个旅)。其中十三个整编师(三十个旅)担任重要点线的守备,另外十二个整编师(二十七个旅)和四个快速纵队编成四个兵团,执行机动作战任务。其意图是控制陇海路东段、津浦路和平汉路南段的交通线,以郑州、信阳、蚌埠、开封、商丘和徐州等城市为据点,乘我华野部队整训分离之际,集中一切可能使用的机动兵力,寻我主力兵团决战,同时监视和堵击我在濮阳地区进行整训的华野第一兵团渡河南下。

我军方面,中原野战军主力及华东野战军第十纵队,在取得宛(即南阳)西战役胜利后,正向南阳、确山之间转移;华东野战军第三和第八纵队在完成宛西战役阻击任务后,于五月十日由象河关、春水地区北上,十四日袭占许昌,全歼敌独立第二十一旅,尔后即在许昌、襄城地区转入休整;华东野战军第一、第四和第六纵队以及两广纵队、特种兵纵队,在濮阳地区进行新式整军运动后,根据打整编第五军的作战要求开展军事训练;中原野战军第九纵队位于郑州西南地区;中原野战军第十一纵队位于豫皖苏地区。

五月二十三日,我们作出了在鲁西南歼敌整编第五军的作战部署。即先以第三和第八纵队由许昌地区向淮阳方向转移,吸引邱清泉兵团南下,然后以第一、第四、第六纵队和两广纵队、特种兵纵队乘机由张秋镇、范县(今旧范县)之间南渡黄河,进抵定陶、成武地区,力求歼灭鲁西南守敌一部,开辟战场,吸引邱兵团回转北上。在邱兵团向北转移时,立即以第三纵队、第八纵队和中野第十一纵队尾敌北进,协同我南渡黄河的各纵队夹击该敌于鲁西南地区。

在进行上述部署的同时,我反复考虑到,寻歼敌整编第五军虽具有一定的条件,但不利因素较多,主要是我军主力尚未集中,打援兵力不足,地形对我不利。整编第五军是蒋介石在关内剩下的两大主力之一,辖两个整编师四个旅,并指挥一个快速纵队和一个骑兵旅,其战斗素质虽不如整编第七十四师和整编第十一师,但装备并不差,人数也比该两师多,炮兵火力的运用和步炮协同动作较好,又经常猬集一团,不贸然行动。我如打它,蒋介石必极力救援。那时,华野在外线作战的六个主力纵队,三个远在河南的许昌、南阳、确山之间,短时间难以集中,即使把其中的第三和第八纵队调过来,再加上中野第十一纵队和华野的两广纵队,我们手中掌握的全部兵力也不足六个纵队(因当时有些部队不满员)。而要歼灭整编第五军,突击集团至少需要用四至五个纵队。这样,就只剩下一两个纵队担任阻援。在平原地区无险可守的情况下,用一两个纵队是难以阻止敌人大量增援的。如果我突击集团三五天内解决不了战斗,敌人援兵赶到,我军就可能陷于被动。同时,鲁西南地区的主要点线在敌人控制之下,我作战地域比较狭窄,不便于大兵团机动作战,而且战场距黄河较近,我军处于背水作战的不利态势。基于上述考虑,我觉得在当时情况下寻歼整编第五军,并不是很有把握的。搞得不好,还会给我们自己造成不利局面。

当时,我还想到,中央军委作出三个纵队暂不渡江,集中力量在中原黄淮地区大量歼敌的决策,我第一个战役必须旗开得胜,只能打好,不能打坏。既然寻歼整编第五军不能稳操胜券,作为战役指挥员,就应当在部署寻歼整编第五军的同时,根据战场的实际情况,考虑其他更有把握取胜的作战方案。为此,我设想了一个"先打开封,后歼援敌"的作战腹案。

设想"先打开封,后歼援敌"这个腹案的主要依据是:第一,开封是当时国民党的河南省会,是中原重镇,在政治上和军事上都占有重要地位。我军如攻克开封,对中原和全国都将产生重大影响。蒋介石绝不会置开封于不顾,势必调兵增援。这样,就能打乱敌人企图在鲁西南与我决战的部署,为我军在运动中歼灭援敌创造战机。第二,开封守敌处境孤立,敌可能用于增援开封的主力集团当时都在一百公里以外,而我外线部队与中野一部相对靠拢,有强大的兵力和充裕的时间阻击援敌。第三,开封守敌虽有三万余人,但战斗部队中只有一个被歼后重建的正规旅,其余都是地方部队和特种兵部队,指挥不统一,互有矛盾,总的说来战斗力不强。我使用两个主力纵队近六万人攻城,在兵力数量上虽然优势不大,但论战斗力则占很大优势。第四,攻打开封这样一个有四十万人口,并经过日伪军和蒋军长期设防的城市,在华野来说虽是首次,但我军在两年来的解放战争中,曾先后攻克过敌重兵守备的枣庄、峄县(今峄城)、泰安、莱阳、许昌、洛阳、潍县(今潍坊市)等城市,积累了较丰富的中小城市攻坚战的经验,攻坚能力有了很大提高。部队熟练地掌握了炸药爆破技术。炮兵建设有了相当规模,华野有一个特种兵纵队,每个主力纵队有炮兵一个营至一个团,每个师有炮兵一个连至一个营,每团有一个炮兵连。炮兵的射击技能也有提高,不仅能进行抵近射击和直接瞄准射击,而且学会了间接瞄准射击。部队指挥员也初步懂得了炮兵运用的一些基本原则,能根据炮兵的特点赋予任务,发挥炮兵支援步兵作战的作用。同时,第三和第八纵队长于城市攻坚战。因此,攻克开封还是有把握的。

当时我虽未将这一作战腹案上报下达,但在作战部署上却是有准备的,即力求能适用于打整编第五军和打开封两个作战方案,而且侧重于后一个方案。这样做的好处是:第一,可以用寻歼整编第五军来激励我军士气,一旦寻歼整编第五军不成,就用打整编第五军的精神准备和物质准备去打比整编第五军弱的敌人,把握就更大。第二,能够造成敌人以为我军要在鲁西南地区同它决战的错觉,把敌人的注意力吸引到鲁西南,这样,我军就能给开封守敌以出其不意的攻击。第三,如果打整编第五军的条件成熟了,由于我们已经作了打它的准备,也不会丧失战机。

五月二十四日,我第三和第八纵队按野战军计划向淮河方向前进,敌邱兵团果然被我军吸引南下。五月三十日、三十一日,黄河以北我各纵队南渡黄河,我军的这一突然行动,使敌人大为震惊。敌急令邱兵团主力和整编第七十五师北返,迎击我渡河部队。同时,又向鲁西南增调整编第八十三师、第二十五师、第七十二师和第六十三师两个旅，企图与我渡河部队决战。这样，敌集中在鲁西南战场的兵力将达到九至十一个整编师，且队形密集，不易分割，我难以达到各个歼敌的目的。这时，我第三和第八纵队已到达通许、睢县、杞县之间，距开封只有一日行程，如就势转用于突然攻取开封，可打敌措手不及。战场情况的变化表明，打整编第五军的条件尚未具备，而实现先攻开封、后歼援敌腹案的条件却已成熟。于是，我们当机立断，改变在鲁西南作战的计划，并于六月十五日定下了转向豫东作战的决心，即首先以主力一部从敌侧后开刀，夺取敌守备兵力比较薄弱而又处于敌人防御要害部位的开封，待围歼开封守敌后，再集中兵力于运动中寻歼来援之敌的一路。

由于对这一作战方案预先有准备，所以在定下决心的当天就能上报中央军委并报中原军区和中原野战军，同时给部队下达了作战命令，区分了战役第一阶段各部队的任务。以第三和第八纵队组成攻城集团，由陈士榘、唐亮同志指挥，先采取奔袭手段夺占城关，尔后依托城关迅速攻城。为确保攻城作战的胜利，另用近三倍于攻城部队的兵力，由野战军直接指挥，担任阻援和牵制敌人的任务，其中以中野第九纵队插入郑州、开封之间，阻击郑州可能来援之敌；以中野第十一纵队并指挥冀鲁豫军区独立第一旅位于巨野地区，由北向南从侧后牵制邱兵团；以第一、第四和第六纵队迅速楔入定陶、曹县、民权、考城(今堌阳)地区，用运动防御坚决阻击邱兵团西援开封；以冀鲁豫军区和豫皖苏军区一部兵力相机攻占东明、兰封(今兰考县)，并破袭陇海路兰封至野鸡岗段铁路。野战军政治部向攻城部队发出指示信，号召全体指战员认清形势，消除顾虑，防止轻敌，英勇战斗，一定要打下开封，并严格遵守战场纪律，执行城市政策。在战勤支前工作方面，由豫皖苏和冀鲁豫两大区全力予以保障。

六月十七日晨，中央军委复电完全同意上述部署，并指出："这是目前情况下的正确方针""情况紧张时独立处置，不必请示"。同日，刘伯承、邓小平、陈毅同志也来电指出：豫东战役第一步应明确以攻开封为主，第二步打谁视情而定，决定以仍归中野指挥的华野第十纵队自舞阳进至上蔡地区，协同中野一部阻击胡琏兵团北援，嘱我围攻开封之部队对南面敌人可勿顾虑。中央军委和中野首长的指示，更加鼓舞和坚定了我们夺取这一战役胜利的信心。

为了在战略上配合这次作战，我们令华野第二兵团继续在津浦路徐、济段扩张攻势，包围兖州，调动敌整编第二十五师或整编第八十三师北援；令华野第四兵团在陇海路新安镇(今新沂县)至海州段发动攻势，以牵制敌人。

我军攻打开封的这一着棋，完全出敌意料之外。当我们的兵力部署已经就绪，即将发起战役时，敌人还蒙在鼓里。开封守敌认为我军是吸引国民党军队主力至鲁西南决战，"在开封无真正战斗"。伪国防部和徐州"剿总"，虽曾觉察到我第三和第八纵队有围攻开封的征候，但见我军两大集团南北对进，即认定我军企图夹击邱兵团，因而十万火急地向鲁西南调集兵力，要与我军进行决战。尤其可笑的是敌华中"剿总"，还坚持说我第三和第八纵队尚在方城以东地区。然而，我军却在敌人重兵集团紧紧跟踪和严密监视的情况下，创造了歼敌的条件,捕捉到有利的战机,乘敌把注意力集中在鲁西南之际,突然对开封守敌发起了攻击。

夺取开封　攻敌必救

开封是一座历史名城,为我国著名古都之一。它位于河南东部平原,北濒黄河,南倚陇海铁路,城墙周长二十余公里,共有六门四关,即大南门、新南门、宋门、曹门、西门、北门和南关、宋关、曹关、西关。经敌长期经营,该城防御工事已形成半永久性防御体系。守敌以城关为外围支撑点,以城垣为主阵地,以龙亭、运动场、伪省政府为核心阵地。各阵地构筑有大量火力点、堑壕和交通壕,设有铁丝网。南关、宋关和曹关均挖有外壕,深宽各丈余。敌整编第六十六师师部率第十三旅担任城区及曹关和西关的防御,师部位于龙亭。新调到开封的敌整编第六十八师第一百一十九旅一个团,位于城南区为预备队。河南省保安第一旅、第二旅以及另外三个保安团,除以一个团守卫伪省政府外,其余主要担任南关和宋关的防御。总指挥是伪河南省政府主席刘茂恩,实际上由整编第六十六师师长李仲辛指挥。

根据开封地形和敌人的防御情况,我军攻城的具体部署是:以第三纵队首先肃清南关东部及城东宋关、曹关守敌,然后依托宋关、曹关攻城,并以部分兵力在北门佯动,伺机由北门攻城;以第八纵队首先肃清南关西部及西关守敌,然后依托南关、西关攻城。

六月十五日,我第三和第八纵队开始向开封急进,十七日晨突然兵临城下,对四关守敌发起猛烈攻击。敌人被我军强大攻势打得惊慌失措,一面仓猝应战,凭关顽抗,一面向蒋介石和徐州“剿总”紧急呼救。至十八日黄昏,守关之敌一部被歼,大部在敌机对我疯狂轰炸扫射和投掷大量燃烧弹的掩护配合下,放火烧关后退入城内。四关遂为我军占领。

为不使敌人有喘息机会,我攻城部队在占领城关后组织力量灭火的同时,争分夺秒,加速进行攻城准备。第八纵队于当夜二十二时从南关开始攻城的火力准备,并在对敌防御设施进行连续爆破后发起冲击。二十四时许,先头营突破了新南门,但因城门两侧敌人的地堡群未被我全部摧毁,突破口又被敌火力封锁,我后续部队未能跟进,已突入的部队即抢占城楼及其附近有利地形,抗击敌人的反冲击。十九日一时,第三纵队在宋关克服了因敌人的破坏而造成的种种困难后,开始对宋门实施火力准备。突击营以二十三人担任爆破任务,首先由一位爆破英雄率领十二名优秀爆破员,在火力掩护下以十一包炸药实施连续爆破,开辟了通路,炸毁了城门。突击分队利用炮火准备和爆破的成果,迅速突入宋门,并打退敌多次反冲击,巩固了突破口,后续部队紧随入城。该纵队攻曹门的部队因曹关火大,改由宋门突入城内,迅速向两侧和纵深发展。第八纵队突入新南门的先头部队,与疯狂反扑的优势敌人激战七八个小时,至十九日九时许,将敌人反击部队击溃,并击毙其团长,巩固了已占领的阵地。与此同时,后续部队肃清了城门外敌地堡群,重新控制并扩大了突破口,乘胜相继突入城内,随后该纵队又突破大南门和西门。至此,敌城垣主阵地全部被我突破。我进入城内的各部队,随即分多路向敌纵深穿插,与敌展开激烈的巷战。

开封战役发起后,蒋介石焦急万分,慌忙调兵遣将,组织多路增援,并在我军攻入城区后,即令其空军不分昼夜对城区狂轰滥炸,投掷大量燃烧弹,同时令守敌发射燃烧弹,四处纵火,妄图使开封城成为一片火海,以阻止我军发展进攻。我突入城内的部队以压倒一切敌人的英雄气概,冒着熊熊烈火和炎热的天气,昼夜攻击,连续奋战,先后攻克敌人重兵防守的地方法院、河南大学、鼓楼、绥靖公署和省政府等要点,歼灭了大量敌人。至二十日二十三时,除敌核心阵地龙亭和华北运动场外,市区均被我军攻占。

敌龙亭核心阵地,位于城区西北部,以龙亭为中心,由若干堑壕、交通壕、地堡群和炮兵阵地构成。龙亭坐落在一个大土墩上,能瞰制四周,上有工事密布的建筑物,下有巨大的地下室。龙亭以南为潘家湖和杨家湖,两湖之间仅有一条不宽的土马路与市区大街衔接。龙亭以东、以北和以西均为开阔地,仅东北角的华北运动场有部分建筑物。龙亭守敌虽已成为瓮中之鳖,但仍凭借易守难攻的有利地形进行顽抗。我突击部队为肃清残敌,于二十日夜至二十一日晨,对龙亭敌核心阵地发动两次攻击,因组织准备不充分,协同动作不密切,未能奏效。二十一日,攻击部队重新调整部署,加强了各部队之间、步炮之间的协同,从十七时开始,再次对龙亭守敌发起攻击。首先以炮兵进行猛烈的火力急袭,有的将火炮推进至距龙亭几百米处,不顾敌火力封锁,进行抵近射击。经一小时炮击后,敌火力被我压制下去,工事大部被摧毁。我炮兵射击一停止,步兵即发起勇猛冲击,这时,狡猾的敌人又蹿出地下室,抢占有利位置对我进行射击。我突击部队冒着敌炽烈火网,迅速通过开阔地,奋勇登上大土墩和龙亭,与敌进行近战肉搏,经五小时激战,至二十三时攻克龙亭,全歼守敌。龙亭被我军攻克后,华北运动场守敌混乱动摇。二十二日晨,我对该敌发起多路攻击,敌一部投降,一部在突围时被我歼灭。至此,豫东战役第一阶段——开封战役胜利结束。

在我军围攻开封的过程中,敌邱兵团全力西援,在兰封以东遭我阻击集团的第一、第四和第六纵队迎头痛击,伤亡惨重,我军乘机攻占兰封。中野第九纵队及豫皖苏军区一部兵力袭占中牟,打退孙元良兵团在飞机和坦克支援下的多次进攻,阻止了该敌的东援。中野第一和第三纵队与华野第十纵队,在刘伯承同志、邓小平同志和陈毅同志直接指挥下,于上蔡以北地区阻击并重创了胡琏兵团,使该敌不敢轻举冒进。这些作战行动,都对攻克开封起了直接保障作用。在此期间,华野第二兵团围攻兖州,第四兵团攻克海州以西的墩尚、阿湖、房山等地,也有力地策应了开封作战。

在开封战役过程中,各部队都严格遵守三大纪律八项注意。担任攻城任务的部队,坚决执行中央军委和华野前委关于进入开封的城市政策,并大力抢救人民的生命财产。同时利用旧官员组成临时市政维持委员会,在我军的指导和监督下,维持城市秩序,进行社会救济工作。党的城市政策和我军遵纪爱民的行动,受到各阶层人士的欢迎,扩大了我党我军的政治影响。在我军撤离开封时,不少进步人士,包括教授、作家、音乐家和大中学生,不愿再受国民党的罪恶统治，有的到解放区参加工作，有的参加我军。担任阻援任务的部队也严格遵守群众纪律。有的冒着酷暑在李子树下做防御工事，树很矮，抬头张口就能咬到李子，但没有一个人去吃它。借群众的门板等物构筑工事时，都把房东的名字写在上面，以便战后归还原主。扫清射界时，不砍、不压倒群众的高粱，有的还把高粱连根带泥移植到别处去。我军纪律严明，群众交口称赞。

开封战役，歼灭开封守敌三万余人，加上阻击援敌的战绩，共歼敌约四万人，敌整编第六十六师师长李仲辛被击毙，参谋长游凌云被活捉，伪河南省政府主席刘茂恩化装潜逃。曾几何时，蒋介石还在伪国大上吹嘘开封“绝可确保无虞”，而我军仅用五昼夜就攻占了。

开封战役不仅歼灭了大量敌人，更重要的是打乱了敌人的作战部署，调动和引诱援敌就我范围，使我军进一步取得了战场的主动权。六月二十三日，党中央给华东、中原我军全体指战员发来祝贺开封大捷的电报说：“庆祝你们解放开封省城及歼敌三万人的伟大胜利。尚望继续努力，为消灭蒋敌、解放全中原人民而战。”党中央的贺电，给全体指战员以极大的鼓舞，为我们再接再厉，继续歼灭更多的敌人增添了巨大的力量。

开封战役的实践再次表明，战役指挥的重心放在哪里，对能否掌握战场主动权关系极大。我从历次参加的战役指挥中体会到，每个战役都有一个转折点。这个转折点，就是在对战役有决定影响的环节上我们掌握了主动，打赢了敌人，从而使我军确有把握取得战役的全胜。因此，战役指挥员不仅要对整个战役有通盘的考虑，预见情况可能的发展变化，在打第一仗时就想到打第二仗和第三仗的问题；而且要把自己注意的重心放在战役的转折点上，充分发挥主观能动作用，全力以赴，采取一切手段促使战役转折的实现。在敌人有强大兵力增援的情况下，转折出现得越早越好，要力争在全战役预计时间的二分之一以前，最好在三分之一甚至四分之一的时候到来。这样，作战就主动了。如果转折在全战役时间的二分之一以后到来，就会因时间紧迫而仓促作战，使部队伤亡增大，疲劳加重，士气受到影响，有时还会陷于被动，不得不撤出战斗，打成夹生仗。豫东战役，包括攻城和打援两个作战阶段，全战役有个转折点，两个阶段也有各自的转折点。我是把注意的重点放在实现全战役的转折上，就是尽快夺取开封和及时掌握用于打援的兵力。战役一开始，我们就督促部队迅速突破敌城垣主阵地，尽快攻占开封，争取全战役的转折及早到来。战役从十七日开始，至二十日夜，攻城部队就突破了敌城垣主阵地，继而将城区之敌基本肃清。这时，虽然敌核心阵地龙亭尚未被我攻下，但战役第一阶段已胜利在握，我就和张震同志、钟期光同志立即到开封南郊第三兵团指挥所，督促第三和第八纵队不要留恋开封战场，除留足够的兵力攻击龙亭外，迅速从城内撤出其余部队，把兵力集中起来，准备再歼援敌。对于攻歼龙亭之敌，我对部队说，龙亭是要打下来的，但不要急，迟一点不要紧，有点残敌可以作为钓邱兵团这条“鱼”的大钩子，你马上打下龙亭，他来援就不积极了；主要是作好充分准备，确有把握后再打。豫东战役第一阶段的作战，从战役开始到第三和第八纵队主力撤出开封，历时五昼夜就完成了全战役的转折，掌握了战场的主动权。这时我的心才踏实下来，因为手中已经控制了足够的机动兵力，为下一步歼击援敌创造了有利条件，可以随时投入第二阶段的作战了。

连续作战　再歼援敌

我军攻占开封以后，国民党统治集团内部十分惊慌，一片混乱。六月二十四日，伪立法院匆忙举行秘密会议，检讨中原战局，与会者惊怨交集，情绪低沉。蒋介石为挽回败局，除以进至徐州之整编第二十五师改援兖州外，令邱兵团（调出整编第七十五师，调进整编第八十三师）及第四绥靖区刘汝明部继续向开封攻击前进，同时以整编第七十五师、第七十二师和新编第二十一旅（该旅归第七十五师指挥）组成一个兵团，以区寿年任司令，由民权地区经睢县、杞县迂回开封，企图在开封地区与我决战。

我军实施开封战役的目的，除攻占城市全歼守敌外，更重要的是引诱敌人来援，以便在运动中各个歼灭敌人。现在敌军分两路向开封扑来，正好中了我们的“动敌”之计。但我部队已连续行军作战一个月，第三和第八纵队在开封战役及在这之前的宛东战役中，已伤亡近万人。其他各纵队虽然伤亡不大，也相当疲劳。究竟是连续作战，还是稍事休整，必须迅速地作出决断。我们鉴于这次战役关系全局，决心不怕疲劳，不怕牺牲，抓住有利战机连续作战，再歼援敌。于是，我们在攻占开封后的第三天，便毅然决定主动放弃该城。敌人既然想要开封，我们便将计就计，把开封暂时回让给它。这样既能使敌人背上包袱，分散兵力，又能使我军集中力量寻歼援敌于运动之中。

根据当时敌我情况，在两路援敌中，以围歼较弱的一路即区寿年兵团更有把握。但这时两路援敌相距较近，我必须先引诱其拉开距离，将两路援敌隔开，以创造攻歼区兵团的战机。为实现这一决心，我们以四个纵队，即第一、第四、第六纵队和中野第十一纵队，组成突击集团，由叶飞同志指挥，隐蔽集结于睢县、杞县、太康之间和民权地区，实施南北夹击，围歼区兵团。其余部队由野司直接指挥。以五个纵队担任阻援，即第三和第八纵队先由开封向通许方向行动，待邱兵团进入开封，与区兵团拉开距离后，立即掉头向东，会同由上蔡地区北上的第十纵队和位于杞县的两广纵队，组成阻援集团，在杞县以西构筑阻援阵地，隔离邱、区两兵团，阻止邱兵团东援；中野第九纵队进至郑州东南地区，阻击郑州东援之敌，并从侧后牵制邱兵团。另以冀鲁豫军区和豫皖苏军区一部兵力破袭陇海路徐州至民权段，直接配合野战军作战。

根据敌情的可能变化，我们对突击集中歼灭区兵团提出了两个作战预案。第一方案是：如敌继续由睢县、杞县间向河阳镇、长岗集攻击前进，就将其合围歼灭于以马头集为中心的地区。第二方案是：如敌徘徊于睢县、杞县地区，我各纵队则分别跃进，将其分割包围于民权、睢县、杞县之间地区，予以歼灭。这样，不论区兵团是前进还是徘徊，都将难逃被歼的命运。

上述战役决心和部署，于二十四日、二十五日两次上报中央军委，并报中原军区和中原野战军，同时下达给各纵队预作准备。中央军委于二十五日十时和二十六日三时两次复示，指出："部署甚好""在睢县、杞县、通许之线(或此线以南)，歼敌一路是很适当的。如能歼灭七十五、七十二两个师当然更好，否则能歼灭第七十五师也是很好的"。据此，我们在二十六日中午再次给部队下达命令，进一步区分了各纵队的任务，并规定了待机的位置和进入的时间。为配合这次作战，中野继续全力牵制平汉铁路南段的敌胡琏兵团和张轸集团；华野第二兵团继续包围兖州，吸引敌整编第二十五师北上，第四兵团以主力向淮海地区展开攻势。

我参战部队为了贯彻战役决心，积极创造和捕捉战机，歼灭援敌，高度发扬了不怕疲劳、连续作战的光荣传统，在撤出开封后只休整三天，即迅速南下，投入豫东战役第二阶段的作战。

六月二十六日晨，我第三和第八纵队按预定计划，由开封城郊向通许方向转移，诱邱兵团西进开封；第一、第四和第六纵队向杞县以南傅集东西地区隐蔽集结。这时，伪国防部又低估了我军连续作战的能力，误认为我军经过开封战役已被打伤，"似无积极企图""必向津浦路前进"，遂令邱、区两兵团全力追堵我军。骄狂的邱清泉，除以先头部队一个旅配合刘汝明部占领开封外，主力直扑通许，妄图尾击我第三和第八纵队。多疑的区寿年却认为我军"有向平汉路进攻模样"，但也摸不清我军行动的企图，因而在进抵睢杞地区后举棋不定。结果，两路援敌在我挥师南下的引诱和迷惑下，一路向西向南疾进，一路踌躇不前，从而很快拉开了距离，形成了四十公里的间隙。为了抓住这一有利战机歼灭敌人，我们不待查明区兵团的具体部署情况，即于二十七日下达了围歼区兵团的作战命令。当晚，突击集团各纵队即按预定的第二作战方案，乘敌犹豫徘徊、立足未稳之际，从四面八方向敌发起猛烈进攻，边打边查明敌情。在对敌进行大包围的同时，我军迅猛楔入敌人纵深，割裂敌人部署。至二十九日晨，已将区兵团部和整编第七十五师、新二十一旅包围于龙王店及其附近地区，并完成了对第七十五师各旅团的分割。同时，将敌整编第七十二师包围于铁佛寺周围地区。我阻援集团控制了被包围之敌以西二十公里之杞县至王堌集一线，隔绝了邱、区两兵团。二十九日晚，我突击集团以一部兵力继续包围整编第七十二师，以主力对区兵团部和整编第七十五师、新二十一旅发起攻击，经两昼夜激战，至七月一日中午，将敌整编第七十五师的第六旅及新二十一旅全部歼灭。

七月一日下午，西线敌邱兵团在我节节阻击下，进至距区兵团约十公里的过庄、官庄、屈砦、张阁一线，与我阻援部队展开激战。在东线，敌又将北援兖州的整编第二十五师调回，与第三快速纵队和交警第二总队组成一个兵团，以黄百韬为司令，由东向西增援区兵团，并已抵达被包围的整编第七十二师所在地铁佛寺以东约十公里的帝丘店地区。战场形势发生了重大变化。当时，我歼击区兵团的战斗正激烈进行，一部兵力正在围歼区兵团部、整编第七十五师师部和第十六旅,一部兵力正包围着整编第七十二师,而东西两线援敌两个兵团又一齐压来。在这异常紧急的情况下,是坚持还是改变原定的战役决心,需要刻不容缓地作出决断。我们迅即对敌我情况重新进行了全面分析,认为从我突击、阻援两个集团的作战能力和可以争取的时间上看,仍然具备歼灭区兵团的条件。于是,我们当机立断,立即调整部署,增强阻击力量,同时加速攻歼被围之敌。当晚,我以三个师的绝对优势兵力围歼龙王店守敌,经一小时炮击后开始爆破突击。部队冒着敌人的火力,前仆后继,猛打猛冲,粉碎了敌在喷火器、坦克支援下的顽强抵抗和疯狂反扑,激战至二日凌晨三时,将区兵团部、整编第七十五师师部及第十六旅一个团全部歼灭,活捉了敌兵团司令区寿年和师长沈澄年。

在此期间,西线我阻援集团在杞县西南和以东地区对敌邱兵团进行了顽强的阵地防御战。六月三十日,蒋介石携空军总司令周至柔乘飞机到杞县上空督战,并以杀头威逼邱清泉迅速攻击前进,与区兵团会合。邱清泉即倾其主力,在飞机、坦克和大炮的支援下,对我阻击部队疯狂进攻。敌整编第五师以优势兵力对我坚守的桃林岗、许岗每日发动三四次攻击,整编第八十三师也用三个团的兵力轮番攻击我官庄阵地。我阻击部队依托阵地,顽强抗击。敌人每突破我一个村庄和阵地,我军立即组织反击,同敌人短兵相接,反复冲杀,夺回阵地,终于挫败邱兵团的猖狂进攻,并大量杀伤了敌人,捉了不少俘虏。由突击集团抽出的中野第十一纵队及华野第一、第六纵队各一部,经过激烈战斗,也阻住了黄兵团的猛烈攻击,使其无法与相距不足五公里的整编第七十二师会合。我东西两线阻援部队的英勇阻击,有力地保障了歼击区兵团作战的胜利。

在这一阶段作战指挥中,值得提出的是,在多路援敌进逼,战场情况十分紧迫、复杂的形势下,战役指挥上要特别注意造成敌人的不利局面和我军的有利态势,并关照好战役的各个方面,以争取主动,歼灭敌人。睢杞战役开始时,如何吸引和调动邱、区两个兵团拉开距离和怎样使开封战役阶段我攻城、阻援两个集团会合,用以在睢杞战役中围歼区兵团和阻击邱兵团,是当时战役指挥上必须解决好的重要问题。我们首先是采取行动调动和分离敌人。增援开封之敌,原想乘我军尚未攻克开封之际,兵分两路在开封地区合击我军。但我军攻克开封后,很快由开封和兰封地区分两路南下。这一行动既利用了邱清泉急于西进开封捞取资本的心理,又造成了区寿年的错觉和犹豫。结果使邱、区两兵团在一天时间内拉开了四十公里的距离。我军两大集团则乘机立即靠拢,迅速楔入敌两个兵团之间,将其隔离,阻击一路,围歼一路,再次陷敌于被动挨打的境地。其次是根据各部队的特点和战场情况的发展变化,适时调整部署和转换各部队的作战任务。经过长期作战,我们对华野各部队和师以上主要指挥员比较熟悉,他们都乐于担负最艰巨的战斗任务。华野外线兵团的几个主力纵队,总的来说,都是能攻善守的部队,即使是蒋介石的王牌整编第五军和整编第十一师,对他们也望而生畏。但各纵队在攻坚、野战、阻击等方面又各有所长。第三和第八纵队在开封战役中伤亡较大,但因打了胜仗,士气旺盛,只要利用作战间隙把机关勤杂人员和解放战士补充进去,部队的战斗力会很快增强。第十纵队虽经长途跋涉,比较疲劳,但建制完整,实力坚强。第一、第四和第六纵队自渡黄河以后,只打了些阻击战,齐装满员,士气正旺。睢杞战役开始,我们就把第一、第四、第六纵队和中野第十一纵队由阻援集团改为突击集团,用以围歼立足未稳的区兵团,把减员较大的第三和第八纵队以及第十纵队、两广纵队组成阻援集团,用以阻击邱兵团。在围歼区兵团的过程中,我们又根据情况变化和作战需要,就近转用兵力,对突击和阻援两个集团的力量作了必要调整。由于及时地调整部署和转用兵力,充分发挥了各部队的长处,照顾了各部队的实际情况,结果既歼灭了区兵团部和整编第七十五师,又阻住并大量杀伤了敌人的援兵。第三是组织好突击和阻援两个集团的协力作战。这次作战的情况与第一阶段不同,被围之敌和被阻之敌相距较近,我突击集团和阻援集团的任何一方如果作战不力,都将影响整个战役的顺利进行,甚至会使我军陷于困境。因此,在战役指挥上,对我军两条战线的作战都必须予以重视。对突击集团的指挥,就是要部队不停顿地连续突击,不给敌人以收缩和组织防御的时间,在大胆分割包围敌人的同时,把主要突击方向直指区兵团部和整编第七十五师师部所在地龙王店,以攻敌首脑,乱其部署,瓦解其斗志。七月二日晨,在我将区兵团部和整编第七十五师师部歼灭后,战场形势立刻发生了有利于我的重大变化,我除留少数部队继续歼灭整编第七十五师残部外,已可随时将主力转用于对其他敌人作战。对阻援集团的指挥,就是要部队顶住敌人在强大火力支援下的连续攻击,在敌增援部队战斗力较强,与被围之敌距离很近的情况下,阻击战已由第一阶段的运动防御转变为基本上是坚守防御。这就要求部队必须顽强坚守每一个阵地,不经批准不允许放弃,如果丢失,应立即夺回。因此,尽管敌邱兵团在飞机和炮兵的猛烈火力支援下,对我进行连续的轮番攻击,但终于被我打退。邱兵团眼看相距仅约十公里的区兵团被我围歼而无可奈何。

先声夺人 胜利转移

我军攻克开封,又在睢杞地区歼灭大量援敌,已经基本上达到了预期的战役目的。这时部队经过连续作战,减员较大,十分疲劳。我们下一步的任务,主要是组织部队胜利撤出战斗,转入休整。在战役指挥中,组织转移是一个值得深思熟虑的问题,它不仅关系到与下一步作战任务的衔接,而且直接影响战役本身的成果。战役打得很好,如果转移不当,也会转胜为败;反之,战役进行得不顺利,但转移得当,就可以减少损失,改变不利态势。为此,我们对当面敌情和如何组织部队顺利转移的问题再次作了分析研究:被包围的整编第七十二师是被歼后重建的部队,战斗力不强,已构筑较坚固的工事转入防御,我只用少数部队予以监视,该敌就不敢出动,对我军转移影响不大。援敌黄邱两个兵团遭我阻击后不甘失败,仍由东西两面向我对攻,胡兵团也正由南向北攻击前进,尤其是黄兵团,增援积极,已进抵帝丘店附近,对我军从战场东部撤出威胁较大,如不给该敌以有力打击,我军携带大批伤员,将难以顺利撤出战斗。即使撤出,各路敌人也会尾追而来,使我军陷入被动。于是,我们决心乘黄兵团经长途跋涉,尚未全部展开,战斗力相对减弱之机,先声夺人,给运动中的黄兵团以歼灭性打击,为我军顺利撤出战斗和进行休整创造条件,与此同时,迅速歼灭区兵团残部。这样,既能歼灭更多的敌人,又可对邱兵团起威慑作用,使其在我军撤出战斗时不敢紧跟尾击。七月二日,我们向部队下达战斗命令,区分了任务:以第三和第十纵队及第八纵队一部,继续阻击邱兵团;以第八纵队大部及第六纵队一个师围歼敌整编第七十五师第十六旅旅部及两个团;以第一和第四纵队以及第六纵队大部和两广纵队,东移攻歼黄兵团;以中野第十一纵队监视敌整编第七十二师,并作为战役预备队。

当时,我军处境异常艰苦。部队连续行军作战,伤亡消耗逐渐增大。加以战区久旱无雨,井河干涸,又值炎热的夏季,烈日暴晒,部队饮水奇缺,吃不下饭,昼夜苦战,体力渐弱。但广大指战员坚决响应野战军前委关于“咬紧牙关,坚持下去”“为争取此次战役圆满胜利而战”的号召,在党的坚强领导和战时政治工作的有力保证下,发扬不怕疲劳、不怕伤亡、连续作战的光荣传统,以惊人的毅力克服和忍受各种困难,于七月二日晚又投入新的战斗。

按预定的作战计划,我突击集团以一部兵力迅速全歼了敌整编第七十五师第十六旅旅部及两个团,主力则在黄兵团正向我进攻时全线出击,对黄兵团实施合围。战至四日拂晓,黄兵团被我歼灭近两个团的兵力,并被我压缩于帝丘店及其外围十余个村庄内。五日,敌步兵由坦克引导,在飞机和炮兵火力的支援下,由帝丘店附近向我进攻部队实施疯狂反扑。经七小时激战,我予敌大量杀伤,将敌打退。黄昏后,我再次对敌发起攻击,至六日晨,又歼敌一个多团。这时,黄百韬感到自身难保,惊恐地把部队收缩至以帝丘店为中心的狭小地区。

在我围攻黄兵团的过程中,西线援敌邱兵团在得到刘汝明部的加强后,主力避开我阻击正面,由我阻击集团右侧向尹店方向迂回前进;东线敌整编第七十四师已进到宁陵及其以西地区;张轸集团(临时组编为吴绍周兵团和杨干才兵团)、胡琏兵团,虽被我中野阻于淮阳、商水地区,但蒋介石仍严令其兼程北援,胡兵团先遣部队正向太康急进中。此时,我已给黄兵团以歼灭性打击,为保持主动,我们于七月六日命令部队于当晚撤出战斗,分别向睢杞以北及鲁西南转移。至此,豫东战役的第二阶段——睢杞战役胜利结束,我继开封战役之后,又歼敌五万余人。

睢杞战役的最后一仗,我军不仅把黄兵团打得焦头烂额,而且使邱清泉不寒而栗,起了一箭双雕的作用。在我军与敌脱离接触时,黄百韬仍惊魂未定,一动也不敢动。邱、孙两兵团遭我回击后,也未敢再进。而我军却在多路援敌逼近的情况下,一下子跳了出来,进入预定地区休整。当敌人查明我军位置时,我军已休整一周了。

在战役过程中,中原野战军主力坚决牵制平汉路南段张轸集团和胡琏兵团,大量杀伤了敌人,其第九纵队牵制开封出援之敌刘汝明部,有力地保障了华野主力作战。华野第二兵团扫清津浦路济南至临城(今薛城)段敌人,包围了兖州。华野第四兵团攻克涟水、众兴(今泗阳县)、宿迁等城镇。这些作战行动对睢杞战役作了有力的策应。

睢杞战役结束后,七月十一日,党中央又给华东和中原人民解放军全体指战员发来贺电:“庆祝你们继开封胜利之后,在豫东歼灭蒋敌区寿年兵团、黄百韬兵团等部五万人的伟大胜利。”“这一辉煌胜利,正给蒋介石‘肃清中原’的呓语以迎头痛击;同时,也正使我军更有利地进入了中国人民解放战争的第三年度。当此盛暑,特向同志们致慰问之意。”党中央的这一贺电,更加鼓舞了全体指战员夺取新胜利的信心,大家都以无比喜悦的心情来庆祝豫东战役的伟大胜利,迎接解放战争第三年度新的战斗任务的到来。

豫东之战,是我军在外线战场上进行的一次大规模的攻城打援战役。在这次战役中,我军大大发展了攻防作战能力,歼敌数量由过去一次战役歼灭一个整编师增加到两个整编师以上的集团,对被围歼的敌人已可形成火力优势,协同作战的范围和规模,持续作战的时间和能力,战斗剧烈的程度,都超过华野以往进行的各次战役,充分体现出强大野战兵团的威力。豫东战役又是一场大的硬仗、恶仗。这次战役的胜利得来不易。它是全体指战员坚决执行中央军委和毛泽东同志的英明决策,英勇奋战,以鲜血和生命换来的;是华东野战军和中原野战军主力,以及冀鲁豫军区和豫皖苏军区参战部队,在广大人民群众的全力支援下协力作战的结果;是毛泽东军事思想指引下的人民战争的伟大胜利!在战役中英勇牺牲的烈士们,为中国人民的解放事业立下了不朽功绩,我们将永远尊敬和怀念他们。

豫东战役的胜利,改变了中原和华东战场的战略态势。从此,在中原战场,敌人已完全失去了对我发起战役性进攻的能力,并更加动摇了据守战略要点的信心。伪国防部在其《中原会战经过及检讨》中说,此次豫东会战,“共军表现特异”的有三点:“敢集中主力作大规模之会战决战”“敢攻袭大据点”“对战场要点敢作顽强固守,反复争夺”。黄百韬在战后写的《豫东战役战斗要报》中,也认为我军士气高昂,实力雄厚,国民党军在中原的局面“遂进入最严重阶段”。在山东战场,因敌整编第二十五师回援豫东战场,我第二兵团趁机集中兵力于七月十三日攻克兖州,全歼守敌整编第十二师,从而使济南守敌陷于孤立,为华野下一步集中兵力进行济南战役创造了条件。同时,我强大野战兵团的作战威力使敌人十分惊恐,当我军围攻济南时,徐州地区敌人有三个兵团十七万人之众,蒋介石三令五申要其速援济南,但该敌迟迟不动。可以说,敌人在豫东战役中惨败的教训,也是其不敢北援济南的重要原因之一。

豫东战役的胜利,以及当时全国其他战场上取得的胜利,大大发展了我军的战略进攻。这次战役结束后不久,即一九四八年八月,毛泽东同志在西柏坡接见华野特种兵纵队司令员陈锐霆同志和晋察冀军区炮兵旅长高存信同志时说:“解放战争好像爬山,现在我们已经过了山的坳子,最吃力的爬坡阶段已经过去了。”为了使被接见的同志理解这句话的意思,他还以左手握拳,手背向上,用右手食指沿着弧形手背越过拳头顶端比画过去,形象地表示解放战争好比爬山,现在已经越过山的顶端了。一九四八年十一月十四日,毛泽东同志在《中国军事形势的重大变化》一文中,更加令人鼓舞地指出:“中国的军事形势现已进入一个新的转折点,即战争双方力量对比已经发生了根本的变化。人民解放军不但在质量上早已占有优势,而且在数量上现在也已经占有优势。”并说:“这是由于四个月内人民解放军在全国各个战场英勇作战的结果,而特别是南线的睢杞战役、济南战役,北线的锦州、长春、辽西、沈阳诸战役的结果。”毛泽东同志预言:“这样,就使我们原来预计的战争进程,大为缩短。原来预计,从一九四六年七月起,大约需要五年时间,便可能从根本上打倒国民党反动政府。现在看来,只需从现时起,再有一年左右的时间,就可能将国民党反动政府从根本上打倒了。”历史的事实,早已证实了毛泽东同志的这个科学预言。

（原载《陈粟大军战中原》）

大别山四个回合的斗争

李　达

一九四七年八月底,我军一渡过淮河进入大别山,刘邓首长立刻就宣布:“我军已胜利地完成渡过淮河、进入大别山的任务,敌人的追截计划完全失败”“党中央说我们的行动是英勇的行动”“今后的任务是全心全意地、义无反顾地创建巩固的大别山根据地,并与友邻兵团配合,全部控制可能点”,并指出“实现此历史任务,要经过一个艰难困苦的过程。没有半年以上时间,如不大量歼灭敌人,充分发动群众,要想站住脚跟是根本不可能的。因此,我们应切戒骄躁,兢兢业业,上下一心,达成每一个具体任务”“在半年内,还有困难须要我们上下一心去克服”“只要我们有思想准备,几个回合后,一定能站住脚,能建设成巩固的根据地”。

从一九四七年九月至一九四八年三月,我们经过七个月的艰苦斗争,粉碎了敌人的追击,实施了战略展开,粉碎了敌人的重点围攻,歼灭了大量的敌人,终于在大别山站住了脚,重建了这个革命根据地。一九四七年底,刘伯承同志在一次讲话中,总结了四个月来重建大别山革命根据地的斗争,并把它划分为三个回合,一九四八年四月他又把七个月的斗争作了总结,着重讲到大别山斗争和全局的关系,并把这一阶段概括为四个回合的斗争。这四个回合的斗争是:

第一个回合

第一个回合是敌人追击,我们战略展开。展开的基本内容,就是刘伯承司令员所说的,“开动歼灭敌人,发动群众这两个车轮”。渡淮以后,按刘邓首长指示,以三纵展开于安徽西部,以六纵的两个旅展开于湖北的东南部,乘虚迅速抢占中心地区数十县,以一纵四个旅及中原独立旅、二纵的三个旅及六纵的一个旅共九个旅的兵力,在大别山北部掩护战略展开,同时每纵队分遣一个团作地方部队,就地展开。在我实施展开时,蒋介石为阻挠我军在大别山立足生根,慌忙以二十三个旅的兵力跟过淮河,尾我直追,企图乘我立足未稳,同我争夺大别山这一战略要地。我们以大别山北部的部队并抽调在皖西的三纵主力,同敌人打了三仗,这就是九月上旬在河凤集地区,打击了战斗力较弱而又孤立的敌滇军一个师,中旬在中铺地区歼敌一个团,下旬又在光山附近打击了东援之敌一个师。经过这三仗,把大别山敌人的全部机动部队调来或抑留在大别山北部,掩护了我军在大别山南部鄂东和皖西迅速展开。这一回合,把敌人的追击止住了,我们实行了战略展开。担负掩护的部队胜利地完成了任务,被掩护的部队完成了展开的任务。这一回合,把敌人阻止在大别山北部,我军展开达到长江边。这一回合的较量,我们先后解放县城二十三座,歼灭了敌正规军六千余人,反动地方武装八百余人,并且建立十几个县的民主政权。这一回合是我们胜利了,敌人失败了。

第二个回合

第二个回合是敌人合击与追击,我们突围与歼灭追击的敌人。我主力在大别山北部掩护展开并打击敌人,敌人企图对这一地区来一个合围。九月二十七日,我们已经查明,敌七师、四十师的两个半旅,由麻城向沙窝北进;四十八师、五十八师集结商城,八十五师及五十二师主力集结潢川、罗山线。敌人以约七个师的兵力,对大别山北部我主力进行合击,估计以上之敌两天内可以行动完毕,寻我作战。这时鄂东、皖西敌人只有少数正规军防守。刘邓决定分东、西两路向南突围。突围不是单纯的、消极的突围,而是有目标的、积极的突围。主力向南机动,机动的目的是为了调动敌人,造敌弱点,把它歼灭之。刘邓首长的部署是,以一、二纵主力及中原独立旅俟敌七师、四十师进至麻城、沙窝之间时,南出黄安、麻城地区;三纵应俟敌七师进至麻城、沙窝之间时,出皖西地区,寻机歼灭小股之敌,路线自行选定;六纵对七师、四十师不要正面作战,主要打敌辎重,尔后应相机歼灭麻城之敌。

当各纵队按部署行动时,东路突围的三纵又接到刘邓首长指示:“趁敌西调,皖西空虚,迅急回师,放手歼敌。”三纵得到命令后,立即由商城、固始出发,冒雨兼程东返,寻机作战。结果带走了敌战斗力较强的桂系第七师、第四十八师,并在六安东南的张家店歼灭了敌人八十八师师部及所属的六十二旅全部,俘旅长汤家楫。

西路是刘邓首长亲自率领的一、二纵主力,中原独立旅和六纵一部,共七个旅的兵力,乘虚出鄂东,寻机歼敌。此时大别山北部只留下一、二纵各一个旅,伪装主力积极迷惑敌人。这时鄂东及沿长江一带敌人很空虚,麻城、黄陂两地区只有四个半旅,汉口以北只有一个师,敌从黄陂到麻城的拦阻线很薄弱。在江南,敌兵力更加空虚,只在要点九江摆了一个青年军二〇三师的二旅和新十七旅。我们西面突围部队,以中原独立旅和一纵一部为先锋,于十月一日奔袭经扶(今新县),歼敌保安团,打开向南机动的道路,直奔黄安(今红安),沿途消灭土顽,冲向敌黄陂、麻城拦阻线,接着我一纵主力和二纵一部,于十月八日歼灭了歧亭、柳子港敌五十六师新十七旅旅直和第一、二团,十月十日,一纵一部攻克李家集,歼敌五十二师一个营。这样,刘邓首长便挥师直指长江北岸。十月二十日命令各纵沿长江北岸蕲春、广济、黄梅、宿松之线展开,以半个月的时间解决冬衣,尔后集结,寻机歼敌。在不到三天的时间里,中原独立旅和一纵一部在蕲春东北之竹瓦店歼敌青年军二〇三师第二旅从江南伸过来的两个营,一纵一部解放长江北岸重镇武穴,六纵进驻团风。皖西方面,三纵一部也解放了安庆西南的望江及华阳镇。

我军控制了长江北岸三百里，威震大江南北，安庆敌人一夕数惊。蹲在庐山的蒋介石听到炮声，深恐我军渡江，便急令二〇三师从九江伸至黄梅、蕲春警戒，又急令其四十师和五十二师的八十二旅，经宋埠、歧亭沿公路经总路嘴、上巴河、浠水，向蕲春、广济方向盯梢而来，企图拊击我侧背，阻我渡江。

敌四十师辖三十九旅（欠一个团）、一〇六旅，连同八十二旅在蒋介石的急促驱策下，孤军冒进。刘邓首长认为，这是我歼灭该敌的大好时机，我们应趁机打一个较大的歼灭战，把敌人的气焰压下去。刘邓首长便决心打了仗再解决棉衣问题。在敌由浠水向广济进犯时，刘司令员即一面组织指挥员侦察地形，准备战场，集结兵力，准备歼敌，一面侦察周围敌情动态和这股敌人进展的情况。

刘邓首长根据敌人的行动路线，决定把敌诱到地形险要的高山铺设下一个口袋阵，杀他一个"回马枪"，在运动中全歼这股敌人。为了准备战场，十月二十四日，刘邓首长对高山铺作战作了基本部署，指出：六纵尾敌，并以一部分兵力与敌保持接触，迟滞敌人，以便主力集结；一纵集结于广济；二纵集结于黄梅西北地区；三纵陈（锡联）曾（绍山）即率现有四个团，限二十八日到达张家塝待命，对桂系留皖西部队积极钳制之。十月二十五日，刘邓首长发现周围敌人没有什么动静，仍是原来的敌人孤军冒进，于是又进一步作了战斗部署，指出杨（勇）苏（振华）应扼制敌人于高山铺西北地区，迫使敌人展开，并抓住时机割裂之，而置重点于敌右侧背，杜（义德）韦（杰）应乘敌展开之际，从敌背后间隙中插入割裂之，而置重点于敌左侧背，并速与杨苏联络，受其指挥，二纵限二十六日黄昏前到达桐梓河以西地区集结待命。二十六日晨，指示陈再道，该主力改向广济西南许家铺、新屋嘴地区，其先头部队由杨苏指挥，参加歼灭八十二旅的战斗。

刘邓首长周密部署以后，派出一支小部队，化装地方游击队，诱骗敌人。敌以为有便宜可占，紧追不舍，我边打边走，终于把敌人引进了我预设在高山铺的口袋阵里，进行分割包围。二十七日，我军发起总攻。这一战役，我歼敌一个师部和两个半旅，共一万二千六百多人，击落敌机一架，胜利地结束了第二个回合的斗争。

第三个回合

第三个回合是敌人重点扫荡，我们内线坚持反扫荡和在外线再展开，在友邻的平汉破击战役的配合下，粉碎敌人的重点扫荡。一九四七年十一月底，敌人以十四个整编师共三十三个旅的优势兵力，在敌国防部长白崇禧的九江指挥所统一指挥下，开始对大别山进行重点进攻和扫荡。蒋介石这次围攻大别山，采取的方法是以一个强大纵队寻我主力，其余分散清剿，两者互相衔接，全力扫荡。

刘邓首长为了彻底粉碎敌人的扫荡计划，根据敌我双方情况，制订了作战方案：(1)我主力宽大机动，待敌疲困时，歼敌一路；(2)以一部主力(二纵)在外线分散活动，坚决打敌弱点；(3)军区、分区以一部适时转移到外线，大肆活动，特别是断敌补给线，留适当兵力在内线，以积极进攻的游击战术，疲困敌人，保护群众，实行空舍清野，反清剿，侦报敌情。这时陈粟、陈谢两军就实施平汉线郑州、信阳段的破击战役，调动进攻大别山的敌人回顾其要点和要线，以拖散敌人，协同大别山我军粉碎敌人重点扫荡。我大别山部队则以内线坚持反扫荡和外线再展开三个地区，来协同友邻的平汉战役，撕破敌人的阵势。即是适时从晋冀鲁豫南下的后续部队十纵和十二纵，分别向桐柏区、江汉区展开，以一纵由大别山内线转出，向北前进五百里，北渡淮河，在淮西区(淮河以北，沙河以南)展开，同豫皖苏军区联成一片。刘邓指挥部也一分为二，由邓小平政委、李先念副司令员和我组成小型前方指挥部，指挥大别山内线开展游击战争；刘伯承司令员、张际春副政委率后方指挥部随一纵移至淮河以北，指挥各纵队。这样，敌人一个月围攻大别山处处扑空，其进剿部队到处受我袭击，立煌、太湖、英山、宿松、岳西等城，接连被我袭击攻占，守广济城的青年军被我军歼灭。我再展开部队卡住了淮河，进入了桐柏山、大洪山，越过汉水，直抵潜江、石首，在武汉、宜昌间向南鼓出一个“肚兜”，与武汉、南京间向南鼓出的“肚兜”东西呼应，威胁敌人长江防线和大巴山防线。破击平汉路南段作战大胜利之后，我军继续向许昌、信阳间扩大战果，连续歼灭了敌第五兵团整编第三师，给敌二、十师以歼灭性打击。这一回合，又是敌败我胜了。

第四个回合

第四个回合是敌人反复扫荡，我们继续坚持繁殖游击战争，配合全军进行新式整军。白崇禧在对我合击扑空之后，往往朝令夕改，一日数变，且表现急躁，一触即跳。在刘邓首长指挥下，我野战军主力在地方武装密切配合下，采取敌进我进，适时分遣与集结，内外线相结合的灵活机动的战斗方式，粉碎敌人的合围与清剿。各部队还以小部队结合地方武装，伪装主力，以袭扰、疲困、迷惑敌人，争取我主力机动转移、休整与寻找战机。组织精干小分队，破坏敌军一切可以利用的公路、电线，焚毁敌兵站、仓库，阻绝其补给交通。这一回合斗争的结果怎样呢？我们歼灭了许多敌人，自己没有受到大的损失。游击战争进一步改进了，桐柏、江汉、淮西区的游击战争展开了。我们对于全国军队的整军，起了很大的作用。这一个回合的斗争，又是我们胜利了。

刘伯承司令员说：“四个回合的胜利，不要单看自己，还要看到友邻的胜利。看到新式整军过后，东北的几个大胜利，特别是四平街的胜利，看到西北战场上的胜利，特别是打死胡宗南的二十九军军长刘戡，歼灭一个军部、两个师部、五个旅的大胜利。我们也要看到陈粟、陈赓解放洛阳的胜利，山东胶济西段的大胜利。”“要看到我们的利剑插进了敌人的胸膛，我们以釜底抽薪的战略行动,调动了敌人回援其根本重地,这是一个关系到全局的战略胜利,而不要只看到自己被敌人咬掉一个指头,烧伤了一点子手皮。釜底抽薪不烧伤手,那才是笑话哩。”

四个回合的斗争,胜利地结束了中原逐鹿的头一个阶段。一九四八年二月二十四日,野战军前方指挥部与中原局及后方指挥部,在安徽临泉以南的韦寨会合。二月二十五日,刘伯承司令员、邓小平政委命令三、六纵向淮河以北集结。二月二十八日,二纵根据命令,北渡淮河进入淮西地区补整。晋冀鲁豫区补充我野战军主力的新兵,由华东野战军十纵和我野十一纵带领,越陇海路南下到达豫皖苏军区。这些,都预示着中原新局面的到来。从一九四八年四月起便展开了三军会合,机动歼敌的局面。

重建鄂豫解放区的斗争

段君毅 刘子厚

今年是刘邓大军千里跃进大别山的四十周年。回顾往事,当年晋冀鲁豫部队和地方干部英勇作战、艰苦奋斗的历史画面,依然历历在目,催人奋进。

(一)

一九四七年八月,刘邓大军主力一、二、三、六四个纵队十几万人,在胜利进行鲁西南战役之后,遵照党中央、毛主席关于继续南进、直插敌战略纵深大别山区的指示,经过近二十天的急行军和对敌作战,以迅雷不及掩耳之势,先敌进入大别山地区。进入大别山后,我主力部队乘敌主力被甩在淮河以北,大别山敌人兵力薄弱的有利时机,迅速实行战略展开,尽力占领一切可以占领的城镇,不断拓展和巩固已占区域。经过一个月的激烈战斗,共歼灭敌正规军六千余人,土匪七百六十余人,解放了二十二座县城,初步完成了在大别山地区实现战略展开的任务。重建鄂豫解放区的工作,就是随着刘邓大军的战略展开而进行的。刘邓大军在大别山的胜利,为重建鄂豫解放区打下了坚实的基础。

鄂豫区地处鄂豫皖三省边界,巍峨的大别山群峰纵贯其中。北部是丘陵地带,中间是山地,南部紧靠长江,为平原湖泊地区。这里地域广阔,物产丰富,能为我军提供较充足的物资。从战略地位上看,它南扼长江,西逼武汉,沟通南北,堪称"咽喉"。大别山是革命老根据地,有光荣的革命传统,便于我立足生根,坚持长期斗争。重建鄂豫解放区,具有十分重大的战略意义。我军进入大别山后,刘邓首长十分重视解放区的创建工作,要求全军将士、地方干部"全心全意地义无反顾地创建巩固的大别山根据地"。遵照这个指示,各部队一面阻击牵制追敌,一面就地"铺摊子",开展地方工作。到十月中旬,进山大军不仅初步完成了战略展开,而且还在已解放的二十二个县中建立了十七个县的民主政权,为建立鄂豫、皖西解放区奠定了基础。十月十二日,中原局、中原军区发出《关于放手发动群众创建大别山解放区的指示》,决定在已建立的鄂豫、鄂东、皖西三个大区工委的基础上,归并成立鄂豫、皖西两个解放区。十一月中旬,鄂豫区党委、军区和行署在麻城福田河正式成立,下辖地委、军分区和专署各五个。王树声任军区司令员,郭天民任军区副司令员,段君毅任区党委书记兼军区政委,刘子厚任副书记兼行署主任。

鄂豫区成立后,遇到的第一个困难就是干部人数少。区党委、军区和行署紧紧依靠三个方面的力量,同心同德地开展重建鄂豫解放区的工作。一是依靠从主力部队抽出的三分之一的部队的力量。一、二、六纵队共抽出了一千余名得力干部到鄂豫区工作,加强了地方的领导力量;同时还调来成建制的主力部队,组成军区、军分区武装,壮大了地方部队。二是依靠从冀鲁豫、太行、冀南区党委抽调并随军南下的一千余名地方干部(南下途中称"天池部队")。这支干部队伍全副武装,既是工作队,又是战斗队。三是依靠五师突围后长期坚持大别山斗争的本地同志。一九四六年五师突围后,国民党反动派为了彻底摧毁大别山革命根据地,曾出动数万大军进行了长达一年之久的"清剿",疯狂搜捕和残杀了我数以万计的干部和基本群众,大别山老区遭到了空前的严重破坏。然而,大别山红旗不倒,至大军进山前,鄂豫方面仍有三个中心县委和十余支游击队在坚持斗争。这些始终坚持大别山游击战争的同志,是重建鄂豫解放区的一支重要力量。依靠这三股力量,我们较好地解决了干部人数少、力量不足的困难。区党委根据干部条件,将这三方面的干部搭配起来,分别派往地、县、区三级担任领导工作。在区党委、军区和行署的统一领导下,这三股力量很快地会合在一起,拧成一股绳,在极其艰难的情况下,全面进行基层政权和各级财政税收机构的建设,使鄂豫解放区不断扩大和巩固。

我们在创建鄂豫解放区的过程中,除了注意加强上述三股力量的团结外,还十分注意加强党、政、军、民的团结,以形成坚强有力的"拳头"。区党委、军区和行署实际上融为一体,其人员住在一起,活动在一起。领导同志互相尊重,有事同商量,关系十分密切。没有三股力量和党、政、军、民的紧密团结,鄂豫解放区是创建不起来的。

(二)

重建鄂豫解放区不容易,然而,巩固已经建立起来的新区更是艰难。在当时的情况之下,积极开展武装斗争,消灭土匪,是巩固新解放区的关键所在。为了在鄂豫解放区站稳脚跟,区党委、行署和军区领导全区军、民积极开展武装斗争,集中力量消灭对我解放区危害最大的反动民团、乡保队之类的土匪。大别山各地股匪活动猖獗。鄂豫解放区建立初期,境内有股匪数万人。这些股匪以大地主和乡、保长为匪首,成员大多是流氓、兵痞和政治化了的惯匪。他们长期与我为敌,有反革命斗争的经验,加上地形熟悉,很不容易对付。我主力部队进山后,他们化整为零,隐蔽起来,保持实力,一有机会,他们便进行骚扰破坏,以图东山再起。如麻东匪首郑家贤,趁我军主力部队转移的机会,纠集上千名匪徒举行反革命暴乱,偷袭麻东县政府和任家垸乡政府,捕杀我干部群众六七十人。原粤南省委宣传部长、工作队队长余清(石辟澜)等同志壮烈牺牲。如果不彻底肃清这些作恶多端的股匪,我们在大别山就难以立足。

十月十二日，中原局和中原军区发出指示，要求军区及分区基干武装部队，在地方党委的统一领导下，大力开展剿匪工作。对顽匪进行奔袭和穷追，坚决予以歼灭。同时，刘邓首长还多次亲自深入鄂豫区一些县、区检查督促剿匪工作，并作出了周密的部署。全区党、政、军、民同仇敌忾，各地剿匪斗争迅速开展。四分区为了给麻东事变中死难的烈士报仇，派出主力四十八团穷追郑家贤股匪。麻(城)东寺基山一仗，歼其主力二百余人，给这股顽匪以沉重的打击。接着，该分区部队又相继攻克黄冈上巴河和新洲等敌土顽据点，共歼敌四个保安中队及七个乡公所的乡保队，计四百余人，受到鄂豫军区的通令嘉奖。我驻英山剿匪的主力部队十六旅更是战果辉煌:英(山)、罗(田)、霍(山)边界三角地区的大股顽匪悉数被歼，余部土崩瓦解。到一九四八年一月中旬，大别山区共剿灭顽匪一万余人，剿匪斗争取得了重大的胜利。随着剿匪斗争的节节胜利，鄂豫解放区的地方武装也不断发展壮大，各地出现了群众性参军热潮。五分区在很短的时间内，地方武装就扩充了一倍多，各县县大队均发展到有三四个成建制的连队。新县箭场河区出现了一百多家父送子、妻送夫参军和八百多群众送行的动人场面，全县一次扩军五六百人。不断发展壮大起来的地方武装力量，在保卫来之不易的胜利果实和巩固新区的斗争中，发挥了很重要的作用。

在剿匪斗争中，我们注意及时总结经验教训，讲究斗争策略。对土顽及蒋军被俘人员不杀不辱，愿留者留，愿走者走;对敌乡、保武装，采取军事打击与政治攻势相结合的办法。实行区别对待:一般成员只要放下武器，便既往不咎，首恶分子，也允许将功赎罪，可杀可不杀者尽量不杀;对保、甲则实行改造，逐步建立两面政权，让其为我办事。这些政策和做法，分化瓦解了敌人，孤立其最顽固的部分，壮大了我方力量，减轻了匪患对解放区的危害，为后来我们坚持大别山的斗争创造了有利条件。

在分化瓦解敌人的基础上，我们还广泛地开展了统战工作。一是通过两面政权，给敌县、乡自卫队官兵和逃亡地主寄送统战信件，向他们讲明我军必胜的趋势和我党“既往不咎、立功受奖”的政策，给他们指明出路。这样，大大动摇和瓦解了敌人的军心和士气:有的敌伪官兵主动投诚，有的暗中做我内应，有的对我采取不抵抗政策。敌我力量对比发生了变化，造成了有利于我而不利于敌的局面。二是开展对开明士绅和国民党内有识之士的争取工作，注意团结一切可以团结的社会力量。在我们的努力争取下，鄂豫解放区内不少开明士绅和国民党有识之士积极参加到统一战线中来，协助我军和地方民主政府筹集物资，向我们提供敌人活动的情况，并帮助我们做敌人的分化瓦解工作。如黄冈六区有一个抗战时期就与我有联系的士绅，在我方动员下，说服了该区的乡长，使之不与我为敌，等等。随着统战工作的发展，一些原来对我有偏见的士绅也改变态度，与我们的关系日益融洽。全区各级城工部门利用统战关系，派出我方人员打入武汉、信阳、团风等敌占城镇，设立秘密据点，收集敌方情报和筹办我军急需物资，有力地支援了剿匪斗争和解放区的工作。剿匪斗争的胜利和各项工作的开展，特别是我刘邓大军主力在张家店、高山铺两个战役中取得的重大胜利，进一步打开了创立大别山根据地的局面，并使我们站稳了脚跟。

（三）

广泛发动群众，建立巩固的后方，从物资、兵源等方面支援主力进行战略反攻，是解放区的一项重要任务。刘邓大军远离晋冀鲁豫解放区后方，千里挺进大别山地区作战，军需供应断绝，吃饭、穿衣都很困难。鄂豫解放区一建立，区党委就把广泛发动群众，建立巩固的后方，尽一切力量为大军提供后勤保障，作为头等重要的大事来抓。我们经过艰苦细致的工作，克服了一个又一个的困难，才逐步密切了同群众的关系，打开了建立巩固的后方的新局面。

鄂豫区人民有着光荣的革命传统。但是，由于土地革命战争时期和解放战争初期，我军曾三次撤离大别山，群众受过反动派的血腥镇压；鄂豫解放区建立之初，境内股匪活动猖獗，暗中威胁群众，加上在我大军挺进大别山之时，国民党反动派对群众的欺骗宣传，群众担心我们来了又走，惧怕同我接近后又会遭敌人屠杀。他们内心虽然欢迎我们，行动上却对我们避而远之。这给我们完成广泛发动群众、建立巩固的后方的任务，带来了一定的困难。为了消除群众的担心和恐惧心理，解放区各级党、政、军机关做了大量的宣传教育工作和思想政治工作。

首先，积极配合大军向群众进行宣传。我们一是向广大群众宣传党中央、毛主席关于创建大别山解放区的伟大战略决策，讲明建立大别山解放区对于“打倒蒋介石，解放全中国”的重大战略意义。二是对群众进行形势教育，宣传我军已由战略防御转入战略进攻的大好形势，指明“蒋必败，我必胜”的必然趋势，增强群众对我解放全中国的信心。三是反复向群众说明，我们是当年的红军——鄂豫皖子弟兵，现在打回家乡来了。我们这次回来是要深深扎根于大别山，决不让敌人再占领大别山。我军胜利反攻的消息也给鄂豫区人民极大鼓舞。群众的觉悟提高很快。老根据地到底还是老根据地，大别山的老百姓真好。党中央、毛主席把战略进攻的矛头选定在大别山，真是选得太准了。

其次，严明军纪，用遵纪爱民的模范行动影响和教育群众。在发动群众的过程中，我们始终坚持教育全区党、政、军干部发扬我军的优良传统，并用大军在挺进大别山途中不拿群众一针一线，处处保护群众利益的事例教育大家。部队南下途经闻名全国的砀山梨产地砀山，正值梨子成熟季节，树上挂满了诱人的大梨，战士只要一伸手就可以摘到。可是，为了保护群众利益，没有一个战士摘一个梨。大军过后，这件事一直被砀山群众传为美谈。区党委用这个典型事例教育干部，增强了大家遵守纪律的自觉性。在加强自身建设，做好群众工作方面，刘、邓首长更是处处为人表率，给鄂豫解放区的广大干部和全体指战员作出了光辉榜样。他们带头发扬艰苦奋斗的作风，进山后一直穿着自己缝制的粗布衣，在生活上从来不搞特殊化。一次,鄂豫区金寨县有位区委书记从关心首长的身体健康出发,给前来检查工作的邓小平政委和李先念副司令员送了几斤猪肉和葵花子,当即受到小平同志的批评。刘、邓首长不仅带头发扬艰苦奋斗的作风,而且还时刻关心大别山的群众,模范地做好群众工作。一九四八年元月,区党委负责同志陪同邓小平政委、李先念副司令员、李达参谋长到鄂豫一分区检查剿匪、土改工作,路经商城新区,住了一夜。在与房东的谈话中,邓政委了解到房东的一头耕牛被国民党反动民团抢走了。到金寨后,邓政委通知我剿匪部队寻找这头耕牛。我金寨地方部队在剿匪中,曾在从商城流窜过来的敌人手中夺回了一头耕牛,到处打听也没有找到失主。接到邓政委的通知后,部队立即把耕牛送还房东。当房东知道帮他找牛的是指挥十几万大军的邓政委时,感动得热泪盈眶,连呼"恩人"。在刘、邓首长的言传身教下,鄂豫区各级党、政、军干部和战士自觉保护群众利益,作风艰苦,深深地感动和教育了广大群众。

经过努力,军民之间的鱼水关系开始形成。群众主动地为我们当向导,提供情报,监视敌人。有一次,鄂豫区领导机关驻扎在麻城北面隘门关附近的村庄,只有两个连的兵力警卫。一天半夜,下着大雨,伸手不见五指。有几个老百姓摸黑赶到我们驻地,告诉我们,敌人桂系部队有一个团驻在离我们只有三里路的地方。听了老百姓提供的情报,我们鄂豫区机关连夜北上,转移到安全地带——磨盘山,避免了一次重大损失。同时,群众拥军支前的积极性空前高涨,到处呈现出一派为刘邓大军献粮献菜、赶制冬衣的热烈景象。仅罗田滕家堡以北的落梅河穷山区,就先后献出军粮两万多斤,蔬菜上千担,食油五百斤,土布四百余匹。春节前夕,不少地方的群众还拿出自己仅有的一点年米献给大军,使部队在到达大别山的第一个春节里过上一个好年。各地群众还为部队赶制军鞋和冬衣,经过各级党、政干部和全区群众的共同努力,加上部队从敌人手里缴获的战利品,终于较好地解决了部队的穿鞋穿衣问题。

为了解决农民迫切希望解决的土地问题,使解放区人民得到实惠,建立起巩固的后方,我们在全区逐步开展了土改运动。组织贫农团和农会,着手打土豪,分田地,分浮财。开始阶段,各地在执行政策上比较谨慎,打击对象只限于群众痛恨的少数地主恶霸,将他们占有的田地、浮财分给贫苦农民。当时,农民参加土改的积极性比较高。尽管境内的顽匪还没有肃清,经常有敌人出来破坏骚扰,但农民参加土改的人数越来越多,运动开展迅速。后来,由于我们脱离大别山的实际,没有认真考虑在大别山局部地区仍是敌强我弱的斗争形势,而是硬性照搬华北解放区的经验,致使土改运动曾一度出现偏差,犯了急性土改的错误。结果是,大多数地方只是搞了一下宣传发动,或者只是进行了登记、插牌子之类的初步工作,田地没有真正分到贫苦农民手里;一些地方土改表面上轰轰烈烈,实际上是假分田地和财物;有的地方虽说分了田和财物,但只有少数积极分子敢要,一般群众则不敢要;更有甚者,一些地方的地痞、流氓利用外来干部不了解情况的弱点,冒充"积极分子",霸占斗争果实,群众敢怒不敢言;有的地方还出现了敌人反攻倒算的现象。总之,土改在大多数地方走了过场。上述

“左”的错误,前后虽然只有两个来月的时间,但造成的影响和危害是不小的。幸而很快被中原局发现和纠正,才未造成更大的损失。这件事给了我们深刻的教育。我们认识到,任何时候、任何地方都要坚持实事求是、一切从实际出发的思想路线,单凭良好的主观愿望,急于求成是不行的。

根据党中央、中原局对新区工作的指示,我们区党委专门开会总结经验教训,研究和部署政策转变工作。自一九四八年三月中旬开始,区党委先后发出了《鄂豫对工商业问题的指示》《鄂豫给各地的补充指示》《鄂豫区党委关于老苏区工作指示》《鄂豫区党委关于双减问题的指示》等文件。在区党委的领导下,全区在三月中旬就停止了没收工商业的错误做法,各地均注意保护厂主、店主,商人照常营业。三月底,又着手纠正侵犯中农利益的错误,对受害者赔礼道歉,并退还被错分的田地、财物。入夏以后,又根据不同的区域,分别实行不同的新政策:在我控制区,实行主、佃双方都接受的减租减息;在敌我拉锯的游击区域,则以抗丁、抗粮和反对特务、保甲统治为口号,着重解决基本群众和各阶层不堪忍受的痛苦。与此同时,我们还组织解放区人民大力发展生产,救济春荒。在集镇,大幅度地降低工商业税率,对因资金短缺而经营有困难者,发放工商业贷款,给以大力扶持。在农村,则以组织春耕救灾为中心。对受敌摧残严重的无人区,千方百计地动员群众回家春耕,对缺粮、缺种子的农户,设法调剂,做到不违农时。各地还十分注意抚慰和照顾军、烈属。对困难户,除救济一部分急需的口粮衣物外,还抽人帮助耕种。经过一段时间的艰苦细致的工作,土改走上了正轨,不仅使广大群众保持着长久的支持革命斗争的积极性,而且调动了一切有利于我的社会力量,鄂豫解放区的工作从此进入了一个新的阶段。

(四)

坚持大别山斗争,反对敌人“围剿”,是鄂豫解放区最艰难的时期。蒋介石为了同我争夺大别山这一战略要地,调集了十四个整编师三十三个旅的优势兵力,于一九四七年十一月二十七日开始向大别山发动全面的围攻。我刘邓大军和大别山解放区军民面临着一场严峻的考验,处境十分困难。党中央曾催促有关部队尽快向南出击,以减轻大别山的压力。但是,刘、邓首长却发电中央,请华东野战军主力不要急于南下。刘、邓宁愿自己“在大别山背重些”,再承受一些损失,也要让华野主力在黄河两岸休整好,以便积蓄力量更好地打击敌人。刘、邓首长这种不畏艰险、始终顾全大局的精神,给我们留下了很深的印象。在此期间,刘、邓首长还一直注视着陕北方面的情况,时刻惦念着党中央、毛主席的安危。有一次,区党委负责同志到黄安(红安)七里坪中原局的驻地向刘、邓首长汇报工作。邓小平同志破例请大家喝了一杯酒,他高兴地说:“我们已有三天没得到延安方面的电报了,今天收到党中央发来的电报,电报上说毛主席和中央机关安然无恙,所以喝一杯庆祝酒。”刘、邓首长时刻关注着党中央、毛主席的安全,与党中央、毛主席心心相印。

在反“围剿”的斗争中,我们鄂豫区军民大体上经过两个阶段。

第一阶段,配合主力部队开展反“围剿”斗争。对于敌人的“围剿”,刘邓大军采取内线坚持和分兵向外、内外配合、寻歼弱敌的方针。战术灵活,致使敌人精心组织的合击连连扑空。在此期间,鄂豫区军民和地方干部,以全力投入了反“围剿”斗争。我们一方面发动群众反抓丁、反抢粮、反掠夺,破击敌人设置的三网(谍报网、碉堡网、公路网)和经济封锁,一方面组织游击集团,配合主力部队作战。十二月下旬,鄂豫四分区各县武装,利用敌人正规军转移的间隙,分别奔袭浠水团陂、新洲钱家寨和罗田丁家套等敌军据点,歼敌乡保武装五百余人。五分区部队在主力十六旅攻克广济城(梅川)的第二天,乘胜出击蕲春、广济童司牌、黄梅濯港,歼敌正规军四个连和两个县自卫队大部。十二月三十日,三分区部队收复了礼山(大悟)县城,并将礼山至河口的敌人碉堡、电线及公路全部破坏,起到了拦截阻止敌人的作用。经过三四十天的辗转拖敌和小部队灵活歼敌,我军取得了反“围剿”斗争的主动权,鄂豫区的局势逐渐发生了有利于我的变化。

第二阶段,主力部队转出外线作战,鄂豫区军民顽强坚持反“清剿”斗争。由于反“围剿”斗争的初步胜利,加上陈谢、陈唐兵团在外线的积极作战,一个南抵长江、北至陇海线的广阔战场逐步形成。根据中央军委关于率“野战军主力转出大别山”和“设立南线指挥中心”的指示,二月二十四日,在内线指挥作战的邓小平、李先念等领导同志率前方指挥所到达淮北临泉县韦寨,与后方指挥所会合。在此前后,二、三、六纵主力也陆续转出了大别山。前指转移前夕,邓小平同志把区党委负责同志叫去交代工作,他说:“主力部队走后,你们要坚持,主力在外边打几个胜仗局面就会变化。内线顶住就是胜利。”接着,小平同志还对鄂豫区坚持斗争作了许多具体指示。前指北去后,遵照邓小平同志的指示,区党委专门就主力转出外线后的对敌斗争作了研究和部署。经过紧急动员,党、政、军机关一致表示,一定坚持大别山斗争,情况再严重也不过淮河一步。

我主力转出后,敌人仍然组织二十多个整编旅并辅以大批反动地方武装,向我鄂豫区、皖西区进行残酷的“清剿”,妄图一举抢占大别山地区。敌我力量悬殊,从当时大别山地区的特定环境讲,局势暂时变得于我不利,斗争也较过去艰苦。在敌人的残酷“清剿”中,我鄂豫区遭受了不少损失。新县浒湾、箭场河一带十室九空,黄(安)北、麻(城)东等地很快成了无人区。我地方党、政组织也大多被破坏,全区被捕、牺牲和失散的地方干部共约七百人。三月以后,大别山我腹心地区包括各军、政机关所在地相继沦陷,鄂豫解放区又一次沦为游击区。但是,鄂豫区军民并没有被一时强大的敌人所吓倒,军区和各分区部队均顽强地坚持下来了。鄂豫区领导机关较多的时间是驻在黄安(红安)、麻城一带山区,各武装部队也分散活动于大别山群峰之中。大别山群峰山高林密,部队一钻进去就看不见踪影,便于隐蔽自己,实行宽大机动。我们利用大别山提供的这一天然条件,机动地与敌人周旋,并抓住机会歼灭敌人。当时，我们的口号是“淮河以南度春秋”（鄂豫区在淮河以南，故淮河以南即指鄂豫区）。即使是在最艰苦的情况下，大家也坚持战斗在鄂豫区，没有一个县委和部队跑过淮河以北去。就这样，最艰苦的一九四八年三、四、五月过去了，全区仍然保持了十五六块相对稳定的小块根据地。

在艰苦的反“清剿”斗争中，鄂豫区的主要领导同志始终保持着清醒的头脑，注意冷静地分析形势，在总结经验教训的基础上，一方面继续大力贯彻党的新区政策，团结一切可以团结的社会力量，以孤立、打击敌人；另一方面又着手调整组织和兵力部署，相对集中力量，提高机动应敌能力。一九四八年三月间，我们将刚从皖西调来的三十七团调到四分区，换出四分区的五十一团到五分区，加强被敌人重点进攻地区的力量。五月，根据敌我情况的变化，又调整了部分区域，新设了几个边界县，同时将县以下的小区合并成大区；依据各县情况分别设两至三个工委以及指挥部，将地方干部全部编入武工队。继之，又在各县武工队的基础上，组建了游击队、分区基干团和联县新编团，分别担负县内游击和在临界地区作较大范围机动的任务。不久，军区还抽调五十三团（五分区武装）、五十五团（三分区武装）组成教导旅。这样一来，大大加强了全区机动作战的力量。在整个反“清剿”斗争中，我们坚决执行了邓小平同志的指示，始终坚持战斗，顶住并寻机歼灭敌人。例如，三分区部队于礼山以南的刘家集伏击敌人，毙敌鄂东战地观察小组少将组长刘心怡，俘敌少将副组长周齐稷，并迫使信义乡、柿子乡的乡、保武装全部向我缴械投降。四分区部队于罗（田）北滕家堡地区，歼敌正规军两个连，毙、俘一百五十余敌人，缴步枪一百三十余支，轻重机枪九挺，大大挫败了敌正规军的嚣张气焰。这一期间，我鄂豫区共歼敌三千余人。

为了进一步打击敌人，配合外线主力机动作战，八月下旬，我们鄂豫区党委在麻东祠堂铺召开了各地委书记、专员和分区司令员参加的区党委扩大会议。会议全面总结了前一时期武装斗争和执行政策方面的经验教训，正确分析和估计了形势，并讨论研究了下一段的工作任务和措施。会议决定，在继续贯彻党的新政策的同时，进一步集中力量，多打胜仗，使我之小块隐蔽的根据地向大块公开根据地发展。会后，全军区部队开始由山地转向平原作战，在敌人薄弱的地区展开反攻，取得了不少胜利。十月十九日，我们区党委发出了反击作战的指示，要求部队首先拓展北面地盘，巩固山区，进而打通与淮北的联系，并逐步向沿江发展。同时，军区集中一部主力攻打商城，敌五十八军新十师弃城逃走，区党委、军区、行署驻进商城。接着，一分区部队解放固始县城。从此，在大别山北麓形成大块解放区，并和淮河以北的豫皖苏解放区联成一片。为日后进行淮海战役和南下渡江作战创造了有利条件。淮海战役开始后，有一小股敌人自淮北向南逃跑，刘、邓指示我们集中力量堵截消灭，可惜我们没有截到。对此，我们一直深感不安。淮海战役结束后，二野渡江向大西南进军。因开辟大西南新区工作的需要，段君毅、郭天民及原留大别山坚持的主力部队，奉命回归二野建制。以后鄂豫区的工作就由王树声、刘子厚负责了。

（五）

建立大军渡江作战的前进基地，保证大军顺利渡江，是大别山解放区肩负的光荣任务。淮海战役胜利结束之后，第二野战军四、五兵团，从淮北南下大别山区，进到长江北岸，第四野战军沿平汉铁路挺进到信阳地区，和二野、三野协同一致，准备南渡长江作战，完成解放全中国的伟大历史使命。在这种形势下，我鄂豫区党委召开了扩大会议，部署全力支援大军渡江作战。会后，我们立即动员和组织全区军民，一方面进一步肃清境内残敌，一方面做好支前工作，建立大军渡江作战的前进基地。在清剿残敌的斗争中，我鄂豫军区和各分区部队紧紧抓住大军南下的机会，组织强大的阵势，如秋风扫落叶一样横扫残敌。到一九四九年四月中旬，全区共歼灭残敌一千九百八十余人。由于大军迅速南进和鄂豫、皖西军区部队积极主动出击，长江沿岸除敌人最后盘踞的两三个孤立的据点外，其余据点全被拔掉。两区清剿残敌的胜利，既为大军渡江作战扫清了障碍，同时也更有利于解放区的支前工作。

为了保障大军胜利渡江，我鄂豫区在一九四九年二月成立了以王树声为司令员、刘子厚为第二司令员的支前司令部，负责指挥支前工作。区党委和支前司令部连续发出《鄂豫区支前司令部一号命令》《为紧急动员起来支援前线给各级党委的指示》等文件，要求各地紧急动员起来，在公路沿线和大军即将经过的地方设立支前站，大量准备修路、架桥器材和渡船，筹备各种急需物资，切实做好支前工作。在区党委和支前司令部的领导下，全区各地迅速掀起了以筹粮筹草为中心的支前工作热潮。据当时几个地方的初步统计，黄冈县（含新洲县）先后供应大军粮食一千万斤，柴草三千三百余万斤；蕲春县捐大米二百二十九万斤；罗山五里店一带群众每天给驻信阳我军运送粮食五万斤至八万斤。广大群众不仅设法筹措了数千万斤的粮草，还为渡江部队准备了大批食盐和雨具。大别山人民为支援渡江作战，作出了巨大的贡献。

为创立大别山根据地和实现全国解放，无数革命志士无私地奉献了自己的鲜血和生命。今天，我们回顾这段光辉历史，既是对英烈们的深切悼念，也是为了激励自己奋进不息。

回马江汉　重叩荆门

张才千

一九四七年八月，刘伯承、邓小平同志率领晋冀鲁豫野战军，实行中央突破，千里跃进大别山，并且紧接着实行了战略展开，它像一把利剑，插进敌人的腹心，从此敲响了蒋家王朝覆没的丧钟。

蒋介石采取挖肉补疮的办法，急从陇海、胶东等战场抽调三十三个旅的兵力，企图乘我立足未稳，将我从大别山驱向淮河以北，两面夹击，一口吃掉。为了粉碎敌人对大别山的“重点清剿”，建立巩固的中原根据地，从而调动敌人，进一步将战争引向国民党区域，十二月下旬，刘、邓首长遂令第十、十二纵队向平汉路以西挺进，分头建立桐柏、江汉根据地，并决定由中原独立旅与十二纵队合并组成江汉军区，赵基梅任司令员，刘建勋任政委，韩东山任副司令员兼参谋长，郑绍文任副政委，张树才任政治部主任。由十二纵之三十四旅、三十五旅和中原独立旅各抽一个团组成江汉独立旅，旅长吴世安，政委齐勇。

十二纵队和中原独立旅，都是一年前的中原突围部队，所以江汉地区是我们的老根据地。指战员们听说要回马江汉，重叩荆门，“打回老家去”，重建江汉根据地，个个欢欣鼓舞，精神振奋，决心用新的胜利告慰老区人民。

江汉地区，东临武汉，南凭长江，西依巴山，北接桐柏，是敌人防卫武汉的屏障，扼守鄂北的隘关，是我军西进四川的门户，南渡长江的跳板，而且物产丰富，交通发达，是蒋介石赖以进行内战的重要经济基地，如此重要的战略要地，敌人岂能容我进占？蒋介石为阻止我军横渡长江，已把中原列为主要战场，不仅集中力量与我纠缠，以达到战略防御目的，而且在沿江加强守备。这就决定江汉地区军事形势的特点，是敌强我弱。面对这一形势，我们将怎样既能调动敌人，以减轻大别山的压力，又能避开强敌，歼灭弱敌，确保战略展开，重建根据地，这是我们每一个纵队指挥员都在精心思考的问题，而且事在燃眉，必须立即作出决断。于是，中原军区李先念副司令员同我们一起参加了江汉军区党委扩大会，研究确定了具体的军事斗争方针和作战方案，从此揭开了重建江汉根据地武装斗争的序幕。

挥师江汉　横扫土顽

为了便于实施战略展开并同敌人进行有力的斗争，党委决定以大小洪山和白兆山为中心划为三个分区，并由杨焕民、刘西尧、李学先、文敏生、李人林、杨殿奎等同志分别率一、二、三分区部队按预定计划展开。十二月十四日，军区机关率独立旅由礼山（大悟）以南之陈家湾地区出发，越过平汉路，向江汉地区挺进。

我区部队过平汉路不久，正在实施战略展开的时候，我们的军区司令员赵基梅同志，由于多年为革命奔波，积劳成疾，不幸病逝。赵基梅同志是一位久战沙场、具有丰富战斗经验的优秀指挥员，他的病逝，是革命的一大损失。根据斗争的需要，中央令我接替了赵基梅同志司令员的职务。

按照军区党委部署，军区机关率独立旅及一、二分区部队，向大洪山、白兆山地区挺进。李人林、杨殿奎同志率三分区部队进军襄南。过平汉路后，向南经赵家棚直逼安陆，但不占安陆，而过府河直插大山头，然后越宋（河）应（城）公路经石板河，直扑皂市，连克十余城镇。并且攻占皂市，放弃皂市；夺取天门，放弃天门；解放岳口，放弃岳口，进而攻克潜江，捣石首，直逼沙市、荆州。部队所经之地，到处张贴标语，宣传群众："打过长江去，活捉蒋介石！解放全中国！"大张旗鼓地摆开了一副要打过长江去的架势。

为了迅速开展地方工作，扩大我军在襄南的影响，从而迷惑敌人，根据当时的情况，三分区又及时地组成了天（门）潜（江）沔（阳）、监（利）沔（阳）、江（陵）监（利）石（首）、江（陵）荆（门）潜（江）、川（汉川）汉（阳）沔（阳）等五个民主县政府，每个县以一个连的兵力组成指挥部，广泛地发动群众，迅速建立和发展地方武装。大别山既已被刘邓大军所控制，在南京、武汉之间形成了一个向南鼓出的大"肚兜"，直接威胁南京、武汉；目下又在武汉、宜昌之间形成了另一个向南鼓出的"肚兜"，像一把钢刀直插在蒋（介石）、白（崇禧）长江—大巴山防线咽喉之处，并使上通秦陇、下控荆楚、西障巴蜀的战略要点襄樊，陷于孤悬境地，从而使坐镇武汉的白崇禧更为震恐。这个老奸巨猾的家伙，深知荆州这个战略位置的重要。当年关羽在襄樊失败走麦城而被杀，其主要原因是后方荆州被东吴夺取。于是，他速从大别山等地调来敌整编八十五师、整编五十二师三十三旅九十八团及在川鄂陕边安康、白河一带布防的宋希濂兵团的七十九军和国民党湖北省保安第四总队、交警二大队，"部署长江防务"，妄图对襄南我三分区部队实行合围"清剿"，并扬言要将我江汉军区主力一举全歼在长江以北。被称为"小诸葛"的白崇禧岂知被其重兵围困的我襄南三分区部队主力，其实仅有一个团的兵力。就是我们的这个团，与地方武装紧密配合，采取内线坚持和外线作战相结合的方针，积极主动地展开了殊死的反"清剿"斗争，机动灵活地把大量敌人紧紧地胶着在长江北岸一线。

记得过铁路前，在军区党委扩大会制定作战方案的时候，李先念同志就提醒我们："请你们注意，你们东是汉口，有白崇禧，西是襄樊，有康泽。你们越过平汉路进入江汉地区之后，应当设法使敌人在三个月之内不能追击你们，以实行战略展开。如果敌人在三个月内尾追堵击你们，情况就严重了。"而当最后确定了作战方案时，李先念同志开怀大笑说："白崇禧从调兵遣将部署长江防务，到发现我们的真正意图后又重新调兵，这一去一来，他三个月可调转不过来喽!”

实践证明,我们的军事斗争方针和作战部署是完全正确的。这样一来,既大大地减轻了大别山的压力,积极地支援了大别山的斗争,又利于我军区部队实行战略展开。此时,江汉地区的洪山、随县、应山、钟祥、安陆、京山、云梦、孝感、应城等一、二分区的辖境已无敌人的正规军,仅有湖北省保安一旅和第一、二、四、五等四个保安总队和各县自卫队等土顽。于是,我军区主力独立旅和一、二分区所属部队便乘此时机,对土顽展开了扫荡战。军区主力和地方部队协同作战,横扫大股土顽,清除乡、保武装,摧毁伪政权。在短时期内,我一、二分区建立了十个县的工作。即一分区的洪山、襄(阳)枣(阳)宜(城)、随(县)南、钟(祥)北、随(县)枣(阳);二分区京(山)钟(祥)、京(山)应(城)、京(山)安(陆)应(城)、天(门)汉(川)沔(阳)、云(梦)孝(感)。各县的党、政组织和指挥部都迅速建立起来。

为配合各分区行动,完成“打土顽,铺摊子,扎根子”的首要任务,军区决定独立旅于十二月二十日首先进攻京山县城。可是,未等我部队抵达,京山守敌却早已闻讯而逃了。京山城虽然解放,但却没有消灭掉敌人,这件事引起了我们的深思。经过研究,我们一致认为:这些土顽,有的是红军时期的反共老手,有的是抗战时期的摩擦专家,有的是中原我军突围后屠杀老根据地人民的刽子手,总之,是一些十恶不赦的地头蛇。他们的鼻子比狗还敏感,他们的耳朵比兔子还机灵。他们了解社情,熟悉地形,有时化整为零,残杀我分散工作人员和我们的基本群众,有时又合零为整,同我小分队顽抗。这些家伙,在一定程度上比国民党的正规军还难对付。但是,不管土顽怎样狡猾,我们必须把他们干掉,否则,即使实行了战略展开,也无法完成刘、邓首长交给我们的“消灭敌人,土地改革;土地改革,消灭敌人”的战略任务,更谈不上建立巩固的江汉根据地。

针对土顽狡猾多变却又是惊弓之鸟的特点,我们决定采取长途突袭,围攻全歼,咬住一个吃掉一个的战术,于一九四七年十二月二十二日对钟祥县城守敌湖北省保安第二总队发起了攻击。

钟祥在京山西北一百五十里处,而道路又是那种所谓“晴天一把刀,雨天稀巴糟”的黏土路,坎坷难行。为了出敌不意,抓住战机,全歼钟祥之敌,我独立旅日夜兼程,长途奔袭,一天之内赶到钟祥,遂即将城包围,并进行了攻坚战。敌人仗恃城墙高厚坚固,负隅顽抗。我们的指战员怀着为民除害的决心和创建根据地的愿望,不顾疲劳,不怕流血牺牲,奋勇冲杀。有的部队从出发地已连续行军一百八十余里,可他们到之能战。经过周密组织,充分准备,在我强大炮火掩护下,我突击部队架梯攀城,突入城内,有的战士没有梯子,便用手扒着砖缝往城上爬。经过激战,打开了东、南二门,全歼守敌一千三百余人。敌副总队长被俘后懊丧地说:我们估计,你们至少要两天才能赶到钟祥,没料到贵军如此神速,而且来之即战,真是神兵天降啊!

钟祥战斗告捷,首创我区攻坚战白日登城的范例,为此,刘、邓首长专门发来贺电:“独立旅以日行百五十里之急行军，奔袭钟祥县城，仅伤亡十余人，获全歼守敌湖北保安第二总队计四个大队的胜利，这种积极歼灭土匪为民除害，有力的战斗作风，殊堪嘉奖，特记功一次，通报全军。”刘、邓首长的贺电极大地鼓舞了我们。群众也敲锣打鼓，扭着秧歌，抬来整个的猪、羊，慰问子弟兵。军民欢聚，载歌载舞，笑语纷飞，好一派军民团结的动人景象啊！不少人拉着我们的手，热泪盈眶地说：“真得谢谢你们哪，我们终于得见天日啦！这一来你们可就不要走了啊！”我们激动地回答：“乡亲们，请放心，我们的任务就是要使江汉的父老兄弟都见天日！”

一九四八年一月，军区警卫团一个营组成襄西支队，挺进襄河以西地区，乘敌兵力空虚之际，积极消灭反动地方武装，壮大我军力量，先后与中原突围后坚持当地游击战争的两支游击队会合，又在荆门北山党组织（自大革命时期一直坚持下来的红色堡垒）的支持与配合下，扩充新兵两百余人。同时，宣传和发动群众，建立地方政权。经过几个月的奋战，后来襄西支队改编为江汉军区第四军分区，司令员黄德魁，政委彭天琦。

经过短期休整，总结了钟祥战斗的经验之后，一九四八年一月八日，我们继续进军，直指鄂北重镇随县。随县是国民党第三专员公署所在地，城内由以反共老手、国民党专员曹勖为司令的湖北省保安第四总队防守。曹勖仗恃有当年日寇曾攻打七天七夜未能攻破的厚城墙和坚固工事，狂妄地叫嚣：“随县有我曹勖老夫在，共匪休想安身！”并发誓要与我见个高低。可是，敌人自以为固若金汤的随县城，在我主力和一分区部队的紧密配合下，只经两小时战斗便被我攻占，俘敌少将副司令何时远和少将战地巡视组长周齐镇以下一千四百余人，全歼湖北省保安第四总队和该县土著武装。值得一提的是，战斗即将结束，当我部队攻占敌专署时，发现敌报务员手中有一份尚未发出的求援电报文稿，上面写的是：“番号不明之共军一部，刻向我进攻，我全体将士正在英勇反击中。职荷党国重任，誓与随州共存亡，奈敌众我寡，独力难支，祈火速派援，职当坚持最后，以待援耳——曹勖。”我们的同志灵机一动，当即叫敌报务员将该电报稿发出。敌武汉“华中剿总”司令官白崇禧接到后，立即回电，令曹勖坚持三天待援，并令次日上午十时接收空投物资。我战士准时以白布为号，接收了三架敌机空投的食品和弹药。战士们开心地说：“白崇禧真够‘朋友’，我们敲断了他的狗腿，他还来空投慰问哩！”

我军进入江汉地区以来，攻无不克，所向披靡，经过积极作战，相继解放了京山、钟祥、天门、潜江、沔阳、应山、云梦、随县等县城。特别是随县之战，威震敌胆。对此，身为甘肃天水专署专员的胡受谦大为恼火，咒骂曹勖等江汉地区的土顽是“脓包”，自愿辞去专员高职，“返回乡梓，剿匪救国”，回到他的故乡安陆任伪县长兼保安大队长，决心与我顽抗到底。

胡受谦系军统特务，是个有名的“杀人屠夫”和反共老手。他的侄女婿因为参加了新四军，就被他亲手杀死，并将其侄女打入土牢。他回到安陆，滴血饮酒，对天盟誓：“不灭共匪，誓不为人！”他纠集了全县乡保武装，坚守城池，并将东、南、北三门屯封，只留西门出入。同时,在城里制造白色恐怖,逮捕和杀戮我地下党的同志及基本群众。对于这个狂妄的屠夫,我们当然严惩不贷。军区决定,立即歼灭这股土顽!

二月十七日清晨,大地银装素裹,西北风吹在脸上如针扎刀刮一般。我指战员不顾天寒地冻,破冰踏雪,飞兵直指安陆城。这次战斗,我们吸取了随县战斗的经验教训,避开敌人防御重点,以小股部队从西门佯攻,突击部队由北门爆破突进,战斗进行得很顺利,只经一个小时的巷战,大部敌人被歼。匪首胡受谦见大势已去,便下令将在押的我十三名地下党的同志和群众统统用铁丝勒死。他的这种狂妄和残暴自然受到了人民的惩罚。

至此,江汉地区的土顽大部已被我军歼灭,残余之敌,也都逃进大的县城,在国民党正规军的卵翼之下苟存,再不敢随意出来骚扰、盘剥人民了。

由于我们正确地贯彻执行了中央和刘、邓首长的战略意图,横扫了土顽,镇压了地头蛇,挖掉了敌正规军的耳目,广泛地发动群众,实行了土地改革,建立了革命政权,仅一个多月的时间,即建成了纵横七百余里、有人口三百余万的江汉解放区,从而有力地配合了中原主力和鄂豫、桐柏军区的斗争,也为下一步粉碎敌人的"清剿"创造了有利条件。

机动灵活　破敌"清剿"

由于具有特殊战略地位的江汉地区被我控制,使国民党蒋介石更加惊恐不安。于是,首先抽调了五十二军、八十五军、五十六军和湘保一旅等二十二个团,对我三分区进行围剿。尔后,又相继从大别山、四川调来了五十八军、二十八军、四十八军、十军、二十军、七军等,对我江汉军区施行"重点清剿"。

面对这一严重形势,军区召开了军政干部会议,总结了过去五个月建立江汉根据地各项工作的经验教训,并确定了尔后反"清剿"斗争的方针。尽管敌人纠集了十倍乃至十几倍于我的兵力,但是,国民党在全国范围内的战略优势已经丧失,所以敌人在江汉的优势是局部的、暂时的和相对的,他们进攻与"清剿"的性质,是以战术进攻的手段,达到其战略防御的目的。而我们遵照刘邓首长"消灭敌人,土地改革;土地改革,消灭敌人"的指示,已在全区展开了轰轰烈烈的土改运动,充分发动了人民群众,发展并壮大了地方武装,做到了区有小队,县有大队。各分区的独立团和军区独立旅,数量大发展,质量也有显著提高。我们军民一致,军政一致,上下一致,又有毛泽东同志的军事思想做指导,这个根本的优势,敌人是无法比拟的。为了粉碎敌人的"清剿",我们遵照毛泽东同志"集中优势兵力,各个歼灭敌人"的原则,采取了"敌进我进,避实击虚",外线作战与内线坚持相结合,游击战与运动战相结合的作战方针,与敌进行了针锋相对的斗争。

三月十一日,军区独立旅一团在随县以南之刘店,全歼守敌新十七旅的两个连。三月下旬,敌三十三旅之九十八团进至随县以西安居、均川一带,九十七团则伸到应山以北之余家店进行“清剿”。安居和均川在随县的正西和西南，而余家店则在随县的东北，两地相距近百里，这样，敌人就等于将两手同时向左右相反的方向伸出。这是我们各个歼敌的一个极好战机。于是，我们决定围歼余家店之敌。二十二日拂晓，军区独立旅二、三两团和一分区部队分两路向余家店进发，乘敌立足未稳，便来了个猛虎扑羊，一举拿下岗上坡，并控制了四儿岩制高点。敌人做梦也没有想到，会有这样多的解放军突然出现在面前，而且火力如此猛烈，于是乱了阵脚，仓皇向南逃窜，我军当即猛追，在追击中全歼敌两个营，毙伤俘敌五百七十余人。这两仗，不仅策应了我内线反“清剿”的斗争，极大地鼓舞了士气，而且也打击了敌人的嚣张气焰，使敌“华中剿总”的白崇禧大为恐慌，即刻颁发训令惊呼：“李先念残部，都是一些亡命之徒，能征惯战，不可忽视。”

余家店战斗后，敌整编八十五师由钟祥、京山、天门一线调至平汉铁路花园以西地区，企图北援豫中。这样，正在三阳店、宋河一带“清剿”的新十七旅，便成为突出在我腹地的孤立之敌。为了牵制敌八十五师北援，配合我中原主力作战，军区党委决定组织宋河战役。为了集中优势兵力歼灭该敌，除独立旅外，我们还组织军区警卫团和二分区部队参加了战斗。

为出其不意地打击敌人，我独立旅经八十里之行程，奔袭了三阳店之敌，守敌新十七旅第一团，一击即溃，仓皇向宋河逃窜，被我追击部队和堵击部队全歼于三阳店与宋河之间的青丈口。我军随即包围了宋河之敌，并发扬连续作战的作风，发起了总攻。经过十二小时的激烈战斗，干净、利索地全歼宋河守敌。宋河战役，毙伤敌三百余人，俘敌代旅长李亮熙以下二千一百余人。一个被俘的团长却不服气地说：“我虽然打败了，但是我没有错，我是按照步兵教范指挥的，可是你们搞的叫什么战术？一点儿也不正规。”我们的战士说：“么事正规不正规，老子的战术就是要抓你俘虏！”敌人的代旅长倒是很服气的。他说：“我真没想到你们来得这样快，打得这样勇猛，我连化装逃跑也没来得及，就被你们抓住了。”

宋河战役的胜利，具有重要意义。不仅给了敌人以严重的打击，迫使企图北援之敌八十五师转向西进，而且鼓舞了群众，促进了地方工作，对巩固和扩大根据地产生了重大影响。在毛泽东同志《评西北大捷兼论解放军的新式整军运动》一文的注释中说，我军“在一九四八年三月八日至五月二十九日，先后发起了洛阳战役、宋河战役、宛西战役、宛东战役，共歼敌五万六千余人，粉碎了敌中原防御体系，发展和巩固了中原解放区”。

在我区主力机动灵活转战外线之际，各分区部队在当地人民群众支援下，根据军区党委制定的军事斗争方针，积极主动地进行了反“清剿”斗争。无论是北面的洪山、随县、应山，中部的钟祥、京山、天门，南部的监利、洪湖，还是西部的远安、荆门、当阳，东部的安陆、孝感，到处都燃起了反“清剿”的烈火，敌人每进犯一处，都要付出巨大的代价，而且总是以失败而告终。据不完全统计，各分区配合主力，曾进行了龙王集、普济观、客店坡、九真庙、东桥、新沟嘴等大小近五百次反“清剿”战斗。其中三分区的普济观一战，歼敌一九二旅一千五百余人，受到了刘、邓首长的通报嘉奖。

九月上旬,我中原主力发动了秋季攻势。为了配合中原主力作战,九月二十八日,军区独立旅歼灭盘踞在安陆之敌五十八军一个营后,军区又以五个团的兵力,协同中原野战军第二纵队和桐柏军区部队,准备对平汉铁路南段进行破击。但敌人发觉了我们的意图,遂将八十五军、五十八军、二十八军、二十军、十军等部调集平汉铁路南段和襄阳至花园公路,控制了交通线,并令二十军向枣阳前进,企图夹击我军,同时令二十八军一部向我四分区"清剿",以策应上述敌军作战。由于敌情的变化,我破击平汉铁路南段已不可能。但由于敌人集结重兵于襄花公路两侧,应城则仅有二十八军军部率一个团和五个保安大队守卫,便成了薄弱和孤立之敌。于是,我们本着"敌进我进,避实击虚"的作战方针,决定歼灭应城守敌。在二纵的配合下,我们当即以独立旅及二分区部队发起应城战斗。

十月二十三日夜,部队首先对应城外围据点展开了扫荡战,第二天午夜开始攻城。应城城墙既厚且高,城外有护城沟,沟外有四道铁丝网,城墙下又设有暗堡,敌人吹嘘他们的设防是"飞鸟难进""固若金汤"。我二团一营指战员,发扬了英勇顽强、不怕牺牲的革命英雄主义精神,在炮兵的配合下,排障碍,越沟河,攀城登寨,英勇奋战,终于突破南门。随即,我一、二、三团部分部队相继冲入城内,经过一天两夜的激烈巷战,守敌大部被歼,只有城西北角最后一个据点,在其副军长顾心衡的指挥下,负隅顽抗。这时,敌人的援兵八十五军已接近应城,军长吴绍周向顾心衡呼叫:"兄弟,你快出来,我在城外接应你!"顾心衡则带着哭音求告:"兄弟出不来了,你快进城拉兄弟一把吧!"此时如不立即解决战斗,该敌就有可能被援救出去。于是,我即令一团立即组织爆破拿下敌据点,一团以仅有的十公斤炸药,迅速将敌指挥部炸垮,活捉了顾心衡。这次战斗全歼守城之敌,计毙伤敌军副参谋长以下九百余人,俘副军长以下三千二百余人,缴获炮八门、轻重机枪九十八挺等大批武器弹药及各种军用器材。

应城战斗后,敌先后又调集五个军的兵力,向我江汉地区进行"清剿"。为了粉碎敌人的"清剿",配合淮海战役,军区及一、二分区部队先后破击平汉铁路花园、王家店、三汉港段,炸毁晏家河、鲁家岗附近的三座铁桥,破坏铁路二十余里,并毁车站一处。之后,各分区部队也积极出击,消灭残留在内地的反动武装及溃散之敌军。

随着反"清剿"斗争的开展,我区根据地由三个分区扩大为四个分区,武装部队由原来的县一个连、区一个班,发展到县一个营、区一个连,分区由原来的一个团发展为三个团,军区也由一个独立旅扩大为两个旅。我们的队伍壮大了,士气空前高涨,武器装备得到进一步充实、改善。同时,各级地方政权也得到了进一步的巩固和发展。特别是在淮海战场我军胜利作战的形势下,"清剿"我江汉地区之敌,不得不撤至武汉、信阳铁路沿线加强守备,以防我大军南下。我们有力地粉碎了敌人的"清剿",为下一步出击敌人奠定了胜利的基础。

主动出击　所向披靡

淮海战役的胜利,给了国民党蒋介石致命的一击,江汉之敌,一时也惊慌失措。白崇禧急将宋希濂兵团的七十九军、十五军、二军、一二四军等四个正规军及湖北省第四、五、七、八等四个保安旅调至荆门、当阳、宜都、沙市等地,重点扼守,企图控制鄂西地区,借以保护四川门户,同时阻挡我大军渡江南下。

荆州北依"九州之险"的荆山,在江、汉二水之间有两座荆门:一座在汉水与漳、沮二水之间的荆门县南,据说这座荆门上合下开,其状如门,荆门县就因之得名。这里是古代荆襄驿道的要冲。另一座荆门在宜都县西北,据说长江南岸与北岸有虎牙山相对,顶有石,横跨如桥,谓之仙人桥,山下水势湍急,为长江绝险处(其实只有今天,才在南京、武汉、葛洲坝、重庆,出现了现实的"仙人桥")。这个地理位置,正是不久前我们中原独立旅往返穿梭的古老背、红花套一带。

这些说法,无非是描述荆门的险要。荆门在地理上的确是险要而且有着它重要的战略地位。它东有宝塔山可作屏障;北通襄樊,可取汉中;西指宜昌,可入四川;南向江陵、沙市,直指湖南,历来是兵家必争之地。垂死挣扎的敌人重点扼守荆、当、宜、沙这个战略要地,我回马江汉的劲旅,定要重叩荆门!

我们分析了全国各大战场和江汉地区敌我双方的形势,认为敌人已经到了黔驴技穷的地步,我们必须乘胜积极主动地出击,最大限度地消耗和消灭敌人,才能实现为大军渡江南下建立桥头堡这个战略目标。于是,我们决心集中两个旅和三个分区的部队组织荆门战役,攻歼荆门县城的守敌。我们的部署是,以独一旅担任主攻,位于城东,独二旅集结于城西南双堰地区,担任截击任务,二、三、四分区部队于荆门南之鸦鹊铺、烟墩集一线,阻击敌人援兵。

当时,荆门守敌是七十九军及六个伪保安大队。城内和城关住四个团和六个保安队,其余三个团分布在离城数十里的外围。敌兵力虽优势于我,城内工事也很坚固,但是,敌人士气低落,早已成为惊弓之鸟,而我军经过诉苦、三查三整、三大民主等新式整军运动,大大提高了阶级觉悟,不少干部、战士立了战功,当了英雄。我们的部队士气高涨,指战员个个斗志昂扬,以一抵十,而且又经过战略展开和反"清剿"两个阶段,积累了在江汉地区作战的经验,所以夺取战斗的胜利,从上到下充满了信心。

针对敌人心理惊慌这个特点,我们决定抛开外围之敌不顾,以荆门的屏障宝塔山作为主攻方向,这样,置敌于狭窄山壑地区,使其兵力无法展开;在战术上采取分割包围,直插中央的办法,首先攻打敌指挥机关,抢占有利地形,使敌无法收缩兵力,失去指挥,陷入被动,便于我各个击破。

二月四日八时,当我向宝塔山和荆门北门的主攻一发起,顿时,满山遍野,枪声大作,炮声隆隆,杀声震天,冲锋号声此起彼伏,千军万马突地而起,锐不可当。当我攻占宝塔山后,城内敌人大乱,七十九军军长方靖仓皇率城内守敌向西突围,不顾一切地沿公路逃窜。可是,他哪里知道,我们独二旅的截击部队早已"恭候"多时了。这样,我们就活捉了敌军长方靖,并勒令他立即通知其尚在顽抗的部队投降。有个敌师长被俘后懊悔地说:“我还以为是南下大军哩,早知是你们,我就不这样了。”我们的战士风趣地说:“不管是谁,反正是你当了我们的俘虏!”

荆门战役,历时三天,共歼敌七十九军及六个保安队八千六百余人,解放荆门县城,并乘胜解放了当阳县城。

我军重叩荆门的炮声,吓飞了川鄂边区绥署主任孙震这只鸟,从宜昌飞到巴东、三斗坪去,旋即又飞到万县去了。十四兵团司令官宋希濂,他的七十九军被吃掉,也向西飞,从沙市飞到宜昌去了。

这时,敌第三兵团在我大军源源南下的形势逼迫下,紧急收缩部队,据点守线,企图控制平汉铁路,一方面掩护敌第五绥靖区部队自信阳南撤,另一方面又便于自身南撤,退守长江。

为了配合南下大军作战,中原军区电令我区部队与桐柏军区之五十八军积极行动,牵制企图收缩之敌第三兵团,力求歼其一部,并切断信阳之敌南退道路。

为完成上述任务,我独一、二旅和二分区部队在五十八军的配合下进至花园以西、安陆以东地区,并连续收复云梦、安陆、汉川等县城。此时,敌第七军之一七二师一个团从云梦撤至孝感,一七一师撤至花园地区,师部率两个团,固守花园,五一二团伸至花园以西之三山寺、周家塆、陈家塆一线驻守,作为侧翼掩护花园。五一三团及一个保安大队和一个交警中队,以王家店为中心分散驻守在广水至花园一线。这样,敌五一二团就突出地暴露在侧翼。我决心发起花西战斗,集中优势兵力,大胆分割与包围敌人,将该敌各个歼灭。

敌第七军是桂系的“王牌”,狡猾傲慢,能攻能守,善于山地作战,白崇禧就是靠这块“王牌”起家的,解放战争中几次逃脱了我严重的打击,因而到处吹嘘他们是“顶呱呱”的部队。八年抗战,长期盘踞大别山,专与我新四军五师搞摩擦,是我们的“老对手”。我军区部队在战斗之前,广泛地开展军事民主和练兵活动,组织干部回顾过去与广西军作战经验,研究打“广西佬”的办法,决心歼灭这个顽敌。

三月二十九日晨,独一旅三团首先袭击了花园以北王家店车站,歼灭守敌保安大队和交警中队一部计五百九十三人,其中俘敌五百零六人,毙伤敌八十七人,同时破坏一段铁路。三月三十一日十八时,我独一旅一、二团和独二旅四团,分别向花西之敌发动进攻。是夜,经过激烈战斗,我穿插分割部队攻占了三山寺、张家岗、唐岭岗、罗家松林、对面塆等阵地。四月一日拂晓,将敌五一二团团部及两个营压缩包围于周家大塆,敌另一个营被我压缩包围于陈家大塆。被围之敌突围未遂,又企图依靠鹿寨、暗堡等工事进行顽抗,以待援兵。我攻击陈家大塆的部队,经过连续六次冲击,打退敌人的反扑,攻入塆内,于四月一日十七时全歼该塆守敌。尔后,我集中炮火,猛烈轰击仍在顽抗的周家大塆之敌,我突击部队乘势攻进塆内,又全歼了该塆守敌。

在这里,特别值得一提的是钢铁四连的英雄事迹。正是在敌固守待援之际,敌援兵五一一团的两个营已进抵陈家大塆东南的罗家松林附近。我一团四连，坚守罗家松林阵地，先后打垮了敌人八次疯狂的进攻，连长、指导员负重伤，副指导员牺牲，部队伤亡虽大，但四连的英雄们越战越勇。最后只剩下十八个人，坚守阵地始终没有后退一步，出色地完成了阻击任务，保障主力部队全歼敌五一二团。战后，为了表彰四连英雄们用鲜血写下的光荣事迹，旅部授予该连以“钢铁的第四连”的荣誉称号。

花西战斗歼敌五一二团全部和五一一团一部，计俘敌一千三百余人，毙伤敌团长以下七百余人，缴获各种炮二十八门、各种枪八百九十八支、子弹四万七千余发和其他军用物资。胜利完成了中原军区给予我们牵敌、阻敌、歼敌一部的光荣任务。

四月上旬，我南下大军先遣兵团逼近武汉，敌人纷纷向长江沿岸撤退，企图阻我大军渡江。我区部队积极出击，分别于三日、四日连克广水、花园两镇。在这之前，军区党委召开了县以上干部联席会议，具体研究布置了支援大军南下的工作，组织了支前司令部，各区、县也成立了支前机构，并在铁路沿线和交通要道设置了供应点，准备了大量物资和船只，调查了兵要地志，修复了公路和桥梁。一九四九年五月十六日，在四野部队解放汉口、武昌的同时，我独一旅解放汉阳。

从一九四七年十二月进军江汉至一九四九年五月武汉解放，在这历时一年半的时间内，我江汉军民在中原局和中原军区的直接领导和指挥下，在兄弟军区的有力配合下，共歼敌四万六千余人，解放了应山、随县、枣阳、安陆、孝感、云梦、京山、钟祥、应城、天门、沔阳、潜江、监利、汉川、汉阳、宜城、荆门、当阳等县城，以及广水、沙洋等集镇一百五十余处，人口约八百万。军区部队，除战斗伤亡和非战斗减员外，也由原来的一万一千余人发展到四万三千余人。人民支援了战争，战争教育了人民，我全区军民浴血奋战，胜利地完成了重建江汉根据地的历史使命，为大军渡江南下和进军大西南，创建了前进基地。

（原载《刘邓大军南征记》）

回忆桐柏解放区的斗争历程

王宏坤

组建十纵队　南下大别山

一九四七年八月底，晋冀鲁豫野战军主力在司令员刘伯承、政委邓小平同志的率领下，千里跋涉之后胜利抵达大别山区。这一进击敌战略纵深部位的胜利，对坚持内线反击的各解放区特别是对晋冀鲁豫解放区军民以极大的鼓舞。为了从兵员和物资上支援、接济已进入大别山区的我刘邓大军主力，根据中央军委的指示，晋冀鲁豫军区决定在军事力量比较雄厚的冀南组建第十纵队，并在短期内做好准备，随后南进。这是一项十分紧迫且困难很大的任务，我曾在那里工作战斗过七年，与当地军政干部有较密切的关系，再者，主要战场南移，我这个习惯于带兵打仗的人也应该到前线去，于是向组织上提出承担这项任务，终于获得了同意。我于八月下旬到达冀南，在当地军政领导的大力支持下，于九月初即基本完成了十纵队的组建任务，经中央军委和军区党委批准，我出任十纵队司令员，刘志坚任政委。调来的部队有冀南军区的独四旅、独五旅和三个军分区的基干团，有高树勋起义部队的六千人，全纵共编成第二十八、第二十九、第三十三旅，约两万人。

经过简短的思想动员和军事整训之后，十月十四日，全纵从安阳以东的陈家寨出发，浩浩荡荡地向大别山挺进，我们这支部队大多是来自冀南的地方武装，以前只在家乡打转转，没有出过远门，缺乏长途行军作战的经验，现在要长途跋涉而且还肩负运送大批弹药物资的任务，差不多每人都负重二十五至三十公斤，带领这样的队伍千里南下，其旅途艰辛和困难是可以想见的。

十月二十日，部队进到濮阳以东的荣家庄时，又奉命接受了护送一万五千地方干部和伤愈归队指战员的任务。其中地方干部三千人，归队指战员一万二千人。为了便于途中照管，我们将三千名地方干部编成干部大队，由随纵南下的野司作战处处长张廷发率领；而万余名归队指战员则分别编入三个旅中，干部均安排担任同级的副职，以便统一行动。由于组织得当，各级干部身体力行，重新上路后，尽管队伍庞大，但全纵秩序井然。十月二十二日，我们在范县以南渡过黄河。十一月九日，我纵又在华东野战军第八纵队的掩护下，冲破国民党军第五军的封锁，从商丘以东的柳河一带越过陇海路，于十一日进抵豫皖苏解放区。当我们自豫皖苏出发继续南进，特别是越过黄泛区后，敌人大概已觉察到我部的行动意图，不时派飞机跟踪轰炸，并调动大部队阻截，形势变得愈来愈严重。为了把大别山急需的物资和人员尽快送到，我们决定实行日以继夜的强行军，指战员们包括那些刚刚伤愈出院的归队战士和地方干部，个个都是好样的，他们冒着敌机的轰炸扫射，互相帮助，奋勇前进，仅十来天时间，便先后抢过了涡河、沙河、汝河，并于十一月二十七日胜利地渡过了淮河，踏上了大别山地界。

按说到此可以松一口气了，然而，"进剿"大别山北麓的敌整编第十师已在我纵必经的信（阳）潢（川）公路沿线布下了严密的封锁线，企图迫使我军背水作战，形势又一次变得十分严重。此时，先我进入大别山的第十二纵队离去不远，回过头来对敌十师进行牵制，我纵前卫部队乘机发起攻击。敌人处在我两个纵队的夹击之中，腹背受敌，只得向两厢收缩，闪开了一道缺口，我前卫二十八旅快速楔入，在两侧组成"火墙"，掩护纵队机关、干部和辎重牲口跑步通过，至拂晓，全纵平安地通过了信潢公路，为了摆脱敌十师和其他敌人的尾追堵截，我纵过路后马不停蹄，继续往南向大别山腹心地区挺进，经过连续两日的急行军，十一月二十九日，部队进至光山县以南的河畈地区，与奉命前来接应的主力部队第二纵队胜利会师了。

领受任务　西进桐柏

部队安顿下来后，我便同刘志坚同志匆匆赶去中原局和野司驻地，刘司令员、邓政委和李先念、李达等同志都在，几位领导对我们带着大批干部、兵员和物资顺利到达大别山非常高兴，关心地询问了南下沿途的情况和当前部队的思想状况，应我们的请求，刘邓同意将二纵四旅旅长孔庆德、野司作战处处长张廷发等同志调来我纵工作。最后，邓政委问我们还有什么要求，我同刘志坚交换了一下意见，回答说，部队刚到大别山，想请首长同大家见见面，讲一次话，刘邓欣然同意。

两天后，十二月二日下午，我们按野司通知把全纵连以上干部集中在驻地山坡上的树林里，不一会儿，刘司令员、邓政委准时赶来了，刘司令员亲切地向大家问好，赞扬十纵指战员很出色地完成了护送干部和物资到大别山的任务，随即风趣地说，我们先到大别山一步，虽然初步站住了脚，但总的来说，这个"家"还未安顿好。所以，你们到"家"了，不仅没有好的招待，而且还要准备吃苦哟！接着，邓政委讲话，他说，敌人为了不让我们在大别山生根安"家"，已先后调集了十多个整编师共三十多个旅的兵力进攻大别山，有的敌人已经打到我们跟前了，局势已相当严重，大家一定要发扬勇猛顽强的精神，随时准备参加战斗。

刘邓的精彩讲话对指战员鼓舞很大，不时为热烈的掌声所打断。然而，正如刘邓所预料到的，掌声未息，不远处已传来隆隆的炮声，北面的敌人已开始向我进攻，敌机还在我们会场上空盘旋，为了应付敌情，会议提前结束，邓政委在离开时对我说："你们一路很辛苦，本来想让你们在这里多休息两天，看来不行了，请跟同志们讲清楚，做好思想动员，关于你们下一步的任务，我们回去研究后，很快会通知你的。”

刘邓首长走后只几个小时的光景，我们正在向旅、团干部传达上述指示，邓政委即从他的驻地亲自打来电话，语气坚决果断，他说：“为了粉碎敌人对大别山的围攻，我们要实施向外线的再展开，你们十纵的任务是向西插到桐柏去开辟根据地，今晚九点就出发。”他还问我有什么困难，我回答坚决服从命令，只是带来的大批地方干部、归队战士和军需物资的交接工作尚未完成，我建议将我纵后勤部暂时留下来，待交接工作完成后再归建。邓政委表示同意，并说他已责成一纵派一个旅前来保护干部和物资。这样，我的这点担心也就解除了。

我纵奉命前往的桐柏地区，位于平汉路西鄂豫两省的交界处，这里地域辽阔，物产丰富，人口稠密，便于我军长期坚持和进出中原机动作战。有了这个根据地，可以与大别山、大小洪山三足鼎立，互为依托，进逼敌重要据点三阳（信阳、南阳、襄阳），远通巴蜀和威慑武汉江防，其战略地位十分重要。

这天夜晚，下起了小雨，各部仍按规定时间出发。二十九旅、三十旅和张廷发率领的千余名地方干部为南路；纵直随二十八旅为北路，分头西进，沿途沟壑纵横，山高路滑，来自华北平原的战士很不习惯，加上时有敌机轰炸和小股匪徒干扰，行进速度大受影响。直到五日下午，北路部队才进至平汉路以东的九里关，在联络检查部队时，发现三十旅及干部大队没有跟上来，当即电令二十九旅留三里城等候三十旅及干部大队，二十八旅西进抢占柳林车站，开辟跨越平汉线的通道。

入夜，雨下个不停，部队冒雨在大山沟里摸黑行进，次日凌晨，二十八旅先头部队接近柳林车站。驻守车站两侧山头上的敌人发现后，从四大碉堡里射出交叉火力，封锁了我军必须通过的路段，如果拖到天明，敌人占有交通之便，过路会更加困难，我闻讯赶到前沿阵地，要求二十八旅旅长、政委亲自组织突击队，尽快拿下四个敌堡。以营连干部为骨干的突击队，借着晨雾的掩护向两侧山头扑去，大约激战了半个多小时，四个敌堡被我突击队一举攻克，守敌二百多人被全歼。该旅八十二团迅速越路前进，抢占西双河一带要点，为主力西进扫清道路。

黄昏时分，八十二团主力已前伸到西双河一带，其后面的一个营在途中同敌人遭遇，打垮敌人一部，并俘获了一名排长。我亲自审问了这个俘虏，从他口里知道敌人已从信阳、罗山等地调来了整编二十师和一六三旅，企图在西双河一带对我过路部队实行包围堵截。鉴于这一新的情况，我们当即决定改变行进路线，折向西南从谭家河北侧地段插过去，并命令已进到西双河一带的两个营虚晃一枪后迅速折回。同时，还将上述敌情变化电告尚在铁路边的二十八旅旅部，命他们在完成接应、掩护任务之后（他们在路边坚持了一天多，仍未接到卫生部队和后续部队），率所属两个团顺纵直路线或自寻道路西进。当晚，夜黑不见五指，又下着雨，我们带着不足两个营的兵力不声不响地摸索前进，总算抢到天亮前通过了危险地段，接着，又出其不意地攻占了敌人防守的重要据点土地垭，在这里与二十九旅和三十旅沟通了联系。

我们还通过电讯得知，留柳林的二十八旅（缺一个团）正与赶来的敌十师激战，为了掩护主力突围西进，负责断后的八十三团二营连续打退了敌人两个团的六次疯狂进攻，但该营的伤亡也很大，待完成任务归队时全营原五百多人剩下不足二百人。据全纵越过平汉线后的汇总统计，包括八十七、八十九团和纵直卫生部门在内的部队过路时掉队、阵亡和被俘的共约两千人，可见当时战斗是非常激烈和残酷的。

十二月八日，我们带两个营和司、政机关进至洪家冲，这里曾经是新四军五师的根据地，一直有民兵组织活动，他们在树上架起了窝铺，既可隐蔽，又可瞭望，我们到后，他们激动得流下眼泪，立即派人到山上打来了野猪慰劳我们，这里的人民真是好哇！晚上二十时许，接到二十八旅电报，说他们已经突出重围。听到这个消息，真是令人兴奋，我和刘志坚同志立即把电台队长找来，请他判断一下二十八旅的方位和与我们的距离，他思索了一阵说，在我们驻地西边，距我们大约十五至二十里，我们即发电命令该旅抓紧休息，明日出发，向应山以北的桐柏山区前进。

第二天，我们继续前进，十二日进至应山县以北的浆溪店。此时我二十九旅、三十旅亦由武胜关以南东篁店附近突破敌之阻截越过平汉路，在浆溪店地区与我们会合了。至此，我纵经过英勇作战，夺路西进，突破敌人围堵，胜利到达预定地域。

迅速展开　积极歼敌

十二月十三日，全纵会合后的第二天，纵队党委在浆溪店召开扩大会议，根据中原局指示和刘邓首长的命令，组成桐柏区党、政、军领导机构，决定了各地委、专署和军分区的所辖范围。徐子荣任区党委第一书记（未到职），刘志坚任第二书记，赵紫阳任副书记，许子威任行署主任，李实为副主任，军区以十纵纵队部兼，王宏坤任司令员，徐子荣任第一政委（未到职），刘志坚任第二政委，孔庆德任副司令员，赵紫阳任副政委，靖任秋任参谋长，张力之任政治部主任，军区辖二十八旅及三个军分区，以三十旅旅部率八十八团、九十团组成第一军分区，方正平任司令员，赵武成任第一政委，刘福胜任第二政委；以二十九旅八十七团和三十旅八十九团组成第二军分区，王海山任司令员，邓存伦任第一政委，贺亦然任第二政委；以二十九旅旅部率八十五团、八十六团组成第三军分区，张廷发任司令员，吴罡任第一政委，李定灼任第二政委，各分区以一个团作为机动部队，以一个团分遣为各县武装，各县建立指挥部，统一指挥对敌斗争。

在确定组织机构后，大家对于下一步的部署曾有过一番争论，按说，部队在经过南下和西进两段艰苦跋涉特别是过平汉路又遭受了一些损失之后，是应该休整一段时间的。但我们仔细考虑后，觉得停下来休整并不妥当，一来刚入桐柏新区，立足未稳，形势不允许；二来部队在疲劳特别是有了伤亡之后,迫切需要的是振奋情绪,鼓舞士气,而这又只有多打胜仗,不断扩大根据地才能办到。因此,会议确定,立即开展积极的军事斗争,广泛争取和发动群众,以大量歼敌和不断扩展解放区的成绩,来振奋军心民心,进而达到开创和巩固桐柏根据地的目的。

当时,桐柏地区敌正规军兵力比较薄弱,除南阳县有敌整编第九师,襄阳有敌一〇四旅外,其他地区均为地方民团及乡、保武装所盘踞。这些地方反动团队的战斗力虽然不强,但他们在当地有着较深的反动社会基础,情报灵通,地形熟悉,行动诡诈,在一定程度上比国民党正规军还难对付。因此,必须首先消灭国民党地方反动武装,这是打开局面、建立政权、发动群众,站稳脚跟的关键。根据会议的决定和部署,各部队立即向指定的地区开进;一分区部队沿桐柏山脉主峰太白顶南麓向随县、枣阳、唐河方向疾进;二分区部队经桐柏东部的毛集、回龙一线直插泌阳、确山;三分区部队经随北天河口急速进军新野、邓县。三路部队犹如三支利剑直插国民党反动派苦心经营多年的桐柏地区。同时,千余名南下地方干部亦跟随部队奔赴各自指定的区域,迅速开展地方工作。

在各军分区实行战略展开之后,军区直接领导的二十八旅积极准备奔赴桐柏县城。据了解,该城守敌十分狡猾。前不久,挺进豫西的陈谢兵团派十一旅策应我们西进时,解放过桐柏。那时该敌闻风逃逸一空。而十一旅刚刚离开,他们又耀武扬威地窜回了县城。我军这次既要解放桐柏城,又要消灭这股作恶多端的敌人。二十八旅遵命实施远距离奔袭,并特意将前锋部队近城的时间选在敌人不甚注意的白天,以便堵住逃路。十二月十五日凌晨三点,二十八旅冒雪出发,向一百一十里外的桐柏城奔去,其尖兵营化装成敌军模样,打着国民党的旗子,于下午率先接近城垣,并出其不意地围住城外的碉堡和出城通道,待主力赶到后,迅速发起攻击,一举攻入城内。守军万万没有想到我军会来得这样快,更没有料到我军会在大白天攻城,他们洗澡的洗澡,闲逛的闲逛,枪声一响,即吓得晕头转向,稀里糊涂地当了俘虏。这一仗前后不到一个小时,全歼守敌八百余人。

首战告捷,鼓舞了士气,初振了军威,刘邓首长特地来电祝贺,并要求我们:注意总结这次奔袭战的经验,争取更多更有效地歼击敌人,在这次战斗特别是刘邓贺电的鼓舞下,我军区和各分区部队乘胜出击,相继攻克了枣阳、泌阳、唐河、新野四城及唐县镇、鹿头镇、随阳店、兴隆集、新市街等要地。

十二月二十日,二分区部队在桐城东北毛集歼敌整编第三师山炮营一部,缴获美式山炮三门。二十四日,三分区部队在邓县东南桑庄歼敌邓县自卫总队第一机动团,活捉敌团长王忍千。至月底,仅仅十余天时间,我军就解放了桐柏大片土地,初步打开了局面。

桐柏地区敌正规军虽然不多,但地方反动民团和武装土匪多,全区有四万余人,枪支比人还多。这些敌人一部被我们歼灭了,一部暂时隐匿了,大部则逃窜了,随时都有反扑的可能。除军区部队积极寻机歼敌外,各分区抓紧发展县、区武装和民兵组织,保护群众,对付敌人。

一九四八年一月三日,我们进驻唐河县城,随即召开了二十八旅排以上干部会议:一方面总结进军桐柏以来的工作,表彰先进;另一方面动员攻打邓县。

邓县一战　站稳脚跟

在我军的攻势下,桐柏地区各保安团和反动地方武装纷纷向边沿区逃窜,分散隐蔽。惟宛(南阳)西敌保安团队司令丁叔恒纠集十三个保安团一万三千余人据守邓县,企图依靠邓县的坚固工事进行顽抗,该敌对我发动群众、巩固政权危害甚大。不论从军事上还是从政治上看,这个“钉子”必须拔除。因此,我们决心以军区主力二十八旅及三分区部队发起邓县作战。

邓县是宛西军事要地,是敌南阳、老河口两大军事重镇之间的联络点,经过日伪和蒋军十几年的营造加固,邓县已成了一个偌大的军事城堡,不仅修有坚固的内外两道城墙,而且两道城墙之间和外城脚下均有水壕,壕宽五六丈,水深丈余,城墙上下和壕边土坡上修有许多明碉暗堡,城外暗堡可从城墙脚下直通城内,与城内众多的纵深工事相连,加上敌人在城周密布鹿砦、地雷,的确易守难攻。

根据上述敌情和地形特点,军区决定以二十八旅、三分区八十六团及八十五团一部歼灭该敌。由于在兵力上敌多我少,我采取重点配置钳形攻击的战法:以二十八旅在城东主攻,八十六团于城西助攻,其他部队则分别向南阳和文渠集方向警戒,阻击可能来援之敌。另以骑兵连置于湍河北岸布置疑阵,白天往返游动,晚上遍燃火光,示敌城北有我重兵,以迷惑牵制敌人,使其不敢向北突围。

一九四八年一月十一日,我参战部队进入指定地域,积极进行攻城准备。八十四团组成突击队对城东北东桥店水闸守军发动连续攻击,并组织战士涉水爆破,将敌严密防范下的水闸炸开,把壕内蓄水引入湍河,扫清了攻城时的一大障碍。与此同时,在主攻方向上,二十八旅还在总攻前一天的夜晚,派出一个连秘密接近敌城壕,挖好工事,建立起隐蔽的前沿阵地,以便总攻时实行突然攻击。

一月十五日黄昏,我军发起总攻,经过十五分钟的猛烈炮击,敌明堡工事大部被摧毁,我突击部队和预伏部队趁势攻入外城,并迅速向两翼发展,八十三团两个营突入城内后,经东大街向敌纵深穿插,配合我东西两面突入的部队作战,由于我军动作迅猛,配合得力,加上辅以战场喊话,政治瓦解,外城守敌大部被歼。外城攻克后,我即调整部署,拟于十六日黄昏向内城进攻,但十六日早晨发现内城之敌开始突围,我遂乘机发起攻击,经过激战,除匪首丁叔恒率少数残匪乘隙逃窜外,余敌全部被歼。

此次战役共歼敌十三个保安团九千六百余人,其中毙伤敌联防保安副司令卢兆瑞、团长李华云以下一千余人。俘敌邓县县长汪海涛以下八千六百余人,缴获各种火炮十七门,轻重机枪六十五挺,步、马枪五千二百余支,电台三部,子弹六十八万余发,以及大批军用物资。

邓县战役结束后,新华社迅速地作了大量报道,并配发了《宛西的反动堡垒不是不可以打破的》社论,对邓县大捷作了很高的评价。邓县战役的胜利,不仅表明我军在桐柏地区打开了局面,而且初步站稳了脚跟,为进一步建设和发展桐柏根据地创造了极为有利的条件。

贯彻新区政策　安定巩固后方

进入桐柏之初,当军事上还只是刚刚展开,许多明敌暗匪尚未肃清之际,有的同志就照搬老区经验,在几个地方打土豪、分浮财,并准备实行土改,提出了"走一处,分一处""村村点火,处处冒烟"的口号。他们的主观愿望是想尽快发动群众,以配合军事斗争打开局面,但这样做的结果却事与愿违,不仅未能发动群众,反而严重地脱离了群众。一些过火的做法,扩大了打击面,造成了不应有的损失和恶劣影响。如我军解放最早并赖以为后方的桐柏县,由于执行过"左"政策,给地富和暗藏敌人以可乘之机,当我军区主力部队西进组织邓县战役时,他们便裹胁群众和民兵"反水",杀害地方干部和积极分子,破坏交通和通讯设施,甚至到我军区机关和政府驻地附近进行武装游行示威。这固然是阶级敌人的本性所决定的,但为数众多的群众卷入其中,不能不说我们工作上存在着严重的问题,这些问题如不迅速解决,势必危害根据地的建设与巩固。

还在一月上旬,为安定人心,稳定局面,我们曾针对桐柏地区从匪人员多、散失枪支多等特点,一面组织重点搜缴,一面通过政策攻心,分化瓦解,当时以军区的名义出了一份通告,内容有:土匪头目和保甲长只要交枪认罪,可以从宽处理,凡持有枪支的人,只要交出武器,概不追究,等等。由于各地相继出现打土豪、分浮财,特别是出现不讲政策的乱捉人、乱打人现象,致使上述公告未能很好地执行。鉴于情况愈来愈严重,三月二日,区党委在唐河县的湖阳镇召开了扩大会议,传达学习毛主席关于新区土地改革问题的指示。传达学习中原局《关于团结中农问题的指示》等文件。这些报告、指示强调,在新区要树立两个观念:"一、根据地之确立与土改之完成,要经过相当长的过程,绝非一年两载所能达到。二、在斗争策略上,应分阶段分地区地逐步深入,开始应缩小打击面,实与农民有利,否则必犯急性病和策略上的错误。"指示对新区情况的分析,完全符合桐柏的实际。经过对照检查,大家认识到前段工作确实犯有急性的毛病,会议决定停止过火的做法,坚决按党的新区政策办事。这样,包括上述军区通告中一些好的政策和策略都得到了认真的贯彻执行。不久,我们又根据中央、中原局的指示,停止了土改,改而实行减租减息,分化孤立顽敌,团结一切可以团结的社会力量,这些做法受到了广大群众的拥护和一些开明士绅的欢迎,对稳定局面、巩固后方起了很重要的作用。桐柏区所犯急性病的情况,正如一九四八年八月二十八日邓小平同志在《关于今后进入新区的几点意见向毛主席的报告》中所说的，桐柏区因“进入较迟，左的时间较短”，同时，“因环境较松，传达较易，故纠正尚属顺利”。虽然急性病给桐柏局部工作造成了一些困难，但由于发现纠正及时，尚没有造成太大的损失，特别是从中吸取了有益的经验教训，增强了广大干部正确执行党的新区政策的自觉性，从而更有利于根据地的巩固和坚持。

我军主力继攻占邓县之后，平息了少数土匪策动的“反水”暴动。除少数残敌外逃之外，根据地内的大股土顽已被基本肃清。由于局势趋于稳定，加上大力贯彻受群众拥护的新区政策，根据地形势迅速好转。在政权建设方面，继初期开辟的桐柏、枣阳、唐南、唐西、泌阳等县外，此期又开辟了唐河、南阳、邓北、邓南、新野、光化等县，先后共建立了二十个县级民主政权。在组建地方武装方面，各县、区都建立了自己的骨干队伍，使全区的武装力量成倍增长。同时，由于停止了打土豪、分浮财等游击做法，各级政府注意发展生产和保护工商业，经济也得到了恢复，桐柏根据地自此进入了全面巩固和发展的阶段。

粉碎重兵“扫荡”　配合主力歼敌

桐柏根据地的巩固和发展，使周围的敌人极为恐慌。一九四八年二三月间，国民党军先后于南阳成立第十三绥靖区，以王凌云为司令官，辖整编第九师；于襄阳成立第十五绥靖区，以康泽为司令官，辖一〇四、一六三、一六四三个旅；于信阳成立第五绥靖区，以张轸为司令官，将所辖整编第二十师置于确山。敌三个绥靖区构成犄角包围之势，目的在于破坏和妄图夺取我桐柏地区。三四月间，敌整三师、九师、十一师先后十余次窜扰我区。各县外逃的土顽残部，纷纷依附敌正规军回窜，或大肆抓丁、抢粮，或袭击我县、区政权和武装，形势骤然紧张。

为粉碎敌正规军的进攻和反动地方武装的袭扰，我们确定：县区武装坚持原地与敌周旋，保护地方政权和群众；主力二十八旅集结于唐河一带，配合各分区部队机动作战，我一、二分区部队先后给窜扰邢集（信阳属）、骆驼店、尚市店（随县属）等地之敌地方武装以歼灭性打击。三分区部队除给窜扰境内之敌正规军一〇四旅以沉重打击外，还将盘踞于南阳陆官营之敌南阳保安第二团大部歼灭。四月十一日，军区二十八旅两个团，在二分区部队配合下，将窜扰二分区的泌阳县保安第一、三两团，包围歼灭于唐河东北的少白寺，毙俘敌团长以下一千九百余人，再次打击了敌地方武装的嚣张气焰。

四月下旬，敌又纠集四个整编师以上的兵力向我桐柏地区“扫荡”：整二十师、五十八师由驻马店、确山出发，经泌阳、唐河向南进攻我腹心地区；整八十五师进至随县、枣阳地区，配合整十师由应（山）随（县）地区北犯，并于五月初增调整十一师由西平经沙河店西进，策应整二十师、八十五师“扫荡”，敌整九师及所属地方保安团队由南阳出犯，进至新野、邓县一带，堵击我军西进。十五绥靖区的一〇四旅由老河口窜扰邓县以南的构林关，配合整九师作战。面对优势敌人，我军主动放弃了一些城镇，在广阔的地域内，避实就虚、避强击弱，开展灵活机动的反“扫荡”斗争。

五月上旬，正当敌对桐柏地区“扫荡”之际，我中原野战军第二纵队、第四纵队和华东野战军第十纵队，相继进入桐柏地区，发起宛西战役。对宛西各县的敌保安团队展开围歼战，我们除以一、二分区部队于东部坚持反“扫荡”、牵制敌人外，二十八旅和三分区部队全力参加此次战役行动，重点担负南路对敌围歼作战的任务。根据战役部署，五月二日，军区以二十八旅及三分区八十五、八十六团共五个团的兵力，采取奔袭手段，突然包围了邓县城，发起第二次邓县战斗。

此时，邓县城内有敌整九师七十六旅二二六团，内乡保安第四团，新野保安团，以及由第一次邓县战役被歼的保安团残部拼凑起来的邓县两个保安团，共六千余人。我军包围邓县城后，于三日晨发起攻击，一举攻占外城，歼敌六百余人。接着攻击内城，内城守敌凭借坚固工事和美械装备，在敌机支援下，拼死顽抗，敌人将内城城门全部堵死，夜晚焚烧民房、柴草，并发射照明弹，阻止我军进攻。我军英勇顽强，连续突击，战斗十分激烈，九日黄昏，在华野十纵二十八师的配合下，对敌发起总攻，激战至半夜，将敌二二六团及四个保安团全部歼灭。计毙伤敌二二六团副团长杜宁御、内乡保安第四团团长吴宁远以下八百余人。俘敌二二六团团长杜守约、南阳第六专区保安副司令孟季华以下三千八百余人，取得了全歼邓县守敌，其中包括敌正规军一个团的重大胜利。

我军在宛西作战的胜利，使南阳、襄阳之敌异常恐慌，蒋介石、白崇禧急令信阳绥靖区司令张轸亲率整编十师、二十师和五十八师赶赴宛西增援。五月十七日，我军主动撤出邓县，西向内乡转移。二十二日，该敌跟踪追至内乡，正当我部配合刘邓二纵、四纵、华野十纵对其实行包围时，张轸因害怕被歼，急忙经镇平缩回南阳。五月二十五日，位于平汉路附近的我中原野战军东线部队以勇猛动作，佯攻确山，威逼信阳。张轸见其后方不保，于二十七日率部东返，刘邓决定待其行至中途，采取东西包围夹击的办法歼灭该敌。这就是计划中的宛东战役。

二十九日，四纵和我军区二十八旅分别在埠口、兴隆集一带扭击侧击敌人。为纵敌继续前进，以待二纵、十纵赶到后夹击敌人，入夜后部队稍向北、向西后撤，这一行动被敌发觉。同时，敌得知我东集团主力已由确山西进，于唐河地区停滞不前。三十日晚，敌人开始经埠口、石桥悄悄后撤，由于时间紧迫，来不及同友邻部队联系，我便率军区主力抄小路，紧紧尾敌追击。第二天下午，我部追至南阳以东马刘营一带，终于追上敌后卫部队五十八师，经过抢先穿插，敌五十八师师部和一八三旅六千余人被我隔断。敌人为了逃命，在飞机大炮的掩护下拼死反扑。激烈的战斗进行了一天一夜，我部以伤亡六百余人的代价，将敌紧紧地包围在马刘营一带。二日黄昏，二纵和华野十纵相继赶到，张轸所部十师、二十师在整九师的接应下，窜进南阳，被围在马刘营地区之敌五十八师师部及一八三旅被全歼，至此，宛东战役结束。

在宛西、宛东战役中，桐柏军区部队配合主力作战，主动积极，服从指挥，顾全大局，得到上级的表扬。这两次战役，共歼敌五万余人，彻底摧毁了宛西大部地区的反动地方武装和敌政权机构，有力地配合了桐柏地区的反“扫荡”斗争，对巩固桐柏根据地起了重大的作用。

三军配合　攻占襄樊

六月下旬，华东野战军发起围歼区寿年兵团的睢（县）杞（县）战役；中原野战军主力集中于平汉线，阻击北援之敌张轸兵团和胡琏兵团。敌我主力鏖战于豫东及平汉线，西南面的襄（阳）樊（城）守敌陷入孤立境地。为了配合豫东战役，并相机开辟汉南根据地，变汉水为我解放区内河，刘邓首长命令由我统一指挥六纵、桐柏军区部队和陕南军区十二旅，在江汉军区的配合下，发起歼灭康泽集团的襄樊战役。

襄、樊地处汉水中游，南连荆（州）宜（昌），北接宛（南阳）洛（阳），东临武汉，西达川陕，战略地位十分重要。当时敌人的部署是：以一〇四旅及一六三旅、一六四旅各一个团守备襄阳；以一六四旅旅部率两个团防守樊城；以一六三旅旅部率两个团防守老河口和谷城。

我参战部队共十四个团，在兵力上略占优势，但火力不足，敌人有坚固工事和险要地形作依托，且武器精良。如果先攻襄樊，可能把老河口、谷城之敌吓跑，不能达到全歼整个绥区之敌的目的，也可能促使老河口、谷城之敌向襄樊集中，增加攻城的困难。如果先歼谷城、老河口地区之敌，则可以使襄樊之敌更加孤立，便于集中全部兵力予以围歼。因此，我们定下决心，先打谷城、老河口，后打襄樊，将整个战役分为两个阶段。

根据统一部署，桐柏三个军分区均派出配有电台的部队，分别进抵南阳、随县、驻马店和确山附近，掌握敌情，准备阻援。军区二十八旅在副司令员孔庆德的率领下，由邓县构林关地区出发，南下襄樊以东之张家湾一带牵制襄樊之敌，并准备下一阶段作战。六纵在司令员王近山的率领下，于七月三日攻占老河口，随即渡汉水向谷城扑去。陕南军区司令员刘金轩率十二旅由均县以南之草店隐蔽东进，二日攻下石花街，三日攻克谷城，并于谷城以南山地截断老河口及谷城南逃之敌退路，歼敌一六三旅之四八八团全部、四八七团一个营，共一千八百余人。桐柏三分区司令员张廷发率八十五团、八十六团从邓县构林关出发，二日在襄阳谷城间太平店全歼敌一六四旅一个连后，在炮火的掩护下强渡汉水，次日于谷城以南之白虎山截住一六三旅辎重营，并将其全歼。至此，襄樊战役第一阶段胜利结束。

七月六日，我军按预定计划转入战略第二阶段，以六纵队并指挥陕南十二旅和桐柏三分区两个团，攻击襄阳；桐柏二十八旅攻击樊城。

襄阳与樊城隔河相对。襄阳西、东、北三面环水，南有高山作屏障，地形险要，城内外修有各种工事，加上敌人在城垣周围和交通道口遍布鹿砦和地雷，真可谓易守难攻。自古以来取襄阳必先攻南山,而后才能攻城,故守军把主力一〇四旅三个团部署在南门和城南高山诸要点,企图利用外围消耗我军,拖延时间,等待援兵。七日,我军向敌南山要点虎头山、铁帽山发动多次攻击,未能奏效。我军前线指挥部调整部署,六纵由城西主攻,经两日激战,攻下了琵琶山、真武山,打通了城西的攻城通道。陕南十二旅和桐柏三分区部队在对城南之敌进行迷惑牵制之后,相继绕到城东北和城东构筑工事,防止敌人从水上出逃。九日,樊城守敌被迫弃城逃入襄阳,该城遂告解放。桐柏二十八旅绕道东津湾,南渡汉水,投入对襄阳之敌的战斗。

取得了新的战果,我于十一日在六纵队驻地召集王近山、刘金轩开会,对作战情况和下一步行动进一步研究。十二日,前指发出向襄阳城内之敌发动攻击的命令,六纵除以一部牵制城南高地之敌外,主力投入城西主攻;陕南十二旅两个团和桐柏二十八旅,分别由东门和城东南发起攻击;桐柏三分区部队和陕南十二旅一个团,在城南担负牵制阻援任务。各部接此命令后,一面巩固已占阵地,一面积极准备攻城。十三日,六纵占领铁佛寺等前进阵地,并控制攻击西门的唯一道路——西关大石桥。十四日黄昏,我东西两面攻击部队近迫作业,将突击队、火力队推至攻击出发位置,并构筑工事,准备发起攻击。这天下午,敌见我各路部队直逼城下,南山阵地已失去作用,遂令一〇四旅主力退守城内。

七月十五日八点二十分,我军对襄阳发起总攻。六纵集中一切炮火,将西门及其以北三百米一段内碉堡、地堡大部摧毁。工兵接着连续爆破,将城墙炸开一个缺口。突击营在炮火掩护下发起冲锋,勇猛登上城头,并控制了突破口。与此同时,我东面部队也发起攻击,桐柏二十八旅利用事先侦察好的进攻路线,涉过一百五十米宽的积水地带,出敌不意地从东南攻上城头;陕南十二旅从东门突击,也获得成功。

我三支部队突入城内,迅速向中心突击,勇猛穿插,分割包围,各个击破。至十六日晨,守敌大部被歼,只有钟鼓楼和杨家祠堂两处敌人尚在顽抗。十时许,钟鼓楼的守敌向我投降。此时,唯有盘踞杨家祠堂的康泽司令部特务营、宪兵队数百人依托坚固建筑顽抗。六纵十八旅、陕南十二旅和桐柏二十八旅各一部密切协同,采用迫击炮平射、工兵爆破与步兵相结合的战术,向敌发起猛攻。激战半小时,全歼该敌。

襄樊战役历时十四昼夜,歼敌十五绥靖区司令部,一〇四旅、一六四旅全部,一六三旅大部,俘敌绥靖区中将司令、国民党特务头子康泽,中将副司令郭勋祺以下一万七千余人,毙敌三千五百余人,解放了老河口、谷城、南漳、宜城、襄阳、樊城、东津湾等城镇,取得了开辟桐柏以来最大的胜利。中共中央在发来的贺电中称:“这一汉水中游的胜利,紧接着开封、睢杞两大胜利之后,对于中原战局的开展,帮助甚大,尤其是活捉康泽,更给全国青年受三青团特务迫害者以极大的兴奋。”

襄樊战役的胜利,为开辟汉水南岸新区创造了有利条件。战役一结束,军区遂令张廷发同志率部进入该地,会同七月四日先期到达的谷城大队,共同开辟汉南地区。经过两个月的积极作战,解放了谷城、南漳等县城镇,建立了谷城、南漳、保康和南(漳)保(康)兴(山)宜(昌)四个县级政权,不久即正式成立了桐柏第四军分区。

配合淮海战役　巩固南进基地

襄樊战役后,中原之敌并不甘心失败。七月下旬,整十师、十一师、八十五师和五十八师、九师、十五师各一部窜扰一、二分区,整二十师进占襄樊地区。这时,残留于一、二分区之敌地方武装,趁机大肆活动,桐柏东部形势又趋紧张。军区乃以一、二分区为重点,组织剿匪作战。一分区部队先后打击窜扰桐柏县关帝庙、随县四十里冲、信阳县骆驼店之敌保安团队;二分区部队在军区二十八旅及一分区部队配合下,对窜扰泌阳县境之敌保安团队,进行合击清剿。七至九月,一、二分区部队共歼敌一千三百余人,保卫了我地方政权,振奋和安定了群众情绪。

十月上旬,中原我军发起以夺取郑(州)汴(开封)为目标的秋季攻势。为配合北线主力作战,阻止信阳、确山地区的第三兵团、第十二兵团北上驰援,中原军区命令位于桐柏地区的二、六纵队和桐柏、江汉军区部队组成南线部队,承担对上述之敌向南牵制的任务。根据这一部署,十月六日,我率二纵(陈再道同志因病随桐柏军区机关行动)和桐柏二十八旅由平氏南下,准备破击信阳以南的平汉铁路;同时,以六纵活动于湖阳地区,待机歼击枣阳以西的敌二十军(敌已将整编师扩编为军)。我们的行动成功地调动了敌人,黄维(十二兵团)、张淦(三兵团)、宋希濂(十四兵团)三个兵团十余万人,分路向我随县、枣阳、桐柏、唐河地区进犯,企图寻找南线主力作战和打通信阳至南阳的运输道路。为了进一步拖敌向南并寻歼弱敌,根据刘邓首长的指示,我们又将南线部队分为两个集团,以六纵和陕南军区部队留置唐河地区,继续吸引桐柏境内之敌,二纵和桐柏军区主力南出随县以南的大洪山地区。鉴于敌主力已深入桐柏腹地,其后方甚为空虚,我们决定配合江汉军区部队发起应城战役,并令桐柏二十八旅北上信阳,伺机破击平汉铁路。应城战役于十月二十六日胜利结束,计毙俘敌二十八军副军长顾心衡以下近四千人,使华中重镇武汉暴露于我军的直接攻击面前,白崇禧不得不抽兵回救,实现了我军拖敌南移的战略目的。

应城战役前后,我北线主力部队发起郑(州)汴(开封)战役,歼敌两个师,相继解放了中原重镇郑州和开封。接着,我军乘胜东出徐(州)蚌(埠),准备与华东野战军共同发起更大规模的淮海决战。蒋介石如梦方醒,深感徐淮战场形势危急,立即命令黄维兵团由唐河、泌阳地区迅速返回确山、驻马店,旋又令其继续东进,限时赶到阜阳、太和地区,准备增援徐州战场。

为了支援和配合淮海战役,中央军委要求中原军区南线部队继续牵制张淦兵团和迟滞黄维兵团东进。毛主席在致刘邓的电文中说:“二纵及江汉、桐柏主力,对平汉路破击如能彻底,并坚持多日,则不但能延滞八十五军北上时间,且可能迫令黄维以一部从北面南下夹击,打通平汉,如此则能推迟黄维东进之时间,请令王宏坤极力扩展该路之破击,并极力延长破路时间。”接此指示时,我二纵和江汉军区主力已攻占了平汉路南段之花园镇、王家店、卫家店、中华寺等敌据点,对破击铁路十分有利。不几天,破毁南段铁路十余公里。此前派遣北上的二十八旅,亦于十一月四日发起对信阳以北长台关至明港段铁路的破击作战,共破路十多处,炸毁铁桥两座,并在平昌关附近歼敌河南保安十三团三百八十余人,比较好地完成了破路和抑留敌人的任务。

十一月六日,敌黄维兵团由确山出动东援,我南线部队奉命追击截击。六纵、陕南十二旅经方城、周口尾追,我率二纵由花园出发,经宣化店、息县急进。十一月十五日,我们两路部队都赶到了黄维兵团的前面,在涡阳、蒙城地区节节阻其前进。此时,陈再道同志病愈赶回部队,我即奉命返回桐柏,担负继续牵制敌人和坚持桐柏解放区的任务。

当我回到桐柏时,桐柏根据地已发生很大变化。继敌黄维兵团东调之后,张淦兵团和襄樊守敌二十军也相继撤往平汉线或被迫东调。南阳守敌王凌云部只得弃城退守襄樊。除襄樊等少数几个敌据点外,桐柏区大部均告解放。

为夺取桐柏区的最后胜利并配合淮海战役,自十一月下旬起,桐柏军区部队以清扫残敌为主,积极展开活动。二十八旅于十一月三十日,将窜扰新野以南张营、龙王庙等地之敌十三绥靖区十五军六十四师击溃,歼敌七百余人。十二月二十日,军区二十八旅及一、三分区部队各一部,以奔袭手段,向樊城地区之敌展开进攻,当夜将樊城西北三十里竹条铺之敌暂编一师师部及其第三团全部歼灭,旋即直扑樊城。战至二十三日下午,守敌十五军两个团全被歼灭。此次战斗,共歼敌四千余人。

樊城守敌被歼以后,盘踞汉水西岸之敌惊恐异常。在我军强大军事、政治攻势下,驻守襄阳以东东津湾之敌暂编第二师一、三两营及辎重营一千余人,于十二月二十八日向我投降,敌十三绥靖区残部,亦被迫于一九四九年一月上旬撤至荆门、沙市地区,襄阳、樊城再次为我解放。此时,军区又以二十八旅八十四团配合三、四分区部队,向残留老河口之敌保安团队进击,经四日围剿,全歼该敌,计俘敌光(化)谷(城)保安司令陈别三以下一千一百余人。至此,全区北起南阳,南至南漳、保康,西迄丹江,东达桐柏、泌阳的广大地区内,残敌基本肃清,民主政权更加巩固,社会秩序更加稳定。

自一九四七年十二月至一九四九年一月,桐柏解放区军民经过艰苦奋战,不仅胜利地完成了创建、巩固根据地的任务,而且还配合主力进行了宛西、宛东和襄阳等战役,经常牵制敌正规军六七个旅以上的兵力,有力地配合了中原战场我军主力和友邻军区部队的作战。一年多来,桐柏军区部队共作战一千二百余次,歼敌三万九千余人,解放了桐柏、唐河、遂平、泌阳、邓县、新野、光化、谷城、襄阳、南漳等十一座县城,全区面积达五万七千平方公里,人口三百九十余万,同兄弟军区一起,完成了变汉水为我解放区内河和开辟进军江南战略基地的重要任务。

陕南军区纪事

刘金轩

一

一九四八年六月,解放战争快满两周年的时候,开辟鄂陕豫根据地的中原野战军四兵团十二旅和西北民主联军三十八军第十七师共同组建陕南军区,由原十二旅旅长刘金轩任司令员,原三十八军政委汪锋任政治委员,辖十二旅,两郧、商洛两个军分区和五个独立团。

这时陕南地区已有镇安、柞水、洛南、丹凤、山阳、商南、西峡、郧西、均县、白河、旬阳、山商、上津等十五个县一级的民主政府,两郧和商洛两个专署,拥有人口二百余万,地跨鄂陕豫三省边界,北至秦岭终南山,南至巴山武当山,面积八千多平方公里。陕南军区的建立,在战略上切断了敌中原战场与西北战场的联系,牵制了敌整编六十五师、二十七师、七十九师及青年军二〇四师等大量兵力,有力地配合了我中原和西北两战场的作战,并为此后东、北两路进军川黔作了有力的策应。

二

陕南军区建立后的第一仗,就是参加襄樊战役。

六月二十五日,陕南军区奉刘邓命令,参加襄樊战役。当即集中十二旅之三十四、三十五两个主力团,和郧白、郧均两个独立团,以及旅山炮部队、警卫连,由军区司令员刘金轩指挥,依照作战命令,于七月二日突袭谷城敌一六三旅,敌逃往老君山,我当即以一部迂回敌之侧背,以一部作正面攻击,只经过三十几分钟的战斗,便将敌人聚歼于汉水边,俘敌副旅长阎官禄以下一千八百余人,其在逃之辎重营亦为友邻部队全歼,谷城当即被我解放。刘伯承司令员对这一战斗的胜利称赞说:消灭谷城之敌,是我军东西对进得宜,陕南十二旅对襄樊战役初战的胜利,起决定的作用。十二旅受到刘邓首长的嘉勉。接着,我陕南军区部队又配合主力进行襄阳战斗,担负扫清襄阳外围几个较高较险要的山头阵地的任务。经过十余天的激烈战斗,接连将尖山、扁山、铁帽山、火石山、凤凰山等敌阵地夺了下来,并和六纵、桐柏军区部队相配合,三路直逼襄阳城垣,于七月十五日举行总攻。我陕南军区部队担任从城东北角突破。我以三十五团第二营为突击队，奋勇越过城墙，攻入城内，三十四团三营等后续部队随即从突破口源源进入，扫清城东北角之敌，把箭头指向杨家祠堂康泽司令部。因这个区域离杨家祠堂较近，我军区部队即向这个方向溃退的敌人实行追击。这时从西门英勇突入城内的主力六纵，也把箭头指向杨家祠堂，在钟鼓楼和敌人发生激烈战斗。桐柏军区主力二十八旅则从城东南角突入城内。我军三路人马直逼敌杨家祠堂司令部。我军区山炮部队当即运动到近距离，接连炮击敌司令部，敌人慌作一团，混乱不堪，我三十四团三营教导员张景纯带着第七连、第八连各一部，在我炮兵所打开的缺口处，首先冲进敌司令部大院，接连不断用冲锋枪、手榴弹猛烈扫射与轰击敌人，并占领坑道口，将企图挡我军前进的三十八名敌军全部打倒。张景纯当即率部冲入坑道内，将隐蔽在一个角落的敌军指挥官抓住，并把周围企图继续抵抗的敌人全部打倒。我们满以为抓住的指挥官就是康泽，殊不知是副司令官杨××，康泽却狡猾地埋藏在死尸当中，然而终于没有逃脱被活捉的命运，被我六纵部队清查出来了。

襄樊战役从七月二日至十六日历时十四天，共歼敌二万一千余人，其中，我陕南军区歼敌六千九百余人。

三

襄樊战役胜利之后，我陕南军区部队奉命参加淮海战役。

在淮海战役发起前，我十二旅三十四团、三十五团、十七师五十一团及郧白独立团，在一个多月的时间里，在南阳附近牵制敌黄维兵团和敌南阳绥靖区王凌云部。接着，在六纵指挥下，开赴双堆集地区参加围歼黄维兵团的战斗。部队始终处于第一线同敌人进行激烈而艰苦的战斗，尤其是在小李庄坚守战中，打退敌人一个军的多次突围，受到刘邓首长的嘉奖。经过这次战斗的考验，部队的战斗力加强了，战后回到平汉路漯河、郾城一带休整，又总结了战斗经验，表彰了作战有功人员，进行了军事训练，补充了大量解放战士，不但四个团的建制又全部充实起来，而且军政素质又有新的提高。

四

当我陕南军区主力东进参加淮海战役的同时，留守在两郧地区的原十二旅部队，原十七师五十团部队组成的地方部队和这一地区的郧均、上津两个独立团，在广大人民群众的支持下，接连不断寻找战机，向根据地四周的敌人主动出击，进一步扩大和巩固了根据地，保卫了胜利果实。一九四九年一月份，正当淮海战役胜利结束的时候，乘机发动了房（县）竹（山）战役，歼灭了敌人一千多，解放了房县、竹山和保康等县城。一九四九年三月，我军区主力部队经过长途行军，也以新的姿态回到了我们所创建的陕南根据地，屯兵于鄂陕豫三省军事交通要冲荆紫关，协助地方开辟商洛地区工作，先后打下了武关、龙驹寨、竹林关等要地，将盘踞在这一带的作恶多端的陕西保安十二团及白清云部大部歼灭，旋即奉命到邓县、淅川一带追剿残敌，先后攻占丈关桥、三尖山、杨天民寨等敌巢，歼敌“鄂豫人民自卫军”总指挥路保仁以下五千余人。

一九四九年四月，人民解放军胜利渡过长江后，南京国民党政府覆灭了。

五月一日，陕南军区奉命兼任新成立的中国人民解放军第十九军，刘金轩兼任军长，汪锋兼任军政委，下辖五十五、五十七两个师，两郧、商洛、安康等三个军分区，原十二旅三十四团、三十五团、原十七师五十一团依次改编为五十五师一六三团、一六四团、一六五团，原十七师改编为五十七师，原十二旅三十六团、原十七师五十团、郧北独立团依次改编为五十七师一六九团、一七〇团、一七一团。从此，我们就进入了配合向大西南进军作战的新阶段。

薛庆超 编著

中原工作文献与研究

——大别山精神与实践

（下）

中原出版传媒集团
中原传媒股份公司
大象出版社
·郑州·

中原地区历史研究

鄂豫皖革命根据地

——土地革命战争时期的第二大革命根据地

薛庆超

在中国革命史上,鄂豫皖革命根据地是土地革命战争时期的第二大革命根据地。

大革命时期,以董必武为代表的中国共产党湖北组织在武汉培养和造就了鄂豫皖地区的第一代共产党人。北伐军占领武汉后,毛泽东在武汉主办的中央农民运动讲习所又为鄂豫皖地区培训了大批农民运动骨干。这些“革命火种”在大别山区建立中共组织,传播革命思想,点燃了农民运动的熊熊烈火,一时间,革命风暴席卷大别山区。

大革命失败后,中共八七会议确定了土地革命和武装反抗国民党反动派屠杀政策的总方针,号召全党和革命人民继续进行革命斗争。鄂豫皖边区的中共组织,根据八七会议精神,多次举行声势浩大的武装起义,著名的有确山、黄安、麻城、鄂北、商(城)南、六(安)霍(山)等几次大规模武装起义,其中“黄麻起义”的时间和声势仅次于湖南、江西边界的秋收起义。小规模的武装起义有十多次。伴随着这些武装起义,开始了鄂豫皖地区人民的革命武装斗争,给国民党反动派以沉重打击。

大别山区人民具有很高的革命觉悟和革命斗争精神。在漫长的革命岁月里,这里的人民群众跟着共产党,浴血奋战,英勇顽强,坚忍不拔,进行了不屈不挠的革命斗争,创建了鄂豫皖革命根据地和中国工农红军第四方面军,为中国新民主主义革命的胜利做出了重大贡献。

大别山区之所以能够成为中国共产党在土地革命战争时期创建的第二块面积最大的革命根据地,大别山区之所以能够成为红四方面军的“摇篮”,具有多方面的因素。

大别山区地处湖北、河南、安徽三省的交界,在北洋军阀统治时期和国民党政府建立初期,属于反动统治阶级统治薄弱的地区。因此,革命火种得以在大别山区广泛传播、生根、开花、结果。

但是,由于大别山具有重要的地理位置:东临南京、安庆、合肥,西临武汉和平汉铁路,南临长江,北瞰中原。所以鄂豫皖革命根据地和红四方面军建立后,这里成为威胁国民党统治的重要地区。因此,大别山区成为国民党政府与中国共产党争夺的重点区域。

鄂豫皖革命根据地同中央革命根据地及其他革命根据地比较,接近大中城市,而不是远离大中城市;地处中原地区,而不是位于边远山区,交通较为方便。因此,鄂豫皖革命根据地是在国民党统治的腹心地区建立的“红色区域”。它犹如一把利剑刺向国民党统治的心脏。为此，国民党军先后对鄂豫皖革命根据地和红四方面军进行多次“围剿”，出动兵力最多时达30多万人。

鄂豫皖革命根据地和红四方面军的斗争，有力地推动了全国革命形势的发展，牵制了国民党反动派的军事力量，减轻了其他革命根据地的压力，支援了其他革命根据地的革命斗争。

“星星之火，可以燎原。”大别山区的革命烽火以燎原之势熊熊燃烧，绵延不绝，一直持续到中国革命胜利。

1927年11月，由董必武等同志领导的湖北省中共组织，发动了黄（安）麻（城）起义，并将起义的农民自卫军正式改编为工农革命军鄂东军。此举成为创建鄂豫皖革命根据地和红四方面军的起点。红四方面军总指挥徐向前认为，在严重白色恐怖下，如果没有一批党的领导骨干敢于拿起枪杆子，发动成千上万的贫苦农民揭竿而起，就不会有鄂豫皖红四方面军的成长和鄂豫皖工农武装割据的形成。他说：“万事开头难。写红四方面军的历史，首先就要写好黄麻起义。”

鄂东军建立不久，国民党反动派就派出军队进行反扑，鄂东军经过艰苦转战，最后只剩下72个人，被迫转移到木兰山上打游击。他们坚持斗争，顽强不屈，依靠人民群众的掩护，在极端险恶的环境中勇敢战斗，坚持革命武装斗争的正确方向，逐渐发展成为拥有300余人的红三十一师。

1929年夏天，红三十一师师长吴光浩光荣牺牲，中共中央派军事干部徐向前到鄂豫皖地区负责军事指挥。他与党代表戴克敏率领红三十一师，连续粉碎国民党反动派三次“会剿”，红三十一师发展壮大，战斗素质明显提高。

在此期间，河南中共组织领导的商（城）南起义，建立了红三十二师。

安徽中共组织领导的六（安）霍（山）起义，建立了红三十三师。

商南起义和六霍起义对粉碎敌人的“会剿”，创建和发展鄂豫皖革命根据地具有重要意义。鄂豫皖革命根据地奠定初基。

红三十一师、红三十二师、红三十三师，统一组成红一军，开始了从游击红军向正规红军、从游击战向运动战的战略转变。红一军成立后，许继慎、徐向前等同志采取量力而行的方针和拣弱敌打的战术，连战皆捷，部队发展到6000余人。鄂豫皖革命根据地初具规模。

这时，中共中央派曾中生任鄂豫皖特委书记兼革命军事委员会主席，主持鄂豫皖革命根据地的工作。

在鄂豫皖革命根据地第一次反“围剿”中，红一军与红十五军合编，成立红四军。双桥镇歼敌一个师，活捉敌师长岳维峻，红四军声威大震。

1931年5月，中共中央又派张国焘任鄂豫皖中央分局书记兼革命军事委员会主席。

鄂豫皖革命根据地第二次反“围剿”胜利后，徐向前、曾中生率领红四军攻克英山县城，抵制张国焘“东出安庆，威逼南京”的冒险主张，南下蕲黄广一带，在革命根据地群众支援下，歼敌七个多团、俘敌五千余人，取得重大胜利。

随后，红四军与红二十五军合编，正式成立红四方面军。

11 月 7 日，在黄安县七里坪举行庆祝红四方面军成立大会。徐向前任红四方面军总指挥，全军总兵力达到 3 万余人。

红四方面军的成立，标志着红军力量更加壮大、指挥更加统一，鄂豫皖地区的武装斗争进入一个新的发展阶段。

鄂豫皖地区战略地位十分重要，属于兵家必争之地。由于敌强我弱，敌我双方争夺激烈，革命战争极为艰苦。红四方面军独当一面，历尽艰险，百折不回，奋勇前进，经受了严峻考验，创造了辉煌战绩，为中国革命写下了可歌可泣的光辉篇章。

红四方面军成立之际，敌军在鄂豫皖革命根据地周围已经部署 15 个师，准备发起第三次“围剿”。为彻底打破敌军“围剿”，红四方面军决定主动向外线进攻，各个击破周围敌军。从 1931 年 11 月至翌年 6 月，连续发起黄安、商（城）潢（川）、苏家埠、潢（川）光（山）四大战役，以“围点打援”、运动歼敌的战法，消灭敌正规军近 40 个团 6 万余人，活捉皖西“剿共”总指挥厉式鼎，粉碎了敌人的“围剿”。

在革命斗争中，红四方面军发展到 4.5 万余人，地方武装和赤卫军达到 20 万人以上。鄂豫皖革命根据地面积达到 4 万余平方公里，人口达到 350 余万人，辖有 23 个县市（含鄂豫皖革命根据地首府新集市，即现在的河南省信阳市新县），建立了红色政权。这样一大块红色区域屹立在中原大地，在国际国内都产生了重大影响。

鄂豫皖革命根据地的存在和发展、红四方面军的英勇作战与胜利，极大鼓舞了全国各地红军和革命根据地人民群众的革命斗志，沉重打击了国民党反动派，严重威胁了国民党统治的武汉、南京等地，引起国民党的极大震动。

1932 年夏天，蒋介石出任鄂豫皖三省“围剿”总司令，调集 24 个师、30 余万兵力和一部分空军，准备对鄂豫皖革命根据地进行第四次“围剿”。

这时，张国焘被胜利冲昏头脑，拒不采纳徐向前关于休整部队、作好反“围剿”准备、寻机歼敌的正确建议，盲目轻敌，主张“不停顿地进攻”，强令红四方面军南下围攻麻城，进逼武汉。此时由于张国焘到鄂豫皖革命根据地后推行一套“左”的政策，严重削弱了反“围剿”的群众基础和物质基础。

8 月上旬，敌军开始对鄂豫皖革命根据地实行总攻。红四方面军被迫撤麻城之围，仓促迎敌。虽然历经苦战，仍然无法摆脱被动局面。10 月下旬，红四方面军西越平汉铁路，跳到外线作战，计划伺机打回鄂豫皖革命根据地。但因敌重兵追堵，红四方面军被迫开始了长途战略转战。

大别山区人民从大革命时期开始始终坚持革命斗争，始终坚持红旗不倒。鄂豫皖革命根据地1932年秋天反对敌军第四次“围剿”失利后，红四方面军主力西征进入四川。

随后，鄂豫皖中共组织于1932年11月又重建红二十五军，坚持斗争。

1934年，红二十五军北上长征，鄂豫皖中共组织于1935年1月又重建了红二十八军。

除了正规红军外，鄂豫皖中共组织还建立了数十个党政军三位一体的便衣队组织，像孙悟空钻进铁扇公主肚子里一样，坚持红色游击战争，打得国民党反动派不得安宁。

与井冈山和东江革命根据地不同，鄂豫皖革命根据地的一个重要特色就是这块革命根据地是由当地中共组织和人民群众自己开创的，红四方面军也是由中共组织领导大别山区人民的子弟土生土长，创建、发展起来的，在长期革命战争中，培养和造就了一大批革命人才。

1932年秋，在鄂豫皖革命根据地创建的红四方面军西征进入川陕边地区，将革命烈火燃向川陕地区，同以王维舟为首的中共组织和游击队相结合，建立了川陕革命根据地，红四方面军发展到8万多人，以川陕革命根据地为基础，纵横驰骋在川陕大地。

1934年秋，鄂豫皖革命根据地重建的红二十五军，作为“北上抗日第二先遣队”到达鄂豫陕边区，创建了鄂豫陕边区革命根据地。

1936年10月，红军三个方面军会合后，只剩下3万多人，来自鄂豫皖革命根据地的红四方面军将近占二分之一。

中华人民共和国成立后，中国人民解放军中被授予少将以上军衔的有1613人，鄂豫皖革命根据地成长起来的将领就占四分之一。

在土地革命战争中，鄂豫皖革命根据地惨遭国民党反动派杀害的共产党人和革命群众达30多万人；中华人民共和国成立后登记注册的革命烈士有4万多人。鄂豫皖革命根据地和大别山区人民为中国革命付出了巨大代价、做出了重大贡献。

鄂豫皖革命根据地和红四方面军积累了丰富的革命斗争经验。大别山区的革命历史证明，凡是执行了中国共产党的正确路线和政策，凡是制定了正确的战略战术、具有正确的军事指挥，革命斗争就能取得胜利。反之，错误路线如果占据主导地位，革命斗争就会遭受挫折和失利。

中共中央派遣徐向前到达鄂豫皖革命根据地后，和鄂豫皖党组织一起，贯彻执行中共中央的正确路线，红军和革命根据地得到迅速发展。许继慎、徐向前和鄂豫皖边区党组织对于“立三路线”的抵制，避免了红军的损失，使红军在原有基础上有了更大发展，革命根据地继续扩大。

而张国焘到鄂豫皖革命根据地后，大力推行“左”倾教条主义，大搞“肃反”，大批的党员、干部和群众惨遭错杀，使第四次反“围剿”失败，迫使红四方面军撤离大别山地区，使鄂豫皖革命根据地、中共组织和人民群众蒙受了深重的灾难。

从中国共产党的历史看，鄂豫皖革命根据地在土地革命、党的建设、政权建设、经济建设和游击战争等方面创造的丰富经验独具特色，具有历史价值。同样，张国焘造成鄂豫皖革命根据地失败的历史教训也发人深思，应当引以为戒。

大别山区的中共组织和革命人民，在红四方面军、红二十五军长征后，仍然坚持红色游击战争，使大别山区成为中共在南方的重要战略支点，成为新四军第四支队、新四军第四师、新四军第五师等部队的“革命摇篮”和出发点。

红四方面军长征后，长期在大别山区坚持游击战争的红二十八军为组建新四军第四支队奠定了坚实基础。

全国抗日战争时期由彭雪枫率领的开辟豫皖苏抗日民主根据地和淮北抗日民主根据地的新四军第四师，是以大别山区为起点建立和发展起来的。

全国抗日战争时期李先念率领的开辟豫鄂边等抗日民主根据地的新四军第五师，也是以大别山区为起点建立和发展起来的。

正是因为有鄂豫皖革命根据地的历史基础，全国解放战争战略进攻阶段，刘邓野战军千里跃进到大别山区，扎下根来，建立起了新的根据地，如同一把钢刀插向蒋介石的心脏，迫使国民党政府调兵遣将，加强对中原地区的防御。这样就减轻了国民党军队对其他解放区的压力，大大加快了全国解放战争的进程。

鄂豫皖革命根据地和红四方面军在中国革命史上占有特殊的历史地位，对中国革命的作用和影响仅次于中央革命根据地。

历史证明，红四方面军是中国共产党缔造的一支新型人民军队。在土地革命战争的惊涛骇浪中，一往无前，百折不挠，前仆后继，屡建奇功，敢于压倒一切敌人和困难，具有英勇顽强的优良传统和作风。这些战绩、传统和作风说明，红四方面军确实是土地革命战争时期一支重要的方面军。

中国共产党的领导是红四方面军的重要力量源泉。红四方面军从建军之日起，党组织就是领导和团结部队的核心力量，以无产阶级的革命理想、革命精神贯注于部队之中。鄂东北的红三十一师、豫东南的红三十二师、皖西的红三十三师诞生后，分属三个地区的特委或中心县委领导，各师设立政治机关，逐级建立党的组织，实行党代表制。红三十一师的300多人中，党员即占半数。中共鄂豫边第一次代表大会通过的《军事问题决议案》，强调党的绝对领导地位和政治工作的作用，规定红军的任务是：发动和帮助白色区域的民众进行各种斗争；坚决实行土地革命；夺取反动武装；保障和扩大革命根据地。提出了一套比较完整的无产阶级建军原则，对加强部队建设产生深远影响。鄂豫皖特委、鄂豫皖中央分局设立军事委员会直接领导红军。

政治工作是红四方面军的重要建军基础。红四方面军设立有总政治部，军、师、团等各级设立有完善的政治机关，政工人员不断充实，政治委员制度和政治工作制度得到有力的发展和健全。连设党支部,排设党小组,党员的数量不断增加、质量不断提高。在部队干部培训和政治教育方面,坚持以共产主义理想、社会发展规律、马克思主义理论、党的战略策略,以及阶级观念、政策观念、群众观念、组织观念、纪律观念等为基本内容。

共产主义信仰是红四方面军的重要精神支柱。红四方面军指战员普遍懂得共产主义的理想、信念,党的最终目的是实现共产主义,没有共产党的领导就没有工农红军,也没有劳动人民的彻底解放;懂得"打土豪,分田地",宣传群众,组织群众,建立和保卫革命政权;懂得"为谁当兵,为谁打仗",红军战士为革命事业吃苦耐劳、流血牺牲,是最大的光荣。这种高度的政治觉悟,造就了红四方面军的集体主义、乐观主义、革命英雄主义精神,形成了无坚不摧的强大战斗力。

久经考验的领导骨干是红四方面军的中坚力量。红四方面军建军初期的团以上干部,主要是黄麻起义、商南起义、六霍起义的领导人和骨干,土生土长,与当地民众有血肉联系。而中共中央派来的一部分军政领导干部具有一定的马克思主义修养,富有革命的坚定性和创造性,从战争中学习战争,领导红四方面军渡过了艰难的初创时期。红四方面军成立后,军、师、团三级干部主要来自基层。大多为优秀工农分子,文化程度不高,年纪很轻,长期在枪林弹雨中出生入死,经受了战火考验。忠于党,忠于人民,生龙活虎,斗志顽强,具有丰富的战斗经验和基层经验。许多干部经过各种训练班、红军学校的培养,提高了文化水平和理论水平。具有这批领导骨干,红四方面军愈战愈强,百炼成钢,历尽艰难险阻而打不垮,拖不烂。

灵活机动的战略战术是红四方面军克敌制胜的重要法宝。从实际出发,着眼战争的特点和发展去制定灵活机动的战略战术,是红四方面军连克强敌、战绩卓著的根本原因之一。鄂豫皖时期的游击战争阶段,徐向前、戴克敏制定了七条游击战术原则:集中作战,分散游击;红军作战尽量号召群众参加;敌情不明,不与作战;敌进我退,敌退我进;对敌采取跑圈的形式;对远距离的敌人,先动员群众扰乱敌人,再采取突击的方式;敌人如有坚固防御工事,不与作战。这些原则,适应了作战要求。转入运动战阶段后,因时因地因敌制宜,或采取内线作战,诱敌深入,避实击虚,飘忽歼敌的战法;或采取外线进攻,创造战机,利用矛盾,各个击破的战法,以达到争取主动、大量歼敌的作战目的。

英勇顽强、敢打硬仗是红四方面军的优良传统和作风。红四方面军在革命战争中形成了近战、夜战、奔袭、奇袭、围点打援、迂回包抄、分割歼敌等战术特长,还形成了敢于打硬仗、恶仗的优良战斗作风,保证了部队胜利实现战略战役意图,发挥了自己的战术特长。这种战斗作风,是在长期战争实践中、日常训练和管理教育中养成的。徐向前把这种战斗作风概括为"狠、硬、快、猛、活"五个字,它在历次战役战斗和战略转战中,显示了强大的威力。

坚强的内部团结是红四方面军无坚不摧的重要基石。红四方面军指战员绝大多数来自被压迫的底层,为了劳动人民的彻底解放,同命运共呼吸,团结在一起,战斗在一起,始终保持着强大的凝聚力。官兵之间,军政之间,上下级之间,工农分子和知识分子之间,新老同志之间,各部队之间,军队和地方之间,关系融洽,有了矛盾也能得到及时解决。在战斗、行军、长途战略转战中,指战员们发扬阶级友爱精神,舍生忘死,先人后己,相互帮助,相互支援。

严格遵守纪律是部队执行党的政治任务,团结群众,克敌制胜的重要保证。红四方面军的纪律规定为十条:不拿穷人一针一线;不拿穷人粮食;对穷人态度要和蔼;爱护枪不要弄坏;节省子弹勿乱打;对群众要宣传红军主张;火线上要对白军宣传;占城市注意收集机器医药;得物资要先照顾伤员同志;到地方要研究地形道路。这些内容,反映了人民军队的阶级本色。军令如山,全军上下,有令必行,有禁必止,指到哪里打到哪里,绝不容许违抗、贻误上级的命令。严明的纪律既保持了部队的高度集中统一,又深得人民群众的拥护。

广阔的鄂豫皖革命根据地是红四方面军的重要战略基地。有了鄂豫皖革命根据地作为依托,才有红四方面军的创建和发展。鄂豫皖地区的劳动群众迫切要求翻身解放。中国共产党高举红旗,实行土地革命,发动群众,组织群众,武装群众,使之成为红军的坚强后盾。世世代代饱受压迫剥削的劳动人民,推翻了地主阶级的统治,分到了田地,建立了人民政权,过上了新生活。广大人民群众把党和红军看作主心骨,踊跃参军参战,愿意为保卫革命果实贡献一切力量。黄安战役期间,附近的数十万群众一起出动,男子为红军运粮草、送弹药、抬担架,妇女为红军烧水煮饭、救护伤员、缝制衣服鞋袜,赤卫军直接参加战斗,形成人民战争的壮观场面。

土地革命战争时期,是中国共产党坚持马克思主义与革命实践相统一的原则,勇敢探索中国革命的道路,从思想上、政治上、军事上、组织上走向全面成熟的时期,也是最艰难、最曲折的一个历史时期。正是在这个时期,中国共产党开创了许多农村革命根据地,培养造就了一支新型的人民军队,形成了以毛泽东为核心的中央领导集体,为中国革命的胜利奠定了坚实的基础。毛泽东的理论和实践,代表了中国共产党和人民军队的正确方向。鄂豫皖革命根据地、红四方面军的创建、发展和经验教训,是中国共产党集体智慧的重要结晶,是中国共产党历史的重要组成部分,是中国人民解放军历史的重要组成部分。

从鄂豫皖革命根据地诞生的中国工农红军第四方面军,经过西征,开创了川陕革命根据地。经过长征,艰苦转战,历经千辛万苦,最后到达陕甘革命根据地。全国抗日战争爆发后,红四方面军改编为八路军第一二九师,发展为八路军晋冀鲁豫军区、晋冀鲁豫野战军。全国解放战争时期,晋冀鲁豫野战军又发展成为第二野战军,是中国人民解放军的四大野战军之一。

因此,寻根溯源,红四方面军、八路军第一二九师、晋冀鲁豫野战军、第二野战军,其根、其源、其始,皆在大别山区。

中原将星·民族英雄

薛庆超

在中华民族和中国人民艰苦卓绝的抗日战争中，涌现出无数中华民族的优秀儿女、中华民族的英雄人物，诞生在中原大地的东北抗日联军总司令杨靖宇就是其中的代表人物之一（一般来说，杨靖宇的职务是东北抗日联军第一路军总司令。实际上，杨靖宇生前，已经被中共中央任命为东北抗日联军总司令，杨靖宇看到了这个任命，但是他没有公布）。

一

日本“明治维新”后，走上资本主义道路，逐步侵略中国，妄图称霸亚洲和全世界。1894年，日本发动甲午战争，逼迫清廷签订《马关条约》，强行割去中国台湾省等领土。

1931年9月18日，日本又制造了九一八事变，占领了中国的东北三省。从此，在中国共产党的领导下，东北人民奋起抗日，开始了气壮山河、前仆后继、艰苦卓绝、英勇顽强的东北抗日战争。

以九一八事变后中国共产党独立领导的东北抗日战争为起点，中华民族抗击日本帝国主义侵略的抗日战争整整进行了十四年。著名共产党人、抗日民族英雄杨靖宇就是其中的杰出代表。

杨靖宇，原名马尚德，河南省确山县人。早年就学于河南开封纺织工业学校，1927年加入中国共产党，从事地下工作。根据中共八七会议精神，曾经领导了著名的确山农民暴动，在中原大地产生很大影响。

1929年，党组织派遣杨靖宇到东北工作，任中共抚顺特支书记，从事工人运动。

九一八事变后，杨靖宇被中共组织调到哈尔滨工作，相继担任中共哈尔滨市委书记、中共满洲省委代理军委书记。积极建立中共组织和抗日救亡组织，组织抗日武装力量，开展东北抗日战争。

1932年秋天，中共满洲省委委派杨靖宇作为省委代表，整顿中共组织创建的磐石、海龙等地的抗日义勇军，随后任南满抗日游击队政委，开展抗日武装斗争。

1933年，根据中共组织的部署，杨靖宇率领的抗日部队被统一整编为东北人民革命军第一军独立师，杨靖宇任师长兼政委。他指挥部队积极打击日军，同时联系、争取其他抗日武装，进一步扩大抗日斗争力量。

1934年，杨靖宇当选为中华苏维埃共和国中央政府执行委员。

同年，杨靖宇任东北人民革命军第一军军长兼政委，在通化、柳河一带开展抗日游击战争。

1936年，杨靖宇率领的部队被改编为东北抗日联军第一军，任军长兼政委。

抗联第一军、第二军合编为东北抗日联军第一路军后，杨靖宇任总司令兼政委。

在极其艰难困苦的条件下，杨靖宇率领抗联部队，英勇奋斗，打击日军，顽强地坚持东北抗日战争。

毛泽东在《论联合政府》中指出："中国人民的抗日战争，是在曲折的道路上发展起来的。这个战争，还是在1931年就开始了。1931年9月18日，日本侵略者占领沈阳，几个月内，就把东三省占领了。国民党政府采取了不抵抗政策。但是东三省的人民，东三省的一部分爱国军队，在中国共产党领导或协助之下，违反国民党政府的意愿，组织了东三省的抗日义勇军和抗日联军，从事英勇的游击战争。这个英勇的游击战争，曾经发展到很大的规模，中间经过许多困难挫折，始终没有被敌人消灭。"

这是中国共产党对东北人民抗日战争的高度评价。

以中国共产党领导的东北抗日战争为标志，中国成为世界上最早开展反法西斯战争的国家。

日本侵占中国东北后，中国共产党从中华民族的根本利益出发，揭露了日本帝国主义变中国为独占殖民地的野心，批判了国民政府对日本不抵抗政策的实质，直接领导了中国人民的抗日救亡运动和东北人民的抗日战争。中国共产党发表的一系列抗日宣言、声明、决议和采取的一系列措施，代表了中华民族的根本利益，反映了中国人民的共同愿望，因而成为东北人民抗日战争和全国人民抗日怒潮的组织者、推动者和领导者。

九一八事变发生后，中共满洲省委迅速召开紧急会议，作出六项决定：立刻动员全体党员到群众中宣传中国共产党的抗日政策，组织抗日反帝大同盟，以传单标语的形式，宣传中国共产党的抗日主张，立即派代表到上海向中共中央汇报，到各地扩大抗日宣传。

中共满洲省委在《为日本帝国主义武装占领满洲宣言》中指出：

"万恶的日本帝国主义已经将奉天、营口、安东、抚顺、辽阳、海城、铁岭、长春，还有许多别的大小城镇完全占领了。"

"这一政策是日本帝国主义者为实现其'大陆政策'、'满蒙政策'所必然采取的行动。"

"日本帝国主义者之所以能占据满洲，完全是国民党军阀投降帝国主义的结果。"

"只有工农兵劳苦群众自己的武装军队，是真正反对帝国主义的力量。"

"只有劳苦群众自己的政府（苏维埃政府）是彻底反对帝国主义的政府。只有在共产党领导之下，才能将帝国主义驱逐出中国！"

“罢工、罢课、罢市，反对帝国主义占据满洲”，“打倒帝国主义”。①

9月21日，中共满洲省委作出《日本帝国主义武装占领满洲及目前党的紧急任务》的决议。

“天下兴亡，匹夫有责。”日本帝国主义侵占东北后，具有强烈爱国热情的东北人民揭竿而起，掀起了轰轰烈烈的抗日怒潮，各种形式的抗日义勇军如雨后春笋，蓬勃兴起。东北人民和一部分爱国军队，组织起各种抗日武装，进行抗日游击战争。

在东北抗日义勇军中，既有共产党人、工人、农民、学生和知识分子，也有东北军的爱国官兵、地方官吏和绅士。在空前的民族危机和东北沦丧形势下，东北各地的绿林、豪杰、“红枪会”“大刀会”等也纷纷举起抗日义旗，加入到“抗日义勇军”“抗日救国军”“抗日自卫军”等抗日队伍的抗日行列。

从九一八事变后到1932年夏天，东北抗日义勇军以广泛的群众性、空前的爱国热忱、鲜明的抗日旗帜、迅猛的发展势头，汇聚到30多万人，成为东北抗日战争的一支重要力量。

但是，东北抗日义勇军在日军进攻的复杂环境下，没有明确的政治纲领，缺乏坚强的政治领导和统一的军事指挥，也未能充分依靠广大人民群众，遭受了严重的挫折和失败。但是，东北抗日义勇军高举抗日旗帜，开展东北抗日游击战争的功绩则永远记载在中国人民抗日战争的史册上。

在此期间，中国共产党直接领导的反日游击队，逐渐由小到大、由弱到强，在东北抗日战争中发展壮大起来。到1933年初，根据中共中央给满洲各级党部及全体党员的信中提出的坚持抗日统一战线、坚持广泛的游击战争的指示，中国共产党领导的反日游击队等抗日武装进一步发展，逐渐成为东北人民抗日战争的核心力量。到1936年1月，建立了东北人民革命军六个军，开辟了抗日游击根据地，建立了各种反日群众组织和区、县级抗日政权。东北人民革命军发展到6000余人，逐渐形成的抗日游击区扩大到40余县。

中共中央率中国工农红军长征后，与中共东北组织中断了联系，东北党的工作遂由中共驻共产国际代表团指导。《八一宣言》发表后，东北人民革命军积极响应，开始组建东北抗日联军。1936年，根据中共驻共产国际代表团的意见，满洲省委予以撤销，先后成立了中共南满、吉东、北满省委。

东北抗日联军改编为第一、二、三路军，分别归三省省委领导。

第一路军辖一、二军，总司令兼政委杨靖宇，副总司令王德泰、魏拯民，全军约六千人。

第二路军辖四、五、七、八、十军等部队，总指挥兼政委周保中、副总指挥赵尚志、参谋长崔石泉，全军约一千人。

第三路军辖三、六、九、十一军，总指挥张寿篯、政委冯仲云、总参谋长许亨植，全军约五

① 《东北抗日联军史料》(上)，中共党史资料出版社1987年版，第33~35页。

百人。

1936年2月20日,杨靖宇、王德泰、赵尚志、李延禄、周保中等著名抗日将领联名发表《东北抗日联军统一军队建制宣言》,宣布将人民革命军、反日联合军、反日同盟军一律改称为东北抗日联军。

同年秋天,以东北抗日联军第一军和第二军为基础,正式组成东北抗日联军第一路军,著名共产党人杨靖宇任总司令兼政治委员。

二

全国性抗日战争爆发后,中共东北组织及时指出:目前东北抗日游击战争的任务除反对日本帝国主义奴役东北外,还要牵制日本侵略军,支援全国抗战。从此,东北人民的抗日战争成为全国抗日战争的重要组成部分。七七事变后,东北抗日联军各军在70余县的广大地区,频繁向日伪军发起进攻,打击与牵制日伪军数十万人,有力地配合了全国抗日战争。

一位东北抗日联军第一路军老战士回忆说:

当年我参加抗联是因为恨死日本鬼子了。小时候,在我们这里,几乎天天能看到小鬼子欺负作践老百姓。

我当时心里想,要是有杆枪,拼死也不放过这些猪狗不如的东西。过了约莫一个月,我家没吃的东西了。父亲领我去山上抓蛤蟆给一家人充饥,回来时撞到了红军①的营地。起先害怕,很快就觉得他们是好人。他们叫我父亲老伯,还给我们吃白面片儿,夸我机灵。有个带短枪的大个子和气地说:"我们是红军,是抗日救国的军队。""要我吗?"我急慌慌地问。他说要,革命不分老小。那是1935年,我13岁。后来才知道,叫我参加抗联的就是副军长魏振民。

有一年,当时的柳河县白家铺子叫鬼子给洗劫了。我们被打散的七八个弟兄恨得直咬牙,趁黑迂回追到汪沟铺子。在屯子外的林子里合计好,用诈降消灭躲到屯子里的小股鬼子。我们把大枪扔给哨兵,小鬼子以为我们真要投降,就领我们进屋。我们一看20多个鬼子还在睡呢,立马拔出短枪逼住他们。这时候,我们300多人的大部队赶到了。刚撤出汪沟铺子,鬼子几百人的部队也上来了。战斗打了整整一天,撂倒100多个鬼子。

1938年,我第一次见到了杨靖宇司令。那天,他在吉安县林查沟召开群众大会。看到他高大魁梧,我又激动又敬佩。他说,我们要坚决抗日,打鬼子,为民族,为国家。会后,他还教

① 中国共产党领导的东北人民革命军,东北人民当时称为"东北红军";东北人民革命军发展成为东北抗日联军后,东北人民仍然习惯地称为"东北红军"。

我们唱抗联军歌，唱得我热血沸腾。第二天，他就开始指挥抗联在大蚊子沟打了一次大仗。这一仗就干掉了许多伪军和鬼子。那叫痛快啊！吃草根啃树皮钻林子啥苦都忘了。

1939年，杨靖宇司令提出抗联要化整为零消灭敌人。有天夜里，曹亚范师长有紧急军令要传出去，共5个传令兵，先后去了4个都牺牲了。最后轮到我去，我知道也得死，但还是转身就走。曹师长叫住我，给了我50发子弹。这些子弹搁谁手里都是命啊。

我刚下山就到了鬼子堆里。有五六个巡逻的鬼子发现了我，我躲到树后面，等他们只离20多米，扣动扳机就打，全把他们撂倒了。很快后续的鬼子赶来了，我就跑，腿受了伤，趴在一个小土包下再也站不起来了。心想这回要死了，就把剩下的10发子弹都装好，把两颗手榴弹摆好，准备决一死战。等鬼子离我5米多时，先扔手榴弹，接着就开枪。再接着就听见脑后枪声响成一片，我想这回没救了。突然听到有人喊我的名字，我鸣了三枪，五六个战友赶来背着我回到师部，是曹师长及时指挥出击救了我，还表扬我机智勇敢。这一回，我干掉十几个鬼子。①

1938年下半年，日军为确保东北地区作为侵华战争的战略基地，增调重兵，使东北日军达到60万人，对东北抗日联军加紧军事“讨伐”、政治诱降和经济封锁，并采取增建“集团部落”、推行“保甲连坐法”等手段，隔离东北抗日联军与人民群众的联系，竭力破坏抗日联军的生存条件。谢文东、李华堂、郑鲁岩在此期间相继叛变，东北抗日联军的斗争进入最艰苦的阶段。

为此，东北抗日联军第一路军将部队改编为三个方面军和一个警卫旅，转向长白山密林，实行分区作战。

东北抗日联军积极开展广泛的抗日游击战争，极大地打击了日军，振奋了东北人民的抗日信心。在东北人民群众心目中，东北抗日联军第一路军总司令兼政治委员杨靖宇，一直是一位神话般的传奇人物。

据笔者考证，杨靖宇身材高大，身高1米九〇以上，威武魁梧，浓眉大眼；五官端庄，仪表堂堂；品德高尚，文采风流；文武兼备，军政皆优；爱护群众，亲近官兵，深受东北抗日联军指战员和东北人民群众的爱戴。而且，杨靖宇对党忠诚，意志坚定；善于学习，重视团结；城市工作，工人运动，农村工作，武装斗争，事事能干，样样精通。挥毫擅长写文章，挥臂能够打冲锋；可以“上马击狂胡，下马草军书”。

在对日军作战中，杨靖宇既能运筹帷幄，精心部署，组织协调，指挥作战；又能冲锋陷阵，双手使枪，左右开弓，弹无虚发。遇到危急关头，他常常冲锋在前，身先士卒，射杀日军。为了中国人民的抗日事业，杨靖宇以苦为乐、以苦为荣，长期战斗在东北的白山黑水、冰天雪地之间，甘洒热血写春秋。所以，东北抗日联军指战员和东北人民群众都亲切地称他为“杨司

① 黄殿军：《跟着抗联打鬼子》，载《人民日报》2005年8月2日，第8版。

令”。

据考证,中共中央曾经任命杨靖宇为东北抗日联军总司令,任职文件尚未公布时,杨靖宇已经壮烈殉国。

杨靖宇直接指挥的东北抗日联军第一路军一直在南满地区坚持抗日斗争,给予日军以沉重打击。1938 年夏天,杨靖宇指挥抗联部队在大蚊子沟和长岗两次战斗中,全歼伪军两个团。1939 年 6 月,抗联第一路军部队攻入辉南县城,缴获大批弹药和物资。9 月,抗联第一路军一部在敦化县的一次作战中,消灭日军松岛部队一百余人。

这时,日本关东军为了消灭抗联第一路军,抽调日伪军七万余人进行“大讨伐”。抗联第一路军为保存实力,坚持斗争,将部队分编为小部队进行活动。

三

1940 年初,日军在蒙江一带发现杨靖宇和抗联第一路军总指挥部的行踪,立即调集大批兵力,紧紧跟踪,全力“搜剿”。

杨靖宇指挥抗联部队陆续突围,日军仍然紧追不放,死死咬住。

2 月 23 日,杨靖宇在三道崴子一带陷入日军重围,在与日军进行了激烈战斗后,弹尽粮绝,壮烈牺牲。

残暴的日军对杨靖宇的遗体进行了解剖,发现肠胃里连一粒粮食也没有,只有草根、树皮和棉絮,感到极为震惊。

关于杨靖宇最后岁月的情况,他的警卫员黄生发回忆道:

1940 年 2 月的一天,杨司令带领我们直属队的少部分同志准备越过蒙江以东的大森林,去联系部队,中途因被叛徒告密,陷入了日军的重重包围。

2 月,山里正是最冷的时候。在一个密林旁的山沟里,我们住下了。这里靠近一个大木帮,有几千伐木工人,山道上来往行人很多,树林里炊烟缭绕,很容易混过敌人耳目。这时候,我们的帐篷、火炉全丢了,地上的雪又很深,连一块休息的空地都找不到。幸好我们还有斧头和锯,就动手砍树枝,在雪地上打铺。

我们忙着搞饭吃的时候,杨司令就跟从二路军来的“交通”谈起话来。他拿着那支三色铅笔,聚精会神地往小本上记着,有时若有所思地问两句话,有时在雪地上画画,打着手势,发出爽朗的笑声。

这时,岗上突然响了一枪,发现敌人了。杨司令站起来看看,挥着手同我们说:“快进林子。”

森林是我们的老家,一入林子,敌人就没办法了。同时,因天黑看不清,和我们遭遇的又不是敌人的大部队,他们也摸不清我们的虚实,所以我们一打,他们也就不追了。这次我和警卫班副班长朱文范在后边掩护。等我俩跟上来时，杨司令一见面就问："后边还有人没有？"我说："别人没见，只见着了二路军的'交通'。他的胯骨被打伤了。叫我不要管他，快找你。"杨司令一听，责备我们说："这就不对了，快，快去把他找回来！"

于是派了两个人去找"交通"，我砍树枝生火。烤火，只能取暖，一天没吃东西，实在饿得不行。我拿出背袋里仅有的一块苞米干粮递给杨司令，要他烤烤吃。他两手放在火上，看了我一眼说："就这一点儿干粮，搞碎煮汤大家喝吧！"

他从来都是和大家同甘共苦，我只得按照他的嘱咐去做。可是，身边连个罐头盒子都没有，用什么煮呢？我忽然想起山坡上有一片锅铁，虽然只能煮几茶缸子水，但总比没有强，就跑去把它找来。我用草擦了擦铁锈，装上雪，放在火上煮。雪化了，又把那块苞米干粮掰碎放进去。这时候，他们把"交通"背回来了。

我们十多个人，围着火堆，用一只小铜勺轮着喝那点苞米干粮煮的稀汤。小铜勺从这个人手里，传到那个人手里，谁也不愿意多喝一口，都想让杨司令多喝一点。可是，杨司令只喝了两勺，就又把勺子送给了"交通"。这时，"交通"向杨司令说："为了整个部队，你们不要再带我了。我的伤很重，把我留下吧。"

起初杨司令不肯，最后见他实在不走，我们的任务又急，就决定把他暂时留下。派几个同志在一个隐蔽处专门搭了一个小棚，把他安置好，还叫我们设法搞些干粮给他留下。然后杨司令对"交通"说："同志，你安心在这里隐蔽几天，等我们联系着部队，马上就派人来接你。""交通"紧紧地握住杨司令的手："司令，你走吧，祝你们快联系上部队，快取得胜利……"

杨司令挨个看着我们的脸。大概是觉得我们有些忧郁吧，他就像平时那样镇静沉着，满怀信心地鼓励我们说："你们看见过海吗？——革命就好比海潮，有时高，有时低。大革命失败，国民党就'围剿'我们的红军，可是红军却越'剿'越多。敌人是搞不过我们的。"

他略微提高了点声音说："就是我们这几个人牺牲了，还有人继承革命的事业。革命，总是要成功的！"他这番话，使我们每个人都感到浑身是劲。是的，只要坚持斗争到底，革命就一定胜利！

烤了一阵火，喝了几口汤，我们都有了点精神。杨司令站起来，搓着两手说："暖和过来了，走，趁天黑翻过山去。"

到处是敌人的岗哨，到处是敌人燃起的篝火。我们在大雪中转了半夜，也没有翻过一个小山岭去。这时候，不知谁低着声向杨司令说："趁天不亮，还不如往回走呢！"杨司令对下级从来不动火，可是这回他像是生气了，严肃地说："为什么要往回走？是我们自己的生命要紧，还是联系部队的任务要紧？"是啊，我们这些当战士的，有时候只是想到司令的安全，却忘了司令这次出来的任务！

又走了一两天，晚上敌人又围上来了。我们利用有利地形，从次日太阳出山，一直打到天擦黑。这次战斗我们受到不小损失:有的胳臂负了伤,有的手掌穿了个洞;还有的被打掉了一个拇指,我的大腿也负了伤。

突围出来后,我们便在一个地方隐蔽下来。由于这时怕敌人的飞机发现,不能生火,大家只好坐在木头上休息。这时我们还有七个人。借着雪夜的光亮,我们看到杨司令高大魁伟的身躯,迈着健壮有力的步子来回踱着。从他那有节奏的脚步声中,可以感觉到,压在他肩上的重任和他那坚韧刚毅的性格。他不时停下来,凝视着山林的深处,一声不响。

最后,他忽然转过身来,把我叫到跟前:“黄生发!”说着,掏出他的小本撕了一页,匆匆写好后交给我,说:“你和几个负伤的同志顺来路往回走,去找陈政委送信,告诉他这边的情况,请他采取措施策应一下。我带两个同志继续设法去找部队。”他想了想,又叮嘱我:“回去的时候,你记着,去找那个‘交通’,一定要把他带走。”他又交代了将来会面的地点、暗号。说完,从衣兜里掏出一块大烟放在我手里,说:“带着这个,同志们伤口疼的时候好吃。”

我一听司令说这话,立刻感到眼圈一阵热,恨不能扑到他怀里大哭一场。可是这时候,形势极端严重,处境十分险恶,为了执行送信的任务,也只得服从命令。眼看要离开跟随了几年的杨司令,我眼睛里憋满了眼泪。我把捡来的一块苞米干粮,偷偷地交给一个同志,千叮万嘱地对他说:“你要好好照顾司令,我不能跟他去了。这块干粮,你看他什么时候饿了,就烤给他吃吧!……”

我和刘福太同志等四个伤号和杨司令一一握手告别。杨司令两眼闪着慈母般的光辉,最后告诉我们说:“要坚定,机智。等着你们的好消息!”

我们走出几步,就回头看看杨司令。他一直站在一块山石上目送着我们。我们走出了很远,他还站在那里,向我们摆着手。再往前走几步回头看时,一株挺拔的高大苍松,遮住了他的身影……

我们在大雪覆盖的森林里,爬了四五天。在一天晚上,终于冲出了重围,找到了陈政委。

不幸的是,在我们回到部队以后不久,便听到了杨司令牺牲的消息。我们哭了半天,都悲恸得饭菜难下。原来他和我们分手后,在大森林里转战了四个昼夜,最后跳出了敌人的层层包围。但是,由于四天四夜未见粒米,饿了吃树皮草根,渴了抓把雪,饥饿使他走不动了。正在这时,身边仅有的两个警卫员,在下山搞粮途中遇到坏人,相继牺牲。

杨司令独自转战在密林中。一天,在保安村西南三道崴子森林里,因有坏人告密而被敌人的森林警察发现,杨司令身负重伤。敌人包围住他一个人,枪声不断,“抓活的”“快投降吧”的嚎叫声不绝于耳。杨司令倚着一棵古树,两手握着两支短枪,英勇地抗击着敌人。

大雪在飘,寒风在啸,杨司令的脚下弹壳落满一层。从日出打到中午,他一个人几次击退了敌人的攻击,最后终因寡不敌众,杨司令壮烈殉国。①

① 黄生发:《杨靖宇同志在重围中》。

关于杨靖宇壮烈殉国后的情况，一位当年在日本关东军服役的姓金的回忆说：

“我是一个军医，在日本京都医科大学毕业分派到关东军中服役，我被作为支援满蒙讨伐队派到东边道医务战地治伤队工作。我的职务是外科医士后补，曾为日寇侵略中国卖过力。”

“1940 年 2 月底的一天，我的上司通知我参加一次例外手术，给被杀害的东北抗日联军总司令杨靖宇作破腹探察。不少日本军队的要人都来到手术室，气氛显得格外紧张。这真是一次异常的手术啊！杨司令的上身中了数弹，鲜血染红了整个躯体，神情依然是那样坚毅安详，令人惊叹不止。”

“手术开始以后，一个意想不到的情况出现了，杨司令的腹中空空如也，除了草根、棉絮，别无他物，这真是钢铁铸成的硬汉子，在场的日本的、朝鲜的、中国的医生眼眶都湿润了，日本东边道治安肃正总司令岸谷隆一郎，用右手扶了扶带黑框的眼镜，不得不伸出大拇指喃喃地说：‘我的对手真是一位神人！’”

“事后，我听我的日本同事说，中国是一个不可征服的国家，因为她有不可欺侮的中华民族！而杨靖宇就是她的一个优秀代表。”①

四

杨靖宇战死沙场后，东北抗日联军各部队继承杨靖宇的遗志，继续浴血奋战，一直战斗到东北解放、抗日战争取得最后胜利。

在继承杨靖宇遗志的东北抗日联军战友中，陈翰章是一位优秀代表。陈翰章是吉林省人，日本帝国主义侵占中国东北三省后，刚刚从事教育工作的陈翰章忧国忧民，投身到抗日救亡活动中。他常说：“国破家安在？堂堂男子汉，岂能甘做异族奴隶！”1932 年参加吉林救国军，积极抗击日本侵略军。1933 年加入中国共产党，成为救国军总参谋长、共产党员周保中的得力助手。1934 年，参加建立东北抗日联军，后来任抗联第五军第二师师长、第三方面军指挥，率部在极其艰苦的镜泊湖地区打击日本侵略军，声威大振。日军一面频繁进行军事“讨伐”，一面对抗日联军和陈翰章进行政治诱降，均遭到失败。1940 年 12 月，天寒地冻，大雪封山，在一次战斗中，由于叛徒出卖，陈翰章和抗联战友们陷入日军的重重包围之中。日军高叫着：“陈翰章，投降吧，给你大官做。”陈翰章一面大呼：“死也不当亡国奴。”一面用复仇的子弹回答日军的劝降。最后，终因寡不敌众，弹尽粮绝，陈翰章英勇牺牲，年仅 27 岁。

在东北抗日战争中，不断有东北抗日联军所属部队因作战失利，被迫越过中苏边境进入苏联境内，经短期休整后，重返东北战场。到 1942 年上半年，东北抗日联军第一路军、第二

① 中共辽宁省委党史研究室：《党史纵横》2006 年第 2 期，第 66 页。

路军、第三路军的主力都先后在中苏边境地区设立野营,集结整训。同年秋天,经共产国际同意,将中国东北抗日联军部队整编为抗联教导旅(又称国际旅),由周保中任旅长,李兆麟任副旅长兼政治委员。同时,在教导旅内设立中国共产党东北地区委员会。

在此期间,东北抗日联军不断派遣小部队返回东北战场,开展游击战争。1942 年 2 月 12 日,著名抗日将领赵尚志率领东北抗日联军一支部队,在东北地区汤原一带开展抗日游击战争。赵尚志是辽宁省朝阳县人,1925 年加入中国共产党,同年入黄埔军校学习。1926 年回东北从事革命活动。九一八事变后,任中共满洲省委军委书记,巴彦游击队政委、参谋长。1933 年 10 月任珠河反日游击队大队长,领导创建珠河抗日根据地。历任东北人民革命军第三军军长、北满抗日联军总司令、东北抗日联军第三军军长、东北抗日联军第二路军副总指挥。长期转战北满各地,骁勇善战,屡创日军。

东北抗日联军遭到严重挫折后,赵尚志仍率小部队坚持游击战争。后来日军使用诡计,派遣特工人员打入游击队内部。在一次行动中,赵尚志遭到内奸的暗害,身受重伤被俘。此后,日军百般威胁利诱,赵尚志宁死不屈,为中华民族的解放事业英勇就义。1947 年,珠河县农工代表大会决定改县名为尚志县,以志纪念。

东北抗日联军的抗日游击战争,一直坚持到抗日战争胜利前夕。然后,配合苏联军队进军东北、解放东北、接管东北。

一位东北抗日联军老战士回忆说:

1943 年 3 月,年仅 13 岁的我,参加了东北抗联小分队。我和战友们一起,转战于渺无人烟的深山密林。后来,由于当时形势要求,我们又经过艰辛的跋涉,秘密穿越国境线,到达苏联哈巴罗夫斯克东北抗联北野营,番号为远东红军 88 旅。

此后,我同苏联红军一道参加了斯大林格勒保卫战。我和 80 名抗联战士守卫一座大桥,经过浴血奋战,40 名战士壮烈牺牲,22 人负伤,但我们成功地完成了任务。

1944 年 3 月,我调任 88 旅旅长周保中将军警卫员。1945 年 7 月,在苏联哈巴罗夫斯克列宁广场旁一座高楼里,苏联红军远东军对日作战总指挥部正在召开高级军事会议,研究进攻日本关东军的战略战术问题,部署出兵中国东北的路线和作战方式。参加这次会议的都是从西欧战线调回来的苏军高级军官,苏军远东军区司令华西列夫斯基元帅作了战前动员报告。

参加这次会议的唯一中国军官就是周保中将军。华西列夫斯基在会上征求周保中将军的意见。周保中站起来说:"东北人民被日军蹂躏了 14 年,我希望你们一定要保护他们,爱护他们……"

接着他又介绍了东北地区的历史、风土人情、地理气候和自然环境等情况。周保中的一席话得到了苏军将领们的赞许。

在远东军一方面军司令马利诺夫斯基要求下,周保中介绍了东北日本关东军的情况。

周保中从容地磕了磕烟斗，走到巨大的中苏边境军事地图前，又将自己绘制的东北地区日本关东军战略要地分布图拿出来，对照着用俄语介绍了边境地区日本关东军的工事要点。担负绥芬河方面主攻任务的苏军军官克雷洛夫不停地往本子上记着，担负主攻满洲里任务的苏军军官布尔马索夫少将、扎哈罗夫大将，也认真地边听边记。

听了周保中这番介绍，苏军将领感到十分惊讶，他们认为这些军事情报非常详细。

马利诺夫斯基伸出大拇指对周保中说："好！好！谢谢你，你帮了我们的大忙了，你是我们的好朋友！"

我作为周保中的警卫员，聆听了这次高级军事会议的全部内容。

7月9日上午10时，斯大林同志在克里姆林宫的一间小会议室亲切接见了周保中等中国同志，我有幸陪同周保中进入会议室。斯大林紧紧握着周保中的手，高声地叫着周保中的俄国名字："关特拉雪夫同志你好！"

斯大林这次能这么快接见周保中，是因为他收到了远东军区第一、二方面军表扬奖赏周保中的电报，电报称赞周保中在远东军区高级军事会议上的情况介绍，对苏军进攻东北起到了极其重要的作用。这也促使斯大林下决心命令苏军从满洲里、蒙古、远东海滨三路对日本关东军发起总攻。①

在中共中央派出东北局和八路军、新四军进入东北后，东北抗日联军指战员在中共中央、东北局的领导下，成为东北人民自卫军、东北人民自治军、东北民主联军、东北人民解放军的组成部分，为中国人民解放战争继续奋战，直到中国革命胜利。

东北抗日联军老战士、中共中央纪律检查委员会书记韩光在《东北抗日联军的历史回顾》中指出："伟大的抗日战争中，以杨靖宇为代表的东北抗日联军的生存环境最艰苦、抗战斗争最残酷。广大抗联战士在极端艰难的岁月里，以顽强抗争的精神，战斗数万次，牵制、消灭了大量日本关东军和伪满军警。东北抗日联军的战斗事迹，在人民群众中广为传颂，极大地振奋了民族精神，推动了全国抗日救亡运动，有力地支援和配合了其他抗日战场的作战，为中国抗日战争的胜利做出了重要贡献。"②

五

中国共产党和中国人民一直十分重视对东北抗日战争、东北抗日联军及杨靖宇等东北抗日英烈的悼念、研究与宣传。东北抗日义勇军、东北人民革命军和东北抗日联军在十四年东北抗日战争中所表现出来的惊天地、泣鬼神的革命精神，杨靖宇等东北抗日英烈的英勇事

---

① 刘义权：《打开尘封的回忆》，载2005年8月19日《人民日报》，第8版。

② 2005年8月29日《人民日报》，第5版。

迹,已经成为中华民族数千年的重要精神财富和中华民族精神的重要组成部分。

1949年初,中国革命即将取得决定性胜利,由当年的抗日武装力量包括杨靖宇等抗日将领组织和领导的东北抗日联军等人民军队发展起来的中国人民解放军已经解放了东北、华北等地,正准备强渡长江、解放全中国。中国人民长期为之奋斗的新中国,即将出现在东方的地平线上。杨靖宇等抗日英烈为之抛头颅洒热血的奋斗目标,就要实现。

1949年2月2日,哈尔滨各界群众在东北烈士纪念馆隆重举行公祭杨靖宇将军殉难九周年大会及陈翰章将军同祭会。哈尔滨,是杨靖宇生前工作、战斗过的地方,他曾经担任中共哈尔滨市委第一任书记,并从哈尔滨走向抗日武装斗争的战场。

哈尔滨各界群众公祭杨靖宇将军殉难九周年大会主席台正中用白布覆盖的桌子上,安放着杨靖宇、陈翰章两位将军永不屈服的头颅。会场内挂满各机关团体、各界著名人士敬献的挽联和花圈。

中共中央东北局和东北行政委员会的挽联写着:

当年将军血战长白山义烈忠贞光党史,

今日我军直捣大江南歼彼丑类慰英灵。

中共松江省委的挽联写着:

大英雄为人民忠贞不屈坚持东北游击战,

灭日寇报仇冤祝祷将军瞑目含笑于九泉。

杨靖宇的战友、松江省人民政府主席冯仲云的挽联写着:

浩气贯人间殉国精神千秋不死,

威名震东亚抗敌功绩万世长存。

中共哈尔滨市委、市人民政府的挽联写着:

为共产主义牺牲昭垂后世,

将革命进行到底纪念将军。

中共齐齐哈尔市委、市人民政府的挽联写着:

抛头颅挽河山真共产党人英雄气概,

饿体腹坚壮志乃抗联领袖模范英风。

……

著名民主人士李济深、章乃器、沙千里、茅盾、陈其尤、朱蕴山、王昆仑、许广平、洪深、孙起孟等十七人送来的纪念献词上写道:

“自抗日军兴,我中华儿女奋起杀敌,为国死难者多矣;而共产党员杨靖宇将军之死,尤为成仁取义之准则云。……嗟乎!苌弘碧血,长培民主之花;烈士英灵,永护自由之果。俯仰锦绣河山,不负头颅大好。杨将军为东北人民而死,东北人民得永生矣,是亦杨将军不死也。”

上午10时,在低回的哀乐声中,出席公祭大会的各界人士向著名抗日民族英雄杨靖宇和陈翰章两将军的遗首献香、献花、献果,诵读献给两将军的祭文,合唱《靖宇同志我们永远想着你》挽歌。

孤军酷斗,艰险备尝。

爬冰卧雪,蹈火投汤。

……

兽行日寇,剖腹开膛,

草根树皮,外无粒粮。

忠贞浩气,慑服魔王。

光阴荏苒,九易星霜。

日寇降伏,蒋匪逃亡。

大仇既报,宿愿克偿。

回忆往迹,党史流芳。

白山肃立,黑水低吟。红旗招展,雄风长存。

杨靖宇将军的英勇事迹,永远激励和鼓舞着中国人民奋勇前进。

同年5月,著名历史学家、文学家郭沫若在哈尔滨烈士纪念馆瞻仰杨靖宇和陈翰章两将军遗首后,题诗《咏杨靖宇将军》一首:

头颅可断腹可剖,

烈忾难消志不磨。

碧血青蒿两千古,

于今赤旆满山河。

中共中央、中央领导同志一直对东北抗日战争、东北抗日联军及杨靖宇等东北抗日英烈以高度评价。

曾经担任中共中央东北局书记、东北人民自治军政治委员、东北民主联军政治委员的彭真指出:"中国共产党人领导的革命斗争中,有三件最艰苦的事。第一件:红军二万五千里长征;第二件:红军出征后,南方红军的三年游击战争;第三件:东北抗日联军的十四年苦斗。"

中华人民共和国政务院总理周恩来于1953年1月1日瞻仰设在哈尔滨市的东北烈士纪念馆时指出:"革命先烈抛头颅,洒热血,才换得了人民的解放和胜利!要广泛地宣传革命的历史和烈士们的英雄事迹,教育人民。"

同时,周恩来挥笔题词:"革命先烈永垂不朽!"

著名抗日民族英雄杨靖宇,是不屈的中华民族的象征、中华民族的脊梁、东北抗日联军的领袖和优秀代表、东北抗日战争的伟大旗帜、中外闻名的抗日名将。德高望重的中华人民共和国全国人民代表大会常务委员会委员长朱德亲自为杨靖宇的灵堂匾额题词:"人民英雄杨靖宇同志永垂不朽!”

1958 年 2 月 23 日,中国共产党和中国人民为抗日民族英雄杨靖宇烈士陵园揭幕,同时为杨靖宇举行庄严肃穆的殉国 18 周年公祭安葬大会。

中国共产党中央委员会主席毛泽东,中国共产党中央委员会副主席刘少奇、周恩来、朱德,敬献了花圈。

朝鲜劳动党中央委员会总书记、朝鲜民主主义人民共和国内阁首相金日成,朝鲜民主主义人民共和国最高人民议会常任委员会委员长崔庸健,以及朝鲜党政军领导人金一、金光侠、崔贤等朝鲜战友,敬献了花圈。

中共中央在悼词中说:“杨靖宇同志就是在斗争中英勇牺牲了的一个伟大的战士。我们今天来纪念杨靖宇同志,也就是纪念在东北游击抗日战争中光荣牺牲的一切革命战士。”

“富贵不能淫,贫贱不能移,威武不能屈。”东北抗日战争、东北抗日联军和杨靖宇等东北抗日英烈的事迹与历史贡献,将永远铭刻在中华民族的史册上,受到中国人民永恒的纪念。

现在,杨靖宇的家乡河南、杨靖宇生前战斗过的东北等地,都修建了杨靖宇将军纪念馆。杨靖宇的革命精神、爱国情操、民族气节、生平事迹,已经载入中国历史和中国共产党历史,将会受到永远的纪念,成为中华民族宝贵的精神财富。

全国抗日战争时期的中原局

薛庆超

全国抗日战争时期，中共中央开始设立中原局，根据中共中央的委托，指导黄河以南、长江以北、秦岭以东、大海以西的党政军工作。

1938 年 11 月 9 日，中共六届六中全会闭幕的第三天，中共中央政治局发出通知："兹特决定以胡服（即刘少奇）、朱瑞、朱理治、彭雪枫、郑位三为中央中原局委员，以胡服兼中原局书记。所有长江以北河南、湖北、安徽、江苏地区党的工作，概归中原局指导。"

中共中央中原局正式宣告成立。

撤销以王明为书记的长江局，设立以刘少奇为书记的中原局，是中共中央和毛泽东的一个重要战略决策。

刘少奇无论在王明"左"倾教条主义路线统治全党时，还是在党的遵义会议、瓦窑堡会议、全国代表会议、六届六中全会上，都坚定地站在以毛泽东为代表的党内正确路线一边，对党内"左"的或右的错误进行了坚决的斗争，具有坚定不移地贯彻执行中共中央正确路线的政治坚定性和原则性。特别是刘少奇在六届六中全会上的讲话中，深刻地批判了王明右倾错误，科学地阐明了中共在抗日民族统一战线中的政策和策略，在毛泽东政治报告中得到充分肯定。

刘少奇具有在各种复杂环境下驾驭全局、主持全面工作的多方面丰富经验。中原地区政治、军事情况极为复杂，敌、伪、顽、我四个方面的力量纵横交错，中国共产党领导下的工作有公开的统一战线工作、秘密的地下工作，从事武装斗争的八路军、新四军和游击队的工作，创建抗日根据地的工作……只有派刘少奇这样经验丰富的革命家才能够高瞻远瞩，全局在胸，运筹帷幄，决胜千里，圆满完成中央的战略方针。

刘少奇具有无产阶级革命家应有的开创革命斗争新局面的魄力和才干。他在担任中央代表和北方局书记期间，全面贯彻执行中央瓦窑堡会议制定的新的政治路线，为彻底肃清华北地区党内"左"倾错误的影响，正确贯彻党的抗日民族统一战线政策，推动全面抗战的爆发，作出了令人瞩目的成绩，赢得了中共中央和毛泽东的高度信任。中原地区的工作，相对于抗战爆发前后的华北而言，虽然已经取得了一定的成绩，但是距中共中央的要求还相差很远。对此，刘少奇在 1943 年的一次报告中曾指出："1938 年冬，六中全会决定成立中原局，并派我到中原局负责指导长江以北、陇海路以南党的工作。""党的六中全会决定了发展华中的方针,然而在这时,发展华中最好的时机事实上已经过去了……”①因此,刘少奇肩负着根据六届六中全会“发展华中”的战略方针开辟中原抗战新局面的历史重任。

总之,中共中央赋予中原局的任务,就是坚决贯彻执行六届六中全会确定的路线、方针和政策,彻底肃清王明右倾错误的影响,大力发展中原地区党的组织和人民军队,大力创建抗日根据地,使华中和华北连成一片,为争取抗战胜利和下一阶段中国革命的胜利奠定坚实的基础。

中共中央中原局成立后,刘少奇立即调集干部,组织大家认真学习中共六届六中全会精神,认真分析中原形势和中原局面临的任务。

全国抗日战争爆发后,在中共抗日民族统一战线政策号召下,中原地区掀起了声势浩大的抗日救亡爱国运动,共产党、八路军、新四军被进步的人们视为“民族救星”,广大人民群众纷纷揭竿而起,组织起了一支支的抗日武装,各级党组织和共产党员在极端困难的条件下努力工作,奠定了党和人民军队在中原地区顺利发展的有利基础。

但是,中原地区也存在着一些亟待解决的问题,主要有:在抗日民族统一战线工作中,有王明右倾错误的影响;在党的工作中,没有把发展党的组织和创建抗日根据地作为中心工作来抓;党的组织设置与抗战新形势的发展很不适宜;在党的组织发展中有“左”倾关门主义的倾向,影响了党的力量的扩大;对于新入党的党员,缺乏必要的思想教育、理论教育和政治训练;在中原地区的八路军、新四军及其他抗日人民武装,隶属关系不一,缺乏集中统一的领导和指挥;在白色恐怖下被打散了的一些党的组织和党的队伍,还没有得到充分的恢复和发展……

中原局和刘少奇认真研究了中原地区的政治形势、军事状况、地理环境,分析了中原各地党组织的情况、人民抗日武装发展的情况,决定调整党的组织设置,以适应抗战新形势发展和党的事业的需要。

中原局决定,撤销湖北省委、河南省委,建立鄂中、鄂西北区党委,设立豫南、豫西、鄂豫皖、豫皖苏省委。

刘少奇指出,沦陷区党组织的任务是:建立党的组织,发动群众,武装群众,开展敌后游击战争,创建抗日根据地;未沦陷区党组织的任务是:恢复和发展党的组织,发动群众,武装群众,积蓄力量,准备开展游击战争和支援敌后抗战。

刘少奇的这些决策,贯彻了六届六中全会关于“把党的主要工作放在战区和敌后”的精神,适应了开创中原地区抗战新局面的需要,具有十分重要的意义。

为了就近领导中原地区的各项工作,1938 年 11 月,刘少奇率中原局机关与中共中央派赴中原地区工作的李先念、朱理治、郭述申、谭希林等领导干部一起,离开延安,奔赴中原。

---

① 《刘少奇选集》上卷,第 266、275 页。

在西安八路军办事处停留几天后，刘少奇率中原局机关前往豫西，李先念等领导干部先期前往中原各地。

11 月 28 日，刘少奇一行到达河南渑池八路军兵站。

随后，在豫西特委召开的豫西特委、洛阳、洛宁、灵宝、临汝、偃师五个中心县委和各县委负责人参加的豫西党组织负责人会议上，刘少奇作了重要报告。

刘少奇首先传达了毛泽东在六届六中全会上的政治报告和全会决议，充分论述了这次全会对于抗战发展和党的事业发展的重大意义。

然后，刘少奇结合新的形势和任务，对豫西党的工作进行了具体部署，指出豫西党组织紧急的中心任务是：积极准备，迎接抗日游击战争，大量吸收党员。

在讲到发展党员问题时，刘少奇指出："只要知道八路军是咱们的军队，能打旗号欢迎我军，为我军带路的都行。"

在讲到从上而下普遍地建立党的组织问题时，刘少奇指出："没有党组织的县份，派几个干部去那里组织县委，发展党员，建立党部。"

刘少奇要求，各级党组织要抓紧时间，训练与培养干部①。

会议期间，刘少奇还分别听取了与会的各中心县委、县委负责人的工作汇报，就一些具体工作作了指示。

在此期间，根据豫西党组织的状况和形势发展的需要，刘少奇决定对豫西党组织进行必要的调整：取消豫西特委，成立豫西省委，将豫西地区各中心县委改为地委，任命了省委书记和组织、宣传、统战、军事、青年、妇女等各部部长，成立了洛阳、新密、宜洛、伊鲁、陕灵等八个地委。

刘少奇采取的这些果断措施，建立健全了豫西地区从省委、地委到县委的各级领导机构，理顺了党组织之间的隶属关系，得到豫西地区广大党员、干部的赞同和拥护。

渑池会议结束后，豫西省委根据刘少奇的指示精神，立即举办了第一期有地委、县委、区委和支部书记参加的党员领导干部训练班，学习《统一战线》《党的建设》《游击战术》三门课程。刘少奇应邀为训练班作了《论共产党员的修养》《中共党史》等重要报告。这两个报告，后来分别在有关的党内刊物上发表，"在河南成为党内党外最感兴趣的读物"。

刘少奇对豫西党组织的指示和采取的组织调整措施，反映了中共中央和毛泽东对豫西地区的长远战略考虑，贯彻了六届六中全会精神，批判了右倾错误和"左"倾关门主义两种错误倾向，摒弃了党内一些领导干部在革命高潮到来时，四平八稳，按部就班，从容不迫，主观落后于客观，认识落后于实践，思想观念落后于形势发展的"斯文作风"，实现了豫西地区党的工作的根本性转变，为八路军挺进豫西，开辟豫西抗日根据地准备了条件。

---

① 郭晓棠回忆录：《党在河南的部分活动情况》。

这时，先期到达河南确山竹沟镇的朱理治、李先念等领导干部，根据刘少奇和中原局的统一部署，主持召开了中共河南省委扩大会议，传达贯彻六届六中全会精神。会议进行了必要的组织调整，撤销河南、湖北省委，成立豫南省委，由朱理治兼任书记。同时，召开了豫南省委扩大会议，决定加强党对军事工作的领导，成立省委军事委员会，朱理治兼主任，李先念、王国华任副主任。

1939年1月，刘少奇一行经洛阳、南阳、泌阳等地，前往河南省确山县竹沟镇。一路上，刘少奇每到一地，都认真听取当地党组织负责人的工作汇报，传达贯彻六届六中全会精神，全面部署党的公开工作与秘密工作。他要求从事统一战线工作的同志，要坚持党的统一战线方针，巩固和扩大抗日民族统一战线；从事秘密工作的同志，要隐蔽精干，长期埋伏，积蓄力量，以待时机。

1月28日，刘少奇一行到达竹沟。竹沟是位于豫南确山、信阳、桐柏、泌阳四县交界处的一个居民不足千人的山村小镇，由于它既处于桐柏山区的群山环抱之中，又与平汉铁路相邻，因此地理位置十分重要。从大革命时期到抗战爆发，这一地区共产党组织的活动始终没有中断过，这里的人民有着长期的革命斗争历史和光荣的革命传统。抗战爆发前后，竹沟"成为我党在中原地区发展的一个重要阵地和战略支撑点"；成为"新四军成长壮大的一个重要基地。新四军二师的一部、四师和五师的基干部队都是从这里出发，会合各地党所领导的武装力量而发展起来的"①。

刘少奇率中原局进驻竹沟后，竹沟立即成为中共中央在中原地区的指挥中心。刘少奇夜以继日，听取汇报，调查研究，统一思想，排除干扰，全力以赴，调兵遣将，贯彻落实六届六中全会精神，为实现中共中央"发展华中"的战略方针进行全面部署。

为了迅速打开豫鄂边区抗战的新局面，刘少奇首先听取了朱理治、陈少敏等关于豫南省委扩大会议及豫南抗日武装组建情况的汇报。豫南省委(亦称豫鄂边区党委)是河南、湖北省委撤销后刚刚组建的，在第一次省委扩大会议上，着重研究了豫鄂边区的形势和如何在豫鄂边区开创新局面问题。随后，由李先念主持召开了豫鄂边区军事会议，决定成立新四军豫鄂独立游击支队，李先念任司令员。1月17日，李先念已率领一支由60名干部、90多名战士组成的部队向武汉外围敌后挺进。1月下旬到达四望山，与中共豫南特委组建的有300余人的信阳挺进队会合。

根据中原局关于沿铁路两侧国民党不去的区域发展的方针，2月底，李先念率部离开四望山，向平汉铁路以东信阳、罗山边区挺进，3月在信阳南面的灵山冲大寺口与新四军第六游击大队会合，随即在信罗边成立了中共区委，开展群众工作，发展抗日武装。4月，中共豫鄂边区党委组织委员陈少敏从竹沟率领约1个连的兵力到达四望山信阳挺进队。6月初，又率

① 李先念1984年1月给确山县委的信，1985年4月6日《人民日报》。

信阳挺进队两个中队继续南下,到达鄂中安陆赵家棚。李先念于4月从灵山向鄂中挺进,在小悟山与中共地方组织领导的湖北省抗日游击大队会合,随后开抵赵家棚地区。5月中旬,鄂中区党委在应山县组建的两个中队亦前来会合。

为了统一指挥,上述三支部队合编为新四军挺进团。5月1日,鄂中区党委军事部部长陶铸率领应城县国民抗敌自卫总队挺进大队等部,夜袭云梦城,围攻伪维持会、公安大队驻地大庙,歼伪军一部,解救被关押的群众多人。当孝感日军派出坦克部队增援时,应城县国民抗敌自卫总队已顺利转移。这是中国军队在鄂中第一次袭击敌占县城。

对于豫鄂边抗日游击战争的发展,中原局和刘少奇十分重视。为了使中国共产党在豫鄂边这一重要战略区域建立根据地,中原局和刘少奇强调要抓好人民武装的扩大和主力部队的创建。根据中原局指示,鄂中区党委于6月在京山养马畈召开会议,传达刘少奇关于统一整编抗日武装的指示,讨论豫南和鄂中地区人民抗日武装的统一问题。

会议遵照刘少奇的指示,统一整编了豫南、鄂中地区的人民抗日武装,成立了新四军豫鄂独立游击支队,下辖四个团,李先念任司令员,鄂中区党委书记陈少敏兼任政治委员。这支部队在中国共产党领导下,高举抗日旗帜,向鄂中、豫南、汉水和淮河两岸的敌后挺进,开展游击战争,创建抗日根据地,很快发展成为中国共产党在豫鄂边地区的一支劲旅。以后,这支部队几经整编、扩充,正式组建为新四军第五师。

豫皖苏抗日根据地,是由彭雪枫、张震率领从竹沟出发的新四军游击支队与豫东党组织领导的抗日武装相结合,正在开辟的一块地跨豫皖苏三省的根据地。该根据地地处豫、皖、苏、鲁四省要冲,扼陇海、津浦两大交通干线,既是中共联系华北、华中各抗日根据地的枢纽,又是新四军向东挺进,在华中地区发展壮大的重要阵地。豫皖苏根据地的得失,直接影响到中共在整个华中地区的长远战略部署。

刘少奇在竹沟听取了彭雪枫派来的同志所作的豫皖苏根据地政治、军事等方面的综合汇报后,十分高兴,当即表扬了豫皖苏根据地的工作。指出:游击支队的发展方向是向敌后发展,就是向津浦路以东发展;根据地的建设要由小块到大块,由一块到多块,然后联结在一起。

根据刘少奇的指示,彭雪枫率游击支队在豫、皖、苏地区纵横驰骋,消灭敌人,发动群众,建立和发展党的组织,很快开辟了以豫东的永城、夏邑,安徽的涡阳、萧县、亳县(今亳州市)为中心的豫皖苏抗日根据地。他们的创造性工作和巨大成绩,多次受到中共中央和毛泽东的表扬。这一地区的部队,也由彭雪枫、张震从竹沟出发东进时的370多人,逐渐发展成为一支强大的主力部队,以后正式编为新四军第四师。

鄂中,是一个战略上极为重要的地区。这里的党组织作了大量卓有成效的工作,奠定了党和人民军队发展的基础,但是缺乏干部,缺乏创建根据地的经验。2月上旬,鄂中区党委书记钱瑛和鄂中特委书记杨学诚到竹沟向刘少奇汇报了鄂中的工作情况,要求中原局派干部去那里工作。刘少奇听了汇报,非常高兴,立即决定派遣10多个人、一部电台,随他们一起去鄂中,组织群众武装,创建根据地。刘少奇还指示说:你们回到鄂中去,要坚决贯彻党的六届六中全会决议,要争取时间,扩大武装力量,迅速打开敌后抗战局面。

鄂中区负责人回去后,立即召开区党委扩大会议,传达刘少奇的指示,回顾总结过去工作中的经验教训,确定了发展游击战争、建立抗日根据地的总方针。当鄂中局面发展起来又派人到中原局汇报工作时,刘少奇对鄂中的工作进行了肯定。为了满足他们需要干部的要求,刘少奇把自己的警卫员、医生、报务员、译电员都派到了鄂中。

对于鄂东、鄂西北地区的情况,刘少奇也极为关注,多次听取汇报,给予指示。在听取了鄂东地区的情况汇报后,刘少奇当即致电中共中央书记处,详细报告了鄂东地区党组织和抗日武装发展情况:地方党组织已组成有步枪900支,机枪12挺的游击队,作战数次,战果甚好。黄冈、蕲春、英山、罗田党员已发展到数千人。当日军进逼汉水一线时,刘少奇立即指示鄂西北区党委"鄂西北要迅速完成建党工作,部分地区要抓武装,准备打游击"。

刘少奇主持中原局打开了中原抗战的新局面后,缺乏干部成为一个十分突出的问题。豫鄂边区的李先念、豫皖苏边区的彭雪枫等部队和地区,要求中原局派遣干部的电报雪片般不断飞来。刘少奇一方面转报中央要求向中原地区大批派遣干部,一方面"自力更生",在竹沟举办军政教导大队、党员干部训练班和各种专门的训练班,由各地党组织选派进步青年和革命积极分子,大批培训急需的各级党政军领导骨干。

据统计,从1938年3月至1939年10月,中原局和豫南省委在竹沟先后办军政教导大队4期,培训军政干部1400余人;办党训班6期,培训支部以上区、县级干部1000余人;青年干部训练班3期,培训干部300余人;地方武装干部培训班4期,培训干部200余人;电台、机要、卫生、司号、供给、妇女等各种训练班,培训专业干部200人。总计在竹沟培训的学员达到3000多人,其中党员2200人。

向学员讲授的主要课程有:《帝国主义论》《社会发展简史》《大众哲学》《论持久战》《抗日民族统一战线问题》《中国革命运动史》《抗日政策》《游击战术》《时事报告》等。刘少奇、朱理治、陈少敏等领导干部都亲自给学员讲课。他们革命历史长,斗争经验丰富,讲课中善于通过党史上的经验教训和现实生活中的实例说明问题,深入浅出,备受欢迎。

广大学员在短时间内,受到深刻的马克思主义系统教育和党的路线、方针、政策教育。这些学员结业后,立即被派往中原地区的各个抗日根据地,很快在实际斗争中锻炼成长为各个方面的领导骨干,在革命斗争中发挥了巨大的作用,为抗战胜利和中国革命的胜利作出了贡献。

刘少奇在河南主持中原局工作时,大力抓好党的建设、武装斗争、开创抗日根据地等工作,同时还极为重视党的政治理论建设和对党员干部的思想教育。在此期间,他先后作了《论共产党员的修养》《中共党史》《论党内斗争》《做一个好党员,建设一个好的党》《作马克思、恩格斯、列宁、斯大林的最好学生》《干部政策》《民族运动》《工人运动》《统一战线》《抗日战争的形势》等重要报告。这一时期，成为他理论上著述最多，理论思维最活跃，提出理论观点最丰富的时期。

刘少奇的理论报告，都不是为了一般地阐述某一个理论观点，而是有针对性地为解决正在千里中原战场上英勇斗争的党的组织和党的队伍中存在的实际问题；他的报告没有纯理论的空洞的教条，而是充满了与党的建设、抗日战争实践相联系的生动、具体、丰富的内涵。

《论共产党员的修养》，是刘少奇在豫西省委举办的第一期党训班上的报告，引起了很大反响。以后刘少奇又在竹沟和延安马列学院多次演讲，内容不断补充，不断丰富，成为抗战时期一篇重要的马克思主义理论文献。当时，中国革命进入了新的高潮，大批追求进步和革命的青年加入了党的行列，有的很快在斗争中成长为领导干部。但是，他们还缺乏长期艰苦斗争的考验，缺乏革命低潮时期的斗争经验，缺乏长期的党性锻炼和严格的党员修养教育。为此，刘少奇在报告中，依据马克思主义建党学说，结合中华民族的优良传统，结合中共党史上的经验教训，着重阐述了共产党人为什么要进行修养和如何进行修养等一系列重大问题。针对豫西是国民党统治区，党的干部随时有被捕牺牲的危险，刘少奇还要求共产党员，必须具有革命的坚定性和革命气节，真正做到"富贵不能淫，贫贱不能移，威武不能屈"，能够经得起一切恶劣环境的考验。

在《论党内斗争》中，刘少奇着重分析了中国共产党产生的特殊条件，并指出，我们党内斗争的一种特别严重的倾向，是斗争进行得过火，进行得毫无限制，走到另一个极端——党内斗争中的"左"倾机会主义、党内组织上的"左"倾机会主义。刘少奇列举了"机械过火的党内斗争之表现"，严厉批评"以为党内斗争是斗争得愈凶就愈好，问题提得愈严重愈好，搜集别人的错误愈多愈好，给别人戴的帽子愈大愈好，批评的词句愈尖刻愈好，批评与斗争的方式和态度愈严峻愈粗暴愈好"的极端错误的党内斗争方式；刘少奇还严厉批评了"用对敌人对异己分子斗争的方法，来向党内的同志斗争，用对付敌人与异己分子的办法，来对付党内的同志"的党内斗争办法；阐述了正确开展党内斗争的原则和方法。刘少奇在党内错误路线占统治地位时，曾屡遭"左"倾错误的党内斗争方式的批判和打击，对党内过火斗争有亲身感受和切肤之痛。他的这一报告，有极强的针对性和现实性，对于中原地区各级党组织开展正确的党内斗争产生了积极而又深远的影响。

刘少奇极为重视总结党的历史上的经验教训，用以指导现实工作。1939 年 2 月 7 日，是京汉铁路工人大罢工 16 周年纪念日，刘少奇在豫南省委会议上，讲述了中国共产党领导的早期工人运动历史，详细向大家介绍了京汉铁路工人大罢工斗争史和罢工领导人林祥谦、施洋等革命烈士大义凛然，视死如归，慷慨就义的大无畏牺牲精神，号召大家继承和发扬中国工人阶级的优良传统，为夺取中国革命的胜利英勇奋斗。

刘少奇在其他理论报告中，也都用通俗易懂的语言，结合中原地区抗日战争和党的建设的实际,阐述了马克思主义关于党的建设、党性锻炼、党员修养、群众路线、干部政策等一系列基本观点。

刘少奇在主持中原局期间的这些理论著述,从中国共产党和中国革命的实际出发,用马克思主义的立场、观点和方法,系统总结了党的历史上的经验和教训,深刻论述了党在抗日战争中的路线、方针和政策,从理论与实践的结合上,有针对性地解决了新形势下党的建设中出现的一系列新问题,用新的内容进一步丰富、发展了马克思主义的建党学说,是毛泽东党的建设思想的重要组成部分。

刘少奇论党的建设的著述,不仅对中原地区各级党组织的发展与巩固起过巨大的作用,而且对全党也产生过广泛而又深刻的影响。以后,刘少奇的部分著述,被中共中央列入《整风文献》,成为全党整风运动的重要教材。经过历史实践的检验,刘少奇当年所阐述的许多理论观点至今仍然闪烁着马克思主义真理的光芒。

刘少奇主持中原局工作期间,表现了革命高潮时期的工作作风。

具有坚定不移地贯彻落实中共中央路线、方针和政策的坚定性。刘少奇任中原局书记前后,不服从中央指示,把自己管辖的区域视为“独立王国”,闹独立性者,前有长江局书记王明,后有东南局书记项英,都给革命事业造成了严重损失。刘少奇在中原局,则是从全党工作的大局出发,旗帜鲜明地贯彻落实中央对中原地区的战略部署和具体的各项指示,毫不动摇地把中央精神贯彻到广大党员、干部中去,使中央的决策及时转化为各地党组织和广大党员、干部、群众的实际行动,使中原地区的各项工作迅速走上中央要求的发展轨道,取得了令人瞩目的巨大成绩,在抗日战争和中国革命历史上写下了光辉的篇章。对待中央路线、方针、政策的截然不同的两种态度,带来了两种不同的结果。这种历史上的经验教训,发人深思。

具有高度的马克思主义理论修养和理论联系实际的革命学风。刘少奇具有丰富的革命斗争实践经验,善于把马克思主义基本原理与当时当地的具体情况相结合,认真研究现实生活迫切需要解决的实际问题,同时在实践中不断深化对问题的认识,及时把实践经验上升到理论的高度,指导现实斗争。善于不断用新的实践、新的内容、新的结论和新的观点,丰富和发展马克思主义。

具有历史发展转折关头把革命事业迅速推向前进的胆略和魄力。历史发展转折关头和革命的转变时期,必须高瞻远瞩,驾驭全局,抓住时机,把革命事业迅速推向前进。刘少奇到河南任中原局书记期间,正是从国内革命战争向民族解放战争的转变时期,正处在抗日战争由战略防御转入战略相持的阶段。刘少奇本来长期从事白区工作,擅长的是“稳扎稳打”的秘密工作方式。但是,在新形势下,他没有沿用自己熟悉的工作方法,而是以站在历史发展潮流前列,推动历史前进的无产阶级革命家的胆略和气魄,沉着果断,知难而进,大刀阔斧,雷厉风行,用适应形势发展需要的全新的工作方式和工作方法,打开了中原抗战的新局面。

他一再教育干部：要看到中国历史发展的特殊条件，一定要抓住这个千载难逢的机会，“在历史发展很快的时候，必须采取大刀阔斧的工作方式，解决在革命中已经成熟了的任务，这样才能走在时代前面，领导革命前进”。刘少奇是这样要求各级干部的，他本人也正是这样做的。由于他及时抓住了当时历史发展提供的千载难逢的机会，才开辟了崭新的工作局面，使中央关于“发展华中”的战略方针得以实现。

总之，从1938年11月到1939年10月，刘少奇主持中原局领导工作初期阶段，以革命转变时期应有的革命胆略和魄力，彻底肃清了王明右倾错误的影响，坚定不移地把党的工作重心转移到开辟敌后抗日根据地上来。具体指导了四望山、大别山、鄂豫边、豫皖苏等抗日根据地的创建和发展工作，使党在中原地区的各项工作走上了蓬勃发展的轨道。

中原局作为中共中央的派出机关，为全面贯彻落实中共六届六中全会精神，实现中原地区党组织从国内革命战争向抗日民族解放战争的战略转变，发展和壮大抗日民族统一战线；恢复、发展、重建和整顿党的组织和党的队伍，提高党的各级领导干部和广大党员的政治理论水平和党性修养；开辟和创建华中抗日根据地，实现中共中央“发展华中”的战略决策，作出了重大历史性贡献。

1939年底，鉴于中原地区的抗战局面已经打开，新四军江南部队开始进军江北，张云逸、罗炳辉部队正在开辟皖中、皖东根据地，彭雪枫部队开辟了豫皖苏根据地，李先念部队开辟了豫鄂边根据地；中共中央和毛泽东正在考虑派遣八路军主力一部从华北南下，与新四军会师苏北，创建将华北、华中两大战略区连成一片的华中抗日根据地，迫切需要刘少奇和中原局就近指导工作。中原局的工作重心，逐渐向苏北地区东移，刘少奇遂率中原局离开河南，前往苏北。

对于中原局这一时期的历史功绩，老一代革命家予以了高度评价。

邓小平指出：“1938年冬，刘少奇同志南下担任中原局书记，组织和建立华中抗日根据地……恢复和壮大了华中地区的革命力量。”①

李先念指出：“以刘少奇同志为书记的中原局，坚决贯彻执行了党中央和毛泽东同志的正确路线、方针和政策，高举抗日民族统一战线的旗帜，坚持独立自主的原则，放手发动群众，壮大自己力量，大力发展敌后游击战争，很快打开了河南、湖北、安徽地区敌后抗日斗争的新局面。”②

① 1980年5月18日《人民日报》。
② 1985年4月6日《人民日报》。

中原局部署八路军、新四军会师华中

薛庆超

中共中央强调，“华中是我重要生命线”

全国抗日战争爆发以后，中国共产党领导下的西北主力红军迅速改编为八路军开赴华北前线，抗击日本帝国主义的疯狂侵略。根据中共中央和毛泽东的战略部署，八路军放手发动群众，开展独立自主的游击战争，先后开辟和建立了晋察冀、晋冀鲁豫、晋绥、山东等抗日民主根据地，广泛建立了各级抗日民主政权，发展和锻炼了数十万人的人民军队，坚持和发展了华北地区的抗日战争。当八路军挺进华北之际，根据中国共产党同国民党谈判达成的协议，主力红军长征后战斗在南方八省的红军游击队改编为新四军。1938 年 1 月，新四军军部组成以后，即率领所属部队 1 万余人奔赴华中敌后，威逼芜湖、南京、上海近郊，挺进徐州、武汉外围，到处沉重地打击日本侵略军，使华中半壁河山成为广阔的抗日战场。1939 年冬，新四军总兵力已达 3 万人，在大江南北建立了抗日民主根据地，初步打开了华中地区的抗战局面。

中国共产党领导的人民军队的发展壮大，沉重打击了日本帝国主义的侵略气焰，收复了大片国土，极大地鼓舞了全国人民的抗战信心。然而，人民力量的迅速发展引起了消极抗日、积极反共的国民党顽固派的极大恐惧和仇恨。1939 年 12 月到 1940 年 3 月，国民党顽固派制造了抗日战争以来的第一次反共高潮。中国共产党和人民军队根据“人不犯我，我不犯人，人若犯我，我必犯人”的原则，粉碎了国民党顽固派的军事进攻和政治阴谋，坚决打退了国民党顽固派的第一次反共高潮。

国民党顽固派在华北的反共活动受到中国共产党和八路军的迎头痛击以后，遂将其反共活动重心转向华中，阴谋制造新的事端。

自 1935 年红军主力北上长征以后，蒋介石便想彻底消灭坚持在南方的红军游击队，但是一直未能得逞。抗日战争开始，蒋介石迫于形势，不得不同意将坚持在南方的红军游击队改编为新四军，开赴抗日前线，但又将新四军的主要活动范围限制在面临长江天险和日军侵华心脏的南京附近地区，企图借日军之手消灭新四军于这一狭窄地区，实现其“借刀杀人”的阴谋。中共中央、毛泽东识破了蒋介石这一险恶用心，采取“将计就计”的方针，要求新四军各部队组成以后,迅速深入敌后。因为新四军一经开到敌后和人民群众相结合,就如鱼得水。蒋介石无以售其奸,“借刀杀人”的诡计遂告破产。但蒋介石反共之心不死,于 1940 年冬以国民政府军事委员会正、副参谋总长何应钦、白崇禧名义发出“皓”“齐”两电,大肆污蔑坚持敌后抗战的八路军、新四军,强令黄河以南中国共产党领导的人民军队限期撤至黄河以北。蒋介石的险恶用心是:当八路军、新四军全部撤至黄河以北以后,即由国民党军队凭借黄河天险,堵塞归路,置八路军、新四军于死地。

鉴于第一次国共合作时的血的教训,中共中央和毛泽东对蒋介石的阴谋保持高度的警惕。当蒋介石将其反共摩擦中心逐步由华北移向华中,指使国民党军队在苏南、皖东、皖中、豫东和苏北等地连续向新四军部队大举进攻的时候,中共中央和毛泽东就及时要求全党提高警觉,从思想上、政治上、组织上全力巩固中国共产党,巩固党所领导的人民军队和抗日民主政权,以准备对付可能发生的危害中国革命的突然事变,并为此作了大力发展华中的战略部署。中共中央和毛泽东明确指出:鉴于日寇大量增兵,华北敌占区日益扩大,我方斗争日益艰苦,以及国民党军队可能的公开的反共和投降,全国性突然事变可能到来,我军决不能限死在黄河以北不入中原,故“华中是我重要的生命线”“整个苏北、皖东、淮北为我必争之地。凡扬子江以北,淮南路以东,淮河以北,开封以东,陇海路以南,大海以西,统须在一年以内造成民主的抗日根据地”①。中共中央和毛泽东对国内形势的清醒分析和正确估计,以及在此基础上做出的发展华中的战略决策,为中国共产党和人民军队在华中地区打退蒋介石的第二次反共高潮做了充分的准备。

中原局确定华中八路军、新四军发展方向

正是在这种形势下,为了粉碎蒋介石的政治阴谋和军事进攻,坚持华中敌后抗战,打通八路军和新四军的联系,援助华中新四军部队,完成创建华中抗日根据地的伟大战略任务,中共中央命令八路军、新四军分别开始南下和北上行动,实现八路军和新四军在华中地区的会师,以加强中国共产党和人民军队在华中的力量和战略地位,建立广阔的华中抗日根据地。这是中共中央和毛泽东高瞻远瞩,洞观全局,深谋远虑所作出的一个重大战略决策。

进军苏北、开辟华中抗日根据地是中共中央、毛泽东的一贯方针。早在新四军建立之初,毛泽东就指出,新四军应该东进作战,直追上海,并向北发展,进入苏北②。然而,由于种种原因,新四军失去了徐州、武汉相继失守以后,在华中广大地区进行大发展的有利时机。

---

① 粟裕:《挺进苏北与黄桥决战》,载《新四军黄桥战役史料》,第 78~79 页。

② 毛泽东:《对新四军进行游击战的指示》,载中国人民解放军政治学院编:《中共党史参考资料》第八册,人民出版社 1980 年版,第 154 页。

1938年9月，中共六届六中全会进一步确定了"巩固华北""发展华中"[①]的战略方针。会后，为了贯彻中共六届六中全会精神，中共中央委托周恩来于1939年春到达皖南新四军军部。贯彻中央关于向敌后发展的指示，并具体确定新四军的战略任务是：向南巩固，向东作战，向北发展[②]。与南下的八路军会师，开辟华中、华北连成一片的抗日根据地。4月21日，中共中央发出《关于发展华中武装力量的指示》，指出"华中是我党发展武装力量的主要地区，在战略上华中为连接华北、华南的枢纽，关系整个抗战，前途甚大"[③]。指示要求华中人民军队，放手发展自己的力量，创建华中根据地，加强中国共产党和人民军队在华中的地位。

为了全面贯彻落实中共中央关于"发展华中"的战略方针，中共六届六中全会上即已决定设立中共中央中原局，以刘少奇为书记，将长江以北，黄河以南的河南、湖北、安徽、江苏地区党的工作，全部划归中原局指导[④]，为中共中央的正确路线和方针在华中地区的贯彻执行提供了可靠保证。1939年9月，受中共中央的重托，刘少奇作为中共中央代表和中原局书记离开延安，前往华中敌后。10月到达豫皖苏地区。11月到达津浦路西淮南地区新四军江北指挥部。刘少奇到达江北以后，毛泽东更明确地去电指示，要求新四军全力发展苏北，建立以苏北、皖北为中心的华中敌后根据地。毛泽东认为，只有这样，才能坚持华中敌后的持久抗战[⑤]。毛泽东的电报更进一步强调了开辟苏北、皖北是建立整个华中根据地的重要环节。

苏北地区在抗日战争中具有特定的战略地位，它既是一个人口众多的盛产粮、棉、盐等战略物资的重要基地，又是连接新四军同八路军联系的重要纽带。尽早开辟以苏北、皖北为中心的华中根据地，早日实现中共中央和毛泽东的战略部署，可使华中人民军队北连山东，背靠八路军主力一一五师，西连冀鲁豫根据地，与八路军主力一二九师相呼应。沟通华北、华中两大战略区的联系，使八路军、新四军得以互相配合，为争取抗日战争胜利和中国革命胜利奠定一个有利的基础。为了尽快实现中共中央和毛泽东的战略意图，刘少奇于1939年11月11日致电中共中央书记处，提议在一两个月后，从彭雪枫领导的新四军游击支队主力部队及豫皖苏省委干部中抽一部，到津浦路东去创造苏北根据地。11月19日，中共中央书记处在给刘少奇、彭德怀的电报中表示"完全同意"，并指出："整个江北的新四军应从安庆、合肥、怀远、永城、夏邑之线起，广泛猛烈的向东发展，一直发展到海边，不到海边决不应停止。一切有敌人而无国民党军队的区域，均应坚决的尽量的但是有计划有步骤的去发展。在此广大区域，应发展抗日武装（正规的与地方的）5万至10万人枪，惟须指导下级避免与韩德勤的基本区域发生冲突。"

---

① 中央党校党史教研室编：《中国共产党历次重要会议集》上册，上海人民出版社1982年版，第218页。

② 中央党史研究室编：《中共党史大事年表》，人民出版社1981年版，第59页。

③ 中央党史研究室编：《中共党史大事年表》，人民出版社1981年版，第59页。

④ 中央党校党史教研室编：《中国共产党历次重要会议集》上册，上海人民出版社1982年版，第220页。

⑤ 邓子恢：《新四军的发展壮大与两条路线的斗争》，载《怀念刘少奇同志》，湖南人民出版社1980年版，第209页。

为了坚决地贯彻中共中央和毛泽东“发展华中”的战略方针，从 1939 年底到 1940 年 2 月，刘少奇主持中原局连续召开三次会议，讨论中国共产党和人民军队在华中的发展方向，根据地建设的方针任务，以及统一战线中的策略方针等问题。会议着重分析了大别山、伏牛山和苏北平原的不同条件。根据当时苏北地区国民党顽固派势力较弱，日军仅仅占据了主要交通线，新四军可以背靠山东八路军，以苏北的江河湖海为依托，广泛开展独立自主的游击战争等有利条件，进一步明确了苏北是当时华中最有利、最能发展的地区，是人民军队的战略突击方向。会议认为，华中发展的战略方向问题，向西发展受国民党军队第一、第五战区限制，且容易引起中间势力的疑惧，政治上不利；而向东发展，开辟苏北，政治上有理、军事上有利。因此确定向东发展，开辟苏北。据此，中原局决定，华中地区的人民军队执行向西防御、向东发展，开辟苏北的战略任务。同时，中原局建议中共中央命令八路军一部南下。新四军主力北上[①]归中原局统一指挥，全力发展华中，放手开辟华中根据地。最后，刘少奇号召新四军所有江北部队要以实际行动来实现中共中央和毛泽东的东进决心：“向东发展，一直发展到黄海边，不到黄海边，一分钟也不停止。”[②]

中共中央根据中原局建议作出战略部署

1940 年春，国民党顽固派强令江北新四军南调。3 月初开始，国民党顽军先后进攻皖东津浦路西和津浦路东新四军。刘少奇连电请示中共中央调八路军南下支援新四军。3 月 16 日，毛泽东致电彭德怀：“提议调 344 旅至陇海、淮河之间，协助彭雪枫创立根据地，并策应胡服，将来再调一部深入苏北，使八路军、新四军打成一片。”为了及早实现创建华中根据地的战略任务，1940 年 3 月 29 日，中共中央军委在《关于目前华中军事策略的指示》中指出：“我们完全同意朱（德）、彭（德怀）之决心将（一一五师）三四四旅调陇海路南增援华中……三四四旅应速开动，其电台即与胡服（即刘少奇）联络。”[③]同时还指出：“将来八路军到达华中后，则应坚决争取全部苏北在我手中，陈毅部队立即应当向苏北发展。”[④]4 月 1 日，中共中央军委在《关于目前华北、华中军事方针的指示》中对八路军南下的任务更作了明确要求：“我八路军有抽调足够力量南下华中增援新四军，打退反动派进攻，消灭投降反共势力，建立新的伟大抗日根据地之任务。此根据地以淮河以北，淮南铁路以东，长江以北，渤海以西为范围。”[⑤]遵照中共中央、中央军委的指示，1940 年 4 月初，黄克诚率八路军一一五师三四四旅与新编第二旅主力共五个团 1.2 万余人及教导营干部 500 余人，由冀鲁豫根据地南下华中。

---

① 《中国人民解放军大事记》，军事科学出版社 1984 年版，第 171 页。

② 邓子恢：《新四军的发展壮大与两条路线的斗争》，载《怀念刘少奇同志》，湖南人民出版社 1980 年版，第 196 页。

③ 中央档案馆编：《皖南事变》（资料选辑），中共中央党校出版社 1982 年版，第 54 页。

④ 中央档案馆编：《皖南事变》（资料选辑），中共中央党校出版社 1982 年版，第 54~55 页。

⑤ 中央档案馆：《中共中央文件选集》第 12 册，中共中央党校出版社 1991 年版，第 346~347 页。

5 月下旬，南下部队分为第一、二两个梯队向华中进军，第一梯队越过陇海铁路于 6 月 20 日到达安徽涡阳县之新兴集，同彭雪枫领导的新四军第六支队胜利会合。接着，第二梯队也进入了豫皖苏根据地。8 月，八路军一一五师三四四旅主力与新四军第六支队合编为八路军第四纵队，下辖三个旅，由彭雪枫任司令员，执行开辟豫皖苏根据地的任务；新编第二旅及三四四旅一部与新四军第六支队张爱萍部、从山东南下到这一地区增援新四军的八路军苏鲁豫支队、陇海路南进支队合编为八路军第五纵队，下辖三个支队，由黄克诚任司令员兼政治委员，继续执行东进任务，于 9 月抵达淮海地区。在中共地方组织的帮助下，初步开辟了拥有八个县的淮海区抗日根据地。此时，山东八路军一一五师教导五旅亦南下至淮海地区。八路军诸路南下部队汇集苏北，开辟了新的抗日根据地，极大地加强了苏北地区的革命力量，威慑了日、伪、顽军，牵制了江苏省韩德勤的力量，使其不敢倾全力阻挡新四军渡江北上，从而与新四军进军江北部队形成遥相呼应的有利战略态势，有力地支援和策应了新四军向长江以北的进军。

与此同时，中共中央连电东南局和新四军负责人，要求新四军坚决执行中央向北发展、开辟华中的既定方针。1940 年 1 月 19 日，中共中央在《对新四军发展方针的指示》中再次强调指出："新四军向北发展的方针，六中全会早已共同商定，后来周恩来到新四军时，又商得'向南巩固，向东作战，向北发展'的一致意见。华中是我们目前在全国最好发展的区域……"①明确要求东南局和新四军负责人率部北上，发展华中。在此之前，1939 年 5 月坚决执行中央东进北上方针的陈毅即率部东进到苏南太湖等地区，随即命令叶飞率领所部以"江南抗日义勇军"名义向东挺进，突破日军主要交通线——宁沪铁路，兵临上海近郊地区。1939 年底，陈毅又先后组建苏皖支队和苏北挺进纵队。由陶勇率苏皖支队向扬州以西的仪征、天长、六合一带发展，由管文蔚、叶飞率苏北挺进纵队开辟扬州、泰州地区。陈毅这一深谋远虑的决策和部署，打开了新四军北上的通路，为新四军开辟苏北，发展华中创造了"足跨长江两岸"的有利条件。

1940 年 3 月，国民党第三战区司令长官顾祝同调集 5 个师、1 个旅连同地方保安团队约 18 个团的兵力，主要部署在贵池、青阳、绩溪、宁国、宣城、繁昌、南陵、泾县一带，还加强了溧水、高淳、郎溪、广德、宣城一线，企图切断新四军皖南与苏南的联系，造成围歼皖南、威逼苏南新四军之势。同时，在大兵压境的态势下，迫令中国共产党将江北新四军第四、第五支队和叶飞、陶勇部队南调。皖南地非敌后，处在国民党第三战区包围圈中。苏南是新四军对日作战和向东北发展的基地，而新四军在江南的部队，难以在皖南、苏南两处应敌。为此，新四军江南指挥部陈毅向中央建议，新四军皖南军部率部队立即向苏南靠拢，脱离险境。4 月 26

① 中央档案馆编：《皖南事变》（资料选辑），中共中央党校出版社 1982 年版，第 52 页。

日中央复电同意陈毅建议，指示新四军“皖南军部以速移苏南为宜”[①]。当时，陈毅率领的江南指挥部控制地区距设在皖南泾县云岭地区的新四军军部仅160公里左右，双方对进，一昼夜就可会合。陈毅、粟裕曾布置了三个团去接应新四军军部北进，并约定了电台呼号和通信联络的具体事宜。但项英却以种种借口拒绝北移，反而再三要求中央批准将叶飞、陶勇部队调回皖南。面对这种情况，陈毅同志极为气愤地说：“靠着老虎睡觉，迟早要被老虎吃掉。”[②]表示了他对军部前途的极大忧虑。因为在陈毅看来，项英按兵不动，一味株守在四周顽军环视的皖南弹丸之地，不仅违背中央东进北上指示，而且随时有被国民党军队消灭的危险。

陈毅坚决贯彻中共中央“五四指示”

中共中央断然拒绝了项英调新四军江北部队过江的要求，同时，针对项英没有坚决执行中央方针，不敢放手发动群众，不敢在日本占领地区扩大抗日根据地和人民军队，对国民党的反动进攻的严重性认识不足，因而缺乏对付国民党的反动进攻的精神准备和组织准备的严重右倾观点，于1940年5月4日向东南局发出了措词极为严厉的《放手发展抗日力量，抵抗反共顽固派的进攻》的“五四指示”。

针对项英强调“华中特殊论”，中央指出，在一切敌后地区和战争区域，应强调同一性，不应强调特殊性，否则就会是绝大的错误。不论在华北、华中或华南，不论在江北或江南，不论在平原地区、山岳地区或湖沼地区，也不论是八路军、新四军或华南游击队，虽然各有特殊性，但均有同一性，即均有敌人，均在抗战。因此，我们均能够发展，均应该发展。这种发展的方针，中央曾多次给你们指出来了。所谓发展，就是不受国民党的限制，超越国民党所能允许的范围，不要别人委任，不靠上级发饷，独立自主地放手地扩大军队，坚决地建立根据地，在这种根据地上独立自主地发动群众，建立共产党领导的抗日统一战线的政权，向一切敌人占领区域发展。例如在江苏境内，应不顾顾祝同、冷欣、韩德勤[③]等反共分子的批评、限制和压迫，西起南京，东至海边，南至杭州，北至徐州，尽可能迅速地并有步骤有计划地将一切可能控制的区域控制在我们手中，独立自主地扩大军队，建立政权，设立财政机关，征收抗日捐税，设立经济机关，发展农工商业，开办各种学校，大批培养干部。中央前要你们在今年一年内，在江浙两省敌后地区扩大抗日武装至十万人枪和迅速建立政权等项，不知你们具体布置如何？过去已经失去了时机，若再失去今年的时机，将来就会更困难了。

---

① 中央档案馆编：《皖南事变》（资料选辑），中共中央党校出版社1982年版，第57页。

② 《皖南事变资料选》，安徽人民出版社1981年版，第154页。

③ 顾祝同，当时任国民党军队第三战区司令长官，辖区包括浙江、福建、苏南、皖南、赣东。冷欣，当时任国民党军队第三战区第二游击区副总指挥。韩德勤，当时任国民党江苏省政府主席、鲁苏战区副总司令，辖区包括苏北、皖北以及鲁南的小块地方。

中央特别要求,对于“五四指示”,在皖南由项英同志传达,在苏南由陈毅同志传达,并于接电后一个月内讨论和传达完毕。对于全党全军的工作布置,则由项英同志按照中央方针统筹办理,以其结果报告中央①。

陈毅接到中央指示后,立即召集了新四军江南指挥部所属各部队县团以上干部会议进行传达贯彻,并提出了今后努力的方向。同时,陈毅作为中共中央东南局委员、中央军委新四军分会副书记,专程派人赶到皖南新四军军部,向项英提出紧急建议:新四军军部迅速撤离皖南国民党控制区,可以先迁到茅山根据地;与此同时,陈毅率领新四军江南指挥部所属主力部队渡江北上。这样既可以挡住国民党冷欣部的进逼,巩固茅山根据地,又可以迅速向北发展,与南下的八路军会师。待苏北的局面打开后,军部再迁到苏北去。陈毅满怀信心地指出:如果我们下决心向江北发展,主力过江,打开苏北局面,早日与南下的八路军会师,就可以建立巩固的连成一片的华中抗日根据地,圆满实现中共中央和毛泽东关于开辟苏北,发展华中的战略决策。到那时,广阔的华中战场就可以任我们纵横驰骋,整个抗日战争的形势也将因此而大为改观②。然而,当项英听取了陈毅派专人转达的紧急建议以后,对于陈毅、粟裕准备率部大举进入江北仍然持否定态度,对于皖南新四军军部的转移与否仍然犹豫不决,动摇不定。陈毅知道项英的这种态度后,激愤地说:“项英既不去皖北,又不来茅山,竟这样目无中央。他赖在皖南,按兵不动,犹豫不决,到现在还五心不定,将来一定会输得干干净净。”③1940 年 6 月 15 日,即中央“五四指示”到达新四军一个多月以后,陈毅根据当时形势发展情况,当机立断,急电中央,决心部署移往苏北。随即率新四军江南指挥部所属主力部队数千人渡江北上,以坚定不移的态度和果断的行动贯彻执行中央关于开辟苏北、发展华中的战略方针。对于陈毅坚决贯彻执行中央“五四指示”的行动,毛泽东给予了高度评价。在整风运动中,当华中局代理书记、新四军代理政治委员兼政治部主任饶漱石采用不正当手段,在华中局和新四军对担任新四军代理军长、中央军委新四军分会代理书记的陈毅进行“批判”时,毛泽东于 1944 年 3 月 15 日从延安致电饶漱石并转华中局、中央军委新四军军分会各同志,肯定陈毅在土地革命战争时期与抗日战争时期都是有功劳的,未犯路线错误。电文如下:“陈毅同志抵延,知悉华中工作发展情况,甚以为慰。关于陈、饶二同志间的争论问题,仅属于工作关系性质,在陈动身前两同志已当面谈清,现已不成问题。中央完全相信,在陈、饶二同志及华中局、军分委各同志的领导下必能协和一致,执行中央路线,争取战争胜利。关于内战时期在闽西区域的争论,属于若干个别问题的性质,并非总路线的争论,而且早已正确地解决了。关于抗战时期皖南、苏南的工作,陈毅同志是执行中央路线的,不能与项英同志一概而论。无论是内战时期与抗战时期,陈毅同志都是有功劳的,未犯路线错误

① 《毛泽东选集》第二卷,人民出版社 1991 年版,第 753~758 页。
② 《皖南事变资料选》,安徽人民出版社 1981 年版,第 154~156 页。
③ 《皖南事变资料选》,安徽人民出版社 1981 年版,第 156 页。

的。如有同志对以上两点不明了时,请漱石同志加以解释。”①

八路军、新四军战略会师

1940 年 6 月中旬,新四军江南指挥部主力击败沿途顽军的截击,越过日军封锁线,由镇江、扬中之间渡江北上,于 7 月 8 日前到达苏北吴家桥地区,与先期到达江北的新四军挺进纵队、苏皖支队等胜利会合。根据中央指示,新四军江南指挥部随即改为新四军苏北指挥部,由陈毅任司令员兼政治委员,粟裕任副司令员。为加强对新四军苏北部队的统一领导与指挥,苏北指挥部将新四军苏北部队 7000 余人统一整编为三个纵队九个团,迅速提高了部队的军政素质和作战能力,为开辟苏北,发展华中的作战进行了充分的准备。7 月 29 日凌晨,新四军解放黄桥,歼顽军近两千人,并乘势攻下黄桥附近的几个敌伪据点,声威大震。“我军占领黄桥以后,便分兵发动群众,清剿散兵游勇,委派了泰县、如皋、靖江、泰兴、江都五县县长,筹建苏北临时行政委员会,成立了苏北行政干校,出版石印的《抗敌报》(苏北版),建立四个税卡,十天内扩大新兵一百余名……”②初步形成以黄桥为中心的抗日民主根据地。这时,黄克诚率领的八路军南下部队第五纵队之第一、第二支队亦抵达涟水以北地区,拊韩德勤之侧背,与新四军苏北部队遥相呼应,形成对国民党江苏省政府主席兼苏鲁战区副总司令韩德勤的南北夹击之势。韩德勤深惧八路军与新四军在苏北会师,决意采取“先南后北”的方针,先歼灭新四军苏北部队,尔后回师北犯对付八路军南下部队。当韩德勤破坏抗战,调集大军,一意孤行,苏北战云密布,形势日趋紧张之时,中共中央指示华中人民军队:应严格持自卫立场,公开提出“韩不攻陈,黄不攻韩,韩若攻陈,黄必攻韩”的自卫口号,并指出解决苏北问题主要依靠陈毅、粟裕部队与南下八路军密切的战略配合,在战役指导上采取后发制人的方针。中原局本着中央指示精神,也一再强调:解决苏北问题对建立巩固的华中抗日根据地,坚持华中抗战,推动和争取全国时局好转有决定意义。同时指令八路军第五纵队及新四军第四、第五支队主力应不顾一切牺牲,克服一切困难,全力增援陈毅、粟裕部队,一鼓歼灭韩德勤部。中原局还具体地作了八路军、新四军南北配合反击韩德勤的部署,以陈毅、粟裕率部依托黄桥,集中兵力作独立坚持至少半个月的作战准备,预防敌顽可能的夹击,以八路军第五纵队主力迅速由涟水南下,到东沟、益林后即兵分两路,以一路占苏北重镇盐城,继续南下与陈毅、粟裕部队会师;一路由黄克诚亲自率领向车桥、平桥一带进攻,迎接新四军第五支队东渡运河,再协力攻占平桥、曹甸、安丰、车桥等要地。中原局并指定整个战役由陈毅统一指挥。这样,当韩德勤亲自指挥国民党顽军 26 个团计 3 万余人倾巢南下,妄图

① 中共中央文献研究室编:《毛泽东年谱》中卷,人民出版社、中央文献出版社 1993 年版,第 501 页。

② 《新四军苏北指挥部给中央的报告》,载《新四军黄桥战役史料》,第 89~90 页。

与新四军苏北部队决战，并歼灭新四军于黄桥地区的时候，新四军已做好了充分的精神准备和军事准备。陈毅认为，即将来临的将是新四军在苏北进行的一场前所未有的大战，其胜负直接关系到中央开辟苏北、发展华中的战略决策的成败，因而是事关全局具有决定意义的一战。为早日实现中央既定方针，陈毅、粟裕决心利用韩德勤主动向新四军寻衅的机会，以逸待劳，后发制人，与韩德勤决战黄桥，一举解决苏北问题。10月1日，韩德勤按照蒋介石的命令，集中其大部兵力，分三路向新四军进犯，于10月4日开始向黄桥进攻。新四军采取诱敌深入，断其归路，在运动中各个歼灭敌人的作战方针，在人民群众的大力支援下，奋起自卫反击，歼灭其第八十九军中将军长李守维以下一个军又一个独立旅共1.1万余人，彻底粉碎了韩德勤的军事进攻。被打垮的国民党顽军一败涂地，溃不成军，新四军乘胜追击，势如破竹，所向披靡，连下海安、东台等地，韩德勤丢兵弃甲，被迫退居兴化一隅之地。“从此，我军威震华中，顽军胆落。”[①]事关整个华中局势的黄桥决战以新四军的重大胜利和韩德勤的彻底失败而告结束。黄桥战役后，新四军苏北指挥部召开有各界人士参加的苏北抗敌和平会议及苏北临时参议会，团结各阶层共同抗日，并按“三三制”原则成立了苏北行政委员会及县、区抗日民主政权，组建地方抗日武装。与此同时，根据中原局的统一部署，黄克诚率领的八路军南下部队第五纵队第一、第二支队日夜兼程，由涟水以北南渡盐河，突破国民党顽军的层层阻挡，进占阜宁、益林、东沟、盐城等地，威胁韩德勤之侧背，并歼其一部，然后长驱直下。1940年10月10日，陈毅率领的新四军苏北指挥部前锋部队与黄克诚率领的南下八路军先头部队在盐城以南东台县之白驹镇胜利会师。11月7日，中共中央中原局书记刘少奇和八路军南下部队司令员兼政治委员黄克诚到达新四军苏北指挥部所在地海安，受到陈毅和新四军苏北指挥部及地方党、政领导同志的热烈欢迎。面对八路军、新四军历史性会师的盛况，陈毅慷慨赋诗：

十年征战几人回，
又见同侪并马归。
江淮河汉今谁属？
红旗十月满天飞。

八路军、新四军胜利会师不仅是一个重大的军事胜利，而且是一个重大的政治胜利，它有力地打击了国民党顽固派的反共气焰，使中国共产党和人民军队在华中地区掌握了政治上、军事上的主动权，开创了华中地区人民力量空前发展的大好局面。辽阔的苏北大地北起陇海铁路，南达长江沿岸，东至黄海，西到皖北，尽在我手，形成了统一的苏北根据地。苏北根据地与中国共产党领导的苏南、皖东、皖北、皖南、豫皖苏各根据地连在一起，形成了华中

---

① 新四军参谋处：《新四军的前身及其组成与发展经过概况》，载政治学院党史教研室编：《中共党史参考资料》第八册，第402页。

抗日根据地。至此,自中共六届六中全会确定的开辟苏北、发展华中,打通八路军、新四军的联系,协同创建华中抗日根据地的伟大战略任务,在历时两年以后胜利完成。

从此,中国共产党和人民军队在华中地区进入了一个新的历史发展时期。

八路军、新四军会师与华中抗日民主根据地的形成

华中地区战略地位极为重要,为日、顽、我所必争。中国共产党和人民军队在华中建立起巩固的根据地,向北、向西发展,可以与八路军、新四军在山东、两淮的根据地相连接,北出山东,西入中原;向南发展,则可以形成居高临下之势,扼制长江下游,直接威胁设在南京的日本侵略军总部和汪精卫伪政权。因此,八路军、新四军会师苏北与华中抗日根据地的形成,不仅对于发展和壮大人民力量,更沉重地打击日军,制止国民党顽固派的反共活动具有极为重要的意义,而且也为抗日战争胜利以后争取中国革命在全国的胜利创造了有利的条件。

八路军、新四军的苏北会师使华中地区党、政、军的统一领导核心得以形成,从而为建立巩固的华中根据地奠定了坚实的基础。黄桥决战与八路军、新四军会师以后,刘少奇认为苏北局面已经打开,指挥中心应该南移,遂于 1940 年 11 月亲率中原局从淮南移往苏北盐城,直接领导华中根据地的创建和巩固工作。11 月 12 日,中央同意刘少奇为统一华中军事指挥,建议设立八路军、新四军总指挥部的报告。11 月 17 日,由中原局、新四军苏北指挥部、新四军江北指挥部领导同志组成的"华中新四军、八路军总指挥部"宣告成立。从此,以叶挺为总指挥、陈毅为副总指挥(叶挺一直未到任,由陈毅任代理总指挥)、刘少奇为政治委员、赖传珠为参谋长的"华中新四军、八路军总指挥部"成为华中地区所有新四军、八路军部队的最高军事指挥机关。在刘少奇、陈毅领导下,统一指挥新四军苏北指挥部、江北指挥部、豫鄂挺进纵队和八路军第四纵队、第五纵队及所属各部队,将华中人民军队的全部力量集中于一个坚强有力的统率机关之下,实行统一领导,统一部署,统一指挥。这为更有效地打击日军,击退国民党顽固派的进攻,坚持敌后抗战,发展华中大好形势,建立巩固的华中根据地创造了重要条件。八路军、新四军会师和华中总指挥部成立以后,八路军、新四军多次携手发起反顽战役,连战皆捷。保卫和扩大了根据地,极大地鼓舞了华中人民的抗战信心。在反顽斗争的同时,按照中原局的统一部署和安排,在华中地区放手发动群众,发展人民力量,建立各级中共组织和抗日民主政权,开办干部学校,培养军政干部,出版报纸刊物,以极大的力量进行抗日民主根据地的建设工作,使整个华中工作迅速走上了按照中央方针健康发展的正确轨道。

八路军、新四军的苏北会师与华中抗日根据地的形成不仅使中国共产党和人民军队在华中地区有了统一的领导核心——华中总指挥部,而且也为应付可能发生的危害中国革命的突然事变做了充分的精神准备、组织准备和军事准备。当蒋介石制造皖南事变,围歼新四军军部及直属部队,宣布新四军为"叛军",撤销新四军番号,掀起第二次反共高潮的时候,中

共中央针锋相对，由中央军委发布命令，以“新四军、八路军华中总指挥部”为基础，宣布重建新四军军部。同时，中央还决定“以刘少奇同志为新四军军分会书记”①，将“中原局改为华中局”②，统一领导华中地区中国共产党的工作和整个新四军的工作。中国共产党所采取的这些措施，沉重打击了蒋介石的嚣张气焰，有力地回击了蒋介石的猖狂进攻，坚持了中国共产党和人民军队在华中的阵地，在国际国内产生了强烈的反响，成为在全国范围内打退国民党第二次反共高潮的斗争的重要组成部分。“这次斗争表现了国民党地位的降低和共产党地位的提高，形成了国共力量对比发生某种变化的关键。”③

八路军、新四军苏北会师与华中根据地的形成有力地加强了中国共产党和人民军队在华中的力量，从根本上扭转了华中的局势与力量对比，使中国共产党和人民军队在黄河以南、长江以北这一战略上最重要、最敏感的地区居于政治上、军事上、战略上的主动地位与优势地位，为夺取抗日战争胜利和中国革命的胜利准备了条件。过去中央虽一再强调发展华中，但皆因种种原因而未能实现，造成华中人民军队兵力较弱，国民党顽固势力比较猖獗的险恶局面。黄克诚根据中央指示率领八路军主力一部南下以后，在进军过程中即分别以八路军的主力旅、团同新四军的游击部队合并混编，有效地提高了华中人民军队的军政素质，增强了华中人民军队的战斗力。与此同时，陈毅率领的新四军江南指挥部主力亦渡江北上，两军会师华中，使中国共产党和人民军队在华中的兵力大大加强。这样，当皖南事变发生后，虽然新四军军部及直属部队受到惨重损失，但因中共中央鉴于华中形势早已预作部署，南下的八路军已经相继进入华中地区，因此，当新四军新军部成立之时，立即有七个整师又一个独立旅的主力部队编入新四军的战斗序列（南下的八路军部队占其中三分之一左右。八路军第五纵队改编为新四军第三师，八路军第四纵队改编为新四军第四师，八路军一一五师教导第五旅改编为新四军军部独立旅）④。经过皖南事变，新四军不仅没有被消灭，反而以更大的规模和更加迅猛的发展速度继续战斗在大江南北，并由游击兵团上升为正规兵团⑤，以近十万人的兵力纵横驰骋于江淮河汉之间的千里华中大地。在中共中央的正确领导下，在华北八路军的大力支援下，在华中局和新四军新军部的统一指挥下，华中新四军部队向继续进攻新四军的国民党顽军展开猛烈反击。彻底肃清了国民党在江北各地的残余势力，消除了新四军抗战的后顾之忧。由于以刘少奇为首的华中局和新四军军分会坚决贯彻执行中央和毛泽东关于在敌后独立自主地建立抗日民主根据地的正确路线，华中地区相继

---

①② 《中共中央关于新四军军分会书记等任命及成立华中局的通知》，载中央档案馆编：《皖南事变》（资料选辑），中共中央党校出版社1982年版，第187页。

③ 《毛泽东选集》第三卷，人民出版社1991年版，第778页。

④ 新四军参谋处编：《新四军的前身及其组成与发展经过概况》，载政治学院党史教研室编：《中共党史参考资料》第八册，第403～406页。

⑤ 新四军参谋处编：《新四军的前身及其组成与发展经过概况》，载政治学院党史教研室编：《中共党史参考资料》第八册，第406页。

建立了苏中、苏南、苏北、淮南、淮北、鄂豫皖、皖中等七个行政公署，形成了拥有2000多万人口的抗日民主根据地和浙东、皖南两个游击区，使华中抗日民主根据地成为中国共产党领导下的重要战略区域之一。在中国人民的抗日战争史上写下了极其光辉的一页。

综观八路军、新四军苏北会师与开辟华中根据地的历史过程，可以清楚地看到，中共中央关于发展华中，建立巩固的华中根据地的战略决策是完全正确的。历史证明：不论任何地区，只要坚定不移地贯彻执行中央的正确路线，在思想上、政治上、组织上、行动上同中央保持高度的一致，坚决按照中央指引的方向努力奋斗，就一定能取得发展和胜利；反之，则必然会遭到挫折和失败。

20世纪80年代，担任中共中央纪律检查委员会第二书记、中共中央军委常委的黄克诚大将回顾往事时，对八路军、新四军战略会师作了这样的评价：

1940年4月，根据中央指示，我率二纵三四四旅和新二旅于6月底到达豫皖苏。1940年7月，陈毅、粟裕率部过江，创建了泰扬地区抗日根据地。8月，我奉命率新二旅及六八七团东进皖东北，在中原局刘少奇领导下将淮河以北、津浦路以东我党领导的部队编为八路军第五纵队，进军淮海地区。不久，国民党顽固派韩德勤向驻扎黄桥一带的新四军大举进攻。五纵队奉命南下增援新四军。在五纵队攻占盐城、阜宁时，新四军已取得了黄桥决战的胜利。新四军一支队二纵队王必成部乘胜北上，在盐城、东台之间的白驹镇与南下八路军五纵队一支队所辖胡（炳云）、田（文扬）部队胜利会师。部队会师后，陈毅从海安司令部乘小汽艇北驶盐城慰问南下八路军所部，并慰劳部队10万元，我代表部队从东沟赶到盐城相迎。不久，中央决定建立华中总指挥部，任命叶挺、陈毅为正副总指挥，刘少奇为政治委员，统一领导华中新四军和八路军。

皖南事变后，针对国民党宣布解散新四军的反动命令，中共中央决定重建新四军，南下八路军各部全部编入新四军。新的军部在盐城成立，陈毅为代军长，刘少奇为政治委员。从此，在华中局刘少奇、陈毅的统一领导下，迅速打开了华中的局面，确定了我党我军在华中敌后的领导地位，巩固和发展了华中敌后抗日根据地。

回顾这段历史，党中央、毛主席在1940年3月决定八路军部分主力南下和新四军陈毅部队渡江北上，共同建立华中抗日根据地的重大决策，是非常及时和十分正确的。刘少奇、陈毅坚决执行了中央这一战略决策，使八路军南下部队千里行军和新四军北上部队在盐城胜利会师，从而不仅在皖南事变后保存和发展了新四军，而且在以后华中的五年抗日战争和三年自卫战争中发挥了非常巨大和难以估量的作用和影响①。

---

① 《黄克诚谈盐城会师》，载中央党史研究室《党史通讯》1987年第4期，第47页。

中原局主持重建新四军

薛庆超

皖南事变发生后，中共中央东南局和新四军军部遭受惨重损失。新四军军长叶挺将军被国民党军队无理扣押，东南局书记、新四军副军长（实际担负新四军政治委员的职责）项英牺牲。从皖南事变开始，以刘少奇为首的中原局成为沟通中共中央和华中地区党政军联系、指导华中地区各方面工作的中央派出机构。

在中原局的指导下，中国共产党在华中地区采取一系列有力措施，进一步恢复和发展华中地区的人民军队。新四军不仅没有被国民党顽固派消灭，反而以更大的规模和更加迅猛的发展速度继续战斗在大江南北，并由游击兵团上升为正规兵团，纵横驰骋于江淮河汉，成为坚持华中地区抗战的中坚力量。

1941 年 1 月 20 日，中国共产党中央革命军事委员会发布关于重建新四军的命令：

国民革命军新编第四军抗战有功，驰名中外。军长叶挺，领导抗敌，卓著勋劳；此次奉令北移，突被亲日派阴谋袭击，力竭负伤，身陷囹圄。迭据该军第一支队长陈毅、参谋长张云逸等电陈皖南事变经过，愤慨之余，殊深轸念。除对亲日派破坏抗日、袭击人民军队、发动内战之滔天罪行，另有处置外，兹特任命陈毅为国民革命军新编第四军代理军长，张云逸为副军长，刘少奇为政治委员，赖传珠为参谋长，邓子恢为政治部主任。着陈代军长等悉心整饬该军，团结内部，协和军民，实行三民主义，遵循《总理遗嘱》，巩固并扩大抗日民族统一战线，为保卫民族国家、坚持抗战到底、防止亲日派袭击而奋斗。

1 月 23 日，新四军将领发表就职通电。

新任新四军代理军长陈毅，四川乐至人，早年参加中国共产党。八一南昌起义后，随军南下。参与领导湘南起义，任工农革命军第一师党代表。与朱德率部转移至井冈山和毛泽东领导的部队会合后，历任红四军第十二师师长、红四军军委书记、红四军第一纵队党代表。相继担任过红三军政治委员、红二十二军军长、中共赣西南特委书记、江西军区总指挥兼政治委员、中华苏维埃共和国临时中央政府执行委员。红军长征后，任苏区中央分局委员、中华苏维埃共和国中央政府办事处主任，坚持南方三年游击战争。

抗日战争初期，参与编组新四军的工作，任中共中央东南分局委员、中央军委新四军分会副书记、新四军第一支队司令员、新四军江南指挥部（后改称苏北指挥部）指挥。指挥著名的黄桥战役，不久任华中总指挥部代理总指挥。皖南事变后，任新四军代理军长，在苏北重建新四军军部,领导华中敌后抗日斗争。1944 年 3 月到延安参加整风。1945 年 6 月在中共第七次全国代表大会上当选为中央委员。10 月任新四军军长兼山东军区司令员。

1947 年 1 月任华东军区司令员、华东野战军司令员兼政治委员,率部粉碎国民党军队的进攻,并策应刘邓大军强渡黄河,挺进中原。在淮海战役中任总前委委员,参与组织和指挥淮海战役。1949 年春,华东野战军整编为中国人民解放军第三野战军,任司令员兼政治委员。4 月率部横渡长江,解放南京、上海和东南广大地区。5 月,任上海市市长。

中华人民共和国成立后,任中共中央华东局第二书记,中央人民政府委员,华东军区司令员。1954 年后,任国务院副总理兼外交部部长,中华人民共和国国防委员会副主席。中共第八、九届中央委员和第八届中央政治局委员。1955 年被授予元帅军衔。是第二届全国政协常务委员,第三、四届全国政协副主席。

新任新四军政治委员刘少奇,湖南宁乡人。1920 年参加中国社会主义青年团。1921 年去苏俄学习,加入中国共产党。参与组织领导安源路矿工人大罢工、五卅运动、省港大罢工、武汉工人群众收回汉口英租界的斗争。是著名的工人运动领袖和白区工作正确路线的代表。

长征中先后任红军第八、第五军团党代表和第三军团政治部主任。遵义会议上拥护毛泽东的正确主张。1936 年任中央代表、北方局书记,坚决执行党的抗日民族统一战线政策,批判关门主义和冒险主义的"左"倾错误,推动了华北抗日救亡运动的向前发展。

抗日战争爆发后,领导开创华北敌后抗日根据地工作。1938 年任中原局书记。1939 年发表《论共产党员的修养》,为党的理论建设作出了贡献。皖南事变后,任新四军政治委员和华中局书记,和陈毅等为重振新四军、发展长江中下游的抗日武装、巩固华中抗日根据地作出了巨大的努力。1943 年任中共中央书记处书记、中央军委副主席,参加领导整风运动和筹备党的七大。1945 年在中共七大上作《关于修改党章的报告》,对毛泽东思想作了完整的概括和系统的论述,当选为中央政治局委员、书记处书记。1947 年任中共中央工作委员会书记,在华北负责中央委托的工作,主持召开全国土地会议,推动了解放区土地改革运动的发展。

中华人民共和国成立时,任中央人民政府副主席、人民革命军事委员会副主席,参与领导制定党和国家各项重大方针、政策。在第一届全国人民代表大会上当选为全国人大常委会委员长。中共第八届中央政治局委员、政治局常委、中央副主席。在第二届全国人大上当选为中华人民共和国主席、国防委员会主席。

1941 年 1 月 25 日,根据中国共产党中央革命军事委员会关于重建新四军军部的命令,江苏盐城各界同胞举行庆祝新四军新军部成立大会。新四军代理军长陈毅发表慷慨激昂的就职演讲。

陈毅指出:"新四军新军部的成立,这在中国抗战乃至整个革命史上都将是一件大事。"

陈毅说:"在大革命失败的时候,朱德总司令只带了八百多人上井冈山。叶项军长、朱彭司令、毛泽东同志等领导工农红军和八路军、新四军奋斗了整整十四年，发展成为今天的五十万大军。这样干下去是一定会胜利的。新四军的前身是南方各省的游击队，那时全部只有两千多人，三年后，发展到九万人。九万人，他还能消灭得了吗？要能消灭，在大革命失败时，在三年游击战争失利时，就会消灭，但是没有。我们是十倍百倍的壮大发展了。今天新四军有九万人马，开辟了四五省的抗日民主根据地，得到将近一万万人民的拥护。谁想来消灭他，谁就一定要失败！”

陈毅强调了新四军建立政治委员制度的重要意义：“我们新四军有政治委员制度。这个制度可以保证我们这几个领导干部很好地担负起领导责任。新四军一定可以由几万人发展到几十万，因为新四军有共产党的领导，有政治委员制度，有政治工作制度，这保证了新四军永远忠于革命事业，忠于民族解放事业，不会投降日本帝国主义，不会压迫欺侮老百姓，不会失败。我们今天军部恢复，还要庆祝我们的政治委员就职。”

陈毅特意介绍了新四军政治委员刘少奇的情况。他说：“刘少奇同志是我们中国共产党的领袖之一。他有二十多年的斗争历史，中国的工人运动，就是他一手领导起来的。他不但为八路军、新四军奋斗了十几年，而且为整个中华民族的解放事业，奋斗了有二十多年。抗战后，他到华北，华北抗日运动就有了大发展。到皖东北，同样展开了大的局面；到苏北，也一样是如此。他是代表中共中央到这里来直接领导我们的。新四军直接在中央和刘少奇同志领导下，就有了胜利的保证。在政治委员领导之下，我们的政治方向不会错，就好像火车上了铁轨，一定能够顺利地达到目的。加强军队的政治领导，拥护政治委员制度，我们军队一定能够百战百胜！”①

陈毅充满革命激情的演讲，赢得与会同志一阵又一阵的热烈掌声。

2 月 28 日，中共中央革命军事委员会发布关于新四军各师师长、政治委员、政治部主任的委任令：

粟裕为新四军第一师师长，刘炎为政治委员，钟期光为政治部主任。

张云逸为新四军第二师师长，罗炳辉为副师长，郑位三为政治委员，郭述申为政治部主任。

黄克诚为新四军第三师师长并暂兼政治委员，吴文玉为政治部主任。

彭雪枫为新四军第四师师长并暂兼政治委员，肖望东为政治部主任。

李先念为新四军第五师师长并暂兼政治委员，任质斌为政治部主任。

谭震林为新四军第六师师长并暂兼政治委员。

张鼎丞为新四军第七师师长，曾希圣为政治委员。

根据中共中央指示，新四军新军部以新四军八路军华中总指挥部为基础组成，将活动于

① 陈毅：《陈代军长就职演讲》（1941 年 1 月 25 日），载 1941 年 1 月 26 日《江淮日报》。

陇海路以南的新四军、八路军部队列入新四军建制。新四军全军扩编为七个师，一个独立旅。

第一师由苏北指挥部所属部队编成，原第一、第二、第三纵队改编为第一、第二、第三旅。

第二师由江北指挥部所属部队编成，原第四、第五支队改编为第四、第五旅，江北游击纵队与淮南津浦路西一部分地方武装合编为第六旅。

第三师由八路军第五纵队编成，原第一、第二、第三支队改编为第七、第八、第九旅。

第四师由八路军第四纵队编成，原第四、第五、第六旅改编为第十、第十一、第十二旅。

第五师由豫鄂挺进纵队编成，所属部队编为第十三、第十四、第十五旅。

第六师由江南指挥部所属部队及江南人民抗日救国军编成，辖第十六、第十八旅。

第七师由无为游击纵队、原第三支队挺进团及皖南突围部队编成，辖第十九旅及挺进团。

独立旅由八路军教导第五旅编成。

军部直辖抗大第五分校(后改为华中抗大总分校)、特务团。全军共计九万余人。

在重新组建后的新四军中，集中了一大批在中国革命的艰苦岁月里锻炼、成长起来的卓越人物。他们有的在大革命时期、土地革命战争时期、抗日战争时期、解放战争时期、中华人民共和国诞生后，始终站在革命和建设的第一线，为民族独立、人民解放和国家富强奋斗终生；有的在民族解放斗争中血染沙场，英勇献身；有的因长期战斗、工作，积劳成疾，英年辞世。在这批新四军的领导人和高级将领中，主要代表人物有：

新四军第一师师长粟裕。抗日战争时期，任新四军第二支队副司令员、江南指挥部副指挥、苏北指挥部副指挥。皖南事变后，任新四军一师师长兼政治委员，苏中军区司令员兼政治委员，苏中区党委书记，苏浙军区司令员兼政治委员，苏浙区党委书记。解放战争初期，任华中军区副司令员，华中野战军司令员。1947 年任华东野战军副司令员，华东军区副司令员，指挥苏中战役、参与指挥莱芜战役和孟良崮战役。1948 年任华东野战军代司令员兼代政治委员，指挥济南战役、参与指挥淮海战役。1949 年任第三野战军副司令员兼第二副政治委员，华东军区副司令员，上海市军管会副主任，南京市军管会主任、南京市市长，华东军政委员会副主席。1951 年后，任中国人民解放军副总参谋长、总参谋长。1955 年被授予大将军衔。1958 年 12 月，任国防部副部长、军事科学院副院长。1972 年任军事科学院第一政治委员。中共第七届候补中央委员，第八、九、十、十一届中央委员。在中共第十二次全国代表大会上当选为中共顾问委员会常委。第三、四届全国人大常委会常委，第五届全国人大常委会副委员长。1984 年 2 月逝世。

新四军第二师副师长罗炳辉。抗日战争初期，以八路军副参谋长名义，在八路军武汉办事处从事统一战线工作。1939 年任新四军第一支队副司令员、第五支队司令员，率部开辟皖东抗日根据地。1940 年后任新四军江北指挥部副指挥兼第五支队司令员、第二师副师长兼淮南军区司令员等职,为巩固和扩大淮南抗日根据地作出重要贡献。解放战争时期,任新四军第二副军长兼山东军区副司令员。虽身患重病,仍亲临前线部署作战。1946年6月21日在山东兰陵时突然病情恶化,不治逝世。罗炳辉用毕生的精力实现了自己的诺言:“人生最快慰的是真正勇敢地牺牲个人的一切利益,最热诚努力地为民族独立、自由解放而斗争,尤其要为劳动大众的解放和利益,以真理、正义、公道为人类的幸福而斗争。”

新四军第三师师长兼政治委员黄克诚。抗日战争时期,任八路军总政治部组织部部长,一一五师三四四旅政治委员。1940年后,任八路军第二纵队政治委员兼冀鲁豫军区司令员。第四纵队政治委员,第五纵队司令员兼政治委员。1941年后,任新四军第三师师长兼政治委员,苏北军区司令员兼政治委员,中共苏北区委书记。中共第七届候补中央委员。解放战争时期,任西满军区司令员、中共西满分局副书记和代书记,东北民主联军副司令员兼后勤司令员、政治委员,中共冀察热辽分局书记兼军区政治委员,东北野战军第二兵团政治委员,天津市军管会主任,中共天津市委书记。在中共七届二中全会上递补为中央委员。中华人民共和国成立后,任中共湖南省委书记,湖南军区司令员兼政治委员。1952年11月调到中央工作,相继担任中国人民解放军副总参谋长兼总后勤部部长和政治委员,中共中央军委秘书长、国防部副部长。中共第八届中央委员,中央书记处书记。1958年10月任中国人民解放军总参谋长。1977年12月任中共中央军委顾问。中共十一届三中全会上增补为中央委员,当选为中央纪律检查委员会常务书记。中央十二届一中全会上当选为中央委员、中央纪律检查委员会第二书记。第一届全国人大常委会常委,第五届全国政协常委。1955年被授予大将军衔。1986年12月在北京逝世。

新四军第四师师长兼政治委员彭雪枫。抗日战争爆发后,任八路军总部参谋处处长兼驻晋办事处主任。1938年春调赴河南确山竹沟,任中共河南省委军事部部长,组织训练抗日武装。同年9月组建新四军游击支队,任司令员兼政治委员,领导开辟豫皖苏边区抗日根据地。任中共豫皖苏边区委员会书记、新四军第六支队司令员兼政治委员、八路军第四纵队司令员。皖南事变后,任新四军第四师师长兼政治委员、淮北军区司令员,领导淮北军民艰苦斗争,巩固和发展了淮北抗日根据地。1944年8月执行中共中央关于向河南敌后进军的指示,指挥所部进行西进战役。9月11日在河南夏邑八里庄指挥作战时牺牲,血染疆场,壮烈殉国。时年37岁。彭雪枫文武兼备,军政皆优,是中国工农红军、八路军和新四军的杰出指挥员、无产阶级军事家。他投身革命二十年,出生入死,南征北战,智能双全,战功卓著,被毛泽东、朱德誉为“共产党人的好榜样”。中共中央曾经在延安为彭雪枫举行隆重的追悼大会,痛悼彭雪枫,高度评价他“为民族、为群众,二十年奋斗出生入死;打日寇、打汉奸,千百万同胞自由平等,泽被长淮”。

新四军第五师师长兼政治委员李先念。抗日战争时期,历任中共河南省委军事部长、新四军豫鄂挺进纵队司令员、新四军第五师师长兼政治委员和中共豫鄂边区委员会书记。日本投降后，任中原军区司令员、中共中央中原局副书记，领导反对蒋介石围攻中原解放区的自卫战争。1947 年 5 月任中共中央中原局副书记、中原军区副司令员。1948 年任新组建的中原军区第二副司令员。中华人民共和国成立后，任中共湖北省委书记、省人民政府主席，中共武汉市委书记兼市长，湖北军区司令员兼政治委员，中共中央中南局副书记、中南军政委员会副主席等职。1954 年调到中央工作，任国务院副总理兼财政部部长，为社会主义财政经济事业作出重要贡献。“文化大革命”中，同林彪集团、江青集团进行了坚决的斗争，在非常困难的条件下，协助周恩来总理主持经济工作，尽量减少动乱所造成的损失，争取国民经济取得新的进展。1975 年坚决支持邓小平进行“全面整顿”。1976 年 10 月在粉碎江青集团的斗争中起了重要作用。中共十一届三中全会以后，参加领导调整国民经济和社会主义现代化建设。作为中华人民共和国和中共中央领导人，为发展中国同各国人民、政府和政党的友好关系，进行了多方面的活动。从中共七大起当选为历届中央委员，从中共八届一中全会起当选为历届政治局委员，中共十一届一中全会上当选为政治局常务委员、中央副主席。中共十二届一中全会上继续当选为政治局常务委员（按照十二大通过的党章不再设中央主席、副主席）。1983 年第六届全国人民代表大会上当选为中华人民共和国主席。1988 年当选为第七届全国政协委员会主席。1992 年 6 月逝世。

新四军第六师师长兼政治委员谭震林。抗日战争爆发后，任新四军第二、第三支队副司令员，江南人民抗日救国军东路指挥部司令员兼政治委员，新四军第六师师长、政治委员兼苏南区党委书记，新四军第二师政治委员、淮南区党委书记。解放战争初期任中共中央华中分局副书记、华中军区副政治委员兼华中野战军政治委员。1947 年后，任华东野战军副政治委员，后兼内线兵团政治委员，第三野战军第一副政治委员兼第七兵团政治委员。1949 年任中共浙江省委书记、省人民政府主席、浙江军区政治委员。1951 年后，任中共中央华东局企业工作委员会主任、华东局第三书记、华东军政委员会副主席、江苏省人民政府主席。1954 年任中共中央副秘书长兼中央书记处第二办公室主任。中央八届一中全会上当选为中央书记处书记、八届五中全会上当选为中央政治局委员。1959 年后，任国务院副总理、国务院农林办公室主任，国家计委副主任。“文化大革命”中受迫害，1974 年恢复工作后，历任第四、五届全国人大常委会副委员长。中共第七、八、十、十一届中央委员，十二届中央顾问委员会副主任。1983 年逝世。

新四军第七师师长张鼎丞。抗日战争时期，任中共闽粤赣边省委书记、新四军第二支队司令员。1939 年到延安，入中共中央党校学习。1941 年任新四军第七师师长（未到职）。1942 年赴延安参加整风学习。1943 年 2 月任中共中央党校二部主任。解放战争时期，任华中军区司令员，中共中央华东局常委兼组织部部长。中华人民共和国成立后，任中共福建省委书记、省人民政府主席、福建军区政治委员，中共中央华东局第四书记，1952 年任华东行政委员会副主席，中共中央组织部第一副部长。1954 年 9 月任最高人民检察院检察长。中共第七、八、九、十、十一届中央委员。第四、五届全国人大常委会副委员长。1981 年 12 月在北京逝世。

继任新四军第四师师长张爱萍。抗日战争时期，任中共浙江省委军委书记，豫皖苏省委书记，八路军苏皖纵队政治委员，八路军第五纵队第三支队司令员，新四军第三师副师长。1944 年 9 月，新四军第四师师长彭雪枫牺牲后，张爱萍被中央军委任命为新四军第四师师长兼淮北军区司令员。参与开辟豫皖苏抗日根据地。解放战争时期，任华中军区副司令员，华东军区海军司令员兼政治委员。参加渡江战役。中华人民共和国成立后，任第三野战军第七兵团司令员兼浙江军区司令员，华东军区暨第三野战军参谋长。1954 年任中国人民解放军副总参谋长，中共八大二次会议增补为候补中央委员。1960 年兼任国防科委副主任，1962 年兼任国防工业办公室副主任。“文化大革命”中遭迫害。1975 年任国防科委主任，与江青集团进行了坚决的斗争，再次受到迫害。粉碎“四人帮”以后，相继担任中共第十一届中央委员，中国人民解放军副总参谋长兼国防科委主任并兼国家科委第一副主任，中央军委科技装备委员会主任，国务院副总理。中共第十二届中央委员，中央军委副秘书长、国务委员兼国防部长。中央顾问委员会常委。1955 年被授予上将军衔。2004 年辞世。

1941 年 1 月底 2 月初，在新四军整编期间，中原局和新四军军部召开高级干部会议。根据中共中央指示和皖南事变后的形势，确定新四军今后的战略任务是：坚持华中敌后抗战，阻止国民党军队的进攻，加强根据地各项建设，积聚力量，准备与日伪军、国民党军队进行长期斗争，一俟条件成熟即向西、向南发展。同时，中原局和新四军军部部署给新四军各师的具体任务是：

第二师、第四师分别在淮河南北，巩固津浦路东，坚持津浦路西，加强对西防御，随时准备迎击国民党军队的进攻。

第五师独立坚持鄂豫皖根据地，并以一部沿江而下，打通与第七师的联系。

第七师发展皖中、坚持皖南敌后游击战争，积极打通与第二师、第五师、第六师的联系。

第六师坚持苏南，阻止国民党军队北渡。

第一师、第三师坚持苏北，建设巩固的根据地，建立强大的地方武装，以便新四军主力机动作战。

至此，华中新的战略布局形成。

根据中共中央决定，中原局于 1941 年 5 月与东南局合并，组成华中局，刘少奇为书记。

同时，组成中央革命军事委员会华中分会，刘少奇为书记，陈毅、张云逸、邓子恢、赖传珠为委员。

在中原局与东南局合并组成华中局前后，华中各个抗日民主根据地的中共组织按照战略区域的划分，组成了苏中、淮南、盐阜、淮海、淮北、鄂豫皖、苏南、鄂皖赣等区党委。

以新四军新军部和华中局的建立为标志，华中地区的抗日战争进入新阶段。

全国解放战争时期的中原战场

薛庆超

引子:全国解放战争在中原战场首先打响

中国人民抗日战争胜利后,全国人民渴望和平、民主、团结。然而,国民党政府却一意孤行,坚持独裁、专制,于 1946 年 6 月 26 日派遣大军进攻中国共产党领导的中原解放区。

以此为起点,国民党军队对中国共产党领导的解放区发动全面进攻。中国共产党领导的人民军队在各个战场上奋起抗击,全国解放战争正式开始。

中原突围,就是解放战争时期中国共产党领导的中原军区部队在大别山地区突破国民党军重兵围攻,进行大规模战略转移的一次重大作战行动。当时,形势十分严峻,斗争极为激烈,客观环境非常困难,突围异常艰险,战斗频繁而又激烈。

全国抗日战争胜利后,蒋介石调集 20 多个师的部队,包围和蚕食中原解放区,企图消灭中原解放区部队,打通向华东、华北、东北的进军道路。1946 年 1 月,国民党政府和中国共产党签署停战协定后,国民党军仍继续增调兵力包围和进攻这一地区。5 月 10 日,国共双方代表虽然专门就中原地区停止武装冲突签订了《汉口协定》,但国民党军拒不执行。至 6 月,进攻中原解放区达 1000 余次,占去县城、村镇 1100 余处;将中原军区部队 5 万余人包围在以宣化店为中心的罗山、光山、商城、经扶(今新县)、礼山(今大悟)之间,纵横不足百里的狭小地区内,解放区面积已不及原先的十分之一。

中共中央顾全大局,为避免内战,多次同国民党政府交涉,表示愿意让出中原解放区,将部队转移到其他解放区去。但国民党政府一意孤行,至 6 月下旬,用于包围中原军区部队和全面进攻解放区的兵力增至 10 个整编师约 30 万人。此时,蒋介石认为消灭中原军区部队的时机已经成熟,遂令郑州"绥靖"公署主任刘峙在驻马店设立指挥所,指令各围攻部队于 6 月 22 日前完成攻击准备。此外,还调集西安、武汉的空军配合作战。

1946 年 6 月 26 日拂晓,国民党军开始向中原军区部队阵地大举进攻。这是国民党政府发动全面内战的起点。中共中央和中央军委鉴于中原解放区处于国民党军重兵包围之中,多次指示中共中央中原局和中原军区,准备以主力向西突围,转移至豫西、鄂西、陕南、川东地区,并在这些地区长期坚持,以牵制敌人,配合其他解放区作战。

6月23日，中共中央明确指示：立即突围，生存第一，胜利第一。

根据中共中央指示，中原局和中原军区以第一纵队第一旅伪装主力，向津浦铁路以东转移；鄂东军区部队就地坚持斗争，迷惑、牵制敌人；中原军区主力分左右两路于6月26日开始向西突围。

中原军区右路突围部队为第二纵队第十三旅、第十五旅1个团、第三五九旅、干部旅及中原军区机关共1.5万余人，由中原军区司令员李先念、政治委员郑位三率领，于26日晚由宣化店向西北方向秘密移动。29日晚，从信阳以南柳林至李家寨车站间突破国民党军的封锁线，越过平汉（今北京—汉口）铁路，向西北方向疾进。国民党军急调部队实施尾追和堵截。中原军区右路突围部队一面以小部队阻击敌人，一面昼夜兼程，经反复冲杀，突破了国民党军严密的阻击阵地和大规模的追堵、截击、合围，历经艰险，胜利地进入陕南，与在当地坚持斗争的陕南游击队会合。8月3日，成立豫鄂陕军区，创建了游击根据地。

中原军区第三五九旅和干部旅根据中央军委的指示，由中原军区副司令员兼参谋长王震率领，自柞水地区继续北进，沿途冲破国民党军的多次追击、堵截，于1946年8月底进入陕甘宁解放区。

中原军区的河南军区部队在掩护中原军区主力突围后，随右路突围部队跟进，于8月初进至豫陕边界地区，在卢氏、灵宝、雒南（今洛南）等地开展游击战争。

中原军区左路突围部队为第一纵队与第二纵队第十五旅共一万余人，由中原军区副司令员兼第一纵队司令员王树声率领，于6月26日晚由光山县泼陂河向西移动，在广水以南王家店与国民党军堵截部队激战一昼夜，越过平汉铁路西进。进入武当山区后，在竹溪、竹山、房县、保康、南漳等地分散活动。8月下旬，与由安陆向西突围的江汉军区部队在房县西南地区会合。27日成立鄂西北军区，创建了游击根据地。突围部队另一部，因强渡襄河受阻，改道北上，进入伏牛山地区与河南军区部队会合。

中原军区第一纵队第一旅于6月26日开始行动，先向西，再折而向东，完成掩护中原军区主力转移的任务后，于29日在麻城以北突破国民党军封锁线东进；然后越过鄂皖边界咽喉大牛山，穿过大别山，挫败国民党军多次追击和拦截，跋涉千余里，于7月20日越过津浦铁路，进入苏皖解放区，后改为华中野战军第十三旅。鄂东军区部队掩护中原军区主力突围后，继续在大别山区坚持游击战争。

中原突围，揭开了中国人民解放战争的序幕。中原军区部队突破国民党军的重重包围和堵截，完成了战略转移任务，保存了力量，牵制了国民党军大量兵力，从战略上有力地策应了其他解放区部队的作战。

第一章　大别山——刘邓大军的"红色摇篮"

1947年，是中国现代史上具有转折意义的一年。1947年6月，中国人民解放战争已经进行了整整一年。在中国共产党中央委员会和毛泽东主席的领导下，在解放区人民群众的有力支援下，中国人民解放军经过一年的英勇奋战，歼灭了蒋介石统率的国民党军的大量有生力量，使敌我力量对比发生了重大变化。中国人民解放军得到人民群众的大力支援，士气高昂，愈战愈强。而国民党军则由于人民反对，士气低落，大量被歼，兵源枯竭，后方空虚，开始走下坡路。国民党军的力量虽然受到很大削弱，但总兵力仍然比人民解放军多出近一倍，并且从1947年3月起向山东解放区和陕北解放区发动重点进攻，将战争继续引向解放区，妄图进一步破坏和消耗解放区的人力物力。这时，国民党军无论在数量上或者装备上都还占着优势。蒋介石继续获得美国大量的军事援助和经济援助，还有广大的国民党统治区可供搜刮，以支持其军事进攻。国民党军对解放区的重点进攻还在继续进行。国民党军集中了31个旅共20万人进攻陕北解放区；集中了56个旅共40万人进攻山东解放区。东北战场上的国民党军队虽已被迫采取“全面防御”，但还保持着相当大的兵力。解放区的重要城市延安、临沂和张家口等还被国民党军占据着。因此，中国共产党和中国人民解放军仍然面临着严峻形势。

毛泽东是中国20多年革命战争造就出来的伟大的政治家、军事家和战略家。中国人民解放战争开始以后，毛泽东曾指出：“蒋介石虽有美国援助，但是人心不顺，士气不高，经济困难。我们虽无外国援助，但是人心归向，士气高涨，经济亦有办法。因此，我们是能够战胜蒋介石的。”①

全国解放战争进行一年以后，国民党军被中国人民解放军歼灭了正规军97个半旅，连同非正规军共110余万人，被迫把全面进攻改为重点进攻。在国民党统治区内，伟大的人民运动已经蓬勃发展起来，迅速地遍及60多个大中城市，形成了反对国民党反动统治的第二条战线。总之，蒋介石无论是在军事上或政治上都打了败仗，“已处在全民的包围中”②。

这种历史发展的趋势，标志着中国人民在经历了长期的艰苦斗争以后，最后推翻国民党反动派统治的革命高潮已经到来，中国人民解放军转入战略进攻的时机基本成熟。

毛泽东总揽全局、见微知著。他认为，人民解放军不应等到国民党军转入劣势时才发动战略进攻，而是在国民党军刚刚出现颓势迹象的时候，就应抓住这个有利时机，立即由战略防御转入战略进攻。因而，毛泽东规定人民解放军第二年作战的基本任务是：“举行全国性的反攻，即以主力打到外线去，将战争引向国民党区域，在外线大量歼敌，彻底破坏国民党将战争继续引向解放区、进一步破坏和消耗解放区的人力物力、使我不能持久的反革命战略方针。”③毛泽东是一位高瞻远瞩、富有远见的战略家。他及时抓住解放战争战局刚刚有利于中国人民解放军的苗头，果断决定，立刻由战略防御转入战略进攻，以敌军兵力薄弱的中原

① 《毛泽东选集》第四卷，人民出版社1991年版，第1187页。

② 《毛泽东选集》第四卷，人民出版社1991年版，第1224页。

③ 《毛泽东选集》第四卷，人民出版社1991年版，第1230页。

地区为主要突击方向，实施中央突破，让人民解放军的主力打到外线去，直插敌军的战略后方，将战争引向国民党统治区，改变整个战争态势的格局，从根本上动摇国民党的反动统治，加速中国革命胜利的进程。

关于战略进攻方向的选择，毛泽东经过深思熟虑，选择了大别山区。大别山区是国民党政府战略上最敏感也最薄弱的地区。这里曾经是土地革命战争时期的鄂豫皖革命根据地，是红四方面军（即晋冀鲁豫野战军和八路军一二九师的前身）的摇篮，人民群众觉悟高，有利于解放大军站稳脚跟，创建大块的新解放区。

连绵起伏逶迤百里的大别山脉位于湖北、河南、安徽三省的交会地区，西跨中国南北大动脉平汉铁路，东至淮南铁路，北接淮河，南临长江。人民解放军进入这一地区就可以瞰制中原，威胁南京，进逼长江，直指武汉，具有巨大的战略意义。

毛泽东认为，进军大别山不能像北伐战争那样逐城逐地推进，而必须采取跃进的进攻样式：下决心不要后方，长驱直入，一举插进国民党军的战略纵深，先占领广大乡村，建立革命根据地，以乡村包围城市，然后再夺取城市。

中共中央和毛泽东指定由晋冀鲁豫野战军主力担负进军大别山的光荣任务。派遣中国人民解放军十几万大军远离根据地，一举跃进到敌人的深远后方去作战，这种独特的进攻样式，是史无前例的。要实现这样伟大的战略计划，绝不是轻而易举的。当时，毛泽东既估计到了跃进大别山的有利条件，又充分估计到了人民解放军到外线作战的种种困难，提出可能有三个前途：一是付了代价站不住脚，转回来；二是付了代价站不稳脚，在周围打游击；三是付了代价站稳了脚。毛泽东并告诫晋冀鲁豫野战军司令员刘伯承、政治委员邓小平要作好充分的思想准备，从最坏处着想，努力争取最好的前途。

中共中央和毛泽东选择由晋冀鲁豫野战军担负千里跃进大别山、进军中原、揭开中国人民解放军战略进攻的序幕这一重大战略任务，选择大别山区作为战略进攻的“突破口”具有多种原因：

第一个重要原因：晋冀鲁豫野战军是由红四方面军、八路军一二九师发展而来的。而以大别山为中心的鄂豫皖地区正是红四方面军的发源地，是红四方面军成长、发展、壮大的“红色摇篮”。

第二个重要原因：晋冀鲁豫野战军是名副其实的大别山地区的“工农子弟兵”。派遣晋冀鲁豫野战军打回家乡，他们熟悉大别山区的民情与风俗，了解大别山区的历史与现状，人地相宜，深得军心，亦可深得民心。

第三个重要原因：大别山区具有悠久的革命历史传统，一直有中国共产党地方组织和游击队的活动，可以为晋冀鲁豫野战军提供种种便利条件。

第四个重要原因：大别山位于国民党统治中心南京和华中重镇武汉之间，中国人民解放军挺进大别山，可以实现对国民党统治的“中央突破”，“牵一发而动全身”，直接震撼和动摇国民党的统治，鼓舞国民党统治区的人民民主运动，促进中国革命的发展，推动中国革命的新高潮。

在中国革命史上，以大别山为中心的鄂豫皖地区的悠久的革命历史可以追溯到大革命时期。

在轰轰烈烈的大革命高潮中，以董必武为代表的中国共产党湖北组织在武汉培养和造就了鄂豫皖地区的第一代共产党人。北伐军占领武汉以后，毛泽东在武汉主办的中央农民运动讲习所又为鄂豫皖地区培训了大批农民运动骨干。这些“革命火种”在大别山区建立中共组织，传播革命思想，点燃了农民运动的熊熊烈火，一时间，革命风暴席卷大别山区。大革命失败后，1927 年中共中央在汉口召开了紧急会议——八七会议，确定了土地革命和武装反抗国民党反动派屠杀政策的总方针，号召全党和革命人民继续进行革命斗争。此后，鄂豫皖边区的中共组织，根据八七会议精神，多次举行声势浩大的武装起义，创建了鄂豫皖革命根据地和中国工农红军第四方面军。从这时起，一直到 1949 年中华人民共和国建立，鄂豫皖人民前仆后继，浴血奋战，英勇顽强，坚韧不拔，进行了不屈不挠的革命斗争，为中国新民主主义革命胜利作出了重大贡献。

大别山区之所以能够成为中国共产党在土地革命战争时期创建的第二块面积较大的革命根据地，大别山区之所以能够成为晋冀鲁豫野战军的前身红四方面军的“摇篮”，具有多方面的因素。

大别山区地处湖北、河南、安徽三省的交界地区，在北洋军阀统治时期和国民党政府建立初期，属于反动统治阶级统治薄弱的地区。因此，革命火种得以在大别山区广泛传播、生根、开花、结果。但是，由于大别山具有重要的地理位置：东邻南京、安庆、合肥，西邻武汉和平汉铁路，南临长江，北瞰中原，所以当鄂豫皖革命根据地和红四方面军建立以后，这里成为威胁国民党统治的重要地区。因此，大别山区以后又成为国民党政府与中国共产党争夺的重点区域。鄂豫皖革命根据地同中央革命根据地及其他革命根据地比较，接近大中城市，而不是远离大中城市；地处中原地区，交通较为方便，而不是位于边远山区，交通闭塞。因此，鄂豫皖革命根据地是在国民党统治的腹心地区建立的“红色区域”。它犹如一把利剑刺向国民党统治的心脏。为此，国民党军先后对鄂豫皖革命根据地和红四方面军进行了多次“围剿”，出动兵力最多时达 30 多万人。鄂豫皖革命根据地和红四方面军有力地牵制了国民党反动派的军事力量，减轻了其他革命根据地的压力，支援了其他革命根据地的革命斗争。

大别山区人民具有很高的革命觉悟和革命斗争精神。中共八七会议之后，鄂豫皖边区多次爆发声势浩大的农民起义。其中著名的有确山、黄安、麻城、鄂北、商(城)南、六(安)霍(山)等几次大规模武装起义。其中“黄麻起义”的时间和声势仅次于湖南、江西边界的秋收起义。小规模的武装起义有 10 多次。伴随着这些起义，开始了鄂豫皖边区人民革命武装斗争，给国民党反动派以沉重打击。从此，大别山区的革命烽火以燎原之势熊熊燃烧，绵延不绝,一直持续到中国革命胜利。

大别山区诞生了中国工农红军第四方面军。中国革命必须坚持武装斗争,建立和发展革命武装力量。中共组织领导的大别山区 1927 年 11 月 14 日的黄麻起义成功后,组建了中国工农革命军鄂东军。12 月 5 日黄安城失守,鄂东军只剩 72 人枪转战黄陂木兰山(黄麻地区只剩少数人坚持地下秘密斗争),随后改编为中国工农革命军第七军——只有 100 余人的队伍。1928 年春游击返回鄂豫边区,开辟柴山堡革命根据地,不久改编为中国工农红军第十一军三十一师,下辖 4 个大队,有 120 余人。1929 年 5 月河南商城南部起义后建立了中国工农红军第三十二师。接着,安徽西部爆发了六(安)霍(山)起义,建立了中国工农红军第三十三师。1930 年 3 月,将红十一军改为红一军,下辖一、二、三师。大别山区革命斗争进入了发展时期。1931 年 11 月红四方面军建立,大别山区红军主力发展到 5 万多人,有 6 个整师。红军有了第一架"列宁号"飞机,并参加了攻打六安城的战斗。地方赤卫军达 30 多万人。红四方面军在同国民党军的作战中愈战愈强,迅速发展起来。

大别山区人民建立了广阔的鄂豫皖革命根据地。1931 年鄂豫皖革命根据地经过第一、第二、第三次反"围剿"的胜利,面积扩大到 4 万平方公里,人口达 350 万,辖有 23 个县市(含鄂豫皖革命根据地首府新集市,即现在的河南省信阳市新县),建立了红色政权。这样一大块红色区域屹立在中原大地,在国际国内都产生了重大影响。鄂豫皖革命根据地的存在和发展、红四方面军的英勇作战与胜利,极大鼓舞了全国各地红军和革命根据地人民群众的革命斗志,沉重打击了国民党反动派。

大别山区人民从大革命时期开始革命斗争,始终坚持红旗不倒。鄂豫皖革命根据地 1932 年秋反对敌军第四次"围剿"失利后,红四方面军主力西征进入四川。随后,鄂豫皖中共组织于 1932 年 11 月又重建红二十五军,坚持斗争。1934 年,红二十五军北上鄂豫陕边区后,鄂豫皖中共组织于 1935 年 1 月又重建了红二十八军。除了正规红军队伍外,鄂豫皖中共组织还建立了数十个党政军三位一体的便衣队组织,像孙悟空钻进铁扇公主肚子里一样,坚持红色游击战争,打得国民党反动派不得安宁。毛泽东曾经指出:"一国之内,在四周白色政权的包围中间,产生一小块或若干小块的红色政权区域,在目前的世界上只有中国有这种事。我们分析它发生的原因之一,在于中国买办豪绅阶级间不断的分裂和战争,只要买办豪绅阶级间的分裂和战争是继续的,则工农武装割据的存在和发展也将是能够继续的。此外,工农武装割据的存在和发展,还需要具备下列的条件:(1)有很好的群众;(2)有很好的党;(3)有相当力量的红军;(4)有便利于作战的地势;(5)有足够给养的经济力。"[①]毛泽东论述的这些条件,鄂豫皖地区全部具备。这是红色政权能够在中原大别山区存在和发展的重要原因之一。同时,鄂豫皖革命根据地的一个重要特色就是这块革命根据地是由当地中共组

① 《毛泽东选集》第一卷,人民出版社 1991 年版,第 57 页。

织和人民群众自己开创的，红四方面军也是由中共组织领导大别山区人民的子弟，土生土长，创建、发展起来的。而井冈山革命根据地和红色政权是由南昌起义和湘赣边界秋收起义失利的革命队伍转移到那里开创的。东江革命根据地是“广州起义”的队伍转移到那里开创的。所以，鄂豫皖革命根据地确实具有自己的突出特点和深厚的群众基础。

大别山区的革命斗争和红四方面军锻炼造就了大批革命中坚力量。大别山区的革命烈火培养和造就了大批革命人才。大别山区成为革命的大熔炉、人民军队的大学校。鄂豫皖革命根据地在长期革命战争中，培养和造就了一大批革命人才。1932 年秋，鄂豫皖革命根据地的红四方面军西征进入川陕边地区，将革命烈火燃向川陕地区，同以王维舟为首的中共组织和游击队相结合，建立了川陕革命根据地，红军发展到 8 万多人，川陕革命根据地面积达 4.5 万平方公里。1934 年秋，鄂豫皖革命根据地重建的红二十五军，作为“北上抗日第二先遣队”到达鄂豫陕边区，创建了鄂豫陕边区革命根据地。1936 年 10 月，红军三个方面军会合后，虽然只剩下 3 万多人，但却是中华民族的精英。在这 3 万多人中，来自鄂豫皖革命根据地的红四方面军占将近二分之一。中华人民共和国建立后，中国人民解放军中被授予少将以上军衔的有 1613 人，而鄂豫皖革命根据地成长起来的将领就占四分之一。在土地革命战争中，鄂豫皖革命根据地惨遭国民党反动派杀害的共产党人和革命群众达 30 多万人；中华人民共和国建立后登记注册的革命烈士就有 4 万多人。由此可以说明，大别山区的鄂豫皖革命根据地和大别山区人民为中国革命付出了巨大代价，作出了重大贡献。

大别山区的鄂豫皖革命根据地和红四方面军积累了丰富的革命斗争经验。大别山区的革命历史证明，凡是执行了中国共产党的正确路线和政策，凡是制定了正确的战略战术、具有正确的军事指挥，革命斗争就能取得胜利。反之，错误路线如果占据主导地位，革命斗争就会遭受挫折和失利。1929 年 6 月，徐向前到达鄂豫皖革命根据地后，同鄂东特委一起执行了中央的正确路线，红军和革命根据地便迅速发展和扩大；1930 年许继慎、徐向前和鄂豫皖边区的党组织抵制了“立三路线”的错误，避免了红军的损失，使红军在原有的基础上有了更大的发展，革命根据地迅速扩大。1931 年，张国焘到鄂豫皖革命根据地后，大力推行“左”倾教条主义，大搞“肃反”，数以万计的党员、干部和群众惨遭错杀，最后使第四次反“围剿”失败，迫使红四方面军撤离大别山地区。张国焘推行“左”倾教条主义和“肃反”，使鄂豫皖革命根据地、中共组织和人民群众蒙受了空前深重的灾难。从中国共产党的发展历史看，鄂豫皖革命根据地在土地革命、党的建设、政权建设、经济建设和游击战争等方面创造和积累的丰富经验是独具特色的，是具有历史价值的。同样，张国焘造成鄂豫皖革命根据地失败的历史教训也是发人深思的，应当引以为戒。

大别山区的中共组织和革命人民，在红四方面军、红二十五军长征以后，仍然坚持红色游击战争，使大别山区成为中共在南方的重要战略支点，成为新四军第四支队、新四军第四师、新四军第五师等部队的“革命摇篮”和出发点。长期在大别山区坚持游击战争的红二十八军为组建新四军第四支队奠定了坚实基础。彭雪枫率领的新四军第四师、李先念率领的新四军第五师,都是以大别山区为起点建立和发展起来的。正因为有鄂豫皖革命根据地的历史基础,解放战争中刘邓野战军千里跃进到大别山区后,才能很快地扎下根来,建立起新的根据地,如同一把钢刀插向蒋介石的心脏,迫使敌人调兵遣将加强对中原地区的防御。这样减轻了敌人对其他解放区的压力,大大加快了全国解放的进程。

大别山区的鄂豫皖革命根据地和红四方面军在中国革命史上占有特殊的历史地位,它对中国革命的作用和影响仅次于中央革命根据地。

第二章 “二野的前身”

从大别山区的鄂豫皖革命根据地诞生的中国工农红军第四方面军,经过西征,开创川陕革命根据地;经过长征,艰苦转战,历经千辛万苦,最后到达陕甘革命根据地。全国抗日战争爆发后,红四方面军改编为八路军第一二九师,发展为八路军晋冀鲁豫军区。晋冀鲁豫野战军在解放战争时期又发展成为第二野战军,是解放战争时期中国人民解放军的主力部队之一。因此,寻根溯源,这支由抗日战争时期的晋冀鲁豫边区八路军和地方武装力量组建和发展起来的人民军队,其根其源其始,皆在大别山区。

抗日战争转入战略反攻时,为了适应战略反攻的需要,人民军队必须从游击部队转变为正规兵团。为此,中共中央于 1945 年 8 月 11 日发出指示,要求各战略区编组“超地方性的正规兵团”。8 月 20 日,中央军委决定各战略区就现有兵力迅速抽出二分之一或五分之三,编为野战兵团,以适应形势发展的需要和实现由游击战向运动战的转变。遵照这个指示精神,刘伯承、邓小平命令晋冀鲁豫抗日民主根据地所属太行、太岳、冀南和冀鲁豫的八路军部队,分别编组成 1 万至 3 万人的野战兵团。同时,中共中央决定成立晋冀鲁豫军区,以刘伯承为司令员,邓小平为政治委员,滕代远、王宏坤为副司令员,薄一波为副政治委员,张际春为副政治委员兼政治部主任,李达为参谋长,王新亭为政治部副主任。晋冀鲁豫军区辖冀鲁豫军区、冀南军区、太行军区和太岳军区 4 个二级军区以及起义过来的国民党军第三十八军第十七师,共 29 万余人。

抗日战争胜利后,国民党军侵占晋冀鲁豫解放区所属的上党地区。1945 年 9 月初,晋冀鲁豫军区为举行上党战役,以冀南军区主力编为冀南纵队、太行军区主力编为太行纵队、太岳军区主力编为太岳纵队。10 月 7 日,冀鲁豫军区主力编为第一纵队,杨得志任司令员,苏振华任政治委员;冀南纵队改为第二纵队,陈再道任司令员,宋任穷任政治委员;太行纵队改为第三纵队,陈锡联任司令员,彭涛任政治委员;太岳纵队改为第四纵队,陈赓任司令员,谢富治任政治委员。同时,晋冀鲁豫军区还组成 25 个团的架子,调往东北。

1945 年 11 月 10 日,第一纵队奉中共中央军委命令,在开往东北途中到达晋察冀军区,后因形势变化留该军区担负作战任务。

11 月 11 日,在邯郸战役中起义的国民党新编第八军改名为民主建国军,高树勋为总司令,加入晋冀鲁豫军区序列。

11 月中旬,以太行军区主力组成第六纵队,王宏坤兼司令员(后由王近山代司令员),段君毅任政治委员;以冀鲁豫军区主力组成第七纵队,杨勇任司令员,张霖之任政治委员。同期,因中央军委拟调第四纵队去东北,组成第八纵队,谢富治任司令员,王鹤峰任政治委员。12 月初,中央军委决定第四纵队不去东北,仍留太岳军区。随后,第四纵队与第八纵队合并,称为第四纵队,陈赓任司令员,谢富治任政治委员。第二十四旅改为太岳军区独立旅。

这时,各二级军区的主要负责人是冀鲁豫军区司令员王秉璋、政治委员张玺;冀南军区司令员杜义德、政治委员李菁玉;太行军区司令员秦基伟、政治委员李雪峰;太岳军区司令员王新亭、政治委员聂真。

1946 年 5 月 15 日,国民党军第三十八军副军长孔从周率第五十五师于河南巩县起义,后与第十七师会合,被命名为西北民主联军第三十八军,孔从周为军长,汪锋为政治委员。

至 1946 年 6 月中旬,晋冀鲁豫军区部队除精简整编和调往其他地区的以外,尚有野战军 5 个纵队,连同地方部队共 27 万人。

晋冀鲁豫野战军的“根子”在大别山区。

晋冀鲁豫野战军的“源头”在大别山区。

晋冀鲁豫野战军的“摇篮”在大别山区。

晋冀鲁豫野战军的指挥员中,有相当一部分是大别山区人民的子弟。

晋冀鲁豫野战军始终与大别山区人民血肉相连、血脉相通。

1945 年 8 月,中国人民经过长期浴血奋战,终于赢得了抗日战争的伟大胜利。中国共产党领导下的抗日人民武装力量八路军、新四军、华南各抗日纵队在华北地区、华中地区和华南地区建立了广阔的解放区和游击区。中国共产党和人民军队在全国抗日战争中得到了空前的发展。

然而,抗日战争刚刚胜利,蒋介石就准备发动内战。1945 年 8 月,蒋介石连续三次发电报邀请中国共产党中央委员会主席毛泽东赴重庆进行和平谈判。这时,苏联共产党中央委员会总书记、苏联部长会议主席斯大林也致电中共中央,要求中国共产党同国民党举行谈判,寻求维持国内和平的协议,并说如果打内战,中华民族有毁灭的危险①。与此同时,蒋介石却调集大批军队向解放区发动进攻。8 月中旬,国民党军第二战区司令长官阎锡山所部,在日伪军接应下进占太原和同蒲铁路沿线城镇后,以第十九军军长史泽波指挥 4 个步兵师及 1 个挺进纵队,连同收编长治地区的伪军共 1.7 万余人,乘中共领导的晋冀鲁豫军区部队

① 中共中央党史研究室:《中国共产党历史大事记》(1919.5~2005.12),中共党史出版社 2006 年版,第 117 页。

正在向日伪军举行大反攻之机，进占晋冀鲁豫解放区的长治及其周围地区，并修筑工事，加强守备，企图以此为依托，进一步打通白（圭）晋（城）铁路，扩占整个晋东南，并配合国民党军第一、第十一战区部队沿正太、平汉铁路向石家庄、北平等地推进。

中共中央为保卫抗日战争胜利果实，指示晋冀鲁豫军区进行自卫反击，首先歼灭进入长治地区的国民党军，收复失地，清除解放区心腹之患；尔后，将主力转用于平汉线，迟滞国民党军北进。晋冀鲁豫军区司令员刘伯承、政治委员邓小平遵照上述指示，针对国民党军孤军深入和分散守备的特点，决心以所属太行、太岳、冀南军区各 1 个纵队及地方武装共3.1 万余人，在 5 万民兵的配合下，歼灭进占上党及周围地区的国民党军。

按照晋冀鲁豫军区的命令，各参战部队一面向上党地区开进，一面进行整编和政治动员。太行纵队在南进途中，于 9 月 1 日攻克襄垣。9 月 10 日，上党战役正式发起，太行纵队首攻屯留。史泽波两度组织长治守军出援，均为打援的太岳、冀南纵队阻击，未能如愿。12 日，太行纵队攻克屯留。17 日，冀南纵队攻克潞城，截断了长治与太原的联系。19 日，太岳纵队和太行军区部队分别攻克长子、壶关。至此，晋冀鲁豫军区部队连克 5 城，歼国民党军 7000 余人，长治守军陷于孤立。

当晋冀鲁豫军区部队夺取长治外围各城时，阎锡山于 9 月 15 日命令其第七集团军副总司令彭毓斌率第二十三军、第八十三军等部，由祁县东观镇经沁县南下增援。

9 月 20 日起，晋冀鲁豫军区集中主力围攻长治。因城高壕深，工事坚固，多次攻击未能奏效。24 日，刘伯承、邓小平得悉自太原出援的国民党军 3 个师已抵达洪镇以南，遂留冀南纵队和太岳纵队一部及地方部队继续围困长治，吸引援敌，令太行纵队和太岳纵队主力迅速北上打援。10 月 2 日，将国民党援军包围于虒亭以南老爷岭、西窑、磨盘垴、榆林地区。在围歼过程中，查明援军为 2 个军 6 个师，还有由伪军改编的山西省防军第三军 4 个团也正从沁县出动，全部援军 2.3 万余人。为确保打援的优势兵力，晋冀鲁豫军区又急调冀南纵队北上参战，并令其白天开进，故意暴露，以动摇援敌军心。5 日，晋冀鲁豫军区部队从两翼向退据老爷岭的国民党援军主力发起攻击，并在北面留一缺口，诱其突围。当夜，国民党援军在其老爷岭阵地失守后，向北突围。晋冀鲁豫军区以一部兵力先机抢占虒亭以北土落村制高点，截断其退路；主力部队实施追击。至 6 日，国民党援军除 2000 余人逃回沁县外，其余全部被歼灭，彭毓斌被击毙。

国民党援军被歼灭后，长治守军待援无望，于 8 日向西突围。晋冀鲁豫军区一方面以围城部队进行追击，一方面以太岳纵队进行截击，将突围的国民党军全部歼灭，生俘史泽波。

上党战役是抗日战争胜利后中共领导的解放区部队反击国民党军进攻所进行的第一次大规模歼灭战，共歼国民党军 3.5 万余人，缴获山炮 24 门、机枪 2000 余挺、长短枪 1.6 万余支，军区部队伤亡约 4000 人。这次战役，巩固了晋冀鲁豫解放区，加强了中国共产党在重庆和平谈判中的地位，摸清了国民党军外强中干的虚弱本质，具有重要的政治意义和战略意义。

在国民党政府与中国共产党签订停战协定后,晋冀鲁豫军区部队坚决执行和维护停战协定,击退国民党军对解放区的蚕食和偷袭,开展大练兵运动,积极参加地方减租减息和生产运动,为对付国民党政府发动全面内战做了充分准备。

对于晋冀鲁豫野战军的这段历史,邓小平曾作了这样的回顾:

回想战争年代,我们二野[①]在每一个阶段都完成了自己的任务,而且完成得比较好。这是对二野的评价。

整个解放战争,从头到尾,二野都处在同敌人针锋相对斗争的最前面,开始在晋冀鲁豫,用刘伯承同志的话说,这里是华北解放区的大门,敌人要进攻首先就从这个口子来。果然,毛主席到重庆谈判的时候,敌人从两路来。一路是阎锡山,我们就手打了个上党战役。接着对马法五、高树勋一路,又打了个平汉战役。还要说远一点,在抗日战争时,我们就处在一个大门的地位。那时不叫二野,是二野的前身。国民党同我们搞摩擦,几个大解放区都有,但最集中的是在晋冀鲁豫。抗战胜利后,他们进攻解放区首先攻的就是这个大门,而我们守这个大门的力量并不强。阎锡山进攻上党区有三万八千多人,我们比他们还少一点,也就是三万出头,从编制上讲,一个完整的、编制充实的团都没有,而且装备很差,弹药很少,可以说是一群游击队的集合。还有就是临战前没有指挥作战的将军,那时只有李达在前线,好多将军都不在,在延安开会。我们是乘坐美军驻延安观察组的运输机回太行的,同机飞回的有伯承和我,还有陈锡联、陈再道、陈赓等。那时宋任穷留在冀南。仗已经打得热火朝天了,我们才到,一下飞机就上前线。在那样的情况下,把阎锡山的进攻部队完全消灭可不容易啊,应该说是超额完成了任务。[②]

1945 年 10 月,刘伯承、邓小平指挥晋冀鲁豫军区部队,在平汉铁路邯郸以南地区再次对进犯晋冀鲁豫解放区的国民党军进行自卫反击作战,史称平汉战役或邯郸战役。

1945 年 9 月,国民党政府为抢夺抗日战争胜利果实,调集 36 个军 73 个师,兵分四路,沿平绥、同蒲、平汉、津浦等铁路进攻华北各解放区,其中平汉线一路为主力,目标是抢占北平、天津。10 月中旬,国民党军第十一战区副司令长官兼第四十军军长马法五、副司令长官兼新编第八军军长高树勋,指挥第三十军、第四十军和新编第八军等部共 4 万余人从新乡地区出发,沿平汉铁路及其东侧北进,第三十二军及收编的伪军跟进,企图进占晋冀鲁豫解放区首府邯郸,控制平汉铁路。

---

① 二野,即第二野战军,其发展沿革为:中国工农红军第四方面军——八路军一二九师——八路军晋冀鲁豫军区——中国人民解放军晋冀鲁豫军区和晋冀鲁豫野战军——中国人民解放军中原军区和中原野战军——中国人民解放军中原军区和第二野战军(简称“二野”)。

② 《邓小平文选》第三卷,人民出版社 1993 年版,第 336~337 页。

中共中央军委指示晋冀鲁豫军区，以一部兵力截击沿同蒲铁路北进的国民党军第一战区部队，集中主力对沿平汉铁路北进的国民党军进行反击。据此，晋冀鲁豫军区司令员刘伯承、政治委员邓小平决心以所部第四纵队和太岳军区部队在同蒲铁路沿线作战；集中第一纵队、第二纵队、第三纵队和冀南军区、冀鲁豫军区、太行军区部队共 6 万余人，并动员 10 万民兵配合作战，将沿平汉铁路北进的国民党军先头 3 个军诱至漳河以北、邯郸以南的滏阳河河套多沙地带，逐次歼灭。同时，鉴于国民党军新编第八军是西北军的"老底子"，拟在进行军事打击的同时，积极争取高树勋率部起义。

晋冀鲁豫军区的具体部署是：以第一纵队及冀鲁豫军区部队为路东军，第二纵队、第三纵队及太行军区、冀南军区部队为路西军，对国民党军实施东西钳击，予以分割围歼；以太行军区部队一部组成独立支队（相当于旅），在安阳以南袭扰、迟滞国民党军，掩护主力集中，待敌通过漳河后，控制渡口，阻其后续部队增援；以民兵和人民群众在预选战场上大举破路、平沟，拆毁碉堡、围寨，使国民党军无险可守，无城可依，失去依托。这样，有利于人民军队进行野战歼敌。

10 月 20 日，国民党军先头部队 3 个军进至漳河南岸的岳镇、丰乐镇一线。21 日夜，晋冀鲁豫军区第一纵队进行袭击，迟滞其前进。22 日，国民党军主力北渡漳河，沿铁路东侧分两路相互交替掩护前进。第一纵队为保障主力向作战地域集中和阻止国民党军进入邯郸，赶至邯郸以南进行阻击。24 日，国民党军 3 个军全部渡过漳河，于黄昏时突破了第一纵队的阵地，进至高庄、南泊子一线。此时，晋冀鲁豫军区的后续部队已大部赶到，遂迅速按预定部署，从三面对国民党军实施攻击，将其包围于邯郸以南、马头镇以东、商城以西的狭长地带，并控制漳河渡口，断绝了国民党军的退路。

这时，刘伯承、邓小平决定，在后续部队全部到齐之前，暂不发起进攻，而以一部兵力利用夜间，选敌弱点，进行袭扰，削弱和疲惫敌人。同时以地方武装力量在漳河以南和邯郸以北，准备阻击由安阳北援和由石家庄南援的国民党军。国民党军 3 个军在四面包围和不断打击下，急忙向南北左良、崔曲等地收缩，并急电国民党军最高统帅部求援。10 月 26 日，国民党军第十六军和第三十二军各一部兵力分别由石家庄、安阳南北对进，增援邯郸地区的国民党军。晋冀鲁豫军区在加紧准备攻歼被围国民党军的同时，增调太行军区部队一部协同友邻晋察冀军区部队一部在高邑地区阻击由石家庄南援之敌，同时加强在漳河的阻援阵地，并在安阳以南袭扰敌之第三十二军，迟滞其北进。28 日黄昏，晋冀鲁豫军区部队发起总攻。在此期间，晋冀鲁豫军区参谋长李达亲赴新编第八军军部，敦促高树勋率部起义。至 30 日，晋冀鲁豫军区部队歼灭国民党军第一〇六师大部，重创第三十军，高树勋率新编第八军及河北民军约万人于马头镇宣布起义。

鉴于国民党军遭受打击后兵力骤减，部署呈现缺口，军心动摇，刘伯承、邓小平判断敌可能突围南逃，遂采取"围三阙一"战法，以主力向南，移至漳河以北敌之退路两侧，准备歼敌于突围之中。31日,国民党军交替掩护,开始南撤。晋冀鲁豫军区部队随即实施追击、夹击,于下午将其全部合围于旗杆漳一带,并展开猛攻。11月1日夜,晋冀鲁豫军区主力一部突入马法五的指挥部。国民党军失去指挥,顿时大乱。晋冀鲁豫军区部队奋起围追,战至2日,国民党军除少数逃脱外,大部被歼灭。由石家庄、安阳出援的国民党军闻讯回撤。平汉战役大获全胜。

平汉战役中,晋冀鲁豫军区部队共歼灭国民党军3万余人,俘虏国民党军第十一战区副司令长官马法五以下1.7万余人,争取起义约万人。对迟滞国民党军沿平汉铁路北进,掩护解放区部队向东北进军及争取国内和平的斗争,起了重要作用。

对于平汉战役的具体情况,邓小平在晚年仍然记忆犹新。他回顾说:……平汉战役,国民党第十一战区两个副司令长官马法五、高树勋带的三个军,还有一个乔明礼的河北民军纵队,几个部队打过来。马法五的第四十军、三十军都是强的。高树勋的新八军也有战斗力呀!锡联在马头镇拼了一次,一拼就是几百人伤亡。我们打平汉战役比打上党战役还困难。打了上党战役,虽然弹药有点补充,装备有点改善,但还是一个游击队的集合体。在疲惫不堪的情况下,又打平汉战役。队伍没有到齐,敌人进攻。我跟苏振华通电话,叫他坚持五天,等后续部队到达指定地点。那次他们那个一纵队的阻击战是打得不错的,完成了阻击任务。这样,后面的队伍才赶上。平汉战役应该说主要是政治仗打得好,争取了高树勋起义。如果硬斗硬,我们伤亡会很大。我一直遗憾的是,后来我们对高树勋处理不公道。他的功劳很大。没有他起义,敌人虽然不会胜利,但是也不会失败得那么干脆,退走的能力还是有的,至少可以跑出主力。他一起义,马法五的两个军就被我们消灭了,只跑掉三千人。这个政治仗,我们下的本钱也不小。高树勋在受汤恩伯指挥的时候,就同我们有联系。由于关系比较久,所以我们是派参谋长李达亲自到马头镇他的司令部去做工作的。这件事你们好多人可能不知道。同李达一起去的还有王定南,当时是我们的联络人,我见过多次。我们确实知道高树勋倾向起义,但在犹豫当中。那时国民党要吃掉西北军,有这个矛盾。李达、王定南一到那里,看见所有的汽车、马车都是头向南,准备撤退的。他们见面后,一谈就合拍了,高树勋决定起义,并且第二天就实行起义,把部队开向西北面的解放区。起义的第二天,伯承就到马头镇去看望高树勋。这样,马法五就惊慌了,命令他的两个军南撤。结果,我们在南面,在漳河北岸,把敌人截住了,又打了一个胜仗。①

邓小平还说:抗日战争时,全国各个解放区都有摩擦战,但集中在晋冀鲁豫地区。抗战胜利后,蒋介石发动进攻,首先也在这个地区。仗一打开,我们才开始真正形成野战军的格局,编成纵队。打完上党战役编了四个纵队,从东向西数,一纵杨得志、苏振华,在冀鲁豫;二纵陈再道、宋任穷,在冀南;三纵陈锡联、彭涛,在太行;四纵陈赓、谢富治,在太岳。接着,又

---

① 《邓小平文选》第三卷,人民出版社1993年版,第337~338页。

编了六纵、七纵。[1]

第三章　威震华夏的司令员与政治委员

1946年6月,国民党军队向解放区发动全面进攻。晋冀鲁豫军区处于华北解放区南线的中央,既要粉碎敌人对本区的进攻,同时还担负着与中原、华东、陕甘宁地区人民军队进行战略配合和策应的重要任务。据此,晋冀鲁豫军区于6月27日,以第三纵队、第六纵队、第七纵队(后增加第二纵队)和冀鲁豫军区主力一部组成野战军,由刘伯承、邓小平等率领,担负豫东方向的作战任务。接着,于7月14日组成野战军指挥部,由邯郸开赴冀鲁豫前线指挥作战。晋冀鲁豫军区的工作由滕代远、薄一波等负责。

1946年7月至10月间,晋冀鲁豫野战军在刘伯承、邓小平的指挥下,连续取得出击陇海、定陶、巨野和鄄(城)南等战役的胜利,予敌以沉重的打击。与此同时,陈赓率领的第四纵队和太岳军区部队,在晋南辗转机动作战,接连取得闻(喜)夏(县)、同蒲、临(汾)浮(山)等战役的胜利。晋冀鲁豫军区各地方武装力量依靠广大人民群众开展游击战争,有力地配合了晋冀鲁豫野战军作战。1946年11月至1947年2月,晋冀鲁豫军区第四纵队在晋绥部队的协同下,取得吕梁、汾(阳)孝(义)战役的胜利;晋冀鲁豫野战军主力取得了滑县、巨(野)金(乡)鱼(台)等战役的胜利。1947年3月15日,为粉碎敌军对山东和陕甘宁解放区的重点进攻,晋冀鲁豫野战军又分别在晋南和豫北进行战略性反攻,歼敌6万余人,攻克城市30多座,并为转入战略进攻创造了有利条件。

在此期间,中共中央为建立战略机动的枢纽,于1946年12月12日以冀鲁豫军区水东军分区与华中军区第八军分区扩建为豫皖苏军区,张国华任司令员,吴芝圃任政治委员。同年12月20日,晋冀鲁豫军区第一纵队由晋察冀军区归建。1947年3月16日,晋冀鲁豫军区第一纵队与第七纵队合并为第一纵队,由杨勇任司令员,苏振华任政治委员。

在中国人民解放军转入战略进攻前夕,到1947年6月,晋冀鲁豫军区部队已发展到42万人,其中野战军为5个纵队,炮兵和工兵的建设有进一步的发展,各二级军区所辖独立旅已达10个。

晋冀鲁豫野战军的军事统帅是刘伯承司令员。

“国家兴亡,匹夫有责。”刘伯承是四川人,曾于1911年在四川万县(今重庆市万州区)参加学生军,响应辛亥革命。1912年考入重庆蜀军政府将校学堂,学习军事。1913年8月参加讨袁之役。1914年加入孙中山领导的中华革命党。1915年底在四川组织成立川东护

---

① 《邓小平文选》第三卷,人民出版社1993年版,第338页。

国军第四支队，响应护国战争。次年3月，率第四支队攻取酆都（今丰都）县城时右眼中弹致残。1917年参加护法战争，任川军靖国军第九旅参谋长，攻克成都后任督军署警卫团副团长。1923年在讨伐直系军阀吴佩孚的战争中，任东路讨贼军第一路前敌指挥官，取得驰援龙泉驿等战斗的胜利。刘伯承具有文韬武略，精于作战指挥，曾被誉为"川中名将"。

刘伯承一贯追求进步、追求革命。1926年5月加入中国共产党，从事兵运工作，曾任中共重庆地方委员会军事委员会委员。大革命时期，根据中共中央决定，与著名共产党人杨闇公和朱德等发动泸（州）顺（庆）起义，策应北伐战争。起义后任国民革命军四川各路总指挥。1927年4月被武汉国民政府任命为国民革命军暂编第十五军军长，为大革命作出了重要贡献。

大革命失败后，刘伯承转往南昌，与周恩来、贺龙、叶挺、朱德等领导南昌起义，任中共前敌委员会参谋团参谋长。南昌起义军南下失利后，刘伯承于1927年底赴苏联，先后在苏联高级步兵学校、苏联伏龙芝军事学院留学。他以顽强的毅力学习俄文，能够直接阅读俄文军事典籍，注重理论联系实际，奠定了深厚的军事理论基础。1928年夏天，参加在莫斯科举行的中共第六次全国代表大会，作军事问题补充报告。

根据中共中央的派遣，刘伯承于1930年夏天回国，任中共中央军事委员会委员。8月底，任中共中央长江局军委书记，被派往武汉，进行纠正"立三路线"错误、停止执行武汉暴动计划的工作；以后，在上海协助周恩来举办以培训省委、特委负责干部为主的短期训练班，并主讲暴动方略、游击战、运动战等课程。在此期间，他翻译了《苏军步兵战斗条令》（后在瑞金刊印）。

1932年1月，刘伯承进入中央革命根据地，任中央军事政治学校校长兼政治委员，10月任中国工农红军总参谋长。在艰苦的战争环境中，刘伯承好学深思、孜孜不倦，发表了《战术学、战役学与战略学》的长篇译文。1933年春天，刘伯承协助朱德、周恩来指挥第四次反"围剿"作战，取得了歼国民党军3个师，俘1万余人的重大胜利。

在第五次反"围剿"作战中，刘伯承因反对共产国际派来的军事顾问李德作战指挥上的教条主义，被撤销中国工农红军总参谋长职务，调任红五军团参谋长。

长征中，刘伯承参与指挥红五军团，掩护中共中央机关通过国民党军4道封锁线。1934年底复任中国工农红军总参谋长，兼中央纵队司令员，指挥先遣部队强渡乌江，智取遵义。1935年1月，出席中共中央政治局扩大会议（遵义会议），支持毛泽东的主张。

遵义会议后，刘伯承协助毛泽东、周恩来、朱德指挥红一方面军四渡赤水，佯攻贵阳，急进云南。其间，率领中央革命军事委员会干部团一部抢占皎平渡，保障中共中央和红一方面军顺利北渡金沙江。1935年5月，刘伯承任先遣队司令员，与政治委员聂荣臻率部为全军开路。进入大凉山时，与彝族首领小叶丹"歃血为盟"，使全军顺利通过彝族聚居区。继而率红一师在安顺场强渡大渡河。红一方面军与红四方面军会合后，刘伯承坚定地执行中共中央关于北上抗日的战略方针，与朱德一起，在困难危险的处境中，同张国焘分裂主义进行了坚决斗争，为促成红军三大主力会师西北作出重要贡献。

全国抗日战争爆发后，刘伯承任八路军第一二九师师长。1937年9月率部东渡黄河，开赴太行山区，开展敌后游击战争。10月，八路军第一二九师第七六九团夜袭阳明堡日军飞机场，击毁击伤日军飞机20余架，歼灭日军百余人，捷报传出，举国振奋。随后，刘伯承指挥部队在正太路南侧，连续在马山村、七亘村、黄崖底等地给正向太原急进的日军以沉重打击，前后歼敌1000余人。12月，挫败日军对太行地区的六路围攻，歼日军700余人，使八路军在晋东南站稳了脚，开始了长期的抗日游击战争。

晋冀鲁豫野战军的政治统帅是邓小平政委。

邓小平早年在欧洲勤工俭学时投身共产主义运动，大革命时期在冯玉祥部队从事政治工作。土地革命战争时期担任过中共中央秘书长，领导百色起义，担任红七军和红八军政治委员。在中央革命根据地担任过县委书记、中心县委书记、省委宣传部部长。长征中任《红星》报主编、中共中央秘书长、红一军团宣传部部长等职。长征胜利后任红一军团政治部副主任、主任。在全国抗日战争爆发后中国工农红军主力改编为国民革命军第八路军时，任八路军政治部副主任，随即奔赴华北抗日前线。1938年1月，因八路军第一二九师政治委员张浩身体有病需返回延安休养，由邓小平接任张浩的政治委员职务。

从此，八路军第一二九师在师长刘伯承、政治委员邓小平率领下，坚决贯彻中共中央关于抗日游击战争的战略方针，深入太行山区，分兵发动群众，组织抗日武装力量，建立抗日民主政权，创建了晋冀豫抗日民主根据地。1938年2月至4月，刘伯承、邓小平相继组织指挥长生口、神头岭、响堂铺等战斗，并率部参加晋东南反“九路围攻”作战，于武乡县长乐村地区歼灭日军2200余人，对取得反“围攻”作战的胜利起了重要作用。同年7月邓小平赴冀南，指导抗日武装力量的整顿和扩编，加强抗日民主政权建设，发动群众挖沟破路，改造地形，推进平原游击战争，建立、巩固和发展冀南抗日民主根据地。随后，刘伯承、邓小平指挥部队与中共地方组织一起，又相继建立了太岳抗日民主根据地和冀鲁豫抗日民主根据地。

1939年12月至1940年3月，国民党顽固派发动第一次反共高潮。刘伯承、邓小平坚持既团结又斗争的方针，维护抗日民族统一战线，多次与制造“摩擦”的国民党军将领谈判，晓以大义，争取共同对敌。与此同时，刘伯承、邓小平指挥部队，对国民党顽固派发动的军事进犯进行针锋相对的反击，先后给予进犯太行抗日民主根据地和太岳抗日民主根据地的阎锡山部和朱怀冰部以歼灭性打击，初步改善了太行抗日民主根据地和太岳抗日民主根据地的斗争局面，维护了抗日民族统一战线。

为打破日军的“囚笼政策”，1940年4月至8月，刘伯承、邓小平领导晋冀豫抗日民主根据地军民在日军控制的平汉、白晋等交通干线上广泛开展破袭战。8月至12月，刘伯承、邓小平率所部38个团参加由八路军总部发动和指挥的向华北日军交通线和据点进攻的“百团大战”，组织实施正太、榆辽等大小战役战斗500余次，给日伪军以沉重打击，坚持了华北抗战局面。

1941年，日军在华北推行“总体战”和“治安强化运动”，华北抗日民主根据地被严重“蚕食”。面对这样的困难局面，邓小平提出坚决反对保守退缩，强调以武装斗争为核心，正视困难，克服右倾情绪，面向敌占区，面向交通线，开展全面对敌斗争。然后，刘伯承、邓小平一起指导八路军部队实行主力地方化，强化游击集团，大量组织武装工作队，采取“敌进我进”的方针，深入敌后之敌后，建立隐蔽游击区，开展军事、政治攻势，挫败日军对抗日民主根据地的“蚕食”和多次残酷“扫荡”。1942年5月，邓小平赴中条山地区检查指导工作，推动了该区抗日斗争的发展。9月，邓小平任中共中央太行分局书记，领导整风运动、精兵简政、减租减息和生产救灾，改变了抗日民主根据地的困难局面，使人民群众得到休养生息，度过了华北敌后抗日战争最艰难的阶段。

为了进一步开展抗日斗争，1943年初，邓小平在中共中央太行分局高级干部会议上，总结5年抗日战争经验，提出对敌斗争的一系列政策和策略，为八路军部队转入攻势作战准备了条件。8月，刘伯承、邓小平指挥部队取得卫南(卫河以南)战役和林南(林县南部)战役的胜利，收复大片国土。10月，中共中央北方局和太行分局合并，邓小平任北方局代理书记，并和八路军前方总部参谋长滕代远一起主持八路军总部的工作，在艰苦的条件下，担负起华北敌后抗日民主根据地全面领导工作的重任。组织指挥抗日军民积极主动开展抗日游击战争，粉碎日伪军多次残酷“扫荡”，并领导进行建党、建军、建政活动，不断扩大华北抗日民主根据地。

全国抗日战争期间，刘伯承发表了一系列关于人民军队抗日战略战术和军队建设的论文论著，邓小平发表了《党与抗日民主政权》《一二九师文化工作的方针任务及其努力方向》《五年来对敌斗争的概略总结》《太行区的经济建设》《在北方局党校整风动员会上的讲话》等文章和讲话，从实际情况出发，论述关于抗日战争的一系列具体政策和策略。他指出，毛泽东思想即中国化的马克思列宁主义，党的事业要以毛泽东思想作指导。

1945年6月，在中国共产党第七次全国代表大会上，刘伯承、邓小平均当选为中央委员。同年8月日本投降时，刘伯承、邓小平率部开创的太行、太岳、冀南、冀鲁豫四块抗日民主根据地已基本上形成一片，成为地跨山西、河北、山东、河南四省，拥有2400万人口、30万军队的全国最大的晋冀鲁豫解放区。同月，中共中央决定成立晋冀鲁豫中央局和晋冀鲁豫军区，邓小平任中共晋冀鲁豫中央局书记和晋冀鲁豫军区政治委员，刘伯承任晋冀鲁豫军区司令员。

1946年6月国民党政府发动全面内战后，刘伯承与邓小平率晋冀鲁豫野战军主力在鲁西南、豫北地区创造战机，10个月内连续组织指挥陇海、定陶、巨野、鄄城、滑县、巨(野)金(乡)鱼(台)、豫皖边、豫北等较大规模的战役，共歼国民党军12.4万余人，为中国人民解放战争转入战略进攻创造了有利条件。

在频繁、艰苦、长期的革命战争中,晋冀鲁豫野战军百炼成钢,愈战愈强。全国解放战争初期,刘伯承、邓小平指挥中国人民解放军晋冀鲁豫野战军和晋冀鲁豫军区部队所进行的一系列战役战斗中,发生在河南省北部地区对国民党军进行的战略性反攻作战——豫北战役,是一次对解放战争全局具有重要意义的战役。

当解放战争进行到1947年3月时,国民党调集重兵,对陕北解放区和山东解放区实施重点进攻。在晋冀鲁豫战场,国民党军只剩正规军31个旅和地方保安团共30万人,转取守势。其中,国民党军在豫北有6个整编师和1个暂编纵队约10万人担任守备。整编第二十六军军长王仲廉率4个整编师和1个暂编纵队等守备平汉铁路、道清铁路及沁阳、济源、孟县等地;第五"绥靖"区两个整编师及地方团队守备平汉铁路以东黄河以北滑县、浚县、濮阳、长垣地区。其防御重点在平汉铁路和道清铁路交会点新乡及其以北地区。同时,国民党军在花园口堵口使黄河回归故道,构成从晋南风陵渡至山东省济南1000余公里的黄河防线,企图以此顶替40万兵力,阻止晋冀鲁豫野战军南渡黄河、支援陕北战场和山东战场。

此时,晋冀鲁豫野战军和军区部队经过解放战争爆发后8个月作战,一共歼灭国民党军25个旅约23万人,部队已发展到40万人,并进行了保卫中共中央的动员和休整,解放区已完成土地改革,举行战略性反攻的条件逐渐成熟。晋冀鲁豫军区和野战军司令员刘伯承、政治委员邓小平遵照中共中央军事委员会的指示,为策应陕北解放区和山东解放区粉碎国民党军的重点进攻,并为转入战略反攻创造条件,一方面以第四纵队和太岳军区部队举行晋南攻势,一方面决心集中第一纵队、第二纵队、第三纵队、第六纵队及冀南、太行、冀鲁豫军区部队共18个旅(师)60个团10余万人的兵力,在10万民兵配合下,组成4个作战集团,于3月下旬发动豫北攻势,重点打击王仲廉部,吸引国民党军增援豫北,打乱其战略部署。

3月22日,晋冀鲁豫野战军各作战集团由山东阳谷、白衣阁等地出动,至28日,解放濮阳、封丘、延津、原武、阳武(今原阳)等城及牛市屯等据点多处。29日至4月11日,一部兵力攻击郑州以北黄河铁桥守军,主力逼近新乡,包围汲县(今卫辉)。国民党政府急令原拟调往山东战场的整编第六十六师、第九师(各欠1个旅)由郑州驰援新乡,使新乡地区的国民党军增加到5个整编师又两个旅。刘伯承、邓小平为避开优势集中之敌,决定率部北上,首先扫清平汉铁路两侧据点,并相机夺取汤阴、淇县两城,诱王仲廉部北进,然后寻机在运动中歼其一部。4月3日夜,各纵队分路北进。至10日,连克淇县城及宜沟、鹤壁、楚旺等据点数十处,歼灭国民党军地方部队8000余人,破坏了安阳至汲县铁路,解放了卫河以西平汉铁路两侧广大地区,开辟了战场。接着,以一部兵力围攻汤阴,进逼安阳,集中主力于宜沟两侧地区待机。

这时,国民党军王仲廉率整编第六十六师等部四个半旅沿平汉铁路东侧北进,并以整编第三十二师随后跟进。10日,当其进至宜沟附近时,发现有晋冀鲁豫野战军主力,即仓皇退缩。刘伯承、邓小平判断，只要继续围攻汤阴，威胁安阳，国民党军仍可能再援，故决定仍执行围城打援计划，并增加兵力继续围攻汤阴，同时将野战军主力编成路东、路西两个作战集团待机。13日，王仲廉在国民党军陆军总司令顾祝同严令督促下，又率三个半旅和第二快速纵队为第一梯队，分3路北援；并以整编第三十二师为第二梯队，在淇县及卫河西岸担任掩护。晋冀鲁豫野战军以一部兵力采取运动防御，将国民党军诱至宜沟以东屯子山地区后转为坚守；主力于16日夜全线出击，向国民党援军第一梯队侧后兜击，将第一梯队与第二梯队割裂，并将第一梯队包围于卫河以西、淇河以东河套地区，战至18日晨，全歼第二快速纵队。其余援军慌忙溃退，晋冀鲁豫野战军当即乘胜追击，又歼其一部。此战，共毙伤国民党军4000余人，俘8000余人，收复淇县、滑县、浚县3城。4月下旬，晋冀鲁豫野战军主力转入休整，以一部兵力夺取汤阴，扫清了外围据点。5月1日黄昏发起总攻，以炮兵射击、坑道爆破与步兵突击相结合，于2日上午攻克汤阴城，全歼守军暂编第三纵队近万人。7日攻克崔桥。随即乘胜扩大战果，9日至25日又攻克安阳外围据点多处，毙伤俘守军整编第四十师及地方保安团队6000余人。后因安阳城工事坚固，短时间难以攻克，晋冀鲁豫野战军为准备南渡黄河转入外线作战，奉命结束豫北攻势。

刘伯承、邓小平指挥晋冀鲁豫野战军和军区部队发动的豫北攻势历时两个月，共毙伤俘国民党军4.5万人，解放南北长150公里、东西宽100余公里的地区。豫北攻势迫使国民党军整编第二十六军等部退缩于安阳、汲县、新乡等少数孤立据点，打破了其联系东西两重点进攻战场枢纽地带的防御体系，有力地策应了陕北解放区和山东解放区，具有重要战略意义。

第四章 “到大别山可能有三个前途”

1947年初，中共中央和毛泽东作出派遣晋冀鲁豫野战军强渡黄河、进军大别山的重大战略决策。刘伯承和邓小平接到挺进中原的指示后，坚决照办，雷厉风行。一天，邓小平把冀鲁豫边区行署主任、晋冀鲁豫军区后方战勤总指挥部司令员段君毅找去当面交代说，刘司令员要我交给你一项任务，为渡黄河进行船只征集等各项准备。段君毅领受任务后，带领战勤总指挥部的领导成员全力以赴，经过几个月发动群众，按照刘伯承、邓小平的要求，如期赶造120只大木船，加上征集到的其他船只，共准备大小木船300余只；还组织和训练渡河负责干部、民兵和水手3000多人。刘伯承、邓小平非常重视渡河作战的准备工作，亲自进行检查。渡河的前一天，段君毅陪同刘伯承、邓小平和李达参谋长检查渡河准备。他们先到预定由晋冀鲁豫野战军司令部机关渡河的寿张县南孙口渡口，听取了第一纵队司令员杨勇、政治委员苏振华的汇报，刘伯承还亲自登船检查渡船的质量。

然后，刘伯承与邓小平等人乘吉普车向位山行驶，途中汽车左轮忽然陷进泥里，车子翻了。段君毅和李达参谋长赶快从车里钻出来,将刘伯承、邓小平扶起来,幸好都没有伤着。刘伯承平静地拍拍身上的泥土,找到掉了的眼镜戴上,忙问小平同志伤着没有。邓小平一面问:“刘司令员没事吧?”一面招呼说:“大家都来推车。”此后,段君毅又找来汽车,陪同刘伯承、邓小平继续前进。事后,一些将领闻讯,无不惊叹:“好险!大军未过河,两帅就翻车,万一有啥不幸,怎么得了!”

当时的军事形势是:从1947年3月起,国民党军由对全国各个解放区的全面进攻转为对陕北解放区和山东解放区的重点进攻,而在这两个战场之间的晋冀鲁豫战场上,兵力有所削弱,形成两头重中间轻的“哑铃形”态势,企图利用黄河天险阻止人民解放军南进。到6月间,从山东省东阿至河南省开封250公里的黄河防线上,仅有国民党军第四“绥靖”区司令官刘汝明部整编第五十五师、第六十八师和地方保安团队担任防守。整编第五十五师师部率第二十九旅位于郓城、皇姑庵地区,其第七十四旅、第一八一旅分别位于萧皮口、鄄城地区;整编第六十八师师部位于菏泽,其第八十一旅、第一四三旅、第一一九旅分别位于东明、杜集、毕寨地区。另有整编第七十师(两个旅)位于嘉祥地区机动。

中国人民解放军晋冀鲁豫野战军司令员刘伯承、政治委员邓小平在1947年5月下旬结束豫北攻势后,即根据中共中央关于向中原出动、转入外线作战的既定方针,组织部队休整,做好外线作战的各项准备工作:进行政治动员,调整组织,补充兵员和武器粮弹;颁发《敌前渡河战术指导》,进行战前训练;成立渡河指挥部,对预定渡河地段的地形、敌情、水情作详细侦察;修造船只120余艘,训练水手、船工;组织民兵、民工5万余人支援前线;等等。6月,中共中央军委指示晋冀鲁豫野战军主力于月底强渡黄河,先在鲁西南地区求歼敌军,而后向大别山进击,在鄂豫皖边界地区实施战略展开。刘伯承、邓小平根据这一指示和国民党军设防情况,部署集中4个纵队又两个独立旅,从山东省阳谷以东张秋镇至菏泽以北临濮集150公里的8个地段上突破黄河防线,拟首先发起鲁西南战役,歼灭刘汝明集团,并在运动中歼灭来援之敌一部,然后向大别山挺进。具体部署是:冀鲁豫军区独立第一旅于6月27日先行秘密渡河,在戴庙、蔡家庄地区接应第一纵队渡河,并配合第一纵队、第二纵队行动;原在黄河南岸的独立第二旅在旧城集、临濮集地区接应第六纵队渡河,并配合其作战;第一纵队于魏家山、张堂等渡口渡河,在独立第一旅协同下,围歼郓城及其以北守军;第二纵队于孙口、林楼等渡口渡河,以1个旅围歼皇姑庵守敌,主力插至郓城以西协同第一纵队作战;第六纵队于李桥、于庄等渡口渡河,围歼鄄城及其西北地区守军;第三纵队为战役预备队,进至白衣阁附近,视情况随第六纵队或第二纵队渡河,扩大战果。在主力渡河的前一天,以太行、冀南、冀鲁豫军区部队各一部和豫皖苏军区部队在黄河两岸分别向当面之敌发起攻击,迷惑和牵制敌军。

自古大军远征,不可无诗。诗言志,抒豪情。因此,古人曾有“大将南征胆气豪,腰横秋水雁翎刀”等脍炙人口千古传诵的著名诗句。在晋冀鲁豫野战军主力离开晋冀鲁豫解放区远征之际，革命老区左权县的一位民间诗人，送来一首步明世宗《送毛伯温》韵的《大将南征》诗，表达老区人民对太行子弟兵的殷切期望。诗曰：

大将南征胆气豪，战士请缨励枪刀。
朝辞父老群情激，暮渡黄河浊浪高。
中原逐鹿我必胜，瓮底捉鳖敌难逃。
何期打到南京去，扬子江边洗战袍。

遵照中共中央关于以主力打到外线去，将战争引向国民党统治区域的战略方针，1947 年 6 月 10 日，由刘伯承、邓小平率领的第一、第二、第三、第六纵队组成晋冀鲁豫南征野战军（亦称刘邓野战军），执行挺进中原、创建大别山根据地的战略任务。6 月 23 日，野战军指挥部率南征大军由安阳地区向濮阳、寿张地区出动。

1947 年 6 月 30 日夜，刘伯承、邓小平指挥晋冀鲁豫野战军 4 个纵队共 13 个旅 12 万余人，以突然勇猛的动作，对国民党军从山东到陕北形成的“大哑铃形阵势”实行中央突破，在鲁西南张秋镇至临濮集间强渡黄河，一举突破国民党军的黄河防线，歼敌一部。这一重大战略行动，震撼了整个中国和正在关注中国形势发展的国际舆论界。

经过一个白天和两个晚上，晋冀鲁豫野战军 12 万大军“神兵天降”般地渡过蒋介石宣称“可抵 40 万大军”的黄河天险，在黄河南岸建立了强大阵地。

段君毅在孙口渡口陪刘伯承、邓小平渡河后，刘伯承指示要发一些酒、肉，慰问帮助人民解放军强渡黄河的船工和群众。刘伯承、邓小平并签发嘉奖电称赞渡河的船工和群众：“不顾敌人的炮火和敌机的骚扰，不顾日夜疲劳，积极协助我军渡过大反攻的第一个障碍……为祖国的独立和人民的解放，立了大功！”充分表达了对人民群众的关怀与感谢。

晋冀鲁豫野战军一举突破黄河天险，极大地震动了国民党军队的最高统帅部。美国驻华大使也惊呼：“这简直是惊人的事件！不亚于当年法国‘马其诺防线’被攻破！”

回顾中国革命战争的历史，从总体上、从全局上、从全国范围的战略形势看，长期以来，一直是敌人“围剿”，人民军队反“围剿”；敌人“扫荡”，人民军队反“扫荡”；敌人战略进攻，人民军队战略防御。这种战略格局，到 1947 年人民解放军由战略防御转入战略进攻以后，才得到了根本性的改变。

晋冀鲁豫野战军主力渡过黄河的第二天，在一间普通的农村小学教室里，刘伯承、邓小平召集各纵队司令员和政治委员研究行动方案。邓小平指着墙上的地图说：“由于一年来我军在内线作战大量歼敌的结果，蒋介石被迫放弃他的全面进攻，而在山东和陕北两翼，集中兵力进行绝望的所谓重点进攻。现在，山东敌人聚集了 60 个旅，45 万人；陕北 15 个旅，14 万人。正像刘司令员讲的：敌人搞的是‘哑铃战略’，把两个铁锤放在山东和陕北，我们晋冀鲁豫战场是联系东西两战场的中间地带，正像这两个哑铃的‘把’，现在党中央交给我们的任务，就是要砍断这个‘把’，把战争从解放区引到国民党统治区域里去，和全国各个战场兄弟部队一道，在党中央的统一号令下，使我军由战略防御转入战略进攻……”

这时，刘伯承说：“山东按着敌人的脑袋，陕北按着敌人的两条腿，我们拦腰砍去。”

邓小平接着说：“这一刀一定要砍好，一定要砍在敌人的要害部位。”

刘伯承又说：“一年来敌我悬殊的情况已经有了很大的改变，但敌人的力量还是很大的。我们不能低估。这就决定了我们野战军实施战略进攻的方式，不是逐城推进，而是跳跃式的。我们要大胆地把敌人甩在后面，长驱直入地跃到敌人的深远后方去。你们看，大别山这个地方，就像孩子穿的‘兜肚’，是长江向南面的一个突出部。我们跃进到大别山，就可以东胁南京，西逼武汉，南抵长江，驰骋中原。这时候北面的敌人就会被吸引一部分到我们这边来，山东、陕北和其他战场的担子就可以减轻一些，他们不但可以在内线继续歼灭敌人，而且可以抽出更多的兵力打出外线。这样，我们的担子就会加重，困难就会增多。不论在跃进途中，还是到了大别山，我们都会遇到……”

邓小平接下去说：“革命就是困难的事。对这次行动中的困难，大家要有足够的思想准备和组织准备。这是一个严重的斗争任务。但是，我们是在全国各战场大举战略进攻的形势下，在全国人民，特别是解放区人民热烈支援下来执行党中央规定的战略任务的。在蒋介石统治区，我们的游击部队还会配合和接应我们，所以，我们的行动，绝不是冒险，而是一个勇敢的行动。”

邓小平阐述了毛泽东关于晋冀鲁豫野战军千里跃进大别山、挺进中原战场的战略预测。他说：毛主席指出，我们到大别山可能有三个前途：一是付了代价站不住脚，退了回来；二是付了代价站不稳，在周围坚持斗争；三是付了代价，站稳了。我们要克服一切困难，力争第三个前途，争取为跃进到大别山，并在那里站稳脚跟而斗争。跃进大别山，解放中原，这是中央的第一步棋；下一步棋，就是以中原为阵地，再来一个跃进，打过长江，解放全国。

邓小平在讲话中进一步分析了千里跃进大别山、挺进中原战场的重要战略意义。他指出：“大家还可以反过来想一想，如果我们现在不打出去，情况将会怎样呢？当然，我们在内线还可以继续歼灭一些敌人，但解放区的人力、物力、财力却会渐渐消耗殆尽，我们很难持久地打下去，蒋介石就是希望把战争放在解放区里进行，这样来彻底摧毁解放区，达到消灭共产党和人民解放军的罪恶目的。”

最后，邓小平坚决地表示：“我们要打出去，破坏蒋介石这个恶毒的反革命计划。”

邓小平在讲话中回顾了在“左”倾教条主义统治中央时期中央革命根据地第五次反“围剿”的历史教训。他说：这里，我想起第二次国内革命战争时期第五次反“围剿”的教训。当时毛主席几次提出要红军主力打到外线去，展开战略进攻，外线和内线结合起来粉碎敌人的“围剿”。可是当时的教条主义者不让这么办，结果来了个大搬家，长征。这是一个历史的教训。今天，我们坚决执行毛主席的正确的战略方针，我们是一定能够胜利的。

这是一次刘伯承、邓小平论述千里跃进大别山、挺进中原的战略意义的会议。

散会后，与会的晋冀鲁豫野战军各纵队司令员、政治委员们各自思考着刘伯承、邓小平的讲话精神，骑上战马，从田间土路上奔驰而去。这些老战士，大多来自发源于大别山区的红四方面军，他们魂牵梦绕的亲人和家乡就在大别山区。他们所思考和渴望的，一方面是久别的故土和亲人，一方面是怎样带领着部队胜利完成千里跃进大别山的伟大战略任务，把锋利的钢刀插入敌人的心脏。

晋冀鲁豫野战军强渡黄河以后，随即发起鲁西南战役，先声夺人，大量歼敌，给国民党军以极大震慑。

当时，慑于晋冀鲁豫野战军的强大声威，担负国民党军黄河防线守备任务的刘汝明急令整编第五十五师第七十四旅、第二十九旅退集郓城，整编第六十八师主力和整编第五十五师第一八一旅退守菏泽。晋冀鲁豫野战军第一纵队 4 个旅在独立第一旅配合下，当即包围郓城，并于 7 月 2 日攻占该城四关。晋冀鲁豫野战军其余 3 个纵队进至鄄城、皇姑庵地区，待机打援。晋冀鲁豫野战军主力渡过黄河后，国民党军陆军总司令兼徐州司令部司令顾祝同甚为震惊，慌忙从豫北、豫皖苏边界地区抽调 3 个整编师又 1 个旅，连同整编第七十师组成第二兵团增援鲁西南。该兵团司令王敬久以第一五三旅进至定陶，与退守菏泽的部队组成西路；以地方团队防守曹县城；以整编第三十二师、第六十六师各两个旅经金乡北上，会同整编第七十师组成东路；将整编第五十八师及整编第六十六师第一九九旅配置在金乡作为后应。企图以整编第五十五师坚守郓城，吸引晋冀鲁豫野战军主力于城下，然后以东、西两路援军向北钳击其侧后，迫其背水作战。刘伯承、邓小平识破了敌方这一企图，立即采取攻其一点（郓城）、吸其来援（金乡）、啃其一边（定陶）、各个击破的方针，以第一纵队等部攻取郓城；以第二纵队和第六纵队迅速从东、西两路援敌之间向南，攻占定陶、曹县；以第三纵队进到定陶以东待机。7 月 8 日晨，第一纵队攻克郓城，全歼敌军整编第五十五师师部及两个旅。10 日夜，第六纵队攻占定陶，全歼敌军第一五三旅；第二纵队收复曹县城；第三纵队到达定陶以东地区。

7 月 10 日，国民党援军东路整编第七十师（一个半旅）、整编第三十二师和第六十六师主力，分别进至六营集、独山集、羊山集地区，由北向南摆成一字长蛇阵。晋冀鲁豫野战军当即调整部署，转兵东进。13 日拂晓，第一纵队将位于六营集的敌军整编第七十师、独山集的整编第三十二师隔开，并切断其与羊山集整编第六十六师的联系。当日中午，第二纵队在谢家集歼国民党军一个团，随即向东协同第三纵队包围羊山集。王敬久发觉所部被分割后，举棋不定，先令北边的整编第七十师和南边的整编第六十六师向中间的整编第三十二师靠拢；复令整编第三十二师向北接应整编第七十师，再向南靠拢整编第六十六师。整编第三十二师在第一纵队追击下，师部率 1 个旅逃入六营集与整编第七十师会合，其第一三九旅则被第一纵队和第六纵队一部追歼于逃往嘉祥的途中，防守嘉祥城的整编第七十师一部也被迫向济宁撤逃。与此同时，第六纵队主力紧缩对六营集的包围圈。刘伯承、邓小平考虑，六营集为仅有200户人家的村庄，粮食饮水奇缺，敌军两个整编师师部和两个半旅挤在这一狭小地区内，若对其四面围攻，敌必作“困兽之斗”。因此采取“围三阙一”部署，以第一纵队在六营集以东布成袋形阵地，以第六纵队于14日20时由西向东对六营集发起猛攻。敌军整编第三十二师、第七十师向东突围，被第一纵队全歼。

7月15日，第二纵队与第三纵队对羊山集发起攻击，但因该处守军以羊山作依托，南侧地形低洼、积水较多，虽经两天激战，进展不大。此时，蒋介石得知整编第三十二师等部连续被歼和羊山集整编第六十六师告急等情况，于19日飞抵开封坐镇指挥，从西安、洛阳、豫北、山东、汉口等地抽调7个整编师又两个旅向鲁西南驰援。20日又令王敬久率整编第五十八师和第一九九旅，在飞机、坦克掩护下由金乡北上，以解羊山集之围。刘伯承、邓小平为争取先机之利，以独立第一旅与第二旅进至万福河阻援，将敌军第一九九旅和由羊山集出来接应的一个团全歼。接着，集中第二纵队、第三纵队、第六纵队于27日对羊山集发起总攻，战至28日晚，全歼整编第六十六师师部及两个旅。

在鲁西南战役最后攻打羊山集的敌六十六师时，负责主攻的部队指挥员以为该敌已是瓮中之鳖，很快就可以歼灭。因此轻敌大意，准备不周，结果多次进攻都未能奏效。以后，又增加了一些部队再次发起攻击，还是未能获胜。这时，负责攻击部队的指挥员打红了眼，想用硬打死拼的办法去消灭敌军，但由于时间拖得较长，已影响了下一步的战略行动。

刘伯承、邓小平虽然心里很着急，但不愿把这种情绪轻易表露出来而责备部队。刘伯承、邓小平打电话给主攻纵队负责人说：“敌人防御配系的重点在哪里？弄清楚没有？我们的突破口选择有什么问题没有？你们到前边亲自看过地形没有？”这一席话问得主攻纵队的负责人哑口无言。随后，在刘伯承、邓小平的提醒下，主攻纵队负责人亲自到前沿阵地观察地形，找出敌军防御配系的薄弱环节，重新调整了作战部署，发起总攻后，很快一举歼灭了敌人。

原来，羊山集背后靠山，三面有水沟相隔，敌军接受了郓城等地被歼的教训，利用羊山制高点进行固守防御。主攻纵队负责人前几次因为把突破口选择在东面和南面，一来因为有水不好打进去，二来受敌军制高点火力的封锁，打进去了也难向村子纵深发展。第五次攻击，由于主攻纵队负责人进行了周密侦察，抓住了敌军的要害，改变了作战部署，不到两天，就把羊山集的敌军全部歼灭。刘伯承、邓小平立即嘉奖了攻打羊山集的部队，表扬了其英勇顽强、不畏艰苦的战斗作风，鼓舞了主攻纵队的士气。

鲁西南战役，晋冀鲁豫野战军采取南北牵制，宽正面、多地段的突然动作强渡黄河，积极创造与捕捉战机，调动敌军就范，把攻城与野战、分割与围歼相结合，创造了以15个旅的兵力歼敌4个整编师共九个半旅约6万人的战绩。这一战役打乱了国民党军在南部战线的战略部署，开辟了进军大别山的道路。

中国人民解放军晋冀鲁豫野战军强渡黄河、进入山东鲁西南地区以后，通过将近1个月的连续作战，获得了初战的胜利。

但是，形势却越来越紧急，需要刘伯承、邓小平当机立断作出决定。是继续歼灭了敌人再南进，还是撇开敌人立即行动？需要根据中国人民解放战争的战略全局来决策。

当时，从晋冀鲁豫野战军的情况来看，已经连续打了20多天的仗，没有休整；大批俘虏刚刚补入部队，对千里跃进大别山还没有进行充分的思想准备和组织准备。这样行动，问题很多。

但是，刘伯承、邓小平坚决地执行中共中央、毛泽东交给的战略进攻任务。为了完成这项异常艰巨的历史重任，就是刀山也要上，就是火海也要闯。刘伯承、邓小平从中国革命的最高利益出发，认为从全国战局来说，晋冀鲁豫野战军越早出动越有利。在山东战场和陕北战场形势严峻的情况下，晋冀鲁豫野战军迅速从中路突破，打到外线，调动国民党军，便于陕北和山东粉碎国民党军的重点进攻，并使中国人民解放军转入进攻。从敌情方面来说，晋冀鲁豫野战军在鲁西南久留也不利。据有关情报，为了挽救败局，蒋介石亲自飞到开封，从山东、洛阳、郑州、西安等地调集20多万人马到鲁西南，企图利用晋冀鲁豫野战军背水作战的不利地势，把晋冀鲁豫野战军"歼灭"在黄河南岸。晋冀鲁豫野战军如果继续和敌人纠缠下去，会延误南下的时间，即便再消灭敌人几个旅，对全国战局也不会产生决定性的影响。刘伯承和邓小平说："敌人是爱搞'饭馆子战术'的，叫你吃了一顿又一顿，想把你胀死。"

当时，蒋介石还有一条毒计，阴谋决黄河大堤放水，把晋冀鲁豫野战军和黄河南岸数百万人民"淹死"在鲁西南。那几天，大雨不停，河水猛涨，敌人飞机天天轰炸河堤。黄河万一决口，情况实难设想。在这种情况下，晋冀鲁豫野战军立即行动，显然是有利的。

刘伯承、邓小平率领晋冀鲁豫野战军强渡黄河、进入鲁西南地区后，有情报说，驻菏泽敌军准备按照蒋介石的命令，要扒开黄河堤坝放水，妄图"以水代兵"，阻拦人民解放军进攻。8月5日深夜，刘伯承亲自给段君毅打电话，要段君毅和冀鲁豫军区司令员王秉璋凌晨赶到司令部。他们奉命按时赶到后只见刘伯承、邓小平的住室已被水淹，鞋子也漂了起来。见面后，邓小平立即向段君毅询问黄河水情，担心黄河决口。段君毅捧起屋子里的积水对邓小平说："不会是黄河决口，如果是黄河水，定是泥汤，水会继续上涨。现在屋子里是清水，也没有上涨，说明是雨水泛滥。"邓小平虽然表示"你是黄河边人，有此经验，说得有道理"，但是，刘伯承、邓小平仍然心急如焚，一面指定王秉璋等乘车前往黄河堤坝探明水情，一面要李达参谋长和段君毅研究，一旦黄河决口，10余万部队的转移方案。就在这千钧一发的关头，中国共产党郑州、开封地区的地下组织通过统战关系，派代表直闯敌营，当面严正警告敌军将领：谁如果胆敢炸开黄河堤坝，谁就是中华民族的千古罪人，谁就是战争罪犯；不管他将来逃到天涯海角，中国人民也必然要将他缉拿归案，予以严惩。敌军将领慑于民族大义和中共代表的严正警告，未敢在黄河炸堤决口。

邓小平曾说："我这一生，这一时刻最紧张。听到黄河的水要来，我自己都听得到自己的心脏在怦怦跳动!”

晋冀鲁豫野战军挺进中原、千里跃进大别山的行动,关系到整个中国人民解放战争发展的全局,关系到中国革命发展的全局。因此,对于黄河是否决口问题,身负重任的刘伯承和邓小平不能不表示极大的关注和重视。

第五章 刘邓大军挺进中原

晋冀鲁豫野战军挺进中原、千里跃进大别山,向国民党统治的湖北、河南、安徽三省边界的大别山地区实施进攻的战略行动,是中国人民解放军一项规模空前的伟大进军。

早在 1947 年 1 月,中共中央主席、中央军委主席毛泽东就指示晋冀鲁豫野战军,准备“向中原出动,转变为外线作战”。5~8 月,中共中央军委先后采取的战略部署是:以晋冀鲁豫野战军司令员刘伯承、政治委员邓小平率第一纵队、第二纵队、第三纵队、第六纵队共 13 个旅 12 万余人,实行中央突破,南渡黄河,在鲁西南地区求歼敌军后,以跃进方式挺进大别山,建立根据地;以晋冀鲁豫野战军第四纵队司令员陈赓、政治委员谢富治率第四纵队、第九纵队和第三十八军等,直出豫陕鄂边界地区,在豫西、陕南建立根据地;以华东野战军司令员兼政治委员陈毅、副司令员粟裕率华东野战军主力从鲁西南挺进豫皖苏边区,扩大原有根据地。三路大军在中原地区互为犄角,紧密配合,在长江、淮河、黄河、汉水间开辟新的中原解放区。同时,以西北野战军攻打榆林,调动进攻陕北的敌军北上;以华东野战军东线兵团在胶东作战,继续把进攻山东的敌军东引,以策应三路大军挺进中原的行动,形成三路突进、两翼策应的部署。中共中央为加强大举出击、经略中原的领导力量,以邓小平、刘伯承、李先念等 8 人组成中共中央中原局,邓小平为书记。为在新区开展地方工作,抽调和集训了千余名地方干部随军南下。

中国人民解放战争进行一年以后,形势发展与战局变化极为迅速。为了及时应对飞速发展的历史前进和战局需要,1947 年 7 月 21 日至 23 日,中共中央在陕北靖边县小河村举行扩大会议。会前,毛泽东、周恩来、任弼时分别与西北野战军负责人、陕甘宁晋绥联防军负责人、晋冀鲁豫野战军太岳纵队负责人谈话,研究和确定派遣太岳纵队强渡黄河,挺进豫西,协助晋冀鲁豫野战军主力经略中原的重大战略行动。小河会议总结了解放战争第一年的战绩,首次提出对蒋介石的斗争,从 1946 年 7 月算起,用 5 年时间来解决,但不对外宣布,还是准备长期作战 5 年到 10 年甚至 15 年,不像蒋介石那样,先说几个月消灭我们,不能实现又说再过几个月,到了现在又说战争才开始。

7 月 23 日,小河会议刚刚结束,高瞻远瞩、雄才大略、气魄宏伟的毛泽东就开始对挺进大别山这一重大战略行动的精心运筹。他为中共中央军委起草了致刘伯承、邓小平,陈毅、粟裕、谭震林,华东局的电报:

刘、邓对羊山集、济宁两点之敌,判断确有迅速攻歼把握则攻歼之。否则,立即集中全军休整十天左右,除扫清过路小敌及民团外,不打陇海,不打新黄河以东,亦不打平汉路,下决心不要后方,以半个月行程,直出大别山,占领大别山为中心的数十县,肃清民团,发动群众,建立根据地,吸引敌人向我进攻打运动战。我们已令陈赓纵队并指挥太行纵队、五师、三十八军共七万余人,八月下旬出豫西,建立鄂豫陕边区根据地,吸引胡宗南一部打运动战。

这是一个以晋冀鲁豫野战军挺进大别山,粉碎国民党军队对山东和陕北解放区的"重点进攻",揭开中国人民解放军战略进攻序幕的重要战略计划。为此,中共中央部署投入兵力有刘伯承、邓小平率领的晋冀鲁豫野战军主力12万余人,陈赓、谢富治率领的陈谢集团7万余人,共计20万人。

对于晋冀鲁豫野战军千里挺进大别山的重大战略行动和当时面临的艰巨任务,邓小平回顾说:

在解放战争第一年,我们完成了中央军委规定的歼敌指标。战争开始三个月后,毛主席就说,全国战场只要每个月消灭国民党8个旅,这个仗就肯定能打胜。果然,第一年就歼敌九十七个半旅,略超过一点。就二野所在地区来说,完成了分配给自己的份额,也许还超过一点。由于圆满地完成了任务,战略反攻的时间提前了,比预定的不止提前一年两年。解放战争开始时没有提出反攻的问题,那时反攻时间还捉摸不定。从一九四六年七月开始,到一九四七年六七月,打了一年就很有把握地确定反攻。要说原因,一个是第一年歼灭了近百个旅的敌人,相应地我们的装备也有所改善。另一个原因是客观形势迫使我们要早反攻。那时国民党重点进攻山东和延安,这好比是扁担的两头。我们晋冀鲁豫在中间,虽然不是敌人重点进攻的地区,但是是一个挑扁担的地区,伯承同志讲的是"扁担战略"。我们的任务就是要把两头的敌人吸引到中间来,而我们的战略反攻,实现了中央军委、毛主席的战略意图。首先过黄河,一下消灭敌人四个师部、九个半旅,旗开得胜,那气势是很了不起的。过黄河实际上就是开始反攻。但是,反攻深入到什么程度?歼敌九个半旅,这只是一个声势,更重要的是我们怎么进一步行动。我们打电报给军委,说趁势还能够在晋冀鲁豫地区继续歼灭一些敌人,吸引和牵制更多的敌人,形势很好啊。毛主席打了个极秘密的电报给刘邓,写的是陕北"甚为困难"。当时我们二话没说,立即复电,半个月后行动,跃进到敌人后方去,直出大别山。实际上不到十天,就开始行动①。

一位老同志回忆说:1947年秋,刘邓首长接到党中央、毛主席急电,要求刘邓大军不要后方,以半月行程直进大别山。接到电报,邓小平同志动员部队不惜一切代价,坚决执行中央命令。当时二野刚刚在陇海沿线取得了九战九捷的胜利,缴获了大批美式汽车大炮,刘邓首

① 《邓小平文选》第三卷,人民出版社1993年版,第338~339页。

长下令将其全部炸掉,连他们乘坐的美式吉普也炸掉。当时,我们部队还有一支著名的骑兵部队,叫白马团、黑马团,是专门保护野战军首长和机关的,战斗力很强。成员一色高头大马,携带两种武器:崭新的马枪和日式马刀。在历次战斗中曾令敌人闻风丧胆,我军官兵将他们视为骄傲,刘邓首长对他们也非常有感情。但是,为了顺利完成中央交给的任务,刘邓首长还是下令,把战马全部处理掉。当时许多同志想不通。此事反映到邓政委那里,政委亲自到部队做工作。他含泪说服大家,马是我们无言的战友,过去不仅保护过我们,在战斗中也立下了很大功劳。但为了夺取全国胜利,我们不得不杀掉它们,希望同志们能从全国胜利的大局考虑问题。在小平政委的亲自说服下,部队把战马全部处理掉了。当时我们也非常难过,直到全国胜利,我们才真正理解了刘邓首长当时下的决心是何等必要,何等顾全大局①。

兵贵神速。1947 年 8 月 7 日夜,刘伯承和邓小平率领晋冀鲁豫野战军 12 万大军,从鲁西南的金乡至菏泽以南一线,以破釜沉舟的决心开始行动。在国民党蒋介石还没有弄清楚晋冀鲁豫野战军战略意图时,便兵分三路,长驱直入,迅速跨过陇海铁路,像一把出鞘的利剑,直刺国民党统治的心脏地区——大别山区。

伟大的中国人民解放战争战略进攻的序幕就此揭开了。

“三十功名尘与土,八千里路云和月。”从鲁西南到大别山,险关重重。陇海铁路、黄泛区、涡河、沙(颍)河、洪河、汝河、淮河等横亘其间,时值雨季,许多河流不能徒涉,利于敌军沿河堵截;进军路线两侧,西有平汉铁路,东有津浦铁路,便于敌军机动兵力。在此地理、气候不利的条件下,晋冀鲁豫野战军为了隐蔽、突然和顺利地进军,将进军路线选择在群众条件较好的地域,分三路南进:第一纵队为西路,沿曹县、宁陵、柘城、项城之线以西前进;第三纵队为东路,沿单县、虞城、亳县(今亳州)、界首之线以东前进;中共中央中原局、野战军指挥部率第二纵队、第六纵队为中路,沿城武(今成武)、商丘以东、鹿邑、沈丘之线前进。同时,由晋冀鲁豫军区新组建的第十一纵队在黄河渡口佯动,造成北渡声势;华东野战军西线兵团 5 个纵队在鲁西南地区牵制由山东腹地回调的国民党军,掩护晋冀鲁豫野战军南进;豫皖苏军区部队破击平汉铁路,断敌交通;北上进抵豫皖苏边界地区的中原军区独立旅参加破路,待主力跨过陇海铁路后,再绕道平汉铁路西侧南进,作出挺进桐柏山的姿态,以迷惑武汉、信阳之敌。这是一次“牵一发而动全身”、关系战略全局、各个战场互相配合的重大战略进军。

1947 年 8 月 7 日,晋冀鲁豫野战军自郓城及其以南地区南下,11 日越过陇海铁路,摆脱国民党军的合围阵势,向南疾驰。蒋介石认为晋冀鲁豫野战军是“北渡不成而南窜”,迅速调集 20 个旅分两个梯队,多路尾追。令整编第四十六师一部自蚌埠进至太和,并沿沙(颍)河

① 《我眼中的邓小平》(上),河北人民出版社 2001 年版,第 167 页。

南岸布防，控制船只；以 4 个旅由平汉铁路向东侧击，企图把晋冀鲁豫野战军歼灭在黄泛区。

晋冀鲁豫野战军向南进军的突然行动，给蒋介石造成了一个错觉——他认为国民党军在鲁西南地区大军压境；连日暴雨，黄河水势凶猛，晋冀鲁豫野战军既不能北渡黄河返回解放区，又不敢同国民党军再战，结论是："共军溃不成军，向南流窜。"根据这个结论，蒋介石的行动计划就是一个"追"字。一方面妄图利用一些天然障碍，把晋冀鲁豫野战军赶到黄泛区和沙(颍)河之间来"歼灭"；一方面妄图利用"穷追不舍"的办法，把晋冀鲁豫野战军追垮。

然而，蒋介石却又一次打错了算盘。国民党军 20 万大军用"送行"的方式尾追晋冀鲁豫野战军南下，的确给晋冀鲁豫野战军增加了很多困难，但是并不能阻止晋冀鲁豫野战军英勇地向中原挺进。人民军队，一往无前，克服艰难险阻，直插大别山区。

刘伯承、邓小平把晋冀鲁豫野战军这次行动，比作是"釜底抽薪"，既然大胆到"釜底"去"抽薪"，就难免烫手。千里跃进大别山这个大险关，如果没有惊人的毅力和勇气去克服跃进途中的困难，晋冀鲁豫野战军不但不能完成全国战略进攻在中原突破的任务，而且有遭受覆灭的危险。

挺进大别山途中，摆在晋冀鲁豫野战军面前的困难非常严重。后面敌人追得很紧，有些地方是敌先头部队和我后尾部队紧紧相连，有的只隔 50 里地，加之敌人的飞机不断"光顾"，晋冀鲁豫野战军只能在夜间用很快的速度行动。天气闷热，常下大雨，部队每天从黄昏走到天明，有时浑身淋得透湿，疲困不堪。到了宿营地，一面做饭吃，一面侦察警戒，挖防空壕，找渡河器材，做群众工作，上上下下都忙得不可开交，几乎连恢复体力和晒干衣服的时间都没有。尽管如此，刘伯承、邓小平南进的决心毫不动摇，始终坚持走，而且要快走。刘伯承、邓小平常向干部们讲："慈不掌兵！部分人的饥渴和疲劳，换取大多数人的温饱和安全。此时此地的困难和危险，换取今后全国的胜利和幸福。我们要学会算大账，不要抓小辫子。"

从鲁西南到大别山相距千里，要纵穿河南省的东部和东南部地区。前有黄泛区、沙(颍)河、涡河、洪河、汝河、淮河等天然障碍和敌人的守军，后有蒋介石的几十个旅穷追不舍，再加上天气炎热，部队连续作战，疲惫不堪。刘伯承、邓小平一方面及时向指战员指出挺进大别山的目的、意义，激励指战员一定要树立起克服困难的决心和信心；一方面要求部队在战士中间开展思想互助和体力互助，依靠集体力量战胜困难。邓小平指示，政治部向部队发出"走到大别山就是胜利"的口号，要求各级指挥员做好战士们的思想工作，共同完成党中央交给的光荣任务，不能恋战，甩掉敌人，冲破包围，就是胜利。

8 月 17 日，晋冀鲁豫野战军到达黄泛区。

所谓"黄泛区"，是指全国抗日战争时期的 1938 年 6 月，国民党政府为阻挡日军，人为地炸开位于河南省郑州北郊的黄河花园口大堤，使滚滚黄河水肆意泛滥的豫、皖、苏三省 44 个县，面积达 5.4 万多平方公里的区域。这场"以水代兵"的计划，不仅没有阻挡住日军的侵略，相反却造成了黄泛区 1200 多万人流离失所，89 万多人死亡，人民财产损失难以数计的空前惨剧。据国民党河南省政府社会处撰写的《河南省黄泛区灾况纪实》披露:“泛区居民因事前毫无闻知,猝不及备,堤防骤溃,洪流踵至,财产田庐,悉付流水。当时澎湃动地,呼号震天,其悲骇惨痛之状,实有未忍溯想。间多攀树登屋,浮木乘舟,以侥幸不死,因而仅保余生,大都缺衣乏食,魄荡魂惊。其辗转外徙者,又以饥馁煎迫,疾疠侵夺,往往横尸道路,填委沟壑,为数不知凡几。幸而勉能逃出,得达彼岸,亦皆九死一生,艰苦备历,不为溺鬼,尽成流民……因之卖儿鬻女,牵缠号哭,难舍难分,更是司空见惯,而人市之价日跌,求售之数愈伙,于是寂寥泛区,荒凉惨苦,几疑非复人寰矣!”

1947 年夏天,滔滔洪水虽然已经过去多年,但放眼望去,黄泛区没有人烟,没有道路,只有满目黄水,遍地污泥,浅则及膝,深则及脐,行走十分困难。

8 月 17 日晚上,晋冀鲁豫野战军通过宽达八九十里的黄泛区。自从蒋介石制造黄河改道以后的 9 年中,这里变成了一片汪洋,数十万人民的生命,被黄河吞没了。蒋介石发动全面内战以后,为了残害解放区人民,阻止晋冀鲁豫野战军南进,又使黄河归故。但是当年的黄泛区仍然是遍地积水污泥,路途莫辨。部队通过黄泛区,整整走了两天。战士们臂挽着臂,手牵着手,踏进没膝深的污泥,像“拔慢步”似的迈一步拔一步。到天明的时候,大家都成了“泥菩萨”。在经过黄泛区时,炮兵和汽车驾驶员是特别艰苦的。汽车开进污泥里,像猪一样叫唤,就是开不出来,难以前进。战士们只好推的推,拖的拖。许多重炮走不动,炮兵指战员把零件拆卸了,一件一件扛着走,许多步兵部队主动帮助炮兵部队推车扛炮,有些实在走不动的汽车和重炮,只好忍痛扔掉。这些重型装备,大部分是在鲁西南作战中缴获敌人的。要把它们扔掉,战士们心里总不好受。有个炮兵连长在扔掉一门陷在泥里的榴弹炮时,取下炮栓,在炮身上刻下记号。他想,总有一天我会找着它。果然,两年以后人民解放军解放南京时,这位炮兵连长终于找到了这门榴弹炮,并且立即安上保存两年的炮栓,拉着这门榴弹炮参加战斗去了。

在通过黄泛区的时候,刘伯承、邓小平同晋冀鲁豫野战军指战员一样,同甘共苦,能骑马行军的时候,他们骑马;遇到不能骑马的地域,刘伯承、邓小平身先士卒,手拄棍子,脚踩污泥,冒着 8 月的骄阳酷暑和敌机的轰炸扫射,与普通指战员一样,在黄泛区中共同跋涉。在这种官兵一致、同甘共苦精神的鼓舞下,晋冀鲁豫野战军主力排除万难,顺利通过了 20 公里的黄泛区。后来,邓小平曾经十分感慨地说:“过黄泛区,真困难啊,重装备带不走了,只能丢了,所以打淮海战役的时候,二野的炮兵就很少。”①

---

① 《邓小平文选》第三卷,人民出版社 1993 年版,第 340 页。

第六章　千里跃进大别山

“一年三百六十日，天天横戈马上行。”刘邓野战军①通过了黄泛区的第二天，来到了沙河北岸。此时，有人认为，已经通过了黄泛区，离敌人远些了，应该让部队休息一下再走。可是刘伯承、邓小平的命令仍然是继续前进。他们说：“背水作战，兵家所忌。”并且命令野战军司令部马上把前进道路调查好，限两小时内搭起浮桥，让部队通过。

在进军大别山的千里跃进中，敌情瞬息万变，险象环生。最关键最紧张的时候莫过于强渡汝河了。

蒋介石原以为刘邓野战军强渡黄河后，向南进军是“向南溃逃”，是“溃不成军”。一直到刘邓野战军渡过黄泛区和沙河以后，他才犹如大梦初醒，意识到刘邓野战军不是什么“向南流窜”，而是有计划有目的地向大别山地区进军。于是，蒋介石连忙急调了 1 个师零 1 个旅的兵力 3 万余人，沿平汉线南下，企图在汝河南岸挡住刘邓野战军去路，对刘邓野战军来一个南北夹击。

汝河之战是刘邓野战军千里跃进大别山途中最紧张、最激烈、最严重、最关键的一次战斗，是关系到整个野战军能否完成这次中央突破的战略任务的关键环节。汝河并不是一条很大的河，它不过是淮河的一条支流，河面不太宽，但水深流急，两岸陡峭。按一般常识，淮河不可能徒涉，但是淮河渡口的船只早已被敌人炸沉和抢走了。

刘伯承在撰写《千里跃进大别山》一文时回忆说：

“八月二十三日下午，我中路先头部队冒着敌机的轰炸扫射，架起浮桥，抢占了河南岸的一个桥头堡大雷岗。敌人马上从东西南三面构成一个马蹄形阵势，把这个小小的村庄围住，企图阻拦我军前进。”

“此时我东、西两路部队已先敌越过汝河，逼近淮河，中路部队也有一个纵队先敌抢过汝河，继续南进，留在汝河北岸的只有中原局机关、野战军指挥部和一个纵队的兵力。而紧跟在我背后的三个师的敌人，距离我们只有五六十里，不用一天就可以赶到。前有阻师，后有追兵，形势真是千钧一发，万分险恶。我们能否在短短几个小时内抢渡汝河，关系到整个跃进行动的成败，从而也关系到整个战局。战略跃进的光荣使命鼓舞着我们，此刻，面前即使横着刀山火海，我们也必须打过去！黄昏后，我和邓小平同志赶到了汝河北岸先头部队的指挥所，命令部队以坚决进攻的手段对付堵击的敌人。说明‘狭路相逢勇者胜’！只要我们坚决、勇敢、不怕牺牲，就一定能够打过去。”

---

① 晋冀鲁豫野战军进入中原战场后，中共中央称之为“刘邓野战军”，一般称之为“刘邓大军”。到 1948 年 5 月 9 日，中共中央决定“刘邓野战军”改称“中原野战军”。以后，又改称“第二野战军”。

李德生在《重建大别山根据地纪实》中回忆说:“……八月二十三日下午敌八十五军吴绍周部终于先我赶到汝河南岸之汝南埠,将我中原局、野战军指挥部及掩护首脑机关的第六纵队截堵在汝河北岸。此时,尾我南进之敌三个师与我相距五六十里,炮声时时可闻……”

据肖永银回忆,8 月 24 日上午,汝河上空出现了敌人的红头飞机,在我先遣部队的头上扫射轰炸。中午时分,汝河南岸西边的公路上,突然烟尘滚滚,人喊马嘶,黑压压的敌军由西向东,占领了油坊店、汝南埠一带。

刘邓野战军先头部队冒着敌军飞机、大炮、机枪构成的火力网,奋不顾身,扑向南岸,占据了一个村庄,架起了浮桥。

夜幕降临时,敌军燃起的大火,照得汝河对岸十几公里满天通红。刘伯承和邓小平偕参谋长李达赶到汝河边,在距离渡口 100 来米处的小草房里,听取第六纵队副司令员韦杰、第十六旅旅长尤太忠、第十八旅旅长肖永银的汇报。刘伯承、邓小平非常严肃地问:“情况怎么样?”

“报告司令员、政委,12 点钟以后,敌八十五军吴绍周进入了油坊店、汝南埠一线,挡住了我们前进的道路。我五十二团占领了河南岸大雷岗,工兵架起了浮桥。现在敌人正集中火力轰击北岸,封锁浮桥。我旅其他各团已集结河北岸待命,其他方面情况不了解。”先头旅旅长肖永银回答道。

刘伯承、邓小平在听了前线指挥员的报告后,对李达参谋长说:“打开地图,先给大家介绍一下情况。”李达参谋长指着地图说:我军过沙河后,敌人发现了我们的战略意图,开始派部队向我追击,企图拦住我军主力,在洪河、汝河之间进行决战,以打乱我军进军大别山的战略计划。现在敌人八十五军约 3 万人,已赶到汝河南岸,后面追击我们的敌军五十八师、四十八师等 3 个整编师,离我们只有 50 多里路了。

前有阻敌,后有追兵,中间横着一条汝河,战局真正到了千钧一发的时刻。大家听了李达参谋长的介绍,感到情况比预料的严重得多。

前线指挥所离河岸很近,敌人的炮弹前一个后一个地爆炸着。同志们一边听李达参谋长介绍情况,一面担心刘邓首长的安全,一再劝说他们进到屋子里去。他俩似乎没有听见,只顾看地图。正在这时,一颗炮弹落在隔壁院子里,轰隆一声,炸得泥土砖瓦乱飞,浓密的烟雾腾空升起。几位同志不由分说,卷起地图,把刘邓首长拉进屋子里。

这时,邓小平向大家扫了一眼,说:“情况就是这样,现在除了坚决打过去以外,没有别的出路。今天过不去汝河,后面敌人明天就赶到了。过不去就得分散打游击,或者转回去。这就是说,我们完不成党中央和毛主席交给我们的战略任务。在最紧急的关头,正是考验我们共产党员和革命军人的时候,我们要不惜一切牺牲,不惜一切代价,坚决打过去。”

刘伯承接着说:“狭路相逢勇者胜。从现在起,不管白天黑夜,不管敌人的飞机大炮,我们要以进攻的手段对待进攻的敌人,从这里(他用手在地图上一画)打开一条血路冲过去。

只要我们坚决勇敢，不怕牺牲，就一定能够打过去。邓小平政委讲过了，这次战斗考验着我们每一个共产党员，看你这个党员够不够分量！无论如何，野战军要从这里渡河！”

15 年以后，刘伯承回忆中原逐鹿挺进大别山那段经历时，好像重新又身临其境似的振奋起来，用手比画着渡汝河时敌我相遇的险恶态势说：那时国民党在河对岸摆了 1 个师零1 个旅堵截我们；后边又有 3 个师的兵力在尾追着我们，但河是非过不可，否则无路可走。在此紧要关头，我就给杜义德（六纵政治委员）说：“狭路相逢勇者胜！”结果还不是打过去了？打仗就是这样，看准了就打。两边都不想打败仗，那么就得靠一个“勇”字。“勇”就是男子的事，没有卵子还成什么男子！说到这里，刘伯承笑了笑说：话虽粗鲁，可事情就是如此。既然我们从内线打出去了，就要打胜仗，才能争取主动。小平同志就屡次讲要“破釜沉舟”嘛！所以我们要一举插入敌人的战略纵深，千里跃进大别山！当时中央对大别山的斗争有三个估计：一是消耗了退出来；二是消耗了打圈子；三是消耗了站住脚。最后经过 7 个月的斗争，我们终于实现了第三个估计①。

若干年后，当年身临其境的一位老同志回忆说：南下大别山的途中，当进到汝河附近时，突然发现河南岸有敌人大部队堵住人民解放军去路。在前有堵兵、后有追兵的紧急情况下，邓小平对第六纵队政治委员说：“目前只有两个方案：一个方案是不惜一切代价坚决打过去；另一个方案是就地分散同敌人周旋，尔后再找机会南下。”第六纵队政治委员一听就急了，坚决表示要杀开一条血路，掩护野战军领导机关安全渡过汝河。

当年担任邓小平警卫工作的一位老同志回忆说：在挺进大别山的过程中，有一天，敌机在部队驻地上空撒传单，造谣说，刘伯承、邓小平已被炸死。邓政委看了传单对刘司令员说：你看，咱们这是死了几次了？两位首长不由得开怀大笑。刘邓首长那种大无畏的精神，深深感染了在场的每一个人，我们都跟着笑了起来。记得部队过汝河时，后面尾追的几个师的国民党部队已经离我们很近。天上敌人的飞机也不断轰炸。邓政委为了大部队顺利过河，一直站在河边指挥。我当时急得不得了，催他赶快过河。纵队的首长们也催他快走。可邓政委怎么也不同意，坚持等大部队都过完河，他才走。过河时，由于情况紧急，我很慌张，不慎把邓政委的行李掉进了水中，等捞出来，粗布被子已被染得一塌糊涂。邓政委开玩笑说，正好，以后当花被子盖②。

在刘伯承、邓小平的指挥下，刘邓野战军强渡汝河的战斗开始了。各纵队和各旅的领导干部亲自下到团、营、连指挥作战。战士们英勇顽强地同数倍于自己的敌人拼死搏杀。抢夺桥头堡的敌人被刘邓野战军击退后，我后续部队陆续渡河前进。各部队冒着敌机的低空轰炸、扫射和两边敌人近距离的侧射火力，边走边打，勇往直前，终于在大小雷岗和东西王庄一

---

① 《刘伯承回忆录》，上海文艺出版社 1981 年版，第 461 页。

② 《我眼中的邓小平》（上），河北人民出版社 2001 年版，第 166 页。

带杀开了一条血路，掩护着中原局和野战军指挥部突破敌人层层拦阻，胜利地闯过了千里跃进大别山途中的这个险关。

在刘伯承、邓小平的指挥下，广大指战员士气高昂，视死如归，迎着敌军的枪林弹雨，前仆后继，勇往直前，义无反顾，突破了国民党军队的汝河防线，直扑大别山而去。

若干年后，曾经担任中国人民解放军第二野战军政治部宣传部宣传科科长的史超回忆，随刘邓大军直属部队过汝河时，河不宽，但上有飞机狂轰滥炸，后有追兵，河对岸还有敌人一个师在阻击，就是过不去。好在对岸廖运周师迫击炮的炮弹总是在距离二三百米的地方爆炸，始终没有打到河里。在强渡过河的我军一支部队炮火的掩护下，终于过了河。这时，飞机上射下的子弹将史超手背上的血管打破了，当时也顾不了那么多，只是拼命地跑，有时用手擦擦脸，结果是浑身上下连泥带血。史超赶到一个村子里，老百姓早已撤离，当时渴急了，他从缸里舀起一瓢水咕咚咕咚就往肚子里灌，喝下去才发现，满缸遍布着一寸来长的大蛆。后来听说，有人战后问起他的下落，有人肯定地说，史超已经牺牲了。史超说，刘伯承所谓"狭路相逢勇者胜"，指的就是这个地方。淮海战役消灭黄维兵团之后，张际春交给史超一个任务，去采访一位起义的师长。他带着一个警卫员去见那位师长，巧了，正是汝河阻击他们的廖运周，这时才知道，廖原来是中共秘密党员，迫击炮总是打到距他们二三百米的地方这个谜，也就不揭自破了[①]。

刘邓野战军全部渡过汝河后的那天下午 1 点多钟，所有刘邓野战军各部队到了预定的集结地点——彭店。刘伯承、邓小平见到在前线指挥的干部们后，大家一扫昨晚那种严肃紧张的气氛。刘伯承司令员和颜悦色地对干部们说："打得好！我们这次能够突出敌人的重围，主要靠我们采取坚决的进攻，向敌人力量薄弱的地方进攻，迫使进攻的敌人变成防御，主动变成被动。打仗就是这样，在关键性的地方，要勇猛才能战胜敌人。敌人想把我们消灭在汝河两岸，但是在我们的勇猛面前，敌人的企图完全被粉碎。"邓小平政委接着说："我们到大别山还有一道险关——淮河，你们稍微休息一下，就要派部队在明天拂晓前攻下息县，夺下淮河的渡口，准备渡河器材，使部队迅速进入大别山。"

淮河，是介于黄河和长江之间的一条最大的河系，由西向东贯穿河南南部与安徽全境，是刘邓野战军跃进大别山途中的一道天然屏障。8 月，正值雨季，淮河水上涨，水流湍急，无桥又无船，而敌人追兵与先头部队仅距刘邓野战军 15 公里。

在刘邓野战军指挥部里，刘伯承、邓小平连夜召开紧急会议，邓小平提议："伯承、际春带司令部先行渡河，李达留下组织渡河，我在后面组织部队阻击。"

"政治委员说了就是决定，立即执行。"刘伯承立即表示赞同。

刘伯承、邓小平握手分别后，刘伯承来到了淮河边，眼见仅有的十来只小木船难以承担

① 刘仰东：《史超先生眼中和笔下的淮河战役》，载 2005 年 6 月 30 日全国政协《人民政协报・春秋周刊》。

抢运任务,便与部队指挥员商讨加速渡河的措施。在部队指挥员明确告诉他“河水很深,不能徒涉”后,他仍觉得不够踏实,亲自登上小舢板,用竹竿一点一点地测量淮河水深。然后,刘伯承给指挥部写了一封短信:“河水不深,流速甚缓,速告李参谋长可以架桥。”接着,刘伯承又意外地发现淮河上游有人牵马过河,遂立即让人通知李达组织部队徒涉。刘伯承还十分严肃地对部队指挥员说:越是紧要关头,领导干部越要亲自调查,实地侦察。粗枝大叶会害死人的!

8 月 27 日,刘邓野战军后卫部队全部渡过淮河。

“顺天行事,天助我军。”刘邓野战军刚刚渡过淮河,淮河水位突然上涨,恰恰把大批国民党军追击部队阻挡在淮河北岸。国民党军指挥官带领部队追到河边,得知刘邓野战军是徒涉过河的,也下令部队徒涉,结果许多人马未到河心就被激流冲走了。看着刚刚远去的刘邓野战军,国民党军只好“望河兴叹”,徒唤奈何。

刘伯承、邓小平率领刘邓野战军胜利渡过淮河,标志着挺进中原、千里跃进大别山战略任务的完成。

河水涨落,本是自然现象,但当地人民群众却说刘邓野战军有神仙保佑。有的群众说:五黄六月下了大雪,淮河封冻结冰,刘邓野战军是从冰上开过淮河的。有的群众说:刘伯承、邓小平的队伍是每人背了一个宝葫芦从淮河上漂过来的……国民党军队对此也惊叹称奇不已。当时担任国民党政府国防部作战厅厅长、陆军总司令部参谋长的郭汝瑰,在 1947 年 8 月 28 日的日记中写道:追击刘伯承部各路国军均被淮水所阻。据云,刘(伯承)军渡淮河系徒涉,国军一到即涨水,可亦奇矣!

对于刘邓野战军千里挺进大别山的重大战略行动和当时面临的艰巨形势,邓小平回顾说:“那时搞无后方作战,困难是可想而知的啊。北方人到南方,真不容易。果然一过淮河,好多人拉肚子。中国真正的南北界线是淮河,淮河以南就叫南方,不是长江以南才叫南方。一过淮河,种水稻,走山路,都是南方人的生活习惯。原来我们估计不足,只知道北方人到南方有不习惯的问题,过了淮河才知道就是原来的南方人,鄂豫皖地方的人,在北方过了好多年,也不那么习惯了。往南一下就走一千里,下这个决心,真了不起,从这一点也可看出毛主席战略思想的光辉。而这个担子落在二野身上,整个解放战争最困难的是挑这个担子,是挑的重担啊。不是说消灭敌人九个半旅是挑了重担,主要的是撇开一切困难,坚决地挺进一千里,挑的就是这个重担……过淮河,天老爷帮了一个大忙,能够徒涉。过去没有人知道淮河是能够徒涉的,那一次刚涨起来的河水又落下去了,伯承亲自去踩踏,恰好就是那个时候能徒涉,这就非常顺利了。不然,我们过淮河还是能过,但会有伤亡,以后的斗争会更困难一些。当时形势相当严峻,相当险恶,但是整个地看应该说是很顺利地实现了战略反攻的任务，跃进到大别山。"①

刘邓野战军渡过淮河，胜利进入大别山区，引发了部队中"笔杆子"的诗情画意。第一纵队某旅一位宣传干事当即挥毫作词，填入一首大家熟悉的陕北民歌曲谱中。由于此歌反映了刘邓野战军挺进大别山的豪情壮志，唱出了大家的心声，立即传遍全军：

刘邓野战军真勇敢，
渡河反攻鲁西南大捷歼敌六七万。
蒋介石正在手忙脚又乱，
我们又挺进大别山。
艰苦行军二十多天，
血战汝河胜利渡淮踏上大别山。
大别山好比一把剑，
直插到蒋介石的心里边。
毛主席领导如明灯，
刘邓首长指挥就是指南；
同志们挺胸勇敢往前赶，
胜利的曙光就在眼前。
大别山好比一把剑，
直插到蒋介石的心里边。

对于这首歌，刘邓野战军的广大指战员十分喜爱，大家总是走到哪里唱到哪里，既宣传了群众，也鼓舞了斗志。

1947 年 8 月 31 日，刘伯承、邓小平率刘邓野战军主力胜利到达河南省光山县北向店。

当部队指战员们脚踏着大别山的土地时，多少干部心潮澎湃，热泪长流。多少干部在心中呼唤："妈妈，我终于又回来了！"多少干部咬紧钢牙，在心中默念：大别山啊，大别山！当年的红军，鄂豫皖人民的子弟兵，如今挟着雷电、带着千军万马终于又杀回来了！昔日横行霸道的"白狗子"们，请你们尝尝 10 万人民解放军的厉害吧！

1947 年 8 月的一天，刘邓野战军第三纵队司令员陈锡联率领所部，作为刘邓野战军主力之一，一路艰辛跋涉，回到了当年浴血奋战的鄂豫皖根据地。

"当年的红军回来了！"大别山人奔走相告。饱受苦难的大别山老百姓，终于盼到了这一天。白发苍苍的老母、望穿秋水的妻子和记不清父亲面容的儿女，三三两两跑向部队，寻找自己的亲人。

---

① 《邓小平文选》第三卷，人民出版社 1993 年版，第 340 页。

一天清晨,陈锡联率部从皖西转战到麻城,开始布置一次新的军事行动。在司令部里,他正和纵队几位首长研究行动方案,参谋处长喜笑颜开地进来向陈锡联报告:“好消息!你娘马上就来看你了。”

司令部里一下子活跃起来。

只见一辆手推车停在三纵司令部门口。陈锡联还未上前相认,大家把老大娘围得紧紧的:“大娘,您看,哪个是您的儿子?”

老大娘被围在热情的人们中间,一面自信地说:认得,我认得,一面用急切的目光在人群中搜索自己的儿子。

“娘!”陈锡联禁不住大喊了一声。老大娘搜寻的目光停住了,不顾一切地扑上前去,双臂把儿子紧紧抱住。

陈锡联让母亲坐在椅子上。母亲却抓着儿子的手,只是流泪。

从西征到长征,从鄂豫皖到川陕,从雪山草地到陕北,从东渡黄河到开辟晋冀鲁豫,这批起源于大别山“闹红”的人民子弟兵,无时无刻不在思念着大别山,思念着大别山的父母、亲人、战友、同志!

刘邓野战军进入大别山区以后,在巍巍大别山群峰环抱的昔日革命老区的土地上,召开了干部会议。在一个破旧院落的一张八仙桌前,邓小平脚踏着大别山区的土地,向身披征尘的部下发表讲话:

“我们已到了大别山,完成了战略任务的第一步,把蒋介石逼退了一条线,从黄河逼到长江。党中央说我们的行动是英勇的行动。另外,我们陈赓集团已挺进陇海西线,向伏牛山前进。这样,便以大别山、伏牛山和鲁西南形成一个犄角之势,在这战略态势下,我们解放中原是有充分根据与条件的……”

“重建鄂豫皖解放区的任务是十分光荣的,是中国现代史上重要的一页!”

……

千里跃进大别山的战略行动胜利了!

坚持大别山、在大别山落地生根的新的斗争开始了!

第七章 陈谢集团挺进中原

刘邓野战军胜利进入大别山区的同时,根据中共中央和毛泽东的统一部署,1947 年 8 月,留在华北解放区的晋冀鲁豫野战军太岳纵队、太行纵队又一个军,组成陈赓、谢富治集团,在晋南、豫北一带强渡黄河,挺进豫西,随即切断陇海铁路,东逼洛阳、郑州,西慑潼关。

这是全国解放战争时期,中共中央和毛泽东部署的中国人民解放军晋冀鲁豫野战军挺进中原、向河南省西部国民党统治区实施进攻的重大战略行动。

中国人民解放军陈谢集团司令员陈赓，既是一位有着能征善战的卓越战绩的高级将领，又是一位颇具传奇色彩的风云人物。同时，陈赓早年与蒋介石还有着不同寻常的“师生关系”和“特殊交往”。

第一次国共合作的中国大革命时期，建立了国共合作的黄埔军校。1924年4月间，蒋介石已被内定为黄埔军校校长。这时，中共地下组织推荐陈赓到广州报考军校。他通过笔试，成绩较好，口试时，蒋介石亲自到场。陈赓第二个上场，坐在前台主考官张申府身边的蒋介石，目睹陈赓身姿挺拔，留下深刻的印象。于是，蒋介石首先问话：“你知道湘军的创始人曾国藩吗？”“知道。而且，不仅我知道湘军的始祖，连我父亲、祖父也知道。”陈赓目视蒋介石回答。蒋介石又问：“为什么？”“我爷爷也是湘军，从伙头军一直做到官长，力大无比，能站在桌子上用牙齿叼起两桶水。”蒋介石听罢，说：“我看你这身体连一桶水也拎不起来。”“我练过武术，不信，你看……”蒋介石又说：“你眼睛有毛病。”陈赓说：“学生怕考不好，读书熬夜熬的。”蒋介石赞许地点了点头，这时，张申府介绍道：“这位是校长蒋先生。”由此，陈赓与蒋介石得以相识。陈赓入学后，学习非常刻苦，成绩非常优秀，被誉为“黄埔三杰”之首。蒋介石对陈赓也十分器重。

1925年10月，国民革命军举行第二次东征。蒋介石任东征军总指挥，周恩来任东征军总政治部主任。第二次东征开始后，东征军直捣惠州城。陈赓任攻城主力第一纵队第四团连长。他身先士卒，率领所部奋勇冲杀，大败敌军。陈赓英勇善战，蒋介石对他十分欣赏。因此，蒋介石马上指定陈赓率部到东征军总指挥部担任警卫部队。不久，继续东进的东征军的第三师在华阳附近与敌主力遭遇，陷入重围。前来督战的蒋介石感到形势不妙，又想到追兵即到，心灰意冷，十分伤感地对陈赓讲：“我惟有自杀以成仁，否则无颜再见江东父老！”陈赓极力劝慰：“胜败乃兵家常事，校长何出此言！您是总指挥，应该考虑战争的全局，这里太危险，请您赶快离开！”陈赓一面命令所部阻击追击上来的敌军，一面果断地背起茫然失措的蒋介石向安全地带撤离，一口气跑了几里路，将蒋介石护送过河，逃出了险境。蒋介石脱险后，想起了自己的职责，问身边的几个军官：“我要同何应钦他们取得联系！你们谁辛苦一趟去送信？”陈赓自告奋勇，挺身而出。蒋介石写好信交给陈赓，并叮嘱道：“你装扮成农民，一路上要多加小心！”陈赓机智勇敢，胜利完成任务。何应钦与周恩来见信后，立即派出一支部队把蒋介石接了回来。以后，陈赓英勇救蒋、冒险送信的行为，在黄埔军校里传为佳话。第二次东征结束后，陈赓被调到蒋介石身边，担任侍从参谋。

陈赓成为蒋介石侍从参谋后，无意中看到蒋介石的桌子上放着一本黄埔军校学生和各级负责人的名册，翻开一看，每个共产党员的名字上头都画了个红圈，陈赓的名字旁还有批注：“此人是共党分子，不可让他带兵。”陈赓看罢，极为愤怒，没想到蒋介石还有这一手。于是，陈赓急忙跑到周恩来那里，予以汇报，并请示周恩来该怎么做。周恩来说：“明天你给他写个条子，辞职不干，看他如何处置！”第二天，当蒋介石从陈赓手中接过条子后，用眼睛盯着陈赓说："陈赓，你是知道的，我一切都是为你好。"接着，又表现出一副宽容大度的姿态，说："我明白告诉你，一切 CP（共产党员的英文缩写）分子迟早要退出国民党，你还是早下决心为妙！""那么，我看我还是回家吧。""你该是很有前途的，我真不明白你为什么在这件事上动摇不定。"蒋介石说罢，拟了一张委任陈赓为中央军事政治学校中校队长的任命书，交给陈赓说："既然你不肯从命，我也不勉强，你还是回黄埔去吧。"

1926 年 3 月 20 日，蒋介石制造了"中山舰事件"，排斥共产党人。以后，蒋介石召集军校中的孙文学会与青年军人联合会两派代表开会，大肆宣扬"整理党务案"，动员共产党人退出 CP，并暗示蒋先云、陈赓等带头退出共产党。这时，历来被蒋介石视为"本家"着意拉拢的著名共产党人蒋先云首先站起来，严正声明自己是共产党员，但决不退出。陈赓亦在此期间郑重宣布：本人现在当着众位同学的面宣布，我曾经是个跨党分子，现在郑重声明：本人信仰共产主义，以作为共产党员为荣。

1927 年 4 月 12 日，蒋介石在上海发动反革命政变。陈赓怒不可遏，立即和曾中生等联络在武汉的黄埔军校毕业生，组织"黄埔军校同学讨蒋委员会"，发表讨蒋宣言，愤怒声讨蒋介石的行径。

1933 年 3 月 24 日，担任红四方面军师长的陈赓自鄂豫皖革命根据地到上海养伤。在奉命前往中央革命根据地、离开上海前夕，被叛徒出卖而被捕。4 月 1 日，陈赓被押解至南京。这时，蒋介石正在南昌指挥国民党军对中央革命根据地进行第四次"围剿"。蒋介石想亲自诱逼陈赓自首，并通过陈赓来"影响"在红军中的黄埔毕业生。于是，蒋介石命令南京政府有关方面用轮船将陈赓押解至南昌。

有一天，陈赓被带进一间宽敞的客厅，坐下不久，就听到楼梯上响起皮鞋声。蒋介石为了保持自己的"尊严"，也为了显示对陈赓的感情，在楼梯上就大声说："陈赓在哪里？陈赓在哪里？"意思是他来了，让陈赓恭迎他。陈赓却顺手拿起一张报纸，对蒋介石不予理睬。蒋介石自觉没趣，但仍故作姿态："这些混蛋，怎么未经允许就这样对待我的学生？"蒋介石竭力想唤起陈赓的旧谊。然而，陈赓却冷冷地说："你想把我怎样就直说吧，用不着绕弯子的。"蒋介石脸上满堆笑容，陈赓一言不发。双方僵持了一会儿，蒋介石无可奈何，只得悻悻离去，把陈赓仍然关押起来。

过了几天，陈赓被带到蒋介石的办公室。蒋介石说："现在国家弄得这么糟，每天都有人在流血，中国不能这样下去啦。""那你为什么不抗日，却发动内战屠杀人民？"陈赓质问道。蒋介石被噎住了，连忙换了个话题："你还年轻，前途无量。只要你肯过来，如果你想带兵，一个师，一个军，我都可以给你；如果你不想带兵了，我可以给你一个特务总队长干。只要你答应同我合作，做什么，一切由你……"陈赓霍地站起来，怒视着蒋介石："我陈赓是共产党员，决不做你的狗官！更不会像你一样卖国求荣！哼！想让我自首，你打错算盘了！""放肆！"蒋介石变得歇斯底里。

此后，蒋介石迫于舆论压力，放宽了对陈赓的监禁。在中共地下组织帮助下，陈赓趁机脱离了牢笼，尔后进入中央革命根据地。

在长期的革命战争中，陈赓百炼成钢，在中国工农红军中担任过中央军委干部团团长；在抗日战争中，担任八路军一二九师的旅长；在解放战争初期担任太岳军区司令员、太岳纵队司令员。

1947 年 8 月，在刘伯承、邓小平率领刘邓野战军进入大别山区之际，遵照中共中央确定的出击外线，将战争引向国民党统治区的战略方针和部署，在华北解放区的晋冀鲁豫野战军第四纵队，由司令员陈赓、政治委员谢富治统一率领，组成由第四纵队、第九纵队和第八纵队第二十二旅（后归第四纵队建制）、西北民主联军第三十八军组成的作战集团共 8 万余人，向河南省西部进军，配合刘邓野战军进军大别山，策应西北野战军反击国民党军对陕北的重点进攻。8 月 20 日，陈谢集团进抵河南省济源、山西省平陆地区，待机南渡黄河，进军中原。

这时，国民党军受西北野战军在陕北发动沙家店战役和刘邓野战军进军大别山的牵制，无暇顾及豫西、陕南。豫西地区国民党军兵力比较薄弱，只有 5 个保安团担任孟津至潼关间黄河南岸第一线防御，以整编第十五师、青年军第二〇六师各一部及新编第一旅等部署于洛阳至潼关间依托陇海铁路进行机动防御，陇海铁路以南豫鄂陕边只有一些县保安团守备。陈赓、谢富治根据中共中央关于渡黄河南进，在陇海铁路潼关至洛阳段实施机动作战，寻歼弱敌的指示，部署以第四纵队为左路，渡河后向陇海铁路沿线突击，攻占新安、渑池，相机夺取洛阳；以第三十八军和第二十二旅为右路，渡河后以一部向东，奔袭张茅镇和观音堂车站，策应左路作战，主力向西南发展，威逼陕县，并向西迂回大营车站，切断河南灵宝与陕西潼关的联系，抗击由陕西东援之敌；以第九纵队尾随第四纵队，渡河后向东南发展。

8 月 22 日夜，陈谢集团在黄河北岸人民群众和民兵的有力支援下，以破釜沉舟的精神，义无反顾，勇往直前，一举突破黄河天险，到达黄河南岸，进入中原战场，随即向陇海铁路沿线进击。第四纵队击溃援敌，逼迫洛阳，攻占新安、渑池。第三十八军和第二十二旅击溃陕县出援之敌，攻克会兴镇、张茅镇、观音堂，炸毁会兴镇大桥。至 31 日，共歼国民党军 4800 余人，在洛阳至陕县间开辟了战场。国民党军统帅部急令西安“绥靖”公署主任胡宗南将所部主力自陕北南撤，拱卫西安；另抽调尾追刘邓野战军的整编第三师等部回援，连同洛阳守军共 8 个旅组成第五兵团；以 4 个半旅组成陕东兵团，计划东西对进，夹击陈谢集团，恢复陇海铁路交通，打通中原地区与西北地区的铁路联系。

遵照中共中央军委关于避强击弱，力求运动战，机动迅速，广占区域，多歼敌人和创建豫鄂陕根据地的指示，陈谢集团以主力向国民党军兵力薄弱的豫陕边界地区挺进，以一部兵力于新安、孟津、洛阳地区牵制洛阳守军。9 月 2 日起，陈谢集团主力自洛阳等地向西进击，至 12 日，连克虢略镇、灵宝老城、卢氏，歼新编第一旅及青年军第二〇六师一部。接着，以一部兵力逼迫潼关，歼灭国民党军一个团；以另一部兵力回师东进，配合第三十八军主力于 17 日攻克陕县，歼灭第一三五旅等部。至此，将国民党军刚刚组建的陕东兵团大部歼灭。在此期间，洛阳以西的陈谢集团第九纵队主力解放宜阳、伊川、伊阳、嵩县、栾川、洛宁等城镇，使国民党军第五兵团不能西援，保障了陈谢集团主力在潼关、陕县间的作战。

陈谢集团挺进中原，驰骋豫西，逼近潼关，威胁西安，迫使国民党政府"总统"蒋介石亲自到西安坐镇指挥，并将刚调到大别山的整编第六十五师、晋南运城的第八十三旅及第八十四旅一部和陕北榆林的第二十八旅等部空运西安，调集 10 个半旅在西安—潼关地区布防，以阻止陈谢集团西进。9 月 23 日，中共中央军委指出，陈谢集团继续西进不易捕捉战机，应以第三十八军和第四纵队第十二旅在豫陕边界牵制敌人，陈谢集团主力 4 个旅迅速东返，配合第九纵队歼灭敌军第五兵团，开辟豫西根据地。陈谢集团遂以第四纵队主力和第二十二旅隐蔽回师东进，在新安县城以西铁门镇歼灭第五兵团所属整编第十五师师部及第六十四旅大部。同时，以 3 个旅包围退缩韩城的整编第三师。但是，天降大雨造成河水上涨，第九纵队一部被隔离于洛河南岸，加之整编第三师已与增援的第一二四旅和第一二五旅靠拢，第四纵队遂转兵以 4 个旅乘虚攻打洛阳，调动敌人回援以便歼灭。至 10 日，攻占偃师、孟津，攻入洛阳西关。此时，整编第三师已退据洛阳城，陈谢集团遂结束郑(州)洛(阳)间作战，转入休整。

根据中共中央的战略部署，陈谢集团自华北南渡黄河，进入中原战场以后，经月余连续作战，共歼国民党军 3.3 万余人，解放县城 12 座，在豫西建立 3 个军分区，有力地配合了刘邓野战军和西北野战军的作战，闻名遐迩，影响深远，声威大震，被人们称为"陈谢大军"。

3 个月以后，陈赓、谢富治集团经 3 个月作战累计歼敌 4 万多人，解放县城 36 座，建立了 40 多个县的人民政权。

第八章　华东野战军挺进中原

根据中共中央的战略部署，1947 年 9 月初，由陈毅、粟裕率领的华东野战军 8 个纵队，挺进鲁西南，南越陇海铁路，恢复和发展了豫皖苏解放区，兵锋直指开封、郑州，协同刘邓野战军、陈谢集团逐鹿中原。

中国人民解放军华东野战军进军豫皖苏边区，是全国解放战争时期华东野战军西线兵团向平汉铁路以东、津浦铁路以西、陇海铁路以南、淮河以北河南、安徽、江苏三省边界地区进军的重大战略行动。豫皖苏边区是著名共产党人彭雪枫率领新四军第四师在抗日战争时期建立的抗日民主根据地之一。全面内战爆发后，豫皖苏解放区的大部地区被国民党军占领。留在该地区坚持斗争的为晋冀鲁豫军区所属豫皖苏军区部队。1947 年 9 月，华东野战军司令员兼政治委员陈毅、副司令员粟裕率西线兵团并指挥晋冀鲁豫野战军第十一纵队与第十二纵队，根据中共中央军委关于以主力打到外线去，将战争引向国民党区域的指示，为配合刘邓野战军挺进大别山和陈赓、谢富治集团挺进豫西的作战行动，继沙土集战役后，向豫皖苏边区进军。9月26日起，华东野战军第十纵队和晋冀鲁豫野战军第十一纵队在鲁西南地区掩护，华东野战军第一纵队、第三纵队、第四纵队、第六纵队、第八纵队和南下大别山归建的晋冀鲁豫野战军第十二纵队，从徐州至开封间越过陇海铁路南下，进入豫皖苏边区。随后，晋冀鲁豫野战军第十二纵队继续南下。华东野战军各纵队在豫皖苏军区部队配合下，划定地域，机动作战，破击铁路，歼灭小股国民党正规军、民团及土匪，发动群众，建立人民政权，实行土地改革。同时，每师拨出一个营的兵力，并抽调干部，建立人民政权的基干武装力量。至10月26日，共歼灭国民党正规军和地方保安团队一万余人，攻克杞县、尉氏、鄢陵、西华、商水、项城、亳县(今亳州市)、临泉、夏邑、蒙城、泗县、灵璧等24座县城，扩大了解放区。除沙河以北原有的3个专区和军分区外，又在沙河以南、淮河以北建立了拥有1000多万人口的3个专署和军分区。至此，华东野战军西线兵团与在大别山的刘邓野战军和在豫西的陈谢集团遥相呼应，在中原地区构成了“品”字形的阵势，为以后在这一地区大量歼灭国民党军，建立巩固的中原解放区打下了基础。

至此，人民解放军南线三路大军，在黄河以南，长江以北，西起汉水，东迄于海的辽阔的中原大地上，形成了以鄂豫皖、豫西、豫皖苏三大解放区为依托的“品”字形阵势，纵横驰骋，大量歼灭敌人的有生力量，极大地威胁了平汉、陇海、津浦三路之敌和郑州、开封、徐州等地，调动和吸引了国民党军南线160多个旅中的90个旅的兵力，把战线由黄河南北推进到长江北岸，使中原地区由国民党军队进攻解放区的重要后方，变成了人民解放军夺取全国胜利的前沿阵地，圆满实现了中共中央和毛泽东最初的战略部署。

以刘邓野战军挺进大别山为开端的人民解放军的战略进攻，标志着中国战争形势的根本变化：中国人民革命战争已经从长期的战略防御地位，转入战略进攻，蒋介石的反动统治已临近覆灭，中国革命的新高潮已经到来。中国历史前进的车轮正在朝着有利于中国人民的方向迅猛前进。

这一历史发展总趋势是任何人、任何力量也阻挡不了的！

1948年3月，毛泽东在为中国人民解放军发言人起草的《评西北大捷兼论解放军的新式整军运动》一文中，对三路大军逐鹿中原的重大战略意义作了高度评价，指出：“我刘邓、陈粟、陈谢三路野战大军，从去年夏秋起渡河南进，纵横驰骋于江淮河汉之间，歼灭大量敌人，调动和吸引蒋军南线全部兵力一百六十多个旅中约九十个旅左右于自己的周围，迫使蒋军处于被动地位，起了决定性的战略作用，获得全国人民的称赞。”①

　　八月桂花遍地开，
　　鲜红的旗帜竖呀竖起来，

① 《毛泽东选集》第四卷，人民出版社1991年版，第1293页。

张灯又结彩呀啊,张灯又结彩呀啊,
光华灿烂现出新世界。
亲爱的工友们呀啊,
亲爱的农友们呀啊,
唱一曲《国际歌》庆祝苏维埃!
……
站在革命最前线。
不怕牺牲冲上前,
为的是政权,为的是政权,
工农专政如今已实现。
亲爱的工友们呀啊,
亲爱的农友们呀啊,
今日里是你解放的第一天。
……

这是土地革命战争时期流传在鄂豫皖革命根据地的一首民歌。

刘邓野战军进入大别山区时,正是1947年盛夏,大别山区到处山花烂漫,仿佛在迎接昔日红四方面军将士们的归来。行军路上,路边开满不知名的野花,山坡上长满茂密的马尾松,还有层层叠叠的梯田。山顶上水田连片,处处葱绿。大多数村庄都在高大的竹林掩映之下。一些村头断墙上,可以隐隐约约看到"打土豪、分田地"等大字标语。亲历过鄂豫皖革命根据地斗争的老战士们,在行军中,总是在这些经受了20年风吹雨刷的标语前面停下来,看了又看。

中国革命走过了艰难曲折的道路,终于走上了战略进攻的坦途。

刘邓野战军进入大别山区以后,部队到了宿营地,分给刘伯承、邓小平休息的是一间窄小的房子。这一家有一位六七十岁的老太太正在煮稀饭。她盛了小半碗端给刘伯承司令员,说:"喝口稀的吧! 看,眼窝都塌下去了。唉! 这么大年纪还当兵!"刘伯承司令员十分感动,一面接过那半碗稀饭,一面说:"老大娘,我们是当年的红军,现在又回来了……"老太太低着头叹了一口气说:"这次回来,就不要再走了啊!"

那天,部队刚刚休息不到20分钟,邓小平政委就派人去请张际春副政委、李达参谋长以及司令部、政治部机关的部长、处长等来研究任务。不一会儿,大家都来了,邓小平政委首先讲了中国人民解放战争的战略形势与战况,然后又阐述了刘邓野战军当前所处的情况和任务。

邓小平指出:"现在蒋介石可真是捉襟见肘。"

"但是,敌人一定在我们立脚未稳的时候,扭住我们打。不过敌人空子很大,可以抓住机会歼灭他们。只要我们有思想准备,几个回合以后,我们一定能够站得住脚。当然,在群众发动起来、政权建立以前,我们会遇到很多困难,加上北方人到南方,生活不习惯。摆在我们面前的任务就是战胜这些困难,并且要寻找机会,歼灭一定数量的敌人,使部队迅速实行战略展开,控制大别山广大地区,放手发动群众,开辟新区的工作。部队本身要练习打山地战,做群众工作,严格遵守三大纪律八项注意……"

刘伯承司令员端着一盏煤油灯,走到地图跟前说:"你们看,我们现在处的地位是三山四河:三山就是大别山、泰山、伏牛山;四河就是长江、淮河、黄河、汉水。我们解放了这块地区,并且把蒋介石的精锐部队歼灭在这里,就可以置敌人于死地。中原逐鹿,鹿死谁手?蒋介石这个鹿,就要死在共产党之手。中国古代历史上,谁要得中国,谁就得控制中原。根据这种战略形势,蒋介石一定会在这里作最后挣扎。艰巨的战斗任务摆在我们面前。我们在大别山的斗争,是义无反顾的。部队要做好思想准备,提高斗志,不怕一切牺牲和困难,去歼灭敌人。"

接着,刘伯承司令员具体地规定了部队的任务,用两个纵队在大别山北部堵住敌人,寻找机会歼灭敌人,其余纵队就在皖西和鄂东地区实行战略展开,展开的基本内容就是歼灭敌人和发动群众。

刘伯承、邓小平的命令下达以后,刘邓野战军各纵队迅速向指定地区展开,不到一个月时间,大别山广大地区已为刘邓野战军控制。为了掩护展开,刘邓野战军另两个纵队在大别山以北、淮河以南地区扭住国民党军,在光山、商城地区歼灭国民党军一部。

大别山的土地是红色的土地。

"要奋斗就会有牺牲。"

这红色的土地是大别山区一茬又一茬革命先烈用鲜红的热血浸润出来的。

古人云,百步之内必有芳草。在大别山区,是百步之内必有先烈、百步之内必有血写的党史①。大别山区那些一丛丛、一簇簇艳丽多姿、昂首怒放在漫山遍野的烂漫山花,象征着那些在这块红色土地上英勇献身于共产主义伟大理想的革命先烈。这些不惧狂风,不畏暴雨,顽强地生长在大别山区悬崖峭壁、青山野岭上的山花,正是大别山区无数革命先烈不屈不挠的革命意志和理想信念的真正体现。

刘邓野战军进入大别山地区以后,放手发动群众、开展革命斗争,是创建和巩固解放区的重要前提。但是,刚开始时,大别山的群众工作却异常艰难。这一地区,早在土地革命战争时期和抗日战争时期就是中国共产党领导的革命根据地,但因斗争形势变化,人民军队曾

---

① 这是笔者于20世纪80年代担任中共中央党史部门组织编纂的中国共产党历史资料丛书《鄂豫皖革命根据地》(1~4卷)责任编辑期间,多次到大别山区实地考察的亲身感受。

经“三进二出”。

第一次是红四方面军创建鄂豫皖革命根据地，于 1932 年 10 月撤出西征，创建川陕革命根据地，以后又从川陕革命根据地撤出，进行长征。

第二次是抗日战争时期新四军第五师在这里创建抗日民主根据地。抗日战争胜利后，根据当时国际国内形势的要求，汇集在这一区域的新四军、八路军部队改编为中原军区。全面内战爆发后，进行“中原突围”，撤离了此地。

第三次就是刘邓野战军挺进大别山这一次了。

在鄂豫皖交界的大别山区，自创建鄂豫皖革命根据地以后，从红四方面军撤离到中原军区部队撤离，人民群众付出了巨大的牺牲。每一次人民军队撤走后，国民党反动派都对当地人民进行惨无人道的大摧残、大镇压、大屠杀。

因此，刘邓野战军挺进中原，进入大别山区以后，当地人民群众尽管在内心深处对人民解放军极为欢迎（刘邓野战军的前身就是由鄂豫皖革命根据地的子弟组成的红四方面军），但又对人民解放军这次进入大别山区心存疑虑，恐怕人民军队再走，担心国民党军队来了遭到报复。

一位当年在鄂豫皖革命根据地参加红四方面军，从大别山走出去，经历了红军长征和八年抗日战争，又随刘邓野战军打回大别山，担任刘邓野战军第二纵队教导团副团长的老红军战士以后回忆说：

“我是红四方面军的，让张国焘整得三过雪山，两过草地，又编到西路军翻过祁连山，闯过大戈壁，什么苦没吃过！咱红军、八路军就是苦出来的。可进了大别山，我觉得那日子比长征还苦，苦上几倍……它不光是身体上、生活上的苦，更多的是心灵上、精神上的苦。”

“进了大别山，吃没吃的，穿没穿的，饿肚子，打摆子，生疮流脓，跑肚拉稀……这都算不上苦。最苦的就是一下子离开了后方根据地，变得无依无靠，像 6 个月的娃子断奶死了亲娘，把人给闪了。在晋冀鲁豫打仗，无忧无虑无牵无挂，你就只管冲吧，反正伤了有人抬，死了有人埋。艰苦几天，一个胜仗下来，猪肉炖粉条尽你吃，啥苦呀累的全忘了。可在大别山，你就别想有这日子。”

“不是说大别山人民不好，而是国民党太坏，咱们自己太弱了。我就是大别山人，红安的。我知道那里的情况。红军、新四军三进三出。咱们一走，老百姓就遭殃了。国民党烧光杀光，白色恐怖呀！大别山的茅草过火，石头过刀，哪一家不死个三口五口，甚至满门抄斩啊！老百姓确实给杀惨了，杀怕了。这一回我们说再也不走了，谁信你？话是你说的，可脚还长在你身上。就是他心里对你好，也不得不躲着你，怕再惹上杀身之祸。所以，老百姓一见我们就跑，整村整村地往山里跑。别说抬担架支前，就是找个人问路都困难。”

“自从北伐之后，国民党桂系部队就驻在这里，经营了 20 多年，建立保甲联防、‘五家连坐’和特务组织、民团、小保队，织成了一张大网，把大别山罩得严严实实。桂系部队上到团长，下到连排长，甚至老兵们娶的都是当地的媳妇。三姨六舅母，亲戚串亲戚，你都分不清谁是好人谁是坏人。看着一个十来岁的孩子在放牛，怪可爱的，备不住他就能甩给你一颗手榴弹。”

“当时我们有一句话，叫做‘不怕国民党，就怕小保队’。小保队是地主武装，里面土匪、地痞、流氓、红军时期的叛徒，乌七八糟什么人都有。他们还懂得游击战术，把‘敌进我退，敌驻我扰，敌疲我打，敌退我追’的一套全反用到我们身上了。部队行军，指不定哪个山头就放一阵黑枪。宿营时他们摸岗哨，把你整连整排地堵在村里。伤病员遭他们残害的就更多了。等你去追，他人熟地熟情况熟，早跑得无影无踪了。我们可没少吃他们的亏。想想，在这个地区开辟根据地，无依无靠，像不像没娘的孩子？部队的战斗情绪能不受影响吗？唉，别的苦都能受，只有这种苦才真叫苦呀。”

“当然，老百姓大多数还是好的，心还是向着我们的。可那种好法也让你心里难受。有一次我们好言好语找老乡借东西，谁知他不但不借，还凶狠狠地又吵又骂，就差没把我们打出来。过后呢，他又悄悄把东西送来了，说那样吵骂是给邻居和白狗子听的，要不然，通了‘共匪’，五家连坐，非灭了他九族不可。还有一次，我们要找个向导，给多少钱老乡都不去。最后一家老乡让我们求急了，就大喊大叫：‘要带路，你们把我捆起来，抓去好啦！’老乡一边喊叫，一边一个劲儿地朝我们使眼色，让我们捆起他。我们懂他的意思，他也是怕惹来杀身之祸而做给别人看的。”

在新中国诞生以后曾经担任过中国人民解放军副总参谋长、武汉军区司令员等重要职务的张才千，是湖北麻城人，地地道道的“老大别山人”，也是早年参加红四方面军，经过了南征北战、生死搏杀又回到家乡的。在刘邓野战军开辟大别山根据地时担任中原独立旅的旅长，手下的精兵强将比他当年担任红军师长时不知多了多少倍。1947 年中秋节前夕，人困马乏的张才千在行军途中夜宿一农家，但却没有见到昔日大别山“闹红”时期那种房东老大娘嘘寒问暖的“军民鱼水情谊深”的动人情景。房东老大娘与一个儿子不大说话，似有难言之隐。经张才千几番说明，是当年的红军又回来了，老大娘才用沉甸甸的语言说：“我就是怕呀！每逢八月十五我就害怕。第一次红军离开这里是八月中秋。第二次新四军走了也是中秋。你们一走……唉！”

老大娘讲的，对于张才千来说并不陌生。1930 年他在大别山红旗招展的时候，投身红军，任团长时随红四方面军西征，却一去不返。抗日战争胜利时，他已经担任八路军河南军区第四军分区司令员兼政治委员，终于带着千军万马杀回了大别山区。不久，又担任中原军区第一纵队第二旅旅长、纵队参谋长。继而，在国民党军队大军压境、欲围歼中原军区所属部队于大别山区的险恶形势下，与部队一起突出重围而去。

大别山啊，大别山！对于大别山的儿子张才千来说，自从“闹红”以来已经是“二出二进”了！

除了张才千以外,李德生上将的一些经历也很具有代表性。

在繁忙的战争间隙,刘邓野战军第十七旅旅长李德生曾抽空回河南省新县老家了一趟,所见所闻,颇能说明当时的情况。李德生骑着马刚到村边,村里人看到骑着大马的几个当兵的人飞奔而来,以为是国民党军,慌忙奔逃。李德生急忙高喊:“乡亲们不要跑,我们是八路军。”听说是八路军,又听说李德生是李家洼的,群众一下子围了上来,一边流泪,一边说:“我们早盼晚盼,可算把你们盼来了,国民党压榨老百姓,我们都喘不过来气了。”李德生向大家一一问了姓名后,对他们说:“你们受苦了,我们这次回来就不走了,毛主席要我们和老百姓同生死共患难,重新建设革命根据地,我们再也不走了。”老乡们说:“这就好了,你快回村里看看吧!”李德生一行到了李家洼以后,却不见人影,找到自己家却连房子都没有了。在村头,找到一个瞎了眼的同辈,从他那里,打听到叔伯嫂子的家。她一听响动,就藏到床下,李德生的警卫员满屋找,才把她从床底下请出来。原来村里人都被国民党反动派吓得躲上山了,她没跑,远远听见马蹄声,还以为是国民党军来了,怎么也想不到是红军打回老家了。见到李德生,她已不认识。李德生说:“我是李德生!”她又仔细端详了一阵,才记起来,亲昵地骂了一句,接着说:“把我都吓死了! 原来是你。听见骑马声音,我还以为是中央军呢。”她很快叫来了乡亲们。大家都围上来,拉着李德生的手,摸摸李德生穿的灰布军服,仿佛见到了久别的亲人一般。孩子们挤上来,抢着看李德生腰间挎的手枪,亲热得很。在和嫂子的交谈中,李德生才知道父亲去世的情景。离村返部队前又去看了父亲的坟地,想到不在家时老人家遭受的苦难,李德生不由得一阵阵心酸。因为战斗任务紧张,只停了两个多小时,他就急忙赶回了部队。

第九章 “创建巩固的大别山根据地”

刘邓野战军进入大别山区,完成了千里跃进大别山的战略任务。但更艰巨的是在大别山区落地生根、开花结果的任务还摆在全军指战员面前。为了使广大指战员明确认识这种情况,1947 年 8 月 27 日,中共中央中原局向部队和随军开辟新区的干部发出《创建巩固的大别山根据地》的指示:

(一)我军已胜利完成渡过淮河、进入大别山之跃进任务,敌人追击计划完全失败。今后的任务,是全心全意地义无反顾地创造巩固的大别山根据地,并与友邻兵团配合,全部控制中原。

(二)实现此历史任务,要经过一个艰难困苦的过程,发展半年以上的时间。如不大量歼灭敌人和充分发动群众,要想站稳脚跟是不可能的。因此,我们应切勿骄躁,兢兢业业,上下一心,达成每一个具体任务。

(三)应向全军说明,我们有完全胜利的把握。首先是有陈谢兵团在伏牛山、豫西、豫南广大地区及山东大军在陇海路南北的互为配合。其次是我当面敌人只有二十三个旅，兵力分散，战斗意志薄弱，此次尾我失败，战略上愈显被动。再次是大别山区有长期的革命传统，且保存有游击战争的基础，我们有许多本地干部。特别是党中央、毛主席的英明领导，全军上下一致的决心和信心，胜利是有把握的，虽有困难也是能够克服的。

（四）应向全区群众说明，我们是鄂豫皖子弟兵的大回家，他们的子弟在华北胜利了，壮大队伍了；说明蒋军必败我军必胜的条件；说明我们决不再走。我们的口号是与鄂豫皖人民共存亡，解放中原，使鄂豫皖人民获得解放。

（五）在军事上，我们在最初一个月内，不求打大仗，而是占领城镇，肃清土顽，争取打些小胜仗（一两个团一次的歼灭战）。同时，特别注意引导大家熟悉地形，习惯生活，学习山地战，为大歼灭战准备条件。但必须了解，如果我们不在半年内歼灭 10 个旅以上的敌人，就无法使群众相信我们不会再走而敢于起来斗争，我们也就会遇到更多的困难。因此，任何时候，全军都必须有高度的战斗意志和战斗的准备。

（六）充分发动群众及其游击战争，同我们一块斗争，是实现我们战略任务的决定条件。而我军严格三大纪律八项注意，严整军风纪，是树立良好影响，使群众敢于接近的先决条件。各级必须专门检查实现，万勿忽视①。

这个指示表明了中原局战胜敌人的坚定决心和信念，成为刘邓野战军放手发动群众的强有力的思想武器。它使广大群众解除了思想顾虑，坚定了胜利的信心，积极支持部队战胜困难，站稳脚跟，消灭敌人，摧毁敌之各级反动政权，创建新的根据地。

8 月 30 日，邓小平又以刘邓名义，将中原局《创建巩固的大别山根据地》的指示上报中央军委。毛泽东阅后极为欣慰，立即批示转发彭德怀、东北局和华东局。

即使在紧张的战争间隙，刘伯承也没有忘记已经牺牲了的战友。1947 年 8 月初的一天下午，刘伯承和李达来到作战室，把作战参谋章安翔叫到五万分之一挂图前说："希望你替我们记住一件事，这里，张家塝，你看到了吗？"刘伯承指着地图上鄂豫皖边境英山境内的一个居民点，章安翔赶紧上前探着身子看图，应声说："看到了。""好，"刘伯承继续说，"红四方面军有位老同志王××家就在这里，他在长征中牺牲了，听说家里还有一个女儿，你替我们记住，将来进入大别山后，部队到那边时，告诉他们帮助寻找。"章安翔找了一小片纸，记下了村名和那位老干部的姓名，并将纸片用心地收藏起来。当部队于 8 月 27 日渡过淮河进入大别山区后，住在光山县东面一个叫孙铁的地方，长途行军的疲劳减轻了，大家都松了一口气。一切部署就绪后，刘伯承提起了红四方面军那位牺牲了的老同志的家事，章安翔把原先记的纸片拿出来看，发现人名和村名都记错了一个字，村名张家塝的"塝"，写成"榜"字了。章安翔心想这也算不得什么大错，可是一向和蔼可亲的刘伯承却给他一次很严厉的批评："一字之

① 《邓小平文选》第一卷，人民出版社 1994 年版，第 94~95 页。

差,关系到成千上万人的生命!这是战史上屡见不鲜的血的教训!”顿了一下,刘伯承又说:“差之毫厘,谬之千里!参谋人员必须慎之又慎,粗心大意,要害死人的!”第一次受到首长批评,章安翔脸上火辣辣的,惭愧得无地自容!刘伯承看出了章安翔的惶恐之情,转以教诲的口吻,讲了参谋人员最应注意的基本事项:首先,随时随地都必须力求迅速准确地掌握情况,什么时间、什么地点、发生了什么事情,都要搞清楚,弄准确,并作出可能的判断,不可粗心大意,大而化之;其次,对各方面来的情报,要立即报告,不可延误;再次,对上级的命令指示,应反复研究,了解其精神实质,以便针对面临的情况,拟订适当的处置方案。这次教育,给章安翔留下了深刻印象,后来在日常工作中经常反省,做起事来才渐渐变得更加细心了,后来,第六纵队经过那边,找到了那个女孩,有十五六岁了,已由当地我方组织给以照顾。

刘邓野战军挺进中原,跃进大别山,在大别山地区实施战略展开,与陈谢集团、华东野战军形成三路大军“品”字形阵势逐鹿中原,是毛泽东精心谋划的战略部署。因此,刘邓野战军进入大别山后,中共中央军委立即指示:要求刘邓野战军趁国民党军追击部队主力尚被甩在淮河以北,大别山区兵力空虚之机,迅速实施战略展开。遵照这一指示,刘伯承、邓小平不顾部队疲劳、疟疾流行、非战斗减员增加、粮弹缺乏等困难,立即采取北面牵制、东西展开的方针,以第一纵队、第二纵队和中原军区独立旅及第六纵队第十六旅部署在大别山北麓的商城、罗山地区作掩护,吸引和牵制敌人,就地开展地方工作;以第三纵队和第六纵队分别向皖西和鄂东地区展开,迅速抢占以大别山为中心的数十县,开创根据地。同时,将大别山地区划分为豫东南、鄂皖边、皖西、鄂东 4 个区,分别由第一纵队、第二纵队、第三纵队、第六纵队负责开辟,并由各纵队领导干部兼任各区党的工委书记,各纵队分遣一个团和抽调部分干部,分配随军南下的地方干部开展工作。

根据中共中央军委的指示和刘伯承、邓小平的具体部署,刘邓野战军各纵队进入大别山地区后,立即派遣各部队迅速向各个预定地点实施战略展开。第三纵队在皖西,第二纵队和第一纵队在豫东南相继展开,第六纵队两个旅向鄂东挺进,解放了固始、光山、潢川、商城等 11 座县城。

1947 年 9 月初,尾追刘邓野战军的国民党军 23 个旅先后渡过淮河,进入大别山区。国民党军整编第四十六师、第五十八师分别进到六安、霍山和固始、商城地区;国民党军整编第八十五师进到罗山、信阳地区;国民党军整编第十师、第四十师经宣化店向黄安(今红安)、麻城前进;国民党军整编第六十五师进至黄安;国民党军整编第五十二师、第五十六师分别进至平汉铁路信阳至汉口段和武汉外围;对大别山区情况较熟悉且战斗力较强的国民党军桂系整编第七师、第四十八师,沿经扶(今新县)、麻城公路向南寻找刘邓野战军主力作战。国民党军来势凶猛,妄图乘刘邓野战军在大别山区立足未稳之机,把刘邓野战军消灭在大别山区或赶出大别山区。刘伯承和邓小平遵照中共中央军委关于避强击弱的指示,对大别山区周围敌军的兵力状况进行了分析，针对国民党军队的军事部署，决定避开白崇禧的桂军主力，先打较弱的滇军。9 月 5 日，刘伯承、邓小平集中第一纵队、第二纵队主力和第六纵队一个旅，在豫南商城县城以北的河凤集地区向国民党军第五十八师发动进攻。这一仗，由于刘邓野战军的基层指战员大部分是北方人，不熟悉山地特点，不善于在水网地带作战，所以未能达到有效歼敌的目的，但调动了国民党军其他部队的回援。在此期间，9 月 19 日，刘伯承、邓小平集中上次参战部队在商城以西歼敌一个团，并继续引敌来援。9 月 25 日，又以第一纵队、第二纵队主力和第六纵队一个旅，在豫南光山县城附近打了第三仗，击退了敌军东援部队的进攻。通过这三次作战，将敌军的全部机动兵力调动到大别山北麓，保障了第三纵队、第六纵队在鄂东、皖西、豫东南地区的顺利展开。到 9 月底，刘邓野战军先后解放县城 23 座，歼灭国民党正规军和地方武装近 7000 人，在大别山区 17 个县建立了民主政权，依托大别山区安置了后方，初步打开了在大别山区的局面。

刘邓野战军进入大别山区，成了蒋介石的"心腹之患"。当刘邓野战军迅速展开时，敌人采取的对策也很快。9 月上旬，敌军即以其尾追刘邓野战军南下的 23 个旅，从北、东、西三面，对刘邓野战军形成包围，并以第七师、第四十八师，进入大别山腹心地区寻找刘邓野战军主力作战。敌第七师、第四十八师是国民党军队中桂系的精锐部队，善于山地作战，在大别山地区长期盘踞，各地建立有谍报网，反动势力盘根错节。他们以残酷的手段胁迫群众空舍清野，使刘邓野战军吃不上饭，找不到向导，给部队的生存立足带来严重的困难。敌军数倍于我，紧追不舍，企图扭住刘邓野战军作战。刘邓野战军占领的城市，很快又落入敌手，斗争开始反复。

刘邓野战军十几万人，千里跃进，深入敌人纵深地区，远离根据地依托，所遇到的困难，非身历其境，是难以想象的。战士大多是北方人，吃不惯大米，穿不惯草鞋，痢疾、疟疾流行，造成大量减员，阴雨连绵，道路泥泞，山高路窄，重炮和大车都不便行动；山地、水网作战，大家没有经验；因无安全后方，伤员难以安置，成了指挥员打仗最大的顾虑。在困难面前，有的同志对建立大别山根据地信心不足，讲怪话发牢骚的现象开始出现，甚至营、团指挥员也有产生右倾情绪的。

面对在大别山区实施战略展开过程中遇到的这些困难情况和部队指战员的思想状况，邓小平认为，部队虽然打了一些胜仗，建立了一些地方政权，但存在的问题不能忽视。正因为一些部队指战员情绪低落，对建立根据地的信心不足，打仗顾虑重重，在商城、光山地区的三次作战，均打得不够理想，没有达到全歼敌军的预期目的。根据这种情况，邓小平认为有必要召开一次高级干部会议，统一思想，及时克服部队中存在的思想问题和纪律松弛现象。

9 月下旬，刘邓野战军在河南省光山县王大湾召开旅以上高级干部会议。会上，邓小平组织大家认真学习中共中央和毛泽东关于实行战略进攻的重要指示，并作了重要报告。他在报告中，首先分析了部队进入大别山后的严峻形势及艰巨任务，总结了重建大别山根据地取得的成绩和存在的问题。然后语重心长地说:创建大别山根据地,是我们坚定不移的任务。党中央对我们这次行动的意义,做了充分的估计。现在我们不但保存和进一步巩固了原有解放区的基本区域,而且把战争引向蒋管区,迫使蒋介石把战线由黄河移到长江。自古以来,谁得中原谁得天下。我们在大别山站稳了脚跟,蒋介石的日子就不好过了。同志们想想,党中央这步棋下得多么英明,多么有远见。可是我们有些人只看到自己的艰苦,而看不到全国战局这种新变化,个别人甚至产生右倾情绪和违法乱纪现象,这是绝对不能允许的。

邓小平严厉地指出:“至今,我们仍然有一些干部,特别是高级干部,对重建大别山根据地的战略意义认识不够,只看到局部的困难,而看不到全国战局的变化,甚至不敢积极主动歼灭敌人,对重建大别山根据地丧失信心,思想上存在着右倾情绪。有些指挥员打起仗来,左顾右盼,顾虑重重,走起路来像小脚女人一样迟缓,错过了歼敌的好机会。”老部下们都知道,邓小平虽然平时很严肃,不苟言笑,但很少板着面孔训人,像今天这样严厉的批评是不多见的。所以,从邓小平讲话的语气和表情上,大家已经感到问题的严重性和紧迫感。邓小平要求:“越是困难的时候,高级干部越要以身作则,鼓励战士们坚决勇敢地歼灭敌人。”“要教育干部、战士,对困难要有充分的思想准备,这样,才能想办法积极主动地克服困难。”在讲到如何解决目前部队纪律松弛的问题时,他要求所有高级指挥员都必须带头执行三大纪律八项注意,强调部队纪律的好坏直接关系到根据地的建立与巩固问题。

刘伯承司令员也在会上讲了话,他尖锐而深刻地指出:我们共产党员,在入党的时候,宣了誓要打倒帝国主义、封建主义和官僚资本主义,要永远忠于党、忠于人民,要为共产主义事业奋斗一生。现在我们具体地消灭蒋介石反革命,我们的手不要抖啊!每个共产党员都要称一称,你这个共产党员是否足秤!

王大湾会议结束后,各部队利用战斗间隙,对右倾思想和纪律松弛现象展开了批评教育。这一举措对广大干部战士触动很大。刘伯承、邓小平还亲自深入部队,向广大指战员作形势报告,分析人民解放军南进以来全国的胜利形势,进一步阐述坚持大别山斗争的战略意义,严肃地批判右倾情绪,号召全体同志发扬人民解放军的光荣传统,克服暂时困难,坚持斗争,配合人民解放军在全国各个战场的战略进攻。经过深入的思想政治工作,全军指战员逐步树立了坚持大别山斗争的勇气和信心。

这时,刘伯承、邓小平指挥刘邓野战军继续向长江北岸发展,进一步完成战略展开。10月初,国民党军从鄂东和皖西地区抽调 4 个整编师,与原在大别山区北部的 3 个整编师一起,对光山、经扶地区进行合围,而大别山区南部仅留少量正规军守备。刘伯承、邓小平乘此时机,部署部队进一步实施战略展开。刘邓野战军第一纵队第二十旅和第二纵队第五旅留置罗山、商城地区伪装主力,迷惑和牵制敌人;刘邓野战军指挥部率第一纵队、第二纵队主力出鄂东,会同第六纵队,以突然动作向南发展,于 8 日和 10 日在岐亭李家集北歼灭敌之整编第五十六师第十七旅大部和整编第五十二师一个营。与此同时,第三纵队向皖西进击。国民党军桂系整编第七师、第四十八师随即跟踪到六安以西,企图与在六安的整编第四十六师及在舒城、桐城的整编第八十八师第六十二旅对第三纵队进行合击。第三纵队乘其合击尚未形成时,即以一部兵力牵制大部敌军,于8日集中主力在六安以南举行张家店战役,全歼正在运动中的敌之第六十二旅4000余人,打破了国民党军的合击企图。

第十章 刘邓大军、陈谢集团纵横驰骋

刘邓野战军、华东野战军、陈赓谢富治集团相继挺进中原战场,极大地扭转了全国的战局。

1947年10月10日,中国人民解放军总部发表《中国人民解放军宣言》:

中国人民解放军,在粉碎蒋介石的进攻之后,现已大举反攻。南线我军已向长江流域进击,北线我军已向中长、北宁两路进击。我军所到之处,敌人望风披靡,人民欢声雷动。整个敌我形势,和一年前比较,已经起了基本上的变化。

本军作战目的,迭经宣告中外,是为了中国人民和中华民族的解放。而在今天,则是实现全国人民的迫切要求,打倒内战祸首蒋介石,组织民主联合政府,借以达到解放人民和民族的总目标。

本军是中国人民的军队,一切以中国人民的意志为意志。本军的政策,代表中国人民的迫切要求,主要的有如下各项:

一、联合工农兵学商各被压迫阶级、各人民团体、各民主党派、各少数民族、各地华侨和其他爱国分子,组成民族统一战线,打倒蒋介石独裁政府,成立民主联合政府。

二、逮捕、审判和惩办以蒋介石为首的内战罪犯。

三、废除蒋介石统治的独裁制度,实行人民民主制度,保障人民言论、出版、集会、结社等项自由。

四、废除蒋介石统治的腐败制度,肃清贪官污吏,建立廉洁政治。

五、没收蒋介石、宋子文、孔祥熙、陈立夫兄弟等四大家族和其他首要战犯的财产,没收官僚资本,发展民族工商业,改善职工生活,救济灾民贫民。

六、废除封建剥削制度,实行耕者有其田的制度。

七、承认中国境内各少数民族有平等自治的权利。

八、否认蒋介石独裁政府的一切卖国外交,废除一切卖国条约,否认内战期间蒋介石所借的一切外债。要求美国政府撤退其威胁中国独立的驻华军队,反对任何外国帮助蒋介石打内战和使日本侵略势力复兴。同外国订立平等互惠通商友好条约。联合世界上一切以平等待我之民族共同奋斗。

……

打倒蒋介石!

新中国万岁![1]

这是毛泽东为中国人民解放军总部所起草的政治宣言。在这个宣言里,分析了中国人民面临的政治形势,提出了“打倒蒋介石,解放全中国”的口号,宣布了中国人民解放军的也就是中国共产党的八项基本政策。因为这个宣言在 1947 年 10 月 10 日公布,所以被称为《双十宣言》。这个宣言是毛泽东率中共中央机关和中国人民解放军总部转战陕北途中在陕北佳县神泉堡起草的。

《中国人民解放军宣言》气势磅礴,气壮山河,以其鲜明的政治目标和坚定不移的决心震撼了全中国,震动了全世界。

与此同时,中国人民解放军总部还重新颁布了“三大纪律八项注意”。刘邓野战军组织全军认真学习了这些文件。经过深入学习教育,刘邓野战军各部队的政治觉悟有了进一步提高,精神面貌为之一新。

在坚持大别山区斗争的艰苦岁月,刘伯承、邓小平深知“大别山的斗争,胜败不是决定在消灭了多少敌人,而是能不能够站得住脚”。要站稳脚跟,就要发动群众,而要发动群众,就必须严肃纪律。10 月 11 日,刘邓野战军总部驻扎在湖北省黄冈县总路嘴,邓小平发现警卫团一个副连长违反了军纪。他认为,军队纪律坏,就是政治危机的开始。经过研究,决定“挥泪斩马谡”,给予这名违纪的副连长以最严厉的纪律制裁。消息传出后,有人认为这位副连长立过战功,这次也只是因店铺主人不在家里而拿了一捆花布和一捆粉条,是不是可以不杀?邓小平听到上述反映后,权衡利弊,最后还是决定不可以不杀。当天下午就在总路嘴,由李达参谋长召集总部直属队军人大会,并请总路嘴的小商小贩参加,当场宣布判处这位副连长死刑,立即执行。邓小平的这一果断处置,很快传遍了大别山区。人民群众纷纷议论说:“这是共产党领导的真正的红军回来了。”从而解除了人们对刘邓野战军的顾虑,恢复了军民之间的鱼水关系。直到今天,此事还经常受到当地人民群众的称颂。

10 月 12 日,中共中央中原局作出了关于放手发动群众,进一步创建大别山根据地的决定。

这时,国民党军统帅部从鄂东、皖西调来部队,与原在大别山以北地区的国民党军部队一起,企图对刘邓野战军主力进行合围。大别山南麓仅留少数国民党正规军守备。根据这种情况,刘伯承、邓小平决定留少数部队伪装主力,在大别山北麓迷惑敌人,亲率主力共 7 个旅,突然乘虚出鄂东,连续攻击新县、黄安(今红安)及宋埠重镇,并在黄陂以东的柳子港、李家集地区歼灭大量敌人。继皖西六安地区的张家店战斗以后,刘伯承、邓小平又把部队作了适当分遣。以第一纵队向蕲春、广济地区挺进,第二纵队向黄梅、宿松地区挺进,第六纵队向

① 《毛泽东选集》第四卷,人民出版社 1991 年版,第 1235~1239 页。

黄冈、蕲春地区挺进，第三纵队向潜山、桐城、庐江、望江地区挺进，沿长江北岸展开。准备以一个月左右的时间，继续开辟根据地，并在这一富庶地区筹措棉花、布匹，发动部队自染自缝，解决冬衣。刘邓野战军乘虚连克舒城、庐江、桐城、潜山、广济、英山、望江等城和江岸重镇武穴，使蒋介石惊慌失措。他急忙调兵遣将，妄图攻击刘邓野战军之侧背，以解人民解放军兵临长江之危。刘伯承、邓小平抓住有利战机，集中主力，积极寻机歼敌。

刘伯承、邓小平指挥刘邓野战军直逼长江北岸，蒋介石误认为人民解放军即将渡江，急令国民党军青年军第二〇三师从九江进抵蕲春、黄梅，以海军军舰掩护整编第五十六师经补充后的新编第十七旅进至武穴；又急令国民党军整编第四十师（2 个旅欠 1 个团）和整编第五十二师第八十二旅由浠水进至蕲春，沿公路向广济进击。针对这一变化，刘伯承、邓小平决心集中 10 个旅，在蕲春县高山铺以东敌军必经之狭谷地带，采取伏击手段发起高山铺战役。以刘邓野战军第六纵队在浠水附近断敌退路；第一纵队在高山铺以东布成袋形阵地；中原军区独立旅在浠水以东诱敌东进；第二纵队为预备队；第三纵队 4 个团进到张家塝地区待机，野战军主力在皖西积极牵制整编第七师与第四十八师。高山铺一带山峦起伏，公路蜿蜒其间，西南有缺口，山谷内阡陌相连，稻田下却是深及膝盖的淤泥。高山铺战役的战斗方案部署完毕以后，刘伯承、邓小平命令中原独立旅派出少数部队，佯装游击队，沿途迟滞袭扰敌军，将其诱入刘邓野战军预设的高山铺一带包围圈内。

国民党军整编第四十师和第八十二旅果然中计，10 月 26 日晨，国民党军和中原独立旅接触后，听到的是陈旧枪支的稀疏枪声，看到的是解放军官兵刚一反击马上撤退的现象，就认定这只是“土共游击队”骚扰，无足轻重，竟然在公路上排成三路、四路纵队前进。当敌军进入刘邓野战军预设的高山铺东侧伏击阵地内以后，正面和左、右两侧遭到刘邓野战军第一纵队的迎头痛击和包围，退路被第六纵队死死封闭，欲进无门，欲退无路，成了瓮中之鳖。经过激烈战斗，敌军斗志全失，由张牙舞爪、不可一世的“真老虎”变成了溃不成军、不堪一击的“纸老虎”。

高山铺战役，刘邓野战军共歼灭国民党军队第四十师和第八十二旅 1.2 万余人，缴获大量枪支弹药，击落敌机一架。

正在陕北战场上艰苦转战，而“胸中自有雄兵百万”的毛泽东收到大别山地区传来的高山铺大捷的捷报后，以战略家的远见说了这样一些话：高山铺大捷的意义不仅仅在于消灭了一万多敌军，也不仅仅因为这一仗打得很漂亮，它的全部意义在于刘邓野战军已经能够在大别山地区进行大兵团作战，表明刘邓野战军已经在大别山地区站住了脚。

1947 年 11 月间，中共中央中原局决定，将大别山区划分为鄂豫区、皖西区，先后抽调刘邓野战军部队和干部 3 万余人，分别组成鄂豫区党委、鄂豫军区与皖西区党委和皖西军区（共辖 8 个军分区）领导机关及地方部队。这样，解决了在兵力使用上地方部队主要用于发动群众、进行游击战争，野战军主要用于打运动战的问题。

此时,陈赓、谢富治集团向陕西、豫西展开,连战皆捷。华东野战军在豫皖苏边区展开,捷报频传,11 月又集中主力对陇海铁路商丘郝寨段进行破击作战,歼敌 1.1 万余人,威逼徐州,迫敌匆忙调 15 个旅回援,其中有用于大别山地区的 8 个旅。

至此,刘邓野战军在大别山地区完成了战略展开,建立了根据地,站稳了脚跟。华东野战军在豫皖苏边界地区、陈谢集团在豫西地区也相继完成了战略展开,从而把战线从黄河北岸推进到长江北岸,为三路大军协同实施宽大范围机动作战开辟了广阔的战场,圆满地实现了中共中央关于把战争引向国民党统治区的战略计划。

刘邓野战军在人民解放军由战略防御转为战略进攻的关头,在华东野战军、陈谢集团的直接配合和陕北、山东两解放区部队的策应下,实行无后方作战,以千里跃进的进攻样式,直捣国民党军战略纵深大别山地区,共歼敌 9 万余人,创建了大块革命根据地,并调动和吸引了大量的国民党军于自己的周围,配合陕北、山东战场粉碎了国民党军的重点进攻,成为人民解放军战略进攻的重要组成部分。

与此同时,驰骋在豫陕地区的陈赓、谢富治集团再传捷报——伏牛山东麓战役大获全胜。

1947 年 10 月中旬,国民党军在洛阳集中第五兵团和整编第二十师等部共 10 个旅,在潼关集中整编第一师、第三十六师等共 8 个旅,企图以东西对进,夹击南渡黄河进入豫西的中国人民解放军陈赓、谢富治集团(辖第四纵队、第九纵队和第三十八军),恢复陇海铁路豫西至陕西的交通。陈谢集团按照中共中央关于以主力从陇海铁路南下,歼灭豫西各县反动武装,开辟根据地的指示,根据陇海铁路以南国民党军兵力薄弱的实际情况,于 10 月下旬集中兵力,发起伏牛山东麓战役。陈谢集团的部署是:以第三十八军第五十五师在陇海铁路沿线牵制敌人;以第四纵队第十二旅和第三十八军主力向陕南展开;以第四纵队主力和第九纵队分左、右两路,采取奔袭、强攻等手段,多路出击。至 11 月 5 日,第四纵队与第九纵队连克临汝、郏县、登封、鲁山、宝丰、叶县、南召、方城等县城,其中 4 日在郏县歼国民党军整编第十五师 2500 余人,陈谢集团锋芒所向,摧枯拉朽。

此时,国民党军第五兵团以整编第三师、第二十师共 5 个旅赶往宝丰、郏县;以整编第四十一师第一二四旅至临汝;以第一二五旅趋襄城,企图在临汝、鲁山、宝丰地区与陈谢集团主力决战。陈谢集团决定暂时避免与尾追之敌决战,以一部兵力伪装主力,采取“牵牛战术”,引诱国民党军第五兵团主力向西,以期分散、疲惫该敌,而后寻机歼灭;以陈谢集团主力向北、向东沿平汉铁路西侧展开,创建根据地。11 月中旬,伪装陈谢集团主力的第四纵队第十三旅、第九纵队第二十五旅,采取多路推进、有意增灶、虚张声势等疑兵手段,向河南省南阳地区西部的镇平、内乡、西峡口攻击前进,截断西峡口至荆紫关公路,将国民党军整编第三师和第一二五旅拖至伏牛山区西峡口、夏馆地区达半月之久。陈谢集团第九纵队主力和第四纵队第二十二旅在洛阳东南地区展开,迫使国民党青年军第二〇六师回防洛阳;陈谢集团第四纵队第十旅、第十一旅在方城、舞阳、泌阳地区展开,迫使国民党军整编第十师和第一二四旅东调平汉铁路沿线。在此期间,陈谢集团第三十八军主力在陕西省商县、雒南(今洛南)、商南等地建立商雒军分区;陈谢集团第十二旅攻克山阳、郧西、镇安、上关等地,在鄂陕边建立军分区。11 月底,伏牛山东麓战役结束。陈谢集团共歼国民党军 1.2 万余人,解放县城 10 余座,在豫鄂陕边界地区完成了战略展开,东进可直取洛阳、郑州,西进可威逼潼关、西安。陈谢集团以灵活机动的战略战术,连歼顽敌,频克县城,威震豫鄂陕,声播国内外,圆满完成了中共中央的预定战略部署。

第十一章　毛泽东关注中原战场

刘邓野战军转战大别山地区,对国民党政府在长江以南的广大统治区形成了直接威胁,这就迫使国民党政府调动大批国民党军主力回援。一时间,“围剿”大别山地区的敌军达 33 个旅约 20 万人,形势极为严峻。一位老同志回忆说:有一天,在大别山中行军,半夜驻到一个村子里。由于天黑看不清,竟和敌人住到了一起。发现后我们都紧张得不知所措。邓政委却镇定地说,不要紧张,天这么黑,敌人发现不了。在他和刘司令员的亲自指挥下,我们安全转移了出去。邓小平同志就是这样,无论遇到什么危险,从没见他惊慌过,总是那样沉稳自若。跟着他,我心里很踏实,什么都不怕①。

在空前严峻的形势下,刘伯承、邓小平临危不惧,勇挑重担。邓小平在一次讲话中,鼓励部队越在艰难困苦环境下,越要不怕困难,战胜敌人。他说:“毛主席曾鼓励我们,只要走到大别山就是胜利。这是因为我们插入了敌人的心脏,打中了敌人的要害。我们把大量的敌人吸引过来,压力大了;我们远离后方,困难多了;但我们的兄弟部队在其他战场上就轻松一些了,可以腾出手来打胜仗了。”邓小平还形象地说:在大别山困难多,是在“啃骨头”。但在其他战场上,我们的兄弟部队开始“吃肉”了。我们啃的“骨头”越硬,兄弟部队在各大战场上消灭的敌人就越多,胜利就越大。在敌军重兵压境的严峻形势面前,刘伯承、邓小平顾全大局,勇挑重担,表现出从解放战争全局考虑问题的战略家的伟大气魄。

在刘邓野战军坚持大别山区、转战大别山区最困难的日子里,刘邓野战军司令部的电台曾同中共中央中断联系三天,而国民党政府的广播电台则天天宣称他们如何在陕北“取得巨大胜利”。刘伯承、邓小平十分担心中共中央和毛泽东主席的安全。有一天吃饭时,邓小平高兴地对大家说:我们今天破例吃杯酒,因为我们今天收到党中央的电报了。毛主席和党中央机关安然无恙,我们表示祝贺!邓小平发自内心地关心党中央和毛主席安危的一片真情,令在场的人都深受感动。

---

① 《我眼中的邓小平》(上),河北人民出版社 2001 年版,第 166 页。

刘邓野战军的统帅关心中共中央和毛泽东的安危，毛泽东更关注刘邓野战军在大别山的每一项重大行动。1947 年 10 月底，当又一份记载着刘邓野战军胜利的电讯传到了当时在陕北佳县神泉堡的毛泽东、周恩来那里时，毛泽东欣喜异常，兴奋得一夜没有睡好觉，当晚立即发电庆贺。第二天清早，毛泽东宣布放假休息，并交代秘书叶子龙，没有特急电报，不要给他看。吃完早饭，毛泽东和警卫员到 10 多里外的白云山去参观白云观。中共中央机关的工作人员罗青长、童小鹏闻讯，也一起前往。白云山上长满了苍松古柏，放眼远望，白云山的东边是滔滔黄河，河东是山西临县。白云山山顶的白云观是唐代古迹，是陕北难得的一个风景点。一路上，毛泽东兴致勃勃，说古论今，谈笑风生，仿佛多日的疲劳全被刘邓野战军的胜利喜讯消除得干干净净。看到毛泽东如此心旷神怡，童小鹏就用随身携带的照相机给毛泽东照了两张"背靠黄河"的照片。参观了白云观以后，毛泽东高兴地下了山。遗憾的是回到王家沟中央城工部冲洗照片时，就是找不到毛泽东"背靠黄河"的照片，也没有弄清究竟是胶卷曝光还是冲洗坏了，罗青长为此一再批评，童小鹏引以为终生遗憾。

对于进入大别山地区、坚持大别山地区的斗争，邓小平回顾说："大别山这场斗争，主要是我们政策对头，包括军事政策。军事政策就是坚决地拿出三分之二的野战部队地方化，搞军区、军分区。因为大别山的斗争不决定于消灭好多敌人，而决定于能不能站住脚。这是毛主席的战略决策。什么叫胜利？胜利不在当时消灭多少敌人。要不要消灭敌人？要消灭，要争取打几个歼灭仗。从这一点来看，我们完成得并不好，消灭的敌人不多，除地方保安部队外，一共只消灭了几个旅。但关键是能不能站得住，站得住就是胜利。结果，我们站稳了。我们前进了一千里，直达长江，面对着武汉、南京、上海，扩大了四千五百万人口的新解放区。这是个真正的胜利，前进一千里的意义就在这里。"①

高山铺战斗结束后，刘伯承、邓小平指挥部队东移太湖县南阳河、刘家畈一带。1947 年 11 月 9 日，刘伯承司令员和邓小平政委在刘家畈胡家祠堂召开第三纵队旅以上干部和皖西人民自卫军支队以上干部会议，传达贯彻《中国人民解放军宣言》《中国土地法大纲》，研究战略战术，讨论决定皖西地区党政军组织设置等重大问题。这次会议对皖西地区的形势发展有重大意义。

从 1947 年 9 月到 11 月，刘邓野战军进入大别山区的两个月中，共歼敌 3 万人，解放县城 24 座，并建立了 33 个县的民主政权，创建了鄂豫皖解放区，对国民党在长江以南的广大统治区形成了直接威胁。

这样，1947 年 10 月底，中原战场上出现了崭新的军事形势：刘邓野战军司令员刘伯承、政治委员邓小平率领的第一纵队、第二纵队、第三纵队、第六纵队和中原独立旅，华东野战军司令员兼政治委员陈毅、副司令员粟裕率领的 6 个纵队组成的西线兵团和陈赓司令员、谢富

① 《邓小平文选》第三卷，人民出版社 1993 年版，第 340 页。

治政治委员率领的陈谢集团，以“品”字形阵势分别展开于大别山和豫皖苏、豫鄂陕边界地区，把全国解放战争战略进攻的战线从黄河北岸推进到长江北岸，直接威胁南京、武汉等国民党统治区的心脏地区。

刘邓、陈谢、陈粟三路大军在中原地区展开，使这一地区成为人民解放军夺取全国胜利的前进基地。国民党政府也不得不承认其“全盘战略形势，乃从此陷于被动”。

蒋介石于11月3日在南京召开大别山地区作战检讨会和湘鄂皖赣苏豫六省会议，正式决定成立国民党政府国防部九江指挥部，由国防部部长白崇禧兼任主任，调集重兵，在各省保安部队配合下围攻大别山区，以巩固平汉铁路，确保长江防线。为实现这一企图，白崇禧上任后，立即以3个整编师在淮河以北牵制陈粟野战军，以第五兵团在豫西牵制陈谢集团，作为战略上的配合；以5个旅在海军第二舰队配合下担任江防；以驻汉口的空军第四军区部队支援作战；以由山东、豫皖苏边界等地抽调的5个整编师连同原在大别山周围的9个整编师，采取“总体战”，对大别山区的刘邓野战军展开全面围攻。其中，国民党军整编第八十五师、第二十八师、第九师、第七师、第二十五师分别从黄陂、广济、太湖、潜山等地由南向北攻击前进；整编第四十八师、第五十八师在商城，整编第十一师在光山，整编第十师和整编第五十六师一个旅在罗山，整编第二十师和整编第五十二师一个旅在信阳以南担任堵击。同时，国民党军在大别山地区积极恢复保甲统治，发展谍报网，建立碉堡网，修筑公路网，实行杀光、烧光、抢光政策，企图摧毁大别山根据地，逼迫人民解放军退出中原，解除人民解放军对长江水路和南京、武汉等地的威胁，阻挡中国人民解放军的战略进攻。国民党政府妄图以此来一举扭转颓势，挽救危局。

中共中央军委针对国民党军的上述企图，指出：大别山根据地能否巩固，是中原解放区能否最后确立与巩固的关键。要求中原三路大军长期配合，密切协同作战：刘邓野战军以主力在大别山区坚持内线斗争；陈粟、陈谢两军向平汉铁路和陇海铁路（今兰州—连云港）展开大规模破击战，寻机歼敌，调动和分散敌军，直至粉碎围攻。据此，刘邓野战军于11月间利用国民党军调整部署之机，发动群众解决部队冬衣，积极做好反围攻的准备，并组成鄂豫、皖西两个军区。根据国民党军兵力占绝对优势，且密集靠拢，向心合击，难以捕捉战机以及根据地刚建立，中心区山高路少，回旋余地狭窄，不便大兵团作战等情况，刘伯承、邓小平决心以3个纵队在大别山区坚持内线作战，以3个纵队又一个旅向外再展开。其部署是：由邓小平率野战军前方指挥所和第二纵队、第三纵队、第六纵队留置大别山区，与地方武装力量相结合，采取广泛机动和敌向内、我向外，敌向外、我亦向外的方针，积极打击和分散敌军；由刘伯承率中共中央中原局、野战军后方机关和第一纵队向淮河以西地区转移；以刚进入大别山的第十纵队、第十二纵队及中原独立旅向桐柏、江汉地区展开，创建新的根据地，调动敌军。

于是，中国人民解放军刘邓野战军，在华东野战军西线兵团、陈谢集团的配合下，开始在大别山地区反击国民党军重兵围攻的作战，其艰苦程度和环境恶劣是空前的。

11 月 27 日，国民党军围攻开始后，邓小平即令刘邓野战军第二纵队、第三纵队、第六纵队分别转移到豫东南、皖西和鄂东地区。12 月 3 日，国民党军攻占上巴河、罗田、英山、立煌（今金寨）等地，并继续向中心区压缩。第六纵队乘国民党军整编第八十五师西移之机，以一部兵力突然围攻宋埠，歼敌 2000 余人。8 日，第二纵队主力奔袭固始，歼敌一部，迫使敌整编第四十八师、第五十八师从沙窝等地回援。10 日，国民党军推进至光山、商城和广水、宋埠、罗山一线。邓小平率各纵队跳出合击圈，绕到敌军侧后，以旅、团为单位结合地方武装力量，采取小部队牵制大敌、大部队消灭小敌的战法，灵活机动地歼灭敌军。第六纵队第十六旅经百余公里急行军，于 24 日奔袭广济，歼国民党军青年军第二〇三师 1800 余人；当国民党军整编第七师向广济增援时，即转兵向北攻击木子店；在整编第七师、第二十八师对木子店合击时，又跳出合击圈，使之扑空。

刘邓野战军坚持大别山地区内线斗争的其他部队在地方武装力量配合下，广泛开展游击战争，配合主力作战，并发动群众进行破路和反抓丁、反抢粮斗争。12 月中旬，鄂豫军区部队奔袭上巴河、关口、濯港等地，歼敌 1600 余人。至此，共歼敌 1.1 万余人，收复太湖、广济等 10 余城。

刘邓野战军转到外线的第十纵队与第十二纵队和中原独立旅，于 12 月上旬和中旬从信阳以南柳林附近突破敌军阻击线，越过平汉铁路，向桐柏、江汉地区挺进，分别组成桐柏军区和江汉军区。至月底，共歼敌 4000 余人，解放桐柏、枣阳、新野、京山、钟祥、天门等县城，使国民党军被迫从大别山地区抽调整编第八十五师增援江汉地区。第一纵队于 12 月中旬挺进淮西地区，在息县、正阳等 10 余县展开，并于 24 日攻克汝南，俘敌 1800 余人，迫敌从大别山抽调整编第二十师回援。

12 月 13 日起，华东野战军破击平汉铁路郑州至许昌段和陇海铁路郑州至民权段，陈谢集团破击平汉铁路许昌至驻马店段。至 22 日，共破路 420 余公里，歼灭敌军 2 万余人，攻克许昌、漯河、驻马店和兰封、民权等 23 座县城，迫敌从信阳、确山抽调第五兵团部率整编第三师北上增援，并以整编第二十师随后跟进。26 日，华东野战军与陈谢集团协同作战，将敌第五兵团部和整编第三师歼灭在西平以南，并乘胜于 29 日围攻确山，重创敌整编第二十师，迫敌再从大别山抽调整编第十师、第十一师及整编第九师一部回援平汉路。

至此，三路大军在内线与外线密切配合，经月余作战，共歼敌 6.9 万余人，粉碎了国民党军对大别山区的围攻。以大别山为中心的鄂豫皖根据地同豫皖苏根据地、豫鄂陕根据地连成了一片，使中原解放区日益巩固。

刘邓野战军坚持大别山的斗争极为艰苦，没有后勤保障，刘伯承、邓小平就亲手教战士们用搪瓷碗扣在布上裁领口做衣服。没有鞋子穿，指战员们自己学打草鞋。没有药品，医务人员就用食盐化水为伤员消毒。最困难的时候，有的部队 20 多天吃不到油和盐。有的部队在断粮的情况下，只有靠煮野菜或清水煮马肉充饥。虽然生活十分艰苦，但是指战员牢记人民军队宗旨,团结群众,严守革命纪律。

1947 年 12 月,刘伯承率刘邓野战军领导机关和一部分部队跳出敌军包围圈,转入外线。邓小平率留下的部队在大别山与强大的敌军展开艰苦的反“围剿”作战期间,是坚持大别山区斗争最艰苦的时期。根据大别山区的地理、地貌和敌人围攻的特点,邓小平确定了主力部队化整为零,以小部队牵制敌人大部队,以大部队寻机歼灭敌人小部队的斗争策略。他率领短小精悍的前方指挥部和刘伯承临行前留给他的警卫团与数倍于己的敌人周旋在大别山区,和战士们一样风餐露宿,踏冰卧雪,与人民群众一起忍饥挨饿,共渡难关。寒冬腊月,滴水成冰,在这大别山最冷的一个冬天里,邓小平和所有的指战员一样,穿着单薄的自制布棉袄。行军时与指战员一起踏着泥泞前进,宿营时点着松明研究敌情和形势。一天,邓小平在办公,警卫员感到院子里冷风刺骨,屋子里寒气逼人,就拿点稻草,想给首长烧堆火烤烤。邓小平说:“不用烤火。大家都过得去,我们怕什么。要知道,群众的一根草也是来之不易呀!”面对大别山的艰难环境,邓小平首先考虑的还是全局。当时,中央军委为缓解大别山的严峻局面,命令粟裕率领华东野战军 4 个纵队南下,与陈谢集团会合,沿平汉铁路直迫武汉,以吸引、调动一部分敌军出大别山,减轻大别山的压力。邓小平知道后,立即复电表示,再艰苦也要坚持住,不能分散兄弟部队的力量。

1947 年 12 月 31 日,邓小平和李先念、野战军参谋长李达及鄂豫军区政治委员段君毅一起来到金寨县漆店区楼房村检查工作。见了县委书记、县长等地方领导干部后,望着这些衣衫褴褛、胡子拉碴的老部下,邓小平十分亲切地说,先听你们讲,到大别山后做了哪些事,群众发动得怎么样,还有什么困难,都可以说。

县委书记、县长们向邓小平等领导同志汇报了金寨县发动群众、建立农会、土地改革、县区武装建设、党内思想状况。同时,还汇报了剿灭土匪、铲除恶霸、消灭国民党乡保政权、打击国民党地方武装的情况。除了讲成绩以外,也讲了在分田地、分浮财、打土豪的土改过程中出现过“左”的现象,现已遵照中原局的指示予以纠正。

听了县委、县政府负责人的工作汇报,李先念高兴地说,你们这一段干得很好。群众发动起来了,根据地坚持住了。蒋介石、白崇禧就拿我们没有办法了。邓政委,这下我可有本钱对房东大娘说硬话了。

对于李先念话中的“典故”,在座的地方领导干部因“不明真相”,一时如堕雾里。性子急的同志便问道:“李副司令员,房东大娘怎么啦?”邓小平接过话题回答说:“那天在宣化店,先念同志住在他的老房东家。那是新四军第五师突围前的一位群众骨干。房东大娘见到他,眼泪先流出来,问的第一句话就是:‘这回进大别山,你还走不走?’先念同志怎样回答?他说:‘大娘啊,这次我们再走,你就打我李先念的屁股!’瞧,你们多么了不起,你们保住了先念同志的屁股。”大家听了这个“典故”,不禁开怀大笑起来。待笑声落地,邓小平又郑重地对大家说:“我们已经粉碎了国民党大规模的‘围剿’,在大别山站住了脚。前一段,白崇禧有33个旅‘围剿’大别山,二陈(指陈毅、陈赓——作者注)一打平汉线,他不得不抽去13个旅。现在还有20个旅背在我们身上,我们艰苦一些,在大别山多背它几个旅,二陈和刘司令员他们在外线就能多歼灭一些敌人,这个账是合算的。我想,倘若今天战略需要,再抽出一些主力部队去外线作战。当然,这对你们在地方工作的同志压力更大了。你们说说,再减主力,你们能不能挺住?”地方领导干部纷纷表示说:困难会多一些,但能坚持。

“好! 承认困难,不怕困难,战胜困难,这就是我们共产党人的品格。我心里有底了。”最后,邓小平着重讲了如何坚持大别山斗争问题,强调指出:“县委是全县党的领导核心,应当有魄力统一组织各方面的力量搞好工作,坚决不允许有各自为政的现象。在当前阶级斗争比较复杂的情况下,同志们务必要注意这个问题,这是你们能否坚持大别山斗争的根本问题。”他还勉励大家,要挺住,坚持到底就是胜利。

工作汇报会结束时,已近深夜。邓小平打开了收音机,示意大家注意聆听。显然,今晚有重要广播,事前邓小平已经得到了中共中央的通知。不久,中共中央主办的陕北新华广播电台的广播传来了恰似春雷般撼人心扉的毛泽东的《目前形势和我们的任务》的报告。

第十二章　“更重要的是我们前进了一千里”

1947年12月25日至28日,中共中央在陕北米脂县杨家沟召开会议。这次会议除有当时能够到会的中央委员和候补中央委员以外,还有陕甘宁边区和晋绥边区负责同志参加。会议讨论和通过了毛泽东的《目前形势和我们的任务》的报告。会议的决定指出,毛泽东的报告是整个打倒蒋介石反动统治集团,建立新民主主义中国的时期内,在政治、军事、经济各方面带纲领性的文件。全党全军应将这个文件联系1947年10月10日公布的《中国人民解放军宣言》《中国人民解放军口号》《中国人民解放军总部关于重行颁布三大纪律八项注意的训令》《中国土地法大纲》和《中共中央关于公布中国土地法大纲的决议》,进行深入教育,并在实践中严格地遵照实施。各地实施政策中如果有和报告所指出的原则不相符合的地方,应即加以改正。这次会议的其他重要决定有:(1)中国人民革命战争应该力争不间断地发展到完全胜利,应该不让敌人用缓兵之计(和谈)获得休整时间,然后再来打人民。(2)组织革命的中央政府的时机目前尚未成熟,须待人民解放军取得更大胜利,然后考虑此项问题,颁布宪法更是将来的问题。会议还详细讨论了当时党内的倾向问题以及土地改革和群众运动中的几个具体政策问题。

毛泽东在《目前形势和我们的任务》中,首先分析了中国人民解放战争的形势。指出:“中国人民的革命战争,现在已经达到了一个转折点。这即是中国人民解放军已经打退了美国走狗蒋介石的数百万反动军队的进攻,并使自己转入了进攻。”“现在,战争主要地已经不是在解放区内进行,而是在国民党统治区内进行了,人民解放军的主力已经打到国民党统治区域里去了。中国人民解放军已经在中国这一块土地上扭转了美国帝国主义及其走狗蒋介石匪帮的反革命车轮,使之走向覆灭的道路,推进了自己的革命车轮,使之走向胜利的道路。”

毛泽东强调:“这是一个历史的转折点。这是蒋介石的二十年反革命统治由发展到消灭的转折点。这是一百多年以来帝国主义在中国的统治由发展到消灭的转折点。这是一个伟大的事变。”①

1947 年 12 月 31 日深夜,根据中原局和刘邓野战军的统一要求,在大别山区的中国人民解放军所有部队都在同一时间利用收音机或军用报话机,从陕北新华广播电台的播音中,收听了毛泽东的这个报告。

1948 年春节过后,邓小平与李先念、李达等同志由安徽金寨翻山越岭,来到河南新县,准备从这里转出大别山。对于新县的工作,邓小平一直很关心,倾注了不少心血。进入大别山后,他曾两次到新县,亲自部署和指导各项工作。这次是邓小平第三次到新县。当他听到鄂豫区第二地委负责人汇报说,地委领导成员已经全部配齐,各项工作已经进一步深入展开,纳入正轨,军分区部队发展到 3 个团时,十分高兴,遂召开了地委全体干部会议。在会上,邓小平作了关于全国形势和大别山区形势的报告。

首先,邓小平分析了人民解放军转入反攻即战略进攻以来取得的胜利:

究竟我们反攻取得多大胜利?毛主席在《目前形势和我们的任务》报告中指出,自反攻以来,歼灭了敌人 69 万,这数字一点也不夸大。加上 12 月歼灭敌人 11 万,总计 80 万,超过自卫战争第一年的战果。这里面有我们歼灭的 11 万。我们自进到大别山以后,9 月至 12 月,我们并未大打,也干掉了敌人 5 个旅,歼敌 5 万,比自卫战争第一年战果大。中央分配作战任务,第二年再消灭敌人 96 个旅,每月分配我们两个旅,我们算是完成了任务。陈粟、陈谢、东北的战果就更大了。

更重要的是我们前进了一千里,创造了三大解放区,都已展开了工作,人口多了四千五百万,建立了各级政权及军区组织。大别山敌情最严重,而我们不仅战略展开了,而且战术也展开了,到处有我们的工作。我们已经在新解放区站住了脚,我们不会走,是已经明确了,这连敌人也看得清楚。二陈(陈毅、陈赓)的情况比我们更松些。我们最后展开的江汉、桐柏两个区,因吸取了我们的经验,已顺利地展开了。

第一年我们在内线打,对我们很方便,但如果继续在解放区打,便上了蒋介石的当,这样我们便来了个跃进,打破了蒋介石把战争放在解放区内打,摧毁解放区,使我们不能持久的毒计,实现了我们的计划,剥夺了蒋介石四千五百万人口,这对蒋介石是一个沉重的打击(蒋

① 《毛泽东选集》第四卷,人民出版社 1991 年版,第 1243~1244 页。

原计划在河南征兵 11 万)，如果再跃进一千里，便到了广东、福建，再一个六百里便到了海边。

由于我们的跃进，使蒋介石征兵 100 万的计划只完成百分之五十，逃兵便有百分之三十至百分之七十，现在靠拉伕来凑数。这等于消灭了它 100 万，形势不能不起变化。这就是敌人彻底地输了，我们胜利了，而这一反攻胜利，正在发展。

然后，邓小平介绍了人民解放军在东北战场、华北战场、华东战场、西北战场的形势：

在东北，迫使敌人缩在狭小的地区，我们增加了七百万人口，军队增加了 6 倍，装备很好，在数量、质量上都超过了敌人，敌人不但关外部队不能应付，还在从关内调(二十四军、五十四军也已被消灭一部，五十四军还未来大别山，这次也被调到东北)。我们队伍都进了长春、沈阳城内。东北发言人已公开宣布，今年要进关。

晋察冀在收复石家庄以后，形势大大地变了，新的胜利消息就要传来。

在山东，敌人只有三个机动部队，我们负担很轻，已恢复敌人重点进攻以前的状态。

苏北是我们反攻出来之后才建立的新部队，现已能歼敌 8000 人，保持市镇四分之三，乡村十分之八，城两座，这一新起的部队，战斗力很强。

陕北我们在训练、休整，有 27 座城，延安以北到榆林已完全归我们。关中，人口、面积增加一倍，敌军占 8 座孤城。敌人只有 11 个旅，比过去重点进攻时弱得多(敌重点进攻时三四十个旅)，现已转入反攻，消灭胡宗南是有把握的。

接着，邓小平分析了国民党军队由"全面防御"转入"重点防御"以后在战略上的弱点和捉襟见肘的颓势：

现在，战略上我们是继续胜利，而敌人后退一千里转入防御。过去敌人是"面"的防御，现在已转到"线"的防御。更发展到重点防御(东北)。晋察冀、冀东是"线"的防御，平汉以南只是"点"的防御，陕北完全是"点"的防御，晋冀鲁豫完全是"点"的防御，而且"点"也不多了，鲁西南也是"点"，豫皖苏敌人只有五师、五十五师，兵很少，也是"点"。

蒋介石最怕"线线切断，点点包围"。我们打下石家庄、运城这两个战略据点，给敌人震动很大，使敌人看到"点"的防御也发生恐慌了。在东北已经不敢以一个师防御一个城，我们一个攻势，敌人以二十来个师应付。敌人本可以放弃一些"点"，但破了产的地主，放不下架子，这对我们很有利。

敌人过去是黄河战略，想把我们赶到黄河以北，现在则是长江—汉水战略。蒋介石唯恐我们过长江，他们内部估计，只要我们一过长江，蒋介石便完了。所谓完了，不是不打，而是缩到一个角挣扎。蒋介石现在的人力来源只有靠湖南，其他各省都没有完成计划，两广因游击战争开展，不能征兵；云南、贵州也征不了多少，四川已出兵 450 万，再搜刮也不多了。如果我们再下长江，打下湘鄂赣，则蒋介石一点办法也没有。钱可向美国要，人却不行。我们一过长江便胜利了。蒋想在最后无办法时，退到云、贵、川打，这叫作马歇尔计划。我们如过了汉水便到了四川,马歇尔计划就会破产,蒋介石就断了退路。蒋要把战争扭到长江、汉水以北打这个战略是积极防御——攻势防御。如说过去蒋还有进攻性,现在则丝毫没有,敌人对大别山的进攻,是战役性的。

了解反攻意义之大,就在于使敌人改变了战略,这便是我们的胜利。

去年上半年,蒋介石向我山东、陕北实行重点进攻,共计 100 个旅(陕西我们只 3 万人,打退了敌人 30 万兵力的进攻),这一次只有对我们大别山来一次进攻,而且只有 33 个旅,但二陈(陈毅、陈赓)一打,从大别山抽走了十几个旅,现在我们区只有敌人 20 个旅,比刚到的时候还少 3 个旅。

半年前 100 个旅,现在拼命不过凑了 33 个旅,而一击也垮了。过去是扭着干,我们如何打他们却不散,现在不行了。

最后,邓小平着重指出,国民党军队现在采取的是"攻势防御",表面上看起来是在进攻,实质上是以进攻达到防御的目的,是一种垂死挣扎。我们既要看到敌人是垂死的,从而认识到战略进攻的胜利,增强必胜信心;又要看到敌人在挣扎,丝毫不能松懈斗志。

鄂豫区第二地委干部会议会场上挤得满满的,静得鸦雀无声。会场上空只回荡着邓小平那洪亮的声音,几十位坚持大别山斗争的干部被邓小平深刻、精确的分析紧紧地吸引住了。过去,他们只看到敌人 33 个旅对大别山区的猖狂进攻,只看到局部地区敌众我寡、敌强我弱的不利条件,感到形势紧张,困难重重。听着邓小平的报告,他们的视野一下子由大别山扩展到了全国,仿佛拨开迷雾见到了青天,心里一下子豁然开朗了。大家感到,正如邓政委讲的,敌人的进攻虽然气势汹汹,但那是防御性的进攻,是暂时的现象,是覆灭前的回光返照,秋后的蚂蚱蹦跶不了几天了。我们的面前虽然仍有不少困难,但曙光就在前面,胜利已经为期不远了。

刘邓野战军经过两个月的内线与外线配合作战,粉碎了敌人对大别山地区的"重点清剿",创建了桐柏解放区、江汉解放区和皖西解放区。刘邓野战军在大别山地区,同相继南下的陈粟、陈谢两路大军在中原地区成"品"字形阵势纵横驰骋,牵制和吸引了敌军南线 160 多个旅中的 90 个旅的兵力,使中原地区由国民党军进攻解放区的重要后方变成了人民解放军夺取全国胜利的前进基地,战略意义极为深远。

第十三章　人民军队攻克中原名城

根据中国革命发展和人民解放战争发展的需要,1948 年 2 月初,毛泽东以战略家的远见卓识为中共中央军委起草致刘伯承、邓小平的电报。指示刘邓野战军指挥所从大别山移至淮河、陇海、沙河、伏牛山之间,指挥刘邓野战军 3 个纵队,华东野战军陈士榘、唐亮 4 个纵队,陈赓、谢富治一个半纵队,共 8 个半纵队,在"淮河、汉水、陇海、津浦之间集中,机动打中等的及大的歼灭战”,并指出,这样部署,可将敌主力吸引至淮河、汉水以北,利于粟裕部机动,利于大别山、江汉等地放手发展,还因为北面有巩固的后方可为依托利于打歼灭战①。

同时,毛泽东就正在进行冬季攻势的东北野战军下一步作战行动问题,致电林彪、罗荣桓、刘亚楼并朱德、刘少奇,指出:“你们现在打辽、鞍、本、营区域之敌很有必要。这个战役完成后,你们就可解放辽南,两个纵队增至主攻方面去。下一次作战有两个方向,一是打抚顺、铁岭、法库之敌,一是打阜新、义县、锦西、兴城、绥中、山海关、昌黎、滦州等地之敌。究竟打何地之敌为好依情况决定。但你们应准备对付敌军由东北向华北撤退之形势。”“你们上次电报曾说锦州方向无仗可打,该方向情况究竟如何?如果我军能完全控制阜、义、兴、绥、榆、昌、滦地带,对于应付蒋军撤退是否更为有利?对我军战略利益来说是以封闭蒋军在东北加以各个歼灭为有利。如果我军尚无足够力量阻止其撤退,则撤退后的蒋军似将控制锦州、承德、北平、天津四角及其中间地区,并打通津浦北段,其给养当然会很困难,士气会更衰落,但兵力则较集中,这些情况亦须先预见到。当然蒋军死钉在东北不撤退的可能性也有,但除非我军强大到使其无法撤退,否则是难于设想的。”②

一方面部署三路大军进入中原战场,逐鹿中原;一方面部署东北野战军南下锦州,形成关门打狗之势,将敌东北重兵战略集团封闭在东北战场予以全歼。

毛泽东领导革命,把握战局,部署兵力,指挥战争,从来都是令人难以望其项背的“大手笔”。

按照中共中央军委的指示,邓小平对刘邓野战军主力转移出大别山地区的工作进行了全面部署以后,率领刘邓野战军前方指挥所从大别山腹心地区的河南省信阳地区新县北上,于1948年2月24日在豫皖交界的临泉县韦寨村,与刘伯承率领的野战军后方指挥所胜利会合。

挺进大别山和坚持大别山斗争的胜利是巨大的!

挺进大别山和坚持大别山斗争的意义是深远的!

挺进大别山和坚持大别山斗争的代价是令人难忘的!

据中国人民解放军有关资料记载,1947年7月刘邓野战军挺进大别山前的实力统计为:第一纵队33357人,第二纵队3.1万人,第三纵队26468人,第六纵队26322人,野战军直属队6370人,总计123517人。到1947年11月29日,正在坚持大别山斗争的刘邓野战军司令部向中共中央军委上报的实力统计为:第一纵队2.3万人,第二纵队1.9万人,第三纵队2.4万人,第六纵队2.2万人,野战军直属队3000人,共计9.1万人。

这个数字说明,经过5个月的挺进大别山和坚持大别山的作战,刘邓野战军比南下以前

① 中共中央文献研究室编:《毛泽东年谱》1893~1949年下册,人民出版社、中央文献出版社1993年版,第278页。

② 中共中央文献研究室编:《毛泽东年谱》1893~1949年下册,人民出版社、中央文献出版社1993年版,第278~279页。

减员 3 万多人,其中当然包括着牺牲、伤残、失踪等。刘邓野战军主力转出大别山后的实力统计为:第一纵队 15363 人,第二纵队 11627 人,第三纵队 15384 人,第六纵队 14280 人,不包括野战军直属队和留在地方开展武装斗争的部队和人员,共计 56654 人。

从挺进大别山时生龙活虎、兵强马壮的 12 万人,到转移出大别山时的主力不足 6 万人。刘邓野战军为中国革命、为中国人民解放战争、为中国人民解放军的战略进攻,承担了最艰苦的重担,付出了最大的牺牲。但是,这个代价、这个牺牲、这个付出是值得的。它扭转了整个战局,把战争从内线转移到了外线、从解放区内部转移到了国民党统治的腹心地区;它吸引了大量国民党军队的主力于大别山地区,大大有利于其他各个战场的人民解放军转入战略进攻和大量机动歼敌。这种高度的历史主动精神和勇挑重担的自我牺牲精神,只有中国共产党领导的中国人民解放军才能够做到。

多年以后,回首坚持大别山斗争的峥嵘岁月和战斗历程,邓小平仍然豪情满怀,不减当年。他说,大别山战略机动范围不大,容不下更多的部队,特别是我们习惯于在平原地区搞大开大合的作战,到这里感到很拘束。所以,把部队分开建立军区、军分区以后,主力就逐步向北面转移。中间还有些插曲,就是部队的同志着急,总想打个歼灭战。我们开了个会,我讲的话,提出要避战。因为那时打不得败仗,一败就不可收拾。后来刘邓分开了。伯承率领一纵和野战军的司令部、直属队到淮河以北,指挥全局。南下大别山的两个后续部队王宏坤、张才千的十纵和十二纵,也不在大别山,向桐柏、江汉两区展开。就是我一个,先念一个,李达一个,带着几百人不到一千人的前方指挥所留在大别山指挥其他几个纵队,方针就是避战,一切为了站稳脚。那时六纵担负的任务最多,在大别山那个丘陵地带来回穿梭,一会儿由西向东,一会儿由东向西,今天跑一趟,明天跑一趟,不知来回跑了多少趟,调动敌人,迷惑敌人。别的部队基本上不大动,适当分散,避免同敌人碰面。这样搞了两个月,我们向中央军委、毛主席报告,大别山站稳了,实现了战略任务。主力撤回北面,准备大的战斗,大的战斗还是到北面去打。大别山斗争的胜利,主要是对几个问题的判断比较准确,处置也比较正确,我们伤亡不算很大。费的劲也不算很大,但是完成了战略任务,种种艰难都克服了,站稳了脚,把战线从黄河延伸到长江。所以说,战略反攻,二野挑的是重担,还是那句老话,叫作合格。经过大别山斗争,二野受到削弱。只有秦基伟的九纵,你们那一坨,保持兴盛的旺气。主体四个纵队就削弱了,更新也困难啊,有三个纵队每个纵队仅两个旅,只有一个纵队是三个旅,就这样迎接淮海战役。当然中间还打了一些小仗,凡是有机会取得胜利的,没有丧失过机会,该干的都干了。后来,转出大别山,以后到了豫西,成立扩大的中原局和中原军区①。

1948 年 3 月 6 日,邓小平在临泉县吴营村召开的野战军直属队干部会议上作了《关于反攻形势和整党问题的报告》,分析了南下的战略意义和取得的伟大胜利,阐述了整党的意义、

---

① 《邓小平文选》第三卷,人民出版社 1993 年版,第 340~341 页。

方针和方法。3 月 11 日,他在第一纵队干部会上作了《关于整党和新式整军动员报告》。为了搞好部队的整党整军工作,3 月 15 日邓小平又作了《关于部队的问题的报告》。

在临泉期间,邓小平联系大别山区和豫皖革命根据地的实际,深入调查研究,发现一段时间里有些地方出现有“左”的错误倾向。3 月 8 日,邓小平奋笔疾书,以对党的事业的高度责任心,给中共中央和毛泽东写了《关于进入大别山后几个策略问题》的报告,实事求是地反映了这方面的情况,认真、深刻地分析了产生“急性病”的主观和客观原因。他通过总结教训,集中概括出一些重要的基本观点:任何时候,不要忽视团结百分之九十以上的人,中立那些可以中立的人;禁止乱杀人;注意工商业政策;在游击区停止土改等。毛泽东高度肯定了这份报告,在报告上批示:“报告非常之好,立转各地仿办。”并在批语中深刻地指出,没有这种“全盘的策略观点与政策观点,中国革命是永远不能胜利的”。

洛阳,是中原地区的重要城市之一,也是中原地区通往西北地区的雄关要隘,因为历史上曾经有几个著名王朝在洛阳建都,使之素有“九朝古都”的美誉(细数起来,中国古代曾经有十几个王朝在这里建都)。在中国近代,北洋军阀统治中国时期,号称“北洋之杰”的直系军阀吴佩孚曾经长期盘踞洛阳,暗中操纵直系军阀控制的北京中央政府。由此可见洛阳战略位置的重要。

当吴佩孚在洛阳庆祝其五十大寿的时候,康有为特地为之写了一副著名对联:

牧野鹰扬,百岁勋名方半纪;

洛阳虎视,八方风雨会中州。

中国人民解放军华东野战军和刘邓野战军会师中原战场以后,迅即对国民党军坚固设防的洛阳进行了城市攻坚战性质的洛阳战役。

1948 年 3 月上旬,人民解放军西北野战军在陕西省宜川取得歼灭国民党军一个整编军部、两个整编师的胜利。国民党西安“绥靖”公署主任胡宗南为确保西安,急调驻守陇海铁路潼关至洛阳段的第五兵团主力西援,洛阳只有国民党军青年军第二〇六师驻守,洛阳以西、潼关以东铁路沿线改由非正规军守备。

中共中央军委迅速抓住战机,指示华东野战军参谋长陈士榘、政治部主任唐亮,统一指挥华东野战军第三纵队与第八纵队和刘邓野战军第四纵队与第九纵队以及太岳军区第五军分区部队共 28 个团的兵力,发起洛阳战役,以配合西北野战军作战,掩护刘邓野战军主力休整。同时缴获洛阳的大批军事物资,装备中原战场上的人民解放军。

洛阳位于中原心脏地带,是古都之一,属于中原战略要地。它北依邙山,南傍洛河、伊河,地势险要,易守难攻,为历代兵家所必争。国民党军筑有永久性工事,以西北运动场构成核心阵地,以城垣结合四关构成主阵地,以外围支撑点构成外围阵地,形成完整的防御体系,自诩为“金城汤池”。但守军兵力薄弱,青年军第二〇六师仅辖两个旅,既缺乏实战经验,又处境孤立。3 月 5 日,人民解放军参战部队自襄城、禹县、伊阳地区北上。7 日,国民党军统帅部发现人民解放军有进攻洛阳征候，即令陆军总司令部郑州指挥部主任孙震统一指挥所属整编第四十七军主力自许昌、新郑地区北开郑州，两个旅车运汜水、黑石关一线；另以整编第十八军自漯河、商水地区向许昌集结，待机增援洛阳。陈士榘、唐亮原考虑攻城或打援两个作战方案，因判断敌整编第四十七军不敢单独行动，可能待敌整编第十八军赶到后合力增援洛阳，如此则援军可能打不到或不好打，遂决心采取速战速决手段，在敌整编第十八军赶到前攻克洛阳，歼灭青年军第二〇六师。具体作战部署是：以第三纵队从东、北两面包围洛阳，由东关、北关攻城，重点置于东门；第四纵队从西、南两面包围洛阳，由西关、南关攻城，重点置于南门；第八纵队与第九纵队担任阻援，一举歼灭洛阳国民党守军，解放洛阳，影响中原战局。

3 月 8 日，华东野战军第八纵队袭占偃师，控制嵩山隘路。刘邓野战军第九纵队和太岳军区第五军分区部队袭占新安、渑池，分别于洛阳东、西两翼占领阻援阵地。9 日，攻城部队渡过伊河、洛河，占领龙门、洛阳四关（东关、西关、南关、北关）和火车站等要点。11 日 19 时，未待全部肃清外围守军，即发起总攻，在强大炮火掩护下，采取连续爆破、连续突击或以云梯登城等办法，从四关同时攻城。当晚，第三纵队第八师一部以炸药爆破，连续摧毁 15 道工事障碍，首先突破东门。接着，第三纵队主力从东门突破口进入城内。经激烈战斗，击退守军的连续反扑，迅速向南门、北门、西门发展。12 日午后，第四纵队突破南门、西门城垣，会同第三纵队并肩突击，歼灭了国民党军守军大部。国民党军青年军第二〇六师余部约 5000 人麇集于纵横仅 200 米的核心阵地，负隅顽抗。人民解放军攻势凌厉，炮火猛烈，将士用命，奋勇向前。

在此期间，国民党军整编第四十七军向黑石关以南实施试探性攻击，企图增援洛阳，被华东野战军第八纵队击退。国民党军整编第十八军自许昌经登封向西北方向开进，在国民党军统帅部严令督促下，于 3 月 14 日到达黑石关西南府店、口子镇一线，会同整编第四十七军增援洛阳。第八纵队在随后东渡伊河的第九纵队主力协同下顽强阻击援军。

3 月 14 日 17 时，人民解放军攻城部队一方面集中炮火猛烈轰击，一方面以攻坚部队勇猛冲锋，至 22 时全歼洛阳城内核心阵地守军。与此同时，城西发电厂守军亦被歼灭，城东北九龙台守军投降。人民解放军经激战后，占领整个洛阳城。

洛阳战役，歼灭国民党青年军第二〇六师和国防部直属炮兵、汽车分队等共两万余人，俘其师长邱行湘。华东野战军第三纵队第八师第二十三团第一营在洛阳战役中首先突破洛阳东门，被华东野战军授予“洛阳营”称号（战斗英雄、华东野战军“洛阳营”营长张明，以后逐级晋升，曾任中国人民解放军南京军区副司令员等职务）。3 月 17 日，人民解放军为便于机动作战，撤离洛阳。

4 月 5 日，刘邓野战军和陈赓、谢富治集团再度攻克洛阳，从此切断了国民党军潼关至郑州的铁路联系，使豫西解放区与太岳解放区连成了一片。中原战局呈现出新的面貌。

鉴于洛阳既是中原地区的中心城市之一，又是联结中国东部和西部的重要铁路干线——陇海铁路的咽喉，还是一座具有一定规模的工商业较为发达的城市，毛泽东对如何接管洛阳、管理洛阳、恢复生产，特别是对于建立正常的城市经济工作和生活秩序等问题，非常重视。4 月 8 日，毛泽东向洛阳前线发出《再克洛阳后给洛阳前线指挥部的电报》，郑重指出：

此次再克洛阳，可能巩固。关于城市政策，应注意下列各点。

……

毛泽东为中共中央起草的这个电报，因为其内容不但适用于洛阳，也基本上适用于一切新解放的城市，所以这个电报同时发给了其他前线和其他地区的领导同志，全党全军都进行了认真学习和贯彻落实。

第十四章　“鲁山报告”提出各项政策

1948 年春天，迅猛发展的中国革命和解放战争形势都对党的建设、军队建设、党的政策和策略提出了更高的要求。在此期间，中共中央多次强调，中国革命愈接近胜利，愈要注意党的政策；在革命胜利即将到来的时候，正确执行党的政策和策略具有极端重要性；只有党的政策和策略全部走上正轨，中国革命才有胜利的可能；政策和策略是党的生命，各级领导同志务必充分注意，万万不可粗心大意。

1948 年 4 月 25 日，中共中央中原局书记邓小平，在河南省鲁山县召开的豫陕鄂前委和后委联席会议上作了《跃进中原的胜利形势与今后的政策策略》的重要报告——即“鲁山报告”。这个报告，深刻阐述了中原地区人民解放战争的胜利形势，充分肯定了中国人民解放军挺进中原以来的成绩和经验，明确指出了应当注意的各种问题，鲜明地提出了中原地区中共组织从革命党转变为执政党应当采取的一系列政策策略，是实现中原地区中共组织历史性转变的重要纲领。

在“鲁山报告”中，邓小平分析了中原地区的解放战争形势，提出了今后应当注意的政策和策略。他根据中央一系列指示精神，结合中原地区的实际情况和工作中的经验教训及典型事例，阐述了夺取中原地区解放战争胜利应当注意的五个主要问题。

一是关于战争问题。当时，在中共中央和毛泽东主席的正确领导下，中国人民解放战争形势很好，人民解放军的军事力量不断发展，不但在质量上早已超过国民党军队，而且再过一段时间在数量上就可以同国民党军队平衡。对此，邓小平指出，我们最重要的是不要骄傲，特别是打胜仗的部队，更要兢兢业业。敌人有了失败的经验，更狡猾了。我们不要被胜利冲昏头脑，要不断总结经验，提高战斗力。只要能够保持每月歼敌 8 个旅、10 万人，一年总共达到第一年的标准即 97 个旅，112 万人，敌人非失败不可。今后，我们要更加机动灵活，精细地寻求战机。我们的胜利决定在“脚”,发现战机,就要敢于奔袭敌人。要敢于走路,或者脱离敌人,或者远道去打击敌人。邓小平要求中原部队深入贯彻毛泽东军事思想,以大踏步前进和大跳步后退的运动战战略和机动灵活的战术,坚决完成中央分配给中原地区的歼敌任务,夺取中原解放战争的最后胜利。

二是关于土改问题。在全国土地会议以前,党内有些同志思想上忽视土改,有的甚至有很大抵触。邓小平说,这是非常危险的。他强调指出,什么叫作革命?革命就要反帝反封建,而帝国主义的支柱是封建主义。不反对封建主义,不进行土改,就不能支持长期战争,革命也不会成功。就是把南京占领,不进行土改,封建主义的统治基础还在,也是不行的。所以反对封建主义是中国革命的一个根本任务。邓小平认为,全国土地会议以后,思想上忽视土改这种严重的倾向性的问题在全国范围大体上克服了。土地改革不仅是喊几个拥护的口号,它牵涉很多政策问题,需要很好解决。拿新区来说,个别地区土改有成绩,但总的是做得不大好的。他要求各级领导干部切实掌握中央土改政策,深入搞好土改工作。

三是关于整党问题。中原地区党组织有着悠久的革命历史和光荣的革命传统,在创建中原解放区的过程中发挥了重要作用。但是,随着党组织的迅速发展,党内组织上和思想作风上不纯的情况是严重的,它会使党组织丧失战斗力,不能完成革命的任务。邓小平指出,为着克服这些现象,非整党不可。如果不整,党确实要腐朽。凡是经过整党的,不论抵抗土改,贪污胜利果实,或背着山头包袱的人,绝大部分都能挽救过来。但整党要整得对,要教育同志、团结内部,要从思想上解决问题。毛主席说,只要没有丧失起码的共产党员资格的人,都要挽救,都有办法挽救。像土改要有正确政策一样,整党也要有正确方法。全党同志都应该接受整党,谁也不能强调特殊。邓小平还循循善诱、和风细雨地指出,我们每一个人都有缺点和错误,只是轻重大小不同,因此,人人都要反省,来一个自觉运动。不能自觉的,别人来帮助。确实不能挽救的,要洗刷出去。这是整党的严肃性。中国革命的队伍大得很,任务又多,共产党员担负的责任很重。党领导得好不好,中央的路线政策执行得如何,要看共产党员合不合标准。毛主席指示正确,我们如果搞自由主义,处处违反,还是要失败的。邓小平强调,经过整党,我们的意志统一了,中央的路线政策能够贯彻执行了,战斗力增强了,人民解放事业才能成功。

四是关于工商业政策问题。邓小平首先认真总结了土地革命战争后期在这方面的严重教训:那时候,敌人的封锁很严重,盐卖到一块钱一钱。但我们的政策也有错误,把工商业搞垮了,自己给自己筑一道长城。随后,邓小平一针见血地指出了中原地区在工商业政策方面存在的严重问题。他说,我们进到中原时,各个区都无一例外地违反政策,自食其果。很多同志把原因推到战争身上,说工商业者关门是被敌人抢劫了,很少有人觉得是自己搞糟了。真实的原因找不出来,错误就不能纠正,就会困难重重,有钱买不到东西,有东西(如大别山的木头)出不了口。把油坊搞掉了就买不到油。大别山的锅厂以及与锅厂有联系的煤窑、小摊贩等,能养活3万人,锅厂一停工,这3万人就立刻无法生活了。邓小平举例说,像鲁山街上这个小市场,如果倒闭了,起码有一万人失掉生计,马上向你伸手要饭吃。我们这个区有3万人靠种植烟草生活,如果纸烟厂垮了,不能出口,这3万人马上没有饭吃,没有衣穿。究竟是打倒了资本家,还是打倒了老百姓?我看这不是打倒了资本家,而是打掉了人民的生计。邓小平进而强调,官僚资本是指的四大家族那个集团,不是官僚加资本,不然县长开个店也得没收了。如果我们在工商业问题上搞得不好,解放区的经济无法建设,人民的生活要受影响,那时国民党不叫我们走,我们也得走,革命就要失败。所以要解决好工商业政策问题。私人工商业是新民主主义经济不可缺少的一部分,我们要扶助它发展。

五是关于杀人问题。土地革命战争时期,张国焘在执掌鄂豫皖革命根据地党政军大权期间,曾经连续进行了一次又一次的所谓"大肃反",以"莫须有"的罪名,残酷杀害了大批的干部、党员和人民群众,造成了极为恶劣的影响。对于这个历史教训,邓小平极为重视,他严肃指出,如果乱杀人,一定要失败。邓小平说,我们到大别山以后,部队很苦,纪律不好,老百姓当时对我们提出两个问题,一是你们可以搞得好些吗?二是你们还肃不肃反?过去张国焘就犯了乱杀人的错误。这次,岳西有一个地主出身的工作员,在一个乡杀了很多人,影响到附近几个乡的工作都垮了。有些被杀的所谓"狗腿子",十有八九是穷人。杀人解决不了问题。有些群众讨论杀人问题时,一面举着手,一面低着头,散了会没走到家就后悔。说明错杀了人必定要脱离群众①。

邓小平的"鲁山报告"是指导新形势下中原地区党组织从夺取政权向掌握政权、从革命党向执政党转变的重要纲领,具有很强的针对性和现实意义。当时担任中原解放区所属的鄂豫区党委书记的段君毅回忆说:刘邓野战军跃进大别山不久,1947年10月10日,中共中央颁发了《土地法大纲》。鄂豫区也大张旗鼓地开展了打土豪、分田地、分浮财的土改运动,但在土改中照搬了"一手拿枪,一手分田"的急性土改的做法,犯了一些"左"的错误,结果事与愿违。邓政委发现这个情况后,亲自同李先念副司令员到新县、金寨和麻城等县,对土地改革情况进行深入调查。我也陪同他们进行调查。邓政委根据调查的结果,亲自召开干部会议纠正土改中"左"的错误,并为此承担了责任。在大别山,小平同志针对土改中的问题,反复向我们进行政策和策略思想的教育。他向大家明确指出,要分析大别山的实际情况和斗争特点,在斗争策略上要分阶段地逐步深入,应缩小打击面,才能对农民有利,否则就会犯急性病和策略上的错误。他说:"我们的同志普遍缺乏这种策略思想,甚至拒绝这种思想,打击面很大,弄得障碍重重。大别山就发生这种情况,把小地主、富农'逼上梁山',拿起梭镖和我们干,群众也受到摧残。最近我们一提出纠正,土顽把枪放下来了。贫农们都说,你们早

① 《邓小平文选》第一卷,人民出版社1994年版,第101~103页。

这样就好了。所以大别山的同志容易了解这种策略思想,因为他们受到的'报应'又猛又快。"①

邓小平的"鲁山报告"把中央精神与中原地区的实际情况相结合,极大地教育和武装了中原地区广大党政军领导干部的头脑。中国革命愈接近胜利,愈需要注意克服党内的各种不良思想倾向,愈需要注意政策和策略。这是毛泽东在中国革命胜利前夜的一个重要思想。伴随着刘邓野战军在中原战场的胜利、中原解放区的猛烈扩大,中原地区干部中在战争形势的认识问题上、土改问题上、整党问题上、工商业政策问题上、杀人问题上,出现了不少值得重视的问题。邓小平的"鲁山报告"既及时指出了中原地区当时存在的突出问题,又有针对性地提出了解决问题的办法,极大地提高了中原地区广大领导干部的政策策略水平,对于中原解放区的发展和巩固发挥了重要作用。

邓小平的"鲁山报告"极为鲜明地提出了夺取政权、建立政权以后如何执政的问题,对中原地区的领导干部提出了新的任务。一般说来,经过长期的革命战争,当时的广大干部、特别是高中级干部,对于如何开辟新解放区、对于如何开展土地改革等用革命斗争的方式方法,去推翻反动统治阶级的压迫和旧的生产关系,是比较熟悉的。而对于新的人民政权建立以后,如何执政、如何建立新的生产关系、如何解放生产力、如何发展生产力,则是不熟悉的。甚至在一些领导干部的头脑中,仿佛革命就是一切,忘记了马克思主义的基本原理和革命导师的教导"革命就是解放生产力,革命就是促进生产力的发展"。邓小平的"鲁山报告"醍醐灌顶,给中原地区的各级领导干部上了极为生动的一课,使大家对于中原解放区建立以后的主要任务、对于如何执政特别是如何执政为民有了明确的方向,对于从革命党转变为执政党有了更加清醒的认识。

邓小平的"鲁山报告"是创造性地贯彻中共中央政策策略,深入总结历史经验教训,坚决地纠正"左"的倾向的典范。在中国革命过程中,多次出现过"左"的错误,甚至有的人认为"左"比右好,"左"是认识问题、方法问题,右是立场问题、原则问题,所以宁"左"勿右。在中原地区,当时"左"的倾向,主要表现在土地改革中划分阶级成分比较"左",把地主、富农同样对待;侵犯中农,对中农采取拒绝态度;新区工作中犯"急性病";打击面宽;工商业政策较"左"。邓小平强调指出:这个"左"由来已久,抗战八年,工商业政策就有"左",对中央的有关指示,六届六中全会决议(指"决议"通过的毛泽东报告中的"保护私人工商业的自由营业"政策——作者注)未能认真研究执行,结果是打击了我们自己。现在如果不克服"左"的偏向,就不能把土改搞好,也不能把根据地的经济建设好②。在"鲁山报告"中,邓小平提出了关于工商业的一系列正确的政策:要善于利用原有的工商业,逐渐组织自己的经济,在群

① 《邓小平文选》第一卷,人民出版社1994年版,第105页。

② 《邓小平文选》第一卷,人民出版社1994年版,第104页。

众运动中就要注意这个问题，包括地主富农的工商业在内，一律不准没收，不准停业，要不断检查税收标准和工商业政策，把着眼点放在战争供应和人民生计上面。这对于中原解放区逐渐实现由革命向建设的转变，具有特别重要的意义。邓小平还强调："政策和策略是党的生命。如果没有政策和策略，党的路线是空的。正确的路线一定要用正确的政策和策略来保证。全党同志都要学好党的政策和策略，这样，我们才会无比的强大，谁也不能战胜我们。"①

但是，正如任何事物都有一个发生、发展的过程一样，邓小平在"鲁山报告"中指出的问题的解决和"鲁山报告"中提出的政策、策略等新的精神的具体贯彻落实同样需要有一个具体过程。

第十五章　中共中央决定加强中原局、中原军区

在中原战场上，从1948年春天开始，在中共中央和中央军委领导下，刘伯承和邓小平指挥刘邓野战军与陈毅、粟裕指挥的华东野战军协同作战，相继取得了一系列重大胜利。

中原解放区下辖的位于河南、湖北边界地区的桐柏军区，为进一步扩大和开创桐柏根据地，于1948年1月发起邓县战役。桐柏军区集中第二十八旅和第三军分区部队共4个多团的兵力，对会集在河南省南阳地区邓县县城的国民党军11个保安团发起进攻。邓县城位于河南省西南部，是联结河南南阳与湖北襄阳的军事重镇，分内外城，均有面宽水深的护城壕环绕，城周围筑有比较坚固的工事。1月9日，桐柏军区部队逼近城郊。以骑兵连布于城北，采取白天往返游动、夜晚广燃火光的办法，迷惑守军；主攻部队第二十八旅、第三军分区第八十六团从城东、城西两面实施钳形攻击。12日突破外城守军防御，炸毁护城壕东北水闸，引出壕内积水，开辟了通路。14日傍晚，各部队攻入外城，切断外城守军逃入内城的道路，并将其大部歼灭。16日晨，内城守军开始突围，攻城部队趁机发起总攻，予以全歼。邓县战役共歼国民党军约7000人，为创建桐柏根据地奠定了基础。此役歼敌，全部为国民党地方武装势力，故对于安定地方，发动群众，创建根据地意义极大。

1948年4月，中原解放区下属的江汉军区，为牵制湖北省花园地区的国民党军整编第八十五师北援豫中，支援刘邓野战军一部在豫西作战，集中江汉军区独立旅等部对孤立于京山县三阳店、宋河镇地区的国民党军新编第十七旅发起进攻。15日，独立旅第一团和警卫团一个营于协和冲地区设伏，独立旅第二团与第三团从40公里外的随县长岗店奔袭三阳店。三阳店守军1个团又2个营慌忙向宋河方向撤逃。第二团与第三团立即猛追，将其赶到预伏圈内。设伏部队当即紧缩包围，猛烈攻击，予以全歼。16日，独立旅及第二军分区基干团将

① 《邓小平文选》第一卷，人民出版社1994年版，第107页。

宋河镇守军1个旅部、1个团部、4个营包围。守军凭借坚固工事进行顽抗。独立旅和基干团奋勇攻击，迅速夺取外围阵地，接着与守军反复争夺，战至17日晨突入镇内，将守军全歼。宋河战役，共歼灭国民党军1个整旅和地方武装3100余人。同时达成战役目的：迫使敌整编第八十五师折回西援，策应了刘邓野战军在豫西地区的作战，对于巩固和发展江汉解放区具有重要意义。

随着中国人民解放战争的胜利进军，中共中央和毛泽东提出了召开政治协商会议问题。在1948年4月30日中共中央发布的《纪念"五一"劳动节口号》中，根据毛泽东的提议，提出："各民主党派、各人民团体、各社会贤达迅速召开政治协商会议，讨论并实现召集人民代表大会，成立民主联合政府。"这个口号立即得到各民主党派、人民团体和无党派民主人士的热烈响应。政治协商会议，后来称为新政治协商会议，以后又改称中国人民政治协商会议。

中共中央发布纪念"五一"劳动节口号，提出建立新中国，给予全党全军全国人民以极大鼓舞，进一步促进了中原人民解放战争的发展。

南阳地区（因南阳在古代称为宛城，故南阳简称宛）位于中原腹地，气候温和，物产丰富，人口众多，盛产粮食，尤以小麦、玉米久负盛名。近代以来，南阳西部数县，即宛西地区形成了盘根错节、实力雄厚的地方武装势力，具有一定的战斗力。1948年5月初，中原野战军根据中共中央军委指示，为开创豫西局面，调动位于河南省平汉铁路以东的国民党军西移，策应在河南省濮阳地区整训的华东野战军第一兵团南渡黄河作战，遂发起宛西战役。为此，中原野战军集中第二纵队与第四纵队和西北民主联军第三十八军①一部、桐柏军区部队主力及华东野战军第十纵队等部组成主作战集团，由第四纵队司令员陈赓统一指挥，负责围歼南阳以西地区国民党军；另以5个纵队组成保障集团，其中华东野战军第三纵队、第八纵队配置在方城、象河关地区，中原野战军第三纵队、第六纵队配置在叶县以东地区，第九纵队配置在密县地区，执行牵制与打援任务。2～10日，主作战集团经过远程奔袭，突然发起进攻，攻克国民党军设防坚固的镇平、内乡、淅川、邓县等县城及西峡口、荆紫关等地，歼敌一部。随后对分散在各地的残敌采取军事清剿与政治攻势相结合的办法，迫其迅速瓦解。到14日，共歼灭国民党军整编第九师1个团和5个保安团，还歼灭13个保安团的大部。15～17日，主作战集团乘胜向南扩展，攻克湖北省光化县城、老河口镇等地，歼国民党军两个团。第九纵队在军分区部队配合下，于17日在荥阳和密县以西歼敌暂编第二十六旅一个团、整编第四十七师第一二七旅大部。第八纵队于14日攻克许昌县城，歼独立第二十一旅。这一战役共歼国民党军2.1万余人，解放9个县城，扩大了中原解放区。

---

① 西北民主联军三十八军，原为杨虎城任总指挥的国民党军第十七路军，曾参加西安事变。抗日战争爆发后，杨虎城被国民党政府监禁，第十七路军被国民党政府几次改编，缩编为第三十八军，屡遭排挤。以后，第三十八军发动起义，成立西北民主联军第三十八军，随后正式编入中国人民解放军中原野战军。中原野战军第三十八军与中国人民解放军第四野战军第三十八军（抗美援朝时期被彭德怀称为"万岁军"）不是一个部队。

中原野战军转战河南省南阳地区作战期间，第四纵队司令员陈赓于指挥战役间隙，特意骑马到南阳市以西70华里的镇平县七里坪，看望土地革命战争时期和抗日战争时期的老战友彭雪枫的一家。

彭雪枫是河南省南阳地区镇平县人，农民家庭出身，曾在北平育德中学和汇文中学、开封训政学院读书。在北平期间，1925年加入中国共产主义青年团，1926年转入中国共产党。其间，有一年寒假回乡探亲(这也是彭雪枫最后一次回家乡)。离开家乡时，其父亲问他什么时候才能回来时，他慨然答道："天地翻身，河水倒流。"村里的青年人为他送行，临分手时问他："下次什么时候回来?"彭雪枫回答："山河改道，天地变色!"这是何等的豪情壮志！这就是共产党人以天下为己任的壮阔胸怀！这就是共产党人的伟大理想和信念！这就是共产党人改天换地、气壮山河的宣言！此情此景，家乡父老代代相传，至今记忆犹新。从此，彭雪枫投身中国革命，再也没有回过家乡。真乃"是七尺男儿生能舍己，作千秋雄鬼死不还乡"。此后，彭雪枫在北平、山东等地从事中共地下工作。1930年被中共组织派往中央革命根据地。在中国工农红军第三军团，他政治坚定，指挥得当，作战勇敢，屡立战功，深受彭德怀总指挥的信任，很快担任了师政治委员、师长。以后担任过江西军区政治委员、红一方面军总司令部第一局局长等职。"一年三百六十日，天天横戈马上行。"他曾率部参加长沙战役、中央革命根据地历次反"围剿"。在长征中，率部攻克娄山关、遵义城。长征胜利后，参加东征，以后作为中共中央代表，常驻太原，从事抗日民族统一战线工作。全国抗日战争爆发后，任八路军参谋处处长兼驻山西办事处主任、新四军驻河南确山竹沟留守处主任、中共河南省委军事部部长。在此期间，其父闻讯，曾去竹沟与彭雪枫见过一面，住了几天。但因中共河南省委此时经济困难，彭雪枫劝父亲不要久住，父子分手，遂成永诀。

此后，彭雪枫率领200余名干部、战士东进豫皖苏边区，与当地中共组织和人民抗日武装力量相结合，迅速组建了新四军游击支队，以后发展为新四军第四师，开辟了豫皖苏抗日根据地，并相继担任新四军游击支队司令员兼政治委员、八路军第四纵队司令员、新四军第四师师长兼政治委员、新四军第四师师长兼淮北军区司令员，为中国革命作出重要贡献。彭雪枫才兼文武，军政皆优，精通文学，品质高尚，深受毛泽东、周恩来、彭德怀等中共中央领导人的器重，是红军、八路军、新四军的一员战将、名将。1944年9月11日，彭雪枫率领新四军第四师从淮北向豫东进军，在河南省夏邑县八里庄指挥作战中，中弹牺牲。中共中央、八路军总部、新四军军部，曾为彭雪枫举行了隆重的悼念活动，高度评价其为共产主义事业奋斗的一生。

陈赓司令员在中央革命根据地与彭雪枫相识相知，是亲密的同志和战友。在转战南阳地区期间，还惦记着老战友的家人。这一天，陈赓一行骑马来到镇平县七里坪村旁，即翻身下马，牵马进村，经询问，找到了彭雪枫家。陈赓司令员见到彭雪枫的老父亲后，深情地说：老伯，我是陈赓，是雪枫同志的战友，今天特意来看望您老人家。雪枫同志虽然牺牲了，但是中国人民永远不会忘记他，我和雪枫同志的战友都是您的子侄。现在，咱们的力量已经发展起来了，很快就要把天下夺过来了，您老人家一定要保重身体，等着过好日子吧。最后，陈赓司令员让随行人员把带来的几袋面粉等礼物送给彭雪枫的父亲。临走前，陈赓指示中共地方组织和人民政府，一定要妥善照顾彭雪枫的家人，帮助他们解决生活上的困难……战友之情、同志之情，在陈赓司令员身上得到了真正体现①。

在逐鹿中原的过程中，1948 年 5 月 9 日，中共中央决定加强在 1947 年 5 月成立的中共中央中原局，由邓小平任第一书记，陈毅任第二书记，邓子恢任第三书记；并决定成立中原军区，刘邓野战军及陈谢集团改为中原野战军，刘伯承任中原军区司令员、中原野战军司令员，邓小平任中原军区政治委员、中原野战军政治委员；陈毅任中原军区第一副司令员，李先念任中原军区第二副司令员；同时，陈毅仍担任华东野战军司令员兼政治委员，以便于中原野战军和华东野战军两大野战军协同作战，逐鹿中原。中原局和中原军区下辖豫西、鄂豫、豫皖苏、桐柏等 7 个区党委和二级军区。中原解放战争进入了新阶段。

随后，邓小平率中共中央中原局机关移至河南省宝丰县，指挥中原人民解放战争。

中原局和中原野战军进入兵源、粮源、财源源源不断的中原战场，与国民党反动派逐鹿中原，开创了中国革命的新局面。“鲁山报告”在贯彻落实中迅速产生了积极的影响，使中原解放区在一系列政策策略方面发生了新的转变。对于中原地区政治、军事、经济形势的鼓舞人心的新发展，邓小平于 1948 年 5 月 9 日给毛泽东作了这样的报告：“整个中原有四千五百万人口，现为我控制者约两千万，计有豫陕鄂七百万（有政权有工作者五百万），豫皖苏九百万（能征收的人口），但仍是敌来我往的拉锯局面，江汉三百万，桐柏二百万，其余一半人口的区域，极大部分有我游击部队和政权活动。大别山斗争仍极艰苦，但是我们确实已站住了脚，敌人把我们打不出来了，而四个野战纵队抽出后，减少了人民的负担，拖住了敌人三个师（十师、二十师、五十八师），加上最近策略上的讲求，更利于大别山的坚持。”“今年麦子普遍好。夏征工作做好，就可以争取财粮供应的主动地位。豫陕鄂已确定征足一百万石至一百二十万石，如果完成了此数，加上商业税收（主要是烟叶税）及银行透支（不超过发行额四分之一），即可使该区十二万人（包括党政军）全部自给，并可供给其他野战军三万人至五万人。江汉、桐柏两区已可能供给野战军一两万人。豫皖苏产粮更多，如照豫陕鄂标准计算，除本身七万人外，约可供给野战军五万到八万人。如果今年麦征、税收、银行工作做得好，即可大大减轻华北负担。我们最近不断强调争取大部分自给，提倡节约。”

1948 年 5 月下旬，为牵制位于豫中临颍地区的国民党军整编第十八军，配合并策应华东野战军第一兵团由濮阳地区南渡黄河作战，中原野战军司令员刘伯承、政治委员邓小平根据

① 中华人民共和国建立后，中共河南省委将彭雪枫烈士的父亲和家人接到了省委，由省委妥善照顾。

中共中央军委的指示,发起宛东战役。刘伯承、邓小平以中原野战军第一纵队、第三纵队、第六纵队组成东集团,一部佯攻确山,将中原野战军主力集结于确山以西,引诱整编第十八军南下,并准备迎歼由南阳东援的国民党军张轸兵团;以位于内乡等地的中原野战军第二纵队、第四纵队和华东野战军第十纵队、桐柏军区部队主力、豫西军区第七军分区部队组成西集团,准备协同东集团在社旗镇、唐河以东地区合击张轸兵团;另以华东野战军第三纵队、第八纵队和中原野战军第九纵队一部组成阻击集团,在郾城、漯河地区阻击整编第十八军,以保障东、西两集团围歼张轸兵团。25 日,东集团一部进占驻马店,27 日佯攻确山。整编第十八军果然南下,阻击部队将其阻于漯河地区。张轸兵团整编第十师、第二十师、第五十八师以密集队形由南阳东援。西集团第四纵队于 28 日夜将其阻于社旗镇以南埠口地区。东集团主力遂兼程西进,参加围歼;西集团连续 9 次击退张轸兵团的进攻。张轸见势不利,乘东集团尚未赶到,西退之路尚未完全被截断之机,于 31 日在整编第九师接应下,突然调头向南阳撤退。西集团当即进行追击,将其后尾整编第五十八师师部及第一八三旅大部、整编第十师一部包围在南阳以东马刘营地区。张轸兵团全力回援,遭西集团第四纵队阻击,被迫退返南阳。6 月 3 日,西集团对马刘营地区守军发起攻击,将其全歼。在此期间,阻击部队始终将整编第十八军阻于漯河以南地区,保障了东、西集团的作战,此役共歼国民党军 1.2 万余人,给了张轸兵团以沉重打击,策应了华东野战军第一兵团南渡黄河作战。

宛西战役、宛东战役胜利后,中共中央于 1948 年 6 月 12 日发出贺电:“庆祝你们最近在宛西、宛东和江汉连续三次歼敌,并解放豫陕鄂广大地区的胜利。尚望继续努力,为消灭蒋敌,解放全中原人民而战。”

襄樊是湖北省北部襄阳和相邻的樊城的合称,两城夹汉水而居,因历史发展,逐渐合为一城。此地扼湖北、河南两省,战略地位极为重要。为此,蒋介石在此设国民党军第十五“绥靖”区,以大特务头子康泽为司令官,率部驻守。

全国解放战争时期,中原野战军和中原军区部队对驻守湖北省襄阳、樊城地区的国民党军进行的进攻作战,被称为襄樊战役。1948 年 6 月,华东野战军和中原野战军发起豫东战役,迫使国民党军从豫南、鄂北抽兵北上增援,襄樊地区仅留国民党军的第十五“绥靖”区司令官康泽率 3 个旅担任守备。刘伯承、邓小平遂决定集中中原野战军第六纵队和中原军区所属桐柏军区与陕南军区部队共 14 个团,由桐柏军区司令员王宏坤统一指挥,发起襄樊战役,夺取川陕鄂豫四省要冲的襄阳、樊城。7 月 2 日,第六纵队自河南省新野地区西进,袭占老河口。国民党军守军经谷城南撤,谷城守军亦随即南逃。3 日,陕南军区第十二旅于谷城以南进行截击,将第一六三旅大部歼灭;桐柏军区主力亦于茨河西北截歼其辎重营。随后,第六纵队等部沿汉水南下,于 7 日开始由襄樊外围作战,准备首先攻取襄阳。襄阳城三面环水,一面靠山,北与樊城隔汉水相对,城南有羊祜山、虎头山等制高点,地势险要,工事坚固。攻城部队于 10 日攻占了襄阳城外东西两面守军的一些阵地。樊城守军惧歼,于 11 日渡河撤入襄阳。攻城部队鉴于襄阳南山主要阵地不易攻占，而城东、城西守军防御薄弱等情况，遂打破历史上取襄阳必先夺南山的惯例，以一部兵力牵制南山守军，集中优势兵力，用“猛虎掏心”战术，从东西两面、重点置于西面，钳击城内守军。战至 13 日，攻城部队占领西关和东关大部。南山守军于 14 日退入襄阳城内，企图固守待援。15 日夜，第六纵队和桐柏军区与陕南军区部队主力发起总攻，分别从西门、城东南与东北角 3 个方向攻入城内，并展开激烈巷战。三路部队密切协同，向心攻击，于 16 日下午合击杨家祠堂第十五“绥靖”区司令部，全歼守军。此役，共歼灭国民党军 2.1 万余人，俘虏国民党守军司令官康泽。

这个康泽并非国民党军的一般将领。此人早年曾受国民党派遣，到苏联莫斯科中山大学留学，回国后一直追随蒋介石，为蒋介石特务机构、军事别动队、三青团的主要头子之一，参与制定并掌握了蒋介石特务集团的大量核心机密。因此，活捉康泽，是襄樊战役的一个重大收获。中原野战军将生俘康泽的情况报告中共中央后，中共中央迅即复电：立即将活康泽安全押送到华北解放区。请注意，中共中央要的是“活康泽”，而不是“死康泽”。随后，中原野战军立即将康泽钉上脚镣，安置在一辆铺有棉被的大车上，派出得力干部和分队，将“活康泽”安全押送华北解放区，交给了中共中央情报部。

襄樊战役胜利后，中共中央特致电祝贺：“庆祝你们在襄樊战役中歼敌两万余人，解放襄阳、樊城、老河口等 7 个城市，并活捉蒋匪法西斯特务头子康泽的伟大胜利。这一汉水中游的胜利，紧接着开封、睢杞两大胜利后，对于中原战局的开展帮助甚大。尤其是活捉康泽，更给全国青年受三青团特务迫害者以极大兴奋。尚望继续努力，为彻底解放中原而战！”

宛西战役、宛东战役、豫东战役、襄樊战役的胜利，共歼敌正规军 17 万余人、地方团队 10 万余人，攻克了敌人的许多中心城市，包括坚固设防的洛阳、开封、襄阳等重要城市，粉碎了敌人的中原防御体系，解放了中原地区大片土地。

襄樊战役后，中原战场相对平静，中原局、中原军区利用这个时机，抓紧休整部队，在中原地区广泛、深入地开展了整党、整军运动。中原局在叶县郭庄召开的旅以上干部政治工作会议上，着重讨论部队的整党、整军等问题。邓小平在会上作了关于政策问题的报告，强调正确执行政策对于夺取全国胜利的重要作用，要求每一个指挥员树立政策观念，纠正各种错误倾向。在后来的实际工作中，邓小平发现，不仅部队中存在着一些思想问题、作风问题，中原解放区的各地方党委中也比较普遍地存在着无纪律状态和无政府状态。为此，邓小平代表中原局提出要克服无纪律无政府状态，克服领导机关的经验主义和官僚主义，纠正错误的领导方法和工作方法。

这时，随着 1948 年中国革命形势的迅猛发展和人民解放军的胜利进军，大片土地和大批城市陆续获得解放，成为新解放区。为了总结以往在新开辟地区工作中的经验教训，引以为戒，中共中央和毛泽东发出了一系列关于正确贯彻执行中央制定的政策、策略的指示，强调：

“善于把党的政策变为群众的行动，善于使我们的每一个运动，每一个斗争，不但领导干部懂得，而且广大群众都能懂得，都能掌握，这是一项马克思列宁主义的领导艺术。我们的工作犯不犯错误，其界限也在这里。当着群众还不觉悟的时候，我们要进攻，那是冒险主义。群众不愿干的事情，我们硬要领导他们去干，其结果必然失败。当着群众要求前进的时候，我们不前进，那是右倾机会主义。陈独秀机会主义的错误，就是落后于群众的觉悟程度，不能领导群众前进，而且反对群众前进。”①

“必须教育干部善于分析具体情况，从不同地区、不同历史条件的具体情况出发，决定当地当时的工作任务和工作方法。必须区别城市和农村的不同，必须区别老区、半老区、接敌区和新区的不同，否则就犯错误。”②

中原局、中原军区和中原野战军及中原战场各部队，都坚决地贯彻了中共中央和毛泽东关于正确掌握政策、正确制定策略的指示。

第十六章　中原局发出“六六指示”

为了贯彻落实中共中央于1948年5月25日发出的关于1948年的土地改革和整党工作的指示，全面总结挺进大别山和坚持大别山斗争的经验教训，提高广大干部的政策水平，中共中央中原局第一书记邓小平于1948年6月6日为中原局起草了《贯彻执行中共中央关于土改与整党工作的指示》（史称“六六指示”）。

在“六六指示”的开头，就十分鲜明地指出：

鉴于我们以往在新区所犯的急性病的错误，脱离了群众，孤立了自己，在对敌斗争与确立根据地的事业上，造成了许多困难，所以全区都应根据五月二十五日中央关于一九四八年的土地改革工作和整党工作的指示，重新地全盘考虑我们的工作方针和策略步骤。中原全区四千五百万人口，我们业已基本上控制的区域约二千万人口，游击区约一千万人口，还没有到过我们部队的崭新区约一千五百万人口。而在控制区和游击区的三千万人口中，实行了分田的不超过四百万人口，其余的地方大都只分了浮财。因此，在极大部分的区域，包括没有真正分配土地的控制区及一切游击区和崭新区，都应根据中央指示，“充分利用抗日时期的经验，实行减租减息和酌量调剂种子食粮的社会政策和合理负担的财政政策，以便联合或中立一切可能联合或中立的社会力量，帮助人民解放军消灭一切国民党武装力量和打击政治上最反动的恶霸分子。在这类地区，既不要分土地，也不要分浮财，因为这些都是在新区和接敌区的条件之下，不利于联合或中立一切可能联合或中立的社会力量、完成消灭国民

① 《毛泽东选集》第四卷，人民出版社1991年版，第1319～1320页。
② 《毛泽东选集》第四卷，人民出版社1991年版，第1331页。

党反动力量这一基本任务的”。就是在那些已经分了土地的地方,因为问题很多,也应根据这个方针,从现有的实际情况出发,专门研究,订出方法,分别地实行调整[①]

接着,“六六指示”从十二个方面分析了新解放区土地改革工作中所犯急性病的严重教训,尤其对大别山地区的土地改革运动提出了尖锐的批评。

为了不重复错误,有效地团结一切社会力量反对国民党反动派,更早地完成全部解放中原人民的任务,“六六指示”要求:全区应即停止分土地,停止打土豪分浮财,停止乱没收,禁止一切破坏,禁止乱打人、乱捉人、乱杀人等现象。

同时,“六六指示”还要求中原局所属各级党委和全区部队根据下列的方针和策略步骤进行和调整各方面工作:

一、在控制区,凡是没有分土地的地方,即应停止分配土地的宣传,进行减租减息及合理负担的宣传,立即着手调查研究,创造典型,积累经验,以便在各区党委范围内,制定统一简明的减租减息及合理负担的法令和进行步骤,并据此训练干部,教育群众,准备秋后直到明春,形成一个广泛的双减群众运动。凡是分过土地的地方,则应区别真分还是假分,一大片地区分了的还是只在一些孤立据点分了的,问题多的还是问题较少的;而规定出不同的处理办法。一般的原则是,真分的一般应该确定地权财权,不再变动;假分的应该说服群众自愿改为租佃关系,实行减租减息;一大片地区分了的,而又是环境许可群众要求的,则领导群众继续完成分地工作,同时正确地划分阶级和补救缺点;只在孤立据点分了的,则按情况根据大多数农民意见,不再变动,或说服群众改为减租减息。有问题的则按问题性质,协同群众商量解决办法。在解决问题的时候,不应只根据少数干部和积极分子的意见,而应根据农民群众大多数(包括中农)的意见,并且可以吸收在家地富参加讨论发表意见。

二、在游击区,应在以团结一切社会力量对敌斗争为主的方针下,坚决进行反抓丁、反掠夺、反保甲特务统治的斗争,保护基本群众及各阶层的利益,并按照环境及群众要求,适当地实行双减政策,即一般地在地富同意下实行双减,或者比控制区减得少一些,或者先从地富自愿的减起,都是可以的。在负担政策上,则应确实照顾基本群众的利益。在分配整个负担数目的时候,不可使游击区比控制区还重,而在两面负担的地区,还应酌量减轻。到游击区抓一把的倾向必须克服与严厉制止。在游击区应该采取比较隐蔽的斗争方式和组织形式,力求各阶层团结一致,反对国民党军及土蒋,集中力量打击少数的反动特务分子,切不可过于突出,使群众受到本可避免的摧残。凡是敌人控制力较大的地方,还应采取武工队的斗争形式,实行革命两面政策,以反对国民党正在普遍实行的所谓“总体战”。

三、在崭新区,我们进入之后,应该采取更为广泛的统一战线的政策,团结一切社会力量,反对美蒋和地方上最反动的分子,以便于我们消灭敌人,站稳脚跟。在策略步骤上切不

① 《邓小平文选》第一卷,人民出版社 1994 年版,第 108 页。

可操之过急。首先要求不要搞滥，然后根据地区的巩固程度，群众的觉悟和组织状况，逐步地实行政治、经济和社会的改革。因此在政治上要善于利用敌人内部的矛盾，争取或联合其较好的部分，中立其动摇的部分，孤立和打击其最反动的部分。切不可打倒一切，帮助敌人团结，把自己孤立起来。在社会政策上，不打土豪，不分浮财，不作经济上的没收，只对个别业已判处死刑的最反革命的分子的本人财产实行政治的没收，并分给群众。而在执行双减政策时，也应经过宣传组织、政府颁布正式法令等步骤；不可毫无准备地贸然进行。在实行适当调剂种子吃粮的政策时，不可采取开仓济贫的办法，亦不可强迫地富拿出粮食救济贫民，而应提倡低利或无利借贷的社会互助办法，或者采取由政府从没收或征收的公粮中抽出一部分举办生产贷粮或临时救济的办法……尤其重要的是，我们军队在新区要成为执行党的全部正确政策的模范，必须认真执行三大纪律八项注意，严格执行保护城市、保护工商业、保护学校医院及一切公共建筑和财产的政策，禁止对任何东西的破坏和浪费。同时要对农业社会主义的反动性和破坏性作坚决的斗争。

四、党的领导及各项政策应该充分地通过政权和群众团体去实现。在控制区，应配备大批得力干部到政府各部门中去，而首先要加强的是财经部门(包括财、粮、工商、银行、税收)，以便保障军需民生，避免浪费和混乱，及在工作步骤上取得主动。同时注意建立人民法庭，以便接收审理案件，维持社会秩序，避免乱打人、乱捉人、乱杀人的现象。我们的政权性质，依然是无产阶级领导的人民大众的反帝反封建反官僚资本的人民民主政权的性质，抛弃中央的“三三制”政策是错误的。因此，在区村政权仍应绝对掌握于农民(包括中农)的手中，但在县以上政府，目前可根据实际情况，酌量聘请一些进步的工商业人士，及在地方上比较正派的、有正义感的、有相当声望的、赞成反美反蒋、赞成民主和减租减息、合理负担等项基本纲领和政策而又没有逃跑的开明士绅，当参议、咨议，或吸收参加一定的工作。但是聘请参议、咨议时，必须有合格的人选，而且要经过区党委的审查和批准，切不可滥竽充数，流于形式，甚或用人不当，脱离群众。在游击区，则在武工队的统一组织下，采取县区游击政权的形式，在乡村则保留旧的形式而逐渐加以改造，充实其民主的内容。在不能不应付敌人的地方，可以建立革命的两面政权。在崭新区，除了灵活运用上述原则外，在初期还应善于利用旧的政府，维持秩序，解决军需。

五、控制区应当普遍建立包括中农在内的农民协会。有贫农团者，扩大成为农协；无贫农团者，不再组织贫农团；有贫农团、农协两种组织者，合并为农协一种组织。农协是乡村最主要的群众组织，必须大量地吸收农民自愿入会，扩大组织基础，防止为少数人垄断自私使之变成一个狭隘宗派团体的现象。农协的领导成分，一般适用贫雇农占三分之二、中农占三分之一的原则，并须防止流氓、坏人篡夺领导权，使正派忠诚的劳动农民当权。除了农协，在农村还应逐渐建立青年的、文化的、妇女的、儿童的组织，以团结和教育一切群众。在城市则应首先注意建立工会和团结知识青年的组织。在游击区和崭新区则应建立小而精干的秘密的或半公开的群众组织和情报组织，名称不必一律，组织不必统一。局面打开之后，再建立工、农、青、妇各种组织。在已有初步工作基础的地方，即应开始建立精干的党支部。

六、为着发展生产，繁荣经济，以便保障人民生计和支援战争，必须注意领导人民加紧生产，不误农时，不荒地，防止地富怠工和破坏；必须坚决执行保护城市、保护工商业的政策，纠正相当普遍存在的轻视城市、放弃城市工作领导的错误倾向。过去城市乡村的工厂、作坊、商店和副业遭到了严重的破坏，党和政府要用很大力量组织各种专门机构（吸收工商业主、技师和工人参加），研究办法，使之迅速恢复生产。凡是没收错了的私人工商业的生产资料，如果是军队和政府机关保存的，应无条件地全部退还；如果已分给群众，则应说服群众归还，或由政府用其他东西从群众手中换回发还。凡是应该没收的生产资料，亦应或由政府、或租给私人、或组织群众恢复生产，不得搁置不用，妨碍生产。同时，为了尽快地恢复与发展工商业，政府银行应根据实际情况，举办工商贷款，而集中力量于首先恢复和发展那些对人民生计和军需有密切关系的部分。

七、在执行上述方针政策的时候，必须向群众作充分的宣传和解释，不要惧怕在群众面前进行自我批评。应当向群众适当指明，过去某些“左”的办法，特别是乱打人杀人、破坏工商业、侵犯中农利益、对地富扫地出门、流氓坏人当权等，都是违反了中共中央和毛主席的方针和政策，于人民不利的，所以必须纠正。应当说明，土地改革是我党始终要贯彻的方针，因为只有土改才能使农民获得比较彻底的解放，我们暂时改为双减，是因为土改条件尚不成熟，双减政策在目前对人民比较有利的缘故。说明群众组织起来，正派农民当权，到极大多数农民都真正要求分配土地的时候再来分地，方才会办得公道，不出毛病。在处理具体问题的时候，必须坚决保护群众已经得到的果实，击退可能发生的地富反攻。应当确定，只有对中农被侵犯的财产，才作坚决的适当补偿。对地富的工商部分，也须设法予以退还。至于地富的其他财产，则不应退还；但在分了土地的地方，必须保证地富分得同等的一份土地、房屋和生产工具。争取地富回家的工作，应当广泛进行，但应采取严肃的立场和态度，表明这是政府和人民对他们的宽大。他们回来后，必须向政府登记，声明遵守政府一切法令，不作任何破坏和帮助国民党的特务行为。同时还应教育群众提高警惕，防止地富特务的反攻和破坏。

八、对地方土蒋、土匪，实行首恶者必办、胁从者不问、立功者受奖的政策。采取以政治瓦解为主，配合以积极的军事打击的办法，达到完全消灭的目的。应当动员各种力量，劝说官兵回家，政府对于回家的一律宽大处理，不杀不辱，只进行一定的登记手续。对于火线上的俘虏，应采取对国民党正规军一样的俘虏政策，绝对禁止杀戮，并应利用他们去进行瓦解和争取的工作。对于必须处决的首恶分子，应当经过法庭判决予以枪毙，不得采用乱棍打死等非法的丧失社会同情的处死办法。

九、各地地方武装已有相当发展，即应有计划地进行整理和巩固。特别注意加强干部，加强阶级教育，建立党的组织，细心地清洗坏分子和特务分子，严格军事纪律和群众纪律。同时在巩固的基础上继续发展。在已有的人民武装中，问题更多，亦应采取有效办法，依靠农协进行整理和巩固，严防特务地富掌握。凡是有可靠的农协的村庄，都应将人民武装置于农协的领导之下，并经过农协逐渐地掌握全村的民枪。

十、强化宣传教育，无论在军队在地方都是刻不容缓的工作。部队的宣传文艺组织即应恢复和加强。各级党委和政治机关应加强宣教工作的领导，使之完全符合于党的方针和政策。乱写标语乱做宣传的坏现象，应该制止。

十一、培养本地干部是联系群众深入工作的重要环节，也是外来干部的责任。各地必须注意从斗争中，选拔大批的正派劳动的积极分子和贫苦知识分子（包括中农出身的），经过训练，提升为区村干部。党应经常检查这一工作的执行程度。对于地富出身的青年知识分子，亦应大量吸收，或送华北学习，或送本地军政学校予以改造，或经过教育后分到外区外乡工作。

十二、军队是在新区进行地方工作的重要力量。少奇同志说，如果军队不执行党的政策，就等于党的政策在党的主要部分没有保障。所以军队的党和干部，应该警惕自己，认识责任之重大，加强政策学习，爱惜民力、物力，保证成为执行党的全部正确政策的模范。

"六六指示"最后强调：

中央指示全党必须坚决地克服许多地方存在着的某些无纪律状态或无政府状态，克服领导机关的经验主义和官僚主义。这些现象在中原区更为严重。由于反攻后处于比较紧张和分散的情况，各个区域的工作不能不带着较多的独立性。但因此而发展了无纪律无政府状态，对党的政策和策略相当普遍地缺乏严肃负责的态度，工作的松散、迟缓和效能之低，领导机关的放松领导和放任各种错误倾向的自由主义，都达到相当惊人程度。因此，应在各级党的组织和干部中详细讨论中央指示，实行正确的领导方法和工作方式，纠正错误的领导方法和工作方式。中原的局面虽已初步打开，但在完全战胜敌人，保障几十万大军供给等方面，困难还是很多的，亟需全区同志认真执行中央正确的政策策略和领导方法，及时纠正错误，增强工作效能，才能不断地克服困难，达成解放中原全区的任务①。

"六六指示"上报中央以后，毛泽东十分重视。他在致刘少奇、朱德、周恩来等同志的信中指出："中原局指示可以发给中原以外各中央局、分局、前委……有了中原局这个文件，中央就不需要再发这类文件了。"6 月 28 日，毛泽东代表中央复电中原局，完全同意中原局的"六六指示"，并增写了两段文字。随后，中央将中原局的"六六指示"转发给各中央局、中央分局和各大野战军的前委，要求各地参照执行。

中原解放区坚决执行中原局的"六六指示"，停止土地改革，实行减租减息，并认真纠正

---

① 《邓小平文选》第一卷，人民出版社 1994 年版，第 108～123 页。

了土改中发生的各种问题。中原局和邓小平大力纠正新解放区土改中出现的"左"的错误的做法,显示了坚持一切从实际出发、坚持实事求是的精神,中原解放区的广大领导干部受到了一次终身难忘的深刻的马克思主义政策、策略教育。

中原局和邓小平关于正确执行中共中央制定的方针、政策、策略的一系列报告、讲话和指示,对于提高中原地区党政军领导干部的政策水平,发展和巩固中原解放区,起到了重要的作用;并且多次受到中共中央和毛泽东的肯定和赞扬,有的被中央批转到其他解放区参照执行,产生了积极的影响。毛泽东曾在邓小平呈报中央的一个报告上亲笔批示:"小平所述大别山经验极可宝贵,望各地、各军采纳应用。"

第十七章　中国人民解放军攻克河南省会

1948 年 6 月 14 日,刚刚参加了中共中央一系列会议,带着中央对中原战场的新精神,根据中共中央和中央军委命令前来中原就任中共中央中原局第二书记兼中原军区、中原野战军副司令员的陈毅,与同来就任中共中央中原局第三书记兼中原军区副政治委员的邓子恢,到达中原军区所在地——河南省宝丰县商酒务地区皂角树村。受到前来迎接的中共中央中原局第一书记、中原军区和中原野战军政治委员邓小平,中原军区和中原野战军司令员刘伯承等的热烈欢迎。

担负逐鹿中原任务的中国人民解放军中原野战军和华东野战军的主要负责人会师在中原战场上,这本身就是一件历史性的大事。

这次陈毅到中原,一是就职——担任中原局第二书记、中原军区和中原野战军副司令员,二是传达中共中央的新精神。根据刘伯承、邓小平的安排,从 6 月 17 日起,由陈毅向中原野战军机关和附近驻军的团以上干部传达中共中央和毛泽东自 1947 年 12 月以来的一系列指示精神和方针、政策。

陈毅极富口才,擅长即席演讲,上至天文,下至地理,远至国际,近至国内,纵横驰骋,有张有合,常令干部、战士听得如醉如痴,极为解渴。这次传达中央精神,真正使英雄又有了用武之地。

陈毅在报告中说:

"毛主席和中央是很关心中原部队的,因为你们大别山兵团无后方作战一年,战略上成就最大,吃的苦也不少;第二是陈谢兵团,四、九两纵过黄河也是无后方作战。中央给我任务,要我代表中央向中原全体同志致敬。"

"去年八九月我们挺进中原,转入战略进攻,从内线转入外线作战。这一伟大的军事行动,造成了中国人民解放战争伟大的转变。特别是新区里如何建立根据地,建设解放区,直到中原局的'六六指示',这一经验对于今后二三年内取得全国胜利非常宝贵,非常重要。"

“中原局的指示是原则的，只是那么几句，中央希望我们去报告，邓政委去华北，就是起这样的一个作用。去年大反攻以来党政军民的经验的具体总结，对我们下一战略行动，是无价之宝。对中原一年的经验有了大体的领会了解，将保证我们过大江以南的胜利。”

“这对于我们夺取全中国，争取全国的胜利，是有重要意义的。”

传达中共中央 1947 年 12 月在陕北米脂县杨家沟召开的重要会议精神，是陈毅此次报告的重点。他在传达十二月会议内容时说：

“十二月会议是在陕北开的，中央在陕北召集了晋绥、陕北两区的中央委员开的一次中央会议。会议的主要内容是估计时局，估计去年年底及 1948 年的整个战略与政治局势，定出我们的任务，特别是争取全国胜利的问题。”

“可以这样讲：十二月会议是准备胜利、争取胜利的会议。”

“十二月会议总结从 1946 年 6 月中原战争爆发，到 1947 年年底，一年又半，整个人民解放战争，提出了新的作战方针。特别是根据中原的经验，根据中原各兵团已站住脚跟，整个形势稳定，来检讨全中国的形势，提出‘打倒蒋介石，建立新中国’的纲领。毛主席亲自讲：‘我在大别山各兵团没有站住脚，我们不敢开这个会，我也不敢讲这个话，不敢写这篇文章，不敢讲伟大的转折点、蒋介石可以打倒。这篇文章要等一年半载再写。因为中原的部队站住了脚，胜利靠得住，现在我们要开会分析、估计，大胆地写文章，向全国人民号召，准备在几年内取得全国胜利。’”……

陈毅的报告，连续进行了整整 3 天，创了当时多年来作报告时间之长的最高纪录。这个报告传达了最新中央精神，高度评价了中原野战军挺进大别山、坚持大别山的重要历史贡献，明确了当前和今后一个时期中原战场的主要任务，受到中原野战军与会干部的热烈欢迎。

开封是河南省会和中原战略要点，是国民党军长期设防的城市。1948 年 6 月 17 日至 22 日，华东野战军第三纵队和第八纵队，在中原野战军第九纵队和第十一纵队以及人民解放军冀鲁豫军区部队、豫皖苏军区部队配合下，发起开封战役。守城国民党军有整编第二十二师的 3 个团、第二十八师一个团和河南保安部队 7 个团等。中共开封工作委员会为了配合人民解放军解放开封，克服重重困难，派地下党员积极搜集国民党军城防兵力部署、工事构筑、军政机关与重要仓库所在地以及空军调动等情报。人民解放军经过激烈战斗，解放开封。

国民党河南省政府主席刘茂恩见势不妙，买通一进城拉粪的农民，躺在粪车中，混过人民解放军设在开封城门的哨兵，惶惶若丧家之犬，急急如漏网之鱼，方逃出开封。然而，此人以后在回忆录中竟然编造出化装为教师，蒙骗哨兵出城的谎言，借以欺世盗名。

攻占开封，是解放战争中人民解放军在关内第一次攻克国民党政府的省会，意义重大，此役包括鲁西南阻击战在内共歼敌近4万人。6月26日,人民解放军主动撤出开封,挥师东进,捕捉战机,继续歼敌。10月24日,人民解放军第二次解放开封。11月初,中共开封特别市委、开封市人民政府、开封警备司令部相继成立。

开封战役后,人民解放军乘胜于6月27日至7月6日发起睢杞战役。华东野战军和中原野战军一部密切配合,彻底歼灭了敌区寿年兵团部、整编第七十五师及整编第七十二师一部,俘虏兵团司令官区寿年和整编第七十五师师长沈澄年。同时,歼敌黄百韬兵团3个多团,合计歼敌5.4万余人。开封战役和睢杞战役合称豫东战役。人民解放军在20天连续作战中,共歼敌9万余人,为粉碎国民党军的中原防御体系发挥重要作用。

尤其值得历史记载的是,开封解放后,中国人民解放军遵照中共中央和毛泽东的电示,坚决贯彻中国共产党的各项政策,赢得了人民群众和各界人士的赞扬。当开封战役炮火弥漫时,人民解放军已经派出部队对河南大学、河南大学图书馆进行妥善保护,受到河南大学教职工及学生的好评。河南大学具有悠久的历史和革命传统。河南大学图书馆里,马克思的《资本论》等著作学生可以任意借阅。

中国共产党地下组织在河南大学一直十分活跃,并经常得到进步教授的保护。因此,开封第一次解放,立即就有一批著名教授投身革命事业,进入中原解放区,创办中原大学。当事人郭海长回忆说:

1948年夏开封第一次解放时,康矛召(华东野战军文工团团长)最初来《中国时报》社,接洽印文件一事,我们就提出河南大学有些人要求到解放区去的问题。当时要求最迫切的有嵇文甫、罗绳武等。康矛召说这事需要请示,后来才知道,他请示了刘伯承、邓小平和陈毅等领导同志。当时刘、邓、陈首长都到了开封,但未进城,住在杏花营附近农村。最初的回答是"欢迎",后来又说"越多越好,河南大学都搬去我们也欢迎"。这些话都是陈毅讲的。他这样一说,我们就分头去动员。刘世明(原汴郑工委地下党员,《民权新闻》主编)瘸着腿到处跑,和很多人接头。嵇文甫先生要求全家走,能否都去?又找了康矛召,康矛召转达陈毅的话:"可以带家属去,人越多越好!"

当时,嵇文甫先生的态度很明确,王毅斋先生还在犹豫,因他爱人到南京去了,他带着两个孩子很作难,但他的侄子王仲清积极主张他走。经过刘世明做工作,最后王先生毅然带着两个孩子走了。教育系教授罗绳武爱人怀着孕、孩子又多,还有一个有病,要走有极大困难,我们想说服他留下,他坚决要走。此外,还有河南大学的教授、副教授李俊甫、苏金伞、赵俪生等。

国民党河南省党部宣传部长段寸西,他的一个孩子当时被国民党飞机炸死了,对国民党满腔义愤,也要求带老婆孩子三口人到解放区。我们同意了他的要求。《中国时报》社一齐走的,有总编辑刘国明、采访部主任李松灵、编辑部主任陈承铮,还有我和刘世明。

6月24日下午,我们这一行集中在开封市大金台旅社。华东野战军政治部宣传部部长赖少其给我们讲了话,表示欢迎。晚上,由大金台门口乘汽车出发时,康矛召宣布说:“这一行我们委托郭海长沿途负责照料。”并给了我几千万元崭新的中央银行的钞票,供沿途零用。

这次全家一起走的有:嵇文甫、王毅斋、李俊甫、赵俪生、苏金伞、郭海长、刘国明、李松灵、李定中、段寸西、戴汤文(他是直接找的解放军,经康矛召介绍和我们同行)。原计划经东明过黄河到邯郸,由于国民党新五军从东面插过来,路上不安全,就把我们交给豫皖苏军区司令员张国华,由他派人送往豫西。张国华的临时指挥所设在禹王台门外的茶馆里,我们到那里时,他和豫皖苏行署副主任杨一辰接见了我们,稍事休息后,就派了一个参谋带一班战士护送我们上路。

当晚午夜以后由禹王台动身,翌日晨五六点钟来到通许城外的徐洼,遇到敌机在我们头上盘旋,就停下来隐蔽。攻打开封的主力部队撤下来,也驻在这里休整。当我们男女老少下车在村头的树荫下休息时,解放军看到都围了过来问长问短。我们对解放军既崇拜又好奇,也提出许多问题来问他们。有一个四川口音的解放军说得眉飞色舞,头头是道。正说着,吹哨吃饭了,部队也给我们安排了饭。饭后,部队同志又集拢来,我们就问:“刚才给我们谈话的那人是啥干部?”我们那时都很佩服他,认为他讲得很好。他们反问:“你们认为他是个啥干部?”大家说:起码是个政治工作人员,恐怕是个指导员吧。“哈哈,啥子嘛,他是个解放兵,刚从国民党部队解放过来,还不到两星期。”我们都大吃一惊。嵇老说:“咱们到解放区遇到的第一个老师就是一位解放兵。”

在这里停了一天,晚上出发到了张寺,进入黄泛区,没有村庄,就在柳林里住下来。这时张国华也赶到了,他要我们休息一天再走,还在那里招待我们吃了一顿丰盛的野餐,用脸盆端来了红烧肉。在这里《中国时报》社的陈承铮以及刘世明、武柏林、徐邦敬和时报的一些工人同我们分手到豫皖苏解放区去了。

我们继续往西走了一夜,经过扶沟、许昌来到襄县。在一个教堂里休息,护送的秘书丁力告诉我们:一会儿刘司令员、陈司令员等要来看望大家。我们正睡得迷迷糊糊也没在意。不久,当刘伯承、陈毅、陈赓三位司令员出现在我们面前时,我们感到非常意外,因为我们这时认为刘伯承在大别山,陈毅在山东,陈赓在宛西,这三位神话中的解放军将领突然在这里出现,实不啻从天而降,大人、小孩都兴奋地争着和他们握手。

刘伯承热烈欢迎我们一行到解放区,称我们是一支文化大军,并说今天是文武两支大军会合了。他又简单地介绍了一下战争形势,让我们先到鲁山休息。

为了迎接我们,豫西行署成立了接待组,由张剑石、时逸之、傅涯(陈赓夫人)三人组成领导小组。我们到鲁山后,被安排住在鲁山师范学校,随即以嵇文甫、王毅斋等全体人员名义向毛主席和党中央发了致敬电。

这次到解放区的开封文化教育界人士乘坐两辆汽车,连同家属总计数十人。还有好几百名开封各校的学生步行来到豫西宝丰。青年学生初到那里,情绪很不安定。他们的目的是到华北大学,不愿留在河南。陈毅给他们讲话,要他们留下创办中原大学。其中有人想不通。陈毅话刚讲完,就有人提问:“将来中原大学毕了业能当县长不能?”陈毅说:“唉呀!你这个同志口气太小了,司令员都可以干嘛!你只要能干,现在我就委任你当开封县长,你马上去上任吧!”接着又说:“我们的县长可不是容易当的,都是匹马单枪打出来的。需要你自个去开辟!”还有人问:“我们不愿意干的话,走中不中?”陈毅说:“来的欢迎,走的欢送。你怕热,我们还给送顶草帽。”快人快语的回答,我们都听得真真切切。

7月初,中原局派刘鸿文和林恒到鲁山,分别和我们谈话。为了便于工作,刘鸿文和我们商量:“咱们不要说以前在开封认识,这样便于做工作。”最后我们这一行推嵇文甫、王毅斋、刘国明和我四人为代表,前往宝丰赵官营中共中央中原局。中原局的领导同志接见了我们,讲了形势,说:“河南解放,估计在今冬明春,可能还要有几个回合。凡是留在河南工作的,都要把家属送到晋城。”邓小平政委给晋城地委写了介绍信,原文是:“晋城地委:兹有河南文化教育界名流嵇文甫等家属数人,送你区安置,一切待遇从优,所有费用将来由华北局转中原局报销。邓小平 1948 年 7 月某日。”这封信由中原局秘书长杜润生起草,邓小平签了名,用一张白麻纸,也没有盖章。我当时心想,解放军这么简单,一张白纸就解决问题。后来到了晋城才知道,小平同志开会曾路过晋城,早已作了嘱咐。

刘、邓首长住在赵官营附近河村的一个地主家大院。刘伯承住上房屋,屋里四周墙上全是地图,桌上放着俄国人写的《合同战术》。刘、邓在司令部宴请了我们,中原局的负责同志李雪峰、孔祥祯、陈克寒、熊复及刘鸿文、林恒等都出席作陪。嵇、王是第一席,刘、邓为主人;我坐第二席,陈毅是主人;刘国明是第三席,邓子恢是主人。宴会上刘伯承告诉大家,襄樊战役已胜利结束,我们俘虏了特务头子康泽。王毅斋高兴地说:“今天的宴会是我终身难忘的一次,像今天这胜利的消息,我也希望能多听几次。”他道出了我们共同的心声。

在中原局待了大约一个星期。陈毅每天上午办公,下午来看我们。他穿着一身草绿色的布军装,脚上穿着草鞋,我们一看心想:这样一位名震中外的将军,竟如此简朴!他谈笑风生,平易近人,令人感到非常亲切。陈毅和我们在一起谈话,涉及的范围很广。谈起教育制度,从小学、中学说到大学,从中国说到外国,侃侃而谈,嵇、王和我们大家都钦佩不已,事后他们连声赞叹:“我们过去对陈毅了解太少,只知道他能打仗,没有想到还这么博学多识,大有儒将风度。”

我们到解放区后,新华社发过两三次消息,一是“人心所向——开封文化教育界名流一行到达解放区”,记述了我们的转移经过;二是“中共中央中原局领导同志刘、邓、陈设宴招待开封文化教育界名流嵇王郭刘等”。

后来,分别征得本人同意,嵇文甫、王毅斋留下来参加创办中原大学。拟请罗绳武任豫西行署教育处处长,罗坚辞不就,后到中原大学任教。刘国明到中原大学新闻班任教,李松灵到《豫西日报》工作。李俊甫、赵俪生、苏金伞、段寸西、嵇振民、李定中等去石家庄华北大学①。

1948年春天到夏天，中国人民解放军在中原战场上连战皆捷，凯歌阵阵。2月份的许昌、漯河战役，三四月份的第一次洛阳战役和第二次洛阳战役，5月份的宛西战役和宛东战役，7月份的豫东战役和襄樊战役，均取得重大胜利。

1948年8月1日，中国人民解放军中原军区负责人在总结了一年来中原战场的情况后，向中原“野战军及中原地区”各部队提出了解放全部中原的任务：

第一，各野战兵团应利用战斗间隙完成新式整军，提高士气，提高技术，提高指挥方法，保证在部队中能经常贯彻实施政治民主、军事民主、经济民主，各级司令部、后勤部应改善自己的工作，使前方、后方工作能适合需要，这样以保证我军战斗力之提高，以便争取今年秋冬两季完成几个更大规模的歼灭战，以粉碎蒋军在中原的防御体系，并适时继续地扩大战争规模到国民党的深远后方，争取全国革命胜利。

第二，各军区、各军分区应加强对我党建设人民地方武装的基本原则的认识，切实从政治上、组织上巩固现有地方武装，采取新式整军方针，在各地方武装中进行诉苦自觉的民主运动，来达成战斗力的提高，保证各部队能独立而胜任地负担保卫各该地区及当地人民利益的光荣任务。锻炼各地方武装成为我野战军的助手和后备。

第三，各级党委、各部队政治机关、各级民主政府，均应研究党中央对新区的政策，研究中原局的“六六指示”，更正确执行党的政策，从团结中原百分之九十以上的劳动人民出发，从分化争取剩下的百分之十的人口出发，只办首恶，不问胁从，做到团结更多的人来参加反对美蒋的民族民主统一战线。着重研究分化现存中原的国民党势力，使得我们中原人民的解放阵线愈壮大愈好。组织整个强大的政治攻势去反对国民党，将是取得军事胜利和巩固军事胜利的有力步骤。

第四，还须估计到在全部解放中原以及扩大战争规模深入蒋区的道路上，有不少的困难。例如，可能发生的灾荒，国民党潜伏力量企图活动，战争中不可避免的破坏和损害，在局部地区国民党仍有进扰的可能，这些均不容轻视，应有准备加以筹划，采取适当的政策。例如，我们内部中尚有个别的对战局认识不足的分子，尚有对停止土改表示怀疑的分子，又可能因停止土改而产生不关心群众利益的右倾现象，而造成与群众的隔离损失。我们某些人员在工作中的无纪律无政府状态是严重存在着的。某些地方某些部队中部分贪污浪费破坏纪律仍未得到根本的纠正。上述现象尽管是局部的、分散的，可是，如让其存在或有发展的

① 郭海长：《1948年夏开封文化教育界人士奔赴解放区的经过》，载中共河南省委党史资料征集编纂委员会《党史资料通讯》总第28期，第60~62页。

可能，将是人民事业前进中的一种障碍，必须加以克服才能顺利获得解放全中原以及解放全中国的光荣而伟大的成就。

中国人民解放军中原军区负责人还指出：

在中国人民解放战争第三年开始之际，在人民解放军中原各兵团转入进攻的周年纪念之际，在7月的五路大捷全国战局大开展之际，正确认识和评论中原战况是非常必要的。中原斗争正处于全面大解放的新局面。这对于我们内部对战况认识不足的个别分子，乃是一种有益的教导；对于国民党军掩饰其惨败的虚伪宣传，将是一种宣传上有力的歼灭战；对全国人民，特别是国民党统治区内盼望解放的人民群众，将是一种安慰和鼓励；而对于潜伏或残留在中原解放区内还企图死灰复燃的国民党残余分子，将是一种指示迷津的号召和促进悔悟的福音。

第十八章　中原局第一书记给中共中央的报告

1948年7月25日，中共中央委员、中共中央中原局第一书记、中国人民解放军中原军区政治委员兼中原野战军政治委员邓小平，启程前往河北省平山县西柏坡村，参加中共中央的重要会议。

在此期间，邓小平根据年初中共中央发出的关于建立报告制度的指示（该指示规定各中央局和分局，由书记负责，自己动手，每两个月向中央和中央主席作一次综合报告），于1948年8月24日向中共中央和毛泽东主席起草了一份关于中原解放区情况的综合报告。

邓小平在这个报告中，详细分析了中原解放区的基本情况，根据一年新区工作的经验，提出了关于人民解放军今后进入新解放区的意见：

关于出动前的准备问题。邓小平认为，应包括思想、组织、政策、军事和经济等方面的准备。我们南进时就是缺乏准备，所以吃了很大的亏。在思想上，农民远离家乡，北方人到南方，都是极大的问题。而到新区（南方）后，又确实遇到许多问题，如吃大米，走山路，走小路，蚊虫多，水土不服，语言不通，打山地战等，都会影响到干部战士的情绪。所以出征前要向干部战士说清楚，反复说明这是革命不革命的问题；划清思想界限，反能巩固士气和信心。十纵就因为作了深入的动员，南进后部队一直是巩固的，情绪一直是好的。在组织上，要有足够数目的干部随军行动，这些干部都须经过任务、政策和作风的训练。在军事上，要有适合于山地战的组织和装备以及山地战术的训练。在经济上，要使部队进入新区后不致马上发生供给困难而破坏政策和纪律。而新区的各项主要政策，尤须在干部中进行教育。

关于展开问题。邓小平认为，进入新区之后，首先的任务是打胜仗，占地盘。两者分不开，但是有矛盾。要占地盘，不能不分散一部兵力乃至削弱一部主力，减少野战力量。但不占地盘就没有后方，就不能发展，就不能发动群众，就无法供应军需，就不能使敌分散，也就不好打仗,故分遣适当兵力,展开占地盘是非常重要的。中原曾不顾削弱主力兵团抽出很大兵力展开,建设军区、分区和县基干队,今天证明是成功的。对于展开,也应尽可能做到预先有准备,大别山因无准备,花了近两个月时间才展开完毕,江汉、桐柏两区吸取了大别山的经验,预先配好分区、地委、专署及县级党政军的一套机构和部队,故十天半月就大体完成了展开的任务。今后到新区,最好事先区分野战军和军区,每个军区为一单位,配齐军区、分区、县等三级党政军机构(包括部队),组成临时支队,一路展开,收效必快。而展开的部队除由野战军抽拨一部外,如有可能,最好能从老区抽调一批地方武装和民兵充任,以免削弱野战力量。

关于作战问题。邓小平认为,这要看当时当地的敌情而定,但对在新区作战的困难应有足够的估计。在进入初期,特别要掌握住不打无把握之仗的原则,我军主力不可轻率作战,因为如果受挫,极易陷于被动,小则大批减员,大则被迫离开。最好采取宽大机动,寻歼弱敌,既可因胜利而巩固信心,又可逐渐熟悉地形及其作战条件而使上下增加把握。一俟敌情地形熟悉,军区及地方工作铺开,伤兵有地方放,再进行一些较大规模的歼灭战,比较稳当。但这不是说在初期有把握的大歼灭战也不打,更不是说要采取避战的方针,如果这样也会把士气弄得很坏,当然是错误的。特别在困难时候,尤应鼓励部队坚决作战,把敌人气焰压下去,才能巩固自己的士气,大别山去年九月间就有这个经验。作战的另一重要问题是分遣与集中的运用问题。我们区分野战与军区两套的办法,以野战军集中打大仗,以军区部队分遣占地盘,消灭地方反动武装和打小仗,这就解决了一个主要的分遣与集中的问题。敌人对我,在我大军压境时,采取放弃一切次要城市据点,免被歼灭的办法,接着调集军队,其兵力大于我时,则实行围攻,无胜利把握时,则实行盯梢,使我无喘息余地。所以我野战军也要善于分遣、集结(在山地就食也有时不能不分遣),分遣以分散敌人,造成敌之弱点,而后适时集结歼其一部。其要点则在明了分遣是为了集中歼敌,故分遣时要计算到比较利于集中的条件。我们常常也可以主力监视敌人,而以一部出敌不意,寻求良好战机,如襄樊作战即其一例。军区部队的运用,也有分遣、集结问题。在展开时,我们多数地区是采取比较彻底的分散掩护地方工作的办法。而桐柏三分区则从两个团中分散小部掩护地方工作,集中一个多团积极歼击反动武装,结果胜利最多,士气民气最好,发展最大。这种方式比较妥善,即在初期应以集中力量消灭敌之军事力量为原则。到新区(山地)的装备特别是轻炮的预为准备和调剂,也属必要。

关于供应问题。邓小平认为,这是在新区首先接触的最大最重要的政策问题。在毫无工作基础的条件下供应大军,无论内战或抗战时期均无此种经验。在中原曾采用打土豪分浮财用粮食折菜金的办法,造成极大的浪费和混乱,证明不能再用。今后不打土豪,许多东西要拿钱买,例如,没有布条打草鞋,没有废纸用作办公等,开支势必浩大,如无妥善办法,不可避免地要形成混乱。必要的办法是:(1)带一部分现洋,以半年为期,每月以每人两元计算,可解决菜金、黄烟及草鞋。(2)准备一种军用流通券,随军发行,随军兑换。其缺点是币价无法固定,小商人吃亏,好处是可以应急,在困难时不致过于混乱。发行办法则应作精密研究,票纸印刷避免粗糙。(3)维持城市税收,照旧章程驻一天收一天税,同时适当地向商会筹款。(4)乡村派款。(5)粮食在不能实行合理负担以前采取征借办法,可以利用保甲征借。但保甲对我必取应付态度,故我应有比较健全的粮食机关随军工作。一俟局面打开,即应实行公粮制度。(6)缴获粮款全部归公,可以解决一些问题。(7)因此,随军的行政机构必须健全,可用战地行政委员会名称,全盘负责管理征借粮食、税收、筹款、接管城市、接收和处置缴获品,必要的没收,银行兑换等诸事宜,军队的供给部门亦归其管辖。战地行政委员会在纵队设分会,旅、团设办事处。必须准备大批干部做这项工作,新区局面打开之后,这批干部即成为财经建设的骨干。

关于社会政策问题。邓小平认为,中央5月25日指示的原则,中原局"六六指示"规定的执行办法,及以开封为范例的城市政策,是合用的。只要我们不"左",慢慢地来,就不会出大毛病,就既能团结大多数反对美蒋,又能减少军队的困难。在新区必须经过一个军事时期然后才能进入巩固时期(这是大体的划分)。在军事时期,我们的策略步骤,对群众主要是政治解放,解除其切身痛苦,对敌人是政治打击,必要的没收也只能是政治的没收,斗争对象集中于最反动的部分。此时期应特别发挥政权的作用和加强宣传工作。政权随军的就是战地行政委员会,展开的就是各级临时的人民政府,一切事情用政权出面比由军队直接出面要好。我们到大别山时,人民对我们第一件要求是"安政治",因为人民最怕紊乱,怕无政府,要求有秩序。"不搞滥"的本身,就是团结大多数的大政策。广泛使用一切宣传武器(宣传队,剧团,部队指战员的宣传,政府出布告,开大会,开座谈会,演讲会,画展等),宣传我们的主张和政策,驳斥敌人的造谣和欺骗,可以占领思想阵地,安定民心,造成新区的新气象。可以广招徕,扩大新兵,招收一些知识青年加入我们的队伍。可以初步地建立小型秘密的群众组织和吸收个别的秘密党员或建立秘密党的小组。我们在抗战初期就是这样做的,收效极大。我们在大别山没有这样做,吃亏很大。一俟军事局面打开,就大体上进入巩固的阶段,工作重心即可放在实行合理负担及有步骤有准备地进行双减,建立税收制度,组织农协,建设党,广泛办训练班等项工作上面。

关于武装问题。邓小平认为,每到新区,务必以最大力量建立地方武装,这是我军扩大与补充的可靠来源,也是巩固占领区的重要力量。中原政策搞"左"了,尚能建立或扩大地方武装12万人左右,如不搞"左",数目必更大。但在建立时应不惜本钱抽调干部及若干部队以作骨干。民兵在群众未发动以前,则不宜建立。此外,部队到新区一定有一批无衣无食的失业贫民要参加军队,故应强调个别扩军的工作,多年以来,我们对这个工作都很生疏了。

关于干部问题。邓小平认为,新区所需干部数目极大,中原现有干部,计华北调来的1.1万,华东调来的6000,军队抽出者万余,共近3万,不过这批干部以村级为最多,质量不算高,如全用现职区以上干部，当可大大减少。同时我们总感到干部补充甚不及时，影响工作甚巨，特别是财经干部太少，更感苦恼。按中原区需用干部的标准，如在江南开辟一万万人口的区域，所需合格干部当在三四万之间，应请中央预为准备。同时蒋区干部学生大批回乡，等候大军进入，也是一个大来源①。

在中国人民解放战争战略进攻阶段，人民解放军正在向国民党统治区迅猛进军的时候，邓小平根据晋冀鲁豫野战军进军大别山、开辟中原解放区的实践，从人民解放军向新区进攻前的准备工作、人民解放军占领新区后的战略展开、在新区作战的战略战术、在新区的供应工作、新区的社会政策、建立新区地方武装、新区干部队伍建设等七个方面，全面、系统地总结了晋冀鲁豫野战军开辟中原解放区的经验与教训，为中央指导各野战军开辟新解放区提供了很好的借鉴。

中国共产党领导的人民军队从诞生之日起，便十分重视政治工作，使人民军队的指战员及时了解和掌握中国共产党制定的路线、方针、政策。这样做会产生多方面的重要效果：一是可以使人民军队的指战员通过及时了解和掌握中国共产党的路线、方针、政策而产生极大的精神力量，勇于为实现党的路线、方针、政策而冲锋陷阵。二是可以使人民军队指战员在中国革命发展的不同阶段，明确中国革命面临的形势与任务，明确中国革命的奋斗目标，明确人民军队肩负的历史使命，明确中国形势与国际形势。三是可以使人民军队的指战员及时向广大人民群众广泛宣传中国共产党的路线、方针和政策，在行军、作战、宿营的间隙，充当中国共产党的"宣传员"，把中共的路线、方针和政策及时传播到千家万户。

整军就是中共领导的人民军队政治工作的重要内容之一。

根据中共中央、中央军委的统一部署，1948 年夏季，中共中央中原局和中国人民解放军中原军区对中原地区所属部队进行整军。

第十九章　陈毅司令员纵论战略方针

1948 年 8 月上旬，在河南省宝丰县召开的中原野战军第一纵队、第三纵队、第四纵队、第九纵队团以上干部整军会议上，中原局第二书记、中原军区第一副司令员、华东野战军司令员兼政治委员陈毅作重要报告，对中国人民解放战争和中原解放战争的战略方针进行详尽阐述。陈毅指出，必须首先从战略上看问题：

毛主席讲："军事上的胜利是大革命胜利的标帜。"

这一标帜是很显著的，这是头旗。人民解放军的胜利是大革命的先导，是第一位的。

毛主席特别指出这个胜利的重要意义。对于军事的胜利，我们的同志每每只看到缴获

① 《邓小平文选》第一卷，人民出版社 1994 年版，第 124～129 页。

了多少枪炮，虏获了多少人马，甚至一些高级干部、旅长、师长，一直到纵队司令员，往往拿缴获多少来判断胜利的大小。毛主席讲：缴获多少，这是战役问题、战术问题。自然，我们党不能俘虏和缴获大批敌人、马匹、武器，便不能壮大自己。可是如果死看这一点就以为满足，不去解决战略问题，也还是要失败的。项羽七十二仗仗无不胜，每仗俘虏人家的兵，最后一仗失败了，就整个垮了。因为楚霸王缺乏战略指导，把他的大兵团摆在荥阳，与汉高祖对立，牛牴角，打得汉高祖没有办法过荥阳河，不能超过伏牛山。可是汉高祖比项羽厉害，他实施战略迂回，收复邯郸，打到济南、临淄，韩信大军南下，项羽的屁股徐州没有保住，灵璧垓下一仗大败，项羽全军覆没，落得乌江自杀。蒋介石恐怕连项羽这点自杀的决心也没有（全场大笑）。

毛主席讲：我们歼灭了敌人 120 万，两年我们可能歼灭敌人 250 万（昨天广播为 272 万）。这是我们伟大的胜利。可是只注意这点不行，更要注意到战略问题。战略问题是能否在战争中掌握主动，包括吃饭问题，战争在哪里打，把战争引向什么方向的问题。几百万的军队要吃饭、屙屎、洗澡、睡门板，牲口要吃草，这样一个巨大的无可避免的消费放到敌人区域，敌人就受不了……如果不把战争引向蒋管区，只注意在我们区域里消灭敌人，俘虏敌人，最后还是要失败。战略问题最重要的是双方吃饭、屙屎、洗澡和牲口吃草等问题。这一个问题解决得好，在蒋区吃得多，在我区吃得少，战争持久下去一定能胜利。毛主席特别提出，战略问题着重于对人民负担、军队取给予前方与后方支援的综合研究。大部取给予前方，敌人吃亏大，我们就一定能胜利。一切靠后方供给，后方就来不及负担了，虽然前方天天打胜仗，还是要罢战谈和；人家不和，你就支持不了。所以毛主席讲：人民解放军最大的胜利是去年转入进攻。去年七、八、九三个月，刘邓野战军走前头，转入大别山，其次陈谢[①]转入豫西，陈粟[②]转入豫皖苏，这是带有决定意义的步骤，改变了整个战争形势，扭转了战局。这是战略的胜利。我们全党干部一定要认识这一个问题。

陈毅高度评价中国人民解放军转入战略进攻的重大意义，深刻阐述毛泽东战略思想。其报告深入浅出，出神入化，令与会干部们听得神采飞扬。他说：

蒋介石这个人懂得战略。毛主席讲：蒋介石不是完全不懂战略的，多少懂得一点。蒋介石的方针是无论如何把战争摆到解放区，保证吃饭、筹草、抓壮丁、搞鹿砦，一切都出在解放区。毛主席讲：蒋介石的反革命战略方针是使他的管区不受战争影响，或付出得很少，这样支持三五年，则不愁解放区不垮。小米没有了，壮丁没有了，到那时党性再强也要受影响，只能去打游击。我们一百多万军队，蒋介石二三百万军队，一起堆到解放区，吃他三年五载，双方五六百万人，光屙屎一天也要屙五六百万堆。你能俘虏，可是俘虏也要吃，俘虏过来的第

① 陈谢，指以陈赓为司令员、谢富治为政治委员的陈谢集团。亦称陈谢兵团。

② 陈粟，此处指陈毅、粟裕率领挺进豫皖苏地区的华东野战军西线兵团。

一天马上就要解决伙食问题，所以去年我们这一反攻，带决定性的胜利就是把蒋介石的战略方针破坏了，把战争包袱放到"蒋委员长"头上。战争是一个皮球，他踢过来，我踢过去，最后踢到他头上。战略上如果不考虑战争消耗，不考虑几百万人的吃饭穿衣，就不是战略家。这是古今中外没有人讲过的，毛主席讲了这句话。去年转入进攻，毛主席讲话非常谨慎。去年八九月中央只讲"反攻"，不讲"进攻"。反攻的意思是反到什么地方不一定，反不过去再回来（全场大笑）。毛主席讲得非常谨慎，量力而行，毫不吹牛。一到11月，大别山的部队统统解决了棉衣问题，刘邓一个电报，棉衣可以解决，大别山巩固了。毛主席说可以叫"进攻"，不是"自卫战争"了，而是"人民解放战争"，人民革命战争的进攻。反攻是带有自卫的性质，人家打进解放区，你反出去。你们都是军事家，都能了解反出去太远了还要糟糕。毛主席曾估计到进入大别山有各种困难，甚至于估计到打不好再回来，不能死在外面。试一下，胜利了，站住了脚。这是战略上的胜利。毛主席在给刘邓的作战指示中曾讲过："蒋介石的反革命战略方针是要把全国战争的负担加到解放区身上，达到彻底破坏解放区的反革命计划。我们的战略就是要尽量破坏蒋介石的战略方针，把战争引向蒋管区，使蒋介石担负全部战争负担，达到解放战争的胜利。大别山的行动取得了伟大的胜利。"毛主席报告[①]第一段里讲："一九四七年七月至九月间人民解放军即已转入了全国规模的进攻，破坏了蒋介石将战争继续引向解放区企图彻底破坏解放区的反革命计划。现在战争主要地不是在解放区里进行，而是在国民党统治区里进行了，人民解放军的主力已经打到国民党统治区域里了。"把战争的车轮扭转过来，以蒋介石的人力物力支援战争，用蒋介石的骨头熬油，把我们解放区的力量培养起来，支援前线。这是战略上的胜利，再加上战役上战术上的胜利，一定能打胜。毛主席特别强调战略。去年冬季我在陕北时毛主席谈了这些问题，今年5月又叫我去一次，又是谈战略问题。这是古今中外未有过的军事学。这一战略上的解释是任何书本上也未讲过的。我们对于军事上的胜利，首先要从战略估计起，其次才是战役与战术的胜利。如果战略上失败，战役战术的胜利不能改变战争局势。华野的部队打一次胜仗，枪搞得多，弹药搞得多，全军就高兴狂欢，有的通讯员打马游街，第二天战场上枪炮齐鸣，掉手表的，换钢笔的，哈哈大笑，快乐得很。但是打一仗如果没有搞到东西，仗打得苦，这就骂娘发脾气，抱怨上级，"你是嫡系，我是非嫡系"。这些都不是从战略上看问题。还有打钳制的打得多，补充不大，队伍苦了些，就影响情绪。自然我们领导上要负责，在分配任务时应尽量照顾。但有时也很难，敌人恰恰从这方面来，你的部队离得近，只有用你的部队去抵住敌人。我们今后要注意对钳制部队的补充表扬。毛主席特别奖励我们："你们是主力部队，主力部队就要吃苦。"（大笑）挺进中原当然是主力的事，不能拿二、三等的部队。你既然是主力，就应该跑去受困难；你是主力受不住，二、三等的部队一去就完了。（大笑）

---

① 毛主席报告，指1947年12月25日作的《目前形势和我们的任务》。

陈毅在报告中阐述了解放战争以来军事形势的变化以及与此相联系的人民解放军战略方针的变化。他指出：

将来挺进大江以南还是要主力去。如果拿晋冀鲁豫的二、三等部队进入大别山，当然要拖垮，不会保持现在的样子。所以李先念同志①在中央会议上讲：有些同志说这样好的部队这样拖太可惜。毛主席马上讲：就是要你们拖，你们拖还能拖出来，人家拖就拖垮了。主力比较老，配备比较强，你们要负担主要的任务。挺进敌后，转变战略，更要使用这些部队去。国民党为什么不拿一个部队挺进太行？军事上是相对的，对我有利，对敌人就有害。我们可以挺进大别山搞他一个大转身，使蒋介石作战略上的撤退，几百万军队向后转，真是转不过来。既然我们能这样，国民党军队为什么不这样？国民党地主阶级的军队是没有我们这样的阶级觉悟的力量的。傅作义试过一次，挺进河间，把我们的孙毅②同志搞得恼火，但是当他们察觉我方有备时，还是赶快回头。美蒋顾问为什么不能来这一手？这是因为他们部队的素质不行，干部的素质不行，军队反人民的性质，确定了不能干这一手。如果他把10万人开进太行山，那就会被消灭得更快。毛主席反复地讲，第二年的胜利是战略的胜利，因此有很多战役的胜利。反过来了解是不对的。战争第一年敌人疯狂进攻，敌人各路大举进攻，我们解放区不能当面迎敌，被迫撤退，在不断撤退中争取消灭敌人有生力量，一个旅、一个师、一个军地歼灭敌人。战争第一年的形势我们是以退为进，以撤退地方换取歼灭敌人，达到转入全面进攻。蒋介石进到济宁、兖州、泰安、新乡，西北一直进到绥德、葭县③都是在黄河岸上。我们战略撤退的终点也是黄河。蒋介石的战略进攻的最高点是达到黄河南岸。这是第一年的战争形势。一到第二年7月鲁西南战役消灭敌人九个半旅。在此前后，东面打孟良崮④，西面打刘戡⑤，敌人进攻达到了顶点，蒋介石拿出吃奶的力量也不能再进了。我们也不能再退了，再退解放区将受更大破坏。去年七八月无论如何要战略反攻，敌人的兵团都摆在黄河南岸，他的屁股后面很宽。我们反攻，敌人被迫来一个大转身，但是来不及，造成很大的失败。犹如关公与黄忠打，关公退两步来一个拖刀之计把黄忠捉了。蒋介石是中了毛主席的拖刀之计，战略上陷于混乱，南京、武汉发生问题，他就顾不上整沂蒙山区了，整个战争发生了带有决定意义的变化。

陈毅在报告中分析了解放战争中人民解放军转入战略进攻的决策过程与利弊得失。他说：

---

① 李先念，当时是中原军区副司令员。

② 孙毅，当时任冀中军区司令员。

③ 葭县，今佳县。

④ 东面打孟良崮。1947年5月13日至16日，华东野战军在山东省蒙阴县东南之孟良崮地区歼灭国民党军整编第七十四师等部3.2万人，沉重地打击了敌人对山东解放区的重点进攻。

⑤ 西面打刘戡。1948年2月24日至3月3日，西北野战军在陕西省宜川县城及其西南的瓦子街地区发动宜川战役，歼灭国民党军整编第二十九军军长刘戡以下2.9万余人。

毛主席的指导是有计划有步骤的，是有重要意义的。你们第一次进入鲁西南消灭整三师，正在向豫皖苏转进，看到不对又转回去。因为那时我们整个野战军的序列还没有编成，进入敌后作战是很危险的，有被歼灭的危险。山东军队进入淮北很不利，水太大，不得不撤回。第二年转入进攻当然也有些困难，如政治上没有准备，没有研究政策，装备没有减轻，一个命令就走，会都没有开好。陈粟部队更是没有准备，部队拖得很苦。这些困难毛主席与中央早已估计到了。毛主席曾估计到我们到新地区后，新兵没有补充，伤员无法安置，弹药没有补充，枪打不叫，炮打不响，他们相信这些局部的代价一定要付，但是也估计这一代价可以收回，以这些具体的削弱换得战略上的绝大胜利，所得大大超过所失，所以坚决进军向南。刘邓是第一个出来，陈谢兵团是第二，我们是第三。陈粟兵团在渤海曾要求一礼拜的时间作些准备工作，中央不准，连电要我们赶快过河。到聊城后我们要求停三天解决给养问题和弹药问题，并安置一下伤员，中央急电催我们过河，留人办这些事情，当时真是"火烧屁股追得紧"。现在我们才懂得了，这事关战争成败。我们队伍拖垮一点，这些困难是局部的，这等于我们野战所付出伤亡一样。我们野战消灭敌人要付伤亡，大家认为是应该的，而对于这样一个战略收获付出代价难道就不能理解了？我们现在还要准备下一次战略进展，还有一次、两次的挺进，我们各级干部和毛主席的思想一致才能领导这一工作。我们过去对于这个问题不了解，讲些怪话，是因为我们幼稚，这样一个大的原则问题不是每一个人都能很快了解的。

陈毅在报告中，从历史到现实，用生动而又具体的实例，阐述了人民解放军战略进攻与夺取中国革命胜利的内在关系。他强调说明：

当你们初出陇海消灭整三师时，我们部队走淮北不利，两淮失守，我们就向中央提出一个建议：是否打出去，向四川，渡长江。中央说："太早，等一下，问题提得是适当的。"军事上，无论如何，战略意义是很重要，必须使全体战士了解这个问题。我们部队大部是北方人，要他到南方"蛮子"的地区是很不容易的，过黄河就是一个问题，比妈妈死了还大。我们的干部对于这一问题也是不了解的。过去两年战争的胜利是从各个战役得来的，更重要的是战略的胜利。昨天晚上，新华社广播两周年总结并提出第三年的任务，第一条是把战争继续引向蒋区，深入蒋区消灭敌人，一句话就是要过长江。我在华野作报告要继续把战争引向蒋区，一个调皮的战士马上说道："首长，你不要讲得那样弯弯扭扭，你就说过长江。"这个山东同志很痛快，实际上就是过长江。

第二十章　中原整军

1948 年 8 月上旬，中原局第二书记、中原军区第一副司令员陈毅在中原野战军团以上干部会议上的报告，既是一个阐述中共中央、中央军委战略方针的报告，也是一个开展中原整军的报告。

陈毅在讲到战略进攻的“得”与“失”问题时指出：现在的蒋区已经不是很远了，只剩下9个省，最南也不过镇南关①。我们过去说抗战到底，“底”是指鸭绿江。华野部队有些人说怪话：“胜利是哪一年啊？消灭一个二十五师，还有一个二十五师，消灭一个三十师，又有一个三十师，究竟是什么时候完？”实际上再深也不过9个省，远也不过9个省，并且不要省省都到，只要占了四川、湖南和两广的一部，蒋介石的统治非结束不可。消灭蒋介石的残余，只要几个兵团就行。一纵的几个同志昨天汇报中提到部队疲劳，装备减低百分之六十，三四万人的纵队现在只有万把人。这一定影响情绪，影响战斗力，这种编制许多仗不能随便打。可是这一损失不是白费的，整个山东、华北、中原解放了。刘邓兵团一个纵队损失3万人，但是地方武装有发展。我们损失几万人，换得整个山东、华北、山西与中原解放，实际是再便宜没有的了。所以问题必须从战略上去认识。我们现在准备下一次的战略展开，对于这一问题要很好地解释，不然要引起混乱和逃亡。毛主席讲：为什么我们能打败蒋介石，取得全国的胜利，就是去年战略的胜利。不管任何困难，我们拿出党最好的部队，如一、二、三、四、六、九各个纵队，原先的四方面军和一方面军的一部，中野就是那几个部队，拿出自己的血本去搞。这是相当冒险的，领导四万万五千万人民的大革命没有这样大的决心是不行的。毛主席讲：假使我们不出去，刘邓打了那样的胜仗仍旧撤过黄河，所有部队都可以得到补充，所有同志都会满意，可是敌人也要继续过河；刘邓不出去，山东的部队也不能够出来。敌人仍在山东打，冀鲁豫、豫北、鲁西南一直打到现在(12月底)，我们的解放区一定要垮，山东一定不能支持。山东只有退到渤海区，山东的敌人就有可能从济南打通津浦路。我相信我们野战军还可能打些胜仗，消灭他几个军，可是这一两个军的代价不能补偿战略的失败。我们的解放区是以山东、河北平原与太行为基础的，山东一失，基础动摇，我们就只有东北了，战争就难以支持。所以去年的战略进攻看来是有点“搬蛮”②，可是这个“蛮”不得不“搬”。那时，我们在思想上感到很奇怪：与毛主席在一起多年，毛主席向来是极关心部队的，只要你一讲部队困难，他就要你休息几天。这次就不管，不准讲这些，并且追问不过河的是哪一个，“请立即查明予以处分，报告本部为要”。这个官司直到现在还未打清。我这里必须说清楚，下一次的战略行动比去年要好得多。今后过长江时，整个中原已经解放了，那么就坐稳了半边屁股。华野进入淮北、安徽、江西；你们进入两湖、江汉，进入湘鄂西、陕南，进入四川。这与去年突然跃进大别山是不同的。同时，两年来战争情况也变了。去年华野部队执行这一战略行动时，也是有些怪议论。一个同志跑来说：“我看很严重。最近这样搞法，历史的惩罚等待我们。共产党的长征没有哪一次不失败，如井冈山突围，朱毛万里长征，徐海东从鄂豫皖到陕

① 镇南关，在广西壮族自治区凭祥市西南国境线上，1953年改名睦南关，1965年又改名友谊关。

② 搬蛮，西北土话，蛮干的意思。

北[①],李先念到陕南[②],都是不得了,基本上是脱离了党政军民的帮助,孤军深入,焉得不败?这次为什么不在内线作战?内线作战伤兵好安置,炮弹能补充,一个仗打不好跑到大别山,我看刘邓到大别山要倒霉!现在把我们也送去,这一定要受到历史的惩罚!”自然你说这个议论完全没有道理也不是对的,但他最大的毛病是没有看到一年多来的战争变化。实际上历史上的每次长征都是最后没有办法了才突围,今天我们解放军经过一年的胜利之后最后主动地向敌人进攻。苏区长征是最后没有办法了,三十六计走为上策,“留得青山在,不怕没柴烧”,是保存革命力量的办法。一个是主动,一个是被动,一个是胜利的局势,一个是失败的局势。过去的长征一定要失利,这次就一定要胜利。

陈毅最后指出:过去长征受到历史的处罚,这次进军须受到历史的奖励,因为现在与过去基本上是不同的。过去蒋介石对付我们长征的队伍是前截后堵,拦腰一棒,全国统一“围剿”我们;万里长征是万里长跑长追,追得你屁滚尿流,那是敌人胜利的“围剿”。现在是蒋介石惨败以后,一路撤退,各路惨败。我们一进入大别山,他必然要撤退;华野与陈谢部队加上去,敌人就一定失败。那个同志和我谈到天亮时,他还是半信半疑,临走时说:“你信你的,我信我的。”我们是充分估计了困难,五、六、七月粟兵团的一、四、六纵队准备过江[③],像你们去年一样先到那边。我们充分估计了困难,并且困难不会少,可是一定要估计到胜利,因为10万大军进入江南,中原敌人就顾不过来了,他就不会去争鹿邑、南阳,他就要去衢州、浙赣路上布防,中原的大城市就可以彻底收复了。经过了第二年的战争,敌人士气更低,因此过江的困难比去年要少得多。这样的估计才是正确的。

陈毅的这个长篇报告,从中国革命的发展与人民解放军战略进攻的关系这个高度,深刻阐述了中共中央决策逐鹿中原的重大意义,为人民解放军夺取中原、决战中原、解放中原,并强渡长江、解放江南,奠定了思想基础。

根据中共中央军委指示,在中原战场上的中原野战军和华东野战军,利用作战的间隙,用诉苦(诉旧社会和反动派给予劳动人民之苦)、“三查”(查阶级、查工作、查斗志)、“三整”(整顿组织、整顿思想、整顿作风)等方法,普遍开展了新式整军运动。华东野战军第一纵队、第四纵队和第六纵队以及两广纵队、特种兵纵队,在濮阳地区进行新式整军。1948 年 5 月 14 日,中国人民解放军总司令朱德,代表中共中央和中央军委亲临濮阳视察,并向团以上干

---

① 徐海东从鄂豫皖到陕北,1934 年 11 月,担任红二十五军副军长的徐海东与军长程子华、政治委员吴焕先率部长征。1935 年 7 月,为接应已到川北松潘地区的中共中央,率部西进甘肃,于 9 月到达陕北。

② 李先念到陕南,1946 年 6 月,国民党集中 30 余万兵力围攻中原解放区,担任中共中央中原局副书记、中原军区司令员的李先念根据中共中央指示,指挥中原部队突围,并带领主力一部转移到陕南。

③ 粟兵团的一、四、六纵队准备过江,1948 年 1 月,中央军委为迅速改变中原战局,指示粟裕率领由华东野战军第一、第四、第六纵队组成的华东野战军第一兵团,在经过充分准备后渡长江南进,执行宽大机动的战略任务,创建闽浙赣根据地,以吸引中原地区之敌军 20 至 30 个旅回防江南。该兵团以粟裕为司令员兼政治委员,故简称“粟兵团”,渡江后称东南野战军第一兵团。经粟裕建议后,5 月初,中央军委采纳粟裕的建议,决定该兵团暂不向江南作战略机动,先加入中原作战。

部讲话，分析了形势，对部队建设和任务作了重要指示。

1948 年 7 月下旬至 8 月中旬，中原局、中原军区在河南省西部宝丰县召开中原局暨中原军区县团以上军政干部会议（即“宝丰会议”），中共中央中原局第二书记陈毅传达 1947 年 12 月中共中央会议上毛泽东作的《目前形势和我们的任务》的报告，并传达中共中央和毛泽东自 1947 年 12 月以来制定的一系列方针、政策和重要指示，还作了《部队党在整训中的任务》的报告。在宝丰会议上，中原局第三书记邓子恢作了关于党的新区政策和财经问题的报告。刘伯承作了关于整党整军的动员报告，强调加强党的领导，坚持军民一致、上下一致、官兵一致的建军原则，进一步提高军事素质，加强部队建设。刘伯承要求中原解放区以一个月的时间深入开展整党整军运动。新式整军运动通过激发阶级觉悟，深入进行政治教育和广泛开展政治、经济、军事三大民主，极大地提高了广大指战员的革命斗志和战斗技能。

中原局、中原军区召开宝丰会议以后，中原军区和中原野战军所属部队进行了传达、贯彻和落实。其中，中原野战军第九纵队建军较晚，是“后起之秀”，整军工作尤为突出。

中原野战军第九纵队是从华北太行山南下的部队，为了进一步贯彻宝丰会议精神，于 8 月 22 日至 25 日，在河南禹县（现禹州市）召开了由排以上干部参加的第九纵队建纵南征周年纪念大会。为了鼓舞士气，激励斗志，中原军区刘伯承司令员、陈毅副司令员、陈谢集团陈赓司令员都为大会题词祝贺，号召第九纵队为解放中原而战，为革命再立新功。

中原野战军第九纵队司令员秦基伟在会上传达了宝丰会议精神，并作《建军南征一年基本总结和今后任务》的报告，回顾了第九纵队建纵一年来的进步历程，总结了作战与建军的成绩与经验教训，号召全纵同志艰苦顽强、英勇奋斗、不骄不躁、再接再厉，为全部解放中原、把战争继续引向国民党统治区而奋斗，不断争取新的胜利。

这次会议传达了宝丰会议的精神，总结了建纵一年的工作，表彰了英雄模范，展览了一年战绩，向全体指战员颁发了“建军南征一周年”纪念章。纪念章上镌刻着红色飞马，骑士手持红旗，红旗上面是“艰苦顽强”四个字，象征着第九纵队朝气蓬勃、飞跃驰骋的精神，受到全体指战员的热烈欢迎。在会上，第九纵队政治部主任谷景生就“艰苦顽强”精神的深刻思想内涵做了阐述，要求九纵指战员“贫贱不能移，富贵不能淫，威武不能屈”，为胜利完成中原局、中原军区赋予的战斗任务而奋斗。最后，第九纵队新任政治委员李成芳做了总结，提出了下一步的努力方向。

这次纪念活动，对九纵士气的鼓舞很大，对敌人的震动也很大。豫西一带土匪把九纵称作“飞马牌”部队。在有些地方，九纵筹粮时，所到之处，大小股匪一见是穿黄军装佩“飞马牌”纪念章的便纷纷躲避，不战而退。九纵声名为之大震。

中原野战军第九纵队根据中原局、中原军区宝丰会议精神，在整军中认真总结了九纵一年来的工作。

大家认为，九纵成立一年来，各方面都有很大的进步。根据作战与建军相结合的原则，从敌人手中夺来装备,先后建立起炮兵、工兵、侦察兵等特种兵分队。九纵部队得到了发展壮大,人员由南渡黄河时的不足两万人,增加至2.6万多人。轻重机枪、各种迫击炮都有很大幅度的增加,战马由646匹增加为1500多匹。根据“不战即练,边打边学”的方针,抓紧战斗间隙,广泛开展了战术、技术训练,克服了游击习气,加强了正规化建设。干部的指挥能力,部队的战术、技术水平和协同动作都有了明显的提高。纵队有随营学校,各旅有轮训队,团有教导队,培养了大批军事、政治、后勤等方面的干部,保证了战争的需要。

大家还认为,九纵成立仅仅一年,渡河南征,共参加大小战斗288次,攻克和收复县城36座,歼灭国民党正规军3个整团、7个整营及10个整连,毙伤敌近8000人,俘敌6000余人。歼敌非正规部队近两万人。缴获各种火炮110多门,各种机枪700多架挺,长短枪1.2万多支。这样的战绩,对于九纵这样一支新建的部队,而且是在无后方或半后方地区作战,可以说是难能可贵的。

当时担任中原野战军第九纵队司令员的秦基伟(中华人民共和国建立后,曾任中国人民志愿军第十五军军长、昆明军区司令员、成都军区司令员、北京军区政治委员、北京军区司令员、中共中央政治局委员和国务委员兼国防部部长、全国人大常委会副委员长等职务,上将军衔)认为,第九纵队之所以进步这么快,主要是做到了以下几个方面:

第一是善于学习。善于学习是人民军队建军治军的法宝。自从九纵成立那天起,第九纵队领导干部就向各级指挥员反复强调,首先要认真学习上级的指示。对于上级指示和作战部署,不是完全被动地接受执行,而要在其中找出几个问题,分析出几个答案。这样,在作战上虽然兵处一地,但胸有全局,仗就打得主动灵活,调度自如。一场战斗打下来,认真总结经验教训,如同上了一堂形象、直观,而且令人难以忘怀的战术课。其次是向友邻部队学习。九纵成立之初,向陈赓率领的第四纵队学习。大到大兵团的作战指挥艺术,小到野战班排的战术动作,凡有长处,均学为己用。同华东野战军会合后,九纵也派了不少干部去学习华东野战军新式整军经验,交流战术体会,还有礼节礼貌、待人接物等方面,无不虚心取经。正是因为注重学习,使新成立的九纵少走了许多弯路,大踏步地追上了友邻部队。到郑州战役时,不仅能跟其他纵队并肩作战,而且成了重要的方面军。

第二是治军严。这一点主要体现在九纵领导干部身上,首先是以身作则。凡是要求下面做到的,九纵领导干部和各级指挥员必须首先做到。打仗做表率,纪律严要求,生活不特殊。九纵领导干部做到了这几点,对部队再严,条件再艰苦,环境再恶劣,下面也没话说。中国有句名言:强将手下无弱兵。这话是符合唯物主义思想的,兵随将转,什么样的将带什么样的兵。“政治路线确定之后,干部就是决定的因素。”这句话有它的科学道理。再好的路线没有人执行就是空谈。赏罚分明,有功则奖,出问题责任到人,处理起来绝不心慈手软。这样一来,九纵的风气就正,就能健康地进步。

第三是民主作风好。在九纵,真正做到了有意见就提,错了就改,没错也引以为戒。战争年代的九纵,没有打击报复这一说。九纵的 3 个旅长,张显扬、向守志、崔建功都是强将;各旅的政委冷裕光、余洪远等都是久经战争考验的,政治工作都搞得很活跃。但遇到问题,九纵领导干部该批评时照样批评,各旅旅长、政治委员对九纵领导干部有意见时也照样提,大家从来不计较,该放到什么位置还放在什么位置。大家心里只有作战,只追求解放全中国。心底无私天地宽,意见怎么提都不伤和气。九纵所属各部队也是这样,集思广益,战斗前一般都要召开诸葛亮会,从战役方略到战术动作都广泛听取意见。事实证明,众人拾柴火焰高,人多智慧多,想得全面,想得周到,避免了许多失误。

第四是团结互助。有了自觉的学习意识,有了以身作则的行为楷模,有了严格治军的标准,有了良好的民主作风,也就有了团结的基础。团结这两个字,往往是在最艰苦的时刻得到最充分的体现。而在顺利的时候,在取得胜利之后,往往就不那么容易保持了。九纵强调,共产党员都是特殊材料制成的,大家都是同一种材料,听党的话,执行党的政策,在党的指挥下作战,个人的一切恩怨都是微不足道的。为了党的事业,全纵将士必须无条件地紧密地凝聚在一起,形成铁拳,只能砸向敌人,绝不允许内耗。团结出智慧、出热情、出战斗力。像九纵这样一支由地方武装刚刚升级起来的部队,深入国民党统治区,无后方作战,无依托开辟新解放区,没有被国民党军打垮,靠的是什么呢?靠虚心好学,靠从严治军,靠上下一心、众志成城①。

在中原局、中原军区召开宝丰会议后的整军中,中原军区、中原野战军各部队,都像第九纵队一样,对挺进中原后的工作进行了总结,肯定成绩,找出不足,以利再战,收效甚大。

第二十一章　中原形势愈来愈好

中共中央中原局第一书记邓小平到华北参加中央"九月会议"期间,身在华北,心系中原。他于 1948 年 9 月 6 日在河北省平山县西柏坡村给刘伯承、陈毅、邓子恢、李雪峰、张际春、刘子久、李达并转宋任穷(中共豫皖苏分局书记)发来电报,要求中原局于最近制定一个克服党内存在的无政府无纪律状态的正式决议。

中原局负责同志接到邓小平的电报后,随即于 9 月 8 日由陈毅向邓小平发去电报:

(一)九月六日电悉。你的建议完全赞同。你去后八月十日前开一、三、四、九纵会议,汇报工作。八月十二日到月底在方城开二、六纵会议,作襄樊战役②检讨,召集桐柏、江汉、陕南汇报工作。九月初回来,才见到中央八月关于整顿纪律各电。中原局即开会讨论和汇报情况,共历四昼夜,已通过一个决议:拥护中央制度③和整顿纪律的决定(此文件初稿已拟好,

① 《秦基伟回忆录》,解放军出版社 1991 年版。

② 襄樊战役,即 1948 年 7 月 2 日至 16 日中原野战军一部及桐柏、陕南军区部队在湖北襄阳、樊城地区进行的战役。

③ 中央制度,主要指 1948 年 1 月 7 日中共中央《关于建立报告制度》的规定。

待审查后数日即可发来)，另讨论了九月综合报告的内容，特别是保证中央新区政策(停止土改，进行双减、生产)之执行，有详细讨论。此报告由我写，要九月半才能交卷。另外决定发一个秋冬两季工作指示，继“六六指示”之后，确定全区工作方针(雪峰[①]写好后先交中央审核)。

(二)邓老[②]八月份不吉利，腰痛，痔疮，带病工作，讨论了秋征、双减、冬衣诸问题，我们又插上督促各纵的查整[③]和布置抓新的战机，故都很忙碌。特别初到刚满三月[④]，情况仍不熟悉，执笔综合很难。提议会后即回，并恳将此情转达毛主席和中央各同志。

中原局第一书记邓小平在河北省平山县西柏坡村参加中央“九月会议”期间，指定由中原局第二书记陈毅代理其工作。根据中共中央关于建立工作报告制度的要求，陈毅于1948年9月12日代表中原局撰写了《中原局九月份综合报告》，上报中央。

在《中原局九月份综合报告》中，陈毅将中原地区1948年整个夏季5月、6月、7月、8月一共四个月的情况和政策转变问题，向中央作了详细的全面报告。

陈毅首先深入分析了1948年夏季的中原形势，指出：

经过夏季的连续胜利和中原局“六六指示”，军事胜利与政策转变并进，因而使中原局面开始变好，这是第一方面。表现在许多中心区的出现，如豫西20余县无敌踪，陕南之郧县、郧西变为腹地。豫皖苏在7月以后，阜阳敌七十四师撤退，中心区已广阔无敌。大别山局面开始稳定。江汉区、桐柏区、汉水与平汉之间取得发展等。市镇农村秩序，开始恢复(例如豫西中心地带人民说，20年从来未有如现在的安定，历来的兵匪骚扰没有了，农民纷纷多买牲口，生产积极)。中州券[⑤]信用开始建立。知识分子开始近我。逃亡地主先后回家等。这就使我党在中原获得了基地，部分建设可以开始，造成向南的战略基础。这是一年努力的成就。第二方面，蒋匪鉴于我主力集中应付野战，其在中原各地的地方反动政权已摧毁，乃乘我过去政策过“左”及以后政策转变采取下列对策：一是由南阳、商丘、合肥诸地派遣正规军配合流亡土蒋[⑥]千人、数千人不等，分股对我中心区进行穿袭，企图分散我野战兵力，减轻其野战军负担，捣毁我后方，破坏我建设。二是利用我宽大政策派遣特务回家，组织武装进行暗杀，镇压我区、村干部，特别是所谓“枪打出头鸟”，先杀群众积极分子，使群众不敢起来。三是组织谍报网，携带电台潜伏我区内，报告我军主力动向。四是广泛开展谣言攻势，说我

① 雪峰，即李雪峰，当时任中共中央中原局常委、副书记。

② 邓老，即中共中央中原局第三书记、中原军区和中原野战军第一副政治委员邓子恢。当时主持中共中央中原局的财经工作。

③ 查整，即三查三整，在部队为新式整军运动。

④ 刚满三月，陈毅是1948年6月14日到达中原解放区的，到9月6日，接近3个月。

⑤ 中州券，指中原解放区中州银行发行的一种货币。

⑥ 流亡土蒋，指流亡到外地又潜回的恶霸地主、反革命分子和国民党地方武装。

军要退回河北，中央军大军来中原“进剿”，号召河南人反对河北人，三次大战已爆发，共军必败等。五是在国民党区域实施“总体战”，围寨网，联防、连坐等办法。

陈毅在“综合报告”中分析了河南地区的特点，指出：

我党足迹踏遍全中国，土匪恶霸之猖獗，恐无逾河南者①……河南中上层人物最熟悉改朝不换国那一套，即拥你为王，下面得承认他们的统治地位。我党要发动基本群众，必须先制服他们；要制服他们，亦必须同时发动群众。我们南下干部，学会了老解放区的正规的由上而下的动员方法，对河南又是公开斗争，又是秘密斗争，又是武装斗争，又是和平交往，颇不熟习，必须重新教育，锻炼出一套新本领。同时又要认识河南地区出兵、出粮，人民斗争性坚强，如经过政治与组织的改造与提高，革命的效果必大，可造成最好的基础。

对于中原地区中共干部队伍的来源、成分、基本情况，陈毅在“综合报告”中作了如下分析：党的干部分为四大部分：（一）南下干部，由华北、华东派来，此为中原党的主干，其中分为未整党前南下的，和经过整党南下的，一部分是好的，一部分是戴过帽子背有包袱的；另外，其中一部是个别抽调的，一部是由几个负责人按级抽了一套干部带来的。（二）当地的干部，即原华中八分区及睢杞太②、豫西和五师地区的干部，有系失联络的，有系掉队下来的，有系原地下党干部，一部是归俘。（三）是野战军的派遣部队、地方化的部队和干部，成为全区军区、分区的主干。（四）一年来新起的下层干部，多担任行政区、乡干部，或农会干部。南下干部带来老解放区的整套作风，对解放区初期运动规律不熟习，特别缺乏武装斗争经验。当地地方干部情况复杂，须加审查，特别表现是左右摇摆，无根据地经验。野战军分遣干部和部队，总想归建，不尊重所属区党委、地委和行政部门。地方新起干部，一部工农成分是好的勇敢分子，一部则是旧保甲被利用的人，不可靠，实际是两面派。我们认为干部状况如此，故很自然产生宗派、山头与无纪律、无政府状态，必须经过整党，才能保证政策上的统一。

陈毅根据到中原解放区几个月以来了解到的情况，在“综合报告”中详细向中央汇报了中原解放区所属各个解放区贯彻落实中共中央关于1948年土改和整党的指示的具体情况：六月六日中原局根据中央五月二十五日土改整党指示，发出停止土改、实行双减和合理负担的政策以来，分浮财、打土豪、开仓放粮、以粮换菜、走马点火、点火抄家等“急性土改”办法，已迅速纠正。社会秩序的混乱，业已趋于安定。对工商业的破坏，业已停止。

陈毅在“综合报告”中向中共中央汇报了中原局今后的工作方针，提出了中原解放区的六项工作部署：

---

① 笔者在河南党史调研中查阅宝丰县党史资料，了解到这样一件事：中原局、中原军区、中原野战军总部驻扎在河南省西部的宝丰县期间，中原军区兼中原野战军司令员刘伯承一天晚上到村外散步，竟然被隐藏在黑暗处的一个土匪打了黑枪，子弹擦着刘伯承的臀部而过。邓小平政委闻讯后，立即下令中原野战军保卫部长率警卫部队捉拿土匪，破案后将该土匪枪决。后来，刘伯承多次十分诙谐地说：人们常说老虎屁股摸不得，我刘伯承也算一只老虎吧，豫西的土匪竟然敢打我的黑枪，真够厉害的了。

② 睢杞太，即睢县、杞县、太康县。

一、一年之计在于秋，秋粮收割后，今冬明春的群众运动，事关中原全局。我们抓住九月十月要解决群运的方针问题，已电芝圃①、汪锋②先后来面谈，并派人去桐柏、江汉巡视。在豫西抓住临汝、郏、宝、伊五地委，重点配备五百个干部，以金明③任五地委书记，特别以临汝、宝丰两县由子恢、雪峰就地指导，做出经验去指导全局。

二、工作方针决定，坚持中央新区政策和“六六指示”，实行双减。而且在许多接敌区域（占中原很大面积），暂时还可以不搞双减，着重组织对敌斗争，使游击战争与合法斗争控制两面派相结合，以打击首恶，争取地富左翼，中立中间阶层，吸收知识分子，保护工商业，发展生产，这些地区以组织自卫队，肃清土匪，保护人民安全，减轻负担为主要任务。在中心腹地着重发动政治民主运动，以打击恶霸，防匪自卫，合理负担三者为中心，作为初步发动群众的主要口号。在双减条件具备时，有计划有步骤地进入双减，不机械地过早去搞双减。在某些土改区责令各地切实调查，以不动摇群众既得利益为原则，实行调整土改或改为双减，甚至双减也缓行，不准主观地去扩大土改面，不准损失群众既得利益。

三、进行深刻的群众工作教育，要各级党学习毛主席实事求是的工作方法，从群众中来，到群众中去。无论土改，无论双减，或初步打击恶霸的群众运动，均须耐心艰苦去进行。如何下手接近群众，如何通过群众的自觉，如何制定斗争纲领，如何组织斗争，如何掌握斗争，总结斗争与转到新的环节，这是群众工作的基本知识，是群众运动的成败关键，对群众工作干部应注意重新教育。

四、中原局办《中原通讯》，并用力办好《豫西日报》，区党委办整党班，地委办群众工作训练班，来说明党的政策，进行群众工作教育，克服干部各种偏向，强调克服无纪律、无政府状态，克服山头、宗派，达到执行政策上组织上的统一，使党的阵容面貌一新。

五、进行大的宣传运动，并经过新华总分社有系统写社论，来揭破匪方宣传，和深切说明党的政策，大胆争取地富左翼，招收青年学生，开办中小学校，开正式的参议会，分化匪特内部，以摧毁其反动基础。这一点各地均不注意，甚至不屑去做，这是一个偏向，便利了匪特的破坏。

六、在新区初成立的区、乡行政机构，以及工农团体，客观上均免不了带着维持会的性质和一定程度的两面派作用，我们要先懂得这一特点，逐步去加以改造，在群众中去发现真正的积极分子，逐渐提到领导地位，革命的人民团体和行政机构才可以出现。

1948年9月8日至13日，中共中央政治局扩大会议在华北解放区的河北省平山县西柏坡村隆重举行。参加这次会议的有中共中央政治局委员、中央委员和候补中央委员，中共中

---

① 芝圃，即吴芝圃，当时任中共豫皖苏分局副书记、豫皖苏行政公署主任。

② 汪锋，当时任中共陕南区委书记、陕南军区政治委员。

③ 金明，当时任华东野战军第一兵团副政治委员。

央、中央军委、中国人民解放军总部等方面的重要工作人员，华北、华东、中原、西北的党和军队的主要负责人。这是1947年3月中共中央撤离延安后召开的第一次中央政治局扩大会议。因为在这以前，绝大多数中共中央委员都分散在各个解放区从事紧张的解放战争，交通十分困难，不可能举行这样大的会议。这是一次在思想上、政治上、军事上、政策上、组织上为彻底打败国民党反动派、夺取中国革命胜利作重要准备的会议，因此具有非同寻常的重要意义。

中原解放区的党和军队主要负责人邓小平出席了这次会议。

中共中央"九月会议"的主要任务是：总结检查过去的工作，研究部署解放战争下一阶段的工作。

"九月会议"认为：1945年4月中国共产党第七次全国代表大会以后，中共中央委员会和全党领导骨干，表现出比抗日战争时期更为良好的团结。这种团结，使得中国共产党能够应付日本投降以后整三年内国际国内所发生的许多重大事变，并在这些事变中使中国革命向前推进了一大步，摧毁了美帝国主义在中国广大人民中的政治影响，抵抗了国民党政府发动的全面内战，打退了国民党军队向解放区发动的军事进攻，使人民解放军由战略防御转到了战略进攻。

"九月会议"提出了全党的战略任务：建设500万人民解放军，从1946年7月算起在5年左右的时间内，歼敌正规军500个旅(师)左右，从根本上推翻国民党反动派的统治。会议指出，现在战争进入第三年，这是争取5年胜利中关键的一年。

在军事上，人民解放军仍应全部在长江以北和华北、东北作战，全国的重心在中原，北线的重心在北宁路。要敢于打前所未有的大仗，敢于同敌人的强大兵团作战，敢于攻击敌人坚固设防的大城市，夺取全国的胜利。为此，人民解放军应进一步正规化，以适应近代化正规战争的需要。

在政治上，成立全国性的中央政府已经提到议事日程。会议决定组织国民党区域的民主党派、人民团体和无党派民主人士的代表人物前往解放区，准备于1949年内召开政治协商会议，成立中华人民共和国临时中央政府。

在经济上，为了克服解放区经济上和财政上的困难，一方面应设法从国民党区域去取得大量战争所需要的物资；一方面应动员全党学习管理工业生产、农业生产和商业贸易，努力增加生产，厉行节约，反对浪费。必须加强城市和工业的管理工作，使党的工作重心逐渐地由乡村转到城市。

会议研究了党的建设和迅速培养大批干部问题。要求根据形势发展的需要，必须用最大的努力去克服某些无纪律无政府状态和地方主义、游击主义倾向，切实加强组织性纪律性，加强党的集中统一领导，将一切可能和必须集中的权力集中于党中央和中央代表机关手里。为此，各中央局、中央分局和野战军首长、军区首长必须认真执行向中央请示报告的制度。会议通过了《中共中央关于召开党的各级代表大会和代表会议的决议》。会议强调必须健全党委制,贯彻集体领导与个人负责相结合的原则。会议提出,在战争第三年内,虽然大部分干部应当依靠老解放区提供,但必须注意从国民党统治区的城市工人和知识分子中去吸取,必须准备好3万至4万干部,以便能够在战争第四年内随着人民解放军的进军接管新解放的地区。

这就是历史上著名的“九月会议”。

1948年10月,邓小平参加“九月会议”后回到豫西,在鲁山县以东100多里处的程村,受到正在参加豫西区党委扩大干部会议的各级领导干部及农民代表近500人的热烈欢迎。在一片热烈的掌声中,邓小平首先传达了中央“九月会议”精神。他着重讲了中共七大以来党的成就,中共中央对国际形势的估计以及“九月会议”根据国际形势和国内局势的发展提出的战略任务。然后,邓小平着重讲了加强纪律性的问题。结合豫西区干部多、部队多、工作不够协调统一的实际情况,邓小平强调,要提高纪律性,统一全区干部思想。他说:要保证我们战略任务的完成,中心环节是提高纪律性。提高纪律性,就是要克服山头主义及地方主义,要按党章办事。他的讲话把豫西区党委扩大干部会议的主题引导到了以克服无纪律无政府状态、加强组织纪律性为主要内容上来,使与会干部和代表深受教育。

中原局和中原军区通过整党和整军,坚决贯彻中央“九月会议”精神,使中原解放区各级领导干部思想上不同程度存在的“左”的倾向和错误认识得到了彻底纠正,促进了中原局对全区的统一领导,保证了中央和中原局各项方针政策的贯彻落实,进一步增强了各级中共组织和人民军队的凝聚力与战斗力。

第二十二章 刘伯承、邓小平部署郑州战役

1948年9月,中共中央“九月会议”做出与国民党军实行战略决战、从根本上打倒国民党政府的决策以后,中国人民解放军各路大军迅速发起了空前猛烈的秋季攻势作战。

中国人民期待已久的推翻国民党反动统治的伟大战略决战开始了!

东北野战军根据中共中央和毛泽东的战略决策,一马当先,于9月12日率先发起辽沈战役。东北野战军奉中央军委命令南下抵北宁线作战,插到敌军从东北通往华北的走廊去切断敌人的咽喉——锦州,在这场决战中,内蒙古两个骑兵师也作为生力军参战。敌军动用海、空军来配合固守锦州,空军先后出动飞机1069架次,海军出动大批舰只从华北运送增援部队到葫芦岛。至10月1日,东北野战军次第攻占绥中、兴城、义县,威逼锦州。10月3日,中央军委和毛泽东批评和纠正了东北野战军司令员林彪在攻锦打援上的犹豫动摇,并一再阐明攻锦的战略意义:“即便一切其他目的都未达到,只要攻克了锦州,你们就有了主动权,就是一个伟大的胜利。”10月10日至15日,东北野战军一部在塔山地区浴血奋战六昼夜,成

功地阻击住从葫芦岛增援锦州的敌军“东进兵团”。14 日至 15 日，东北野战军主力经过 31 个小时的激战攻克锦州，一举切断蒋介石沟通东北与华北的咽喉。17 日，被长久围困的长春守敌一个军宣告起义；19 日和 21 日，长春守军一个军和郑洞国率领的第一兵团部向人民解放军投诚。长春解放。10 月 21 日，从沈阳出动一直迟疑逡巡的敌军“西进兵团”即廖耀湘兵团由彰武南下，从 23 日开始与东北野战军接触，遭到英勇顽强的阻击。东北野战军攻锦主力迅即回师，其他各路也作向心合击，约 50 万大军于 26 日将廖耀湘兵团合围在黑山、大虎山地区，展开了前所未有的大歼灭战。经两日一夜激战，敌军嫡系精锐廖耀湘兵团 10 万余人全部被歼，其中包括敌军自诩为“五大主力”中的两支主力新一军和新六军，生俘国民党军第九兵团司令官廖耀湘。11 月 2 日，东北野战军乘胜直下沈阳、营口，历时 52 天的辽沈战役胜利结束。9 日，锦西、葫芦岛之敌从海上逃跑。东北全境解放。在辽沈战役中，东北野战军以 6.9 万余人的伤亡，歼敌 1 个总部、1 个边区司令部、4 个兵团部、11 个军部、33 个整师又 16 个团（内 1 个军起义、1 个兵团部并 1 个军投诚），共 47 万余人。

在此期间，为配合东北辽沈决战，钳制傅作义集团，华北军区第二兵团和第三兵团 9 月 14 日至 10 月 31 日进行察绥战役，歼敌 2.1 万余人。

在华北战场上，华北军区第一兵团并晋绥军区一部于 10 月 5 日至 12 月 4 日从南面突破太原外围防御，接着又对外围要点发起进攻，占领城南和东山各要点，紧缩了对太原的包围，共歼敌 5 万余人。随后遵照中央军委指示，为稳住平津之敌暂缓攻城。

在西北战场上，为配合中原、太原两地作战，西北野战军于 10 月 5 日至 18 日对大荔以北之敌发动攻击，歼敌 2.5 万余人。

在华东战场上，华东野战军执行中央军委关于“攻济打援”的指示，于 9 月 16 日至 24 日发起济南战役，以参战总兵力的 44%（约 14 万人）组成攻城集团，以 56%（约 18 万人）组成打援集团，经过八昼夜的激烈攻坚作战，在徐州之敌尚未来得及北援的情况下，全歼守敌 10.4 万人（包括起义 1 个军 2 万人），活捉国民党中央执行委员、国民党山东省政府主席、国民党军第二绥靖区司令官王耀武。津浦线上的最大城市山东省省会济南宣告解放。攻克济南的重大胜利，开创了中国人民解放军夺取敌坚固设防和 10 万重兵据守大城市的先例，揭开了战略决战的序幕。

在中原战场上，自 1947 年中国人民解放军刘邓野战军、华东野战军和陈谢集团挺进中原以后，开辟了广阔的中原解放区。此举使蒋介石惊恐不安，决心全力争夺中原。1947 年 10 月下旬以后，蒋介石先后调集 33 个旅发动大规模“清剿”，但在中原人民解放军沉重打击下，不得不退缩到铁路沿线孤立的大中城市郑州、徐州、信阳、南阳等地和军事据点。虽然国民党陆军总司令顾祝同主持苏、鲁、豫、皖四省绥靖会议，加强地方实力和经济封锁，也未能挽回败局。1948 年 6 月 21 日，蒋介石飞抵郑州亲临前线督战，为时已晚，其“清剿”计划已遭粉粹。国民党军大量军队被歼，增援和退路被破击，郑州附近之登封、荥阳等地方反动武装被消灭，新郑、密县（今新密市）等地已被解放。

这时，长期在隐蔽战线上坚持斗争的共产党员，为配合人民解放军夺取中原，解放郑州，搜集了国民党军的大量重要军事情报，为解放中原作出了可贵贡献。

中国人民解放军转入战略进攻，使国民党军陷入四面楚歌之中。蒋介石为了维持中原战局，剜肉补疮，急令国民党军孙元良部撤出郑州向徐州靠拢，遗防由驻安阳和新乡的国民党军第四十军军长李振清率部接替。临阵易将，而且显然不是加强，这使郑州守敌又增添了更多惶恐，军心更加浮动，如临深渊。

郑州具有非常重要的战略地位，北据黄河，南控中原，平汉、陇海两大铁路在这里交会，是一个战略枢纽。抗日战争胜利后，蒋介石向中国共产党领导的晋冀鲁豫解放区发动进攻，就是以郑州为基地。国民党政府曾先后在郑州设立过绥靖公署、陆军总部前进指挥所、徐州"剿总"前进指挥所等机构。但是全面内战爆发两年之后，随着人民解放战争的胜利发展和国民党中原防御体系的逐步瓦解，郑州已成为一座孤城。

1948 年 9 月 25 日，中共中央和中央军委批准了华东野战军关于举行淮海战役的建议，一场解放中原并影响中国命运的南线决战即将展开。为此，中原野战军司令员刘伯承、政治委员邓小平饬令全军，加强西线行动，配合华东野战军，为全部解放中原而战，为彻底解放中原人民而战。

10 月 9 日，中原野战军司令员刘伯承、政治委员邓小平决心集中中原野战军第一纵队、第三纵队、第四纵队、第九纵队，相机攻取南阳、郑州，或尾击东进之孙元良兵团和黄维兵团，以策应华东野战军在徐州地区的作战。中原野战军司令员刘伯承、政治委员邓小平的这个决心完全符合中央军委意图。两天后，中央军委电示淮海战役作战方针，命令刘伯承、陈毅、邓小平，即速部署攻击郑州至徐州一线，牵制孙元良兵团，配合华东野战军首歼黄百韬兵团。13 日上午，第九纵队在禹县召开团以上干部会，九纵司令员秦基伟和政委李成芳讲话。秦基伟向大家预告了上级攻郑意图，并介绍了全国形势：人民解放军秋季攻势进展顺利，华东野战军攻克济南后，敌军士气沮丧，失掉了防守中心城市的信心。目前人民解放军在锦州、晋绥、西北、太原、徐州等地都有大的行动，蒋介石的日子很不好过。他的"三角"（指徐州、汉口、西安构成的大三角）、"四边"（指陇海路、兖州以南之津浦路、郑州以南之平汉路和宝成公路）、"十三点"（即开封、郑州、济南等 13 个城市）战略已中途破产。对于豫北，国民党政府已准备放弃，国民党河南省政府已有向信阳转移的打算。这些都说明国民党反动统治气数将尽，彻底解放中原的时机已经成熟。

听了秦基伟的讲话，九纵的干部们喜形于色，跃跃欲试，纷纷摩拳擦掌，期待着大干一场。

当天下午，根据中原野战军的统一部署，陈锡联司令员、杨勇司令员各自率本纵团以上干部和侦察部队来到九纵驻地，与秦基伟共同研究攻打郑州的部署，初步拟定了郑州战役计划。

10 月 14 日上午，陈锡联司令员主持召开中原野战军第一纵队、第三纵队、第九纵队团以上干部会议，秦基伟司令员、陈锡联司令员、杨勇司令员分别介绍了郑州敌情及城防情况，阐明攻郑战术，强调执行城市政策和加强战斗团结，要求大家协同作战，解放郑州。

同日，刘伯承、陈毅、邓小平就攻取郑州的时间及部署问题请示中央军委时，又进一步陈述了攻打郑州目的在于"吸引孙元良全部回援甚至可能更吸住邱(清泉)兵团一部向西，以达到协助华野作战的主要目的，并同时影响南线黄维、张淦两兵团之一部北调，更为我南线部队创造战机"。这说明，夺取郑州，不是一个孤立的战役行动，而是南线决战的有机组成部分，是中原野战军和华东野战军战略配合、战役协同的一个重要环节。

10 月 18 日，中原野战军刘伯承、邓小平着眼"钳制徐州各部援敌"并关照南线第二纵队、第六纵队等部行动，定下攻郑作战决心，下达基本命令，并着陈赓、陈锡联、谢富治统一指挥郑州战役。

中原野战军关于郑州战役的具体部署是：陈锡联指挥第一纵队、第三纵队为东南集团，由城南至东北方向实施攻击；陈赓、谢富治指挥第四纵队、第九纵队为西北集团，由城西南至正北方向实施突击。在郑州至黄河铁桥间选择有利地形预设阵地，阻新乡之敌南援并防郑州之敌北逃。以豫皖苏军区第一军分区和第五军分区部队位于开封以西、以东地区，防止郑州的敌人东逃；南线第二纵队、第六纵队等部继续钳制张淦兵团和黄维兵团，防其抽身北顾。同时，华北野战军一部向新乡至黄河铁桥间发起攻击，协同作战。这是一个部署缜密的作战计划。

第二十三章　人民军队攻克中原战略枢纽

1948 年 10 月 22 日 2 时，中国人民解放军中原野战军第九纵队进入郑州战场。九纵从西北方向达成了既定部署，卡住了郑州守敌北逃的主要通道，这是确保郑州战役赢得全胜的关键。

此时，中原野战军郑州战役各参战部队也相继进逼郑州，第一纵队夺取了城东北之祭城。豫皖苏军区部队占领了郑汴间的中牟县城。大军云涌，合围在即，郑州守敌，顿陷重围。

中原野战军对郑州的守军判断极为准确，解放大军包围郑州后的情况发展不出所料。郑州守敌见势不妙，"三十六计，走为上"——于 10 月 22 日 6 时弃城向黄河铁桥方向脱逃。

敌变我变，九纵因势利导，果断定下决心，将预定的城市攻坚战转变为野外歼灭战。这时，邓小平、陈毅正在攻城部队第四纵队指挥所，九纵司令员秦基伟向他们报告了九纵的决心。邓小平政委当即指示："一定要歼敌于运动之中，不能让其跑掉！"

这样，郑州战役的主要作战就在郑州以北进行。郑北歼敌大致可划分为薛岗、苏家屯阻击,老鸦陈围歼和夺取邙山头,控制黄河铁桥三个作战阶段。

首先是薛岗、苏家屯阻击,这是闭锁战场、保障全歼郑州守敌的关键一着。薛岗位于郑州西北12公里处,有八九十户人家,紧靠平汉铁路,公路贯穿其间,是通往黄河铁桥的必经之路。九纵第七十九团到位后,以第二营坚守薛岗,将团主力部署于薛岗东北下坡杨和苏家屯。全团指战员不顾行军疲劳,仅用8个小时,构筑了两里多长的阵地,每种重火器都有两三个比较坚固的工事。

10月22日拂晓,敌先头部队两个营首先与九纵接火,守候已久的九纵第七十九团第二营依托既设阵地,激战一小时,顿挫其锋。

九纵通过顽强坚韧的薛岗、苏家屯阻击战,达到了闭锁战场的目的。接着就是聚歼老鸦陈之敌。老鸦陈是郑州北郊一个500多户人家的大村庄,有南、北两寨,每寨方圆半里,寨墙高一丈五,上宽三尺,并有护寨沟。寨内瓦舍栉比,俨然一座小城。此时,逃敌大部与指挥机关和车辆、辎重等,均被九纵压缩于此,人马嘈杂,一片混乱。10月22日15时许,九纵主力向敌发起全面突击。一阵炮火之后,九纵两个营相继攻入老鸦陈村的南、北两寨。顿时,杀声四起,火光硝烟笼罩了老鸦陈。敌辎重塞道,人马失措,不成建制,狼奔豕突。起初乱糟糟地拥到村东北角,见势不妙,又向二十里铺和固城方向逃窜。此时,九纵第七十六团和第七十八团主力已进至二十里铺一线。除七十六团一营出固城配合七十九团截击敌人外,其余迅速展开,由东向西兜击。坚守薛岗的九纵第七十九团二营也向敌实施反冲击,由北向南击敌侧翼。第二十七旅第八十团主力则由二十里铺向固城以北追歼逃敌。第八十一团主力直插花园口,防溃散之敌由此抢夺渡口出逃。

此时,郑州战役已演变为一场浩大的野外追歼战。郑州战役各出击部队行动迅速,攻击猛烈,并加强了友邻和步炮间的协同,打得敌人没有喘息之机。失去指挥的溃散之敌,被人民解放军四面压缩于老鸦陈、二十里铺之间长宽不足5里的狭小地域,如同无头的苍蝇,满地乱窜。

“兵败如山倒。”屡经打击的敌军,精神已经彻底崩溃。人民解放军指战员“缴枪不杀”的喊声此起彼伏,给敌军以强烈的精神震撼。敌军军心一乱,不战自溃。人民解放军指战员的战场喊话,大显神威,特别灵验,一呼百应。应声而投降者,遍地皆是。有一位“解放战士”站起来喊道:“蒋军兄弟们,我原是整三师三七一团的,到这边来不仅不杀不打,还优待!”于是便有一帮国民党军士兵调转帽沿,把枪倒插在地里,过来投诚了。有的解放军战士喊:“咱们都是爹娘养的,哪个没良心?有良心的过来!”前面的敌军就停止抵抗,集体缴械。事后不少解放军战士说:“这一仗打得比演习还痛快!从前听说济南战役一下子消灭敌人10万还不敢相信,这一回可算服了。”

在郑州战役中,九纵军政皆优,表现突出。九纵在追歼敌军的过程中,整个战场到处都有敌军丢下的皮鞋、手表、被装和其他军用物品。但九纵指战员表现了高度的纪律观念,没有停下来捡东西的。九纵有个连队卫生员给 6 个俘虏包扎伤口,俘虏兵感动得送金戒指。卫生员说:“只缴你的枪,不要你的东西。”九纵战士以模范行动实践了“打好仗,执行好政策,争取双立功”的决心和誓言。

10 月 22 日下午 5 时左右,猬集于老鸦陈和固城地区的敌军除少量沿黄河大堤逃往开封以外,其余全部被歼。郑州战役已基本上大获全胜。

这时,南援之敌第三一八团和第一一五团见郑州守军主力被歼,知大势已去,连忙撤回邙山要塞,企图凭险待援。邙山头海拔 200 多米,位于郑州北郊,沿黄河南岸蜿蜒西去。邙山一带沟壑叠错,道路崎岖,堪称险要,是控扼黄河铁桥及南岸车站的要塞。抗日战争时期被日军占领时,就筑有坚固堡垒。国民党军盘踞邙山一带后,又加修了许多工事。九纵聚歼老鸦陈之敌后,于 22 日 19 时攻占了邙山头以南的广武火车站。

10 月 23 日 9 时,九纵命令第二十七旅、第四军分区基干团(七十四团)、临汝团(七十五团)攻占邙山头和黄河铁桥,要求尽快搞清敌情,随后发起攻击。

经过战前准备,10 月 24 日拂晓,九纵第二十七旅突破敌前沿阵地,并控制了主峰南坡。但由于敌工事坚固,居高临下,向纵深的突破未能奏效,部队伤亡较大。该旅及时变换战法,以一部兵力继续攻击主峰,吸引敌军火力,而将主力指向黄河铁桥,首先断敌后路,得手后再回顾邙山头。15 时,九纵第二十七旅、第四军分区基干团与华东野战军第十四纵队一部,同时向黄河铁桥两端桥头堡发起进攻。第八十团第一营英勇顽强,冒着敌军密集的火力,攀越两米多高的铁丝网,搭人梯越过 6 米多深的外壕,攻占黄河南岸火车站及桥头堡,切断了敌军准备炸桥的引爆电线,扼死了敌军的退路。同时,该团三营奋勇向主峰发起攻击,连下敌军 5 个地堡。第八十一团三营利用沟壑楔入敌军纵深阵地,夺取 5 座弹药库。第四军分区基干团一个营也突破敌军阵地,攻了上来。至 19 时,邙山头守敌除一个连漏网外悉数被歼。中原野战军第九纵队与华东野战军第十四纵队在黄河铁桥上胜利会师。

郑州战役以中国人民解放军的彻底胜利宣告结束。郑州战役的胜利,是中原野战军集中四个纵队并肩战斗取得的。前线指挥员在指挥中灵活机动,变更部署快,组织突击快,积极把握了战场主动权;中原野战军在宝丰会议以后的整军中成效显著,整训的成果转化成了物质力量,参战部队上下团结一致,互相支援,发扬了英勇顽强、艰苦奋斗的革命精神;战前对敌情判断正确,部署周密,所以北逃敌军无路可走,悉数被歼。中原野战军在郑州战役中,大获全胜,缴获甚丰,成果甚大,绝非偶然。在郑州战役中被中原野战军俘虏的国民党军第九十九军参谋长十分感慨地说:“贵军以精锐而驱乌合,摧枯折腐,理所当然。”

鉴于淮海大战即将开始和郑州处于中原地区乃至全国的重要的战略枢纽地位,毛泽东对郑州战役十分关注。10 月 22 日,他挥毫泼墨,以《我军解放郑州》为题,写下了“新华社郑州前线 22 日 24 时急电”:“我中原人民解放军于今日占领郑州。守敌向北面逃窜,被我军包围于郑州以北黄河铁桥以南地区,正歼击中。郑州为平汉、陇海两大铁路的交点,历来为军事重镇。蒋介石因徐州告急,被迫将驻郑兵团孙元良部3个军(按:国民党从10月起整编师均改称为军,整编旅均改称师)东调,郑州守兵薄弱,我军一到,拼命奔逃。现郑州东面之中牟县、北面之黄河桥均被我军切断,逃敌将迅速被歼。”

同日,中共中央的新华广播电台播出“1948年10月22日新华社郑州前线急电”的消息,详细地介绍了郑州的重要战略地位和蒋介石对郑州的重视以及中原野战军解放郑州的经过:中原人民解放军22日占领郑州。守城蒋军向北逃窜,在郑州以北黄河铁桥以南地区,被解放军包围全部歼灭。郑州是河南境内最重要的交通要点和战略城市,清光绪三十一年(1905)被辟为商埠,人口现在约有23万。城东有飞机场。其北30公里黄河铁桥长3公里余,为全国第一长桥。郑州是中国北部两条大铁路——平汉、陇海的交叉点,北经新乡、安阳、石家庄、保定通到北平,南经许昌、信阳通到汉口,西经洛阳通到西安,东经开封通到徐州和连云港。由于这种重要战略地位,郑州的得失,常常决定中原战局的成败。前年7月,蒋介石发动内战时,就用郑州作为他在陇海线上仅次于徐州的指挥中心,设立郑州绥署,以现任徐州“剿匪”总司令刘峙为主任,指挥鲁南和河南全境的军事。1947年6月,蒋军把郑州绥署改为伪国防部陆军总部郑州前进指挥所,以孙震为主任。今年6月,徐州“剿总”成立,郑州仍设前进指挥所,改由孙元良为主任。上月济南解放后,徐州吃紧,孙元良率部东调。接守郑州的四十军及九十九军二六八师非常恐慌,解放军胜利大军一到,敌军就仓皇逃窜,在逃窜途中被解放军全部歼灭。

中原和全国的重要战略枢纽郑州的解放,有力地促进了中原战局的胜利发展,直接配合了淮海战役的发起和进行。中原野战军攻克郑州后,开封守敌慑于人民解放军声威弃城离去。郑州、开封解放,使豫西和豫皖苏解放区连成一片,除了豫北新乡、安阳等少数残敌据点外,中原解放区和华北解放区连成一片,军事、政治、经济意义都极为深远。在军事上,人民解放军开辟了广阔的战场,有了更大范围的机动自由。国民党军中原防御体系进一步瓦解,信阳、武汉、徐州之敌失去了战略屏障,暴露于人民解放军锋芒之下,态势愈发被动。而人民解放军在两线釜底抽薪的动作,又有力地牵制了徐州以西敌军不便东调,从而为华东野战军隔断徐州和全歼黄百韬兵团创造了有利条件。中原战场,“一着胜利,全盘皆活”。

郑州战役之后,中原野战军主力腾出手来,只作短暂休整即开赴徐蚌线,为淮海大战增添了一支锐军,这更是加快整个解放战争进程的一种战略上的主动。

郑州战役,使中野九纵(中原野战军第九纵队)受到一次严峻的锻炼和考验。在郑州战役中,中野九纵从攻坚准备开始,以大规模野外追歼结束,在作战过程中又经历了阵地阻击、追击围歼与攻克要点三个阶段,接受了全面锻炼。各级指挥员在分析判断敌情、果断定下决心、适时转换作战样式调整部署以及机动灵活地实施不间断指挥方面,积累了成功经验。各部队在行军机动、作战编组、步炮协同、火力与战术运用以及攻击、防御、追击等战斗动作上,都有了新的提高。如果说九纵的建立,只是从编组形式上实现了由地方部队向野战部队的过渡,那么,经过郑州战役,中野九纵则从军政素质上实现了这种过渡。这对于中野九纵这支年轻部队来说,是极为重要的一步。为中野九纵在后来的革命战争中建树新的功勋奠定了坚实基础。从此,这支诞生在太行山,转战在豫西,驰骋中原战场,换上全副美械装备的年轻部队,成为中国人民解放军的一支劲旅。

郑州战役,是对推进中原战场以后中原野战军战术水平、攻坚能力、大规模运动战能力的一次实战检验。被俘的国民党军高级将领对中原野战军的协同动作和班排战术的默契熟练程度感到不可思议,没想到前不久在他们心目中还是"土八路"的队伍,居然一夜之间迈向正规化,大兵团作战调度自如,小部队奔袭围歼战术也运用得精湛老练。国民党高级将领认识不到:国民党政府已经腐败至极,蒋介石不得人心,天下趋势,有目共睹,国民党军士气一落千丈;而人民解放军纪律严明,以全心全意为人民谋利益为根本宗旨,军威则如初升太阳,光芒万丈。如此鲜明反差,谁胜谁负,早已尽在不言之中。

第二十四章　中野九纵威名远扬

郑州战役是一次较大规模的歼灭战。中原野战军以微小的代价(与敌伤亡之比为一比三十二)取得全歼郑州守敌的重大胜利。敌第十二绥靖区司令部,第四十军军部一部及第一〇六师两个团,第九十九军留守处及第二六八师、第三十九师各一个团,第四十军一个搜索营,炮兵第九团、重炮兵第十四团各一个连,工兵第九团一个营,通信兵第四团一个连,团管区司令部,郑州警备司令部以及四个保安团的建制被消灭。共歼敌 1.1 万余人,其中毙伤国民党军第四十军少将参谋长、第一〇六师少将师长以下 1600 余人;俘第九十九军少将参谋长、第十二绥靖区少将政工室主任、少将经济处长、兵站分监少将参谋长、第九十九军第二六八师少将高参以下 9500 余人。第四十军军长李振清被击伤后逃往新乡。缴获汽车 30 余辆、各型火炮 82 门、轻重机枪 300 余挺、其他枪支 3800 支以及大量军用物资。

郑州战役的胜利,具有多种因素:一是中共中央、毛泽东主席的领导和刘伯承司令员、邓小平政治委员等的英明指挥。郑州战役过程中,毛泽东主席自始至终给予很大关注,数次致电中原野战军,分析敌情,指示方略。二是因为整个解放战争形势对中原野战军有利,中原国民党军顾此失彼,造成中原野战军乘敌之隙的可能。而中原野战军刘伯承司令员、邓小平政治委员审时度势,决心攻郑,又不失时机地把这种可能变成了现实。三是兵临城下,四面包围,形成强大的军事压力,致使郑州守敌惧歼而仓皇出逃,有依托之敌变成了野战运动之敌,更利于分割聚歼。四是中共郑州地下组织克服重重困难,将国民党军城防情况与情报及时送给人民解放军攻城部队;并组织职工完整地保护了郑州电信局的机器设备,给予郑州战役以有力的协助。

在郑州战役中,邓小平率中原野战军前线指挥部亲临郑州前线,指挥作战,给予参战部队的士气以极大鼓舞。

郑州战役,实际上揭开了淮海战役的序幕。中国人民解放军初战告捷,威震敌胆,意义深远。对于这一点,因史家至今尚未论及,故特意在此写上一笔。

郑州战役由于中原野战军进展神速,轻取名城,代价甚微,缴获甚丰,而为当年的参战者们所津津乐道。

中原野战军面对堆积如山的枪械弹药,参战部队一下子"鸟枪换炮",换上全副美械装备,神气起来。其中中野九纵也由此打出了名气,愈战愈强。直到后来在20世纪50年代,由中野九纵改编的中国人民解放军第十五军作为中国人民志愿军部队出国作战,在朝鲜战场的上甘岭战役中与美国军队直接交锋,打得美军心惊胆寒。从此,中国人民志愿军第十五军威名远扬,连美国五角大楼的将军们也不敢小觑。归国后,中国人民志愿军第十五军由于战功卓著,被中央军委改编为中国人民解放军空降军,成为中华人民共和国武装力量的重要战略预备队。

具有光荣革命传统的郑州铁路工人,热烈欢迎人民解放军解放郑州。当人民解放军进入郑州车站时,工人队伍高呼"拥护解放军、拥护共产党""火车是人民的"等口号,主动协助解放军指战员值班、巡逻。铁路工人们对解放军指战员说:"知道你们来了,大家把机器保护得好好的,车头上连火都没有熄,就等着给咱们军队开车哩!解放军什么时候需要,一声命令,我们马上开车。"郑州火车站在敌军弃城北逃时有一列物资外运,铁路工人们想方设法拖延时间。当工人们发现铁路局抬出七箱钞票,准备上车运走时,便围上去要工钱。解放军进站时,截留了这列火车。工人欢呼说:"解放我们的队伍来了!"黄河南岸车站有300多名铁路员工,郑州战役前,从站长到工人坚守岗位,防止敌人破坏。人民解放军占领铁桥桥头后,铁路工人马上自动复工,以最快速度修复了桥头至郑州的铁路,并把列车直接开进敌军弹药库,为人民解放军击敌破阵,搜缴运送枪械弹药等作出了贡献。事后,中原局向中央的报告中,高度评价了郑州铁路工人的行动。

中原野战军解放郑州后,邓小平、陈毅等率中原野战军前线指挥部、中共中央中原局,进驻郑州。当天晚上,中原局第二书记、中原军区第一副司令员陈毅,中原野战军第四纵队司令员陈赓、第九纵队司令员秦基伟,轻装简从,悄悄视察了郑州市容。其间,陈毅高兴地对秦基伟说:"九纵已经成熟了,可以打大仗了。"

视察完毕,一贯性格开朗、风趣幽默的陈赓对秦基伟说:"老秦,你们纵队打了个漂亮仗,也不请我们的客?"

陈毅也说:"对头,你打了蒋委员长的土豪,我们要打你的土豪。"

秦基伟说:"那好哇,我这几个伙食尾子,都共产算了。"

打了胜仗,陈毅和陈赓都很高兴,秦基伟更为高兴。三位高级将领当晚就上街,但由于时间已晚,郑州大街上的饭店都关门了,他们便敲门进了一家小餐馆,由陈赓亲自下厨,做了几碗肉丝面，大家吃得很高兴。

大概谁也不会想到，威震中原、威震华夏、威震国内外的陈毅、陈赓、秦基伟这三位中国人民解放军的高级将领，在刚刚打了胜仗、占领中原名城郑州以后，就是这样不事张扬，就是这样简单朴素，就是这样清贫乐道，就是这样一尘不染。这就是共产党人的政治本色，这就是共产主义者的真正情怀，这就是人民军队为人民的本质所在，这就是中国共产党和中国人民解放军在解放战争中顺利夺取全中国的根本原因。

1948 年 10 月 23 日，中国人民解放军郑州市军事管制委员会宣告成立，张际春任主任，刘岱峰任副主任。同时，秦基伟任中国人民解放军郑州警备司令部司令员，李成芳任政治委员。谷景生任中共郑州市委书记。宋致和任郑州市人民政府市长。

遵照中共中央军委和毛泽东主席电示，中原局和中原军区于 10 月 24 日在郑州召开解放郑州的参战部队团以上干部会议，邓小平政委作淮海战役参战前的动员报告，着重讲了东进的形势与任务，提出开展新式整军、加强组织纪律性的要求。邓小平重申了毛泽东关于“军队向前进，生产长一寸，加强纪律性，革命无不胜”的指示，并要求到会干部深刻理解，自觉执行。

邓小平在讲话中还指出：“现在平汉、陇海两大铁路的枢纽郑州解放了，我们的解放区在不断扩大，整个中原很快就要全部解放，华北解放区与中原将连成一片。我们要重视新区的政权建设，要严格执行新区政策，只有迅速恢复和发展解放区的工农业生产，才能有源源不断的财力、物力、人力支援战争，才能最后战胜国民党反动派。所以我们要发动群众、宣传群众、武装群众、团结各阶层人士、努力发展生产，全力以赴支援人民战争。”

10 月 25 日，中原野战军第九纵队一部担任郑州警备任务。中国人民解放军举行气势磅礴的郑州入城式，中野九纵军容雄壮，斗志昂扬。中野九纵的军威使郑州各界耳目一新，交口赞扬。

郑州干部会议后第三天，中原野战军第四纵队和第九纵队离郑东进，参加淮海战役。看着中原野战军的雄壮军容，郑州各界民众欢欣鼓舞。中原野战军政治部《解放郑州》记载：“解放军战士们身穿草黄色新棉军衣，头戴此次歼敌所缴获的深绿色崭新的钢盔，步枪刺刀闪闪发亮，无数挺轻重机枪泛着青光。雄壮整齐的部队在街上穿过，威武的炮兵行列在水泥大道上隆隆前进。战士们红光满面，精神焕发，高唱雄壮的《中国人民解放军进行曲》和《三大纪律八项注意》歌。群众极为兴奋，不断报以掌声与欢呼。”“一群青年学生议论：解放军士气、武器都比国民党军队强。”德化街和大同路交叉口一个面铺的青年人大声说：“雄赳赳的，真是打仗的好队伍！”

郑州解放后，中共郑州市委、郑州市人民政府遵照 1948 年 10 月 10 日《中原区入城守则》、10 月 24 日邓小平讲话和 10 月 26 日《中原局关于占领郑州的几点指示》，在实行军管的同时，安定社会秩序，恢复生产，使郑州的重建工作在短期内初见成效。

解放郑州,中野九纵出力最大。投入大,收获也大。占领郑州后,中野九纵人财两得,兵员和装备、供给都有很大补充。这时,中原野战军其他纵队都是刚从大别山过来,装备、物资、财力都很紧张。因此,中野九纵严令,除担负郑州警备任务的警备部队外,其他部队不得入城。担任警备任务的部队,也不准擅自动用缴获财物,所有缴获一律上交,支援兄弟部队。这一举措,得到邓小平的好评。

据中野九纵司令员秦基伟晚年回忆:

在中国人民解放军高级领导人中,邓小平同志治军严厉是人所共知的,奖罚分明,一丝不苟。我在郑州担任警备司令员期间,有两件事,对我教育很大。

第一件事是因为看戏。我比较喜欢河南的豫剧,觉得豫剧唱腔很有韵味。一年四季都是作战,难得有个进城消闲的时候。没想到看一场戏闯了一个祸。

记不清具体日子了,那天晚上安排好值班,我换上便衣,掖好手枪,悄悄地寻到一家剧院门口,自己掏钱买了一张票进去了。

怕出事就有事,偏巧这天晚上邓小平政委打电话找我,一听说我不在,就火了。司令部的值班参谋绝对是个忠诚的同志,明明白白地向邓政委报告:“秦司令员看戏去了。”

这下还了得吗?没二话,通报中原野战军批评。

受批评,自然不舒服,但仔细想想,这个通报批评也是该挨的。郑州刚解放,工作千头万绪,敌情仍很严重,我作为郑州警备司令员,哪能随意离开工作岗位。如果部属们也学我的样子,岂不乱了套!

第二件事是第九纵队后勤部长杨以山惹起的。

郑州打下后,我们首先补充的是武器弹药,其他装备还未改善。纵队首长外出开会,要么骑马,要么步行,在城市里,这样的交通方式确有不便。杨以山见郑州铁路局有几部小汽车,就去向人家借。

这件事反映到邓小平政委那里,一个命令下来,撤了杨以山的职。

杨以山是个工作十分勤恳的同志,就因为借一部车子被撤职,是不是处理重了点呢?邓小平同志不这样认为,他说,什么借?郑州是你打下来的,你是胜利之师,他铁路局虽不是党政军机关,但也是国民党的办事机构,那些人本来就对共产党心存疑惧,你明借暗要,不是抢也是抢,违犯了我党我军的城市政策,该撤职。

打了郑州后,通报批评了纵队司令员,撤了纵队后勤部长,“枪打出头鸟”。邓小平同志这一手很厉害,矫枉必过正,敲山可震虎。在非常时期,尤其需要这样,所以,我和杨以山都口服心服。

现在想来,邓小平同志确实是一个了不起的政治家和军事家。郑州打下来后,邓小平同志马上就动手抓苗头性问题,一抓一个准。我记得就是在这前后,为了杜绝进城后出现的政策问题,邓小平同志召开了一个干部会。大家到齐了,还不知开的是什么会,见邓政委来了都很高兴,都伸出手来想跟邓政委握手。但没想到,邓政委却把手一甩,说,我们今天要开一个不握手的会。他问大家,我们部队中间违反群众纪律的问题你们知道不知道?我们违反纪律的人虽然只有百分之三,但也够严重的了。但是,更严重的是我们百分之九十七的人对百分之三的人采取了自由主义。这一下,把大家镇住了,邓政委不仅批评了违反纪律的人,而且批评了对错误行为采取自由主义的人。邓小平政委这一手来得很过硬、很及时,不然的话,形势好了,城市占了,条件改善了,如果没有坚强的纪律约束,部队就要出乱子①。

胜利之师,更需严肃军纪。邓小平确实言出纪随,有功必奖,违纪必纠,毫不宽容。中原野战军之所以在中原大地纵横驰骋,大受欢迎,与军纪严明有直接关系。

第二十五章　关于淮海战役的作战方针

1948 年 5 月以后,随着中原野战军进入中原战场,中共中央、中央军委和毛泽东开始谋划由中原野战军和华东野战军一起,携手进行淮海战役,逐鹿中原、决战中原。

济南战役后,国民党政府在徐州周围地区大量集结兵力,企图利用在徐州交会的津浦、陇海两铁路线及公路线密集,机动增援的方便,用重兵堵防的办法阻止人民解放军南下,以控制徐州,巩固江淮,屏障南京,挽回败局。在徐州"剿总"总司令刘峙、副总司令兼前进指挥部主任杜聿明指挥下,集结了黄百韬、邱清泉、李弥、孙元良四个兵团,和冯治安、李延年、刘汝明三个绥靖区部队,连同从华中赶来增援的黄维兵团等,总计兵力近 80 万人。其中大多数部队是国民党军队的主力和精锐部队。

淮海战役,是全国解放战争时期由中国人民解放军华东野战军和中原野战军在华东军区、中原军区及华北军区所属冀鲁豫军区部队配合下,在以徐州为中心,东起江苏省海州(今属连云港)、西迄河南省商丘、北至山东省临城(今薛城)、南达淮河的广大区域内,同国民党军刘峙集团进行的战略决战性战役。它是中国人民解放战争中具有决定意义的三大战役之一,从根本上扭转了中国人民解放军与国民党军的力量对比,加速了中国革命的胜利进程。

当时,中国人民解放战争的南部战线形势发生了有利于人民解放军的深刻变化。1948 年秋季,中国人民解放军在全国各个战场上的胜利,特别是在东北战场上举行的第一个战略决战性战役——辽沈战役的胜利,使中国的军事形势进入一个新的转折点,战争双方力量对比已经发生了根本变化。人民解放军的总兵力由战争初期的 127 万人增至 300 余万人;国民党军则由 430 万人下降至 290 万人。人民解放军不但在质量上早已占有优势,而且在数量上也已占有优势。

这时,在黄河以南、长江以北的南部战线上,人民解放军 1947 年 7 月转入战略进攻以

① 《秦基伟回忆录》,解放军出版社 1996 年版,第 243~245 页。

后，经过同国民党军一年的激烈较量，至 1948 年 7 月，中原战场的形势发生了有利于人民解放军的深刻变化。人民解放军力量有很大发展。由刘伯承任司令员、邓小平任政治委员的中原野战军辖 7 个纵队 15 万人；中原军区辖豫西、陕南、豫皖苏、皖西、桐柏、江汉、鄂豫 7 个军区 20 余万人；由陈毅任司令员兼政治委员的华东野战军辖 15 个纵队和 1 个特种兵纵队 36 万人；华东军区辖胶东、渤海、鲁中南、苏北、江淮 5 个军区 30 余万人。济南战役胜利后，华东野战军主力位于济南、滕县（今滕州）之间，一部位于山东省临沂、夏庄（今临沭）地区和江苏省宿迁地区休整，积极进行新的作战准备。中原野战军主力于 10 月下旬解放郑州、开封，另一部活动于河南省南部、湖北省北部地区。华东野战军与中原野战军在统一指挥下进行战役上的相互配合，协同作战。中原解放区、华东解放区空前巩固，社会安定，经济复苏，生产得到恢复和发展，秋粮获得丰收，支援战争的物质力量增强。

在国民党军方面，由白崇禧任总司令的华中"剿匪"总司令部辖第三兵团（司令官张淦）、第十二兵团（司令官黄维）、第十四兵团（司令官宋希濂）和第五（信阳）绥靖区、第十三（南阳）绥靖区、第十六（咸宁）绥靖区，共 35 万余人，主力分布在以汉口为中心的平汉铁路（今北京—汉口）确山至汉口段和长江北岸宜昌至安庆段。由刘峙任总司令的徐州"剿匪"总司令部辖第二兵团（司令官邱清泉）、第七兵团（司令官黄百韬）、第十三兵团（司令官李弥）、第十六兵团（司令官孙元良）和第一（扬州）绥靖区、第三（徐州）绥靖区、第四（商丘）绥靖区、第九（海州）绥靖区、第十一（青岛）绥靖区、第十二（新乡）绥靖区，共 60 万人。这是国民党军兵力最多、战斗力最强的一个战略集团，主力集结于以徐州为中心的陇海铁路（今兰州—连云港）商丘至海州段、津浦铁路（天津—浦口）徐州至蚌埠段。由桂系将领控制的华中"剿总"和由蒋介石嫡系将领控制的徐州"剿总"之间存在矛盾，难以实行统一指挥、协同作战。刘峙集团虽然装备优良，背靠南京、上海，交通方便，但其后方补给线脆弱，津浦铁路一旦被截断，就将陷于粮弹两缺的困境。

刘峙集团采取战略守势，中共中央军委决定将其歼灭。济南战役后，国民党军统帅部对华东野战军与中原野战军动向作了多种判断，认为在陇海铁路以南联合发起新攻势的可能性较大。因此决定，徐州"剿总"放弃郑州、开封、菏泽、临沂、海州，缩短战线；将郑州地区的第十六兵团东调，撤销第九绥靖区，其所属第四十四军由连云港海运南撤；华中"剿总"的第十二兵团改归国防部指挥，由豫西南阳、泌阳东移确山、驻马店，准备转用于徐州、蚌埠地区。

辽沈战役结束后，蒋介石为避免刘峙集团重蹈东北卫立煌集团全军覆灭的覆辙，于 1948 年 11 月 4 日派参谋总长顾祝同到徐州，研究作战方略。5 日，顾祝同、刘峙召集军事会议，确定采取"备战退守"方针，一面向徐州、蚌埠间收缩兵力，准备应战，一面从徐州撤退物资和非战斗人员，以备在形势不利时全军撤至淮河以南。11 月 6 日，蒋介石下达命令，确定"华东战场方面暂取战略守势"，并调整部署：将海州第四十四军西撤新安镇（今新沂），并归黄百韬指挥；第七兵团由新安镇撤至运河以西地区；第三绥靖区由临城、枣庄向南退守韩庄、台儿庄地区;第十三兵团由陇海铁路碾庄圩、炮车南移灵璧、泗县;第一绥靖区防守淮阴、扬州一线;第二兵团由商丘东移砀山、永城;第四绥靖区由商丘、马牧集南移固镇、蚌埠;第十六兵团由柳河移至蒙城。徐州"剿总"直接指挥的第一〇七军守备窑湾(今邳州南)以南段运河,第七十二军加强徐州守备,第九十六军、第六十六军防守蚌埠、五河、盱眙,第十二兵团由确山东进阜阳、太和。这样,国民党军在徐州、蚌埠地区的兵力达5个兵团、3个绥靖区,连同直属部队、特种部队共29个军约70万人。蒋介石声称:徐淮会战是政权"存亡最大之关键"。

这时,中国人民解放军进入淮海战场的部队,计有华东野战军16个纵队,中原野战军7个纵队,华东军区、中原军区和冀鲁豫军区的地方部队,共60余万人。

尽管在淮海战场即将进行的这一场大决战中,敌我双方力量对比,人民解放军并不占优势,但毛泽东仍然决心把敌徐州"剿总"所指挥的这一重兵战略集团全部歼灭在长江以北,以减少将来人民解放军强渡长江、解放江南的困难,加速中国革命胜利的进程。

所以,淮海战役是一场国共双方均投入重兵并决定国共双方命运的空前大决战。

早在济南战役、辽沈战役进行中,毛泽东就以其从整个中国革命全局考虑问题的战略远见,开始与华东野战军的陈毅、粟裕,中原野战军的刘伯承、邓小平等前线指挥员函电交驰,共商逐鹿中原推进战局的大计。经过最高统帅与前线指挥员的反复思考、周密谋划,终于形成了以华东野战军、中原野战军两大野战军共同携手,歼敌徐州"剿总"重兵战略集团的方案。

当时的华东野战军参谋长张震以后回忆说:"毛主席高瞻远瞩,制定了淮海战役的作战方针,又博采众长,使这个方针得到补充和进一步完善。战役第一阶段的进攻方向选定在徐州以东,歼灭对象是黄百韬兵团。中野主力直出徐(州)蚌(埠)线,协同华野作战。在总的战略意图下,最高统帅部和前线指挥员之间经过酝酿磋商,使战役的具体部署更加缜密。"

1948年10月11日,毛泽东起草了中国共产党中央军事委员会《关于淮海战役的作战方针》:

关于淮海战役部署,现在提出几点意见,供你们考虑。

(一)本战役第一阶段的重心,是集中兵力歼灭黄百韬兵团,完成中间突破,占领新安镇、运河车站、曹八集、峄县、枣庄、临城、韩庄、沭阳、邳县、郯城、台儿庄、临沂等地。为达到这一目的,应以两个纵队担任歼灭敌一个师的办法,共以六个至七个纵队,分割歼灭敌二十五师、六十三师、六十四师。以五个至六个纵队,担任阻援和打援。以一个至二个纵队,歼灭临城、韩庄地区李弥部一个旅,并力求占领临韩,从北面威胁徐州,使邱清泉、李弥两兵团不敢以全力东援。以一个纵队,加地方兵团,位于鲁西南,侧击徐州、商丘段,以牵制邱兵团一部(孙元良三个师现将东进,望刘伯承、陈毅、邓小平即速部署攻击郑徐线牵制李兵团)。以一个至二个纵队,活动于宿迁、睢宁、灵璧地区,以牵制李兵团。以上部署,即是说要用一半以上兵力,牵制、阻击和歼敌一部,以对付邱李两兵团,才能达到歼灭黄兵团三个师的目的。这一部署,大体如同九月间“攻济打援”的部署,否则不能达到歼灭黄兵团三个师的目的。第一阶段,力争在战役开始后两星期至三星期内结束。

(二)第二阶段,以大约五个纵队,攻歼海州、新浦、连云港、灌云地区之敌,并占领各城。估计这时,青岛之第五十四师、第三十二师很有可能由海运增至海、新、连地区。该地区连原有一个师将共有三个师,故我须用五个纵队担任攻击,而以其余兵力(主力)担任钳制邱李两兵团,仍然是九月间“攻济打援”部署的那个原则。此阶段亦须争取于两个至三个星期内完结。

(三)第三阶段,可设想在两淮方面作战。那时敌将增加一个师左右的兵力(整八师正由烟台南运),故亦须准备以五个纵队左右的兵力去担任攻击,而以其余主力担任打援和钳制。此阶段,大约亦须有两个至三个星期。

三个阶段大概共须有一个半月至两个月的时间。

(四)你们以十一、十二两月完成淮海战役。明年一月休整。三至七月同刘邓协力作战,将敌打至江边各点固守。秋季你们主力大约可以举行渡江作战①。

毛泽东起草毕这封电报后,迅即以中共中央军事委员会名义发给华东野战军,并将这个电报同时告知华东局和中原局。此后,全国局势发生了对中国人民解放军有利的急剧变化,中原野战军奉命东进徐州、蚌埠地区,由华东野战军、中原野战军和华东、中原的地方部队共同作战。淮海战役发起后,毛泽东又为中央军委起草致华东野战军并告中原野战军的电报,下达在徐州附近歼灭国民党军刘峙集团主力的战役决心。于是,淮海战役发展成为中国人民解放战争中辽沈战役、淮海战役和平津战役这三个具有决定意义的战役中的最大战役。毛泽东在这个电报中所提出的淮海战役作战方针取得完全的成功,只是淮海战役的发展比预计的更为顺利,因而胜利也比预计的更快、更大。

毛泽东在起草这个电报的时候,对淮海战役确定的作战任务,主要是消灭国民党军刘峙集团主力的一部,开辟苏北战场,使山东、苏北打成一片。后来,由于局势发生变化,中原野战军东进与华东野战军会合,共同作战,淮海战役发展成为重要的战略决战性战役。

第二十六章　华东野战军率先发起攻击

早在 1947 年 8 月,中国共产党中央军事委员会就提出了“冬春夺取徐州”的设想。济南战役结束后,华东野战军代司令员兼代政治委员粟裕(陈毅 5 月到中原和刘伯承、邓小平一起指挥作战)于 1948 年 9 月 24 日向中共中央军委建议乘胜举行淮海战役,攻歼淮阴、淮安、宝应、高邮、海州、连云港之敌,为夺取徐州创造条件。中共中央军委和毛泽东主席于 9 月 25

① 《毛泽东选集》第四卷,人民出版社 1991 年版,第 1351~1352 页。

日复电同意华东野战军举行淮海战役，并于10月11日发出关于淮海战役作战方针的指示，指出战役第一阶段的重心是集中兵力歼灭国民党军第七兵团，完成中间突破；第二阶段攻歼海州、新浦、连云港等地之敌；第三阶段在淮阴、淮安方向作战。为了达到歼灭第七兵团的目的，应以一半以上的兵力牵制、阻击可能由徐州东援的国民党军第二兵团与第十三兵团。14日，又指示中原野战军主力夺取郑州、开封，吸引徐州"剿总"分兵西顾；以一部兵力在平汉铁路以西、以南积极活动，牵制白崇禧集团，使之不能调兵东进徐州、蚌埠地区。

遵照上述指示，华东野战军作出部署：以7个纵队及特种兵纵队主力围歼新安镇地区的国民党军第七兵团；以3个纵队及2个独立旅歼灭位于邳县（今邳州）地区的国民党军第十三兵团一部，阻击该兵团东援；以3个纵队直出徐州东北台儿庄、贾汪，促使国民党军第三绥靖区部队起义，而后截断徐州以东陇海铁路，阻击徐州之敌东援。中原野战军的部署是：以4个纵队并指挥华东野战军的2个纵队和冀鲁豫军区2个独立旅，首先歼灭商丘地区的国民党军第四绥靖区部队，吸引国民党军第二兵团西顾，而后以主力在徐蚌线（徐州—蚌埠）作战，攻占宿县，截断津浦铁路；另以2个纵队及1个旅侧击、尾击由确山东进的国民党军第十二兵团，迟滞其前进。此外，原准备渡江南下的华东野战军先遣纵队及桐柏、江汉、豫皖苏、江淮、冀鲁豫等军区部队，被赋予破击平汉、陇海、津浦铁路的任务。

1948年10月下旬，河南省会开封守敌慑于中原野战军声威，弃城东撤，邓小平与陈毅率中原野战军乘势东进。31日，邓小平等进驻河南省柘城县，在两天三夜的时间里，他与陈毅等同志讨论了关于淮海战役统一指挥的问题，修改了钳制国民党邱清泉兵团、孙元良兵团、刘汝明兵团的作战方案，并与刘伯承联系，阻止黄维兵团东进徐州的行动。11月3日，邓小平与陈毅到周围几个县检查工作，向豫皖苏区第三分区党政军负责干部传达了中央关于淮海战役的部署。在邓小平的指导下，豫皖苏中央分局组建了支前指挥部，在豫东永城设立了总兵站，相继解放了豫东商丘县、虞城县。19日，邓小平又电示中原野战军交通部在河南东部的商丘建立中原军区总兵站，负责转运或分运军用物资，以保证淮海战役的需要。

在中原人民解放战争胜利发展的大好形势下，国民党政府在中原名城南阳设立的国民党军第十三绥靖区及其所属的第二军等部队和地方保安部队，被迫弃城南逃。临逃跑前，国民党军在南阳抓丁拉伕，还裹胁一批青年学生，制造了新的罪行，为南阳人民切齿痛恨。11月4日，中国人民解放军中原军区所属豫西军区部队解放南阳。这一消息报到中共中央后，11月5日毛泽东亲自挥毫疾书，为新华社撰写了《中原我军占领南阳》一文：

新华社郑州5日电：在人民解放军伟大的胜利的攻势下，南阳守敌王凌云于4日下午弃城南逃，我军当即占领南阳。南阳为古宛县，三国时曹操与张绣曾于此城发生争夺战。后汉光武帝刘秀曾于此地起兵，发动反对王莽王朝的战争，创立了后汉王朝。民间所传二十八宿，即刘秀的二十八个主要干部，多是出生于南阳一带。在过去一年中，蒋介石极重视南阳，曾于此设立所谓绥靖区，以王凌云为司令官，企图阻遏人民解放军向南发展的道路。上月，白崇禧使用黄维兵团三个军的力量，经营整月，企图打通信阳、南阳间的运输道路，始终未能达到目的。最近蒋军因全局败坏，被迫将整个南部战线近百个师的兵力，集中于以徐州为中心和以汉口为中心的两个地区，两星期前已放弃开封，现又放弃南阳。从此，河南全境，除豫北之新乡、安阳，豫西之灵宝、阌乡，豫南之确山、信阳、潢川、光山、商城、固始等地尚有残敌外，已全部为我解放。去年 7 月，南线人民解放军开始向敌后实行英勇的进军以来，一年多时间内，除歼灭了大量的国民党正规部队以外，最大的成绩，就是在大别山区(鄂豫区)、皖西区、豫西区、陕南区、桐柏区、江汉区、江淮区(即皖东一带)恢复和建立了稳固的根据地，创立了七个军区，并极大地扩大了豫皖苏军区老根据地。除江淮军区属于苏北军区管辖外，其余各军区，统属于中原军区管辖。豫皖苏区、豫西区、陕南区、桐柏区现已连成一片，没有敌人的阻隔。这四个军区并已和华北连成一片。我武装力量，除补上野战军和地方军一年多激烈战争的消耗以外，还增加了大约 20 万人，今后当有更大的发展。白崇禧经常说，“不怕共产党凶，只怕共产党生根”，他是怕对了。我们在所有江淮河汉区域，不仅是树林，而且是森林了。不仅生了根，而且树叶茂盛了。在去年下半年的一个极短时间内，我们在这一区域曾经过早地执行分配土地的政策，犯了一些策略上的“左”的错误。但是随即纠正了，普遍地利用了抗日时期的经验，执行了减租减息的社会政策和各阶层合理负担的财政政策。这样，就将一切可能联合或中立的社会阶层，均联合或中立起来，集中力量反对国民党反动统治势力及乡村中为最大群众所痛恨的少数恶霸分子。这一策略，是明显地成功了，敌人已经完全孤立起来。在我强大的野战军和地方军配合打击之下，困守各个孤立据点内的敌人，如像开封、南阳等处，不得不被迫弃城逃窜。南阳守敌王凌云统率的军队是第二军、第六十四军以及一些民团，现向襄阳逃窜。襄阳也是国民党的一个所谓绥靖区，第一任司令官康泽被俘后，接手的是从新疆调来的宋希濂。最近宋希濂升任了徐州的副总司令兼前线指挥所主任去代替原任的杜聿明。杜聿明则刚从徐州飞到东北，一战惨败，又逃到了葫芦岛。王凌云到襄阳，大概是接替宋希濂当司令官。但是从南阳到襄阳，并没有走多远，襄阳还是一个孤立据点，王凌云如不再逃，康泽的命运是在等着他的①。

根据中共中央、中央军委的战略部署，1948 年 11 月 4 日上午 8 时，华东野战军司令部正式发布《淮海战役攻击命令》。

11 月 6 日，华东野战军 11 个纵队以排山倒海之势、雷霆万钧之力，向徐州以东的黄百韬兵团发起攻击。各纵队按照统一的作战部署，像一只只下山的猛虎，扑向各自预定的目标。当华东野战军按预定计划向新安镇地区国民党军第七兵团发起进攻后，7 日早上，黄百韬带领其第七兵团部率第二十五军、第四十四军、第六十四军、第一〇〇军由第六十三军担任侧

① 《毛泽东新闻工作文选》，新华出版社 1983 年版，第 263~265 页。

翼掩护,自新安镇地区沿陇海铁路西撤,经堰头、窑湾西渡运河。华东野战军查明第七兵团动向后,立即改变部署,展开猛烈追击、截击。

当晚,华东野战军粟裕等将战况报告了中央军委。

毛泽东于7日迅即复电,完全同意粟裕等所述发起战役的部署,同时指出:“非有特别重大变化,不要改变计划,愈坚决愈能胜利。在此方针下,由你们机断专行,不要事事请示。”毛泽东谋划重大战役,历来只进行战略决策,具体指挥交给战役指挥员负责,表示了对前线指挥员的高度信任。

11月8日,中共地下党员、国民党军第三绥靖区副司令官何基沣、张克侠在与华东野战军取得联系后,率第五十九军和第七十七军(大部)2.3万人在贾汪、台儿庄举行战场起义。随即在台儿庄、枣庄地区进入山东解放区进行整训,以后分别改编为华东野战军第三十三军和第三十四军。

何基沣、张克侠率部起义,使徐州东北大门洞开,华东野战军得以顺利通过运河防线,迎头截住了黄百韬兵团的退路。华东野战军副政治委员兼山东兵团政治委员谭震林、山东兵团副司令员王建安率第七纵队、第十纵队、第十三纵队迅速越过第三绥靖区防地,于10日进达徐州以东、大许家以西地区,控制了阻援阵地。向西追击的华东野战军第一纵队、第四纵队、第六纵队、第八纵队、第九纵队、第十一纵队在华东野战军参谋长陈士榘指挥下抢渡运河,在国民党军黄百韬的第七兵团刚刚到达碾庄圩地区时,即从北、东、南三面逼近。至11日,将第七兵团部和四个军合围于碾庄圩及其周围约18平方公里的地区内,并在窑湾歼灭其第六十三军。华东野战军苏北兵团司令员韦国清、副政治委员姬鹏飞率第二纵队、第十二纵队和中原野战军第十一纵队经新安镇、宿迁向徐州西南迂回,13日在睢宁西北大王集地区歼灭国民党军第一〇七军一个师,争取其军长孙良诚率一个师投诚。

当华东野战军主力与黄百韬兵团激战时,中原野战军在华东野战军一部配合下于11月7日对国民党军第四绥靖区部队发起攻击。因该绥靖区已向永城、宿县(今宿州)转移,仅在商丘东南张公店地区歼灭其后卫第一八一师。11日晚,中原野战军开始徐蚌线作战。12日,中原野战军第四纵队在徐州以南夹沟歼灭北调徐州的国民党军第十六兵团后尾一部,14日在三堡歼灭第三绥靖区余部,并同华东野战军第三纵队、两广纵队及冀鲁豫军区两个独立旅,从南面、西南面逼近徐州。16日凌晨,中原野战军第三纵队在第九纵队一部配合下,攻克宿县。至此,徐蚌铁路被截断,刘峙集团陷于孤立。中原野战军主力根据中央军委的命令,切断徐蚌线,攻克徐州“剿总”的重要补给基地——宿县,完成了对徐州之敌的战略合围。中原野战军攻克宿县,就斩断了国民党军的中枢,将淮海战场一劈两半,直接配合华东野战军会歼徐州地区之敌重要战略集团,提前达成对徐州之敌的战略包围。

与此同时,中原野战军第九纵队主力南下,抗击从蚌埠来援之敌李延年兵团和刘汝明兵团,保障华东野战军围歼黄百韬兵团无后顾之忧。

11月15日22时,中原野战军命令第九纵队并指挥皖豫苏军区独立旅于16日夺取固镇,破坏铁路,并在固镇以北的任桥集、公平集、花庄集、张大桥一线布防,阻击国民党军李延年兵团、刘汝明兵团北上。同时,指示九纵"应以一部在正面引诱敌六十八军深入,主力位于铁路东侧,待敌通过后,突然断敌退路,以便三、四两纵赶到歼灭之或逼其起义"。

九纵依计而行,于16日晚进抵花庄集一线。当晚豫皖苏军区独立旅袭占固镇。

11月19日上午,北援之敌第九十九军全部两个师沿铁路东侧同时向任桥集进犯,连续向小库圩子、任桥集发动18次猛烈进攻。战斗中,九纵采用欲擒故纵战术,与敌反复争夺,敌军始终前进不得。

在九纵阻击敌第九十九军的同时,敌第五十五军沿铁路以西前进,被豫皖苏军区独立旅阻击于邱庄、欧家围子一线,不得前进。经过一天激战,九纵和友邻部队并肩作战,给北进之敌以重创,胜利完成阻击任务,巩固了隔断徐州的有利态势,保障了淮海战役第一阶段首歼黄百韬兵团任务的顺利达成。

中原野战军主力闭锁徐州战场的果断行动,使国民党军在长江以北的四个兵团面临各个被歼的命运,中央军委对这一行动给予高度评价,指出:"在战役发起前,我们已估计到第一阶段可能消灭敌人十八个师,但对隔断徐蚌,使徐敌完全孤立这一点,那时我们尚不敢作这种估计。"

中原野战军攻克宿县的战略行动,使蒋介石极为震惊,下令尽一切力量打通徐州与蚌埠之间的阻隔,命令黄维兵团、李延年兵团、刘汝明兵团火速北进,驰援徐州。这样,形势更为复杂,在整个淮海战场上,敌北线四个兵团再加南线三个兵团,总兵力超过80万人,比华东野战军和中原野战军参战兵力多20万人。特别是由信阳气势汹汹扑过来的黄维兵团,是国民党军的第一等精锐部队,有12万人,全部美式机械化装备。黄维兵团自内战爆发以来基本上没有遇到过歼灭性打击,因此极为骄横。显然,如果南线敌军并入徐州战场,势必对战局产生不利影响。因此,淮海战役第一阶段任务达成后,华东野战军和中原野战军如何动作,便成了十分关键的战争指导问题。

中央军委审时度势,决心集中中原野战军主力在华东野战军一部配合下,先吃掉黄维兵团;华东野战军主力以逸待劳,挟住已被关在门内的杜聿明集团;同时以华东野战军、中原野战军各一部转向南线看住企图北进的李延年兵团和刘汝明兵团,采取"吃一个、挟一个、看一个"的部署,发起淮海战役第二阶段作战。

这时,中国人民解放军在全国各战场的攻势都取得了重大胜利。华东野战军发起的济南战役歼敌10万人。东北野战军发起的辽沈战役歼敌47万人,东北全境解放,使战争形势发生巨大变化。国民党军总兵力已下降到290万人。华北战场上的国民党军傅作义集团已被压缩在北平、天津等几个主要城市;西北战场的胡宗南集团,已被挤到关中一隅;中原战场的刘峙集团与华中的白崇禧集团分据武汉、徐州周围。国民党军各集团之间互不相连,成为互相孤立的集团。而此时华东野战军和中原野战军共 23 个纵队,加上豫皖苏、陕南、豫西等解放区地方武装力量共 60 余万人,兵强马壮,士气高昂。

1948 年 11 月 9 日,中共中央军委和毛泽东根据辽沈战役后全国军事形势发生的重大变化,中原野战军攻克郑州后迅速东进,正同华东野战军会合等情况以及国民党军刘峙集团有向南撤退的迹象,批准前线指挥员的建议,决定扩大淮海战役的原定规模,由华东野战军、中原野战军共同与刘峙集团进行决战,第一步歼灭刘峙集团主力于淮河以北,第二步歼灭刘峙集团余部于长江以北。这样,淮海战役就由原来计划歼灭刘峙集团一部的战役设想,发展成为全歼刘峙集团的战略决战性战役。

这时,毛泽东敏锐地估计到,淮海大战的胜利将会对整个中国革命的全局产生重大的影响。11 月 16 日,他以政治家的远见卓识、战略家的深谋远虑、革命家的雄才大略,为中共中央军委起草了一封永载史册的致华东、中原等党政军负责人的电报:

"此战胜利,不但长江以北局面大定,即全国局面亦可基本上解决。望从这个观点出发,统筹一切。统筹的领导,由刘(伯承)、陈(毅)、邓(小平)、粟(裕)、谭(震林)五同志组成一个总前委,可能时,开五人会议讨论重要问题,经常由刘、陈、邓三人为常委,临机处置一切,小平同志为总前委书记。"

这样,毛泽东就将淮海前线华东野战军和中原野战军这两大野战军数十万大军的统率权授予了中国共产党淮海战役总前委和总前委书记邓小平。

对于毛泽东的这一历史性重大决策,邓小平几十年后仍记忆犹新。他在会见编写第二野战军战史的老同志时指出:

"战略反攻,二野挑的是重担,还是那句老话,叫做合格。经过大别山斗争,二野受到削弱。只有秦基伟的九纵,你们那一坨,保持兴盛的旺气。主体四个纵队就削弱了,更新也困难啊,有三个纵队每个纵队仅两个旅,只有一个纵队是三个旅,就这样迎接淮海战役。当然中间还打了一些小仗,凡是有机会取得胜利的,没有丧失过机会,该干的都干了。后来,转出大别山,以后到了豫西,成立扩大的中原局和中原军区。

"迎接淮海战役的时候,总的形势很好。东北战场取得了胜利,这对全国鼓舞很大,西北也稳住脚,中原三足鼎立。淮海战役是二野、三野联合作战,用毛主席的话说,二野三野联合作战,不只是增加一倍两倍的力量,数量变,质量变,这是一个质的变化。淮海战役成立了总前委,由五个人组成,其中三个人是常委,我当书记。毛主席对我说:'我把指挥权交给你。'这是毛主席亲自交代给我的。淮海战役的部署决策是我根据中央军委和毛主席的指示主持决定的。"①

1948 年 11 月中旬,中国共产党淮海战役总前委正式成立,行使统一指挥华东野战军和

---

① 《邓小平文选》第三卷,人民出版社 1993 年版,第 341~342 页。

中原野战军，领导淮海前线政治、军事和作战指挥的全权。这是淮海战役顺利进行的重要保证。

第二十七章　淮海战役首战告捷

在中国人民解放军中原野战军和华东野战军逐鹿中原，携手发起淮海战役之际，中国军事形势发生了重大变化。中国人民解放军气势磅礴、势如破竹的战略进攻，使中国军事形势进入一个新的转折点，即战争双方力量对比已经发生了根本的变化。人民解放军不但在质量上早已占有优势，而且在数量上也已经占有优势。这是中国革命的成功和中国和平的实现已经迫近的标志。

在淮海战场上，中国人民解放军华东野战军将国民党军黄百韬兵团团团包围以后，蒋介石立即电令该兵团就地修筑工事，固守待援；同时电令国民党军第二兵团、第十三兵团全力由徐州东援；以第十六兵团守徐州；以第四绥靖区改编为第八兵团，指挥所属三个军；以第九绥靖区改编为第六兵团，指挥刚由东北撤至蚌埠的第三十九军、第五十四军，沿津浦铁路东西两侧向宿县推进；令第十二兵团到达阜阳后，继续向蒙城、宿县进攻。同时，蒋介石任命刚从东北逃出的杜聿明为徐州"剿总"副总司令兼前进指挥部主任，协助徐州"剿总"总司令刘峙指挥作战。蒋介石调兵遣将，目的是解救被围的国民党军第七兵团，并企图在运河以西、徐州以东地区同人民解放军进行决战。

中共中央军委和毛泽东针对上述形势指出：华东野战军的首要任务是阻止国民党军第二兵团、第十三兵团东进，歼灭第七兵团，然后争取诱歼第二兵团、第十三兵团几个师。中原野战军应对南面的第六兵团、第八兵团、第十二兵团妥筹对策，保障华东野战军作战。

据此，华东野战军决定以第四纵队、第六纵队、第八纵队、第九纵队、第十三纵队和特种兵纵队炮兵主力举行碾庄圩战役，围歼第七兵团；以第七纵队、第十纵队、第十一纵队在大许家一带，从正面阻击由徐州东援的第二兵团、第十三兵团；以第一纵队、第二纵队、第三纵队、第十二纵队和鲁中南纵队、两广纵队、中原野战军第十一纵队自徐州东南向徐州进逼，威胁国民党军第二兵团、第十三兵团侧翼，保障主攻集团围歼第七兵团的作战。中原野战军决定以第九纵队和豫皖苏军区独立旅及豫西军区两个团在固镇、宿县间布防，阻击国民党军第六兵团、第八兵团北进；以第一纵队、第二纵队、第六纵队在蒙城、涡阳沿涡河、淝河布防，准备阻击国民党军第十二兵团；以第三纵队、第四纵队进至宿县西南地区待机。

1948年11月11日，华东野战军担任围歼国民党军第七兵团任务的各纵队向敌发起猛攻。因第七兵团由空军掩护逐村顽抗，华东野战军初期进攻受阻。各纵队从运动中仓促转入村落攻坚，由于准备不足，炮火未及跟上，以致连续攻击三天，攻击进展缓慢。华东野战军随即调整部署，采取"先打弱敌、后打强敌、攻其首脑、乱其部署"的战法，攻击进展迅速。至

20日拂晓，歼灭敌第四十四军、第一〇〇军全部及第六十四军、第二十五军各一部，并攻占第七兵团部所在地碾庄圩。黄百韬转至碾庄圩东北大院内，指挥残部顽抗。华东野战军实施连续突击，至22日黄昏全歼第七兵团。黄百韬走投无路，自杀身亡。华东野战军大获全胜，战场上顿时欢声雷动，庆祝胜利。

从11月12日开始，国民党军第二兵团、第十三兵团在飞机、坦克掩护下，由徐州沿陇海铁路两侧并肩东援。华东野战军第七纵队、第十纵队、第十一纵队坚决进行阻击与侧击，至22日，歼其万余人，使其前进不及20公里。与此同时，中原野战军分别将国民党军第六兵团、第八兵团、第十二兵团阻止在固镇以北任桥、花庄集一线和淝河以北赵集地区。这些阻击战，有力地保障了全歼敌第七兵团作战的胜利。

在围歼国民党军第七兵团之际，中共中央军委、毛泽东和淮海前线指挥员设想下一个歼击目标，或诱歼由徐州东援的国民党军第二兵团、第十三兵团，或歼击第六兵团、第十二兵团。11月19日，刘伯承、陈毅、邓小平分析战场形势认为：华东野战军歼灭第七兵团后，已相当疲劳，如不休整，接着又打战斗力较强的第二兵团、第十三兵团，不易达成预期目的。中原野战军以现有兵力阻击第六兵团、第八兵团和第十二兵团两路援敌，也有较大困难。因此，向中央军委建议：华东野战军主力位于徐州以东、以南，一面监视徐州之敌，一面进行休整，同时以一部兵力协同中原野战军歼击第六兵团、第十二兵团。

国民党军第七兵团被歼灭后，蒋介石决定将已收缩到徐州的第二兵团、第十六兵团沿津浦路向南，第六兵团、第八兵团由蚌埠、固镇沿铁路向北，第十二兵团由赵集向宿县方向进攻，三路会师宿县，打通津浦路徐蚌段，改变不利态势。11月23日，徐州、蚌埠两路国民党军尚未行动，第十二兵团即向浍河南岸南坪集地区发起进攻，形成孤军冒进。

中国人民解放军华东野战军以凌厉攻势歼灭国民党军黄百韬兵团后，淮海战役第一阶段取得胜利。第二阶段的攻击目标如何确定，是战局发展的一个关键问题。一开始中央军委命令华东野战军吸引邱清泉兵团、李弥兵团东进，寻机歼其四五个师，而后视情况围歼邱清泉兵团与李弥兵团，或攻取徐州，或打黄维。但因邱清泉兵团不敢贸然东进，始终背靠徐州，人民解放军无法将其退路切断。就在这时，刘伯承、陈毅、邓小平经过缜密考虑，及时给毛泽东主席发电，同时发给华东野战军粟裕、陈士榘和张震，建议先打黄维，再打邱清泉兵团和李弥兵团。

刘伯承、陈毅、邓小平的建议是：抓住这一有利战机，以中原野战军全部和华东野战军一部，先歼灭敌第十二兵团，以华东野战军主力阻击徐州和固镇地区增援之敌，并争取歼灭第六兵团、第八兵团各一部。

毛泽东于第二天复电："（一）完全同意先打黄维；（二）望粟（裕）陈（士榘）张（震）遵刘陈邓部署，派必要兵力参加打黄维；（三）情况紧急时机，一切由刘陈邓临机处置，不要请示。"

淮海战役中在中原野战军“前线指挥所”工作的史超回忆说：粟裕在指挥三野全歼黄伯韬兵团后，向军委建议乘胜消灭邱清泉和李弥两个兵团。当时毛泽东支持粟裕的主张，而刘、陈、邓认为一下子吃不动。这时，蒋介石派全副美式装备的黄维兵团北上增援邱、李两部，如果二野堵不住黄维兵团，三野的部队有可能不仅打不垮邱、李两部，反而会遭到夹击，如此则后果不堪设想，淮海战役的局面将会改写。刘、陈、邓向军委连发两个电报，建议先打黄维，但没有得到回音。刘伯承随后布置了一个口袋，把黄维兵团装了进去，因为兵力不足，需要粟裕出兵支援，否则难免出现黄维兵团刺破这个口袋的可能。这时黄维兵团已经到了宿县，情势千钧一发，刘、陈、邓又向军委发出第三个电报。邓小平心情极其紧张，在等候军委的回电时，把自己关进屋里，盘腿坐在炕上，用扑克牌不断地“算卦”，什么人来见都一言不发。此时，毛泽东的回电到了：不必请示，一切由刘、陈、邓决断。邓小平马上如释重负，把扑克牌扔到了一边①。

黄维兵团即国民党军第十二兵团，共12万余人，辖有第十军、第十四军、第十八军、第八十五军四个军共十一个师和一个快速纵队，是国民党军队精锐的主力兵团之一、蒋介石的嫡系部队。黄维兵团的骨干部队第十八军即原整编第十一师，为陈诚一手培植，美械装备，军官都是军校毕业生，是陈诚军事集团的“老底子”，也是陈诚起家的“本钱”，系国民党军“五大主力”之一。在国民党军中，陈诚集团的“土木系”之说即源于第十一师和第十八军。黄维兵团装备精良，训练充分，有实战经验，是一个顽敌。

“运筹帷幄之中，决胜千里之外。”颇有意思的是，当毛泽东定下了歼灭黄维兵团的决心后，倒颇有一番忙里偷闲的闲情逸致。这天，毛泽东起草完致华东野战军和中原野战军负责人的电报后，仿佛松了一口气，手持历史学家吴晗送阅的一部《朱元璋传》修改稿，步出办公室，稍稍活动了一下身体，随即坐在西柏坡农家小院的一张土造“沙发”上，一口气读完了前几天没有来得及读完的后半部分。回到屋里，似乎有感而发，又挥笔疾书，一气呵成，致信吴晗：“两次晤谈，甚快。大著阅毕，兹奉还。此书用力甚勤，掘发甚广，给我启发不少，深为感谢。有些不成熟的意见，仅供参考，业已面告。此外尚有一点，即在方法问题上，先生尚未完全接受历史唯物主义作为观察历史的方法论。倘若先生于这方面加力用一番工夫，将来成就不可限量。”

在部署战略决战的余暇中读书论史，真可谓“是大统帅自风流”，也算是一段千古佳话了。

根据毛泽东的电报部署，刘伯承、邓小平、陈毅立即命令坚守南坪集一带的中国人民解放军中原野战军第四纵队、第九纵队后撤“示弱”，以期“诱敌深入”。而后，同第一纵队、第二纵队、第三纵队、第六纵队、第十一纵队等，在浍河以北布成袋形阵地，待国民党军第十二

① 刘仰东：《史超先生眼中和笔下的淮海战役》，载2005年6月30日全国政协《人民政协报·春秋周刊》，第1版。

兵团到达后,即分由东西两侧出击,实施围歼。

11 月 24 日上午,国民党军第十二兵团强渡浍河,钻进了中原野战军预设的口袋。黄维发觉处境危险后,即令部队撤至浍河以西,向固镇方向转进,企图会同第六兵团再沿津浦铁路向北进攻。中原野战军各纵队当晚全线出击,发起双堆集战役。至次日,将第十二兵团合围于以双堆集为中心纵横各 7.5 公里的区域内。

第二十八章　黄维兵团被装入“口袋”

1948 年 11 月 25 日,中原野战军主力将黄维兵团团团包围于双堆集地区。

1948 年 11 月 25 日 11 时和 21 时,淮海战役总前委书记、中原野战军政治委员邓小平和中原野战军司令员刘伯承,中原野战军第一副司令员、华东野战军司令员兼政治委员陈毅先后致电中央军委并告粟裕等:“……我一、二、三、六纵由西向东出击,正在南坪集、芦沟集之线与敌激战中。此着出敌意外,公路以东敌人后方非常紊乱,芦沟集及附近我已控制。黄维兵团部原在南坪集,刻正向东转移。同时黄维以十军、十四军、十八军主力向我朱口、半埠店、丁楼、大小王庄之线四、九纵阵地猛攻,企图打开宿县通路。”“我昨晚出击反正面抵抗,结果黄维全部动摇,刘峙令其向东南突围,刻敌已将浍河以北主力全部退过南岸,其突围企图未逞。全部在南坪集东南纵横二十里地区被我合围,极为混乱,正激战中。”

在歼灭黄维兵团的作战中,邓小平主动担负了战役的具体组织指挥工作。在总前委下定战役决心、拟定战役计划之后的一天上午,邓小平向同在总前委作战室办公的刘伯承、陈毅说:“两位司令员同志,我比你们小几岁,身体也比你们好一些,具体工作让我多做些,夜间值班我也多值一些,这是应该的哟!”

刘伯承和陈毅司令员听了以后,先是爽朗地哈哈大笑,而后,陈毅司令员表示:“我们既要竭尽全力,恪尽职守,又要尊重政委的意见。”

接着,刘伯承司令员说:“在我们这把年纪里,这样的会战、决战,已不会很多啦,我们理应努力工作,拼命完成任务!”

邓小平很谦逊地说:“大的决策指挥,还是靠两位司令员,靠我们三个‘臭皮匠’,只是具体工作由我多做些。”

然后,邓小平正式向作战科同志宣布,一般事情多找我请示报告,重大事情同时报刘伯承、陈毅共同研究处理。

在歼灭黄维兵团的过程中,邓小平总是天天守在作战室里。特别是夜间,每天值班都要到深夜,甚至到下半夜,一直等到各纵队战斗情况基本上没有大的变化时,方才放心离去。刘伯承、陈毅、邓小平三人每天共同商定的各纵队的作战任务,也多是由邓小平直接向各纵队首长亲自传达和部署。

对于中国人民解放军各部队的战斗进展情况，邓小平除随时听取作战科值班员汇报外，几乎天天都亲自找各纵队领导同志听电话，一方面督促检查对作战计划、命令的执行情况，另一方面直接了解战斗进展情况，掌握第一手材料和最新战况。

邓小平在作战指挥中，既强调高度的集中统一和严格的纪律，又特别注意做部队尤其是各级干部的思想政治工作。

当时，就中原野战军的兵力、装备、弹药等各方面的实际情况看，歼灭黄维兵团无疑是付出较大的代价去啃一块“硬骨头”，其困难主要有以下几点：

一是从兵力上看，敌我双方兵力均为 12 万人，中原野战军不占优势。二是从编制上看，黄维兵团是国民党军队的主力兵团，人员编制齐装满员。中原野战军连续多年征战，远离革命老区，编制不全，兵员不充实，6 个纵队只有第一纵队、第四纵队是 9 个团，第二纵队、第三纵队、第六纵队各只有 6 个团，第九纵队只有 5 个团。特别是第一纵队、第二纵队、第三纵队、第六纵队，经过挺进大别山和坚持大别山的斗争，兵员装备消耗较大，一直没有机会得到及时补充。参战各纵队平均每个纵队只有 1.5 万人。其中第二纵队、第十一纵队则只有一万二三千人。三是从装备上看，黄维兵团在天上有空军配合，飞机掩护，地上有大炮、坦克、装甲车开道，是当时国民党军队中现代化装备较强的嫡系部队之一。中原野战军则重炮很少，弹药奇缺，真正是“小米加步枪”。

针对这种实际情况，邓小平从中国革命全局和解放战争的全局利益考虑，在战前中原野战军召开的纵队领导干部会议上，郑重指出：“要不惜一切代价，在华野协同下，坚决完成歼灭黄维兵团的任务。”在战役过程中，特别是在歼灭黄维兵团作战的第三阶段中，邓小平在电话中反复向各纵队领导同志讲，要坚决贯彻党中央、毛主席关于歼灭敌重兵集团于淮河以北的指示，要同千里跃进大别山一样，服从大局，不畏艰险，不怕牺牲。邓小平强调指出：“我们要以破釜沉舟的决心，不惜最大牺牲，歼灭黄维兵团，即使中野打光了，能消灭这支王牌军也是值得的。”以后担任过中华人民共和国国防部长、中华人民共和国全国人大常委会副委员长的秦基伟回忆说，淮海战役聚歼黄维兵团，对于中原野战军来说，犹如“瘦狗拉硬屎”，是非常艰苦的一仗。小平同志反复向各纵队领导干部讲：要服从大局，准备“烧床铺草”（南方习俗，死了人要烧床铺草，此处意即准备牺牲自己），即使把自己的部队打光了，只要能吃掉当面这坨敌人，也算是尽到了我们的历史责任。他强调，革命总有一个时候要过关。在过险关的时候，就是要不怕苦，不怕死，宁肯向最严重的方向做准备。思想上有了准备，行动上才敢于排除一切困难，压倒一切敌人，置之死地而后生。

邓小平的话极大地鼓舞和激励了中原野战军全体指战员的战斗意志。广大干部战士，在极其困难的条件下，不怕疲劳，不怕困难，不怕牺牲，连续作战，虽然伤亡较大，但士气愈战愈高，战斗力愈战愈强。战斗中干部伤亡，班长、战士、通信员、司号员、卫生员等挺身而出，自动代理连长、指导员，组织继续战斗，直到取得战斗胜利。

在战役形势的紧张阶段，刘伯承、陈毅、邓小平集体研究，集体决策。邓小平身为总前委书记，既要负责全局与组织战役的决策、谋划，又主动多承担歼灭黄维兵团作战的具体组织指挥工作，还要具体领导中原野战军的工作。凡是敌情的变化、战况的进展、通信联络的畅通、兵员的增补、部队组织的调整、武器弹药的补充、后方对部队生活的保障等，无不亲自过问，重要的则亲自处理，并组织有关部门与人员负责工作的落实。

11 月 26 日，毛泽东致电淮海战役总前委："黄维被围，有歼灭希望，极好极慰。但请你们用极大注意力对付黄维的最后挣扎。"27 日拂晓，黄维兵团以 4 个主力师为先导，在空军、大炮、坦克掩护下，倾其全力企图突围。在突围中，中共地下党员、黄维兵团第八十五军第一一〇师师长廖运周率部 5500 余人举行战场起义。人民解放军网开一面，从"包围圈"中放出廖运周率领的第一一〇师后，重新又扎紧了"口袋"，紧缩了"包围圈"。此后，黄维调整部署，以村落为基点，用坦克、汽车及大量器材构筑了许多掩体，形成环形防御阵地，转入固守。

关于中共地下党员、长期潜伏在国民党军队中担任黄维兵团第八十五军第一一〇师师长的廖运周率部举行火线起义的情况，当时的亲历者贺光华回忆说：

11 月 25 日下午，值班参谋武英同志来报告：十二旅前沿打来一个紧急电话，他们捉住敌人一个军官，自称有绝密情报，要亲自向我南线司令员报告，请求处理办法。司令员说："派人把他送来吧。"

我们正在研究敌人的情况，忽然听到武英惊喜地喊道："老伙计，原来是你呀！"抬头一看，只见他领了一个穿着国民党军衣的人进来。看上去面孔挺熟，可一时又想不起来在什么地方见过。等到他自称姓杨，是敌一一〇师师长廖运周的副官时，我才恍然大悟，他是我党的地下工作人员。是的，6 月间，我们在豫西唐河地区与敌张轸兵团作战时，他曾到我们司令部来联系过。

杨副官向司令员报告说："27 号清晨，黄维准备调动 4 个主力师，齐头并进，向南突围，企图与李延年、刘汝明协援徐州，救出杜聿明。一一〇师是左翼，廖运周决定趁此机会率部起义，于 27 号晨 7 时假意突围，把部队带过来。为避免发生误会，他要求首长在左翼这边闪开一个口子，让开一条路，放一一〇师过来后，再把口子封住。这个计划，不知首长认为如何？"

等武英陪杨副官出去休息的时候，首长们分析研究了这个新的情况。一一〇师原是西北军杨虎城的部队，杨虎城被捕后，蒋介石便把西北军编散了，这个师被编在吴绍周的第八十五军，经常受蒋介石嫡系的排挤，加之内部有我地下党在做工作，看来起义是有诚意的。可是，他们要在敌人全线突围时才行动，还要我们让开一个口子，这问题就严重了。当时我们只有 4 个旅的兵力，要抗住敌人 4 个主力师突围，担子是相当重的。如果接受这个师起义，好处是减轻了我们阻敌突围的负担，所怕的是万一这个行动被黄维和吴绍周发觉了，乘我们放一一〇师过来的机会，倾全力突破我防线，那时候堵也难堵，防也难防，眼瞅着让黄维的人马突出去，那将要对革命犯下永世难补的大错误。这是关系着整个战局成败的关键！我们反复地琢磨着，肯定了又推翻，推翻了又肯定，直到半夜，首长们才下了最后的决心：不惜一切，坚决粉碎敌人4个师的突围，决不让黄维兵团跑掉一个人，同时积极争取这个师战场起义。为了防止意外，起义时间要提前，天明以前起义部队必须过完，同时把指定路线画在村庄之间，用玉米秆标示出来。另外派一个旅埋伏在路线两侧严阵以待，一旦情况有了变化，立即将敌人全部消灭在野地里。我们把这个决定上报野司，得到了刘、邓首长的同意后，便马上调动部队，准备迎接敌人突围时的激烈战斗。

11月27日清晨，大雾弥漫，50米以外看不清人影。我们派去的作战参谋武英同志，顺利地把起义部队沿着指定的路线，带到指定的集结地区。等一一〇师过完了，我军重新又把口子封锁了以后，廖运周才向黄维"报告"说，他已从西南方向"突围成功"，黄维信以为真，还派飞机来掩护他往前走。天亮以后，被蒙在鼓里的黄维仍按原定的突围计划，在飞机、大炮、坦克的掩护下，向我李庄、杨庄阵地猛扑，结果被碰了回去。过午，急得像热锅上的蚂蚁一样的黄维在报话机里再也呼唤不到廖运周时，才发觉事情有变，但是已经晚了。黄维"四个师齐头并进向南突围"的计划，就这样被彻底粉碎了。

黄维也很清楚，长此被围下去，只有死路一条。于是在28日又命主力第十八军以3000人作前锋，在飞机、大炮和12辆坦克的配合下，又连续向我小马庄第十七旅阵地攻了两天，结果碰了一鼻子灰；接着又转向西面、东面、北面乱撞，可是四面都是铜墙铁壁，撞得头破血流，仍然突围不出去。至此，黄维才不得不放弃突围的企图，重新调整部署，采取固守待援的方针了。

第二十九章　全部歼灭黄维兵团

在淮海战场上，黄维兵团突围失利后，遂采取固守待援的战法。敌变我亦变。中原野战军适时改变战法，采取"坚决围困，稳步攻击，攻占一村，巩固一村，逐个歼灭"的战法。同时进行大规模近迫作业，逐渐构成完整的进攻阵地。

"攻城为下，攻心为上。"

"能攻心则反侧自消，自古知兵非好战。"

在黄维兵团被中国人民解放军团团包围以后，为劝其投降，毛泽东于1948年11月27日以中国人民解放军总部名义，撰写了《人民解放军总部向黄维兵团的广播讲话》，由陕北新华广播电台广播。

陕北新华广播电台27日广播：请宿县西南地区国民党军黄维兵团的将军们、军官们、士兵们注意！人民解放军总部和你们讲话：

人民解放军现在已经把你们完全包围住了。你们已经走不出去了，你们的命运已经到了最后关头。为你们自己设想，为人民设想，你们应当赶快缴械投降。冯治安的四个师已经起义了，黄百韬的十个师已经消灭了，此外还有四个师被消灭了。蚌埠的李延年、刘汝明已被我军阻隔，不能援助你们。徐州的邱清泉、李弥、孙元良也被我军阻隔，不能援助你们。蒋介石、刘峙是完全没有办法的。你们可知道，前些天，在碾庄被围的黄百韬兵团，不是等着徐州的增援吗？蒋介石一天数令催迫邱清泉增援，结果走了十一天，只进三十几里路，眼看着黄百韬被消灭。你们现在的情形，比黄百韬更坏，你们离徐州更远，你们从南阳赶路到宿县附近的南坪集走得太辛苦了，你们还能打下去吗？不如早些缴枪，少死些人，留着活命，替中国人民做点工作。人民解放军的宽大政策你们是知道的，无论是不是蒋介石的嫡系，只要放下武器，就给以宽大待遇，不论官兵，一律不杀不辱。你们的王耀武、范汉杰、郑洞国及其他一切被俘将领，都在我们这里住得好好的。其中许多人已放回去了。还有许多人我们准备放他们回家。你们都是中国人，何必替美国人打仗呢？中国人民反对蒋介石的内战独裁卖国，你们何必替蒋介石等少数反动派卖命呢？时机紧急，牺牲无益，你们应当立刻放下武器。南京政府已经摇摇欲倒，黄维兵团十一个师的将军们、军官们、士兵们，赶快掉转枪口，和我们一道打到南京去吧！①

11 月 27 日这一天，毛泽东还以中原野战军司令员刘伯承、华东野战军司令员陈毅的名义，撰写了《刘伯承陈毅两将军向黄维兵团的广播讲话》，由陕北新华广播电台广播。

陕北新华广播电台 27 日广播：宿县南坪集国民党军十二兵团司令官黄维将军及所属 4 个军军长、11 个师师长、各团营连排长及全体士兵们，现在中国人民解放军中原野战军司令员刘伯承将军、华东野战军司令员陈毅将军向你们讲话：

国民党十二兵团司令官黄维将军及黄将军所属全兵团官长士兵们：我们和你们都是中国人。你我两军现在在打仗。我们包围了你们。你们如此大军，仅仅占住纵横十几华里内的六七个小村庄，没有粮食，没有宿营地，怎么能够持久呢？不错，你们有许多飞机、坦克，我们在这里连一架飞机、一辆坦克也没有，南坪集的天空是你们的，你们想借这些东西作掩护向东南方面突出去。但是你们突了两天，突破了我们的阵地没有呢？不行的，突不出去的。什么原因呢？打仗的胜败，不决定于武器，而决定于人心。我们的士兵都想打，你们的士兵都不想打，你们将军们知道吗？还是放下武器吧。放下武器的都有生路，一个不杀。愿留的当解放军，不愿留的回家去。不但对士兵，对下级官、对中级官是这样，对高级将领也是这样，对黄维也是这样。替国民党贪官污吏打仗有什么意思呢？你们流血流汗，他们升官发财。你们送命，他们享福。快快觉悟过来吧。放下武器，我们都是一家人。打内战，打共产党，杀人民，这个主意是蒋介石和国民党定下

① 《毛泽东新闻工作文选》，新华出版社 1983 年版，第 266～267 页。

的，不是你们多数人愿意的，你们多数人是被迫打仗的。既然如此，还打什么呢？快快放下武器吧！过去几天，我们还只是布置包围阵地，把你们压缩在一片豆腐块内，还没有举行总攻击。假如你们不投降，我们就要举行总攻击了。我们希望黄维将军仿照长春郑洞国将军的榜样，为了爱惜兵士和干部的生命起见，下令投降。如果黄维将军愿意这样做，着早派遣代表出来和我们的代表谈判投降办法。你们保证有秩序地缴枪，不破坏武器和装备，我们保证你们一切人的生命安全和随身财物不受侵犯。何去何从，立即抉择。切切此告。

刘伯承　陈　毅①

11月28日凌晨4时，毛泽东在为中共中央军委起草的一封致淮海战役总前委书记、中原野战军政治委员邓小平和中原野战军司令员刘伯承，中原野战军第一副司令员、华东野战军司令员兼政治委员陈毅并告华东野战军代司令员兼代政治委员粟裕、参谋长陈士榘、副参谋长张震等的电报中说：（一）刘陈邓27日17时电、粟陈张27日14日电均悉。（二）假如今（28）日刘陈邓能完全解决黄维兵团，粟陈张能包围蚌埠以北之李延年、刘汝明诸部，并能于今后数日加以歼灭，则整个淮海战役已起了决定性的变化。淮海战役的第二阶段即告结束。（三）淮海战役的第三阶段是解决徐蚌两处之敌，夺取徐蚌。（四）在完全解决黄维及李、刘在蚌埠以北诸部之后，全军须休整一个短时期，其时间依情况决定，大约需两星期左右。然后以主力取徐州，以相当大的一部取蚌埠、浦口、合肥及淮南、江北、运西、巢东地区诸城，直迫长江。

1948年11月29日6时，中共中央军委电示刘伯承、陈毅、邓小平等："（一）……从敌人固守着眼，集中火力，各个分割歼击，准备以十天或更多时间解决此敌，此种计划是稳当的和可靠的。（二）解决黄维兵团，是解决徐、蚌全敌六十六个师的关键。必须估计敌人的最后挣扎，必须使自己手里保有余力，足以应付意外情况。因此，粟陈张在解决固镇、曹老集之敌以后，华野二、六、十、十一、十三等五个纵队，应立即集结休息，作为歼灭黄维的总预备队。渡淮南进一事，待黄维全歼以后再说。"

关于歼灭黄维兵团进程中战况的激烈之程度，从邓小平、张际春给中共中央军委的报告中可见一斑。报告中这样描述道：

"从11月25日至12月2日这七天，一方面是我们逐步压缩敌人，完成了严密的封锁包围阵地，一方面是敌人调整部署收缩成了纵横十华里地区极坚固的防御阵势……在这七天中，敌人曾多次向我阵地猛攻，以27、28日两天最为猛烈。27日敌曾以四个主力师向东南方向我六纵阵地猛攻，均被我击退，廖运周师亦乘敌出击时就势起义。"

这七天，是淮海前线总前委刘伯承、陈毅、邓小平，尤其是总前委书记邓小平最紧张的七

---

① 《毛泽东新闻工作文选》，新华出版社1983年版，第268~269页。

天。总前委常委刘伯承、陈毅、邓小平当时在临淮集以北的小李家村指挥,从这里可以俯瞰通往临淮集的公路,一直展望到通过浍河的大石桥。作战室设在村中的一个大院里,邓小平、刘伯承、陈毅住在村边一个偏僻的小院子里。

1948年12月4日16时,中共中央军委复电刘伯承、陈毅、邓小平并告粟裕等:江亥电悉。(一)黄维实力被歼已近半数,据黄维自己表示,33个团中,被歼已达16个团,尚余17个团。目前数日是过坳时机,只要你们再歼其三四个团,敌即处于数量上完全劣势地位,全歼该敌就较易了。(二)打黄百韬和打黄维两次经验均证明:对于战斗力顽强之敌,依靠急袭手段是不能歼灭的。必须采取割裂、侦察、近迫作业、集中兵力和步炮协同诸项手段,才能歼灭。(三)对于歼灭邱清泉、李弥、孙元良之作战,目前最重要的是乘其运动之际,我各纵大胆插入敌人各军(共9个军)之间,务必不使敌人结成一团,然后各个歼灭之。其中对于十二军、四十一军、四十七军、七十二军等部,或者可以采用奇袭方法解决;对于其他各军,则必须用强攻方法(即大分割、小分割、侦察、近迫作业、集中兵力火力、步炮协同等)方能解决。东北我军在辽西打廖兵团之所以能迅速解决,是因为我各纵大胆插入敌各军之间,而敌又指挥错乱(先向西遇挫,又向东南遇挫,又向东北),故能迅速解决。华野此次对邱、李、孙,亦可能遇到此种情形,假定如此,那就可能迅速解决。但你们主观上必须准备在迅速解决各战斗力不强之敌以后,用较长时间,用强攻方法去解决之。(四)李延年部已渡淝河向包家集前进,你们如何对付该敌,望刘陈邓电告。

1948年12月5日11时5分,中原野战军司令员刘伯承,中原野战军第一副司令员、华东野战军司令员兼政治委员陈毅,淮海战役总前委书记、中原野战军政治委员邓小平,向分别指挥东、西、南三个攻击集团的指挥员陈赓、谢富治,陈锡联,王近山、杜义德下达了对黄维兵团发起总攻击的电话命令:

一、敌黄维兵团经我半月作战,已损总兵[力]至少三分之一,战斗部队至少损失五分之二,其主力第十八军(包括第十八师)亦已残破,这是我各部队英勇作战的重大结果。

二、根据总的作战要求及当面实际情况,颁发命令五条如下:甲、从明鱼日午后4时半起开始全线对敌总攻击,不得以任何理由再事延迟。乙、陈谢集团务歼沈庄、张围子、张庄地区之敌,陈锡联集团务歼三官庙、马围子、玉皇庙、许庄地区之敌,王近山、杜义德集团务歼双堆集以南玉皇庙、赵庄及以西前周庄、周庄、宋庄之敌,并各控制上述地区,然后总攻双堆集,全歼敌人。丙、总攻战斗发起后应进行连续攻击,直到达成上述任务为止,不得停止或请示推迟。丁、各部应不惜以最大牺牲保证完成任务,并须及时自动地协助友邻争取胜利。戊、对于临阵动摇贻误战机的分子,各兵团、各纵队首长有执行严格纪律之权,不得姑息。

三、本命令用口头直达连队。

为配合中原野战军歼灭黄维兵团作战,12月10日,华东野战军负责人粟裕、谭震林、陈士榘、张震致电刘伯承、陈毅、邓小平、邓子恢并报告中央军委、中共中央华东局:“电话奉悉。

我们决抽调三纵、苏十一纵及鲁中南纵(该三个纵队可等于两个纵队战力),外加一部炮兵,即晚南下,参加歼灭黄维作战,统由陈士榘同志率领南来,请分配其作战任务。”

根据《对黄维作战总攻击的命令》,12月6日下午4时30分,中原野战军和华东野战军一部,分为东集团、西集团、南集团三个集团,向黄维兵团发动全线总攻击。

从12月6日开始,人民解放军以第四纵队、第九纵队、第十一纵队及豫皖苏军区独立旅编成东集团,由第四纵队司令员陈赓、政治委员谢富治指挥,攻歼双堆集以东国民党军第十军和第十四军残部;以第一纵队、第三纵队和华东野战军第十三纵队编成西集团,由第三纵队司令员陈锡联、政治委员彭涛指挥,攻歼双堆集西北国民党军第十军、第八十五军各一部;以第六纵队、华东野战军第七纵队及陕南军区第十二旅编成南集团,由第六纵队司令员王近山、政治委员杜义德指挥,攻击双堆集以南国民党军第八十五军等部。激战至12日,将黄维兵团进一步压缩在双堆集南北5公里、东西1.5公里的狭长地带。

与此同时,华东野战军以8个纵队共20个师(旅)的兵力部署在徐州以南夹沟至符离集之间正面宽50公里、纵深30公里的地域内,设置了三道阻击线,将11月26日开始由徐州南进的国民党军第二兵团、第十六兵团阻击在孤山集、褚兰一带。另以5个纵队于11月25日南下,求歼固镇地区的第六兵团、第八兵团,但因该两兵团已先行南渡淝河,仅歼其后尾2000余人,占领蚌埠以北曹老集车站。

在歼灭黄维兵团的最后阶段,12月12日,中原野战军司令员刘伯承、华东野战军司令员陈毅致信黄维,向其发出《促黄维立即投降书》,命令黄维兵团立即放下武器,停止抵抗,向人民解放军投降。黄维执迷不悟,继续负隅顽抗。人民解放军遂以华东野战军第三纵队、第十三纵队加入南集团,并改由华东野战军参谋长陈士榘指挥,以鲁中南纵队为预备队。准备以南集团为主,结合东、西两集团直捣双堆集核心阵地。黄维拒绝投降,仍图作最后抵抗,以待援兵。人民解放军各攻击集团于13日发起攻击。至15日,黄维兵团4个军、1个快速纵队共12万人全部被歼,兵团司令官黄维、副司令官兼第八十五军军长吴绍周等高级将领亦被人民解放军生俘。

人民解放军歼灭黄维兵团后,邓小平在写给毛泽东主席的综合报告中说:“歼黄维兵团时各部均下了最大的决心,不顾任何代价,歼灭黄维兵团的意志一直贯穿到下面。故在整个作战过程中,各纵队虽经过三次到四次的火线编队,没有叫苦的,但是在总攻的时候,中野各纵伤亡达2万余人,气已不足,结果使用了华野两个纵队才解决了战斗……战后各纵一致感觉中野不踏实,以不能独歼黄维,增加华野过大负担为憾。”

淮海战役期间一直随总前委行动的史超回忆说:

决战前夕,史超随总前委行动,走了不少地方,总前委首长所在的指挥部最终安在一个叫小李庄的村子里。

小李庄是一个很小的村子。当时,敌人的飞机每天从早到晚不间断地在周围上空盘旋侦察，寻找总前委首长的指挥部。为隐蔽起见，马匹都关进屋子，更不能有汽车进出，电话线也不能高架，一律埋在地下。一切绝对保密。总前委书记邓小平，常委刘伯承、陈毅等首长只通过电话部署一切、指挥作战。警卫人员给刘、陈、邓在村边挖了一个防空洞，有六七平方米大小，不到一人高，中间特意留下一个土台，是准备铺地图用的。但他们极少到这里来，参谋人员为了保证首长的安全，不停地劝说，可是他们三人谁也不听，虽都拖着四川腔，但说法各异。刘伯承沉稳缓慢："它（指飞机）打旋旋几百几千个圈圈了吧？原地踏步，不见缩小，可见它没有嗅到我们这几个猎物。"陈毅爽快："我们命大，没得关系！"邓小平干脆用手一指："你们要去自己去，不要管我们！"

史超所在的二野政治部，住在一个较大的村子里，距刘、陈、邓指挥部所在的小李庄不及一里路。当时"前指"各机构，都缩小到不能再小的规模。堂堂一个野战军的政治部，一共只有 8 个人，其中宣传部 3 人（部长陈斐琴、宣传科长史超、一名干事），保卫部 3 人，行政处 2 人。史超说，二野副政委兼政治部主任张际春实际就管这 8 个人。

因为和总前委首长离得近，当年的很多情景还清晰地印在史超的记忆里：三位首长住在一栋茅草房里，大概是西屋，里外两间，里间有盘炕。刘伯承年长患眼疾，住在里屋，邓小平和陈毅住外屋。那时仗打得十分惨烈，战局千变万化，夜间三人中必须有一个值班，随时掌握情况，下达命令。刘伯承年纪最大，邓小平最年轻，为了保证刘伯承和陈毅的健康，44 岁的邓小平自称年轻力壮，夜班主要由他来值。冬夜漫长而寒冷，屋子里没有火，像一座冰窖，整夜一动不动地守在电话机旁，难熬之苦可想而知。打仗是不分昼夜的，从纵队来的请示电话，一宿少则七八个，多则数十个。邓小平为了不干扰刘伯承、陈毅的睡眠，叫电话班把耳机的线接得很长，有电话来，他就拿起耳机到院子里去接。

在接电话的间隙，靠什么打发时间呢？对于有阅读习惯的邓小平来说，书是最管用的东西。他有一次问起："带来了什么书没有？"巧的是，在一切从简的原则下，史超竟然随身带了一本苏联小说《对马》。他马上拿给邓小平，没想到邓小平只用了一个晚上，就把这本几十万字的小说看完了。不久徐州解放，这也是史超的家乡。他知道邓小平曾留学法国，在一次到徐州搞印刷品的时候，首先直奔书店，把所有法国大作家的作品全部买下，有一大摞。恰好第三野战军接到陈毅司令员的指示，在缴获的吉普车中，挑一辆给刘司令员和邓政委，史超就搭乘这辆吉普车往回赶，没想到这是一辆走几步就"趴窝"的老爷车，史超只好找来一匹马，三天赶了几百里路，回到指挥部。当他把书搬到邓小平跟前时，本来看上去心情不错，正在院子里散步的邓小平却眉头微微一皱："谁叫你们买的？"语气有几分不高兴。史超提醒说："您值夜班……""买那么多干什么？"这时，一个参谋经过这里，手里拿着庆祝歼灭黄维兵团胜利的标语，史超才恍然大悟，邓小平已经不用再值夜班了。邓小平大概也看出了史超此时心里的委屈，蹲下身来，顺着书脊浏览了一遍书名，然后对史超说："这还是很有用的，打完仗，干部、战士都要提高文化，丰富知识，送到后方图书馆去！"

整天钻在作战室了解战场上的变化、设下计谋、抓住战机、调整部队、指挥作战的刘伯承、陈毅、邓小平三位“前指”首长,有时候也会换换脑筋,在村前的一片桃林里散步聊天。史超还提到这样一件事:一天,地下党从上海送来采访的三位记者,在桃林遇见三位首长,机会实在难得,他们用国统区记者的语言和方式冲刘、陈、邓一连串地发问:“请问将军,消灭黄维兵团的时间还需要多久?比原先预计的容易还是困难?”“将军,请发表你们对目前战争形势的看法?”刘伯承听罢,不言不语缓步走开了。邓小平动了气:“我们有什么可问的?到下面去,到部队去!战士在打仗,在流血,有许多模范人物,他们的事迹惊天动地,宣传他们,表扬他们,叫全军都知道,都学习!我们?我们有什么?”不容分说地一挥手,叫他们离开。陈毅则笑着跟上去反问:“你们是上海的学生仔吧?”接着又问起上海人民的情绪、新闻界的动态、物价情况等,三位记者说得绘声绘色,从紧张的心理中完全摆脱出来。这时陈毅说:“你们住在哪个村里?会不会耽误吃晚饭?……邓政委的话,你们是不是真正懂了,记住了?你们仅从文字上知道战争两个字,战争到底是什么,你们并不理解,快些下到部队,走一走,看一看,闻一闻,谈一谈,熟悉它……”邓小平在远处听见了,大声地嘱咐:“你们可以尽量深入采访,但不准到前线!”①

第三十章 毛泽东敦促杜聿明立即率部投降

在中原战场上,蒋介石连战皆输,败绩不断,遂决定放弃淮海地区的战略重镇徐州,将徐州“剿总”这一重兵战略集团南撤到淮河以南。1948 年 11 月 30 日,国民党徐州“剿总”副总司令杜聿明,因看到人民解放军在中原大地连战皆捷,所向无敌,自己困守徐州已朝不保夕,遂根据蒋介石的部署,决定率其徐州“剿总”指挥机关和邱清泉兵团、李弥兵团、孙元良兵团 3 个兵团共 30 万人弃徐州南逃。杜聿明的计划是率第二兵团、第十三兵团、第十六兵团避开华东野战军的正面阻击,绕经萧县、永城南下涡阳、蒙城,图谋先解救第十二兵团,然后一起撤到淮河以南;由刘峙率徐州“剿总”机关乘飞机移驻蚌埠,指挥第六兵团、第八兵团北进策应。蒋介石同时令华中“剿总”抽调第二十军、第二十八军增援蚌埠。11 月 30 日晚,杜聿明率徐州“剿总”与所属 3 个兵团和徐州地区党政军机关人员并胁裹部分青年学生(约 30 万人)沿萧县、永城公路仓皇撤退。人员众多,车辆拥挤,混乱不堪。12 月 2 日,在萧县西南孟集地区宿营整顿。

毛泽东料敌如神,早在淮海战役打响前就估计到徐州之敌南逃的可能性,曾于 11 月 28 日深夜 22 时致电刘伯承、陈毅、邓小平等指出:“黄维解决后,须估计到徐州之敌有向两淮或向武汉逃跑可能。”12 月 2 日,毛泽东再次致电华东野战军负责人:“你们应以两个纵队,侧

① 刘仰东:《史超先生眼中和笔下的淮海战役》,载 2005 年 6 月 30 日全国政协《人民政协报·春秋周刊》,第 1 版。

翼兼程西进，赶至敌人先头堵住，方能围击，不要单靠尾追。”因此，对于国民党军放弃徐州，中共中央军委早有预料，并已要求淮海前线人民解放军预作防备。所以，当徐州以南的华东野战军各纵队发觉杜聿明集团西撤后，立即展开追击，并同时报告华东野战军指挥部。12 月 1 日，华东野战军以 10 个纵队另两个独立旅，实行多路、多梯队跟踪追击、平行追击、迂回拦击。追至 3 日拂晓，在孟集地区追上了杜聿明集团。华东野战军迂回部队前出到永城东北，封闭了杜聿明集团向永城的逃路。

正当杜聿明集团准备天亮后继续向永城撤退时，蒋介石令其改向永城以东濉溪口方向攻击，协同第六兵团南北夹击中原野战军，以解第十二兵团之围。杜聿明虽感不妙，还是改向濉溪口逐次攻击前进。华东野战军则实行北、东、西三面攻击，南面阻击，至 4 日拂晓将杜聿明集团合围于陈官庄、青龙集地区，并在 6 日歼灭了向西突围的第十六兵团，仅孙元良率少数人脱逃。

中原野战军、华东野战军经过近 20 天的紧张战斗，在相距 60 公里的地区内，分别包围了国民党军第十二兵团和杜聿明集团，但要一举全歼，尚需时间和增加兵力。而由华中增援徐州的国民党军两个军已到浦口。针对这一情况，淮海战役总前委决定从华东野战军抽调第三纵队、鲁中南纵队南下，会同中原野战军集中兵力首先消灭第十二兵团；以华东野战军 10 个纵队继续包围杜聿明集团，防其突围；另以两个多纵队在蚌埠以北地区阻击国民党军第六兵团、第八兵团北援。刘伯承说，这就叫“吃一个（第十二兵团）、挟一个（杜聿明集团）、看一个（第六兵团、第八兵团）”。

由于毛泽东考虑到过早歼灭杜聿明集团，有可能引起蒋介石的惊慌，将华北的国民党军傅作义集团南撤，遂令人民解放军放缓了对淮海地区国民党军的围歼，一边休整，一边展开政治攻势。

就在完成淮海战役的战略部署、平津战役刚刚开始的时候，毛泽东已经开始了强渡长江、进军江南的长远考虑。12 月 12 日，他致电淮海前线总前委，指出：“黄维歼灭后，请刘、陈、邓、粟、谭五同志开一次总前委会议，商量在邱、李歼灭后的休整计划，下一步作战计划及将来渡江作战计划，以总前委意见带来中央。”并希望刘伯承能在 12 月下旬到达西柏坡会谈。在淮海战役结束后，华东野战军、中原野战军休整两个月，并大致准备好渡江作战所需的物资准备及初步完成政治动员。

遵照毛泽东的电示，12 月 16 日，刘伯承、陈毅、邓小平从淮海战役总前委所在地小李家村驱车前往位于萧县东南蔡洼的华东野战军司令部，与粟裕会合。华东野战军司令部的同志们听到刘伯承、陈毅、邓小平要来的消息后，都非常兴奋。粟裕专门放下手头的繁重军务，带着华东野战军司令部的同志们一块儿到村头去迎接。刘伯承、陈毅、邓小平坐着一辆美式吉普车，来到蔡洼后，粟裕等迎上前去，表示热烈欢迎。邓小平一下汽车，就十分风趣地说：“你们住那么大的村子，不怕国民党飞机把你们炸了？还是要‘怕死’一点啰。”这幽默的语言引得大家哈哈大笑。华东野战军副参谋长张震说:“现在蒋介石搬家都搬不赢,顾不上来炸我们了。”面对淮海战役胜利已成定局、国民党军已成强弩之末的大好形势,大家笑得更开心了。须知,这是胜利者的欢笑啊!

刘伯承与粟裕自中央革命根据地分别以后,一直没有见过面。此后,刘伯承任红军总参谋长(曾兼先遣队司令员等职),在长征中斩关夺隘,无役不从;在抗战中驰骋疆场,威震华北;在解放战争初期连续指挥上党战役、平汉战役等,皆获全胜;随后率部强渡黄河,挺进大别山,逐鹿中原,誉满中外。粟裕在南方从事三年游击战争,艰苦卓绝,艰辛备尝;抗战中转战华中,连年征战;到了解放战争,先是苏中七战七捷,接着“好戏连台”,相继指挥了宿北战役、鲁南战役、莱芜战役、孟良崮战役、沙土集战役、豫东战役、济南战役,打得蒋介石连连败北。两人多次在战略上互相配合,却难得一见。如今在淮海战役节节胜利的战场上相逢,十分激动,互致问候,共贺胜利。17 日早上,谭震林亦由山东兵团赶来。

1948 年 12 月 17 日,淮海战役总前委举行全体会议。指挥着数十万大军进行战略决战的总前委五位成员第一次欢聚一堂,共商大计。会议整整开了一天。鉴于全歼杜聿明集团已经不成问题,会议的主要议题是研究淮海战役结束后两大野战军的渡江作战问题和部队整编方案。与会同志根据中央军委的意图和国民党军队的江防部署,对人民解放军实施渡江作战的有利条件和各种困难进行了全面分析,研究讨论了华东野战军和中原野战军两大野战军渡江作战的兵力编成和部署以及渡江作战的时机和协同等问题。

会议休息时,总前委五位成员在院子里合影留念,为后人留下了一幅珍贵的历史性记录。

会议结束时,已是晚上 8 时,来不及休息,五位总前委成员便各自奔向自己的岗位和征途。

当晚,刘伯承、陈毅连夜驱车北上,前往西柏坡,向毛泽东汇报总前委关于渡江作战的建议与部队整编方案,并请示工作。

邓小平回到小李家村,主持总前委和中原野战军的工作。

谭震林返回山东兵团驻地。许世友司令员还在等待着他传达中央和总前委的最新指示。

粟裕仍留在蔡洼村华东野战军司令部,指挥华东野战军加紧完成全歼杜聿明集团的各项部署,并着手认真落实渡江作战的各项准备工作。

杜聿明集团被包围后,蒋介石唯恐其这一精锐战略集团再遭歼灭厄运,连电杜聿明,要他不惜一切代价,突出重围,将数十万人马带到江南。但在人民解放军重重包围之中,想突围出去谈何容易!

12 月 17 日夜,毛泽东在西柏坡摒弃一切事务,全神贯注,挥毫疾书,以中原野战军司令部和华东野战军司令部名义，起草了《敦促杜聿明等投降书》①。

毛泽东起草的这份“最后通牒”高屋建瓴，气势磅礴，主题鲜明，文笔犀利，一开篇就以泰山压顶之势指出：

杜聿明将军、邱清泉将军、李弥将军和邱李两兵团诸位军长师长团长：

你们现在已经到了山穷水尽的地步。黄维兵团已在十五日晚全军覆没，李延年兵团已掉头南逃，你们想和他们靠拢是没有希望了。你们想突围吗？四面八方都是解放军，怎么突得出去呢？你们这几天试着突围，有什么结果呢？你们的飞机、坦克也没有用。我们的飞机坦克比你们多，这就是大炮和炸药，人们叫这些做土飞机、土坦克，难道不是比较你们的洋飞机、洋坦克要厉害十倍吗？你们的孙元良兵团已经完了，剩下你们两个兵团，也已伤俘过半。你们虽然把徐州带来的许多机关闲杂人员和青年学生，强迫编入部队，这些人怎么能打仗呢？十几天来，在我们的层层包围和重重打击之下，你们的阵地大大地缩小了。你们只有那么一点地方，横直不过十几华里，这样多人挤在一起，我们一颗炮弹，就能打死你们一堆人。你们的伤兵和随军家属，跟着你们叫苦连天。你们的兵士和很多干部，大家很不想打了。你们当副总司令的，当兵团司令的，当军长师长团长的，应当体惜你们的部下和家属的心情，爱惜他们的生命，早一点替他们找一条生路，别再叫他们作无谓的牺牲了。

毛泽东在《敦促杜聿明等投降书》中分析了淮海战役形势后，向杜聿明等国民党军高级将领指出：

现在黄维兵团已被全部歼灭，李延年兵团向蚌埠逃跑，我们可以集中几倍于你们的兵力来打你们。我们这次作战才四十天，你们方面已经丧失了黄百韬十个师，黄维十一个师，孙元良四个师，冯治安四个师，孙良诚两个师，刘汝明一个师，宿县一个师，灵璧一个师，你们总共丧失了三十四个整师。其中除何基沣、张克侠率三个半师起义，廖运周率一个师起义，孙良诚率一个师投诚，赵壁光、黄子华各率半个师投诚②以外，其余二十七个半师，都被本军全部歼灭了。黄百韬兵团、黄维兵团和孙元良兵团的下场，你们已

① 《毛泽东选集》第四卷，人民出版社 1991 年版，第 1369～1370 页。

② 何基沣、张克侠，都是国民党军第三绥靖区副司令官，在淮海战役第一阶段中，于 1948 年 11 月 8 日率 1 个军部和 3 个师、1 个团共 2 万余人，在徐州东北贾汪、台儿庄地区起义。

廖运周，是国民党军第八十五军第一一〇师师长，在淮海战役第二阶段中，于 1948 年 11 月 27 日率该师师部和 2 个整团共 5500 人，在安徽省宿县西南罗集起义。

孙良诚，是国民党军第一绥靖区副司令官兼第一〇七军军长，在淮海战役第一阶段中，于 1948 年 11 月 13 日率该军军部和 1 个师共 5800 人，在江苏睢宁西北投诚。

赵壁光，是国民党军第四十四军第一五〇师师长，在淮海战役第一阶段中，于 1948 年 11 月 18 日率残部 2000 余人在江苏徐州东碾庄地区投诚。

黄子华，是国民党军第八十五军第二十三师师长，在淮海战役第二阶段中，于 1948 年 12 月 10 日率该师师部和所属残部及第二一六师一部、第八十五军部分直属部队 1 万余人，在安徽省蒙城东北双堆集投诚。

经亲眼看到了。你们应当学习长春郑洞国将军的榜样[①],学习这次孙良诚军长、赵壁光师长、黄子华师长的榜样,立即下令全军放下武器,停止抵抗,本军可以保证你们高级将领和全体官兵的生命安全。只有这样,才是你们的唯一生路。你们想一想吧!如果你们觉得这样好,就这样办。如果你们还想打一下,那就再打一下,总归你们是要被解决的。

毛泽东起草完这篇文稿后,立即让中央军委的值班电台将其发往淮海前线。总前委随即命令人民解放军在阵地前沿架起高音喇叭,连续不断地向敌军广播。同时,派遣被俘的敌军军官,将此文送到杜聿明等人手中。但杜聿明等拒绝投降,幻想能够突围成功。

第三十一章　淮海决战,大获全胜

国民党军黄维兵团即第十二兵团被歼后,第六兵团、第八兵团仓皇撤回淮河以南。第一绥靖区部队也在12月9日放弃淮阴、淮安南撤。杜聿明集团处于外无援兵、内缺粮弹的绝境。

这时,在华北战场上,人民解放军已经发起了平津战役。为了不使蒋介石迅速决策海运平津地区的国民党军南下,中共中央军委命令淮海前线人民解放军,在一段时间内对杜聿明集团只作围困不作最后歼灭的部署。据此,华东野战军以8个纵队采取纵深配置,边围困边轮番休整;以7个纵队部署于夏邑、永城、濉溪口一线,进行战备休整。中原野战军各纵队位于宿县、蒙城、涡阳地区休整,作为歼灭杜聿明集团的总预备队。

同时,人民解放军对杜聿明集团展开强大的政治攻势,反复广播毛泽东为淮海前线中原野战军司令部和华东野战军司令部撰写的《敦促杜聿明等投降书》。在人民解放军强有力的政治攻势和军事打击下,成批的国民党军士兵向解放军投诚,20天内即达1.4万余人。但杜聿明仍然一意孤行,拒绝投降。1949年1月初,东北野战军和华北人民解放军已经将傅作义集团分割包围。杜聿明集团早已饥寒交迫,粮弹俱绝,军心涣散,处于苟延残喘之中。最后歼灭杜聿明集团的时机已经成熟。

1949年1月2日,毛泽东致电淮海前线负责人,同意华东野战军关于对杜聿明集团发起总攻的建议。3日,华东野战军召开有各纵队司令员、政治委员参加的作战会议,确定了各纵队具体攻击的部署。

1月6日,华东野战军举行陈官庄战役,对杜聿明集团发起全线总攻。第三纵队、第四纵队、第十纵队和渤海纵队及冀鲁豫军区两个独立旅为东集团,归第十纵队司令员宋时轮、政

---

① 长春自东北人民解放军1947年冬季攻势后,即被东北人民解放军包围。1948年10月19日,在人民解放军攻克锦州、东北国民党军全部动摇的形势下,长春国民党军最高指挥官东北"剿总"副总司令郑洞国,率领所部第一兵团直属机关部队和新七军全体官兵放下武器。

治委员刘培善指挥，由东向西攻击；第一纵队、第九纵队、第十二纵队为北集团，归谭震林、王建安指挥，由北向西南攻击；第二纵队、第八纵队、第十一纵队为南集团，归韦国清、吉洛指挥，由南向东北攻击。7日，攻占国民党军第十三兵团司令部所在地青龙集等20余处据点，迫使第十三兵团退入第二兵团防区，从而打乱了杜聿明集团的防御体系。9日，杜聿明集团在国民党军飞机施放毒气弹掩护下，连续向西突围。华东野战军加强西线兵力，并从四面八方中心突击，穿插分割，迅速攻占了陈官庄敌军核心阵地。至10日，全歼杜聿明集团，至此，淮海战役结束。

从1月6日人民解放军对杜聿明集团发起总攻至10日下午，杜聿明集团1个"剿总"前进指挥部、2个兵团部、8个军部、20个师共计17.6万人全部被歼。

杜聿明借混乱之机，换上普通军官衣服，落荒而逃。在人民解放军后方某村庄附近的庄稼地里，被人民解放军战士发现，村子里的几位战士当机立断，在村旁摆开一个连的架势，喝令敌人投降。杜聿明一行早已成惊弓之鸟，遂乖乖放下武器。

当时，杜聿明自称"高文明"，是一个"军需"。但人民解放军指挥员仍从其手戴高级游泳表，身上装满了美国骆驼牌高级香烟和牛肉干，随从人员毕恭毕敬等现象上，判断出了其不同寻常的身份。杜聿明下属的兵团司令官邱清泉被击毙，仅李弥只身逃走。

震惊中外的淮海战役，以人民解放军大获全胜而告终。整个淮海战役歼灭和争取起义、投诚国民党军5个兵团部、22个军部、56个师，其中包括国民党军"五大主力"之称的第五军和第十八军。人民解放军伤亡13万余人。至此，长江中、下游以北的大部分地区已被解放，长江以北的国民党军精锐部队已经被基本歼灭，在这个战役以后，国民党政府的首都南京就处在人民解放军的直接威胁之下了。

从此，中国历史上有了这样的记载：淮海战役自1948年11月6日开始到1949年1月10日结束，历时65天，共歼灭国民党军55.5万人，此外还击退了由南京方面来援的刘汝明、李延年两个兵团，基本上解放了长江以北的华东、中原地区。整个战役，共分三个阶段。第一阶段，从1948年11月6日到22日，人民解放军于徐州以东新安镇碾庄地区，围歼黄百韬兵团（黄百韬毙命），解放碾庄以东陇海路两侧和徐州以西以北广大地区，切断津浦路徐（州）蚌（埠）段间国民党军的联系。国民党军第三绥靖区所属3个半师，共2.3万人，在徐州东北的贾汪、台儿庄地区起义。第二阶段，从1948年11月23日到12月25日，人民解放军在宿县西南双堆集地区围歼黄维兵团，生俘兵团司令官黄维、副司令官吴绍周。该兵团1个师起义。同时，华东野战军将由徐州西逃的杜聿明指挥下的邱清泉、李弥、孙元良3个兵团包围于永城东北的青龙集、陈官庄地区，随后歼灭了力图突围的孙元良兵团，孙元良只身潜逃。第三阶段，从1948年12月16日到1949年1月10日，人民解放军淮海前线部队首先进行了20天的战场休整。从1949年1月6日起，对青龙集、陈官庄地区被围的国民党军发起总攻，全歼邱清泉、李弥两个兵团，生俘杜聿明，击毙邱清泉，只有李弥逃脱。至此，规模巨大的淮海战役胜利结束。

淮海战役在1949年1月10日结束,1月21日蒋介石即宣告“引退”,南京国民党统治集团从此陷入土崩瓦解的状态。从此,国民党政府的政治统治中心南京和经济中心上海以及蒋介石集团的统治基础江苏、浙江地区,已经处于人民解放军的直接威慑之下,解放全中国已经胜利在望。

淮海战役结束后,毛泽东主席高度评价说:“淮海战役打得好,好比一锅夹生饭,还没有完全煮熟,硬是被我们一口一口吃下去了。”在淮海战役中,人民解放军在战场总兵力少于国民党军的情况下,及时把握决战时机,精心选择主要突击方向,实行大规模运动战与大规模阵地战相结合,“集中优势兵力,各个歼灭敌人”。将国民党军分割成几大块,逐步转移兵力,形成局部优势,分批予以歼灭,实现了中共中央军委关于在淮海地区歼灭国民党军刘峙战略集团的决心。

淮海战役期间,中共中央华东局、中原局和冀鲁豫分局全力组织支前工作,形成了广大人民群众组成的浩浩荡荡的支前大军,风餐露宿,日夜活跃在战场上。支前民工(包括随军民工、二线转运民工和后方临时民工)共543万人,担架20.6万副,大小车辆88.1万辆,挑子30.5万副,牲畜76.7万头,船只8539只,汽车257辆,由后方向前线运送弹药730万公斤、筹运粮食4.8亿公斤,由前线向后方转运伤员11万余名,有力地保障了大规模作战的需要。毛泽东认为:“兵民是胜利之本。”陈毅说:“淮海战役的胜利是人民群众用小车推出来的。”这是历史的真实。

1月17日,毛泽东为中共中央起草致华东野战军、中原野战军首长和全体同志贺电:“淮海战役既然消灭了南线国民党军的主力,这就奠定了你们渡江南进夺取国民党匪巢南京,并解放江南各省的巩固的基础。”

邓小平认为:“淮海战役一打完,以后就没有什么大仗了。渡江作战后,除了三野在上海打了一仗以外,其他的算得了什么大仗?”①

淮海大战大获全胜后,中原野战军准备实施渡江作战。为了研究突破敌军江南防御筑垒地域和南京、上海、杭州等重要城市的钢筋水泥防御体系,刘伯承利用战争间隙,编译了苏联的有关军事著作。在《论苏军对筑城地带的突破·编译前言》中,他用简洁概括的语言,精当地总结了人民解放军实行战略进攻、逐鹿中原的历程:

“在全国人民解放战争的协同互助之中,我们南线解放军自1947年7月在鲁西南实施战略突破,粉碎了蒋介石钳形的重点进攻起,以迄1949年1月完成淮海战役,又粉碎了它在黄河、长江之间的战略防御为止,借用一句老话来说,这一时期的战局可谓:‘中原逐鹿’而鹿竟死于南线解放军之手了。”

---

① 《邓小平文选》第三卷,人民出版社1993年版,第342页。

“在这一时期，南线解放军在实现战略突破之时即布成品字阵势：先头一军突入到长江北岸依托大别山（包括江汉、桐柏山）作战；左后一军突入到豫东依托山东作战；右后一军突入到豫西依托伏牛山作战。这三军在布成品字阵势之后，通常互为犄角作向心的机动以突击敌人，其协同动作的密切随着不断的胜利而日甚一日，以至最后会合一个战场完成了淮海战役。”

“在这一时期，自1947年9月至1948年3月，我们主要是繁殖游击战争扩展战地面积，而配合以分遣与集结的运动战，逐奠定了品字阵势的基地。自4月至7月，我们野战军主要是宽大机动实施分遣与集结的运动战而配合以阵地战，不断地歼灭敌人，而以开封与睢县杞县之捷为甚。此时曾先后攻克洛阳、开封、襄阳重镇，使蒋介石中原重兵陷于僵局。自1948年9月至1949年1月，我们野战军主要是作阵地战而配合以运动战，从秋季攻势攻克济南、郑州直到完成整个淮海战役的大歼灭战，遂彻底粉碎了蒋介石黄河、长江之间的战略防御。”

淮海战役的胜利，使中外敌人为之胆寒，在国民党政权面临垮台的时候，美国政府未敢派兵直接干涉中国革命。同样，淮海战役的胜利，连我们的朋友也感到吃惊。

若干年后，据苏联哲学家（以后曾担任苏联驻华大使）尤金于20世纪50年代前往南京访问中国人民解放军军事学院院长刘伯承和华东军区司令员陈毅时透露：

1949年1月中旬，淮海战役结束之际，斯大林听说在淮海战役中，中国人民解放军以60万兵力打败国民党80万兵力，就在记事本上写了“六十万战胜八十万，奇迹，真是奇迹”等内容。我离开莫斯科到北京之前，斯大林对我讲，淮海战役打得好，是中国革命战争史上的奇迹，也是世界战争史上少见的。这个战役值得我们学习研究，值得世界各国人民学习研究。你到中国帮我办一件事，就是了解淮海战役胜利的原因。

在讲述了斯大林对淮海战役的重视和高度评价以后，尤金又讲了到北京以后，见到毛泽东主席的情况：

“我到北京以后，向毛主席说了斯大林的要求，毛主席回答说，这次战役是粟裕同志在济南战役快结束时提出来的，中央军委确定了方针、原则和战役的兵力部署，战役具体指挥是总前委的刘伯承、陈毅、邓小平三位同志。刘、陈、邓有两个在南京，你到南京去了解吧。”

这次尤金到南京，就是为了专门完成来华前斯大林交给的任务。

访问开始后，刘伯承首先应尤金的要求，介绍了最高统帅部对淮海战役的部署和战略决策，并强调指出：“淮海战役是毛主席和中央军委指挥和部署的。中央军委的指示非常具体，几乎天天有电报，有时一天三四份电报。总前委在临淮集，作战命令和向中央军委汇报的电报，大多数是邓小平政委亲自起草的。具体情况由陈毅同志介绍，他是华东野战军司令员，又是中原野战军的副司令员，两个野战军的情况他都熟悉，由他介绍最有代表性，也最合适。”

接着，陈毅让华东军区暨第三野战军司令部作战处长王德向尤金介绍了淮海战役的概况、淮海战役的几个特点、淮海战役胜利的主要原因。

然后,陈毅具体谈了淮海战役由较小规模逐渐演变发展成由华东野战军、中原野战军两大野战军携起手来愈打愈大的过程,高度评价了毛泽东在作战决策中的高瞻远瞩和远见卓识。

尤金聚精会神,一边听一边做着详细记录。陈毅谈完以后,尤金依然兴致勃勃地一再要求他继续多讲一些内容。

陈毅听了尤金的要求,豪爽地说:"吃饭可以包办代替,介绍情况可不行啊! 你还要听,请找总前委书记邓小平同志吧!"

刘伯承、尤金等听了陈毅这一番幽默风趣的话,都忍不住哈哈大笑起来。

第三十二章　人民战争，众志成城

淮海战役以及整个中国人民解放战争,既是一场中国人民和中国人民解放军同国民党军的决战,又是一场政治、经济等方面的决战,还是一场人心向背的决战。

在这场以推翻帝国主义、封建主义和官僚资本主义在中国的统治为目标的历史性决战中,蒋介石面对的不仅是中国人民解放军的力量,而且是全体中国人民的力量。

为了中国人民解放战争的胜利,许多隐蔽战线上的共产党人、革命志士舍生忘死,殚精竭虑,为人民解放军提供了大批情报。这是人民解放军克敌制胜的一个重要因素,也是隐蔽战线的一大历史贡献。

郭汝瑰就是隐蔽战线的英雄之一。

郭汝瑰,1907 年 9 月出生于四川铜梁县一个家道中落的读书人家。1925 年,郭汝瑰考上了黄埔军校第五期。这时正值第一次国共合作,周恩来、恽代英、肖楚女、吴玉章等共产党人先后在学校任职,并公开宣传共产主义学说。郭汝瑰深受他们的影响。

蒋介石发动四一二政变,开始"清共"。郭汝瑰暂时安身于杨森部队中。他秘密参加了共产党,暗中筹划组织"兵暴"。暴动失败后,他潜逃日本,进了日本士官学校。这样一来,他的组织关系也由此中断。

从日本回来后,郭汝瑰又进了陆军大学,当上了"天子门生"。陆大毕业不久,郭汝瑰进了陈诚的十八军。1937 年"八一三"淞沪抗战后,他因战功受到陈诚青睐。此后一帆风顺,仅几年间就当到了军参谋长,由上尉升到少将。

1945 年 5 月,郭汝瑰从英国考察刚回重庆,即被任命为少将军务署长兼国防研究院副院长。

郭汝瑰一直在寻找中国共产党的组织关系。不久,一个叫任廉儒的人来到郭家,他自我介绍是川盐银行的高级职员,兼天主教机关报《益世报》经理。

其实任廉儒当时在中共中央社会部工作,直接受董必武领导。他这次来是探听郭汝瑰的虚实,还不能立即暴露自己的身份。

随后的一段日子里,任廉儒继续造访郭府。而郭汝瑰也干脆把心中的想法全部吐露出来。他还一不做二不休,把自己主编的一份《国军战斗序列》材料交给了任廉儒。此材料属军事机密,只打印了13份,底稿由军务署少将办公室主任李文伦监督烧毁。蒋介石怎么也不会想到,延安方面居然也很快有了这份绝密材料。

经过一番考察,两个月后,任廉儒通知郭汝瑰去秘密会见董必武。地点是大军火商罗升之的公馆,即任廉儒的岳丈家。

幽僻的小巷深处,一座深宅大院里,郭汝瑰和董必武紧紧握手。他说:"董老,我来迟了。"郭汝瑰急不可待地提出了归队的要求。董老告诉他:"党要你继续留在国民党军队里。"董老还告诉他,今后将有专人和他联系……

抗战胜利了。何应钦选中郭汝瑰作随员,随他到南京接受日寇投降。哪知抗战甫停,内战又起。随后美国出面"调停",成立了马歇尔、张治中、周恩来三人军调小组。郭汝瑰又奉命做张治中的副手。在重庆上清寺尧庐,郭汝瑰见到了周恩来。

不久,郭汝瑰又见到了董必武。董老告诉他,原则上可以恢复他的党籍,但必须等待,同时又嘱咐他千万要谨慎行事,不要功亏一篑。

这时国民党中枢对郭汝瑰的宠眷也与日俱增。他周旋于陈诚、何应钦、顾祝同、白崇禧四个军事要人之间,如鱼得水,得心应手。当然四人中对他最宠信的还是陈诚。

不久,"太子"蒋经国也将目光放在他的身上。1946年5月1日,郭汝瑰随军政部全体人员由重庆到南京,他在四条巷租了一套普通民房。当时蒋经国住三条巷,与他算是近邻。一天,蒋经国与亲信贾亦斌来到郭府。郭汝瑰不在家,他的家人在吃饭,桌上只有两样素菜。蒋经国喟然长叹:"要是你们的高级将领都像郭汝瑰这样,党国就有救了!"

既然小蒋都如此信任他,郭汝瑰当然要充分利用。那些作战计划,一份份经他的手交给单线联系人任廉儒,再由任送给中共地下党,再转到解放军的作战指挥部。不仅如此,他还有意制造一些给当局添乱的事。1947年3月19日,300余名国民党退役将校级军官一齐来到中山陵,在孙中山坐像前同声痛哭,此即"哭陵事件"。事情的起因是,当时国防部整军,大量军官被编余并要"自谋生路"。制订与执行整编计划的正是国防部第五厅副厅长郭汝瑰。

于是,这些人的攻击矛头就指向了郭汝瑰,一张传单上说:"有郭汝瑰者,仅因为陈诚亲信,为其十三太保之一,竟致一年三迁,红得发紫。试问当朝诸公,天理何在?"传单说,郭"一年三迁",其实郭是半年三迁。1946年9月,他先任国防部第五厅副厅长主管部队编制,旋升任陈诚的总参办公厅主任,板凳还未坐热,复任五厅厅长,1947年3月,又任三厅(作战厅)厅长。这样的攻击,倒是给郭汝瑰身上又加了一道护身符,使得郭汝瑰可以继续进行情报传递工作。

1947年5月12日下午5时,国防部作战厅厅长郭汝瑰接到蒋介石侍从室主任俞济时的电话:“今晚8时30分,请到总裁官邸出席晚宴并汇报。”“官邸汇报”在当时是国民党官场人人羡慕的事。

郭汝瑰与二厅(主管情报)厅长侯腾同时到了蒋介石官邸。他们刚刚坐定,陈诚与刘斐也先后来到。这时,山东军情紧急。解放军一度解放泰安,并进入了卞桥、梁邱一带。郭汝瑰同侯腾分别汇报了战地形势。蒋介石归纳了众人的意见并作意见,以汤恩伯兵团攻营城、沂水,以欧震兵团攻南麻,王敬久兵团攻博山。郭汝瑰将此一一记下。这就是后来发生的孟良崮战役。会议刚完,宋美龄走进客厅说:“请大家吃饭。”桌上只是四菜一汤,没有饮料,其中一道菜——蒸汽鸡,味道颇鲜。餐后的水果是木瓜,刚用飞机从广东运来,算是给众人尝鲜。

郭汝瑰回到家,就把当晚的作战部署重新抄录了一份。刚抄完,任廉儒就来了。他把作战部署交给任,还特别强调在这一次的战斗序列中,有整编七十四师,全部美式配备,要解放军特别小心。果然,在孟良崮之战中,郭汝瑰的情报起了重要作用,七十四师被全歼,师长张灵甫被击毙。而这一切,距“官邸汇报”仅4天(5月16日)。“卧底”的郭汝瑰,所起作用不亚于十万雄兵!

隐藏很深的郭汝瑰,还是差点被人察觉,那人就是杜聿明。1948年10月淮海战役(国民党方面称“徐蚌会战”)前夕,何应钦责成郭制订“守淮”作战计划。而他制订的计划尚未实施,就被送到解放军指挥机构。接着郭又诱导老蒋改变原来坚守蚌埠的决策,改为在徐州外围决战。杜聿明虽有所怀疑,但见大家都同意郭的方案,觉得“争亦无益,一个人孤掌难鸣……”

事隔多年后,杜聿明和郭汝瑰同是全国政协委员。1982年,杜聿明患病住院,郭汝瑰去看望。杜忍不住问:“你那时就和共产党有联系?”郭答:“是的。你是从哪里得知的呢?”杜说:“山东方面。”“谁?”杜笑着避而不答。“那你为什么不告我呢?”郭汝瑰追问。杜长叹一声:“我拿不出真凭实据。”此乃后话。

淮海战役后,郭汝瑰找个机会到四川组建第七十二军,他任军长。1949年12月,他率部在宜宾起义。

新中国成立后,郭汝瑰历任川南行署委员兼交通厅厅长,后在南京军事学院任教员、研究员等职,以副兵团级离休[①]。

战争既是战争双方军事力量的综合反映,也是战争双方政治力量的综合反映,更是战争双方经济力量的综合反映。淮海战役以中国人民解放军中原野战军和华东野战军的伟大胜

① 《“红色间谍”郭汝瑰》,载《炎黄春秋》2006年第9期。

利宣告结束。两大野战军在淮海战役中取得的胜利震撼全国。在夺取这一胜利过程中，需要强有力的物资保障和后勤运输等工作，广大人民群众为此作出了卓越贡献。

河南商丘既是豫东重镇，又是陇海铁路东段的大站。淮海战役开始后，人民解放军即解放了商丘。商丘人民迅即投入淮海战役的支前工作。在淮海战役过程中，一篇关于《商丘火车站千余员工奋勇支前》的文章报道说：

商丘火车站千余员工在抢修复工和支援淮海战役中，发挥了高度积极性，获得了显著成绩，该站为陇海路上第二等大站，郑徐间之交通枢纽。去年 11 月间国民党匪军逃走时，曾将该站所有机车房、各段室、医院等部门的物资，抢劫一空，仅枕木、道钉、钢轨及各种零件即被抢走 30 余车厢，工程车被拉走，并强迫员工运去机务器材 4 车厢，站内门窗大部分被摧毁。并以预支薪饷为饵，多次企图利诱员工跟随他们逃窜，员工们对蒋匪此种卑鄙强暴行为，极表愤恨，拒不受骗，11 月 6 日商丘解放，该站员工即由站长王连璧、监工徐亮等为代表向我商丘市府登记，并组织复工委员会，得到政府临时救济费。在“紧急抢修，支援前线”的口号下，全体员工一齐动手。警务人员在短期内清查出失散的物资机煤 8 吨，夹板 17 副，铁条 21 根，枕木、抽水管等甚多。机务段向朱集“一新池”浴室借煤 5 吨作燃料，工人禹政山、张富贵等将保存起来的铁钳、钻床、砂轮、铁钻等机器及零件献出，即日开动机器，制造机件成品，全段人员以惊人的速度——4 个小时装修共纳水 24 吨之两座水泵房，11 日商汴班车得以畅通。12 月初，砀山水泵房遇敌破坏，火车无法东行。12 月 6 日由新任段长王云峻，工人吴德兴、殷之辂等，冒着敌机和炮火，在我部队掩护下，加紧抢修，迅即竣工。当天即运送了 20 余厢的给养、弹药到前线。同时，砀山以东 3 座被敌炸毁之铁桥，在员工们高度工作热情下，以较原计划少二分之一的工程时间，提前修复。被蒋匪逼迫押送 4 车厢零件到徐州之 21 名员工，在徐州匪军逃窜前后，徐州站账房及员工家属财产均遇抢劫的情况下，他们自动组织纠察队，器材在他们严密保管之下，得以幸免，徐州解放后，他们即与商丘站取得联系，将全部机务器材完好地运回。该站在物力有限、人员缺少情况下，作了很大努力，效率日益提高。工人们利用旧铁打成老虎钳、拉杆、铁钉、钉道锤等，普遍产量较前增加一倍。警务人员现有 68 人，却完成了过去 186 人的工作。什么原因使商丘车站员工发挥了如此惊人的力量？工人张道宗提供了答案：“国民党不把我们工人看成人，任意打骂解雇，整天劳苦挣的钱养不活两口人，谁还愿意多干活？咱解放军来了，工人都翻了身，生活也有了保障，咱们都晓得要想打倒蒋介石，就得加紧干！”该站正加倍努力，紧张地把军需品源源运向前线。

古人说：“兵马未动，粮草先行。”现代战争更是如此。在淮海战役中，人民解放军参与会战部队共有两大野战军、若干地方部队，每天的吃、喝与弹药消耗，都是一个巨大的数字。在战场上抓获的成千上万的俘虏，第一件事是解决其吃饭问题。

为了确保淮海战役的后勤保障万无一失，刘伯承、邓小平精心谋划，派遣得力干部，在河南商丘设立总兵站，源源不断地为淮海战场输送了大批弹药、粮食等各类物资，保证了前线的需要。

当年中原野战军商丘总兵站负责人杨国宇回忆说：

1948年10月19日晚上，中原野战军司令部对即将展开的淮海战役中的后勤供应问题进行了研究。邓小平走近挂着两张大幅军用地图的墙壁，眼睛迅速地在地图上搜寻着。他突然转身，扔掉手中的烟蒂，坚定地说："大战迫近，部队却还是瘦的。现在一件重要的事就是尽快把弹药、粮食运到前线去！"是的，我军即将投入这纵横几百里，双方兵力集结100多万的淮海战场，能否保证我军运输线的畅通，将会直接影响到大战的成败。就在这天晚上，刘伯承司令员、邓小平政委派我到设在洛阳的中原野战军司令部，参加军运领导工作。

第二天，分管支前的李达参谋长向我分析了当时的形势。他说："现在有一部分物资我们可以由中原自给了，可弹药，尤其是炮弹，还要靠华北。火车运输量大、速度快，当然是再好不过了，但是，眼下郑州还在敌人手里，况且由于战事，我控制地区的铁路多被破坏，所以，你先尽快把支前物资从水路东运。"

当时形势发展很快，10月22日，中原野战军便解放了郑州，豫皖苏军区部队又随即收复了开封，陈毅司令员和邓小平政委已经先行。显然，支前物资不需要在洛阳转站了。于是，我便带一小队人员直进郑州。

这时淮海战役已经打响，战局在飞速发展。中野为配合华野歼灭黄百韬兵团，11月15日攻克了宿县，孤立了徐州。黄维兵团闻讯后，立即从平汉线驻马店一带出兵东援，情况非常紧急。当时我军急需大量弹药、粮秣。我想，若能打通陇海线，在靠近战场的商丘设立运输兵站，就有把握达到"再好不过"的设想。对此，我和田裕民同志（原磁县专员）商量之后，便把郑州车站的负责人叫到我们下榻处——郑州"中国农民银行"里。经过我们教育，那位旧官员答应发车了，但他又说："不过，我只能负责本站无事，出了郑州，担当不起……"

事情总算有了眉目，可是，负责调动车头、指挥装车的张参谋却低声对我说："运的都是子弹、炮弹，在途中出了事可不是闹着玩的！"这话引起了我的警惕。我反剪双手，在月台上徘徊。为了确保及时、安全地将军需物资运往前线，我从最坏处着想，给自己提出了一连串问题：遭敌突袭怎么办？商丘残敌拦车怎么办？铁路断线火车不通怎么办？沿途无人管理，不明前方情况怎么办？与我游击队发生误会，出现不测怎么办？经过仔细考虑，我轻松地笑了：战局已定，敌大兵团正拼命向徐州集结，绝不会向西；如遇小股残敌，我所带的一连警卫战士，尽可以抵挡一阵。

我到工人中走访时，一位老司机高兴地说："我们有三个车头，压着火已经两天两夜了，就是为咱共产党准备的！"经过与老工人合计，我派张参谋搞一辆轧道车前行探路，警卫连押车随后而行。

一路绿灯，火车飞快。然而，过了中牟，行至开封以东就难走了。当时，站站无人，路基被毁，火车只好像蚰蚓似的缓缓蠕动。好不容易过了开封，突然响起了枪声。我断定不会是敌人,经过喊话,果然是豫皖苏的游击队。他们说:“真险啊! 这年头一会儿一变,谁会想到咱们也有了火车。”“是的,从今天起,这条铁路和火车就是咱们的了!”我笑着回答,并嘱托他们说:“你们要把红旗插到车站去,向职工宣传我们的政策,只要好好工作,工资照发!”

火车继续东行,情况更加复杂了。几经周折,火车终于在第二天,11 月 20 日早上安全到达商丘。一夜之间火车只走了 203 公里,速度虽然很慢,但如果用汽车、马车运输,那就要折腾更长时间。

在商丘一下火车,我们就把“人民解放军商丘兵站”的牌子挂在车站西边的门上。门旁的那间房子,便成了兵站办公室。我让邵文彬副处长住在那里,随即架起电台,将打通陇海路的消息分别报告给前方首长刘伯承、陈毅、邓小平和后方首长邓子恢、李达。这个消息出乎首长的预料。刘、陈、邓首长马上回电,指示在商丘建立总兵站,今后不只是中原的,就是晋冀鲁豫区杨恬那里的,冀鲁豫区段君毅那里的,以至华野、晋察冀的军用物资都要送到商丘分发转运。

不久,淮海战役进入第二阶段,东援之敌黄维兵团被歼。中原军区支前司令部正式调整了支前部署,决定商丘为总兵站,雪枫、宿县、亳州为分兵站,令我在商丘统一负责。

敌一八一师在商丘逃窜前,进行了一次残酷的洗劫,使长期受欺压的商丘人民更加盼望早日彻底消灭蒋匪军。因此,“商丘兵站”大牌子一挂出,当地党、政、军的同志和职工群众便一下拥满了兵站办公室的小屋子。大家一起商讨、研究支前问题。市委、市政府负责人王焕同志负责组织工人、市民运输;车站站长王连璧及几个党员在兵站日夜轮流值班,帮助接洽应酬。豫皖苏中央分局发出“党政军民全体动员起来,支援徐州前线战役”的号召后,全市立即形成为前线服务的热潮。

从与商丘毗邻的苏鲁冀皖和从华北、西北后方,沿陇海铁路、商菏公路源源不断运到商丘的大批支前物资,把商丘车站变成了“炮弹山”“粮食山”“布匹山”“服装山”“军鞋山”。商丘成了名副其实的总兵站。

在当时,铁路仅仅通到宿县,而公路、汽车又较少的情况下,要把这些堆积如山的军需物资及时送到战场是很困难的。怎么办? 我们的一些同志对此产生了畏难情绪,想退掉一部分物资,减轻些运输量。我对他们说:“我到前线看过,那里的首长和战士们都盼着我们尽快把更多的弹药、粮食运到,我们多流一点汗,少睡一会儿觉,前线指战员就少流一滴血,多消灭一个敌人!”同志们被感动了,大家立即投入了夜以继日的支前战斗。在“放手收,大胆发”六字原则的指导下,我们一方面调来了一个汽车团,一方面动员全市力量组织民工队伍。那时,从商丘到雪枫、亳州的大大小小的道路上,汽车、胶轮车、太平车、辕车、手推车、架子车、三轮车、自行车……真个是车水马龙,川流不息。参加运输队的群众,不仅积极热情,而且还十分珍惜支前物资。他们不怕车子重,不怕路途远,不怕敌机轰炸,不顾饥饿疲劳,历尽千辛万苦,克服重重困难,终于把物资及时运到了前线。

在商丘转运支前物资那些最紧张的日子里,国民党军队的飞机在商丘市上空轮番迭次侦察盘旋。那时我真担心商丘被炸,因为它不仅会使我们的弹药、粮食、服装、布匹和药物遭受重大损失,而且还会切断我们的补给线,其后果之严重实为不堪设想。幸好,敌人没有扔下一颗炸弹。因为当时战局变化异常迅速,敌人情报混乱,不知道商丘已落入我们之手。

12月初,我们接到刘、邓前线司令部的电话指示:敌情突变,邱清泉、李弥、孙元良兵团放弃徐州,正向西南雪枫方向逃窜。事情很明显,如果10万敌军继续向西溃逃,商丘兵站就会随时受到严重侵袭。司令部紧急指示:将兵站转迁开封。遵照指示,我立即下了两道命令:一是通报后方,暂停运输;一是紧急疏散在商丘的支前物资。

这时,派来担任警戒的两个主力团还未赶到,我就一面组织警卫连和武装汽车团作警戒,并决定组织刚俘虏的敌兵在商丘外围担任警戒;另一方面与商丘党政部门联系,组织工人、市民和卖烧鸡、卖牛肉、卖烧饼的小商小贩尽快疏散物资。正在这时,前线传来了好消息:邱、李兵团刚逃到永城一带就被我军重重包围起来;而向商丘方向溃逃的孙元良的几个团,则如惊弓之鸟,没敢进商丘市,仅顺着城南向西逃去。但他们一到城南就被我地方武装围歼了。

徐州解放前夕,我曾在商丘铁路老工人的陪同下,化装乘坐缴获刘汝明的包车,到徐州告诫国民党的铁路局长,让他放弃反动立场,保卫好铁路,为人民立功。他表示尽力而为,但又说这里是国民党的天下,有国民党的军队,不好办。我说:"你只要不离开车站就行。"后来,这个人还是跑掉了。

1949年1月5日,淮海战役转入围歼杜聿明部的最后阶段。张之轩同志将我军在淮海战役第二阶段俘虏的几十个高级军官带到商丘,转交给我敌工部长杨清松同志。我们当场给这些被俘的将军一个个照了相。

这年1月10日,我军终于在永城东北陈官庄地区88个村庄中,歼灭了据守的邱、李两个兵团及孙元良残部共30万人马,取得了淮海战役的彻底胜利。

淮海战役结束了。我清点了一下,商丘兵站还存有炸弹1811箱、八二迫击炮弹81箱、雷管两箱,汽油595桶、机油86桶、黄油2桶,粮食、布匹依然堆积如山。这时,邓小平同志乘车来到商丘车站,他详细地询问了兵站的工作情况,高兴地对我说:"搞得不错嘛!应该给你记一功!"我连连摇头说:"不,不!有阵子,我这里因缺乏弹药,几乎不能经营了。后来多亏蒋介石在他的兵站基地宿县存有大批弹药,所以蒋介石这个运输大队长也有一功。"邓政委笑了,幽默地说:"你不同蒋介石争功,也是好的嘛!"①

淮海战役之所以能取得如此伟大的胜利,首先应归功于中共中央的英明指挥和人民解放军的英勇善战,同时也是与华北、华东、中原三大解放区人民和党、政工作人员的大力支援

① 杨国宇:《淮海战役中的商丘总兵站》。

分不开的。正是由于各解放区广大人民群众帮助人民解放军解决了淮海前线大兵团作战的供应问题,保证了部队在风雪不断侵袭的严冬季节始终粮草充足、弹药满膛,才取得了如此空前伟大的胜利。

因此,淮海战役前线人民解放军发言人在黄维兵团全军覆没时发表的评论中指出:“胜利主要原因之一,就是由于广大群众和地方党、政同志的积极支援,供给粮食,运输弹药,转运伤员。”

淮海战役取得最后彻底胜利时,淮海前线人民解放军司令部发言人再次谈道,“华北、华东、中原三大解放区,千百万人民全力支援”是“我军终于获得了空前伟大胜利”的重要因素。

第三十三章　中原局商丘会议部署强渡长江

1948 年 12 月底,中共中央中原局、淮海战役总前委和中原野战军领导机关,从宿县小李庄和高家庄转移到商丘。中原局、中原野战军司令部进驻张菜园,中原野战军政治部进驻周楼和洪庄。随后,中原野战军后勤部门等机关、部队也相继进驻商丘地区。

淮海战役结束后,根据中共中央指示,中原局在商丘召开扩大会议。

会前,中原野战军政治部布置了会议的保卫工作。1949 年 1 月 27 日,中原野战军负责保卫和警卫工作的同志从洪庄到商丘城里,划分 3 个组进行对匪特的清查工作:一是调查户口;二是管理留用人员,进行政策教育,让其立功赎罪;三是发动群众,依靠积极分子,搜集社会动态。在商丘市人民政府配合下,迅速查出了潜藏在商丘的几个较大的军统特务组织,计有六绥区突击队、徐州交警总队以及其他特务组织。通过对敌特组织的侦破,有力地保卫了中原局扩大会议的安全。

中原局扩大会议于 1949 年 1 月 29 日正式召开,地点在商丘城里圣公会礼拜堂内。会议由中原局第一书记邓小平主持。

出席会议的有陈毅、李先念、邓子恢、张际春、宋任穷、陈赓、李达等同志。

中原野战军第一纵队司令员杨勇、政委苏振华,第二纵队司令员陈再道、政委王维纲,第三纵队司令员陈锡联、政委彭涛,第四纵队政委谢富治,第六纵队司令员王近山、政委杜义德,第九纵队司令员秦基伟,第十一纵队司令员王秉璋、政委张霖之出席会议。

豫皖苏中央分局负责同志和陕南、豫西、桐柏、江汉、鄂豫皖、皖西区党委和军区的领导同志,郑州市和开封市负责同志出席会议。

中共中央中原局扩大会议的主要内容,是传达中央政治局 1 月 28 日会议决议和毛泽东及中央负责同志的报告。会议由中原局第一书记邓小平主持,第二书记陈毅传达中央精神。

《邓小平、陈毅关于中原局扩大会议的情况向中央的报告》中汇报说:“会议经过听报告、阅读文件、分组讨论和汇报作结论后，一致拥护政治局决议和毛主席的指示。特别对毛主席指示，坚持人民革命立场，揭露各种类型的丧失阶级立场、迁就资产阶级、羡慕并俯就帝国主义等奴性倾向以及因胜利到来而轻敌骄傲，对现在未来不懂得比较，无预见分析等表现，对到会的同志均有极大启示，提高了大家的警惕，并均联系部队及地方工作的实际作了有原则的检讨。这次会议在思想斗争上、政策掌握上、工作部署上，都获得了改善和提高。”这次会议还检查、总结了工作，学习了毛泽东主席的新年献词《将革命进行到底》，为渡江作战、解放全中国进行了各方面的准备工作。

这次会议开了 3 天，于 1 月 31 日结束。当天晚上，河南著名豫剧演员陈素真率剧团专程到商丘，为中原局扩大会议演出《铡美案》等传统剧目。尔后，华东野战军文工团又为会议演出精彩节目《九件衣》，受到与会人员的热烈欢迎。

1949 年 2 月，总前委又召开了渡江作战会议。会议由总前委书记邓小平主持，中原局负责同志参加。会上讨论了 2 月 8 日中央军委和毛泽东关于“把军队变为工作队”的指示，讨论了渡江作战的时间、部署、加强军队教育及后勤准备等问题。

会议表示，坚决响应“打过长江去，解放全中国”的号召，准备“五万三千干部、二百万军队过江”。

《总前委关于渡江作战方案和准备工作意见向中央的报告》中说：为适应紧迫的作战要求，会议建议“安徽省委必须立即建立，宋任穷、曾希圣等应即到职”。为保障华东野战军、中原野战军行动，建议“东北野战军即以三个军约二十万人迅速南下，于三月底进至武汉附近，牵制白崇禧”。

这次渡江作战会议于当晚结束。同日，邓小平、陈毅代表中原局，向中共中央发出《关于中原局扩大会议的情况向中央的报告》。同时，总前委还向中共中央作了《关于渡江作战方案和准备工作意见的报告》。

中国人民解放军赢得淮海战役的伟大胜利，震撼了全中国。淮海战役后，中国政治、军事形势发生了有利于人民的根本变化，中国革命已处于夺取全国胜利的前夜。在这种形势下，国民党反动派看到单纯以军事手段已难以阻止人民的胜利，便转变手法，企图从政治上来挽救其灭亡的命运。淮海战役结束后，蒋介石不得不宣布“引退”。李宗仁担任国民党政府的代总统后，提出“和谈”，以退为攻，进行军事策划，布设长江防线，企图阻止人民解放军渡江南下，妄想“划江而治”。在这种意图指导下，驻守在武汉的国民党军华中“剿总”总司令白崇禧，以个人名义委托武汉市国民参议会议长来商丘会见人民解放军首长，以试探人民解放军态度。

1949 年 2 月 8 日，中原野战军张际春副政委指示保卫干部张之轩到商丘城里招待武汉来的代表。张副政委说：“他们是白崇禧从武汉派来与我们进行谈判的。他们来的目的可能是试探一下我们的底。这两个人，一个是武汉国民参议会议长李书城，另一个可能是军统特务,名叫李伯刚。你去招呼两天,摸一摸他们想干什么。”

张之轩接受任务后,便去商丘城里那两位代表的住处。经过交谈,李书城自我介绍说:“我是武汉市国民参议会议长,代表武汉百万人民来找共产党、解放军谈谈。”李伯刚 30 余岁,穿着长袍长衫,不说话,像是来监督李书城的。

张之轩向刘伯承司令员和陈毅司令员汇报情况以后,刘伯承、陈毅决定和他们见面。2 月 11 日早饭后,刘伯承、陈毅商定由陈毅司令员与他们谈。刘伯承司令员还风趣地笑着说:“陈毅同志是咱们的‘外交部长’嘛,请他谈最合适了!”

2 月 11 日上午,陈毅司令员来到中共商丘市委办公室,同时把两位武汉来的代表也接到这里。经过简单介绍之后,陈毅司令员以雄伟的气魄,阐明了中国共产党和中国人民解放军的立场和政策。陈毅司令员从中华民族的多灾多难谈起,一直谈到中国共产党和中国人民消灭国民党反动派的决心。陈毅司令员表示:“我们革命者对待反动派坚决不留任何尾巴,不给中国人民再留下任何毒根!”陈毅司令员的讲话,表明了中国共产党和中国人民解放军的战斗决心与澄清宇内的磅礴气势。

陈毅司令员讲完后问:“你们这次来想谈些什么?”

李书城说:“我是代表武汉市百万人民来的,武汉人民希望解放大军解放武汉时不要打炮。”

陈毅司令员一听,便激动地说:“打炮不打炮,不在于我们中国人民解放军方面,而在于武汉国民党军队,要看他们的态度。国民党军队要坚决抵抗,反对人民军队解放武汉,我们为了胜利进军,非解放这个城市不可,那么打点炮就打点炮,那也没什么。如果守军投诚了,缴械了,我们当然不打。”

陈毅司令员又问他们:“你们还有什么话要讲吗?”

稍微停顿了一会儿,他们还是把要讲又不愿讲的话讲出来了。李书城说:“中国共产党、中国人民解放军能不能把‘第四号战犯’的名单勾掉?”这个“第四号战犯”就是白崇禧。

陈毅司令员斩钉截铁地说:“不能! 战犯名单不能勾。白崇禧他如果起义,我们按起义对待;他如果投降,就按投降对待;如果在战场上被俘,就按战俘对待。我们中国共产党、中国人民解放军有自己的政策,我们对待起义、投诚和战场上抓住的,从来就是这样对待的,名单不能勾,走什么样的道路,由他自己选择!”

陈毅司令员谈完后,李书城点头称是,笑着说:“我们懂得了,我们懂得了! 共产党的领袖真是诚恳、直爽、坦率。我们知道贵党贵军的政策了。”

谈话结束后,陈毅司令员出来对保卫干部说:“最主要的恐怕还是最后这一句吧!”两名武汉代表的这次商丘之行,实际上并不是什么“谈判”,而是来摸一下中国共产党和中国人民解放军对待国民党反动派的态度。

两名武汉代表从陈毅司令员处摸到中国共产党和中国人民解放军的“底”以后,便于次日离去。中原野战军派出侦察人员，护送他们从商丘乘火车到漯河，又转送他们去信阳。然后，两名武汉代表就返回武汉，向白崇禧复命去了①。

在全国解放战争中，从淮海战役后期到渡江战役前，河南商丘成为中原局、淮海战役总前委、中原军区、中原野战军等中原地区党、政、军领导机关所在地，成为部署淮海战役最后胜利、谋划渡江战役前期工作、统一整编中原野战军为第二野战军的“指挥中枢”。

对此，当时担任中原野战军政治部宣传部部长的陈斐琴回忆说：

自 1948 年秋至 1949 年春，我军在以徐州为中心的广大地区进行了举世闻名的淮海战役。商丘位于徐州的西面，是豫东主要铁路大站，交通条件十分便利，因此，当时中野的总兵站部就设在商丘。按照刘伯承司令员的电令，华北和冀鲁豫地区的支前物资都要在这里集中后分送前线。

淮海战役决定性的胜利，标志着我国革命历史的重要转折。争夺西线的战役打得相当激烈，商丘的老百姓几乎全部出动，冒着敌人的炮火将支前物资及时送往前线，为我军的胜利奠定了基础。所以，淮海战役的胜利有着商丘人民的功劳，商丘人民的贡献是大的。

1948 年 12 月底，邓小平同志率领前指领导机关到达朱集车站（商丘车站当时也称朱集车站），我当时是中野宣传部部长，也随之来到朱集车站，住在紧靠票房的一间小房子里。不久，前指机关移驻商丘县城南张菜园等地。自此后，商丘就成了中野领导机关活动的中心。

淮海战役结束后，中野所有的重要总结报告都是在商丘起草上报的。例如 1949 年 1 月 2 日中野《关于歼灭黄维兵团作战的总结报告》和 1 月 3 日《给淮海战役中光荣负伤同志的一封信》。邓小平政委《关于军队问题给毛主席的总结报告》及 1 月 11 日中野政治部《关于淮海战役中部队主要思想状况向中央军委的综合报告》也都是在商丘起草上报的。这两个报告写得都很好，是对淮海战役的基本总结，曾受到毛主席的表扬。

淮海战役胜利结束后，紧接着就是渡江。渡江的准备工作大都是在商丘完成的。首先，总前委在商丘召开了准备渡江的会议。会上，陈毅同志亲自传达了中央会议精神，然后在商丘又召开了中原局扩大会议，并于 1949 年 2 月 9 日向中央作了重要报告：一是邓小平、陈毅同志《关于中原局扩大会议情况向中央的报告》；一是总前委《关于渡江作战方案和准备工作意见向中央的报告》。此外，中原野战军改编为第二野战军的工作也是在商丘进行的。二野所属各军、师的番号重新排定并向军委报告是在 2 月 17 日作的，并于 2 月 19 日向中央军委作了《关于二野特种兵部队的编组情况的报告》。

当时，司令部设在城南的张菜园，政治部设在洪庄。我们吃饭都在村子里不在城里。当时保卫部门的张之轩等同志在商丘还办过一些训练班。重要的俘虏先送到商丘，如黄维就是先送到商丘，后来又送到石家庄的。中原局扩大会议刘伯承同志未能参加，因为刘伯承同

① 据张之轩回忆录《解放战争时期刘邓大军在豫东的部分活动》。

志 1 月 31 日还在石家庄，当时交通条件不好，回到商丘大概已是 2 月几日。刘回商丘后不久，小平、陈毅同志于 2 月 28 日从商丘赴西柏坡参加中央七届二中全会去了。

随后，根据中共中央、中央军委的战略部署，由中国人民解放军中原野战军、华东野战军改编的第二野战军、第三野战军进抵长江沿线，发起渡江战役。

情系“中华民族的摇篮”

薛庆超

从整个人类文明史来看，世界上的古老文明国家皆发源于大河流域。中华民族起源于黄河流域和长江流域；古代印度起源于恒河流域；古代埃及起源于尼罗河流域；古巴比伦（今伊拉克地区）起源于幼发拉底河和底格里斯河的两河流域……

大河流域为人类的生存、繁衍与发展提供了最基本的生活资料和生产资料——水。有了水，人类才能生存，万物才能生长。由此可见，水与人类密切相连，息息相关。

世界上任何事物都具有两面性，水也是如此。水为人类造福，也给人类带来灾难。凡是洪水暴发的时候，往往滔滔巨浪冲决河堤，淹没土地，冲走庄稼，毁灭村庄，卷走人与人们的一切财物……因此，人们常常用“水火无情”来形容水患，用“洗劫”来比喻洪水过后的废墟惨状。

黄河是中华民族的摇篮，黄河流域是中华民族也是整个人类文明最古老的发祥地之一。勤劳智慧的中国人民，曾经在这里创造了光辉灿烂的中国古代文化，使黄河流域在相当长的历史时期内，成为中华民族经济、政治和文化的发展中心。

但是，在旧中国，由于统治阶级的腐败，黄河长期得不到治理，致使黄河上游和中游水土流失，下游洪水泛滥。从公元前602年到1938年国民党政府扒开郑州黄河花园口，在2540年间，黄河共计溃决1590次，大的改道26次，平均每三年就有两次决口，一百年就有一次大的改道，给中国人民带来了深重的灾难。“圣人出，黄河清。”黄河沿岸的人民，盼望着制服黄河这一天的到来。

中华人民共和国成立后，中国共产党和毛泽东主席对治理黄河极为关心，从国家水利部到黄河沿岸各省，都设立了专门治理黄河的机构，为治理黄河做了大量工作。1952年10月，新中国刚刚诞生三年，抗美援朝战争还在进行之中，毛泽东第一次离开北京巡视工作，就亲临河南，到黄河沿岸的兰考、开封、郑州、新乡等地视察黄河，为治理黄河进行实地调查研究，谋划对策。

1952年10月29日，毛泽东由中共中央办公厅主任杨尚昆、公安部部长罗瑞卿、铁道部部长滕代远、第一机械工业部部长黄敬、纺织工业部部长李烛尘（民主人士）等人陪同，乘专列经济南、徐州来到河南，专程视察河南境内的黄河情况。

10月29日下午7时许，毛泽东的专列到达河南省开封附近的兰封（今兰考）火车站。

专列停下后，已经在此等候的中共河南省委书记张玺、河南省人民政府主席吴芝圃、河南军区司令员陈再道、中国水利部黄河水利委员会（简称“黄委会”）主任王化云等负责同志登上列车，与陪同毛泽东前来的有关领导同志见面，对他们表示欢迎。

张玺说：“今天我们想请主席住到开封去。”开封当时是河南省的省会，各方面的生活条件要比列车上好一些。罗瑞卿回答说：“这个建议不必提了，主席怕打扰你们，为了不扰民，原来不让通知你们；我们商量还是临时告诉你们一下好，主席今天在徐州游了云龙山很疲劳，已经休息了，让我转告你们，今晚不见你们了，明天早晨请你们吃饭。”

陪同毛泽东的另一位同志说：“主席这次出来，是中央的同志要求主席出来休息的。但是，主席一刻也没有休息，并说：‘搞个三年计划，这次看黄河，以后两年就分别看工业、农业了。’从解放战争以来，主席就没有休息过，此次来河南，主要是看黄河，明天先去看黄河上的东坝头，你们要做好准备，向主席汇报有关黄河的历史情况和治理现状。”他还特别指出：“主席不要什么长篇大论的汇报，他问到什么，你们就谈什么……”

这时，专列离开兰封火车站，驶进由兰封通往黄河东坝头的铁路专用线——兰坝支线，在兰封县城西北约三里处缓缓停了下来。

夜幕已经降临。这是一个深秋的夜晚，繁星满天，寒霜袭人。中国人民的领袖毛泽东主席，为了“不扰民”，不打扰河南的干部和群众，在第一次来到河南的第一个晚上，就这样夜宿在远离城市的列车上……

10 月 30 日早晨，秋高气爽，天气晴朗，一轮红日从东方的地平线上冉冉升起。

6 时左右，毛泽东起床后走下专列，向西北方向约两里远的一个小村庄走去。在村边的打谷场上，一些农民正在打场。毛泽东走到场边，与一位中年农民亲切地拉起了“家常”。这时，从专列上下来的河南省和黄河水利委员会的负责同志也跟着来到了打谷场上，走到毛泽东身边向他问好，欢迎他来河南视察工作。毛泽东亲切地同他们一一握手问好，并说：“谢谢你们。”

然后，毛泽东继续同农民进行谈话。他问道：“今年收成怎么样？生活怎么样？负担怎么样？”

那位农民兴奋地回答：“今年年成还好，只有豆子收成薄。”他抓了一把豆子给毛泽东看，接着又说：“我们生活比起过去，可是一年比一年好了，负担也不重。”

谈着谈着，就聚来一群人，有老的，有少的，大家都望着毛泽东，笑着向他打招呼，仿佛见到了一个多日不见的朋友一样。毛泽东也笑着向大家打招呼。

谈完话以后，毛泽东向东走进一个农民家里。这是一户老贫农，大门朝西，院子里很干净，靠东边垛着新收的柴火。他们一家住着三间坐北朝南的草房，老两口过日子，儿子参军了。这天早晨，老汉进城买东西去了，老婆婆正忙着在院子里收拾玉米。

老婆婆看见毛泽东来了，后边还跟着一群人，立即迎上前去，把毛泽东迎进屋里，一边请毛泽东喝水,一边叙说现在过的好日子。她顺手取下馍馍篮子,还指着床上的被褥,请毛泽东看。毛泽东笑着说:“我们来看看你。”

毛泽东同老婆婆拉了些家常,就辞别出来。这时,刚好男主人背着褡子由城里回来了。他看见毛泽东向外走,惊喜地张开两只手,拦着毛泽东,十分亲热地嚷嚷着:“别走啦!别走啦!在我们这儿再歇歇,在我家吃了饭再走。”毛泽东含着笑说:“不坐了。”两位老人和聚集在门外的人们恋恋不舍地把毛泽东送到村边,一直望着他走出去很远才回去。

毛泽东回到专列上时,已是上午8点多钟。大家簇拥着毛泽东来到专车的客厅里,围着毛泽东坐了下来。

毛泽东首先问王化云:“你这化云是哪两个字?”

“是变化的化,云雨的云。”王化云答道。

毛泽东笑着说:“化云这名字很好,化云为雨嘛!半年化云,半年化雨就好了。”

这句话把大家说得都笑起来。大家紧张的心情,随之平静了下来。

毛泽东又问河南军区司令员陈再道:“回过家没有,家乡情形怎么样?”

陈再道回答说:“长征以后一直没有回过家。听家乡来人说,解放以后都有饭吃了,土改以后闹生产的情绪挺高。不过,过去国民党反动派摧残得太厉害,房子给烧了,年轻的女人被抢走了,男人被杀死的也很多,所以现在还是有困难。”

毛泽东说:“老根据地的人民出了大力,我们要注意帮助他们。”

早餐后,专车向东坝头徐徐前进。毛泽东一边听取河南省委的工作汇报,一边详细询问河南农民负担怎么样,土改以后农村有了什么变化,生产建设搞得怎样。省委负责同志一一作了汇报。接着,毛泽东又问治理黄河的工作情况,问黄河水利委员会对治本有什么打算。王化云汇报说为了解除洪水对黄河下游人民的威胁,当时正在东坝头段搞固堤石头坝;还修改了三门峡水库的规划,并已将三门峡水库列为综合利用工程……

谈到三门峡工程的时候,毛泽东说:“这个大水库修起来,能防洪,能发电,还能灌溉大量的农田,你们的规划是可以研究的。现在,我们还是先去看看东坝头的险工地段吧!”

11点10分,毛泽东下了火车,换乘汽车,向黄河岸边疾驶。不一会儿,雄伟的黄河大堤就展现在眼前。毛泽东下了汽车,健步登上大堤。放眼望去,浊浪翻滚,黄水滔滔,一派“黄河之水天上来,奔流到海不复回”的壮观场面。河南黄河河务局局长袁隆和兰封修防段段长前来迎接毛泽东。毛泽东问他们分管黄河上哪些地方,他们一一作了汇报。

毛泽东沿黄河大堤向东坝头走去,面对波涛滚滚的巨流,向着黄河朝东北奔腾的方向观察眺望。过了一会儿,毛泽东问:“这是什么地方?”“这就是铜瓦厢,清朝咸丰五年,黄河决口改道的地方。这岸是东坝头,对岸还有西坝头。”黄河水利委员会的同志回答说。

“当时决口的原因,一是清朝的腐败,二是社会环境混乱……”王化云接着说。听了王化云等人的介绍,毛泽东一时无语,陷入了沉思。极目远眺,但见黄河从西向东奔腾而来,直冲东坝头后，又骤然折向东北，使东坝头的位置显得极为险峻。

“这里的坝一定要修好。”毛泽东对黄河水利委员会的同志说。

“什么叫埽？”毛泽东问道。

“埽者扫也，御溜外移也。阻挡激流，保护河岸之意。”王化云引用古书上的解释作了回答。

“过去治河的古书都看了吗？”毛泽东又问道。

“为了向前人学习，看了一些。”王化云作了回答。

接着，袁隆向毛泽东汇报了新中国成立后河南加修堤防，把秸草坝改为石头坝以及防汛工作等情况。

毛泽东详细地察看了黄河大堤和石坝，问：“像这样的大堤和石坝你们修了多少？”王化云等回答说：“全河修堤 1800 公里，筑坝近 5000 道。国民党反动派统治时代，这些坝埽绝大多数是用秸料做的，很不坚固，现在都改成石坝了。”

毛泽东又问：“黄河六年来没有决口，今后继续把大堤和坝埽修好，黄河是否还会决口呢？”

王化云等人回答说：“这不是治本的办法，如遇异常洪水，还有相当大的危险。”

毛泽东进一步说：“黄河涨上天怎么样？”（在火车上，王化云曾向毛泽东淡过陕县民谣：“道光二十三，黄河涨上天，冲走太阳渡，捎走万锦滩。”）袁隆说：“不行，洪水太大，现在的工程顶不住，‘悬河’靠两边河堤束水排洪实在太危险。”王化云说：“还得在上游想办法修水库才行，不修大水库，光靠这些坝堤挡不住。”毛泽东笑道：“对喽，还是要修大水库。”

边说边走，大家来到杨庄险工地段。

毛泽东问兰封修防段段长管多少坝，有多少干部、工人，他们的生活怎样？段长一一作了汇报。

毛泽东问：“现在黄河上有过去国民党政府的治河人员吗？”王化云回答说：“按照主席的政策，都接收下来了，原工资待遇不变，安排了工作。”那天修防段段长恰巧穿一身新毛呢制服，毛泽东就开玩笑地问他：“你是国民党还是共产党？”段长说：“我是共产党。”袁隆介绍说，他是从解放区调过来的老同志，解放后咱们在沿黄每个县都设有修防段，配了一名段长、一名秘书股长和一名工程队指导员。

随后，大家上汽车沿黄河大堤下行，来到杨庄险工地段的最后一道坝。毛泽东下车走到黄河滩上，观察了一会儿黄河淤积的泥沙后问道：“每年能冲过来多少泥沙？”王化云等人作了具体回答。然后，王化云等人谈了治理黄河泥沙的一些想法：必须在西北黄土高原上做好水土保持工作，只有这样，才能减少黄河的泥沙淤积，从而有利于黄河下游的治理。毛泽东表示：这是个好办法。

返回黄河大堤后，大家随毛泽东一起走向堤外的杨庄村。毛泽东察看了几处打粮场上晒着的花生,成垛的谷子、豆子。这时,毛泽东想找群众谈谈农村的情况,但村子里静悄悄的,农民们都在一个院子里开会。当走到一所小学的教室后边时,听到里面正在上课,一位年轻教师正在给小学生们讲世界和平大会的情况,毛泽东便停下脚步在窗外"旁听"起来,一直听了一刻多钟。临走时,毛泽东评价说:"这个教员讲得不错;讲世界形势、和平大会;讲抗美援朝打美帝。"

毛泽东和大家走出杨庄,乘车返回专列时,已经是下午1时了。

毛泽东的专列驶回兰封火车站,由兰封驰往开封。毛泽东同大家共进午餐后,没有休息,继续向河南省和黄河水利委员会的同志了解有关黄河的各种情况。

王化云向毛泽东汇报说:"黄河水利委员会已经派人到青海查勘黄河源头的情况,黄河源头的水量、地形已经调查清楚;为了解从长江上游引水入黄河是否可行,也查勘了金沙江上游通天河的水量、地形情况,准备考虑将来从通天河引长江水入黄河,以补给西北、华北水源的不足。"

听了上述汇报和设想,毛泽东笑着说:"你们的雄心不小啊!"随后,又幽默风趣地接着说:"通天河,就是猪八戒去过的那个地方吧!"大家听了都笑了起来。毛泽东又说:"南方水多,北方水少,如有可能,借一点来是可以的(意思是可以搞南水北调)。"

在谈话中,毛泽东提出,刚才在黄河东坝头,没有看出黄河是条"悬河",还想找一个地方看看"悬河"的情况。王化云说,东坝头因决口改道,河道刷深了许多,所以看不出"悬河"来,到开封可以看得出来。毛泽东问:"'悬河'一般高出两岸地面多少?"王化云说:"一般高出两岸3~5米,封丘县曹岗险工处高出有8~9米,开封城内地面和黄河滩相比,要低5~6米,如涨大洪水悬差更大。"毛泽东微微沉思了一会儿,然后很坚决地说:"今天到开封去看看'悬河'吧!"

毛泽东一面同大家谈话,一面欣赏着豫东平原上的深秋景色。一望无际的中原大地上,到处是一派丰收的景象。

下午3时多,专列在开封火车站停了下来,毛泽东与大家换乘汽车,驰往开封北郊以"悬河"著称的黄河柳园口。汽车出开封北城门后,可以看到开封古城墙外那高与城齐的沙丘,仿佛在诉说着古城开封被黄河淹没过的悠悠往事,给大家留下了深刻印象。

汽车开到柳园口黄河大堤上停了下来。

毛泽东下了汽车,在两边柳树成荫的大堤上,踏着如茵的绿草,大步向前走去。极目四望,黄河犹如蜿蜒起伏的巨龙横贯在豫东平原上,毛泽东不禁无比感慨地说:"噢!现在黄河的水面比大堤外村子里树顶还高,真是'悬河'啊!"河南省人民政府主席吴芝圃上前向毛泽东介绍说:"开封城历史上被黄河淹没过多次,明朝崇祯十五年那一次淹得最厉害,全城37万人,葬身鱼腹的就有34万人,幸免于难的仅有3万人。原来开封铁塔建在土丘上,现在土丘和铁塔的第一层均被淤没在地下。"毛泽东听了以后说:"大水时,要好好防守,不要出事。”

毛泽东看到黄河大堤上长满了青草，就弯腰拔了一根草，问道：“这是什么草？”一位同志答道：“这叫葛巴草。群众特意在堤上种草护堤，人们称它的好处是‘堤上种上葛巴草，不怕风吹浪来扫’。”毛泽东笑着说：“喂牲口也是好东西。”

毛泽东站在大堤上，看到大堤北边的黄河在奔流，大堤南边的村庄、树木、农田，好像落在凹坑里，连那高大的杨树梢，也比不上黄河大堤高。又问：“这是什么地方，这里河面比开封城里高不高？”

河南省委一位负责同志说：“这里就是柳园口，斜对岸是陈桥，就是赵匡胤陈桥兵变、黄袍加身的地方，现在这里是渡口。”王化云接着说：“这里水面比开封城里地面高三四米，洪水来时水位更高。”

毛泽东又一次感慨地说：“这就是‘悬河’啊！”

说完，毛泽东下了黄河大堤向黄河河边走去，沿着河边折向东方，弯腰抓起一把泥沙仔细地看了看，问道：“这是从什么地方来的？”王化云说：“都是西北黄土高原地区冲刷下来的。”毛泽东又问：“有多少？”王化云回答，据陕县水文站测定，通过该地携带到黄河下游的泥沙，平均每年的数量非常惊人。由于大量泥沙的淤积和沉淀，造成黄河的不断改道和泛滥。”

毛泽东同大家谈着，继续向东走，看到一只很大的木船停在那里。毛泽东登上这只木船，问道：“这船作何用？需要多少人驾驶才行？”王化云回答：“摆渡过河用，使用艄锚和橹，二三十个人驾驶着才行。”毛泽东又问：“能否装机器？”王化云说：“能。”

下船以后，毛主席看到船工们正在修理船，又问了他们的工作和生活情况。工人们笑着一一作了回答。

回到开封城内，毛泽东在大家的陪同下参观了开封铁塔和龙亭两处古迹。然后，来到住地——河南军区司令部的“红洋楼”。

从清晨到傍晚，毛泽东虽然连续视察了十一二个小时，但精神仍然十分饱满。这时，他笑着说：“下面该怎么办？”大家齐声回答：“请主席休息吧！”

然而，毛泽东并没有休息，他与河南省委书记张玺就河南省的工作和治理黄河问题，又开始了新的谈话。

就在毛泽东同张玺谈话时，柳园口的几位农民抬了两水缸活蹦乱跳的黄河鲤鱼来到了省委，说是“要送给毛主席他老人家尝尝鲜”。农民们说：“俺们今天在柳园口见到了毛主席，回到村里都高兴得直掉眼泪。过后，大家就商量，毛主席来了，总得让他老人家尝个鲜。给他送啥哩？俺们住在黄河边，黄河里有的是黄河鲤鱼。俺们就驾起小船下了河，今天的鱼也凑兴，网网不空。俺们从里面挑了 50 条一斤大小的鲤鱼，特意抬来送给咱们的毛主席尝尝。”

面对老实巴交的农民群众对伟大领袖的赤诚之情，省委工作人员感动得不知说什么好，立即请示了省委书记张玺。张玺与陪同毛泽东来河南的中央领导同志商量后，决定收下农民群众的这份心意。当省委工作人员要按价付款时，几位憨厚的农民急得脖子通红，生气地说："要说买，就是给俺们两缸金子也不卖，这是专门献给毛主席的一点心意……"省委工作人员只好作罢，收下了农民群众对伟大领袖毛主席千金难买的一片真情，同时代表省委书记向他们表示感谢！

当晚，毛泽东同张玺一直谈到深夜，然后又浏览了《河南通志》《汴京志》和《龙门十八品碑帖》，然后才休息。

10月31日凌晨5点多钟，毛泽东起床后即返回专列，准备前往郑州、新乡。河南省委、河南省人民政府、河南军区和黄河水利委员会的负责同志，来到车上给毛泽东送行。

毛泽东最后嘱咐说："要把黄河的事情办好。"河南省和黄河水利委员会的负责同志回答说："一定遵照毛主席的指示，治理好黄河。"

专列启动了，毛泽东同站台上送行的人们挥手告别。

上午8时许，毛泽东乘坐的专列由开封到达郑州，在郑州北郊黄河南岸车站停了下来。毛泽东下车后，正好遇到郑州铁路局的一位工程师，向他询问了黄河铁路桥建设的历史情况，然后在河南省和郑州市负责同志的陪同下健步登上黄河岸边的邙山。在山腰经过一位农民的窑洞时，这位朴实的农民连忙向领袖捧上一碗白开水，说："请您喝一碗黄河水吧！"毛泽东的警卫人员见状也从随身带的水壶中倒出一杯水，毛泽东推开警卫人员递过来的茶杯，接过农民的粗瓷大碗一饮而尽，微笑着说："谢谢！"

毛泽东登上山顶后，一边听取黄河水利委员会一位副主任和河南省、郑州市负责同志对于郑州段黄河情况的详细介绍，一边居高临下仔细观察着黄河在这一带的走向、水势、流量和京广铁路的咽喉要道——黄河铁路大桥的情况。

就在这里，留下了那张"毛泽东视察黄河"的历史性照片。

然后，毛泽东指着奔腾不息的黄河说："黄河既是养育中华民族的摇篮，又是由于旧中国连年征战、乱砍滥伐上游树木造成的一条害河。俗话说得好，黄河九曲十八弯，富了前后套，害了山东和河南。黄河一出三门峡，就像一匹脱了缰绳的野马，放纵奔腾，搞不清会在哪里闯乱子。历史上黄河不知决口有多少次，给人民群众的生命、财产不知造成有多大的危害，现在到了我们手里，一定要制服它，绝不能再让它出乱子，要确保黄河的安全，确保黄河铁桥的安全。"稍停了一会儿，毛泽东又接着说："你们要把黄河的事情办好！不然，我是睡不着觉的。"

河南省、黄河水利委员会和郑州市的负责同志连连郑重地表示：坚决按主席的指示办。

毛泽东随即迈步下山，边走边说："走，我们下山，去新乡看看'小黄河'。"

毛泽东上车以后，专列从黄河铁桥上驶过，进入黄河北岸的新乡，沿着铁路专用线，直驶号称“小黄河”的人民胜利渠。

新乡人民胜利渠是新中国成立后在黄河下游兴建的第一个大型引黄灌溉水利工程。1950年初,水利部将黄河水利委员会拟订的《引黄灌溉济卫工程计划书》上报政务院,周恩来总理亲自批准了这项工程。1951年3月开工,在当地党、政、军、民的大力支持下,第一期工程历时一年,于1952年3月竣工。人民胜利渠渠首建在黄河北岸黄河铁路大桥以西1500米处的新乡地区武陟县境内,对岸桃花峪为黄河中、下游的分界处。人民胜利渠总干渠与京广铁路平行,流经武陟、获嘉、原阳、新乡等县,至新乡市郊汇入卫河。人民胜利渠放水后,滚滚黄河水被引入豫北平原,驯服地灌溉着大片土地,打破了“黄河百害,唯富一套”的定论,开始为中原人民造福。因此,毛泽东对此极为关注,在开封时就说要到“小黄河”看看,看看这个使黄河变害为利、造福人民的工程。

上午10时左右,专列在人民胜利渠渠首停下。毛泽东下了火车,与前来迎接的中共平原省委书记潘复生(新中国成立初期,曾建有平原省,辖今豫北、冀南、鲁西地区,1949年8月建省,1952年底撤销,新乡市为平原省的省会)、平原省人民政府主席晁哲甫、黄河水利委员会副主任赵明甫、引黄工程管理局局长韩培诚、人民胜利渠首闸管理主任乔登云等同志一一握手。在管理房听取了关于人民胜利渠建设情况和引黄灌溉情况的简要汇报。

听完汇报,毛泽东便和大家去看人民胜利渠渠首引水闸。路上,毛泽东问乔登云:“你原来是做什么工作的?”“原来当区长,现在叫我来管闸。”乔登云答道。毛泽东十分风趣地说:“管闸责任重大,不比当区长轻哟。”

到了人民胜利渠引水大闸上,毛泽东问:“怎样开闸放水?”乔登云说:“现在没有机器也不通电,是用人力摇开闸门。”毛泽东说:“咱们大家一起动手把闸摇开,看看如何进水吧!”

说完,毛泽东与大家一起,用力摇开了闸门,望着滚滚黄河水溅着浪花欢快地在渠道中奔流,毛泽东高兴得笑容满面,满意地说:“像这样的闸一个县有一个就好了。”毛泽东还边看边询问了干渠、支渠等各级渠道的作用及灌溉后的防碱治碱问题,还问到灌区有井没有,井灌的效果如何。了解情况后说:“有了渠道还不能忽视了井,要合理安排渠灌井灌。”这时他还用形象地比喻说:“井灌是游击战,渠灌是阵地战。”毛泽东的这一指示概括了引黄灌溉的辩证法,指明了沿黄地区引黄工作的道路。实践经验证明,井灌可以补渠灌之不足,渠灌可以补井灌之不及;井灌吸取地下水,渠灌补给地下水,井灌、渠灌配合运用,既能抗旱又能控制地下水位,防止土地碱化。

随后,毛泽东与大家沿人民胜利渠的渠道走到一号跌水处,赵明甫向毛泽东介绍说:“准备在这里装上水轮机,把水能利用起来发电。”毛泽东表示赞成,说:“发了电便于照明、打米。”

看完一号跌水处,毛泽东一行登上汽车,沿着渠道缓缓行驶。途中,毛泽东下了车,一边步行,实地观察渠道引水的基本情况,一边听取陪同的领导同志对引黄工作的汇报……天过中午,毛泽东在渠道旁的麦田埂上休息了一会儿,登上汽车,驰向新乡市郊区的人民胜利渠连接卫河处。

在人民胜利渠连接卫河的地方,毛泽东仔细观察了“引黄济卫”的基本情况。当亲眼看着由人民胜利渠引来的黄河水滔滔不绝地流入卫河,将滋润豫北平原的大片土地时,毛泽东容光焕发,心情极为振奋,十分高兴地说:“引黄济卫灌溉工程,今天算是看过了,很好!”

然后,毛泽东一行乘车离去。

毛泽东对黄河的视察就这样过去了。但是,他对治理黄河问题的关心却是一如既往,时刻牵挂在心。仅从 1953 年到 1955 年,毛泽东就三次听取河南省委和黄河水利委员会负责同志关于治理黄河情况的汇报,提出了许多带有长远指导意义的真知灼见。在一次汇报过程中,毛泽东问黄河水利委员会主任王化云:“你读过联共党史中安泰那个故事吗?”王化云说:“读过。”安泰是古希腊神话故事中的英雄人物,是地神的儿子,遇困难时往地上一靠,就有无穷的力量。可他有个致命的弱点,就是怕离开地面,他离开地面便毫无力量。后来有个叫海格立斯的与他为敌,利用了他的弱点,把他举到空中,终被制服。毛泽东借这个故事循循诱导,教育治黄工作的领导者,在治黄工作中要坚持群众路线,要相信群众,依靠群众,充分发挥人民群众的聪明才智,把黄河的事情办好。

在 1953 年一次南巡中,路过河南在许昌短暂停留时,毛泽东对专列上陪同的同志说:“1918 年我乘火车去北京,因为洪水冲坏了铁路,在许昌候车三天,那时是军阀统治,人们还有辫子。共产党成立后,经过长期斗争,革命成功了,现在都归我们管了,事情好办了。比如黄河,过去不归我们管,治黄问题不能解决,只有现在才能谈解决治黄问题。”

毛主席还曾多次说过:“黄河是伟大的,是我们中华民族的摇篮。人说不到黄河不死心,我是到了黄河也不死心。”1964 年,毛泽东在年逾 70 岁高龄时,还打算徒步骑马,从黄河入海口一直上溯到黄河源头,对黄河进行全程实地考察。为此,他指示身边工作人员练骑马、查资料,做了各方面的准备。后来,因国事繁忙,形势变化,毛泽东的这个夙愿始终未能实现。

中华人民共和国建立后,在中国共产党和人民政府的领导下,滚滚黄河上相继修建了三门峡水库、青铜峡水库、龙羊峡水库、小浪底水库……黄河的规律逐渐被人类掌握,黄河的流量逐渐被人类控制,黄河逐渐成为造福人民的大河。

现在,一座座大型水库控制着黄河水量,调剂着黄河流域的用水。一个个利用黄河水的水利灌溉系统蓬勃兴起,浇灌着一块块农田。黄河之水已经成为农业用水、灌溉用水、工业用水、人民生活用水的重要来源之一,为保障农业丰收、工业建设和人民生活,发挥着重要作用……

中原大地的足迹

薛庆超

中国革命经过了艰难的探索,走过了曲折的道路,最后取得了辉煌的胜利。中国社会主义革命和建设也经过了艰辛的探索,走过了曲折的道路,最后开创了中国特色社会主义道路。

中原大地为中国社会主义革命和建设的艰辛探索提供了历史的见证。

1958 年 5 月,中国共产党举行中共八大第二次会议,正式通过“鼓足干劲,力争上游,多快好省地建设社会主义”的总路线。会议期间,中共中央宣传部部长陆定一于 5 月 19 日作了《马克思主义是发展的》的发言,其中有这样一段话:毛主席和少奇同志谈到几十年以后我国的情景时,曾经这样说,那时我国的乡村中将是许多共产主义的公社,每个公社有自己的农业、工业,有大学、中学、小学,有医院,有科学研究机关,有商店和服务行业,有交通事业,有托儿所和公共食堂,有俱乐部,也有维持治安的民警等等。若干乡村公社围绕着城市,又成为更大的共产主义公社。前人的“乌托邦”想法,将被实现,并将超过。我们的教育方针和其他教育事业,也将朝这个目标发展①。

1958 年 11 月,中共中央副主席刘少奇在第一次郑州会议的讲话中说:“公社这个名词,我记得,在这里(郑州火车站),跟吴芝圃(时任河南省委第一书记)同志谈过。在广州开会(少奇等同志去广州向毛主席汇报中共八大二次会议准备情况,时间估计可能是 1958 年 4 月底——作者注),在火车上,有我、恩来、定一(时任中央宣传部部长)、邓力群,我们四个人吹半工半读,吹教育如何普及,另外就吹公社,吹乌托邦,吹过渡到共产主义。说建设社会主义这个时候就为共产主义准备条件,要使前一阶段为后一个阶段准备条件,我们搞革命就是这样的,开始搞前一步的时候,就想到下一步,为下一步创造条件。我们现在建设社会主义,就要为共产主义创造一些顺利条件。还吹空想社会主义,还吹托儿所,集体化,生活集体化,还吹工厂办学校,学校办工厂,半工半读。要邓力群去编空想社会主义,要定一编马恩列斯论共产主义。下了火车,在这个地方,大概有十几分钟,跟吴芝圃同志说,我们有这样一个想法,你们可以试验一下。他热情很高。采取的办法也很快(吴芝圃插话:那个时候,托儿所也有了,食堂也有了,大社也有了,还不叫公社),工农商学也有了,就是不叫公社。乡社合并是老早就有的。陆定一回去,马上就编了那本书。八大二次会议,我去讲了一个半工半读和生

① 转引自薄一波:《若干重大决策与事件的回顾》下卷,中共中央党校出版社 1993 年版,第 732~733 页。

活集体化。后头要北京试验，要天津（泛指河北省，因为当时天津市属河北省，是河北的省会——作者注）试验。公社就是这样来的。事实上已经有了，他们叫大社。陆定一同志在八大二次会议发言里边讲了这个东西。”①

中共八大第二次会议以后，1958 年 8 月上旬，毛泽东为了直接了解中国农村的真实情况，亲自深入基层，实地调查研究，先后视察了河北、河南和山东等省的一些农村。特别是在河南省新乡县、襄城县、长葛县、兰考县、商丘县的部分农村，毛泽东每到一地，都直接来到村庄、田间、地头，听取地方党委、基层干部、农民群众的汇报和反映，详细了解各方面的实际情况，仔细察看各种农作物的生长情况，力求掌握来自基层的第一手资料。

毛泽东这次农村视察，是他在中华人民共和国成立后进行的农村调查的重要组成部分。毛泽东所到之处，对各地兴起的大干社会主义的积极性大为赞赏；同时对于一些初露端倪的“高指标”也进行了含蓄的批评。最重要的是——毛泽东发现了人民公社这个“新生事物”。

毛泽东在农村视察期间，受到广大基层干部和人民群众十分真挚、朴实的热烈欢迎。这充分反映了广大翻身农民对共产党、对人民领袖的赤诚感情，给毛泽东留下了极为深刻的印象。

为了探索中国社会主义革命和建设的道路，毛泽东在郑州主持召开了中共中央第一次郑州会议和第二次郑州会议。

一

毛泽东这次农村调查，首先从河北省开始。1958 年 8 月 4 日和 5 日，毛泽东调查河北省的徐水县、定县和安国县。在以“大跃进”而著名的徐水县，毛泽东肯定了徐水县委“组织军事化、行动战斗化、生活集体化”的做法。

8 月 5 日晚上 11 时许，毛泽东乘坐的专列徐徐驶入河南省新乡境内，在市区附近的 760 厂铁路专用线上缓缓停了下来。

中共河南省委第一书记吴芝圃及新乡地委负责人登上专列，代表河南省委、新乡地委，欢迎毛泽东主席前来视察工作，并随即向毛泽东汇报了河南省及新乡地区的工作情况。毛泽东表示，希望着重了解农村工作的情况。当河南省委、新乡地委负责人汇报中介绍新乡县

① 转引自薄一波：《若干重大决策与事件的回顾》下卷，中共中央党校出版社 1993 年版，第 731~732 页。

七里营乡创建了全县第一个人民公社的情况时①,引起了毛泽东的浓厚兴趣。毛泽东听完汇报后表示,要亲自到七里营,去看看七里营创建的人民公社究竟是个什么样子。

河南省委和新乡地委负责人随即下了专列,指示新乡地委的同志,安排好毛泽东视察七里营人民公社的各项准备工作。

8月6日上午,新乡市天气转阴,并下起了阵雨。河南省委和新乡地委负责人考虑到天气不好,七里营距新乡市路途较远,有四五十里路。于是,便准备安排毛泽东视察距离新乡市区较近的工厂和农村。但是,当工作人员向毛泽东汇报后,毛泽东却十分肯定地说:"还是去七里营好!"

当天下午,雨过天晴,空气格外清新。下午3时左右,毛泽东由河南省委和新乡地委负责人陪同,驱车向七里营疾驰而去。

毛泽东坐在车上,一边听陪同人员介绍当地农业方面的情况,一边放眼窗外,仔细观察着田野里各类农作物的长势。一望无际的豫北大平原上,到处是一派农业大丰收的喜人景象。滚滚黄河水溅着欢快的浪花,沿着号称"小黄河"的引黄灌溉渠道——人民胜利渠,滋润着黄河以北地区的万亩良田,棉花、水稻、玉米、大豆、红薯等作物吸吮着充足的水分,更加显现出蓬勃的生机,刚刚经过一场大雨的农作物,叶子上的颗颗水珠,在阳光的照耀下闪闪发光。雨后的田野上,到处是抓紧墒情进行田间管理的农民,青纱帐里不时隐隐约约传出一阵阵欢快的劳动歌声。

当毛泽东的汽车经过新乡县东风农业社王屯生产大队的青年试验田时,一大片枝繁叶茂、生机盎然的棉田映入毛泽东的眼帘。毛泽东立即示意停下汽车,要下去实地看看这块棉田。当毛泽东走进棉田的时候,一位青年社员正在给棉花打叉,毛泽东问道:"这块棉田是谁管理的?""是我们青年搞的试验田。"青年社员答道。"好!"毛泽东称赞了一声。

然后,毛泽东用双手拨开棉花丛,从棉田北边的地头步入棉花地中,一边走,一边仔细地观察着棉花的生长情况,还不时弯下腰或蹲下身子,察看棉花结桃的情况。当毛泽东穿过棉田,从地块南边走出来时,正忙着给棉花打叉的青年社员才猛然想起,这位慈祥的长者不正是伟大领袖毛主席吗?他急忙大步跑到毛主席面前,说:"毛主席好!"

毛泽东微微一笑,说:"好!好!"毛泽东走到附近的一块玉米地,察看了这块地里玉米的

---

① 长期以来,绝大部分论及人民公社的书籍,都误把河南省新乡县七里营人民公社作为中国农村人民公社化运动中建立的第一个农村人民公社。实际上,这种说法并不准确。中国农村人民公社化运动中建立的第一个农村人民公社是河南省信阳地区遂平县嵖岈山人民公社。

后来,信阳地区一分为二,从中另外又划出来一个驻马店地区,遂平县划归了驻马店地区。因此,说中国农村人民公社化运动中建立的第一个农村人民公社是河南省驻马店地区遂平县嵖岈山人民公社,也是对的。

在20世纪80年代到90年代,河南省实行市带县体制,信阳地区改为信阳市,驻马店地区改为驻马店市。因此,现在较为准确的说法应当是:中国农村人民公社化运动中建立的第一个农村人民公社是河南省驻马店市遂平县嵖岈山人民公社。

长势。又回到棉田时,遇到一位光着膀子、卷着裤腿的农业社饲养员。这位憨厚朴实的庄稼人突然看到毛泽东就在眼前,连声说:“毛主席来了,您好!”毛泽东握着他的手说:“好!好!”毛泽东十分亲切地勉励他们要加强棉花田间管理,然后登车离去。

下午4时22分,毛泽东一行的汽车在七里营人民公社门口停了下来。毛泽东刚刚走下汽车,就被站在门口的新乡县委负责人认了出来:“啊!是毛主席来了!”他迅速走上前去迎接毛泽东。七里营人民公社院内的人们听说毛泽东来了,也都拥向门口。“毛主席好!”“毛主席万岁!”问候声、欢呼声、鼓掌声顿时响成一片。

毛泽东一边亲切地向欢迎的人群挥手致意,一边在各级领导干部的陪同下向人民公社院内走去。走到人民公社大门口时,毛泽东一眼看见挂在大门右边的墨迹未干的七里营人民公社的牌子,他立刻停下脚步,仔细地端详着牌子上的几个大字,轻声念道:“新乡县七里营人民公社。”

新乡县委负责人随即介绍说:“这是全县第一个人民公社。”

毛泽东微微点了点头,含笑赞许道:“人民公社这个名字好!”

进了七里营人民公社的院子,看到迎面的房子门口挂着“政治系”“气象系”两块牌子,毛泽东问:“这是什么?”“这是公社里的红专大学。”陪同的干部回答说。“谁是红专大学的校长?”毛泽东又问。“公社党委书记。”陪同的干部作了回答。

进了公社会议室坐下来后,新乡地委负责人将在场的新乡县和七里营人民公社的干部向毛泽东作了介绍。毛泽东顾不上休息,就开始了具体的调查研究。他问新乡县委负责人:“全县有几个七里营这样的人民公社?”

新乡县委负责人回答说:“全县原来有60多个小乡,成立了60多个高级社,后来合并成10个联社,七里营是全县成立的第一个人民公社,县委准备将各个联社都改成人民公社。”

听到这里,毛泽东问在场的各级干部:“人们喜欢‘人民公社’这个名字吗?”“喜欢。”一位公社干部作了回答。

毛泽东又问道:“你们公社今年种了多少亩棉花,产量能达到多少?”公社负责人回答说:“今年我们公社种了一万多亩棉花,保证亩产单产达到400斤,争取500斤,按2000斤做工作。”毛泽东听了后说:“你们的口气很大啊!”

毛泽东继续问:“你们公社有多少土地,多少人口?”“有6100户,31000人。”公社负责人作了十分确切的回答。接着,他详细汇报了七里营人民公社成立前后各方面的具体情况,介绍了“大跃进”以来建立公共食堂、托儿所、幸福院、面粉厂、机械厂和养猪场等各项新生事物。毛泽东十分感兴趣地听了公社负责人的汇报,问道:“你们的公社这么大,管理不容易,有没有困难?”“没有困难!”公社负责人信心十足地答道。

在听取汇报的过程中,毛泽东始终兴致盎然,笑容满面,听得非常仔细,并不时提出一些问题,还连声称赞说:“人民公社好!”

听完汇报以后，毛泽东不肯休息，站起来说："走，出去看看！"说着，他迈步走出会议室，在大家的簇拥下，迎着聚拢在公社大院内外欢呼的人群，再一次向大家频频挥手致意。

从公社大院出来，毛泽东说："先去看看老人们。"他首先来到了公社的幸福院。这是一所高大宽敞的院落，居住着全村鳏寡孤独的老人和孤儿，以及一部分有残疾的人。他们平时做一些力所能及的轻活，日常生活费用由公社承担。毛泽东刚刚走进大门，几十位老人便纷纷从屋里奔了出来。手拄双拐的幸福院院长迎上前去，紧紧握着毛泽东的手，激动得不知说什么好。他是一位在解放战争中负伤致残后返乡的战士，在百万雄师横渡长江的前夕，他曾和战友们一起在毛主席像前庄严宣誓：打过长江去，解放全中国，争取去见毛主席……如今，这个愿望竟然一下子实现了，怎能不使他激动万分呢！

一位70多岁的老人听说毛主席来了，从屋子里跑出来紧紧握着毛泽东的手，久久舍不得放开。新中国成立前他给地主扛活种地几十年，仍然是一无所有，光棍一条，新中国成立后才过上了好日子，而今又住进了幸福院。他多么想对毛泽东说说自己的心里话啊，可是握着毛泽东的手走了十几步远，却激动得连一句话也说不出来，只有激动的热泪滚滚而下……

毛泽东一边亲切地向老人们问好，一边问公社负责人："老人们在这里满意吗？"当听到公社负责人说"他们很满意"时，毛泽东高兴地笑了。

毛泽东一行来到幼儿园时，几十个孩子立即就认出了他们天天从屋子里挂着的相片上见到的毛主席。天真可爱的孩子们呼啦一下子围拢到毛泽东跟前，齐声说："毛主席好！"毛泽东慈祥地抚摸着孩子们，听着他们唱歌："毛主席，爱儿童。年纪小，志气高；长大能把祖国建设好！"

毛泽东连连夸奖孩子们唱得好，并向负责培养下一代的保育员们说："谢谢你们！"

从幼儿园出来，不远处是公社里的一个公共食堂。毛泽东走进去时，炊事员正忙着在收拾得整齐干净的食堂里蒸馒头，公社负责人对毛泽东说："我们一天三顿都吃馍。""菜呢？"毛泽东关切地问。"每顿都有熟菜吃。"公社负责人答道。毛泽东听了以后，表示满意。

毛泽东来到公社面粉加工厂。机器的轰鸣声震耳欲聋，两部电动的小钢磨（农村通用的一种面粉磨粉机，俗称"小钢磨"）正在磨面。毛泽东走进车间，观察了一会儿小钢磨运转、磨面的情况，然后问公社负责人："几部机器？""四部电动小钢磨。"公社负责人回答。

"哪里出面粉？"毛泽东又问。公社负责人走到正在磨面的机器旁，揭开面粉箱，请毛泽东观看。毛泽东迎着飞扬四起的面粉粉尘，仔细地观察了一会儿小钢磨圆罗正在筛面的情况，又问："一天出多少面粉？""七千斤。"公社负责人答道。毛泽东抓起一把麦麸皮用手指捻了捻，认为磨得比较净，出粉率较高，随后满意地和工人们挥手告别。

毛泽东走进公社滚珠轴承厂时，听不到机器的轰鸣，到处是叮叮当当的砸滚珠、打轴承的锤击声，这里正在用土法生产滚珠和轴承。毛泽东问："这个厂子建立多长时间了？""两天了。"公社负责人说。"每天生产出来多少？"毛泽东又问。"一天两千个。"公社负责人一边介绍工厂的情况,一边回答毛泽东的提问。

毛泽东仔细地观看了土法生产滚珠轴承的过程和生产出来的滚珠。公社负责人又端出了一盒规格不同的滚珠给毛泽东看。毛泽东对这个小工厂的工人们自力更生的精神表示赞扬。工人们在毛泽东的鼓励下,决心进一步努力工作,为实现七里营人民公社的农业机械化作出贡献。

二

从七里营人民公社的工厂出来,天气十分炎热,陪同人员劝毛泽东休息一下。可是,毛泽东坚持要去看人民公社的棉田。毛泽东头戴河南农民的大草帽,上身的白衬衣束在灰裤子里,迈着大步越过茂密的豆子地,跨过布满瓜蔓的菜田,来到一望无际的"绿色海洋"——七里营人民公社的棉花田。

毛泽东详细地询问了这块棉田的亩数、计划产量、施肥多少以及耕作情况。公社负责人给毛泽东汇报说:"这块棉田共 300 亩,今年计划产量指标是亩产千斤皮棉,施底肥 5 万斤,饼肥 800 斤,化肥 80 斤,土地深翻 1.5 尺。"毛泽东了解了这些情况后,兴致勃勃地用手拨开枝叶茂密、长势茁壮、棉桃成串的棉枝,笑着说:"怎么走得进去呀!"

毛泽东迈步走进齐肩高的棉花丛中,笑容满面地向在场的人们环顾了一下,特地用手平着棉花顶比了一下自己的肩膀,连声称赞棉花长得好。说着,他又蹲下身子数了数一棵棉花结桃的棉枝有多少,计算着能结多少棉桃。

走出棉田后,毛泽东问:"这块棉田的棉花能收多少斤?"

"保证一千斤(皮棉),争取两千斤!"公社负责人满怀信心地回答道。

这时有人数了数,每棵棉花已有 30 来个棉桃了,计算了一下,告诉毛泽东说,按现在已结的棉桃,每亩就可收一千斤籽棉。

"前边就是干部'红旗'试验田。"公社负责人指着一块更加茂密的棉田,高兴地告诉毛泽东。

毛泽东看到长得这样好的棉花,兴奋地再次走进棉田。高大茁壮的棉花,几乎和毛泽东魁梧的身躯一样高。

人们告诉毛泽东,这块"红旗"丰产试验田共 10 亩,每株棉花平均已结 20 多个伏桃,每亩密植五千株,只要作好后期田间管理,实现双千斤皮棉有保证。

毛泽东听了人们的介绍,说:"收到手里才算数。"继续漫步向南走去。这时天气十分闷热。毛泽东兴奋的面孔上,汗珠不断线地流下来,衬衫被汗水浸湿了。地委负责人提议回去,毛泽东却仍然兴致勃勃地说:"不,再稍走走! 稍走走!"继续阔步向南走去。

正在棉田里喷洒杀虫药剂的女社员们,看见毛泽东走来,热烈地鼓掌欢迎,向伟大的领袖致敬。

“操作给我看看。”毛泽东亲切地对她们说。

六个女社员熟练地操作着喷雾器，当场向毛泽东作了表演。为了让毛泽东看得更清楚一些，她们面向毛泽东倒退着操作。毛泽东看过以后，称赞她们技术熟练，操作得很好。

在返回村子的路上，毛泽东面对着一片丰收在望的景象，满意地对吴芝圃说：“大有希望！你们河南都像这样就好了。”

吴芝圃说：“有这么一个社就不愁有更多这样的社。”

“对，有这样一个社，就会有好多这样的社。”毛泽东表示赞同。

毛泽东看完棉田回到七里营村时，村子里的街头、路口已经是人山人海，毛泽东走到哪里，哪里就响起一片欢呼声。

“毛主席万岁！”“共产党万岁！”等响彻云霄的口号声和春雷般的掌声，激荡着整个村庄。

毛泽东向欢呼的人群频频挥手致意，同站在前边的群众亲切握手。一位 70 多岁的女社员拉着她四岁的小孙子，三步并作两步，从人群中挤上前去，紧紧地握住毛泽东的手说：“毛主席，您老人家身体可好！”毛泽东亲切地连声回答说：“好，你好。”

下午 6 时左右，毛泽东挥手向热烈欢呼的群众告别后，才登上汽车，徐徐离去。汽车走远了，毛泽东从车窗里又伸出手来，不时地向欢呼的人群挥手告别。

毛泽东一行的汽车离开村子后，穿行在两旁庄稼掩映的田间土路上。没想到，就在这时候却突然“出事”了。

随行人员忽然发现后面远远地追上来一大群人，一边跑着追赶汽车，一边用力把手里一种“圆滚滚的东西”往前边的汽车上扔。而且人数似乎愈来愈多，人群在不断扩大，距离汽车也愈来愈近。

由于汽车一直在朝前行驶，所以追上来的人们扔过来的“圆滚滚的东西”落不到汽车上，就落在了地上，不时可以听到“砰”“砰”爆裂的声音。

这时，随行人员出于对毛泽东安全的考虑，就对司机说：“快开！快开！”

毛泽东听到了随行人员的话，就往车窗外看了看，问：“后面人们在干什么？”由于追赶上来的人群已经愈来愈近，人们手中扔过来的东西也看得比较清楚了。就有随行人员回答说：“后面的人们在追着往汽车上扔西瓜，由于扔不到汽车上，都摔在了地上。”随行人员考虑的是如何对毛泽东的安全负责，所以，仍然催促司机快开，快点离开这里。但毛泽东不是这样考虑，他大声说：“停下，快停下，下去把西瓜接上来！”当时随行人员还有点犹豫不决，没有立即停车下去。毛泽东又说：“快停车，下去把西瓜接过来。你们想想，人民群众撵着往汽车上扔西瓜，这是一种什么样的感情，这是热爱共产党，拥护共产党，这是很淳朴的感情啊！这是千金难买的，这是难以估量的。我们怎么能不停车就走呢？”

遵照毛泽东的指示，随行人员停了车。下去以后，看到从四面八方田野里拥来的人群，他们之中有的跑得张着嘴呼哧呼哧直喘气，有的热得敞着怀，有的干脆光着上身，但怀里却都抱着一个个刚刚从西瓜地里摘下来的圆滚滚的大西瓜。

望着这一个个憨厚淳朴的庄稼汉和他们怀里抱着的一个个大西瓜，随行人员被深深地感动了。这哪里是一个个的大西瓜啊，它分明是代表着广大翻身农民一颗颗对共产党、对伟大领袖毛泽东的滚烫滚烫的金子般的心，代表着他们对共产党和毛泽东的无比热爱的赤诚真情啊！随行人员一边从农民们手中接过西瓜，一边连声向他们道谢。

当随行人员把这些西瓜往车上放时，毛泽东从车窗里伸出手，向广大农民群众连连招手，表示谢意。人们高呼着"毛主席万岁"，向毛主席招手。汽车满载着伟大领袖和河南普通农民的真挚感情缓缓启动了。毛泽东的眼睛湿润了。可以看出，毛泽东被普通农民对共产党和自己领袖的淳朴真挚的感情深深震撼了，他连声说道："河南人真好啊！河南人真实在啊！"

据毛泽东随行人员回忆，这件事给毛泽东留下了难以忘怀的深刻印象，以后他老人家还时常提起，每次都会情不自禁地喃喃低语道："河南人真好啊，河南人真实在啊！"

8月6日晚上，毛泽东乘专列到达郑州，停在京广铁路的一个叉道上。在专列上，中共河南省委负责同志向毛泽东汇报了河南的工作。毛泽东着重听取了分管农业的省委书记处书记史向生的汇报。

来见毛泽东之前，史向生正在遂平县嵖岈山人民公社召开地委、县委农村工作部长会议，实地调查、总结和推广嵖岈山人民公社的一些经验和做法。他是接到河南省委的电话通知，刚刚赶回郑州的。

毛泽东对嵖岈山人民公社的一些做法很有兴趣，连夜听取史向生汇报嵖岈山人民公社的详细情况。

当汇报到嵖岈山人民公社制定的《嵖岈山卫星人民公社试行简章》（草稿）时，毛泽东十分感兴趣，称赞道："这是个好东西，给我。"他如获至宝，欣喜异常。

当汇报到该公社设有农业、林业、畜牧、工交、粮食、供销、卫生、武装保卫等部或委员会，下设生产大队和生产队，实行统一领导、分级管理和"组织军事化、生产战斗化、生活集体化"时，毛泽东对每一个部或委员会的情况问得都很具体。

当汇报到一个公社有5万人口，又大又公，公的成分增多了的特点时，毛泽东概括说："一曰大，二曰公。"

当毛泽东问群众有纠纷如何进行调解时，史向生说："由公社民政部门来调解处理。"毛泽东说："这既是政权性质，又是经济组织，实际上是基层政权，政社合一。"沉思了一会儿，毛泽东又说："大集体，小自由，不要统得太死。"

当汇报到嵖岈山人民公社办有公共食堂，社员们劳动之后到食堂统一吃饭，既节省时间，又解放妇女劳动力时，毛泽东对办食堂的做法表示赞赏，认为这是一件新事物。

在省委负责同志汇报时，当谈到我们对大社没有用“共产主义公社”命名，而采用“人民公社”作名称时，毛泽东说：“‘人民公社’这个名字好，包括工、农、商、学、兵，管理生产，管理生活，管理政权。”

听完河南省委的工作汇报，已经深夜，毛泽东和河南省委的负责人都睡在专列上。

三

1958 年 8 月 7 日黎明，东方刚刚破晓，大地还在沉睡，原野一片寂静，毛泽东已经起了床，说要下车到农村去看看。

河南省委负责同志随即陪同毛泽东登上汽车，沿着公路向南奔驰。

这是一个夏日早晨，一轮红日从东方冉冉升起，大地上洒满了万道金色的霞光。毛泽东从车窗里放眼望去，公路两旁的田野里，出现了正在忙于田间管理的人群，村庄上空飘动着袅袅炊烟……

7 时 30 分，毛泽东的汽车进入了许昌地区襄城县境内。该县是全国著名的烟叶产区之一，公路两旁的烟叶长得又高又壮，叶片茂盛而肥大。毛泽东示意停下汽车，就在这里看看。

毛泽东下了汽车以后，在河南省委第一书记吴芝圃，书记处书记杨蔚屏、史向生和许昌行署负责人的陪同下，健步走向旁边一块烟叶长得格外茂盛的烟田。这是襄城县双庙乡十四农业社郝庄第二生产队的一块试验田。毛泽东看了看竖立在田边的一块牌子，逐字念完牌子上标明的试验田亩数、计划产量以后，问道：“去年产量多少？”许昌行署负责人作了回答，毛泽东屈指计算了一下烟叶增长的幅度，点头称赞说：“很好！”

毛泽东顺着烟垄向烟田里走去，烟叶上的露水浸湿了毛泽东的衫衣，鞋子上也沾满了泥巴，他却全然不顾，神情十分专注地观察着烟叶的长势。几位随行的摄影记者正忙着照相，毛泽东指着身边一块长势喜人的谷子地对摄影记者说：“不要光照我，应该照这些庄稼。”

这是一块长得齐胸高的谷子地，沉甸甸的谷穗累累下垂，微风吹过频频点头，仿佛在向远方的来宾致意。毛泽东兴致勃勃地同吴芝圃、史向生一起走进谷子地，对吴芝圃说：“咱们在这里照个相，叫北京人看看这里的庄稼。”记者把这个动人的情景收入了镜头。

这时，襄城县委一位副书记闻讯赶来迎接毛泽东。毛泽东与他亲切握手，问他叫什么名字，多大年纪，以及在襄城县工作的情况等，他一一作了回答，当说到他名字中的“熙”字是“康熙的熙”时，毛泽东风趣地说：“噢！那你是康熙的臣民了！”在场的人不禁都哈哈大笑。

毛泽东让县委副书记和他同坐一辆汽车，车队沿着许南公路向县城方向驰去。不久，汽车每行驶一段路便要穿过一个高大的“彩门”，其中一座“彩门”上还写着大幅标语：“襄城县双庙乡，超鲁（山）！越郏（县）跨许昌。”

毛泽东问:“这是什么?”

“这是跃进门。”县委副书记回答。

“干什么用的?”

“组织生产评比,搞竞赛。”

“和哪里竞赛?”

“和许昌、郏县、鲁山竞赛,本县乡和乡也搞竞赛。”县委副书记连续回答着毛泽东的问话。

“作用有多大?”毛泽东继续问。

“作用很大。”县委副书记接着给毛泽东讲了一段关于跃进门的故事。刘庄乡是襄城县东北边上的一个乡,和许昌县接壤。过去工作一贯落后,自从搭起了跃进门,加强了思想政治工作,提出“争上游超许昌”的口号后,工作有了起色,一变而为先进乡。在秋田管理检查评比中,插上了红旗……

毛泽东听了很高兴,说:“开展竞赛,要讲究实效,实事求是,不务虚名。”接着,毛泽东又问:

“你和人家搞竞赛,到外县参观过没有?”

“没有。”县委副书记以为是指他自己。

“不去看看人家是个什么样子,怎能和人家搞竞赛呢?”

县委副书记这才领悟毛泽东的意思,连忙解释说:“我们的县委书记已去各县参观了,回来就要向县委汇报。”

“你也得出去看看呀!”毛泽东亲切地说。

汽车继续向着襄城县城的方向奔驰。

为了争取秋季全面大丰收,襄城县各地掀起了热火朝天的生产高潮。农民们为了节省时间,大多数都是让家人把饭送到地里吃。毛泽东看到这种情形,关心地问农民休息够不够,生活情况怎样。听了县委副书记的回答后,毛泽东又说:“要爱护农民的积极性,要关心群众的生活,要劳逸结合;要多种一些谷子、豆类,这些粮食营养丰富。”毛泽东对群众生活的无限关心,使随行的各级领导干部深受感动。

上午8点多钟,毛泽东一行的汽车来到了三里沟乡后梁庄的北边,参观一块大面积烟叶丰产田。正在地里劳作的农民们热烈欢迎毛泽东的到来。毛泽东与农民们一一握手,互致问候。走进烟田,毛泽东在一个水井边停了下来,指着上面安装的解放式水车问道:“这口井的水够浇地不够,一天能浇几亩?”一位乡干部作了汇报。毛泽东仔细地察看了这块丰产田的烟叶后,又到村子南边参观第三生产队的干部试验田。

这块试验田的烟叶肥厚茁壮,长势十分喜人。毛泽东用手分开烟叶,探身向地里望了望,很关心地提议:“这样不通风,用绳子攀起来就好了。”

毛泽东一面观察广阔的烟田，一面十分详细地询问烟叶的品种、收烟时间、烟田的管理技术和各项措施，对烟叶种植与管理表示出浓厚的兴趣。

毛泽东问许昌行署负责人："你们的烟叶好，还是山东潍县的烟叶好？你们比较了没有？"行署负责人说："现在全国12省烤烟会议在这里开会，他们说这里的烟叶长得不错。"

"在你们这里开会，你们的烟叶一定不错。"毛泽东满意地说。边走边谈，一条田埂横在面前，毛泽东登上田埂，举目四望，烟田一块连着一块，一块比一块茂密，无边无际的绿海，预示着烟叶大面积丰收的兆头。面对着丰收在望的情景，毛泽东很有兴致地说："你们这里成了'烟叶王国'了。"

许昌地区是中外驰名的产烟区，这里的烟叶供应全国各地和出口需要。由于烟农的精心栽培和管理，这一年许昌地区130万亩烟叶生长普遍良好。

上午9点多钟，毛泽东驱车来到襄城县东关。城门上写着斗大的红字："干劲冲破天，力争'卫星'县"。

毛泽东问县委副书记："'卫星'县是什么意思？"

"按照河南省的规定，烟叶亩产3千斤就是'卫星'，我们全县14万多亩烟叶，决心争取平均亩产3千斤，不是当上'卫星'县了吗？"接着，县委副书记又告诉毛泽东，襄城县今年小麦平均亩产519斤，成为小麦丰产"元帅"县。

"不是还有600多斤的吗？"毛泽东问。

吴芝圃回答说："孟县今年小麦平均亩产600多斤。"

"你们鼓足干劲。明年超过他们。"毛泽东勉励县委副书记。

"我们一定要超过他们！"县委副书记坚定地表示。

毛泽东来到十里铺乡薛园农业社，参观了这个社第三生产队的烟叶丰产田。看到沿路所到之处，烟叶都长得那么茂盛，毛泽东满意地说："应该让吸烟的人都来看看。"

正在田间劳动的农业社员们一听到毛泽东来了，欣喜若狂，奔走相告，从四面八方围拢过来，热烈欢呼鼓掌，"毛主席万岁""共产党万岁"的欢呼声响彻了原野。毛泽东微笑着和许多社员一一握手。

毛泽东来到小张庄村，社员们把毛泽东让到一个布棚下休息。布棚背后就是两个炕烟的炕房。毛泽东刚坐下，小张庄、马园、赵台、李庄、上徐、下徐的群众纷纷赶来见毛泽东。毛泽东与闻讯而来的农村干部、群众一一握手。一位生产队长见毛泽东热得汗流满面，连忙端来一盆清水，请毛泽东擦脸，又给毛泽东倒了一杯开水，请他喝水。小张庄学校的师生听说毛泽东来了，马上排成整齐的队伍走了过来，向毛泽东敬礼，并献上一朵大红花。毛泽东笑容满面，高兴地和师生们亲切握手，勉励他们要好好学习。

稍加休息，毛泽东就去参观炕房。一位烟叶"土专家"正在炕房里修理火龙（用土坯砌成的火炕），听说毛泽东来了，带着两手泥巴往外跑。当毛泽东和他握手后，他才发现自己双手沾满了泥巴。

“土专家”引导着毛泽东先看了西炕房，然后又来到东炕房。这里装着烟叶正在烘烤。大火已烧了三天三夜，里边温度高达华氏120度。毛泽东不顾别人的劝说，冒着高温进入炕房里看了一番。

“烟叶为什么要炕，用太阳晒行不行?”毛泽东从炕房里走出来时问道。

“晒的烟质量不好，色气差，叶片薄，没有香味。炕的烟质量好，色气黄，油分大，叶片厚，香味浓，炕烟比晒烟好。”“土专家”向毛泽东作了解释。

艳阳高照，日近中午，毛泽东将要返回。农民们依依不舍地与毛泽东话别，一位乡干部特意给毛泽东献上了一个大西瓜。毛泽东用手拍了拍，称赞说：“这个西瓜真大，谢谢!”毛泽东登上汽车后，又从车窗里伸出手来，向广大农村干部和群众频频挥手致意……

汽车沿着公路疾驰。快离开襄城县境时，县委副书记下了车问：“主席还有什么指示?”毛泽东握住他的手鼓励说：“要鼓足干劲，力争上游啊。”

四

1958年8月7日下午1时许，毛泽东的专列在长葛县和尚桥车站(今长葛县火车站)停了下来。

在这里，毛泽东接见了长葛县委第一书记和副书记，亲切地询问了他们的基本情况和长葛县的各项工作情况。当得知他们都是1948年从山东来河南工作的“南下干部”时，毛泽东说：“你们已经来了十多年了，已经成为河南人了。”

当时，报纸上介绍的长葛县深翻改土的做法和经验给毛泽东以深刻的印象。按照预定计划，毛泽东要去视察河南最早搞深翻土地的坡胡乡和当时以勤工俭学著名的长葛县三中。因为河南省委负责同志考虑毛泽东上午视察了几个地方，比较劳累，再加上通往预定地方的道路在大雨过后也不通畅，征得毛泽东同意后，决定就在附近看看。

在长葛县委负责人陪同下，毛泽东乘汽车向附近的农村驶去。当车行至一处被前一天的大雨冲坏的路段时，县委负责人忙下车说：“我去找人修路。”毛泽东说：“不要去找人了，咱们下车走过去。”

沿着农村的田间小路，毛泽东大步向前，走进“五四”农业社的一块玉米地。这是一块40多亩的麦茬晚玉米，棵棵长得秆壮叶茂，每株有2米多高，长势十分喜人。田间土质疏松，没有杂草葛条，说明田间管理十分精细。毛泽东微笑着对陪同的干部说：“你们长葛无葛啊!”“五四”农业社的党支部书记闻讯赶来后，毛泽东亲切地同他握手，听取了他对本社情况的汇报。三伏天的玉米地里，密不透风，热得像蒸笼一般。毛泽东挥汗如雨，衬衫都被汗水浸透了，但仍然兴致勃勃，继续边看庄稼边往前走。

走到一块玉米试验田头时，毛泽东见这块田的玉米格外茁壮，就迈步走了进去，探寻这块田玉米长得好的原因，一直走到四十多米远的大田深处，才停下脚步，问农业社的负责人玉米下种前土地深翻有多深，分层施了多少底肥，浇没浇透水，什么时间播种，搞了几次间苗，计划产量多少斤……

毛泽东提出调查了解的问题之详细，令陪同的干部惊叹不已。农业社负责人一一作了回答。当他汇报到当年玉米产量计划达到的“高指标”时，毛泽东不太相信这个数字，随即伸出指头，与大家一起，计算了每亩地大致有多少株玉米，每株玉米大致结多少个玉米穗，每穗玉米上的玉米粒有多重，最后得出每亩地的玉米产量。

毛泽东这一“算账”举动，用实事求是的科学态度给随行干部上了难忘的一课。接着，毛泽东又问县委第一书记全县的计划单产是多少。后者回答说保证 1500 斤，争取 2000 斤时，毛泽东听了只是笑了笑，继续向前走去。

走到一个村庄附近时，毛泽东问：“这是什么村?”“宗寨。”县委副书记在回答的同时用手指在地上写了这两个字。毛泽东又问村子的基本情况，县委副书记说：“村子里有一个高级社，社员 200 多户。”毛泽东又问农业社负责人：“生产队的规模是大一些好，还是小一些好?”该负责人说：“大一些好。”毛泽东说：“适当大一些好。”

这时，毛泽东一行开始往回走，当走到一条水沟旁时，毛泽东见水面上长满了水浮莲，说道：“水浮莲好呀，可以喂猪，在我们南方用处广啊！”

走到公路边的汽车旁，毛泽东与许昌行署和其他地方干部一一握手告别。县委负责人将毛泽东一直送到火车站，与毛泽东告别时，再次表示要保证使全县的玉米单产达到 1500 斤，争取 2000 斤。毛泽东笑着问：“能达到吗?”县委负责人表示说：“一定能达到，保证秋后到北京给毛主席报喜。”毛泽东仍然笑着说：“拿到手才算数。”

下午两点多钟，毛泽东的专列缓缓离去。

黄昏时分，毛泽东的专列徐徐停靠在兰考县通往黄河险工地段东坝头的兰(考)坝(头)铁路支线上。这是毛泽东第二次来到这里。六年前的 1952 年 10 月 29 日，毛泽东曾在此地住了一夜，30 日从这里出发，开始了第一次视察黄河之行，在视察中发出了“要把黄河的事情办好”的伟大号召。

旧地重游，毛泽东一心关注的仍然是如何把黄河的事情办好，关注着如何使黄河变害为利、造福人民这个事关中华民族子孙后代的大事。当开封地委书记和兰考县委书记前来汇报工作时，毛泽东首先问道：“黄河治理得怎么样? 你们都采取了些什么办法?”开封地委和兰考县委负责人汇报说：“通过发动沿黄人民群众加宽、加高、加固黄河大堤，在夏季汛期洪峰到来时加强防汛，组织防汛队伍等措施……这几年黄河在汛期一直没有出现什么问题。”

“黄河大堤上掏洞的狐狸，还有没有?”毛泽东继续问道。“已经发动群众把狐狸消灭了。黄河修防段在黄河大堤上钻探以后，灌了泥浆，把空洞、裂缝等隐患淤实了，大堤就牢固了。”县委负责人回答说。“这个办法好！”毛泽东听了满意地说。

在听取地、县委负责人工作汇报过程中，毛泽东打开了专列会客室的一扇窗子，指着兰坝铁路支线两侧的一片荒地问：“这地长不长庄稼？”县委负责人说：“这是一片盐碱地。我们正在三义寨开挖、修建一座能引水400个流量的大闸，把黄河水引出来淤灌以后，荒地经过黄河水中泥沙的淤盖，变成了好地，就能长庄稼了。”

“荒地经过黄河水淤灌以后就能长庄稼，你们为什么不早点办呢？”毛泽东进一步问道。地、县委负责人汇报说：“过去我们总是怕黄河水出来，只注重防守，不注意利用，后来在主席‘要把黄河的事情办好’的指示指引下，我们开始想办法在黄河上开口建闸，引水灌溉，淤灌荒地，效果很好。兰考县城东边的仪封，原来是黄河故道，沙荒不长庄稼。解放后，我们首先采取措施植树造林，防风固沙，1952年开始栽种苹果树，现在有3千亩苹果树已经结果了。”在汇报中，兰考县委负责人拿出一份兰考县引黄灌溉水利建设规划，请毛泽东审阅。毛泽东仔细审阅了这个规划，然后说：“这个规划很好，如果能够实现，兰考就要变成江南了。”

毛泽东很有兴趣地听着地、县委负责人关于治理黄河，使黄河变害为利、造福人民的汇报，神情极为专注，并不时提出一些问题。汇报结束后，毛泽东对他们在治黄工作中取得的成绩表示满意，勉励他们要继续努力。

毛泽东这次到兰考除了调查了解治理黄河的情况外，还预定在这里的东坝头一带横渡黄河。因为适逢汛期，黄河里浊浪滔天，陪同毛泽东视察河南的领导干部和保卫人员出于对毛泽东的安全负责，都坚决不同意毛泽东到黄河游泳。毛泽东只好“少数服从多数”，放弃了“横渡黄河”的心愿。以后毛泽东到河南时，还几次提出要“横渡黄河”，皆因陪同的领导干部和保卫人员的反对而没有成行。

当天晚上，毛泽东一行就住在专列上。

五

1958年8月8日，毛泽东乘专列前往商丘，下午3时，专列在商丘车站停了下来。

陪同毛泽东的河南省委书记处书记史向生下了车，领着在此等候的商丘地委第二书记、商丘县委第一书记上车去见毛泽东。上车后，史向生把二人的情况向毛泽东作了介绍。毛泽东与他们一一握手，然后开始了惯常的对当地历史情况和现状的调查了解。

“商丘是原归德府，古宋在这里建过都，还有什么古物吗？”毛泽东问。“还有文雅台、三灵台、阏伯台、八关斋、壮悔堂……”县委负责人对商丘现存的古代遗址作了简要介绍。“今年夏季收成怎么样？”毛泽东的问话从历史一下子问到了现实。“夏粮丰收。”地委负责人回答。毛泽东接着又问：“商丘县主要有哪些农作物？”“全县共有150万亩耕地，110万亩种小麦，占耕地总面积60%以上。大秋种有高粱、谷子、玉米、棉花，晚秋种有大豆、红芋、晚玉米等。”县委负责人对本县情况比较熟悉,一口气回答完。

毛泽东抬手看了看手表,说:“下车到附近看一个小时。”县委负责人介绍说:“商丘市北郊外,商(丘)单(县)公路旁有个道口乡黄楼村中华农业社,离这里只有四五公里的路程,十几分钟就可以到了。”毛泽东说:“好,就到中华农业社看看吧!”

毛泽东一行的汽车驶出市区,经过包河桥时,毛泽东问陪同的县委负责人:“这是什么河?”“这是包河。”“为什么叫包河?”“据说是宋代包拯运粮时挖的河,可能以此得名。”县委负责人一一回答着毛泽东的提问。

毛泽东在了解了一些县委负责人的基本情况后,问道:“现在还有时间学习吗?你读的什么书?”县委负责人如实作了回答。当他谈到因工作繁忙,学习抓得不紧时,毛泽东语重心长地说:“要挤时间学习斯大林的《论苏联社会主义经济问题》。”

当郁郁葱葱一望无际的庄稼映入眼帘时,毛泽东一边注意观察着公路两边长势喜人的高粱、谷子、豆子等秋季作物,一边问县委负责人:“高粱每亩地产多少斤,全县种多少亩?谷子每亩地产多少斤,全县种多少亩?”后者一一作了回答。毛泽东又问:“农民们喜欢吃小米吗?”后者回答说:“农民们很喜欢吃小米,小米是秋粮中的好品种。”毛泽东寓意深长地说:“我们靠小米加步枪打败了日本侵略者,打垮了蒋介石,农作物种植改革注意不要把谷子改掉了。”后者保证说:“不能改掉。”谈话中,毛泽东还询问了商丘县在农业合作化中搞没搞大社,有多大规模,叫什么名字,什么性质……问得既具体又详尽。后者都作了认真回答。

汽车驶进道口乡政府大院停了下来,毛泽东在大家陪同下走进乡政府办公室,坐下休息。他点了一支烟,刚吸了几口,便站起身来,仔细观看东边墙上挂着的六面锦旗,其中有一面锦旗是湖北省洪湖县文教参观团 1957 年 7 月赠送的。毛泽东轻声默念了一遍上面的字:“你们是向文化技术革命进军的一面红旗,向你们学习。”随后问县委负责人:“懂不懂这面旗上写的意思,什么叫‘文化技术革命’?”县委负责人回答说:“学习文化知识,搞技术革新。”

毛泽东走出院子,向村子里走去。县委负责人问:“先看食堂还是先看农业?”“先看农业。”毛泽东说道。

在乡长的引导下,毛泽东一行向中华一社七一试验站走去。一路上,毛泽东十分注意地观察着田间道路两旁的庄稼。七一试验站的青年小伙子们,已经在路上的“跃进门”两边排好了欢迎的队伍。当毛泽东一行走近时,小伙子们齐声高呼“毛主席万岁”等欢迎口号,毛泽东也频频挥手,向他们致意。

走到“跃进门”前时,毛泽东问县委负责人:“这是什么门?”“跃进门,是欢迎中央军委检查团时搭的,一共搭了四个,一是表示欢迎的意思,二是表示黄楼村人一个跃进接着一个跃进,一个高潮接着一个高潮。”

毛泽东仔细看了看“跃进门”和上面写着的“道口乡中华一社七一试验站”几个大字,穿过“跃进门”，继续往前走。不远处是一个打井队的工地。毛泽东一贯重视农田水利基本建设，所以就径直来到了打井队工地。正在打井的青年们热烈欢迎毛泽东的到来。毛泽东笑着问他们：“井打多深，需要打多少天？”一个队员说：“一般要打12丈深，20天能够打成。”当毛泽东要了解打井的过程时，另一位小青年抢着作了详细介绍。毛泽东又问：“你们这口井需要多长时间能打好？”这位小青年回答说：“打15丈深，需要25天。”毛泽东点点头说：“很好！”

毛泽东和陪同人员离开打井队工地，来到中华一社七一试验田。毛泽东对各种农作物的长势非常注意，走到红芋地边时问道：“这是谁搞的试验田？”乡党委负责人说：“这是社干部搞的试验田，两亩麦茬红芋，翻地二尺深，每亩种5000棵，计划亩产13000斤。”这时，几位陪同的领导干部想从地里扒出一块大红芋给毛泽东看看。毛泽东说：“红芋长势很好，不要再扒了。”

毛泽东沿着红芋地边向南走，来到一块架着红芋蔓条的红芋地。这块地的红芋长得梗粗叶茂，呈现出一派旺盛的蓬勃生机。毛泽东看了非常高兴。乡党委负责人向毛泽东介绍说：“这是我搞的。”毛泽东点点头表示满意。乡党委负责人又补充说：“这块地施肥30万斤，计划亩产13000斤。”毛泽东听了颇有怀疑，说道：“亩产13000多斤？秋后我再来看。”

走到一块稻田旁时，毛泽东驻足观察了一会儿秧苗的长势，问道：“稻田里为什么没有水？”乡党委负责人回答说：“刚断水一晌，现在拔草哩。”毛泽东是南方人，早年在家乡种过水稻，所以很内行地指导说：“不要放水拔草，用脚把草踩下去作肥料。”

毛泽东又问：“一亩有多少墩，亩产多少斤？”乡党委负责人说：“3万墩，计划亩产1500斤。”毛泽东走到地南头，仔细地观看了地头插着的几块牌子，轻声念了念上面写着的施肥数字和计划产量，沉思了片刻，继续边看边走，来到一个“人造尿池”旁边。毛泽东不顾里面正在散发着的刺鼻气味，停下脚步，仔细察看了这个“人造尿池”的结构，详细向乡干部询问了“人造尿”的制作方法、程序和肥效……

这时，太阳已经偏西，时针指向4点55分，毛泽东随即转身向商单公路方向走去。

这时，“毛主席来到黄楼村”的消息已经像插了翅膀一样传遍四面八方。农民们像潮水一般从村庄、田间、地头拥到毛泽东身边，“毛主席万岁”的欢呼声此起彼伏，响彻云霄。毛泽东登上汽车后，从车窗里伸出手来，一边与车旁的农民握手，一边向远处的人们挥手致意。汽车在农民们依依不舍的欢呼声中徐徐离去。

在返回的路上，毛泽东沉思着，他问县委负责人：“你相信那亩产13000多斤的试验田吗？”县委负责人说：“不相信。”毛泽东说：“脑子太热，没有科学根据，不符合实际。”又问：“你们种多少亩红芋？过去亩产多少斤？”县委负责人回答后，毛泽东说：“过去亩产两千斤，今年真能搞四五千斤，就翻了一番，当然很好了。给下面打招呼，不要提‘亩产万斤’的口号。”

在火车站，毛泽东与商丘地、县委负责人一一握手后，登上专列。列车汽笛一声长鸣，向东方驶去……

六

1958年8月9日，毛泽东来到山东省历城县视察。当中共山东省委书记处书记谭启龙等同志在汇报中谈到历城县北园乡正在准备办大农场时，毛泽东说："不要搞农场，还是办人民公社好，和政府合一了，它的好处是，可以把工、农、商、学、兵合在一起，便于领导。"

这次毛泽东视察河北、河南、山东农村，极为满意。因为他终于找到了一个带领中国从社会主义过渡到共产主义的理想模式——人民公社。

毛泽东冒着酷暑视察河北、河南、山东农村的情况，中央媒体迅速作了报道。

毛泽东关于"人民公社好"的评价和"人民公社"的名字立即传遍整个中国。

毛泽东视察河北、河南、山东农村一周后，8月17日至30日在北戴河主持召开中共中央政治局扩大会议——北戴河会议。

北戴河会议作出《关于在农村建立人民公社问题的决议》。

《决议》认为，把规模较小的农业生产合作社合并和改变成为规模较大的、工农商学兵合一的、乡社合一的、集体化程度更高的人民公社，是指导农民加速社会主义建设，提前建成社会主义并逐步过渡到共产主义所必须采取的基本方针，要在全国农村普遍建立人民公社。

《决议》强调，人民公社目前还要采取集体所有制，不忙于改为全民所有制，但是快则三四年、慢则五六年或者更长一些时间，就可以实现向全民所有制的过渡。

《决议》指出："人民公社将是建成社会主义和向共产主义过渡的最好的组织形式。"

《决议》认为："看来，共产主义在我国的实现，已经不是什么遥远将来的事情了。"

北戴河会议关于建立农村人民公社的决议公布后，中央报刊相继发表社论，号召高举人民公社的红旗前进，要求先把人民公社的架子搭起来。全国迅速掀起农村人民公社化运动的浪潮。

在建立人民公社的过程中，原来经济条件各不相同的农业生产合作社的财产被合并到一起，由人民公社统一核算和分配，人民公社社员的自留地、自养牲畜、林木和生产工具等也被收归集体所有。为了大炼钢铁和其他各种"大办"，上级和人民公社还大量无偿地调用生产队的土地、物资和劳动力，甚至直接调用人民公社社员的房屋和家具。

人民公社大力推行"组织军事化、行动战斗化、生活集体化"的劳动组织方式和生活方式，实行"吃饭不要钱"的供给制。这一切，造成了"平均主义"和"共产风"的泛滥，严重破坏了农村的社会生产力。

七

北戴河会议后，全国迅速掀起大规模的大炼钢铁和人民公社化运动。为了确保钢铁生产任务的完成，提出了“让钢铁元帅升帐”的要求。在“以钢为纲”的口号下，一个造成国民经济比例严重失调的大炼钢铁运动，在全国迅速开展起来。这耗费了巨大的人力、物力，冲击了整个国民经济。由于全民大炼钢铁，这一年的积累从1957年的24.9%猛增到33.9%，煤、电、运输、基建项目投资一年内增加了一倍，国家职工由2451万人增加到4532万人。

在工业方面，造成了比例失调、忽视质量、硬拼设备等严重问题；在农业方面，由于大炼钢铁成为第一位的“硬指标”，各地组织“大兵团作战”，全国参加大炼钢铁的人数不断增加，最高达到9000万人。农业秋收季节，农业第一线的强劳力被抽去大炼钢铁，使得农业丰产却没有能够丰收。

与此同时，以“一大二公”为特点的人民公社化运动一哄而起。在短短几个月的时间内，原有的74万多个农业生产合作社被合并成为26万多个人民公社。参加人民公社的农民有1.2亿多户，占全国各民族总农户的99%以上，在全国农村实现了人民公社化。在人民公社化运动中，由于混淆了社会主义和共产主义、集体所有制和全民所有制的界限，搞起了“穷过渡”，刮起了“一平二调三收款”的“共产风”。瞎指挥风、强迫命令风、浮夸风、干部特殊化风也发展起来，给农村中的生产和生活造成很大损失。

“大跃进”运动和人民公社化运动，造成国民经济主要比例严重失调，使社会主义经济遭到重大损失。在积累与消费的比例关系方面，基本建设战线过长，积累率急剧升高。在工农业比例关系方面，农业受到极大削弱，生产大幅度下降。在工业交通内部，由于实行“以钢为纲”，片面发展重工业，各行业之间的比例关系也严重失调。在社会购买力和商品可供量的比例关系方面，也出现严重不平衡。

1958年10月下旬，毛泽东和中央一些领导同志在视察河北、河南等省的一些农村时，就开始发现在人民公社所有制、分配等方面存在许多混乱现象，特别是“共产风”、供给制混淆了社会主义分配原则和共产主义分配原则的区别，混淆了全民所有制和集体所有制的界限与差别，已经严重地伤害了农民的生产积极性，对发展农业生产起了消极作用。

为了解决人民公社化运动中产生的生产、分配、福利、生活、经营管理等方面的问题，纠正在人民公社化过程中所发生的“左”的错误，1958年11月2日至10日，毛泽东在郑州召开了由部分中央领导人、大区负责人和部分省市委书记参加的工作会议——第一次郑州会议。

这次会议的主题是开始纠正人民公社由集体所有制过渡到全民所有制、由社会主义过渡到共产主义，以及废除商品生产等错误主张。

在会上，毛泽东领读了斯大林著作《苏联社会主义经济问题》，作了多次讲话。毛泽东提出,要划清社会主义与共产主义、集体所有制与全民所有制两个界限。

第一次郑州会议根据毛泽东的提议,集中讨论人民公社化运动中出现的问题。毛泽东针对普遍存在混淆社会主义与共产主义、集体所有制与全民所有制的情况,一方面肯定人民公社是实行向全民所有制过渡和向共产主义过渡的最好形式,一方面强调要反对急于向全民所有制过渡和急于向共产主义过渡的错误倾向。

毛泽东指出,必须划清社会主义和共产主义、集体所有制与全民所有制的界限,不能混淆。要肯定现阶段是社会主义而不是共产主义;目前人民公社基本上是集体所有制而不是全民所有制。

毛泽东说,将来达到了单一的全民所有制,它的性质还是社会主义的,也不等于就是实行共产主义。

毛泽东还指出,有些人总想三五年搞成共产主义,认为可以立即宣布为全民所有制,可以立即进入共产主义,谁不赞成就说谁右倾,这是错误的。两个过渡都需要相当长的时间,都有一个发展过程,两个过渡只能在发展生产力的基础上进行,不可能在生产力还没有充分发展的条件下立即完成这个过程。这正如我们以前只能一步一步地引导农民脱离个体所有制向集体所有制过渡一样,也只能逐步完成上述两个过渡。

在第一次郑州会议上,有的人提出,现阶段就废除商品生产、价值规律、商品交换,实行商品调拨。毛泽东否定了这种错误主张。

毛泽东指出,现在,在有些人看来,人民公社经济主要是自然经济,他们认为人民公社只有自给自足,才是有名誉的,如果进行商品生产,就是不名誉。这种看法是不对的。他指出,人民公社应该按照满足社会需要的原则,有计划地从两方面发展生产,既要大力发展直接满足本公社需要的自给自足性生产,又要尽可能广泛地发展为国家、为其他公社需要的商品性生产。通过商品交换,既满足社会日益增长的需要,又可以换回等价物资,满足公社生产和社员生活上日益增长的需要。

毛泽东认为,在社会主义时期废除商品是违背经济规律的,我们不能避开一切有积极意义的诸如商品、价值法则等经济范畴,而必须使用它为社会主义服务。中国是商品经济很不发达的国家,商品生产不是要消灭的问题,而是要大大发展的问题。为了团结几亿农民必须发展商品交换。

毛泽东指出,现在我们有些人大有消灭商品之势,一提商品就发愁,觉得这是资本主义的东西。他们向往共产主义,倾向不要商业了,我们有些号称马克思主义的经济学家表现得更"左",主张现在就消灭商品生产,实行商品调拨。这种观点是错误的,是违反客观规律的。如果这样做,实质上就是剥夺农民。

为了使全党和高级干部更多地了解马克思主义对于商品和价值法则等经济理论问题的观点,纠正一些错误认识,毛泽东于 11 月 9 日给中央、省(直辖市、自治区)、地、县四级党委委员，写了一封《关于读书的建议》，建议他们读两本书，一本是斯大林著的《苏联社会主义经济问题》，一本是《马恩列斯论共产主义社会》。

毛泽东写道："每人每本用心读三遍，随读随想，加以分析，哪些是正确的（我以为这是主要的）；哪些说得不正确，或者不大正确，或者模糊影响，作者对所要说的问题，在某些点上，自己并不甚清楚。"

毛泽东强调："要联系中国社会主义经济革命和经济建设去读这两本书，使自己获得一个清醒的头脑，以利指导我们伟大的经济工作。现在很多人有一大堆混乱思想，读这两本书就有可能给以澄清。有些号称马克思主义经济学家同志，在最近几个月内，就是如此。他们在读马克思主义政治经济学的时候是马克思主义者，一临到目前经济实践中某些具体问题，他们的马克思主义就打了折扣了。现在需要读书和辩论，以期对一切同志有益。"

毛泽东针对一些人急于向全民所有制、向共产主义过渡的错误，提出要联系中国社会主义革命和建设的实际，读一读马克思主义理论著作，使自己获得一个清醒的头脑。他还对一些省委书记说："10 月钢产量 720 吨，还差 400 万吨，真是逼死人了。脑筋里头就是钢了。农业没有人抓了。现在开的支票太大了，恐怕不好。"

毛泽东提出，要纠正经济工作中的"左"倾错误。此后，他不断发出警告：胡琴不要拉得太紧，拉得太紧有断弦的可能。

在会上，毛泽东带领与会同志认真地阅读和讨论了《苏联社会主义经济问题》一书。

会议针对全国兴起的全民大办钢铁、大兴水利、深翻耕地等实际情况，规定了要实行劳逸结合，既抓生产又抓生活的方针。

第一次郑州会议有很大收获，使与会同志认识到集体所有制和全民所有制之间、社会主义和共产主义之间，应该有一条明确的界限，不能混淆。这就基本上解决了急于向共产主义过渡的思想认识问题。会议提出的一些重要方针、政策，对于保证农业生产的发展起了重要作用。这次会议，是纠正已经觉察到的一些"左"倾错误的开端。

但是，第一次郑州会议虽然讨论、研究和解决了一些认识问题和实践问题，却是在完全肯定"大跃进"和人民公社化运动的前提下讨论问题和认识问题的。所以，并没有摆脱对经济发展形势不切实际的估计，还继续提出了一些高指标。这次会议对人民公社内部的"共产风"也没有认识到，因此，这次会议也没有解决这个问题。

八

"大跃进"的弊端在 1958 年冬天逐渐暴露出来。根据毛泽东的意见，12 月上旬在武昌召开的中共八届六中全会讨论了 1959 年的国民经济计划，作出了《关于 1959 年国民经济计划的决议》。在肯定"大跃进"成绩的前提下，承认在某些方面存在着某种程度的比例失调问题，提出要努力使经济计划建立在充分可靠的基础上，并且根据国民经济各部门按比例发展的客观法则，努力使各项指标相互保持适当的比例。全会降低了北戴河会议提出的1959年的部分指标。

这次全会通过的《关于人民公社若干问题的决议》指出：不能混淆集体所有制和全民所有制的界限，更不能混淆社会主义和共产主义的界限。农业生产合作社变为人民公社，并不是由集体所有制变为全民所有制，更不等于由社会主义变为共产主义。在今后一个必要的时期内，人民公社的商品生产，以及国家和公社、公社和公社之间的商品交换，必须有一个很大的发展。社员个人所有的生产资料（包括房屋）和存款，在公社化以后仍然归社员所有，而且永远归社员所有。

中共八届六中全会后，各地普遍开展整顿人民公社工作。短时间内遏止住了急于向全民所有制过渡、向共产主义过渡的势头，但人民公社内部的平均主义问题依然存在。针对农村人民公社整顿中不断发现的新问题，为研究进一步整顿和建设人民公社的方针和方法问题，1959年2月27日至3月5日，中共中央政治局扩大会议在郑州举行，即第二次郑州会议。

出席会议的有毛泽东和中央领导同志20人，各省、直辖市、自治区党委第一书记27人。

第二次郑州会议的中心议题是解决人民公社所有制问题和纠正“一平二调”的“共产风”问题，以及继续压低1959年经济指标问题。

关于人民公社的所有制问题。毛泽东指出，目前我们跟农民的关系存在一种相当紧张的状态，许多地方否认价值法则，否认等价交换，实行贫富拉平，平均分配；对生产队的某些财产无代价地上调；银行方面，也把许多农村中的贷款一律收回，即“一平、二调、三收款”，引起广大农民的很大恐慌，这是目前我们同农民关系中一个最根本的问题。问题的实质在于我们在生产关系的改进方面，即是在公有制上前进得过远了一点。六中全会决议没有写明公社内部由小集体所有制过渡到大集体所有制，也需要有一个过程。这是一个缺点，这样就把公社、生产大队、生产队三级所有制之间的区别模糊了，实际上等于否认了生产队的所有制，从而引起农民的坚决抵抗。

关于纠正人民公社的“共产风”问题。毛泽东指出：“所谓平均主义倾向，即是否认各生产队和各个个人，由于生产和劳动的情况有所差别，从而他们的收入也应当有所差别。否认这种差别，就是否认按劳分配、多劳多得的社会主义原则。所谓过分集中倾向，即否认生产队的所有制，否认生产队应有的权利，任意把生产队的财产上调到公社来。”这两种倾向包含有否认价值法则、否认等价交换的思想在内。

毛泽东指出，等价交换在社会主义时期是一个不能违反的经济法则，违反了就是无偿占有别人的劳动成果，这是不允许的。为克服这种平均主义倾向，要反对剥夺农民，公社应当实行权力下放，三级管理，三级核算，并且以队的核算为基础，在社与队、队与队之间要实行等价交换,公社的积累不要太高。

第二次郑州会议取得了一定的积极成果。

《郑州会议记录》规定了整顿和建设人民公社的方针:统一领导,队为基础;分级管理,权力下放;三级核算,各计盈亏;分配计划,由社决定;适当积累,合理调剂;物资劳动,等价交换;按劳分配,承认差别。

会议还起草了《关于人民公社管理体制的若干规定(草案)》,对人民公社、管理区(或生产大队)、生产队三级职权范围作了具体划分。规模相当于原高级农业生产合作社的管理区和生产大队是人民公社的基本核算单位,它有权按照公社的计划和有关规定统一安排本单位的农业生产、收益分配、兴办和管理小型工厂以及文化教育卫生和公共福利事业,搞好劳动管理。

第二次郑州会议对于克服人民公社内部的"一平二调"的"共产风"起了积极的作用,表明在纠正人民公社的"左"倾错误方面又前进了一步。但是,在人民公社核算单位问题上,仍然在生产大队;在分配制度上也没有取消供给制,纠正"共产风"问题也不够彻底。

总之,从第一次郑州会议开始,纠"左"取得了一些初步成绩,形势趋于向好的方向发展。但是,纠"左"是在充分肯定"大跃进"和人民公社化运动的前提下提出的,对"大跃进"和人民公社化的根本问题仍然缺乏深刻认识,因而纠"左"工作很难深入下去。由于"左"的指导思想没有根本转变,因而这种纠"左"是很不够的。虽然改正了某些完全脱离现实可能性的高指标,而实际上仍然制定了一些偏高的指标;虽然批评和反对了平均主义,却仍然保留着供给制、食堂这些平均主义的东西;虽然放慢了过渡的步骤,却规定了一个固定的"过渡"模式,而且预定的过渡时间仍然是过快的……

尽管如此,由于全党的努力,"左"的错误毕竟是在逐步地改正,形势毕竟是在向着好的而不是向着更坏的方向转变。只是到了庐山会议的后期,由于错误地发动了对彭德怀的批判,进而在全党错误地开展了"反对右倾机会主义"斗争,才中断了纠正"左"倾错误的进程,使错误延续了更长的时间。一直到 1960 年冬天,中共中央开始重新纠正"左"倾错误,促使形势很快向着好的方向转变。

中共中央在《关于建国以来党的若干历史问题的决议》中指出:1958 年,党的八大二次会议通过的社会主义建设总路线及其基本点,其正确的一面是反映了广大人民群众迫切要求改变我国经济文化落后状况的普遍愿望,其缺点是忽视了客观的经济规律。在这次会议前后,全党同志和全国各族人民在生产建设中发挥了高度的社会主义积极性和创造精神,并取得了一定的成果。但是,由于对社会主义建设经验不足,对经济发展规律和中国经济基本情况认识不足,更由于毛泽东同志、中央和地方不少领导同志在胜利面前滋长了骄傲自满情绪,急于求成,夸大了主观意志和主观努力的作用,没有经过认真的调查研究和试点,就在总路线提出后轻率地发动了"大跃进"运动和农村人民公社化运动,使得以高指标、瞎指挥、浮夸风和“共产风”为主要标志的“左”倾错误严重地泛滥开来。从 1958 年底到 1959 年 7 月中央政治局庐山会议前期，毛泽东同志和党中央曾经努力领导全党纠正已经觉察到的错误[①]。

① 中共中央《关于建国以来党的若干历史问题的决议》，1981 年 6 月 27 日。

邓小平的"中原谈话"

薛庆超

"潮平两岸阔,风正一帆轻。"以中共十一届三中全会为开端,中国进入了历史发展新时期。改革开放和现代化建设的深入发展,不断提出新的任务。在中国人民进入1980年代之初,邓小平指出,为了把经济建设搞上去,20世纪80年代我们需要做好四件事:第一,一定要坚持党的政治路线;第二,必须有一个安定团结的政治局面;第三,要有艰苦奋斗的创业精神;第四,要建立一支坚持社会主义道路的、有专业知识的干部队伍。

为此,邓小平于1980年夏天前往四川、湖北、河南等省调查研究,提出一系列对于中国改革开放和现代化建设具有长远指导意义的重要思想。

邓小平在四川、湖北、前往河南途中和在河南期间与中共河南省委负责同志谈话中提出的许多重要思想观点,已经发展成为邓小平理论的重要内容。

邓小平首先在四川进行了一系列调查研究,然后来到湖北。

1980年7月中旬的一天,中共湖北省委第一书记陈丕显给中共河南省委第一书记段君毅打来电话:邓小平在四川调查研究以后,要前往湖北二汽(即国家第二汽车制造厂,厂址在湖北省十堰市)和河南,请段君毅和河南省委事前有所准备。

段君毅接到电话后,立即向河南省委作了汇报。

7月21日,段君毅和河南省委第二书记胡立教前往湖北,迎接邓小平。

段君毅在"文化大革命"前曾经长期担任国家第一机械工业部部长,主管过二汽的定点、选址、建立等问题,对二汽的负责同志和二汽的历史都比较熟悉,所以他到了二汽以后,二汽党委向老部长段君毅汇报了二汽现在的发展情况和主要工作情况。二汽党委负责同志在汇报到厂里抓好中青年干部的选拔问题时,谈到了青年干部王兆国。说他39岁,哈尔滨工业大学毕业,上学期间加入中国共产党,大学毕业到二汽工作以后,担任过二汽车桥厂技术员、车桥厂团委副书记、二汽团委书记、二汽党委常委兼车箱厂党委书记,1979年任二汽副厂长、党委书记(当时为第一书记制)。该同志在"文化大革命"中表现是好的,在"四人帮"掀起"反击右倾翻案风"的恶浪中,仍然坚持抓生产,敢于抵制"四人帮"的倒行逆施,政治素质好,年纪轻,懂业务,懂技术,会管理,经历过从基层到总厂的各个"台阶",是一位有培养前途的青年干部。

段君毅听了很感兴趣,在详细了解二汽各项工作后,对王兆国的情况有了较深的印象。

7月22日上午，邓小平乘火车到达湖北十堰。下车后，不顾一路风尘仆仆，立即由段君毅、陈丕显等负责同志陪同，前往二汽视察，参观了总装车间等主要生产车间。

一路上，邓小平时而步行，时而乘车，精神饱满，兴致勃勃，与同行的段君毅、陈丕显等同志谈笑风生，对二汽的工业发展水平和远景规划充满了信心。

视察途中，段君毅一边走，一边向邓小平介绍二汽在定点、选址、建厂、生产、工人队伍、技术人员队伍、领导班子等方面的情况。在乘车行进时，段君毅谈到了二汽党委汇报的王兆国的情况。邓小平听了，非常有兴趣，又十分详细地听段君毅介绍了王兆国在“文化大革命”中、在二汽工作中的各方面表现，同时，又向湖北省委负责同志询问了王兆国其他方面的情况。

邓小平视察二汽后，回到住地，在与段君毅、胡立教等各方面负责同志谈话时说：“这次我出来（指此次出来搞调查研究），最感兴趣的是年轻干部，六六年哈工大毕业的王兆国，副厂长，39岁，又有业务能力，又顶‘四人帮’，这样的青年干部要很好地培养。”

邓小平还说：“二汽有个分厂副书记32岁，我见了很高兴，我们现在的任务就是办好这件事（指选拔青年干部），这比什么都有意义。”

在谈话中，邓小平还说：“现在任何一个老同志和高级干部，合乎不合乎党员标准和干部标准，就看他能不能认真选好合格的接班人。”“老同志现在的责任很多，第一个责任是什么？就是认真选好接班人，选得合格，选得好，我们就交了账了，这一辈子的事就差不多了。”

邓小平在谈话中还指出，到党的十二大，要组织好三个委员会，一是中央委员会，这是核心；二是中央顾问委员会；三是中央纪律检查委员会。他认为，中央委员会委员中要有一大批优秀的中青年干部，50岁以下的同志要占中央委员会委员总数的50%左右，要注重选拔人才、培养人才，一定要把选拔青年干部的工作做好。同时，要安排好老干部，待遇不降低，顾问委员会不仅中央要设，省里也可以搞顾问委员会。

在谈到如何把德才兼备的干部标准具体化时，邓小平多次强调指出：老干部的责任就是选拔好青年干部，这是一项比什么都重要的工作，从这次出来看，有的是人才。政治标准通过“文化大革命”已经分清楚了：标准就是不是“四人帮”体系。

邓小平在这次视察中，实际上通过发现和选拔王兆国这个青年干部，为全党树立一个榜样：一是下面确实有人才；二是主要领导干部要亲自到下面去发现和选拔人才；三是选拔青年干部的政治标准就是：不是“四人帮”的体系。只要不是“四人帮”的体系，又具有一定的专业知识、实践经验和管理能力，这样的青年干部就可以选拔和培养。而不应用一些过时的“条条框框”束缚住选拔青年干部的思想，挡住选拔青年干部的视野。明明基层有大批的青年人才，可一些领导干部却总是看不到这些人才，总觉得缺少人才，不懂得或不善于到基层去发现和选拔青年干部。

7月22日晚，邓小平由段君毅、胡立教陪同，乘火车前往河南。

在列车行进中，邓小平一边听取段君毅、胡立教对河南工业、农业、财贸等方面工作的汇报和介绍，一边就一些他长期考虑的具体问题进行调查，直接了解来自省里和基层的实际情况。

邓小平指出："这次出来到几个省看看，最感兴趣的两个问题，一个是选拔青年干部问题；一个是如何实现农村'奔小康'，达到人均一千美元问题。"

段君毅、胡立教汇报了中共十一届三中全会以来河南农村的发展变化和各项农村主要经济指标后，邓小平问道："你们的账是怎么算的？"

段君毅、胡立教同志回答说："我们在火车上算的。""河南农业按照每年8%递增，我们就可以提前两年达到人均一千美元。"

接着，段君毅、胡立教以河南新乡县七里营乡的刘庄村为例，就农村经济发展中农业、乡镇工业、副业在农业总产值中所占的比重和具体数字，向邓小平算了算河南农村何时才能达到小康水平的"账"。

邓小平听了以后，又让他们反复核算，再三要求一定要算准确。他说："如何实现农村奔小康，达到人均一千美元，我作了一些调查，让江苏、广东、山东、湖北、东北三省等省份，一个省一个省'算账'，我对这件事最感兴趣，8亿人口能够达到人均一千美元的小康水平，这就是一件很了不起的事情。你们河南地处中原，你们'算账'的数字是'中原标准'、'中州标准'，有一定的代表性。"

当段君毅、胡立教在"算账"中谈到在黄河中游的河南辖区内修建小浪底大型水库，可以在防止黄河中下游洪水灾害、发电、灌溉、水利等方面产生巨大的经济效益时，邓小平摆摆手说："小浪底水库现在还没有建成，不能算进去。"

当段君毅、胡立教谈到在保证完成国家调拨粮食任务的情况下，大力发展农村经济作物，增加农民收入时，邓小平说："农业可靠……"他关心地询问河南有什么大的基本建设项目没有，胡立教说："没有。"

当段君毅、胡立教谈到河南正在发展棉花生产，争取通过科学种田不断提高棉花产量，使全省棉花平均亩产由50斤提高到70斤时。邓小平说："70斤太少了。"段君毅、胡立教说："通过发展棉花种植，几十个纱厂就可以带起来，增加农民收入。"邓小平说："小纱厂的产品质量有没有保证？一定要保证产品质量。"

一路上，邓小平最感兴趣的话题是如何使中国农村尽快发展起来，如何使中国农民尽快实现人均一千美元，达到小康水平。每当谈到一个具体问题时，他总是饶有兴趣地扳着指头，从现在的数字到发展远景，一项一项地详细"算账"。

在谈到农民住房问题时，邓小平指出："过去对于发展建材工业不重视，把盖房子不当生产，当消费是不对的，四川的老太太有了钱，一是娶媳妇，一是盖房子，建筑工业大有发展前途，包括城市和农村，发展建材生产只搞砖瓦不行，要搞现代的、轻型的。为了实现人均一千美元的目标,要敢想、敢干,敞开思想,找门路。”

在谈到农民的燃料问题时,邓小平指出,农村发展沼气要列入计划,使用沼气不仅节约能源、节约时间,而且可减少疾病,又清洁卫生,20天发酵消灭血吸虫,还能秸秆还田,提高肥效。但是发展沼气一哄而起不行,要有计划、有步骤,一批一批地搞。

怎样早日使中国人民达到人均一千美元的“小康”水平,是邓小平长期考虑的一个大问题。经过此次对河南等省情况和发展远景的调查,邓小平对这个问题的考虑更加成熟。

列车在鄂东北、豫西南的大地上奔驰。

邓小平,这位当年指挥刘邓大军千里跃进大别山,在这里南征北战,领导中原人民推翻三座大山压迫的中原局第一书记兼中原野战军政治委员,如今,作为改革开放的“总设计师”,又在这块当年烈士鲜血染红的大地上,筹划着如何带领人民群众尽快摆脱贫穷落后状态,早日走上经济发展、生活富裕道路的“蓝图”。

7月23日凌晨6时,邓小平乘坐的专列沿着铁路专用线驶入郑州北郊一个绿树环绕、浓荫遮天的大院。这个环境幽静的地方是中共河南省委第三招待所。

当邓小平迈步走下火车的时候,早已等候在这里的中共河南省委常务书记、省长刘杰和省委常委们迎上前去,代表河南人民向邓小平表示热烈的欢迎。

早饭以后,省委第一书记段君毅、省委第二书记胡立教和省委常务书记、省长刘杰就河南当前的主要工作向邓小平作了简要汇报。

汇报结束后,省委负责同志请邓小平给大家讲话。

邓小平说:“提拔青年干部问题,这次出来看,有的是人才,政治上,‘文化大革命’分清楚了,标准就是不是‘四人帮’体系。现在取消‘终身制’是个大问题,干部终身制,老当第一书记谁敢提意见。提拔青年干部,光靠推荐不行,要下去发现人才。”

“干部要考核,两年一考核,不称职就下来。厂长工资待遇要提高,教授不一定比校长地位低。”

“十一届三中全会后思想解放还不够,要解放到本世纪末。”

……

邓小平强调指出:“四川政策老太太高兴,赞成联产责任制,政策威力大,有了正确的农村政策,农业生产就发展得快,但科学种田问题还没有很好解决。为实现人均一千美元,调查了河南、湖北、江苏、广东、东北三省、山东8个省,在中国8亿人口中,河南有一定的代表性,河南地处中原,是‘中原标准’。”

上午10时左右,邓小平提出要出去走走,去看看黄河花园口。河南省委负责同志陪同邓小平登上一部中型轿车,驶往郑州北郊的黄河花园口大堤。

汽车一直驶到黄河大堤附近才停了下来,邓小平健步登上大堤。他久久凝视着一望无际滚滚东流的滔滔黄河,抚今追昔,思绪万千。

邓小平和段君毅等省委负责人边走边谈。在黄河大坝上，邓小平问起了黄河现在的汛期流量和防洪措施等具体情况，省委负责同志一一作了详细汇报。邓小平又走下大坝，一直走到黄河主航道旁，仔细察看了黄河主流的流量，询问了黄河泥沙的情况和防止黄河泥沙淤积的措施。

在返回住地的路上，邓小平谈到黄河时说，维持黄河的现状，仍有相当大一部分地区和人口在特大洪水出现时有危险，因此，还是要搞小浪底水库，解决黄河中下游的汛期防洪问题。他还幽默地说："花园口不可不看，但看一次就够了。"

回到省委三所后，邓小平亲切会见了省委全体常委和省军区负责人，与大家简短谈话后，在 8 号楼前一起合影留念。

接着，邓小平又同接待他的全体工作人员合影留念。

时近中午，段君毅、胡立教、刘杰等省委负责同志陪邓小平共进午餐。餐桌上，邓小平兴致盎然，谈笑风生。

当省委负责人请邓小平品尝著名的黄河鲤鱼时，邓小平说："陈老总（指陈毅）是既会吃又会做，我是只会吃不会做，毛主席是不会吃也不会做。"邓小平幽默风趣的谈话，给省委负责人留下了深刻的印象。

下午 3 时 30 分，邓小平与省委负责同志话别后，乘专列离开郑州，返回北京。

邓小平离开河南后，河南省委为了尽快贯彻落实邓小平"中原谈话"精神，当天下午就召开省委常委会议。段君毅、胡立教、刘杰一一向省委常委们详细传达了邓小平在湖北二汽、在专列上、在河南期间的重要谈话精神。省委常委在认真学习、讨论邓小平"中原谈话"的基础上，制定了尽快贯彻落实邓小平"中原谈话"精神的具体措施。

8 月上旬，河南省委召开以贯彻落实邓小平"中原谈话"为主要内容的"省委工作会议"，省委负责同志分别就选拔中青年干部，尽快发展河南工业、农业、财贸和山区经济等问题讲了话，会议特别就如何选拔中青年干部和如何尽早实现人均一千美元奔"小康"等问题进行了重点部署。与会同志通过认真学习、讨论邓小平"中原谈话"，受到了很大教育和鼓舞。

在邓小平"中原谈话"精神指引下，"中原标准"已经按照"总设计师"的构想变成了活生生的现实。